世界歴史叢書

近代アジアのユダヤ人社会

共同体の興隆、終焉、そして復活

ロテム・コーネル＝編著
滝川義人＝訳

明石書店

Jewish Communities in Modern Asia: Their Rise, Demise and Resurgence
by Rotem Kowner

This translation of JEWISH COMMUNITIES IN MODERN ASIA is
published by arrangement with Cambridge University Press
through Tuttle-Mori Agency, Inc., Tokyo

近代アジアのユダヤ人社会

中東を越えた先のアジアにユダヤ人が住むようになるのは、おおむね近代の現象である。当初ユダヤ人入植者を東方向へ動かしたのは一九世紀、大英帝国とロシアによる帝国主義の拡張政策と冒険主義が原動力であり、これに、港湾都市の発達とグローバル経済の全体的発展が組み合った。新しい移民はすぐに、その人数に比べ不釣り合いなほど、アジアの通商に中心的にかかわるようになる。彼らの役割と中心的位置は、第二次世界大戦の勃発、戦闘に起因する混乱、そしてそれに続く欧米帝国主義の崩壊とともに、消滅する。ユニークな草分け的本書は、彼らの勃興と没落を描きつつ、共同体の戦後復活と再生の徴候を指摘する。本書は、さまざまな視野に立ち、一四の章は、各章それぞれその分野の最も傑出した研究者たちが担当し、アジア各地におけるアイデンティティ、社会そして文化上の問題を探求している。アジア研究とユダヤ人社会の研究者にとって、必読の書である。

編集者のロテム・コーネルは、ハイファ大学教授で日本研究の専門家。過去二〇年、日本とインドネシアのユダヤ人共同体に関し詳細な調査研究と執筆を行っている。詳しくは巻末の編著者紹介を参照されたい。

謝　辞

本書は、広範な連携調査、国際学術会議の開催、そして広域に及ぶ研究者のネットワークの形成を経た長期プロジェクトの最終成果である。この調査プロジェクトそしてその成果としての本書の発行は、いくつかの組織と多数の人々の惜しみない支持と心からの協力、支援がなければ、実現しなかったであろう。私は、当初からこのプロジェクトを支援していただいた、ハイファ大学およびヘブライ大学の大学院合同プロジェクトであるアジア地域研究プログラム（ＶＡＴＡＴ――イスラエル高等教育・計画・予算委員会人文科学基金、Ｙａｄ・Ｈａｎａｄｉｖ――ロスチャイルド基金、ならびに両大学の資金援助で運用）に、特に感謝している。支援の手をさしのべていただいた多くの個人のなかで、特に次の方々に感謝の意を表したい。グル・アルロイ、ニムロド・バラノビッチ、ダン・ベンカナン、ミハル・ビラン、ヘン・ブラム、キミー・カプラン、ドロン・Ｂ・コーヘン、セルギオ・デラペルゴラ、エリ・ドウェク、ユリア・エゴロバ、ヨラム・エブロン、オフェル・フェルドマン、ガブリエル・Ｎ・ファインダー、エヤル・ギニア、ユディット・Ｋ・グリンベルグ、ウィリアム・ゴールド、アティナ・グロスマン、エフード・ハラリ、稲葉千晴、アルベルト・カガノビッチ、ゼーブ・レビン、ヒレル・レビン、ドブ・ベル・コトラーマン、丸山直起、メロン・メジニ、アリク・モラン、ダニー・オルバッハ、テュドル・パルフィット、ガイ・ポドラー、ジェームズ・ポニアフ、シャハル・ラハブ、マリー・ライセル、ロイ・ロン、マーク・シュライバー、マルコス・シルバー、ギデオン・シェラフラビ、イツハク・シホール、フランク・ヨセフ・シュルマン、滝川義人、アキバ・トア、ノアム・ウルバッハ、シャルバ・ワイル、イツハク・ワイスマン、ヤコブ・ジンベルグ、エフライム・ズーロフそしてラン・ツバイゲンベルク。そのなかで、会議を共催し、早い段階で本プロジェクトの形成にかかわってくれたイタマール・テオドルには、特に感謝したい。さらに、ケンブリッジ大学出版局のアレックス・ライトの広い視野とリーダーシップに感謝する。さらには、本書の執筆者たちには――その多くはそれぞれの分野で主導的立場にある権威者である――編集上のニーズに起因する要求に対し、心よく協力し、誠心誠意応えていただいた。最後になったが、厚く御礼申し上げる。

日本の読者へ

ロテム・コーネル

日本人とユダヤ人の出会いは、近代の現象である。日猶同祖論や古代に両民族が接触していたとする説が、出版物やインターネットでいろいろ出回っていることを前提にして考えると、短い接触の歴史は驚きかもしれない。しかしながら、歴史文書や墓石の碑文を含め、信用ある証拠は、ユダヤ人の存在を認識し、直接の接触が始まるのは、一九世紀も後半になってからであることを示唆している。比較的短い接触の歴史ではあるが、日本人とユダヤ人の出会いは豊かであり、かなりの紆余曲折を示しており、アジアのユダヤ人の生活に、相当な影響を及ぼした。重要な点は、この相互作用が、日本本土にとどまらず、シベリアからインドネシア諸島に至るアジア大陸でも生起したことである。

ユダヤ人に対する日本人の態度は、当初その頃のヨーロッパ人が抱くユダヤ人観とその固定観念に、影響された。一九世紀においては、この対ユダヤ人観は、ずいぶん昔から続く宗教上の憎悪と、ユダヤ人の急速な同化に対する近年の恐れを反映し、極めてネガティブな性格を有していた。しかしながら、それから数十年の間に、日本人は、ユダヤ人の歴史上の重要性を認識するに至り、文化や科学上の貢献、あるいはまた日露戦争時日本に対する財政上の支援があったことを認め、その対ユダヤ人観は、もっと多面的な色合いを帯びたものになった。そのうちに、特に危機的状況あるいは国際緊張下で、日本ではユダヤ人が相当に注目されるようになる。それは、世界人口に占める割合や特に日本の支配下にある地域における重要性に比し、不釣り合いなほどの関心と恐怖をかきたてることになる。これは、一九三〇年代と第二次世界大戦時、そして一九八〇年代、合衆国との貿易摩擦が表面化した時代に、再び表面化するのである。

日本人のユダヤ人との出会いは、大半が実物の人間との接触ではなく、イメージとしてのユダヤ人との出会いであった。日本のユダヤ人共同体はどの時代にも極めて小さく、一〇〇〇人以下の規模であった。外国人人口のごく一部であり、総人口に占める割合となれば、まさにとるに足りない存在である。日本に住むユダヤ人は、服装や顔つきがほかのヨーロッパ人と大差なく、大体においてはっきり見分けることが難しかった。同じように、一九三〇年代から四〇年代にかけて、日本が広域を支配していたアジア、特に東アジアと東南アジアでは、ユダヤ人共同体はそれほど大きくはなかった。例えば一九〇〇年時点で、アジア（西アジアである中東は別とする）におけるユダヤ人の総人口は八万ほどであった。日本の小都市人口とほぼ同じである。今日、この大陸に居住するユダヤ人の数は、その頃よりもさらに少ない。いくつかの算定によると、ユダヤ人の居住数は東アジア全体で、三万から六万である。一万ほど少なくなっている。近代アジアでユダヤ人の居住数が極めて少ないことから、三つの重要な疑問が提起される。これは本書が追究する課題であるが、第一、東方を指向するユダヤ人がこれほど少なく、ヨーロッパや中東の場合と違って、継続性を有する大きい共同体をひとつも確立できなかったのはなぜか。第二、非常に限られた人数であったことを前提として考えると、アジア特に東アジアに対するユダヤ人の文化的・経済的貢献があったのか。あったとすればそれは何か。そして第三が、アジア特に上海、ハルビンそして香港にあった極めて小さい共同体が、戦前戦後注目されたのはなぜかである。

この一連の問題は、確かに興味ある課題ではあるが、本書は別の理由で草分け的な面も有する。つまり本書は、近代アジア全域におけるユダヤ人の存在とその動静を総合的に追究した、最初の学術的試みなのである。これまで、特定の共同体に関する研究書は、個々にたくさん出版されている。例えばインドのコチ（コーチン）とムンバイ（ボンベイ）のユダヤ人共同体、中央アジアではブハラとサマルカンドの共同体、東南アジア関連ではシンガポールとマニラの共同体、中国では上海と開封の共同体、そして中国東北部ハルビン共同体の研究がある。各共同体間の相違は相当なものがあり、距離的にも離れすぎているので、互いの連絡もなく、個々に存在していたような印象を与えるかもしれない。しかしながら、本書は、一連の小さい共同体の間に緊密な結びつきがあり、歴史を共有していた事実を明らかにし、アジアのユダヤ人が、基本的にはひとつの大きい共同体（社会）に所属していたことを示唆する。この文脈のなかで、本書は、ユダヤ人が一方においてイギリスとオランダの植民地主義、他方においてはロシアの植民地主義を手がかりにしつつ共同体を広げた点を考察し、そのいくつかのルートを確認する。もっと近年については、つまり一九一七年のボルシェビキ革命から一九四一年のドイツの対ソ侵攻直前までをみると、この間にユダヤ人が難民となり群れをなしてアジアへ逃れたわけであるが、通説と違って、圧倒的大多数は上海ではなく中央アジアに到達したのである。それから数年、タシケントが大陸最大のユダヤ人共同体のホームになった。

本書は、日本本土と日本帝国内におけるユダヤ人と日本人の間にみられた相互作用に、特に焦点をあてている。ユダヤ人の短いアジア居住史について、認識を高めることを期待するものである。私は、本書が認識を高めると共に、アジアにおけるユダヤ人の活動とその動機を検討することによって、偏見と長い間もち続けられてきた固定観念を一掃することを期待している。その意味で、編著者である私は、本プロジェクトを引き受け支援していただいた明石書店と、翻訳の労をとっていただいた滝川義人氏に、心から感謝するものである。

二〇二四年六月、於京都

アジアのユダヤ人共同体研究の先達をしのび，
本書をその物故者たちに捧ぐ．

アブラハム・アルバート・アルトマン
(Avraham Albert Altman, 1922–2016)
イスラエルの歴史学者．日本近代史の専門家で，日本帝国内の共同体に関する学術研究で貢献．

イレーネ・エーベル
(Irene Eber, 1929–2019)
イスラエルの歴史学者．中国近代史とその知的生活の専門家で，戦時下上海における共同体研究の先達．

ヨナタン・ゴールドシュタイン
(Jonathan Goldstein, 1947–2022)
アメリカの歴史学者．近代アジアのユダヤ人居住地の専門家で，この分野に対する生涯にわたる貢献がある．

デイヴィッド・G・グッドマン
(David G. Goodman, 1946–2011)
アメリカの日本文学，日本演劇研究者．近代の日ユ関係や日本における反ユダヤ主義に関する先駆的な研究者．

ジェフリー（ジェフ）・アラン・ハドラー
(Jeffrey (Jeff) Alan Hadler, 1968–2017)
アメリカの歴史学者．インドネシア近代史の専門家で，現地共同体の研究の発展に貢献．

マテウス（テオ）・ヨセフ・カムスマ
(Mattheus (Theo) Joseph Kamsma, 1960–2014)
オランダの東南アジア民族誌研究者．マラッカ海峡以東のユダヤ人離散民を調査．

アヤラ・ラヘル・クレンペラー・マークマン
(Ayala Rachel Klemperer-Markman, 1964–2017)
イスラエルの歴史学者．日本近代史の専門家で，戦時下インドネシアにおける共同体研究に貢献．

宮澤 正典
(Miyazawa Masanori, 1933–2018)
日本の歴史学者．日本人のユダヤ認識に関する研究の第一人者．日本イスラエル文化研究会会長，日本ユダヤ学会理事長を歴任．

近代アジアのユダヤ人社会◆目次

第1部　中央および北アジア――ロシアの影響圏内の新旧ユダヤ人共同体

第2部　南アジア――英領および独立後のインドにおけるアイデンティティと文化

第12章　ハルビンのユダヤ人共同体──三帝国下でのはかなき興亡

第13章　台湾──ルーツなき戦後のユダヤ人共同体

総　括

第16章　近代アジアのユダヤ人社会――共同体共通の性質、人口上の特徴と独自性

■訳者からの注記

章ごとに執筆者が異なることもあり、同じ用語や固有名でも、原文では章によって説明や補足が加えられていたり、いなかったりするため、なるべく章によるばらつきがないよう、翻訳にあたって説明を補った。また、日本語版読者の理解の助けになるよう、訳者の判断により（　）で説明文を挿入したり、言葉を補ったりした個所も多数ある。いずれの場合も、訳注であることをそのつど示すことはしなかった。

第1章

近代アジアのユダヤ人社会
——共同体成立の背景、特徴そして主な問題

ロテム・コーネル

　アジアのユダヤ人共同体史は、戦前の拡大、戦後は消滅、そして近年になって多少回復という経緯をたどる。興味ある紆余曲折の物語である。その歴史の大半は、どちらかといえば近年のことである。近世アジアでは、西側以東の地域は広大にして、人口が多いにもかかわらず、極めて少数のユダヤ人しか居住していなかった(1)。事実、アジアの大部分の地域で、ユダヤ人共同体が芽生え始めるのは、一九世紀になってからである。大英帝国とロシア帝国による東進膨張が主たる触媒役を果たし、ユダヤ人が、先に指摘した境界を越えた東域のアジアへ、向かい始める。彼らは、東南アジアと東アジアに、繁栄する港湾都市が存在し、北および中央アジアの鉄道沿線に、新しい都市が建設されていることを知り、そこに新しい機会があることを認めた。それは、グローバル経済の発展とあいまって、抗し難い機会と思われた。このユダヤ人パイオニアたちは、定住者あるいは逗留者のいかんを問わず、アジアのさまざまな地域で、目を見張る新しい商業網と近代的共同体の発展に参入した。しかしながら、彼らの寄与は、たいてい短命に終わった。第二次世界大戦時、日本が短期間この地域を占領し、それに伴う欧米植民地主義の崩壊で、その共同体の多くが、いきなり立ち行かなくなったためである。

本書『近代アジアのユダヤ人社会——共同体の興隆、終焉、そして復活』は、極めて小さいディアスポラ（ユダヤ人離散共同体）を扱っている。一八五〇年以降、アジアに居住するユダヤ人の数は、二万五〇〇〇人からせいぜい一二〇万人の間を上下してきた。今日、中東以東のこの世界最大の大陸に住むユダヤ人の数は、六万人程度である。小都市の人口と同じ規模で、オーストラリアのユダヤ人口の約半分である。[2] しかし、その共同体は、数にして一〇〇ヶ所を越え、アジアの主要域にまたがり、数十ヶ国に分散しており、極めて多様性のある共同体を形成している。この一連の共同体には、出身の異なるユダヤ人集団が共存したり、古代にさかのぼる長い歴史をもつ先住のユダヤ人集団があり、あるいは港湾都市商人の血縁集団、大胆な一発屋や果敢な個人事業家あるいは国外移住者、あるいはまた一時逗留者、そしてまたヨーロッパにおける迫害から逃れた何千何万という難民がいた。各共同体の歴史そしてたぶん各個人の体験史も、魅力がある。集団としての彼らは、一般化が可能という前提でいえば、アジアのことを多々我々に説明し、もっと身近な自分の住む国と都市については委曲を尽くして語ってくれるのである。同じ意味で、本書が明らかにする、ミクロストリア（個々の境界が明確な小さい単位を対象とした、歴史的な調査研究）の集大成は、近代ユダヤ史、港湾都市のネットワーク、植民地主義そして非植民地化に関する我々の知識を、豊かにしてくれる。

本書は、アジアのユダヤ人共同体の興亡を扱う。衰退のケースがしばしば起きたが、近年の共同体再生の新しい徴候も、新しい見方で伝える。本書は、まわりの共同体との関係のみならず、アジアそしてその先にあるほかのユダヤ人社会の共同体との関係でみる、文化的接触とアイデンティティの問題にも焦点をあてる。本書は、テーマごとに一四の章で構成されているが、各分野でトップの研究者を含む専門家たちがそれぞれ担当しており、近代および現代ユダヤ史における魅力ある章を、幅広い横断的アジアの視野からとらえた最初の本である。その意味で、本書が扱う範囲はユニークである。これまで総合的検討をする研究がなかったので、特にそれがいえる。本書は、アジアの西側に触れていないが、決して見落としたわけではない。わずかな例外を除いて、アジアの東側に住むユダヤ人たちは、多くの特徴を共有しており、港湾都市や交通の要衝に集中し、事業やネットワークの拡大上、植民地体制に依存した点など、共通するものがある。

これと対照的に、西アジアすなわち中東に住むユダヤ人たちは、いくらか例外があるにしても、別個の長い歴史をもっていた。当然、中東の共同体とアジア大陸の東側にある共同体との間には、相当な経済的・文化的結びつきがあった。本書で示すように、中東と中央アジアのユダヤ人、イラクのユダヤ人とバグダディのアジア・ネットワーク、イエメンとインドのユダヤ人の間には、それぞれ入り組んだ関係があった。時には家族の関係さえできた。それでも、大陸という大きい視野でみると、中東のユダヤ人共同体間の関係と比較すれば、この種の結びつきは限定的・周辺的であり、活発な動きではなく、共同体とは定義されなかった。さらに、西アジアの民族共同体は、一九四〇年代後半から一九五〇年代にかけて急速に消滅していくまで、アジアのどの地域のユダヤ人居住地よりも、はるかに大きかった。ムスリム世界のなかに存在し、四世紀もオスマントルコ帝国の支配とその影響下にあったので、中東のユダヤ人たちは、同様の文化的・宗教的伝統を共有し、人口構成上同様の特徴を保持し、共同体間の密接な人的結びつきと通商関係が有用であった。

さらに重要な点は、この中東のユダヤ人共同体が、広範な学術調査の対象になったことである。その調査の徹底ぶりは、アジアのほかの地域の比ではない。近代アジアで同様の研究が行われてこなかったというわけではない。実際には、アジアの特定ユダヤ人共同体に関する研究が、多々発表されている。近年を対象にした研究が特徴で、例えば、中国のユダヤ人共同体は、比較的多数の研究が行われている。そのうちのいくつかは、開封の近世共同体と近年の遺産を対象としている。特に第二次世界大戦時の中国東北部のハルビン共同体、そして上海の共同体については、もっと研究が多い。[3]ほかにも、中国全体のなかのユダヤ人を対象にする、もっと視野を広げた研究もある。[4]インド亜大陸のユダヤ人共同体も、学術上相当注目された。研究は、地域全体の共同体を扱うもの、個々の共同体を対象とするものに、大別される。[5]ほかのアジア地域のユダヤ人共同体については、学術上比較的注目されず、たいていは地元の人間が調べ地元で出版される形をとっている。[6]もっと視野を広げた研究については、地域の状況を概括したものが数冊、いくつかの地域にまたがる港湾都市共同体の研究がひとつ、大陸全体のユダヤ人共同体についてはイスラエル独立以降の動静を概括した書が、ひとつある。[7]

しかしながら、全体的にみると、近代アジアのユダヤ人共同体について、本当に幅広い全体像をとらえ、彼らがとってきた接触と動静を分析した最初の本格的調査、研究が、本書である。『近代アジアのユダヤ人社会』は、歴史研究と今日の見通しを組み合わせ、アジア五地域における数十のユダヤ人共同体間の軋轢と具体的なアイデンティティの問題を、批判的に検討する。この一連の共同体の起源と興隆だけでなく、今日の発展状況について、新しい視点を提供する。さらに、多数の共同体の交流に役立った、政治と通商そして文化上のコネクション――なかには、それが原因で没落した共同体もある――に焦点をあてる。最後になるが、本書は地域単位に分けられている。こうすることで、各地域の特異点に焦点をあてると共に、地域間の接触、大陸全体のなかの共通の性質に注目する。

主な問題と調査手法

〝ユダヤ人共同体〟を論じる時、我々はまず概念としての二つの言葉を定義する必要がある。本書が明らかにするように、近代アジアのユダヤ人居住地の多くは、規模が小さかった。極めて小さいものもあった。そして短命に終わる場合が往々にしてあった。個々のユダヤ人の集まりが、どうすれば〝ユダヤ人共同体〟になるのか、何をもって共同体というのか、疑問を呈する向きもあろう。確かに、共同体の定義が、はっきりしない。我々が対象とする地域と時代のなかでみると、規模、歴史、繁栄の程度、共有する伝統、信仰の深さ、各種施設運用の程度のほか、個々人の結びつきと共同体に対する献身度等の面で、実にさまざまである。しかしながら、基本的な条件としていえるのは、宗教上・文化上あるいはそのアイデンティティが表明される共同の諸活動のなかで、自分たちのユダヤ人としての出自を認める人々、人数にして少なくとも五〇人から一〇〇人で構成される集団を、ユダヤ人共同体として、定義できるであろう。アジアでは、同じ地域に数年過ごしてきた人々の小集団が、こぢんまりしたシナゴーグと共同墓地の建設に着手する。そのようなケースがよくみられた。もっと大きく組織としても比較的整備された共同体は、単身者の一時逗留ではなく通常家族で構成され、一定の段階に達すると、学校をつくり、ラビを雇用する傾向にある。ラビは宗教面の教育者としての役割をもつとはいえ、アジア諸国のなかには、ユダヤ人の居住地が分散しすぎているところもあった。離れ離れであるため、居住者の多くはユダヤ人としての宗教的・文化的共同生活を避けた。そのような共同体は、互いの接触が限定的で、共同体の活動や組織がなく、せいぜい名ばかりの存在であった。

この文脈であとひとつの方法論の問題が、誰がユダヤ人として考えられるかである。この疑問は、共同体とその成員のサイズと関連している。少なくとも一八世紀以来、ユダヤ人の人数をめぐる論争が激しく続いてきたことを考えれば、なおさらである。[8] 伝統的には、ユダヤ人としてのアイデンティティは、ハラハー（宗教法）上ユダヤ人の母親から生まれるいわゆる母系の血統、またはユダヤ教への改宗をベースとしてきた。しかし、ユダヤ人の自己定義上、宗教と母親が重要であるのは明らかではあるが、それだけではないことも確かである。多くの人にとって、最も重要なカテゴリーでさえない。近年の調査によると、文化と伝統が同じ重要性を有する一方、民族性と教育は、さほど重要とは考えられていない。[9] さらに、ユダヤ人としての自分のアイデンティティに不可欠なものは何か、自己のユダヤ的性格を表明するための方式に何を選ぶかという側面については、人それぞれで意見がかなりまちまちである。[10] 第二次世界大戦まで、西ヨーロッパと北アメリカの大都市圏の外では、非ユダヤ人との結婚は一般的でなかったので、多くのユダヤ人共同体では、成員として勘定するにはハラハーの規定で充分であった。戦後の時代になって、これが劇的に変わった。そして今日、ユダヤ人であることの定義は、同じ性質のものの連続体を示す。そのなかで、ユダヤ人の両親と宗教上の信奉がひとつの一端を代表し、イスラエルへの移住資格が、あとの一端を代表（〝帰還法〟）する。[11] 本書はこの問題に対し鷹揚なアプローチをとってきた。そして、現代のユダヤ人共同体（二〇二〇年時点）における成員としての資格については、幅のある見方をしており、ハラハー上の定義には合格しないかもしれないが、共同体で活動的なメンバーや、あるいはユダヤ人としての自己認識をもつ人も、含めている。あるいはまた近年のユダヤ人の先祖そして追跡可能な家族の結びつきを主張できる人も（帰還法）、対象にしている[12]。

さて、この定義は多義性が比較的ないので、近代アジアのユダヤ人共同体に関する特定問題に移る。各章により提示されるナラティブ（出来事、経験を通した物語）と本書全体が示すメタナラティブ（歴史的な意味、経験または知識の物語についての物語）は、近代アジアのユダヤ人共同体のアイデンティティ、特徴、構造だけでなく、経済および文化生活に関する問題によって、研究の方向性が示される。もっと端的にいえば、テーマごとの一四の章と結びの一章は、個々にそしてまた全体に共通するものとして、次の一連の調査課題を精査する。

1．起源と区分

アジアのユダヤ人はどこから来たのか。同じ系統の一集団なのか、それともいくつかの系統で構成されているのか。その場合、グループ分けが可能なのか。類似起源の共同体が共有する共通の特徴とは何か。

2．初期の拡大成長

アジアにおけるユダヤ人共同体の拡大の原因と動機は何か。このユダヤ人共同体の成長を促した外部の力があったのか。

3. 人口構成上の特徴

アジアのユダヤ人共同体の特徴となる共通の性格があるのか。男女比率、子供と老人の比率、職業に関して、彼らが形成した共同体の性格は何か。

4. 主要共同体

アジアのなかで一番大きいユダヤ人共同体が存在するのは、どの国か。一番大きいユダヤ人共同体があるのは、アジアのどの都市か。

5. 共同体間のネットワーク

ユダヤ人共同体は、共同体間で文化上・通商上互いに交流しているのか。共同体のなかで特定集団が、共同体間の接触を維持しているのか。

6. 文化的・社会的側面

各共同体のアイデンティティは何であったのか。ひとつの同じアイデンティティを共有していたのか。生活における宗教の位置づけはどうか。ユダヤ人の伝統のどの面を維持しているのか。アイデンティティにおけるシオニズムの位置づけはどうか。現地住民の共同体によって、どの面がどのように影響されてきたのか。

7．非ユダヤ人との接触と一般的貢献

ユダヤ人共同体と現地住民の関係はどうであったか。現地住民に対するユダヤ人の貢献とは何か。何か遺産として残したものがあるのか。

8．衰退

アジアのユダヤ人共同体の多くは衰退したが、その要因は何であったか。

9．近年の復活

現代アジアにおけるユダヤ人共同体のなかには、近年復活したものあるいは出現したものがあるか、その動機は何であったのか。成員はどこの出身であったか、その職業は何か。

10．近代ユダヤ史におけるアジアの位置づけ

近代ユダヤ史におけるアジアの位置はどうであったのか。広大にして人口稠密なこの地域に、なぜ少数のユダヤ人しか住んでこなかったのか。

構成と中心テーマ

前出の課題を解明するため、そしてまた調査の便宜上、本書はテーマ上五つの地域で構成されてい

る。そのうち四地域は、アジアの特定域を扱う。具体的には、西から東へ中央・北アジア、南アジア、東南アジア、そして東アジアである（地図1－1参照）。五番目は、特定の地域ではなく全地域すなわちアジア全体を対象にする。目的は、現実の存在というよりはひとつの見解としての、近代アジアにおける失われた十部族の追究である。『近代アジアのユダヤ人社会』は、性格において百般の事情に通じた百科事典的なものではなく、すべての共同体を残らずとりあげたものでもない。この理由により、地域ごとにその地域について簡単に触れ、そこに存在する各ユダヤ人共同体の概要、そしてその全体像を紹介しておく。

第1部　中央および北アジア――移動と文化生活

アジアの主要地域のうちの二地域である。近代後期からつい最近まで、同じ政治体制のもとにあって（帝政ロシアとソ連邦である）、二つの地域は体制が与えた影響をもろに受け、今なおその影響が残っている。さらにその地域のユダヤ人口の大部分は、同じ出身であるが、同じような動機で移住してきたりあるいは出ていった人たちもいる。このような理由から、二つの地域は同じ区域として扱われる。地域の第一が中央アジア、西のカスピ海から東の中国およびモンゴルまで、さらに南はイランおよびパキスタンから北は現在のロシアまで、内陸部の地域である。今日の定義によると、この地域は、カザフスタン、キルギスタン、タジキスタン、トルクメニスタン、そしてウズベキスタンの旧ソ連邦共和国である。アフガニスタンは、地理上は中央アジアと南アジアの十字路に位置するが、近代ユダヤ史の文脈でみると、中央アジアと密接に関連しているので、この地域に含められた。

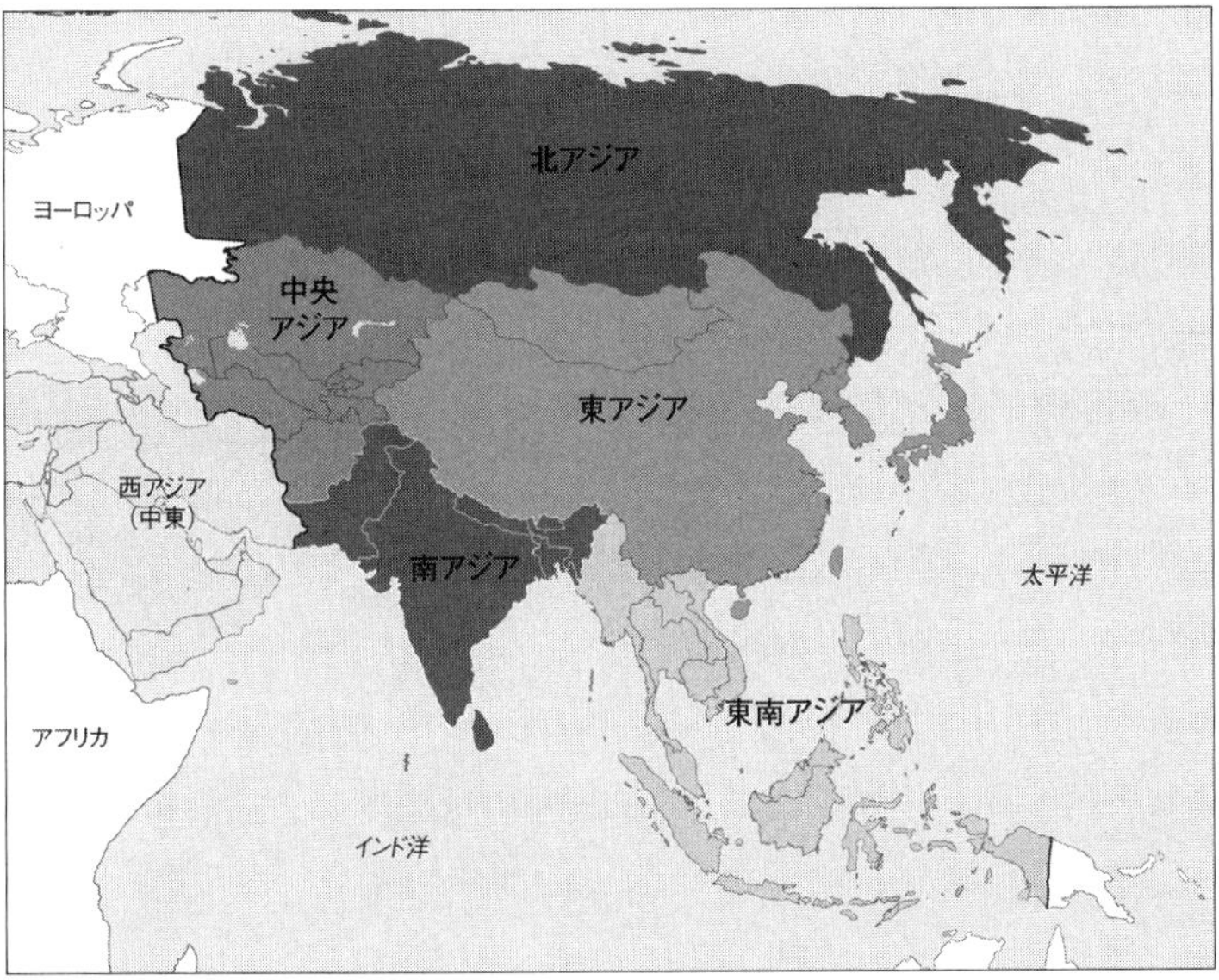

地図１－１　アジアとその主要地域

この六ヶ国は、合計すれば四七〇万平方キロメートルあり、二〇二〇年時点で約一億一二〇〇万人が居住している。古代、この地域の南部域には、まばらであるがイラン人が定住していた。しかし、紀元五世紀から一〇世紀にかけて、チュルク語系の住民が広がっていき、イラン語に代わってチュルク諸語がおおむね話されるようになった。イスラムによる中央アジアの占領は紀元六七四年に始まり、三世紀後には、この地域の住民は大半がイスラムに改宗していた。イスラムは共通のレガシーを残し、今日に至るまで、土着住民の文化に多大なインパクトを及ぼしている。一九世紀後半、帝政ロシアがアフガニスタンを除く全地域を奪い取り、アフガニスタンはイギリスの手に落ちた。一九一九年、この地域で初めてアフガニスタンが独立した。残りは、ソ連邦の崩壊（一九八八〜九一年）まで待たなければならなくなる[13]。

ユダヤ人が中央アジアに到達したのは、古代である（地図1–2参照）。到達とその状況については、明確な証拠はない。しかし、この地域には、紀元前五世紀あるいは紀元前四世紀には、ユダヤ人の入植が始まっていたと考えられる。この地域のイスラム化が、既存宗教としてのユダヤ教の地位を定着させた。この地位は、モンゴルの支配時代でも維持された。この地域で一番大きいユダヤ人居住地は、一八世紀時点でブハラ首長国になっていた。特にその首都ブハラ（今日、ウズベキスタンに位置する）に最も大きいユダヤ人共同体があった。当地人口の約一〇分の一を占める規模である。さらにその東のコーカンド汗国（今日、ウズベキスタンに位置する）にも、小規模のユダヤ人共同体がいくつかあった。一八三九年、イランのマシュハド（シーア派の巡礼地）近郊にあるユダヤ人共同体が、ムスリムによって破壊された。このポグロムが、ユダヤ人の流出を促し、彼らはブハラそしてアフガニスタンへ逃れた。ロシアがこの地域を征服したことは、ブハラのユダヤ人にとってひとつの転換点となった。彼らは近代化の波に洗われ、ほかのユダヤ人共同体と接触を再開した。一九世紀後半になるとアシュケナジ系のユダヤ人がこの地域に定着し始める。しかし、アシュケナジ系がこの地域のユダヤ人共同体の主勢力になるのは、ソビエト時代、それもソ連西部域からの大規模疎開（一九四一年）になってからである[14]。

この区域の第二の地域が北アジアである。シベリアとしても知られる。北は北極海、南は中央および東アジアに接し、西は東ヨーロッパ、東は太平洋と北アメリカに接している。夏は短く、長期間続く冬は、極寒の時期である。大地はほとんど寒帯の森林（タイガ）で覆われている。南は比較的温和

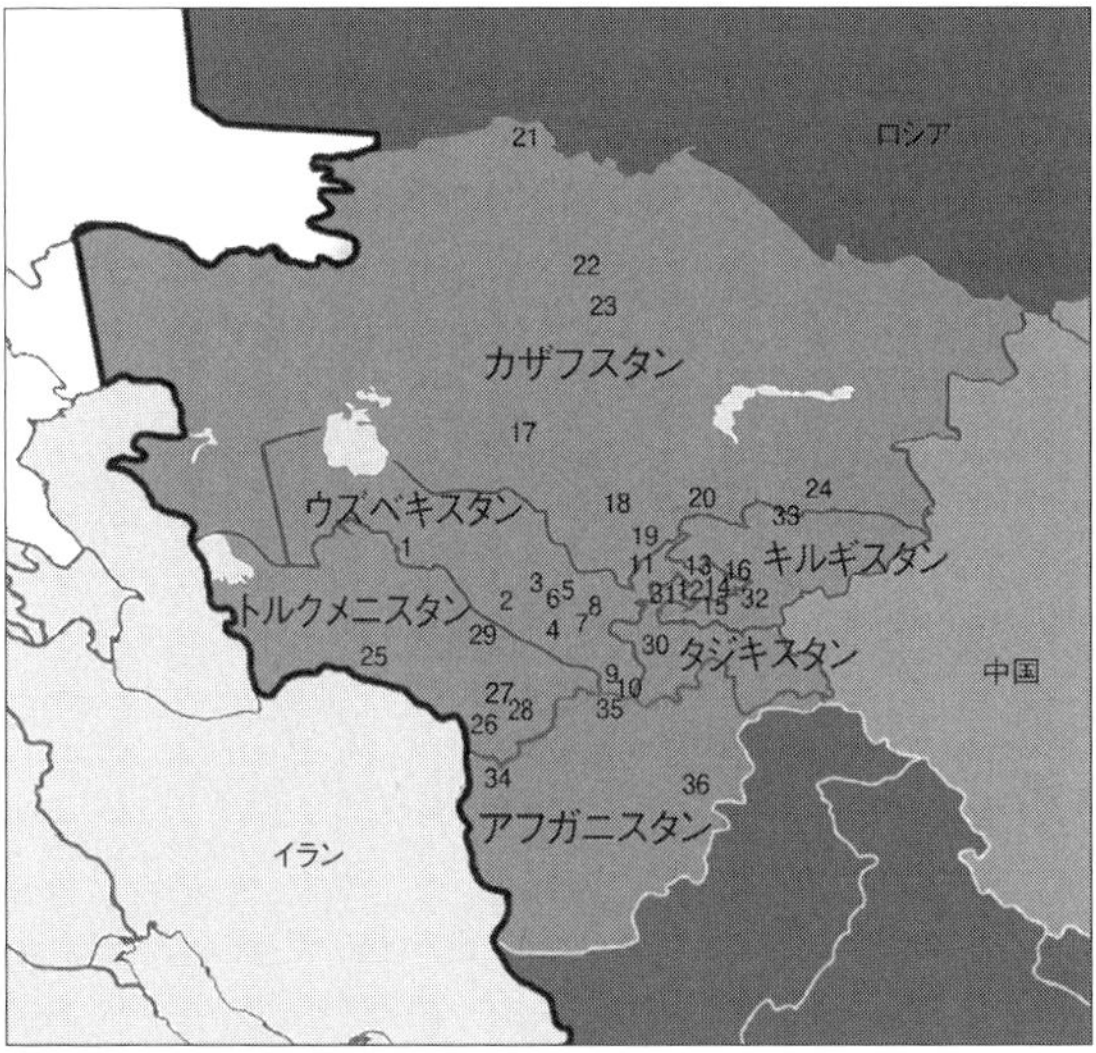

地図１-２　中央アジアの主なユダヤ人共同体

ウズベキスタン（正式名称 ウズベキスタン共和国；1991年までソ連邦；1917年まで帝政ロシア；1860年代〜70年代までブハラ首長国ならびにヒバおよびコーカンド汗国）：1. ヒバ；2. ブハラ；3. カルマナ（ケルマーン）；4. クワルシ（カルシ）；5. パイシャンバ；6. カッタクルガン；7. シャフリサブス；8. サマルカンド；9. シェロボード；10. テルメス；11. タシケント；12. コーカンド；13. ナマンガン；14. マルギラン；15. フェルガナ（ノビマルゲラン；スコベレフ）；16. アンディジャン．**カザフスタン**（正式名称 カザフスタン共和国；1991年までソ連邦；1917年まで帝政ロシア；19世紀までカザフスタン汗国）；17. クズロルダ；18. トルキスタン；19. シムケント（チムケント）；20. タラズ（ジャンブル）；21. ペトロパブル（ペトロパブロフスク）；22. アスタナ（ヌルスルタン；アスタナ；アクモリンスク；アクモラ）；23. カラガンダ；24. アルマティ（ベルニ；アルマ＝アタ）．**トルクメニスタン**（正式名称 トルクメニスタン共和国；1991年までソ連邦；1917年まで帝政ロシア；1870年代までヒバ汗国）；25. アシガーバト（ポルトラツク）；26. セラフス；27. マリー（メルブ）；28. ヨロテン（ヨロタン）；29. シャルジョウ（トルクメナバート）．**タジキスタン**（正式名称 タジキスタン共和国；1991年までソ連邦；1917年まで帝政ロシア；1870年代までブハラ首長国）；30. ドゥシャンベ（スタリナバード）；31. ホジェンド（レニナバード）．**キルギスタン**（正式名称 キルギス共和国；1991年までソ連邦；1917年まで帝政ロシア；1870年代までコーカンド汗国）；32. オシ；33. ビシュケク（フルンゼ）．**アフガニスタン**（正式名称 アフガニスタン・イスラム首長国；1863年までヘラート首長国；1919年までアフガニスタン首長国；1840年代までドゥッラーニー朝）；34. ヘラート；35. バルフ；36. カブール．

な森林地帯、北はツンドラ地帯である。過去数世紀、この地域はロシアに所属している。二〇〇〇年以降この地域は、三つの行政区――ウラル、シベリア、ロシア極東地区――に分けられている。明確に定義された行政単位である。約一三一〇万平方キロのこの地域はまばらな人口で、約三三〇〇万人（二〇二〇年現在）しか居住していない――全員ロシアの市民権を有し、主として南の境界域沿いに居住している。北アジアには、過去数千年、文字をもたない少数の部族民と遊牧民が居住していた。この人種上の構成が変わり始めるのは、一六世紀後半、ロシアの探検家と毛皮を求めるハンターが、ウラル山脈を越え始めた頃である。彼らが太平洋岸に到着するのは、一六三九年であるが、ロシア人の入植が始まるのは、それより一世紀後で、やがてスラブ系とほかのインド・ヨーロッパ語族の住民が、人口の八五％以上を占めるようになる[15]。

北アジアへのユダヤ人の進出は、帝政ロシア政府によって制限がかけられていたにもかかわらず、一九世紀初期に始まる（地図1－3参照）。ロシアの全体的拡大と共に進むが、西から東へのユダヤ人の移動は、漸進的であった。一八九一年に始まるシベリア鉄道の建設は、ユダヤ人の移住に刺激にはなったが、本当にシベリア進出の後押しをしたのは、帝政ロシア政権の崩壊であった。ソビエト時代、ヨーロッパ側ロシアで発生するポグロムを逃れ、あるいはフロンティア地域に新しい機会を求め、比較的多数のユダヤ人が、この地域を目指した。一九三四年、ソビエト政府はロシア極東部にユダヤ人自治州をつくった。ビロビジャンという新しい町を、その行政の中心地とする。そして、数年のうちに、ユダヤ人はその自治州人口の約四分の一を占めるようになった。シベリアにおけるユダヤ人の定住は、第二次世界大戦時の疎開の結果一番大きくなり、ソ連邦の崩壊で、急速に減少し始めた[16]。

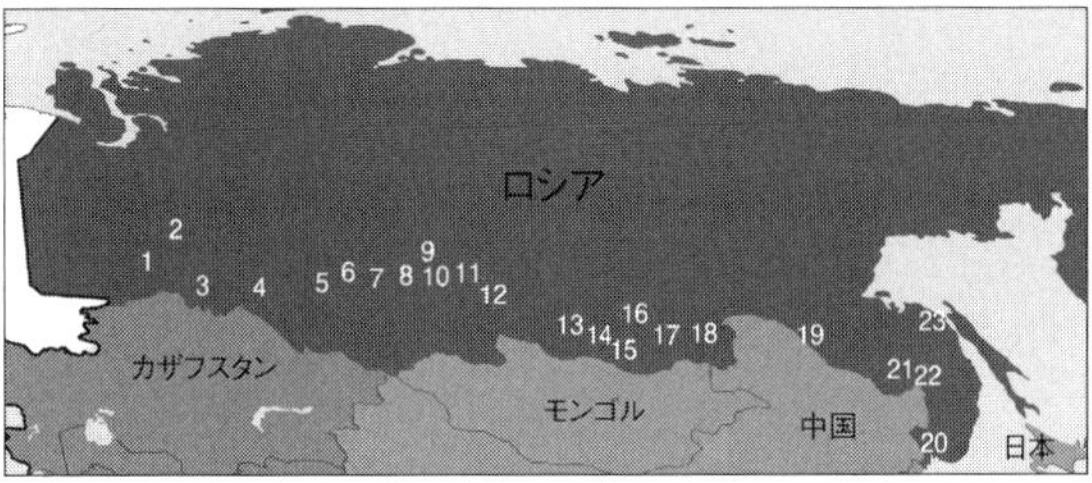

地図1-3　北アジアの主なユダヤ人共同体

ロシア（ロシア連邦；1991年までソ連邦；1917年まで帝政ロシア）；1. チュメニ；2. トボリスク；3. オムスク；4. クイビシェフ（カインスク）；5. ノボシビルスク（ノボニコラエフスク）；6. トムスク；7. マリンスク；8. アチンスク；9. エニセイスク；10. クラノヤルスク；11. カンスク；12. ニジネウジンスキ；13. イルクーツク；14. ウランウデ（ベルフネウジンスク）；15. ペトロフスク・ザバイカルスキ（ペトロフスキ・ザヴォード）；16. バルグージン；17. チタ；18. ネルチンスク；19. ブラゴヴェシチェンスク；20. ウラジオストク；21. ビロビシャン；22. ハバロフスク；23. ニコラエフスク・ナ・アムール．

第1部は三章構成で、中央および北アジアのユダヤ人共同体に焦点をあてる。トーマス・ロイが担当する第2章は、（ソビエト）中央アジアの伝統的（先住）ユダヤ人の歴史と文献を扱う。ロイは、学究的なものと民間に流布している資料が、純然たるユダヤ人集団をありありと描き出す、と述べている。それは、互いに離れ離れで孤立し、外部のユダヤ人世界からも切り離されている存在である。しかしながら、彼らの絡み合う歴史をもっと理解するには、さらに幅広い文化的・地理的文脈において、このユダヤ人集団の位置づけを必要とする。アンナ・P・ロネル担当の第3章は、一九四一年のドイツ侵攻に伴う大規模疎開を扱う。おそらく一〇〇万に達するアシュケナジ系ユダヤ人が、中央アジアへ移動した問題で、この章で検討するのは、新来者と彼らには異境の地アジアそしてその先住民（ブハラのユダヤ人を含む）との出会いである。この章は、疎開に伴う文化上の波紋、影響そして文学上の反応も分析する。特にグリゴリー・カノビッチとダイナ・ルビナの戦後の作品が、対象になる。ウラジミル・レヴィンとアンナ・ベレジンは、その担当する第4章で、一九世紀初期以降の北アジアにおけるユダヤ人の入植問題を、それぞれ検討する。元犯罪人とその子孫が裕福になり、ロシア帝国の西地域にあるペイル（ユダヤ人強制隔離地）でひしめき合って暮らす同胞を見下す、誇らかな人間に変わった。彼らの富とシベリアの共同体における役割が、建築面で表現される。大きくて目立つシナゴーグ、共同体施設、そして住人がユダヤ人であることを示す様式の個人宅である。

第2部　南アジア――英領および独立後のインドにおけるアイデンティティと文化

南アジアは、インド亜大陸と呼ばれる場合も多いが、大陸で最も人口が多く、人口密度も一番である。北はヒマラヤ山脈、カラコルム山脈そしてパミール高原から南はインド洋に至り、西はイランとアフガニスタンから東の中国そしてミャンマーに至る地域である。この地域には、インドを中心に、パキスタン、バングラデシュ、ネパール、スリランカ、ブータンそしてモルジブ諸島も含まれる[17]。この七ヶ国で面積がほぼ四五〇万平方キロ、人口は二〇二〇年現在で、約一九億人である。

古代、インダス文明は、二〇〇〇年間この地域の北西域で栄えた。紀元前一三〇〇年頃この文明の没落に伴い、インド・ヨーロッパ語系の牧畜をなりわいとする集団が北西インドへ移動し、すぐに農耕のライフスタイルとベーダ文化を築いた。紀元前五〇〇年頃、ベーダ・ブラーマンの統合があり、以来この地域でヒンズー教が支配的となる。イスラム教は、八世紀にこの地域へ侵入し始めるが、この後、北部インドにイスラム朝を確立するまで四世紀を要する。現代のウズベキスタンにあたる地域出身のムスリム戦士で部族長のバーブル（ザヒル・エッディン・モハメド）が、一五二六年までにムガール帝国を築いた。この帝国は次第に版図を広げ、ほぼ全地域を支配するまでになる。一二世紀後インド亜大陸の支配権を握るのは、イギリスとなる。イギリス東インド会社が支配する交易所のネットワークを通して影響力を広げ、一八五八年までにイギリス国王の直轄地（Raj）となった。通称インド帝国とか英領インドとして知られる（正式な成立は一八七七年）。一九四七年にイギリスが手放したことにより、この地域の国家独立を促した。しかしそれは、宗教（そして言語・文化）の線に沿った国家群となり、以来民族紛争が絶えない。今日、南アジアは、ヒンズー、ムスリム、シーク、ジャイナ、ゾロアスターの教徒民が住む、世界最大の人口を擁する地域である[18]。

これと対照的に、ユダヤ教は記録のある歴史のなかで最初に来た外国の宗教のひとつであるにもかかわらず、大きい集団になったことはない。南アジアで一番古いユダヤ人共同体は、南西インドのコーチン王国（一二世紀～一九四七年）にあった（地図１－４参照）、最初に来た時期ははっきりしないが、言い伝えによると、紀元前六世紀ジュディアから交易商が、コーチンの町（現コチ）に近いクランガノーレ（現クランガノール）に来た。紀元七〇年の第二神殿の壊滅後、もっと多くの人が来た。この地域で二番目に古いユダヤ人集団が、ベネ・イスラエル（イスラエルの息子たちの意）である、集団としては最も大きい。この集団の言い伝えによると、最初の到着は紀元一～二世紀である。しかしながら、エゼキエル・ラハビという名のコーチンのユダヤ人が、ほかとは違う集団に出会ったのが一八世紀、それより後の可能性もあるが、村の住人たちが、その伝統にユダヤ教の痕跡を残していた。ラハビは、彼らに標準的なユダヤ教のルールを教えた。この集団は、一八三〇年時点で人口約六〇〇〇人であったが増え続け、インド独立時点で、三倍以上の約二万人になっていた[19]。

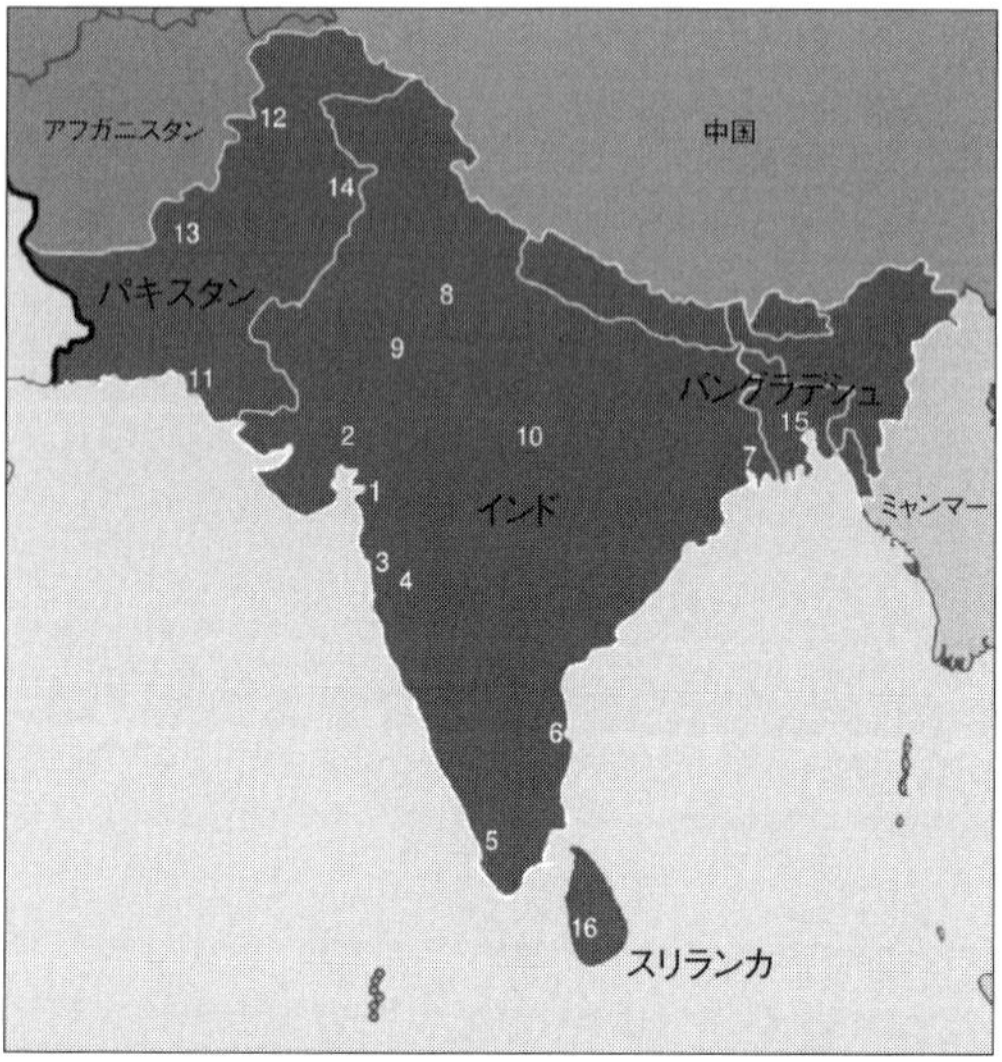

地図1-4　南アジアの主なユダヤ人共同体

インド（正式名称 インド共和国；1947年まで英領インド）；1. スーラト；2. アーメダバード；3. ムンバイ（ボンベイ）とその周辺；4. プネー（プーナ）；5. コチ（コーチン）とその周辺；6. チェンナイ（マドラス）；7. コルカタ（カルカッタ）；8. ニューデリー（デリー）；9. アジメール；10. ジャバルプル．**パキスタン**（正式名称 パキスタン・イスラム共和国；1947年まで英領インド）；11. カラチ；12. ペシャワル；13. クエッタ；14. ラホール．**バングラデシュ**（正式名称 バングラデシュ人民共和国；1971年までパキスタン；1947年まで英領インド）；15. ダッカ．**スリランカ**（正式名称 スリランカ民主社会主義共和国；1972年までセイロン；1948年まで英領セイロン）；16. コロンボ．

この地域には、別のユダヤ人集団が、小規模であるが、断続的に進出していた。それは一四世紀後半に始まる迫害を逃れ、あるいは追放され、イベリア半島から流出したユダヤ人難民であった。その後一七世紀には、地中海の港湾都市から同胞が来た。パラデシ（マラヤーラム語で外国人の意）として知られ、数百人がコーチンとマドラス（現チェンナイ）に住んだ。この後、イラクをはじめ中東の数地域から、まとまった数のユダヤ人が、この地域に流入し定着した。まとめてバグダディ系ユダヤ人として知られるが、一七三〇年ヨセフ・セマフのインド西部スーラト到着が、その始まりである。以来、バグダディ系の家族が相当数インドの主要港湾都市に移住した。ボンベイ（現ムンバイ）とカルカッタ（現コルカタ）である。バグダディは、この地域で総数一〇〇〇人を越えることはなかったが、商業の道に優れ、次第に英国風になっていった。そして一九三八年から一九四七年までの間に、ドイツ、オーストリアを中心に中部ヨーロッパから、約二〇〇〇人のユダヤ人がこの地域へ来た。ナチの迫害を逃れてきた人々であるが、第二次世界大戦が終わるとすぐに去った(20)。

第2部は、三つの章で構成され、インドのユダヤ人共同体とその文化的周辺を、地域全体に対する含みをもたせて記述する。ナタン・カッツ、ジョアン・G・ローランドそしてイタマール・テオドルの担当する第5章は、近代インド亜大陸に定住した四つの相異なるユダヤ人集団を概括し、彼らの経験した近代化との出会い、そしてその後に生じたアイデンティティ形成に焦点をあてる。そしてこのユダヤ人たちが集団あるいは個人として直面した主たる問題を指摘する。それは、インドの民族主義とシオニズムをどのように調和させるかという相克の問題であった。

ラン・アミタイ担当の第6章は、英領インドとその後独立したインド国軍でユダヤ人が果たした役割、を探求する。軍隊におけるさまざまな障害や制度の壁を調べ、それにもかかわらずユダヤ人が達成した業績を明らかにする。

第三のメナシェ・アンジーの担当する第7章は、数千人規模のイエメン系ユダヤ人とインド亜大陸のユダヤ人共同体の関係を検討する。一八世紀に始まるが、イエメンのラビと使者が、コーチンのユダヤ人共同体をはじめとするインドのユダヤ人集団で、宗教上の役割を果たすようになった。逆方向には、一八三九年にイギリスがアデンを占領してから、イギリス軍所属のユダヤ人（ベネ・イスラエル共同体出身）が、職員と役人として働いた。この相互関係が、インド洋を越えてさまざまなユダヤ人共同体の間に親密な結びつきを形成した。

第3部　東南アジア――歴史上のさまざまな遺産と共同体の芽生え

東南アジアは、大陸の東南地域で、アジアでは、その一部が南半球にある唯一の地域である。[21] その地域は、北は中国から南はオーストラリアとインド洋まで、西はインドとベンガル湾から東はオセアニアと太平洋までである。この地域は、文化や民族上極めて多様であり、さまざまな民族集団によって数百の言語が使われている。この一連の集団は、今日一一ヶ国に居住している。西のミャンマーから東へラオス、タイ、カンボジア、ベトナムそしてフィリピンへ至り、南へはマレーシア、シンガポール、そしてインドネシア、東チモールへ至る。マレーシアの東にはブルネイが位置する。[22] 総面積約四五〇万平方キロ、そこに（二〇二〇年時点で）六億五五〇〇万ほどの人間が居住している。

東南アジアに人間が住み始めるのはずっと以前であるが、鉄器時代に入ったのは、遅くとも紀元前五〇〇年である。この後インドのブラーフマナ（バラモン）の教えが渡来し、この地域は次第に（今日の）インドネシアとフィリピンでインド化していった。紀元三世紀に伝来した仏教は、もっと強固な地位を確立し、次第にヒンズー教を駆逐していった。この地域の北部域には、紀元一〇〇〇年末頃、中国の勢力と文化が浸透したが、南部域はイスラム教の拡散に影響された。この宗教との接触は紀元八世紀に始まるが、広まるには三世紀ほどの時間を要した。それは、武力を使いアラブとグジャラート（インド西部のヒンズーとイスラムの両文化が融合した地域）交易商のインパクトを伴って広まったのである。ヨーロッパ勢力の浸透は、ポルトガルが尖兵役を果たしたのが大きい。ポルトガルが、一五一一年にマラッカを占領したのが、そのさきがけとなる。当初ヨーロッパの進出は、領土の大規模占領よりは、交易所のネットワークづくりを特徴としたが、一九世紀になって、イギリス、オランダ、フランスおよびスペイン（一八九八年に合衆国によってフィリピンから駆逐される）によって、東南アジアのほぼ全域が支配され、組織的に資源を搾取されるようになる。一九四二年、日本がその全地域を占領し、一九四五年の降伏に伴い、非植民地化のプロセスが始まり、地域住民が、それぞれ独立するようになる[23]。

東南アジアにおけるユダヤ人の進出は、近代の現象である（地図1-5参照）。近代初期、定住者共同体はなく、まとまった数の来訪者もいなかった。本格的な進出が始まるのは、一九世紀初期になってからである。ヨーロッパの植民地が拡大するに伴い、ユダヤ人がこの地域に来るようになり、逗留者、定住者が増えてきた。彼らはいくつかの主要港湾都市に集中した。当時、この地域で最も重要な植民地勢力はイギリスであり、ユダヤ人はその支配地に居住した。ビルマ（現ミャンマー、ラングーンとマンダレー）、マレー半島（シンガポール、ペナン）である。さらに彼らは、オランダ領東インド諸島（特にバタビア、スラバヤ）、フランス領インドシナ（サイゴン、ハノイ）に進出し、一八九八年以降合衆国の支配下に入ったフィリピン（マニラ）にも来た。その規模は小さく、分散していたが、この地域におけるユダヤ人の在住規模は第二次世界大戦の直前にピークに達した。ヨーロッパから逃れてきたユダヤ人難民数千人が、この地域のユダヤ人共同体に受け入れられた。日本の占領時代、ユダヤ人

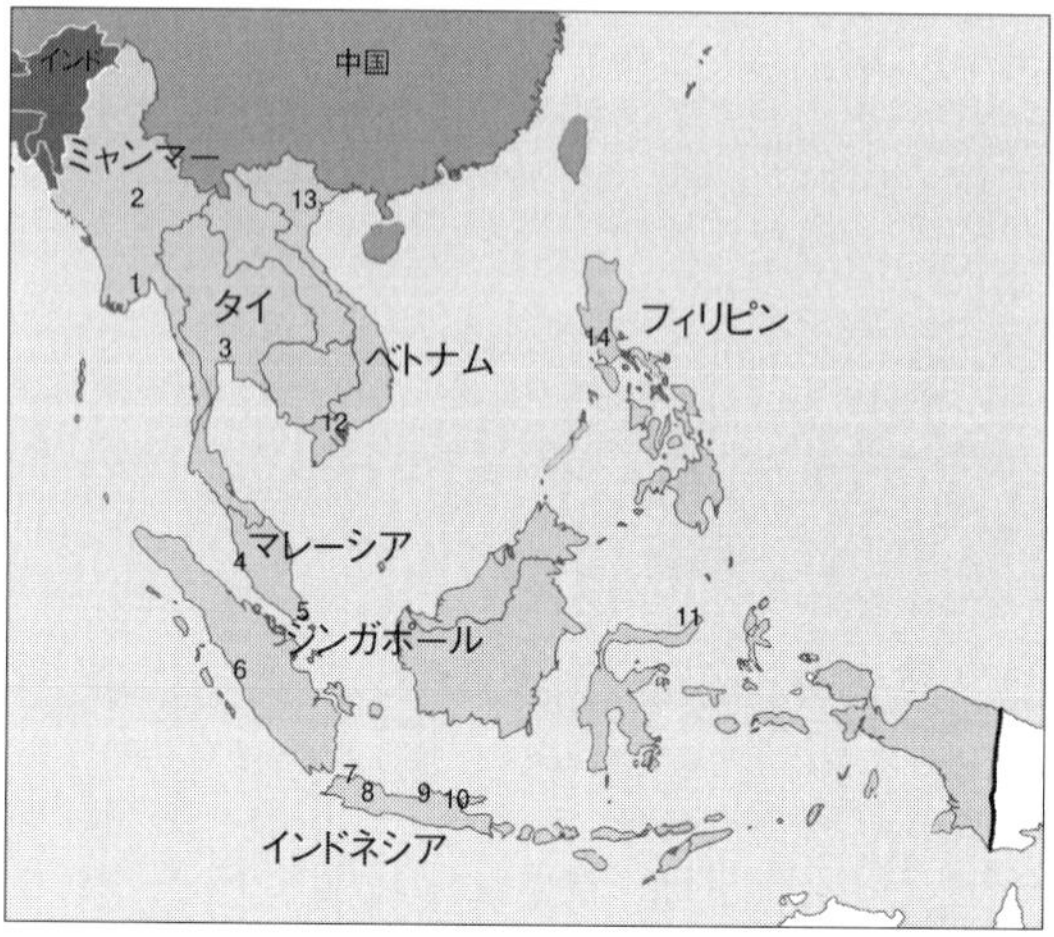

地図1-5　東南アジアの主なユダヤ人共同体

ミャンマー（正式名称 ミャンマー連邦共和国；1989年までビルマ；1948年まで英領ビルマ；1885年まで第三ビルマ帝国）；1. ヤンゴン（ラングーン）；2. マンダレー. **タイ**（正式名称 タイ王国；1949年までシャム）；3. バンコク. **マレーシア**（1957年まで英領マラヤ；1963年までマラヤ連邦）；4. ジョージタウン（ペナン, タンジュンペナガ）. **シンガポール**（正式名称 シンガポール共和国；1965年までマレーシア；1963年まで英領マラヤ）：5. シンガポール. **インドネシア**（正式名称 インドネシア共和国；1949年までオランダ領東インド）；6. パダン；7. ジャカルタ（バタビア）；8. バンドン；9. スマラン；10. スラバヤ；11. メナド. **ベトナム**（正式名称 ベトナム社会主義共和国；1954年まで仏領インドシナ）：12. ホーチミン市（サイゴン）；13. ハノイ. **フィリピン**（正式名称 フィリピン共和国；1946年までアメリカ植民地；1898年までスペイン植民地）：14. マニラ.

の多くは、収容所に入れられ、戦後になると、特に独立を果たした地域から出ていくことになる。その多くは、合衆国、西ヨーロッパそしてイスラエルへ向かった。近年、この地域には、小さいユダヤ人共同体が復活ないしは出現するようになった。主にイスラエルから海外へ進出した者と長期滞在者である(24)。

この第3部は、三つの章で構成されている。故ヨナタン・ゴールドシュタイン担当の第8章は、シンガポールのユダヤ人共同体の勃興を扱う。イギリスの支配下で成長したこの港湾都市で、当初ユダヤ人は麻薬の密輸で栄えた。しかし時間の経過と共に、ほかの仕事につくようになった。本章は、この通商共同体の変容とその文化と宗教の意義を追跡する。

レナード・クリソストモス・エパフラスとロテム・コーネルの担当する第９章は、独立前後のインドネシアにおけるユダヤ人の生活を追究する。一九世紀、オランダ植民地主義の支配下で栄えたユダヤ人共同体は、（ヨーロッパから）遠く離れた小さい共同体であったが、難民流入で、一九四一年に最大規模になった。日本の占領時代ユダヤ人の多くは収容所に収容され、戦後インドネシアが独立すると、大多数はほかの国へ移住した。しかしながら、改革時代（一九九八年以降）になって、インドネシアには新しいユダヤ人共同体が出現する。本章はそれにかかわった指導者と共同体が存在するに至った背景を調べる。

アモス・ウェイ・ワン・リムの担当する第10章は、イギリス支配下のアジアにおけるバグダディ系ユダヤ人のネットワークと、アイデンティティ喪失の危機を検討する。対象とする時代は非植民地化時代、地域は東南アジアに焦点をあて、特にシンガポール共同体の存続問題を扱う。植民地化の過程で、域外に生まれたバグダディ系ユダヤ人ディアスポラのかりそめのアイデンティティは、イギリス化として固まっていく。しかしながら、非植民地化に伴い、ユダヤ人共同体のなかで階層分離が進む。イギリス化したエリートたちが英語圏の国へ移住し、あとには貧しい者が残るのである。シンガポールにみる通りである。

第４部　東アジア――中華圏における共同体と政治活動

東アジアは大陸の東部域である。それは地理上および民族文化（ethnocultural）双方で定義される。

北は、シベリアおよびロシア極東部から南は東南アジアまで、西は中央アジアから東の太平洋までの地域である。古代より中国とその文明に支配されていたが、今日、この地域には、ほかに日本、韓国、北朝鮮、台湾、モンゴル以外に、小さい自治属領（香港、マカオ）が存在する。[25] この六ヶ国の総面積は（二〇二〇年現在）一一八〇万平方キロ、人口は一六億を越える。アジア第二の人口を擁し、人口稠密なこの地域は、アジアのなかで一番生産性が高く、発展している。

史上、中国が常にこの地域第一、最大、そして最も人口の多い国であった。その文明の歴史は、紀元前二〇〇〇年にさかのぼる。ほかの東アジア域に対する中国のインパクトは絶大であった。民族の起源が違い、言語上の系統の違いもあるが、ずいぶん後になって朝鮮半島と日本列島に出現した文明は、いくらかバリエーションがあるが、近代に至るまで中国をモデルとした。一三世紀、この地域の大半は（日本と台湾を除く）、モンゴル帝国によって占領・支配された。モンゴル（元朝）の敗退と共に、日本が中国と朝鮮の主権に挑戦するようになる。倭寇による海賊行為であるが（一五五五年南京に迫った）、やがて半島侵攻に至る。しかしながら、一七世紀になると、この地域の主な国家は、ヨーロッパによる通商上の囲い込みと植民地主義に対応して、准鎖国政策をとりながら、平和と繁栄の時代を迎える。一九世紀後半になって、まず日本が急速な近代化に取り組み、やがて帝国主義の時代が始まる。その時期日本は、朝鮮半島を支配し、中国大陸の相当域を占領するまでになった。しかし、やがて西側列強の排除に失敗する。第二次世界大戦後のいわゆる戦後期、特に一九九〇年代以降、全地域が繁栄を謳歌し、次第にグローバルな主導的一動力源としての地位を取り戻していった。[26]

この地域にユダヤ人共同体が生まれたのは、おそらく一一世紀頃と思われる。中国中部の開封に

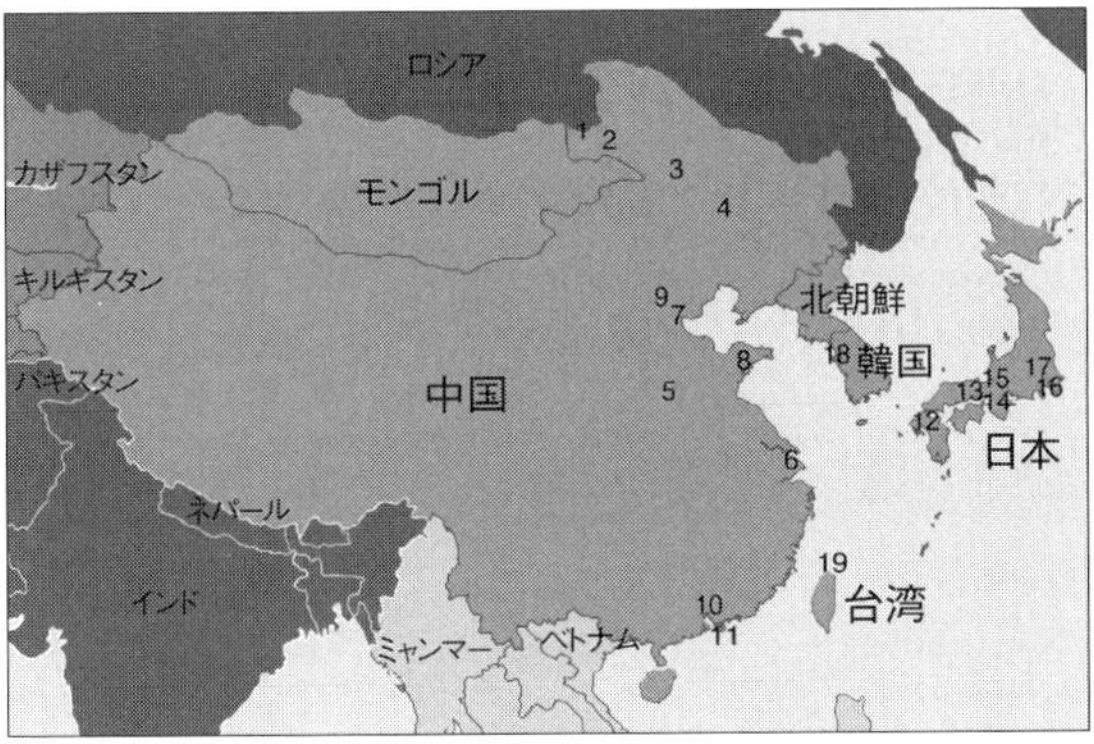

地図1-6　東アジアの主要なユダヤ人共同体

中国（正式名称 中華人民共和国；1949年まで中華民国；1911年まで清朝）；1. マンチュウリー(満州里)；2. フルンブイル(ハイラル)；3. 斉斉吟爾(チチハル)；4. ハルビン；5. 開封；6. 上海；7. 天津；8. 青島(チンタオ)；9. 北京；10. 深圳；11. 香港．**日本**（1947年まで日本帝国）；12. 長崎；13. 神戸；14. 大阪；15. 京都；16. 横浜；17. 東京．**韓国**（南朝鮮 正式名称 大韓民国，1945年まで日本の植民地；1910年まで大韓；1897年まで李氏朝鮮）；18. ソウル．**台湾**（正式名称 中華民国，1949年以降；1945年まで日本支配下台湾；1895年まで清朝支配下台湾）；19. 台北．

できた小さい共同体がそれである（地図1－6参照）。難民とおそらくはペルシアから来た交易商で構成される共同体は、一〇〇〇年近くも存続したが、一九世紀中期、太平天国の乱の時四散し、消滅した。崩壊に至ったのは、一部太平天国の乱が間接因であったように、同じ間接因で中国に新しいユダヤ人共同体が生まれた[27]。間接因の作用は偶然の話ではない。今回は、イギリスが第一次阿片戦争（一八三九～四二年）に続いて、清朝に港の追加開港を迫り（結局、上海など五港開港、香港は割譲）、それが進出の機会になった。バグダディ系ユダヤ人が、香港そして特に上海に定着した。一九世紀後半、小さいが豊かなバグダディ共同体が生まれ、二〇世紀初期には、ロシアからユダヤ人が来るようになった[28]。当初、シベリア鉄道の建設が弾みになったが、その後ボルシェビキ革命に続く迫害が、流入の原因となった。このユダヤ人たちは、満州そして特にハルビンに居住した。そのなかにはさらに南へ向かう人たちもおり、特に上海と天津に行った。同じ時期、それよりさらに小さいユダヤ人共同体が、日本にも生まれた。開国に続く急速な近代化のなかで、ヨーロッパとバグダディ系のユダヤ人が、外国向けに開放された主要港湾都市、長崎、神戸そして横浜に進出した。(29)

一九三〇年代後半から四〇年代初めにかけて、ナチの迫害を逃れたユダヤ人難民が流入し、中国と日本のユダヤ人共同体は大きくなった。しかしながら、アジア・太平洋戦争（一九四一〜四五年）の勃発の直前、日本は内地に住むユダヤ人の大半を、上海へ移送した。その上海には、この地域で一番、おそらくはアジアで一番大きいユダヤ人共同体がすでにあった。戦争中二万七〇〇〇人近いユダヤ人が、この都市に住んでいた。しかし、一九四三年から、その約三分の二が、全員国籍のない中部および東ヨーロッパから来た難民であるが、〝上海ゲットー〟として知られる部外者立ち入り禁止区域のなかに、閉じこめられた。この地域に住むユダヤ人の大半は、戦争が終わると特にイスラエルの建国、そしてその一年半後の中華人民共和国の成立と共に、ここを離れた。その後、日本、香港ではユダヤ人共同体が復活し、中華民国（台湾）には、新しい共同体が生まれた。一方、中国本土では、一九八〇年代の初めから、徐々に交流の窓口が開かれ、さらに経済発展もあって、ユダヤ人たちが戻り始めた。国外居住者と組織の職員で構成される新しい共同体がいくつか出現した。その共同体は、特に合衆国とイスラエルの出身者で占められている。(30)

この第4部は、中国とその周辺域を対象とし、四つの章で扱う。ロテム・コーネルとシュ・シンの担当する第11章は、アジアで最大のユダヤ人共同体を擁する上海を扱う。この市におけるユダヤ人共同体の起源を追究し、その興亡の背景、理由を調べ、過去三〇年の間に生まれた専門家と移住民より成る新しいユダヤ人共同体の出現・勃興を検討する。ヨシュア・フォーゲルの担当する第12章で扱うのは、ハルビンである。近代中国で相当数のユダヤ人が定住した最初の都市である。その大半はロシアからの移住者で、シベリア鉄道の建設に伴い、二〇世紀初期ハルビンが交通の要衝となり、ユダヤ人共同体は繁栄した。そのピーク時、ユダヤ人共同体は、二〇種も新聞を発行していた。しかし、一九三二年に日本が当地を占領し、さらには中国の内戦時（一九四五〜四九年）、共同体は衰退し、ユダヤ人の大半は当地を去った。第13章で台湾のユダヤ人を担当するのがドン・シャピロである。戦後期に生まれた比較的小さい共同体であるが、その歴史と発展過程を検証し、さまざまな個人と組織の果たしている重要な役割を指摘する。そのひとつが、二〇一一年に来島以来、この地のユダヤ人共同体を活気づけたハバッドである。ロテム・コーネルとウィリアム・G・クラレンス＝スミスの担当する第14章は、日本のユダヤ人共同体で、一九世紀後半に出現した共同体の浮沈を、調査する。一〇〇〇人足らずの小さい共同体ではあるが、今日、さまざまな集団と能力のある個人を多数有する共同体になっている。

第5部　仮想のアジア——見えざる共同体と失われた部族

本書の最終部は、ギデオン・エラザール担当の一章だけ。近代アジアにおける失われた十部族の探求が課題である。かつて失われた十部族をアジアで探そうとする、初期的な原型宗教シオニストの活動があり、今日では東インドのブネイ・メナシェの間を探す現代宗教シオニストの動きがあり、この二つに深い結びつきのあることを、本章は明らかにする。この後に続く結びの第16章では、近代アジアにおけるユダヤ人共同体の構成、人口上の特徴、独特な性格を検討し、この第1章で提示した一〇の手掛かりに沿って分析する。結びの章は、一八五〇年以降の各種共同体のサイズの推定も行い、アジアに対するユダヤ人共同体の貢献、そして近代ユダヤ史におけるアジアの位置づけに光をあてる。

第1部

中央および北アジア——ロシアの影響圏内の新旧ユダヤ人共同体

第２章

〝ユダヤトライアングル〟の終焉
――中央アジアの地理と流動性

トーマス・ロイ

〝私の父はアフガン出身、母はブハラ出身。ブハラ、ヘラートそしてマシュハド。これは三つの姉妹都市、いつも、いつも結び合っていた。ユダヤ人たちは、この三つの都市の間を行き来した。彼らは商人であったから、町から町を渡り歩いたのである[1]〟。

中央アジア（今日のアフガニスタンとイランの各一部を含む）におけるユダヤ人の存在は、古代にさかのぼる。全域でほとんどの町に、その足跡をたどることができる。この長い歴史の一部はよく調査され、相当詳しい情報が得られている。しかし、ユダヤ人共同体の存在を示す中央アジア地図は、近代の状況についても空白部分が多く、ユダヤ人の歴史伝承とのギャップが大きい[2]。通常、この中央アジアのユダヤ人集団に関する歴史と歴史記述は、近代国民国家ごとに境界で分けられている。最も学術的でかつ人口に膾炙している文献は、この一連のジュディオ・ペルシア共同体を、ほかのユダヤ〝民族〟集団と区別し、個々ばらばらとし、外部のユダヤ人世界と切り離された独自の存在として描く。我々の前には、イランのユダヤ人、アフガニスタンのユダヤ人、そしていわゆるブハラのユダヤ人がいる。ペルシア語を話すこの一連の共同体は、一九世紀後半ロシアの支配下、そして一九二〇年代になってソビエトの支配下に入った共同体である。

これら近代の文献は、文化的同質性と孤立した共同体の存在を示唆する。しかし、彼らがもつ幅広い文化的・言語的共通性と、重なり合う家族の縁故関係には、ほんのわずかしか注目しない(3)。この地域とその住民について、植民地時代、ソビエト時代そしてポスト・ソビエト時代の見方と記述、そしてまたヨーロッパ中心主義とイスラエルを中心とするディアスポラ観が非常な誤解を生み、これが各ユダヤ人集団の独自の自意識に写しこまれた。その共同体は、イスラエルあるいはブネイ・イスラエル（彼らの使うペルシア語方言ではバニイスラエル）と自認していたのであるが、二〇世紀になって、それも従来の居住地を離れてから、自分のはっきりした〝民族〟集団のアイデンティティを発展させたのである(4)。一連のジュディオ・ペルシア共同体は、経験という意味では、独自の、それも極めて多様な経験を有し、その過去と現在を把握するには、国家のスケールは、小さすぎると同時に大きすぎる。彼らの長期に及ぶ経験と絡み合った歴史をよりよく理解するためには、この集団を、もっと幅広い文化的・地理的コンテクストに戻す必要がある。さらに、我々が、奥行きと広がりのある系図的視野から、その歴史と共同体をみる時、政治的な情報の入った歴史学的方法論による従来のレンズを通して得られるものとは異なる時代区分と歴史記述上の識見を得る(5)。

ここに、ひとつ広く流布している話がある。つまり、ムスリム世界のユダヤ人が各地に多数の共同体をつくった。そして広く散在する共同体は、敵対し合い戦う帝国間の境界によって分断されたという(6)。しかし、この分散孤立という話は、次の事実を曲解している。すなわち、中央アジア、アフガニスタンそしてイランのユダヤ人共同体は、政治上の分断や地理的な距離があるにもかかわらず、二〇世紀に入っても連絡し合い、しっかり結びついていたのである。この共同体間の結びつき、そしてヨーロッパ、南アジア、アラブ世界そしてエレツイスラエル（イスラエルの地）との連絡環は――商人、巡礼、使者、教師、旅行者、書籍の配布、そして重要な点であるが家族間の結びつきを通して維持された――まったく〝普通ではない〟[7]。これらの地域では、個人や家族そして集団が、苦境を逃れ、あるいは新しい機会を求めて居住地を離れ、国境を越え、近隣のあるいは遠方の町へ移り、当地のユダヤ人共同体に加わり、あるいはまた新しい共同体をつくるのは、珍しいことではなかった。

ジュディオ・ペルシア系共同体――帝国と国民国家

ペルシア世界におけるユダヤ人共同体史は、近代よりも前、いやイスラム化よりも前の時代にさかのぼる[8]。一九世紀中頃まで、ジュディオ・ペルシア系の共同体が、さまざまなムスリム系帝国に、広がっていた。カージャール朝イラン、ムガル・インド帝国、そしてチュルク・ウズベク中央アジアである。いわゆる〝グレートゲーム〟（中央アジアをめぐる英露両帝国の抗争）による植民地の境界が生まれ、従来の階層的中央集権を伴う伸縮性のある境界概念にとって代わった。ロシアは、中央アジアの広域を占領・併合して、トランスカスピアとトルキスタンという二つの省に変えてしまった。一方イギリスは、中央アジアにおけるロシアの勢力、影響力拡大を抑えるため、アフガニスタンとブハラを緩衝国として形成し、維持した。この二つの首長国は、ライバルのヨーロッパ列強に従属したが、内政は自由であった。研究者ジョナサン・リーは、「ライバル関係にあった中央アジアの三大帝国は……一八九二年までに姿を消し、中央アジアの地図は、前の世代には見分けがつかぬほど、徹底的に書き換えられた」と指摘している[9]。それでも、現地に住む者にとって、地政学上の新しい線引きが、日常生活や移動そして自己認識に影響を及ぼすには、しばらく時間がかかった。

新しい帝国の境界に沿った広大な地域について、イスラムの史書と地図はコラサン（ホラーサン、ペルシア語で太陽の昇る地の意）と呼んでいる[10]。研究者サラ・コプリクは、〝古代コラサン（ホラーサン）に関する地理上の記憶〟について、「アフガニスタンのユダヤ人たちは、マシュハドからヘラート、マリー（メルブ）そしてサマルカンドに至る地域の文化的連続体の一部である」と断言する[11]。確かに、一九三〇年代までは、ブハラ、ヘラートそしてマシュハドを主要都市とするこの空間概念が、概念としてはずっとよい枠組みである。ジュディオ・ペルシア系共同体が互いにどのように結び合っていたのかを理解するうえで、役に立つ。さらに、ブハラ人、アフガン人、イラン人として考える場合、国という枠組みよりもムスリムの環境のなかでみた方がよい。中央アジアのユダヤ人のなかでは、この広大な地域が、時に〝ユダヤトライアングル（三角地帯）〟として言及されることがある[12]（地図2－1参照）。ユダヤ人の地理感覚と移動性を考えれば、このトライアングル内（そしてまたその外でも）の都市間の結びつきが特に重要である。さらに、このジュディオ・ペルシア系集団のなかでは、今日でも都市との結びつきが、帰属上の重要パターンとみなされている。事実、現在イスラエルや合衆国に居住する多くのユダヤ人は、自分あるいは数十年前に先祖が離れた中央アジアの町と、今なお連絡を保っている。なかには、自分の姓にこの出身情報を維持している人もいる[13]。

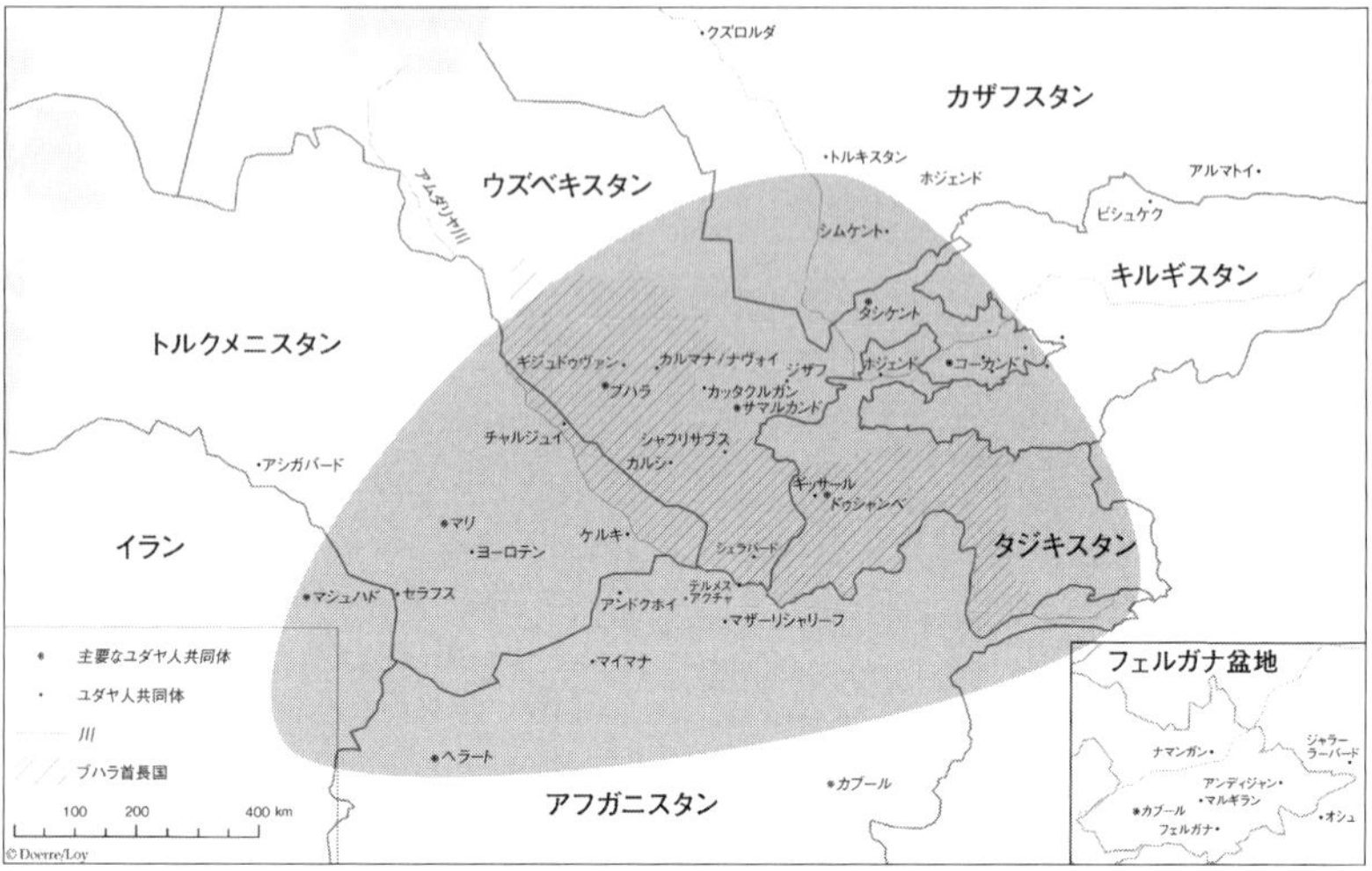

地図2－1　中央アジアの“ユダヤトライアングル”

この三つの主要都市のほかに、〝ユダヤトライアングル〟には、ユダヤ人の住む小さい町が含まれている。ウズベキスタンなら、例えばシャフリサブス、カッタクルガン、コーカンド、フェルガナ、アンディジャン。今日のイラン東部のトルクメニスタンとアフガンの国境沿いに、例えば、デレゲズ、セラクス、トルベット・エ・ジャム、トルクメニスタン南部に、例えばマリー、ヨーロテン、ケルキ、アフガニスタン北部に、例えばマイマナ、アンドクホイ、バルクー、マザーリシャリーフがある(14)。ジュディオ・ペルシア系共同体のある多少は知られているこの一連の町や、男中心のキャラバンサライ（宿場町、写真2－1参照）のほかに、地域一帯にユダヤ人共同体のある比較的知られていない町や村が、たくさんある。研究者のサラ・コプリクは、「アフガニスタンの北周縁一帯に……一九二七年時点で、おそらく少なくとも六〇のユダヤ人共同体があった」と示唆している。[15] 現代ソビエトの統計は、この見解を裏づけると考えられる。それによると、同じ時期ソビエトの中央アジア一帯に、二万を越えるユダヤ人が〝圧倒的に町と交易都市に〟居住していた。[16]

本章は、新しく設定された境界の近くに位置する、このような場所に触れる。それには、まずテルメスが含まれる。現代のウズベキスタン、アフガニスタンとの境界に近いところである。次がシェラバード。テルメスからそれほど遠くないところにある小さいオアシスの町で、バルクー（マザーリシャリーフ）とブハラを結ぶ古い交易ルート上にある。このユダヤトライアングルにあった緊密な文化的・経済的結びつきと家族間の関係が破壊されるのは、一九二〇年代後半から三〇年代前半にかけてである。この破壊は、政治上の対策と介入によって生じた。まずソビエト中央アジア、ついでアフガニスタンで起きたが、この一連の事象は、中央アジアをめぐる大英帝国とロシア帝国の覇権争いである、いわゆるグレートゲームの余波と考えられるが、これが古い交易および機動性のパターンに決着をつけたのである。そのような状況において、ソビエト中央アジア、アフガニスタンそしてイランのユダヤ人共同体（そしてムスリム共同体）は引き離され分断されていった。そうなって、時代的には一九三〇年代中頃である

写真2-1 ブハラからカザリンスクに到着したユダヤ人たち（1865～72年頃）

が、一九世紀後半にできた植民地境界が、しっかりと分けられ越えることのできぬ障壁になってしまった[17]。

中央アジアのユダヤ人共同体は、文化上・言語上それぞれに独自性をもつサブグループで、構成されていた。つまり、中央アジアのユダヤ人は、その住む場所によって、衣服、料理のほか、風俗、芸術、音楽などの文化的側面で、違いがあった[18]。彼らは、ムスリムの文化的環境に深く影響され、隣人のムスリムと、言語と文芸を含め文化上・伝統上ずいぶんと共通するところがあった。イラン、アフガニスタンおよび中央アジアのユダヤ人たちは、ペルシア語の方言を話し、ジュディオ・ペルシアと呼ばれるヘブライ文字の書式で、書いた。このジュディオ・ペルシアの書式で書かれた文書には、八世紀のものもある。これは現存する中世ペルシア語（New Persian）文書では、最も古いものである。ムスリムが話すペルシア語方言と同じように、ユダヤトライアングルで使われるジュディオ・ペルシアの方言は、地域により違いがあり、町の間にもバリエーションがあった。ヘブライ語（ムスリムの場合はアラビア語）は、一九三〇年代初期まで宗教学校で教えられ、主として礼拝用の言語として使用された。二〇世紀初期時点で、土着ユダヤ人の使う言語には、わずかなヘブライ語の単語しか含まれていなかった。二言語（ペルシア語とチュルク／ウズベク語）が、広く常用語として使われていた。ロシアが中央アジアを征服した後、ロシア語が事業を営むユダヤ人家族の間に影響を及ぼすようになった。しかし、二〇世紀中頃まで、ソビエト支配の中央アジアのユダヤ人共同体には、ほとんどインパクトを与えなかった[19]。

ユダヤトライアングル内外の行き来

中央アジアそして特にブハラのユダヤ人たちは、自分たちの出自、起源に気づいていた。サマルカンドのブハラ共同体の前会長マルキエル・ファジーロフは、ブハラのユダヤ人に関する作品集をいくつか編集した人物であるが、「今日、家族の歴史を一〇代までさかのぼって調べると、サマルカンドやほかの（中央アジアの）町に住むユダヤ人のルーツは、イラン、アフガニスタン、イラク、イエメン、シリア……にあることが判る」と述べている。[20]ファジーロフの主張は、ブハラ、アフガンそしてイランのユダヤ人たちが書き残した多くの人生録や自伝と照合した結果である。[21]それはそれとして、中央アジアのユダヤ人の紆余曲折のある家族史の多くは語られぬままである。その家族が住んだ場所も、今日では相当数が判らぬままとなっている。ユダヤトライアングルにおける人口変動が、一八三九年春に始まった。マシュハドに暴動が起きて、町のユダヤ人共同体は、イスラムへの強制改宗の憂き目にあった。この強制改宗によって、マシュハドのユダヤ人共同体は、公的には消滅し、改宗者は〝新ムスリム〟（アラビア語で *Jadid al-Islām*、ペルシア語で *Jadidi*）として知られた。

この改宗者の多くは、表向きムスリムとして振る舞ったが、密かにユダヤ教の信仰を守り、自宅や旅先で宗教上の戒律に従って行動し、儀式を執り行った。改宗せず移住した者もいる。その多くは、ヘラートをはじめアフガニスタン北部の町、あるいはもっと遠い中央アジアとイランへ移った。[22]多くの者が移ったヘラートでは、この難民たちがユダヤ人共同体の主力となり、当地がアフガニスタンで一番大きいユダヤ人共同体になった。[23]パリに本部をおくユダヤ人救援団体アリアンス・イスラエリー

写真2－2　サマルカンドのユダヤ人児童と教師
（1905～15年頃）

ト・ユニバーセル（Alliance Israélite Universelle）は、ペルシアではいろいろ活動したが、マシュハドでは、右のような強制改宗という特殊な事情のため、活動できなかった[24]。歴史家ダビッド・エロウシャルミによると、「一八九八年にテヘランのユダヤ人地区でアリアンスが最初の学校建設に着手、これが近代イランのユダヤ史の大きい転換点になった」のである[25]（写真2－2参照）。中央アジアのユダヤ人社会（アフガニスタンを含む）は、この点で異なる。ヨーロッパのユダヤ人慈善団体の接触と連絡は、この一連の共同体に影響を及ぼさなかった。この事実は、二〇世紀初期における〝ホラーサン〟のユダヤ人について、意味あるひとつのカテゴリーとして、その民族上の話を整理し考える必要性があることを示唆する（ホラーサンはペルシア北東部の歴史地域。現在のイラン北東部、トルクメニスタン南部、アフガニスタン南部にまたがる地域）。

ロシア支配下では経済、法制そして政治上の条件がよいのに惹かれて、トライアングル内外からさらに多くのユダヤ人が、ロシアのトルキスタンへ移動した。外国資本と技術が中央アジアへ流入したことにより、ユダヤ人移民と難民が、ブハラ首長国、キヴァの汗国、ヘラート、マシュハド、そしてカシュガル（中国西部）からさえやって来た。ロシアのトルキスタンの町に住むユダヤ人の数は大いに増えた。特に現ウズベキスタンのフェルガナ（アライ山脈の谷間）域の人口増が顕著であった。当地は二〇世紀になった頃、経済発展の著しいところで、経営手腕のあるブハラのユダヤ人個人事業者と商社（ほとんどは家族経営）が、紡績工場、炭鉱、鉄道、そして当時発展し始めたさまざまな産業に投資した。なかには、農園を経営する人たちもおり、ユダヤ人労働者の新たな採用を必要とする事業者もいた。ロシア経済とその輸出のインパクトを受け、ブハラのユダヤ人の間に職業転換が起きた。彼らは利益のない伝統的工芸品の製作（織物や染物など）をやめ、盛んになってきたサービス部門で、さまざまな分野の仕事についた。それから、ヨーロッパ人の移住者が増え、中央アジアの近代化に伴い、ブハラのユダヤ人仕立屋、美容師、靴の修理屋、靴職人、帽子屋が増えていった。ブハラのユダヤ人個人事業者は、ロシア帝国のなかで最富裕層に属していた[26]。

中央アジアが鉄道でヨーロッパとつながると共に、人の往来と商取引が相当増えた。当時の主要な商品が綿布についでカラクール羊の毛皮であった。二〇世紀の初め、この黒羊毛皮の輸出が爆発的に増加した。欧米の都市で急成長をとげるファッション市場で、カラクールジャケットが最新流行になった。一九三〇年代、カラクールジャケットは、まだアフガニスタンの主要輸出品目のひとつであった。カラクール羊は、伝統的に中央アジアのアラブ人が飼育していた。しかし需要の急増で（一九一二年だけで毛皮二〇〇万枚）、中央アジアのほかの遊牧民も飼育に加わり、投資家は中央アジアのユダヤ人たちとタッグを組んだ。ユダヤ人たちは、中央アジアのアラブ人やトルクメン人あるいはウズベク人などの羊飼育者と、国際バイヤーそして貿易商との間を仲介するブローカーとして働く者がよくいた[27]。ブームに沸く中央アジア市場は、マシュハドをはじめアフガニスタン北部の町をベースにするユダヤ人商人も惹きつけた。彼らは、古いスタイルのキャラバン交易を続けていた。新しい鉄道駅から、インドやイラン方面へ向かうのである。彼らのおかげで、中央アジアのユダヤ人は、インドやパレスチナのユダヤ人共同体そしてその市場と結びついた。同時に、このトライアングル内の鉄道沿いの都市の町が、ユダヤ人交易商や職人にとって仕事のうえで新しい魅力ある場所になった(28)。

インフラの整備が進むに伴い、旅行がずっと容易になってきた。トライアングル内の移動が（物理的・社会的に）ずっと容易になったので、かつては遠隔の地であったエレツイスラエル（イスラエルの地）は、もっと身近な存在となり、当地への旅行費用は以前より安くなり、快適性も増した。危険な長旅も、鉄道と蒸気船のおかげで、数日を要するだけとなった。その頃中央アジアのユダヤ人にとって、エルサレム巡礼の旅は、珍しい話ではなく、ある家族史には、次のようなくだりがある。

一九世紀末、ブハラのユダヤ人の三人ないし四人にひとりは、すでに聖地巡礼でエレツイスラエルへ行っていた。巡礼者たちは、ペサハの儀式や五旬祭に間に合うよう過越祭の直前にエルサレムに到着した。エルサレムでは、ラビと当地の名士たちが、巡礼の地位に合わせ賑々しく出迎えてくれるのである。巡礼者たちは、ヘブロン、ティベリアそしてツファットも訪れ……財布の紐を締めることなく、お返しに惜しみなく献金するのであった(29)。

一九世紀後半になると、巡礼者と並んで相当数のユダヤ人が中央アジアを離れ、パレスチナへ移り住むようになった。ブハラのユダヤ人は、エルサレムへの初期移住集団のひとつである。彼らは、一八九〇年代の初めここにコロニーをつくった。今でも〝ブハラ地区〟として知られる。エルサレムに建てられたブハラ居住地は急速に発展し、中央アジアのユダヤ人にとって文化上・宗教上最も重要な拠点となった。ここからジュディオ・ペルシア語による宗教書や文学書など一〇〇点を越える書籍が出版され、中央アジアのユダヤ人共同体へ送られた。(30) 一九世紀後半に起きた最初の移住の波は、第一次世界大戦の勃発とその後に起きたロシア、トルコ両帝国の崩壊によって、中断された。しかし、ユダヤ人の移住の波が生じたのは、トライアングルだけではなかった。(31) ボルシェビキの権力掌握とその後に生まれたソ連邦、そして一九三〇年に成立したアフガニスタンの民族主義政権の登場で、この地域から第二の移住が始まった。前回よりもっと大きい規模である。しかるに、ユダヤ人が中央アジアを見放し始めた時、ユダヤトライアングルに複数の新しいユダヤ人入植地がつくられた。(32)

中央アジアに生まれた新しい共同体――シェラバードの事例

一八七〇年代末、ユダヤ人孤児兄弟マタットおよびベツァレル・アラボフが、ブハラの町を出た。二人の行き先は、エルサレムでもロシアのトルキスタンでもなく、シェラバードであった。スルハンダリア地区の小さい田舎町で、テルメスそしてアフガニスタン国境から四〇キロほど北にある。兄弟が来るまで、シェラバードにはユダヤ人共同体や宿場がなく、二人はゼロから始めるつもりであったと思われる。兄弟は、町のバザールに店を二つ構えた。そして少しずつシェラバードで規模を広げていった。兄弟は土地を購入し、農業と家畜に投資し、地域のムスリム実力者とブハラのユダヤ人実業家を結び合わせ、さらにユダヤトライアングル――ブハラ首長国、アフガニスタンそしてロシアのトルキスタン――の人士と連絡の輪を広げていった。一八八六年、ブハラのトーラー学校で七年間学んだ後、一三歳になった三男のイスロエルがシェラバードに来て、兄弟の仕事を手伝うようになった[33]。彼らは、シェラバードとブハラを行き来して生活した。妻に会い、さらにユダヤ人の人生に欠かせないさまざまな儀式と祭りを執り行うためであるが、遠方のオアシスの町へ商売を広げていくことも忘れなかった[34]。

二〇世紀の初め、アラボフ兄弟は、シェラバードにシナゴーグと宗教学校を建設することを決めた。この施設があれば、ほかのユダヤ人事業者とその家族を惹きつけると考えたのである。そのためには、まず、トーラーの巻物が必要であったが、中央アジアには適当なソフェル（トーラーの巻物を書く人）がいなかった。そこで三兄弟は、トーラーの巻物三巻を注文するためエルサレムへ向かった。三人は任務を終え聖地巡礼の後、シェラバードに戻った。五年後、トーラーの巻物三巻が到着した。新しい共同体発足のニュースは、ユダヤトライアングル内にたちまち広がった。ヘラートからシェラバードに家族共々移住した男性が、新設のシナゴーグと学校の責任者となった[35]。ブハラのユダヤ人たちにとって、第一次世界大戦前の時代は、経済的に繁栄した時期であった。アラボフ兄弟にとってもそうであった。彼らは事業を地方にも広げ、ブハラに大きい家を二軒買った。子供たちの将来を考えて、ロシア語の教師を雇った。しかしながら、恵まれた時代は変わり、状況が急速に悪化していく。大戦勃発で自由な往来ができなくなり、中央アジアのユダヤ人経済が大打撃を受けた。大戦の混乱に拍車をかけたのが、一九一六年に発生したムスリムの暴動と、一九一七〜一九年の内戦である。ユダヤ人の生活は急迫し事業も破綻した。中央アジアのユダヤ人たちは、エルサレムの同胞との関係を断たれた状態になる。そのエルサレムでは、ブハラ地区の住民たちはロシア国民とみなされ、市から強制退却の憂き目をみた。

混乱のなかから前帝政ロシアとトルキスタンに、新しい勢力が登場した。ボルシェビキである。中央アジアの政治地図は、一九二〇年代中頃までに完全に書き換えられた。一九二四年後半、ウズベキスタンおよびトルクメニスタン・ソビエト共和国が、前ブハラおよびヒバ（前首長／汗）という人民共和国にとって代わった。この時代、ブハラのユダヤ人たちは、アフガン当局と良好な関係を維持しようと努めた。アラボフ一家のように、アフガンの市民権をとったユダヤ人が、いくらかいる(36)。中央アジアの多くのユダヤ人にとって、ソビエトの新しい境界よりもっと問題なのが、ソビエトの経済政策に生じた過激な変更であった。ソビエト時代になって導入されたリベラルな新経済政策（ネップ、一九二一～二八年）が、廃止されたのである。一九二八年、大転換（ロシア語で *Veliki Prelom*）の名のもとで、スターリンによって発動された過激な政策（第一次五ヶ年計画）は、アラボフ一家にもひどい打撃を与えた。彼らはシェラバードの土地財産を売り、ブハラそしてテルメスへ移った。子供たちは、家族の経歴を隠し、弾圧を避けるため、あらゆる手仕事をやった。この時代、シェラバードのユダヤ人共同体は崩壊し、住民は四散、遠隔の地のオアシスの町に存在したユダヤ人共同体の記憶も、薄れていった。ブハラのユダヤ史を扱った近年の書籍には、シェラバードのユダヤ人共同体への言及が一切ない(37)。

ユダヤトライアングルの終焉

一九二八年、ソ連邦で第一次五ヶ年計画が始まった。強制的集団化と定住化によって、ソビエトの中央アジアに飢饉が生じ、生活条件が大幅に悪化した。生活のあらゆる側面に対するソビエト化には、〝文化革命〟が含まれ、私有財産没収キャンペーンが伴っていた[38]。目撃者のひとりモルデハイ・バチャエフは、回顧録でウズベキスタンにいるブハラのユダヤ人について、その状況を次のように述べている。

スターリンの第一次五ヶ年計画が始まって……サマルカンドのユダヤ人地区にいるユダヤ人家族の大半は、私自身の家族を含め、今や食うや食わずのその日暮らしの状態になった。日常の生活必需品は、毎日少しずつ買わなければならなかった。貨幣価値は完全になくなり……共同体の生活には、昔の豊かな面影はなく、見るも無惨な状態になった[39]。

一九三〇年代初期、〝経済的・政治的・宗教的理由のため〟数万世帯がソビエト支配下の中央アジアを脱出し、アフガニスタンへ逃げていった[40]。そのうち約四〇〇〇人は、ブハラのユダヤ人――全共同体の一〇分の一にあたる――であった。ほとんど全部のユダヤ人家庭には、難民の親族や友人がいた。逃げたユダヤ人の大半は、迫害の対象になっている小規模経営の事業者で、ソビエトシステムのなかでは自分と子供に将来がないと判断して脱出したのである。彼らはパレスチナを目指していた。

ウズベクSSR（ウズベク・ソビエト社会主義共和国）を脱出した者は、新しくつくられたタジクSSR（タジク・ソビエト社会主義共和国）の田舎町（ドゥシャンベ、ホジェンド、クロブなど）へ行った。タジク語を身につけた教育ある者にとって、よりよい仕事につける可能性があり、国家の弾圧も比較的弱かった[41]。カブールとモスクワは、継続する越境脱出を遮断し、合法、非合法の越境貿易をコントロールしようとした。アフガニスタンでは、越境ユダヤ人は、たいていソビエトのスパイと怪しまれ、不審な目でみられた。多くの人が虐待され、投獄され、強制退去の憂き目にあった。一九三〇年代初め、アフガンの新政権が、輸出の国営化（特にカラクール羊皮）を導入した。これは、北アフガニスタンの特にユダヤ人共同体とその事業に、壊滅的打撃を与えた。一九三三年、カブールはソビエト国境沿いの町に住み当地で働くユダヤ人全員の完全撤収と出身地（ヘラート、バルクー、カブール）への帰還を命じる政令を出した。一九三〇年代中頃、結局この新しい経済政策は、これまでアフガニスタンに流入していたソビエトのユダヤ人難民もろとも、この国境沿いの地域からの完全立ち退きを意味することになる。北アフガニスタンのユダヤ人商業共同体の解体で、彼らはユダヤ人としての（信仰生活から生活手段に至る）存在基盤そのものを、奪われてしまった。アフガニスタン、イランそしてソビエトの中央アジアを結ぶ境界域の商業と文化の伝統的ネットワークは、一九三〇年代に、アフガニスタンとソ連邦の政治・経済戦略によって寸断され、ユダヤトライアングルはついに分解した[42]。

この時期、別のところで新しい共同体が建設された。テルメスの共同体がそのひとつである。一九二七年、アラボフ家の家長イスロエルが、ソ連邦南端の国境に位置するこの町へ、一五歳になる息子ミコエルを送った。洋服店を開設するのが目的であったが、将来（あるいは少なくとも一時的に）一家が移ってもやっていけるのか、手掛かりをつかむ意味もあった(43)。アラボフ家の親戚や友人たちが、一九一〇年代から、当地に住んでいた。アムダリヤ川の両岸にまたがるこの国境の町は、二つに分かれていた。右岸にはロシアの駐屯地があり、それを囲むようにしてロシア人の入植地があり、左岸にはムスリムが住んでいた。当時いたのは、ユダヤ人が一家族だけで、ロシア側に家を数軒持っていた。ユダヤ人の民家にシナゴーグがひとつあった。テルメスでの仕事はうまくいき、当地に来て一年後、ミコエルの結婚のためにブハラで見合いが準備されていた。婚礼の後若いカップルは、テルメスに戻った。アラボフ家は、息子のあとを追って一家をあげてブハラを出る準備をした。ブハラは、共和国がつくられた後、ソビエトの遠隔後背地になっていた(44)。

〝大転換〟の発表とネップの廃止に伴い、ウズベクSSR内のさまざまな町から、ユダヤ人の家族がテルメスに移住した。一九二九～三〇年頃、ブハラからの移住者が非常に増加し、新しいブハラ系ユダヤ人地区が生まれ、町のウズベク語学校のひとつに、ユダヤ人子弟を収容するクラスが設けられた。新来者の多くは、ソビエト・アフガン通商協会（*Afgantorg*）の地方支部のために、働き始めた。この協会は、アフガニスタンとの商取引を担当する公立機関として設立された。この機関を介してムスリムとユダヤ人の業者がテルメスへやって来て、当地支部の同僚の家に寝泊まりして、仕事をした。一方、ミコエル・アラボフは、テルメスで人脈を築き上げ、新設のソビエト機関で素早く経歴を積んだ。彼は、町のオゼト（*Ozet*：ソ連邦における労働者階級ユダヤ人のための土地手配協会の意）のメンバーとなり、さらにクストプロム（*Kustprom*：製造／産業労働者組合の意）の議長となり、四〇〇人を越える労働者を管理監督した。この労働者は、大半がブハラ出身のアシュケナジ系ユダヤ人で、この地域へ集まってきたのである[45]。同時に、一九三〇年代初期には、ソビエトの国境管理が厳しくなり、ソビエトの市民が正式にアフガン国境を越えるのは、事実上不可能になった。テルメスの国境近くに行くことすら、ソビエト国境警察からの特別許可を必要とした。以前、中央アジアのトライアングルでは、越境婚がユダヤ人の間で普通に行われていた[46]。これは、ブハラのユダヤ人がアフガンの公的パスポートないしはビザを入手し、ソ連邦を合法的に出ることのできる数少ない方法のひとつであった。しかしながら、一九三〇年代初期、この脱出戦略は、アフガンとソビエト当局によって、ブロックされた[47]。

アラボフ家の回顧録によれば、ユダヤ人の越境婚の最後の挙式のひとつが、一九三三年にテルメスで行われた。バルクー（アフガニスタン）のユダヤ人事業家が、商用でテルメスを訪れた。彼は三ヶ月間滞在し、一四歳になるユダヤ人女性と結婚した。結婚式を終えた後、彼はアフガニスタンへ戻り、花嫁一家のビザを送ったが、当局からすべて拒否された。結婚後一年ほどして、テルメスで女児が誕生した。生き別れ状態の夫婦は、一九三七年まで、交信を続けていたが、その年に連絡が途絶えた。事業家の夫はアフガニスタンを離れ、パレスチナへ行った。一方、嫁方の家族はテルメスを出てドゥシャンベ（タジキスタン）に移った。一九七〇年、嫁方の父親がドゥシャンベで死亡し、死亡広告がイスラエルにいる妹のもとへ送られた。年老いた事業家は、その広告を読み、かくして妻との連絡が再びできるようになった。彼は招請状を送り始めた。そして、今回はソビエトの出国ビザをとることができた。生き別れて四一年後の一九七四年、二人はイスラエルで再会し、元の夫婦に戻った[48]。

一九二〇年代末、ネップマンと中傷され、迫害されていた人物とその親族に対する圧力が、ますます強まってきた。特に目の敵にされたのが、ソ連邦の外に縁故をもつ元貿易商であった。そのうえに、

写真2－3　テルメスのアラボフ家（1930年）

国境の町テルメスへ来た新来者は全員が、ソ連邦脱出の機会をうかがう者との疑いをかけられた。一九二九年、アラボフ家の家屋が国家治安要員によって、初めて家宅捜索を受けた（写真2－3参照）。家長のイスロエルは、今後家宅捜索と弾圧が続くことを恐れ、アフガンの旅券を破棄することに決めた。後年彼は、「以来アフガン国境を合法的に越える機会を失ってしまった」と悔やむようになる[49]。この後一九三〇年代になって、状況は一段と悪化した。旅券を焼いたことに対する後悔は、ますます強くなる[50]。一方ミコエルは、自信を強めていた。新しいソビエトシステムを信じ、これに適応してキャリアを積もうとした。父親は悲観的で、アフガンの旅券がなければ、テルメスから、あるいはその近くで家族がアムダリヤ川を安全に渡るのは、不可能であった。彼は、次男のヤークブを下流のケルキへ派遣した。別の脱出ルートを探るのである[51]。

ソビエト中央アジアにおける生活

当初ソビエト体制は、中央アジアのユダヤ人口の明白な減少をもたらした。ブハラのユダヤ人たちは、ソビエト中央アジアから脱出した。一九三〇年代初期がその最盛期であった。よく使われた脱出ルートが、トルクメンＳＳＲ（トルクメン・ソビエト社会主義共和国）のケルキ経由でアフガニスタンのアクチャへ向かう経路であった。ケルキからアクチャまで、砂漠を通って行くのであるが、その距離が約一〇〇キロで、多くの難民にとって、このルートは行き止まりの道になった。捕まって刑務所で死んだ者もいれば、砂漠で立ち往生して死んだ者もいる。なかには、（大半は）案内人のトルクメン人によって、ソビエトの国境監視所に売られた者や、アフガン側の国境で追いはぎに襲われ、身ぐるみはがれたうえに、殺された者もいる。アラボフ家については、首尾よくソ連邦を脱出し、幾多の苦難の末、パレスチナにたどり着いた者が数名いる。それ以外の者は、悲劇に見舞われた。大家族のアラボフ家で、一九三〇年代中頃には、わずか成人男性四名が、ソ連邦のなかに残るだけとなった。[52]

現地育ちのユダヤ人たちの苦闘は秘密でも何でもなかった。一九三三年末、紀行作家ロバート・バイロンが、作品名にもなっている有名な、アフガニスタンへ至る「オキシアナへの道」沿いに、東へ向かって旅をした時、西のヘラートへ向かう多数の〝ブハラのユダヤ人〟難民と遭遇した。[53] イッサカロフ家のひとりは、タシケントとカブール両当局によいコネがあって、一九二九年から一九三三年までの間にブハラのユダヤ人九〇〇人を脱出させ、まずカブールへ移し、それからインド経由でエレツイスラエル（イスラエルの地）へ送った、と主張している。[54] ヤークブおよびガブリエル・アラボフのように、北部アフガニスタンで身動きがとれなくなった者もいる。この兄弟とその家族は、パレスチナのビザを持たず、この避難地から、一歩も進めなくなった。生活費を稼がなければならないので、アンドコイ・バザールに場所を借りて、反物屋を開いた。ここは、カラクール毛皮を扱うアフガン側のセンターであった。アフガニスタンの北端沿いの町では、一九三〇年代の初めまでユダヤ人交易商には、多くの機会があった。[55] しかし一年後アラボフ兄弟は、店を閉め、親族をはじめほかのユダヤ人難民と共に、アンドコイを出なければならなくなった。大損を覚悟で、手持ち商品を十把ひとからげで売り払っての脱出となった。アフガン当局が、国境からユダヤ人たちを追い出し始めたのである。居住地をヘラート、バルクーあるいはカブールの三ヶ所だけに制限し、従わなければ国外退去という処分であった。[56] ヤークブは、その前に妻と子供たちをカブールへ送り出していた。しかし彼らは、マザーリシャリーフで立往生した。妻と息子は低賃金の仕事についた。二ヶ月後ヤークブが当地で家族と合流し、やっとの思いで再び店を開いた。一年後の一九三五年、一家は家を借りることができた。

一方、彼らの難民グループのひとつがエルサレムにたどり着き、まだアフガニスタンにいる家族へ、ビザを送った。しかし、文書に数人の名前が欠けていた。パレスチナへの旅を続けることができたのは、一年後である。[57] 一九四八年、イスラエルが独立したが、アフガニスタンには、まだ四五〇〇人ほどのユダヤ人が残っていた。主としてヘラートとカブールにいた。一年後、ヘラートとカブールのユダヤ人共同体が、新生イスラエル政府に、何度か請願書を送った。イスラエルへの移住を希望し、支援してほしいという内容である。アフガニスタン出身のユダヤ人で構成される団体も、運動していた。アフガニスタン、英領インドそしてイランから近親者を救出しようと必死であった。この三地域には、アフガン（そしてソビエト）のユダヤ人難民が多数立往生していた。一九五四年までにアフガニスタンから約三〇〇〇人のユダヤ人がイスラエルに到達した。さらに一九六七年（の六日戦争）後に、再びアフガニスタンからの移住がみられた。一九七九年一二月にソビエトのアフガン侵攻が始まるが、それまでヘラートとカブールに、それぞれ二五家族ほどの小さい共同体が残っていた。共同体に残っていた最後のラビが、一九八八年にアフガニスタンを去った。そしてその二年後、共同体の礼拝が途絶えてしまった[58]。

ブハラのユダヤ人のなかには、続々と到着するアシュケナジ系ユダヤ人と共に、ソ連邦の後背地にとどまった者も多い。一九三〇年代中頃、新たな逮捕と資産押収に加えて、アラボフ家の家長（イスロエル）の健康が思わしくなく、残余のアラボフ家のメンバーは、アフガン国境を越えることができなかった[59]。彼らは、トルクメンの友人たちを介して、アクチャとアンドコイにいる難民と連絡を保ちながら、現地に踏みとどまっていた。そして連絡がつながる時が来た。一九三六年五月、イスロエルが死去し、しばらくしてミコエルが逮捕された。これで二度目である[60]。一九三六年初め、彼は一〇年の強制労働刑を受け、シベリアに送られた。かくしてアラボフ家はばらばらになってしまった。ユダヤ人がテルメスやケルキのようなソビエト中央アジアの国境域の町に住むためには、特別許可が必要となり、多くの者がやむなくその地域を離れた。かくして、ソビエト・アフガン国境沿いにあった一連の活気ある賑やかな交易都市は、ソビエトの貧しい後背地になってしまった。母親を含めミコエルの家族は、トルクスメニタンのマリーに移り、弟のルーベンは勉学のためブハラに送られた[61]。

ソビエトの国境を越えることができなかった者にとって、新設のタジクSSRの首都ドゥシャンベが、境界内での移動先になった。ソビエト中央アジアのさまざまな街からブハラ系ユダヤ人が、ドゥシャンベへ移動した。なかには、新設共和国の芸術と教育の分野で首都に送られた者もいるが、大半は、迫害から逃れるため、あるいはウズベクSSRの境界内には夢も希望もなく、専門職上の就職の見通しもないので、ドゥシャンベへ向かった[62]。大粛清の後、一九三〇年代末になって、アラボフ家の残る三兄弟の立場がよくなった。ホシドは国家の仕事で徴用され、ルーベンは実業学校を卒業し、大学進学の準備にかかった。そして思いがけぬことが起きた。ミコエルが労働キャンプから釈放されたのである。[63] 彼は、タジク・ウズベク国境の小さい町レガールに居住する許可を得た。タジクの首都から西へ約六〇キロのところである。ミコエルは、旧友のネットワークを復活させ、ドゥシャンベ・テルメス間の鉄道沿線の活気ある市場で、すぐに生活基盤を築いた。店を開き、家を一軒買って、マリーから家族と母親を呼び寄せた。[64]

ナチのソビエト侵攻の一年前にあたる一九四〇年、ミコエルの兄弟たちが赤軍に徴兵された。[65] いわゆる大祖国戦争で、友人、知人多数が戦死あるいは行方不明になったが、兄弟三人が生き残り。戦後中央アジアに戻ってきた。[66] ドイツ侵攻軍との戦闘に、ブハラのユダヤ人（一八歳から五五歳まで）約二七〇〇人が投入されたほか、それ以外の者はＮＫＶＤ（内務人民委員部）管轄の労働大隊（*trudarmia*）に強制動員された。そして戦場では一〇〇〇人を越えるブハラのユダヤ人が死亡した。[67] 戦中戦後、戦争回顧や、ナチズムとファシズムとの戦いが、ソビエト文学の重要なジャンルとなり、一九九〇年代以降になると、ブハラのユダヤ人の戦時体験を描いた回顧録が、多数出版されるようになった。[68] 第二次世界大戦後、特にイスラエル建国の後になると、ソ連邦では、反ユダヤ政策とプロパガンダが、劇的に増えた。一九五〇年代初期、いわゆる〝ソビエト・ユダヤ人共同体の暗黒時代〟に、宗教指導者が逮捕され、シベリアに送られた。タシケントのブハラ系ラビも、そのひとりである。[69] 反ユダヤキャンペーンのピーク時に起きたのが、医師の陰謀事件（ユダヤ人医師九人がスターリンをはじめ政権要人を毒殺しようとしたと称するデッチあげ）である。中央アジアのユダヤ人たちも、ソビエトの反ユダヤ主義の波から逃れることはできなかった。ルーベン・アラボフは、ドゥシャンベで昔からの友人たちの間でさえ反ユダヤ傾向が強まり、熱気を帯びてきた、と回想している。(70) 一九五三年にスターリンが死亡し、それに伴ってソ連邦でユダヤ人がおかれていた厳しい状況は、ゆるんできた。そして、アラボフ兄弟たちは、再びドゥシャンベでそれぞれの家族と一緒になることができた。一九五〇年代そして六〇年代、町のユダヤ人共同体は繁栄し、相当大きくなった。新しいシナゴーグがつくられ、トーラーの巻物二巻が安置された。二〇世紀初めアラボフ兄弟がエルサレムで作成を依頼した三巻のうちの二巻で、テルメスからドゥシャンベまで運ばれてきた。(71)

中央アジアのユダヤ人社会は、第二次世界大戦勃発の前から変わり始めていたが、劇的な変化をとげた。ソビエト中央アジア所在のユダヤ人共同体のなかには、縮小し戦後消滅したものがあり、その一方で相当大きくなった共同体もある。共和国の首都、そして新しい都市において、特にそれが著しい。例えばキルギス・ソビエト共和国の首都フルンゼ（現ビシュケク）は、ブハラのユダヤ人たちの新しい住み家になった。職を求め、ソ連邦内のすき間経済の機会を探して、集まってきたのである。(72) ソビエト中央アジア・ユダヤ人社会の近代化、経済成長そして生活水準の向上は、共同体の上昇志向とあいまって、ソビエト共同体のさまざまな階層と同じように、ブハラ系ユダヤ人にとって、生活の漸進的向上を意味した。(73) ヨシフ・モシェフによると、「中央アジアの諸共和国で文化的・科学的分野で働くブハラ系ユダヤ人の割合は、総人口に占める割合と比べれば、はるかに大きい」のであった。(74) フルシチョフの〝雪解け〟の短い局面で、中央アジアのユダヤ人の歴史と文化に関する科学的著作が、ソ連邦で出版できるようになった。一九三〇年代後半以降初めてのことである。(75)

前向きの新しい変化は、多くのユダヤ人が抱くソビエト国家に対する根本的概念を払拭することにはならなかった。一九七〇年代初め、ソ連在住のユダヤ人に合法的な国外移住が可能になると、多くのユダヤ人が躊躇せず出国ビザを申請した。一九七二年、ミコエルとルーベンが、ついにソ連からの出国許可を得た(76)。彼らは、イスラエルでついに兄弟ヤークブをはじめほかの家族そして友人たちと再会を果たした。シェラバードとテルメスに居住し、一九三〇年代初めにソ連邦から脱出できた人たちである。彼らは、荷物のなかに家族用のトーラーの巻物を入れていた。家族の再会を果たしたもののミコエル・アラボフは一九七八年に死亡した。しかしルーベンは、一九九〇年代テルアヴィヴに、シェラバード出身ユダヤ人のアラボフ・シナゴーグ（*bet haknеset-i "Sherobodiho"*）の建立・開設を目撃するまで長生きした。その間、一九九一年にソ連邦が崩壊し、これをきっかけとしてブハラ系ユダヤ人たちが中央アジアから大量に国外へ脱出した。

二〇二〇年代初めの時点で、ブハラ系ユダヤ人の数は、中央アジア全体で二〇〇〇人以下に減少していた(77)。本章で指摘した場所の大半は、ユダヤ人共同体の存在しないところになっている。現在共同体が存在するのは、ブハラ、タシケント、サマルカンド、コーカンドそしてフェルガナだけで、そこでもユダヤ人が減少しつつある(78)。中央アジアのユダヤ人の過去の痕跡は崩れつつあり、あるいはすでに消滅している。シェラバードやテルメスなど遠隔の地だけでなく、多数の旅行者——その多くはユダヤ人——が訪れた有名な都市でも、崩壊しつつある(79)。中央アジアにおけるユダヤ人の歴史は長い。しかし、その存在を物語るのは、ユダヤ人墓地だけになってしまう可能性がある。

第3章

ソビエト中央アジアへの戦時疎開とユダヤ人
——文化的出会いと文学

アンナ・P・ロネル

一九四一年六月二二日、ドイツ軍が対ソ戦（バルバロッサ作戦）を開始し、西部国境に突入した。独ソ戦の勃発に伴い、ソ連邦は、大掛かりで過激な政策に着手した。半年のうちに、数千の工場と産業機材そして膨大な原料と共に無数の住民——おそらく一七〇〇万人に達すると思われる——を東部へ移動させたのである。そのうち一五〇〇万人は、モスクワ住民であった。(1) 疎開民のなかには、アシュケナジ系のユダヤ人約一〇〇万人がいた。さまざまな出身の人たちで、主として中央アジアへ移された。彼らの到着によって、この地域がアジアにおけるユダヤ人共同体の中心地と化し、大戦終結までに、世界のユダヤ人口の一〇分の一ほどを擁するところになった。ソビエトのユダヤ史では、二回大きい人口移動が生じたが、そのひとつである今回の戦時疎開（ロシア語で *evakuatsiia*）は、ユダヤ人の生活とアイデンティティ上の変容効果を及ぼした。このユダヤ人たちは、ほかの疎開者と同じように苦労したが、それはそれとして、この短期移動は、ユダヤ人としての自己のアイデンティティに深刻な問題を提起した。それだけではない。多くのユダヤ人がソビエト国民としてのアイデンティティ問題に直面した。さらに、疎開者と中央アジア人、そしてユダヤ人と非ユダヤ人の双方にとって、両者の出会いは、人種、ジェンダー、階級そしてソビエト植民地主義の野望に対する従属という容赦のない厳しい問題を突きつけた。

中央アジアに疎開させられたアシュケナジ系ユダヤ人は、大別して三つのカテゴリーの人たちであった。疎開者、避難民そして被追放者である。ソビエト・ユダヤ人共同体の歴史研究者・故モルデハイ・アルトシューラーは、〝疎開〟と〝避難〟を区別している。前者は、産業施設とその従業員を前線に近い地域から移動させることを主目的とし、当局によって組織的に実施された。後者は、「間近に迫る危険から逃れる、独自判断による個人行為」を示す[2]。それはそれとして、ドイツ侵攻に伴う混乱時期には、疎開と避難の区別がつかぬことが往々にしてあり、疎開者と避難民は共に極度の困難に直面した。住むに家なく、食料は不足していた。タシケント、アシュガバート、アルマティあるいはサマルカンドといった大きい都市に移された疎開者は、中央アジアの片田舎に移され主として集団農場で働いた者とは、ずいぶん違う経験をした。疎開者をどこに移すかについては、対象者の地位と特権、縁故とコネをベースとして、地方の疎開担当部局が決めた。

ソビエト中央アジアへ送られたアシュケナジ系ユダヤ人は、出身についてもさまざまで、単一の集団ではなかった。モスクワ、レニングラード（現サンクトペテルブルク）を含むソビエトの都市出身者、ウクライナとベラルーシを主とするソ連邦の西部域出身者、ポーランド、ベッサラビアそしてバルト諸国のような外部域の出身者と、さまざまであった[3]。第二次世界大戦の第一段階（一九三九～四一年）には、ソビエトが新しく手に入れた領土から、かなりの数のユダヤ人が、ソビエトの労働キャンプへ移送された。一方、ポーランドでもドイツが占領した地域からは、ユダヤ人数千人が脱出し、ソ連邦へ逃げこんだ。ドイツの攻撃開始により、避難民危機が生じたが、主にソ連邦の西方地域（モロトフ・リッベントロップ協定前の）から、自主避難が始まり、その集団は東方向へ逃げた。女性、子供、老人を中心とし、当局から支援を受けていない集団であった。ポーランドから避難したり、あるいは移送されたりしたユダヤ人の正確な人数については、議論の余地があるが、おそらく三〇万人から三五万人のユダヤ人がソビエト内に移動したと考えられる。

戦時中ユダヤ人が中央アジアへ退避した問題は、前例のない規模であり、長期にわたる影響を及ぼしたにもかかわらず、つい最近まで学術上あまり注目されてこなかった。[4] 今日に至るも、一九四一年夏から秋の間に生じた正確な移動人数とその行き先（地域内の配分）に関して、見解の一致がない。しかしながら、一番新しい調査で信頼性の高いと思われる推定によると、貧しく厳しい生活環境ではあったが、戦時中中央アジアに約一〇〇万人のユダヤ人が安全な場所を得た。その数が一番多くなるのが、一九四三年初頭である。[5] 一年前、大量疎開の第一波が終わった時点で、そのユダヤ人の数は約八四万五〇〇〇人であった。この数字をベースにして考えると、この地域はユダヤ人避難民と疎開者総数の五七％を受け入れたと推定される。[6] 本章は、特に中央アジアへの避難・疎開と、それに続く苦難、さらには、この経験の文化的反響とその文学上の表現に関する状況を扱う。

疎開と中央アジアへの移動問題

アシュケナジ系ユダヤ人の中央アジアへの疎開先は、主にウズベキスタンとカザフスタンであった。

この地域の二大共和国である。ＮＫＶＤ（内務人民委員部―国家秘密警察機構）は、二つの共和国における大きいユダヤ人口の存在を示唆している。絶対数・相対数共に一番大きいのである。ウズベキスタンでは、一九四一年末現在で、ユダヤ人は疎開者全数の六三％ほども占めていた。一方カザフスタンでは、同じ年の一一月現在で、総数の四六・六％――すなわち約三〇万である。[7]第二次世界大戦は、疎開ユダヤ人だけでなく、中央アジア共和国とその共同体にとっても、変容上の経験となった。避難民の大量流入と急速な工業化は、徴兵と労働者動員とあいまって、中央アジア共和国をソビエト人民としての帰属意識（ロシア語で *sovetskii narod*）下に組みこみ、低開発で〝後進地〟という偏見の克服に寄与した。戦争は一段と食料および住宅の不足をもたらし、ソビエト経済に大きい負担となった。反ユダヤと反避難民の暴力は、この統合化の限界を示した。しかしながら、ソビエト国民としての不可分の一部との意識は、ソ連邦の崩壊まで消えなかった。中央アジアへの疎開で同時に起きたことがある。つまり、多くのアシュケナジ系ユダヤ人が、ソビエト体制下の社会的・政治的・経済的そして文化的荒波を乗り越えるすべを学んだのである。

戦時中多くの民族および宗教集団が、統合化に対し多面的な適応による生き残りの努力をしたことは、さまざまな民族が共存し互いに相手にすることができる形での接触ゾーンの形成に寄与した。よく引用される評論のなかで、マリー・ルイズ・プラットは、この接触ゾーンを、「諸文化が出会い、衝突し、そして互いに結び合う社会的空間」と規定し、「さまざま地域で生き抜いてきた人々であり、植民地主義、奴隷制その他の社会現象の余波を受けた極めて不釣り合いな力関係の文脈のなかでの出会い」であったと指摘している。[8]本章は、戦時中の中央アジアが、プラットの定義に合致すると論じる。この地域の接触ゾーンでは、多くの文化接触には競合的性格があり、政治的・宗教的緊張を伴い、時には暴力沙汰になることもあったが、それでも文化的協調と交流の目的に合致した類のない空間であった。これは、必ずしもユダヤ人だけの経験ではなかった。ロシア人、ウクライナ人、ベラルーシ人を含む二〇〇万人を越えるヨーロッパ域ソビエト人民が、ウズベキスタンなど中央アジア共和国へ送られたので、この疎開は文化上の大規模かつ強烈な接触をもたらした。それは戦場における接触経験に似てなくはない。チャールズ・ショーは、この疎開について、次のように指摘している。

ソ連邦の最も遠隔の地、経済的後進地で文化的には外国の外縁にあると考えるものとの文化的出会いと交流をもたらす一方、地元民の我慢、供給力そして受け入れ対応に重い負担をかけた。こある意味で、戦争が、首都を無理やり外縁部へ移し、消えることのない痕跡を双方に残した。この衝突が、二つの世界の距離をぶち壊したケースがいくつかあり、ほかの場面では、それが文化上の相違を強めることもあった(9)。

作家のグリゴリー・カノビッチ（生一九二九年）は、この一連の決定に影響を受けた者のひとりであった。一二歳のカノビッチ少年は、集団農場へ送られた。家族の低い社会的地位とソビエトでの経歴欠如のほか、ロシア語が流暢でなかったことが原因と思われる。あとひとつ考えられるファクターが、家族に組織上の縁故がなかったことである。それがあれば組織化され、世話をする管理体制があり、そして支給も受けられる集団に入れた。単独移動であり、工場、プラントあるいは大学の所属でないため、苦労の連続であった。少年カノビッチと母親は、コネのある組織なら提供してくれる支援や支給そして特権とは無関係であった。結局、集団農場が、組織とは関係のない避難民の行き着く先であった。彼らは自力脱出の場合が多く、ドイツの侵攻を前にして、行くあてもなく、大慌てで逃げ出さざるを得なくなったユダヤ人家族で、そのような家族は往々にして一家離散になった。(10)

アティナ・グロスマンが指摘しているように、「ヨシフ・スターリンのソ連邦が、残れるイスラエルの民に極めて苛酷でかつまた全体的に不本意なところであったであろうが、極めて重要な避難地を、しかもここが肝腎な点であるが、ムスリムの中央アジアで提供した」のは、歴史のアイロニーであった。(11)一九三九年当時、カノビッチ少年はリトアニアの町ヨナバに家族と共にのんびりと暮らしていた。ビリニュス（ビルナ）から約九〇キロのところである。その頃、彼はポーランド難民の流入を眺めていた。そのうち一五人が、ヨナバのユダヤ人共同体に受け入れられた。数十年後カノビッチは、「いつの時代も、ユダヤ人追放者と難民は、温かい思いやりと保護をまず神の家（シナゴーグ）に求めた。ラビ・エリエゼルは準備を整え、彼らの到着を待った。ラビが組織したシナゴーグ委員会は、共済基金を切り崩して、難民一人ひとりに資金援助をすることを決めた」と述懐している。(12)不幸にして、避難時カノビッチ一家を受け入れた集団農場には、組織化されたユダヤ人共同体は存在せず、支援体制はなかった。

ソビエト人民を構成するさまざまな民族が戦争で居住地から流出し、その疎開によって、アシュケナジ系ユダヤ人と諸民族との間に多角的な出会いが生まれた。彼らの多くが、カザフスタンとウズベキスタンの都市および農村部へ移ってきたのである。中央アジアは、アシュケナジ系ユダヤ人が一世紀前に定着し、一九四一年時点でしっかりした地盤を築き、その人たちが各地にユダヤ人共同体をつくりあげていた。しかしながら、疎開によってヨーロッパからユダヤ人が波となって押し寄せてきた。その規模はだいぶ違う。それだけではない。疎開は、彼らを、特にモスクワとレニングラードから来た者を、ソビエトおよびヨーロッパの文化代表にした。それだけではない。双方の政治的・思想的基準の伝達者でもあった。時は模範的ロシア化と近代化による、中央アジアのソビエト的〝文明化〟プロジェクトの真っ最中で、アシュケナジ系ユダヤ人は、しばしば〝未開の荒野〟に身をおいているように感じ、相手側からは、ソビエトシステムに組みこまれたアウトサイダーとしてみられた。なかには、カノビッチのように、ソビエトの生き方が目新しい人たちがいたのであるが、十把ひとからげでみられた。戦後多数の回想記が出されたが、それは彼らの素早い習熟度を示すと共に、中央アジアでユダヤ人が経験した文化的ギャップが、反映している。そこには、さまざまな形での文化的接触について、ユニークな視点が示されている。

まず明らかになったのが、疎開者間、特にソビエトのユダヤ人とポーランドのユダヤ人の間にみられた関係性が、複雑であった点である。ソビエトのユダヤ人は、ほかの出身者よりは多少なりとも縁故があり、政治上・経済上の常識もあり、言語上も有能で、仕事探しや食料調達を含め、さまざまな面で、同胞のポーランド系ユダヤ人を助けた。同時に、二つの集団は、文化上・言語上相当に共通する基盤があったとはいえ、争いのもとになる点が多々あった。イデオロギー上の立場が違い、宗教上の戒律順守に関する態度も異なっていた。疎開の結果、全員が中央アジアの文化的接触ゾーンに放り出され、さまざまな非ユダヤ人集団、地元のユダヤ人共同体を含む現地中央アジア人とつきあうことになった。接触による相互作用が、これまでになかった経験をユダヤ人に与えた。さらに、歴史研究者ナタリー・ベルスキーが指摘しているように、ポーランド系とソビエト系ユダヤ人の結びつきが、「疎開地でユダヤ人の精神的・文化的生活を豊かにした」のである[13]。ユダヤ教の信仰と伝統が何十年も弾圧されてきた後、ソビエトの銃後にもっと伝統を守るポーランドのユダヤ教徒が来たことにより、世俗的なソビエトのユダヤ人の間にも、宗教上の慣習が復活した。地域一帯で、ポーランドからのユダヤ人避難民が地元ユダヤ人共同体と共に祭日を祝い、伝統的な儀式に則り祈りを捧げることができた。信仰を守る行為に、ソビエトからのユダヤ人の多くが、躊躇せず参加した[14]。

アシュケナジ系疎開者と中央アジアの非アシュケナジ系ユダヤ人共同体との出会いは、これに比べるとあまり一般的ではなかったが、少なくとも注目すべき出来事であった。エリヤナ・アドラーが認めたように、このアシュケナジと非アシュケナジとの区分は、アシュケナジ系内の違いよりも大きかったので、出会いの印象はもっと強かった。この出会いに関する報告は、複雑であった。アドラーは、「ウズベキスタンを通過した少数の避難民は、当地にいるブハラのユダヤ人について触れていない。そのシナゴーグを訪れたり、あるいは彼らの支援を受けたりした者さえ、永続きする関係を築かなかった」と指摘している[15]。確かに、二つの共同体の個々人の間で言語が壁になった。特にロシア語を話さないポーランド系ユダヤ人の場合がそうであった。礼拝式が違えば宗教上の慣習も違っており、同じシナゴーグの共用を妨げた。さらに、奔流となって押し寄せた、まさに画期的ともいうべきアシュケナジ系ユダヤ人の大群と少し前の定着者を合わせれば、伝統的な共同体に属するユダヤ人の数などごく少数であり、ユダヤ人の生活では、とるに足りぬ存在であった。同時に、疎開者の集団移動は、ありとあらゆる面でユダヤ人にインパクトを残し、地元住民全体にも大きい打撃を与えた。

戦時中の中央アジアは、極めて低い生活水準に苦しんだ。その環境下で、疎開者のなかで最も弱い者、最も虚弱な者が、特に影響を受けた。かつて児童避難民であった人が、「孤児院は、あちこちから来た孤児で満員だった」とし（写真3−1参照）、「恐るべき貧困状態で、子供一〇人に靴一足の配給で、早い者勝ち。最初に手にした者が履いてしまう。残りの者は裸足で歩きまわることになった。私たちは腐った食物を与えられた。ときどき塩漬けキャベツの樽が開けられたが、ウジ虫がうごめいていた」と述べている[16]。

写真3−1　アンディジャン近郊のパータ・アバク・コルホーズの孤児院に収容された，ポーランド系ユダヤ人難民孤児たち．1945年の送還を前にした撮影

新入りの流入は、病気と飢餓をもたらし、チフスなどの伝染病蔓延のもとになった。タシケントでは、死亡者があまりにも多く、既存のユダヤ人墓地では埋葬場所が足りなくなり、一九四三年にユダヤ人墓地がつくられた[17]。しかしながら、文化的には、それは新しい接触の時であり相互に影響し合う時代であった。宗教面でも、新しい出会いが地元ユダヤ人共同体を豊かにしてくれた。東ヨーロッパからハシッド各派が丸ごとすべて集団で、疎開してきたのである。ソビエト政権は戦前、すべての宗教を対象に厳しい弾圧政策をとっていたが、戦時中は宗教活動に目をつぶり、その結果、地元ユダヤ人共同体も、一種の〝宗教復活〟を経験した[18]。例えばタシケント

の町では、当局が登録のない宗教活動――特に誕生から死に至る人生の節目で行う祭事と宗教上の家族の伝統行事を大目にみた[19]。このやり方で、一〇〇点を越えるトーラーの巻物が、疎開者によってウズベキスタンに持ちこまれ、そのウズベキスタンでは、一九四七年末現在で、シナゴーグ一〇ヶ所が運用されていた[20]。

文化生活では、ほかの面の活動もあった。シナゴーグ、ミンヤニム（礼拝のための集まり）の維持、ハシッド派集団に加えて、世俗のユダヤ文化団体が、中央アジア共和諸国に疎開した。ワルシャワのユダヤ劇団が、スターのイダ・カミンスカ（一八九九～一九八〇年）と共にビシュケクに疎開し、キエフのイーデッシュ（語）劇団は、戦時中カザフスタンとウズベキスタンにいた。一方、国立モスクワ・イーデッシュ劇団（ＧＯＳＥＴ）は、タシケントに疎開し、ショーレム・アレイヘムの作品「牛乳屋テヴィエ」を上演した[21]。同じように、俳優のソロモン・ミコエルス（一八九〇～一九四八年）、作家のデル・ニスター（ピンカス・カハノビッチ、一八八四～一九五〇年）など、多数のユダヤ人知識人とユダヤ反ファシスト委員会メンバーが、中央アジアで疎開生活を送った。彼らだけではない。中央アジア特にタシケントは、ソビエトの芸術団体受け入れで、第一の都市になった。中央アジアにおけるユダヤ人避難民の経験に関する厳密な解析は、比較的新しい。初期の出会いは、記録に残されてはいるが、一九四一～四二年の疎開でアシュケナジ系ユダヤ人が中央アジアで生活経験をし、ブハラのユダヤ人のような地元ユダヤ人共同体と出会っている頃、旧ユダヤ人隔離地区（ペイル）から来たアシュケナジ系ユダヤ人と地元との直接の文化接触がみられた。これほど重要なことはなかった。彼らはムスリムとも直接出会ったし、中央アジアの諸民族がもつさまざまな文化的伝統との交流もあった

写真３-２　ティムール霊廟（Gur-e-Amir）前のユダヤ人避難民（サマルカンド，1942～46年頃）

（写真３－２参照）。

カザフスタンとウズベキスタンをはじめ、中央アジアの諸共和国におけるユダヤ人の経験は、疎開から一九九〇年代の大量アリヤ（ヘブライ語でイスラエルへの移住の意）の後まで、数十年に及ぶ記録がある。それは、主としてサバイバルを基本とする話であり、戦中の混乱時における文化的・政治的挑戦、さまざまな文化、さまざまな宗教との出会いと交流、非ユダヤ人との複雑な相互作用、暴力、窮乏、そして反ユダヤ主義といった幅広い問題が含まれている。戦後自伝の形で書かれた作品、証言、回想にみられるサバイバルの話、中央アジアの諸文化とさまざまな伝統に対する受け止め方の変化をたどっていくと、それが、中央アジアの諸民族、諸文化との出会いにおけるアシュケナジ系ユダヤ人の対応を示す、貴重な資料であることが判る[22]。次の二つの小節で、二人の作者ダイナ・ルビナとグリゴリー・カノビッチの著作を通して、この戦時の体験と記憶を検討する。

都市の生活――都市部での共存モデルとしてのタシケント

ユダヤ人・非ユダヤ人疎開者の大多数は、産業プラントと共に送られ、そのため中央アジアのほぼすべての都市と町へ移らされた。そのなかで特に目につくのがタシケントであった。ここは中心的な疎開先となり、疎開のピーク時には、ユダヤ人二〇万人を収容したと考えられる。[23]そのため、数年間はこのウズベクの都市が、世界最大のユダヤ人集中地のひとつになった。ほかにもさまざまな民族、人種集団がおり、ドイツ共産党員亡命者すら、その大半が含まれていた。この戦時中、市の人口はほぼ倍増し、一九四四年までに一〇〇万を越えた。[24]もっと先の疎開地へ送られる者にとっては、タシケントは中継地の役割を果たした。ポーランドからは多数のユダヤ人避難民が当地へ来たが、そのひとりイツハク・パーロフは、夜半過ぎ当市に到着した時の第一印象を、「駅前の広場は、人、人、人で埋め尽くされ、波のように揺れ動いていた。ロシアの半分が中央アジアへ疎開し、ポーランド、リトアニア、ラトビア、エストニア、ルーマニアからも数十万の人が来ていた」と書いている。[25]

今日では〝パンの都〟として有名ではあるが、当時のタシケントの生活は、とても容易ではなかった。[26]疎開民の多くは、最も基本的な必需品を手に入れようと、もがき苦しんでいた。ポーランドのユダヤ人のなかには、ユダヤ人の救援団体から支援を受ける者もいた。特に活動的だったのが、アメリカ・ユダヤ人合同配分委員会（ＪＤＣ、通称ジョイント）であった。支援の届かぬ者は、闇市場でその日暮らしの生活を送った。[27]いずれにせよ、多くの人にとって、タシケントの多民族社会での生活は、本当に忘れられない経験であった。回想録、自伝的小説が次々と発表され、歴史調査の対象にもなった。このように、タシケントは、中央アジアにおけるアシュケナジ系の戦時生活の中心地で、その意味で群を抜く存在であった。この都市と当地におけるユダヤ人の戦時生活を描いた作品は多々あるが、なかでも多彩な作品を書いているひとりが、ダイナ・ルビナ（生一九五三年）である。イスラエルに移住したロシア語作家であるが、戦後タシケントに生まれ、自伝的小説のなかで、彼女の思いを託したタシケントとその周辺の描写は、東ヨーロッパのユダヤ人の生活にしっかり根付いているものを読むようである。ルビナの両親はウクライナ出身で、ソビエト軍の撤退の結果、二人共タシケントに逃げた。戦時のこのつらい体験が、ルビナの二〇〇六年度作品『通りの陽のあたる側』(*Na solnechnoi storone ulitsy*)の基本テーマである。著者の分身である主人公が、今は世界中に住むかつての避難民たちに、タシケントにおける戦時体験についてインタビューし、それを紡ぎ小説のなかに織りこんでいくのである。

ルビナの話に登場する人物の多くは、中央アジア住民の文化的伝統を学んだことに触れる。アシュケナジ系ユダヤ人避難民は、子供の頃自分たちとは明確に異なる世界に出会い、そのサバイバルの記録では、新しい食べものを手にする時の気持ちが、中心テーマとなる。次はその一例である。

ウズベクの薄い丸焼きパンの温かい匂いは、忘れ難い。私は、ここユタ州で夜になるとよく夢にみる……若いウズベクの職人が、棒の先でちょいと引っかけてとりあげる——少し焦げ目がついてちょっとふくらんだ丸焼き薄パン、真ん中のくぼみには、こうばしい香りのローストしたキャラウェーの種が、ちりばめてあった——このパンのためなら魂を売ってもよいと思った。温かい匂いが漂う。肝腎なのはあの匂い……全世界があの匂いのなかにあった[28]。

ルビナの小説は、文化的に優越する西側という観点から、ウズベキスタンやタシケントを軽蔑するようなことは、絶対にしない。帝政ロシアは、そしてその次にはソ連邦が、何十年も後進の地の原始的で〝遅れた〟弟分を強化・近代化しようとした。それでも、ルビナの描く人間の共同体は異なる。さまざまな背景をもつ人々の混合有機体みたいで、それぞれが、通りの陽のあたる側の生活を享受するに値する人々である。ルビナは、市の住民を〝原住民〟からだんだん上の現代的／優秀エリートに至る階級分けをするようなことはしない。さまざま性質の人々の集まりは、彼女にとって、市を特別な存在とする。イデオロギー上硬直せず、ほかの都市とは違う景色が生まれる。ルビナは、インタビューをしたひとりの子供時代の思い出を使いながら、タシケントの様子を、次のように綴る。「……私は隣人たちのことを思い出す。この小さい通りの一画には、あらゆるタイプの人たちが住んでいた。公的機関の人口調査によれば、九八の国と民族の人がタシケントにいたのである。まさにインターナショナルの神髄、〝ノアの箱舟〟であった……あなたがアルメニア人、アッシリア人、ユダヤ人、ギリシア人、タタール人、ウイグル人それとも朝鮮人と言っても、誰も驚かなかった」[29]。

同時に社会的な接触が、すべて前向きで肯定的であったわけではない。東ヨーロッパからアシュケナジ系ユダヤ人がやって来ると——多くの者がロシア語を話せなかった——中央アジアの反ユダヤ主義は前例のない強度に達した。〝国家官僚〟と〝党員〟と一緒になって、疎開者たちはユダヤ人をターゲットにして日頃の鬱憤をはらす傾向があった。地域で瀰漫していたソビエトの、ユダヤ人に関する一般的イメージは、全ソビエト帝国における場合と大変よく似ていて「最初に逃げ出したのは、ユダヤ人、戦争を避けた」という話が横行していた[30]。このイメージは、不信感と結びついていた。ユダヤ人とドイツの血を引く人が、国境に近い地域から移送されたケースがある。敵と協力する可能性を考え、先手をうったのである[31]。さらに、ロシア人やほかの東ヨーロッパ人疎開者と違って、特にタシケントに疎開させられたアシュケナジ系ユダヤ人は、大変〝目につく〟存在であった。ハシッド派特有の外観であったので、見逃せないのである[32]（男性は黒の帽子に足許に届く黒の外套を着用し、あご髭にもみあげを長く垂らしている）。彼らはよく反ユダヤの悪態をつかれ虐待された。それも地元住民によるというよりは、大半はヨーロッパからの疎開者と都市住民の行為であった。ソビエト当局は、〝反ユダヤ主義に対する戦い〟を続けた。時には、反ユダヤの言行の科で、逮捕したこともある。しかし、レベッカ・マンレイが指摘しているように、「何かが変わったことが、容易に知覚できた。多くの人にとって、反ユダヤ主義は受け入れられるものになった」と思われた[33]。

一方ルビナは、ポジティブな面に焦点をあてる。地元民との関係を書く時は、特にそうである。

当時、ウズベク人と私たちの関係は、全体的に大変温かであった。踊りに出場する姉の姿、ビロードのベストがついたウズベク衣装をまとった姿を思い出す。私は、ペルシアの新年（ナウルーズ）に着る、ポケットのついたドレスを着るのが大好きだった。それを着て歌を歌いながらウズベク人たちの家をまわり、甘いお菓子をもらった。一緒に踊ろうと近所の女の子を誘いに行くと、きまって母親が出てきて、パン一片れとか干し葡萄やナッツをひとつかみくれるのであった。客を歓待するのが、ウズベク人の生活の基本ルールのひとつである。そして私たちヨーロッパ人――あるいは私の父の友人のひとりがよく言っていた〝白人入植民〟は、時間がたつうちに、その資質をとりこみ、それが全タシケント式ライフスタイルの一部になってしまった[34]。

ルビナは、そこに共存と人を迎え入れる気持ちをみた。そしてそのライフスタイルをよしとした。「私は疎開者の子孫である。私たちは疎開者の話、彼らの生活体験を聞いて育った。タシケントは、さまざまなことが融合したところであった」と述べる。[35] ルビナは、中央アジアにおけるソビエトの事業に植民地的性格を、強く意識している。ソビエト帝国の端っこで成長し、疎開の苦しい経験と、育った都市のバイタリティの双方を評価するようになった。実際のところ、多くの疎開者が、苦難の時に助けてくれた地元民に深く感謝している。ウクライナから逃げてきたサラ・アムリンスカヤ（生一九三一年）は、戦時中暮らしたウズベキスタン東部の町アンディジャンで受けたウズベク人の温かい対応をしみじみと思い出す。「この人たちの功績を認めて然るべきである。その時代彼らはほぼ読み書きができず、大変貧しい人たちであった。本当に粗末な家で、子供がたくさんいた。一家族に六人から八人はいて、家のなかは人だらけの状態であった。それでも彼らは私たちを助けようとした」と述懐する。[36] 一〇歳のサラがチフスにかかり、死線をさまよったことがある。一命をとりとめたが、地元の老人が飲ませてくれた、薬草の煎じ汁が効いたと、今でも感謝している。[37] 小さい親切な行為、もてなし、あるいはちょっとした支援が、多くの避難民の命を助けたのである。彼らの記憶は、多くの肯定的な交流を反映し、中央アジア現地住民が提供したさまざまな支援のつながりを物語る。

ルビナのタシケントは、多面的な顔をもち、さまざまな言語がとびかう町で、陽のあたる日々と肥沃な地によって何世紀も育てられた、陽気なライフスタイルが、戦争、疎開そして再建のためタシケントに流れてきた多種多様な人間とその文化と、まじり合ったのである。この都市のイメージは、ロシアそしてソビエトの努力の結果だけではなく、ウズベク人の民族的アイデンティティ形成の長い過程の結果でもあった。一方、ポール・ストロンスキが論じているように、ソビエトの官憲は、ほかの多くの非ロシア共和国に対して行った同じやり方で、〝イメージ〟としてのウズベキスタンを創案したのである。それゆえに、中央アジアにおけるソビエト化は、過去のネガティブな面と称するものからウズベク人民を〝解放〟し、〝文明教化〟して、幸福なソビエトの未来へ押し進めることを意味した(38)。一方、モスクワのイメージをベースとするモデルとしての中央アジアの首都づくりは、いろいろな試みが行われた。しかしその多くは失敗するが、状況によりまったく違ったものに変容した。威容を誇るソビエト的建物が、一九六六年の地震で倒壊したように、古いタシケントの文化、戦後にみられる寛容な時代、そして比較的低レベルの反ユダヤ主義も同じ憂き目にあった。著作者の言葉を借りると、「人々がいがみ合い、愛し合い、悪戦苦闘し、盗み、そして自己の祭日を共に祝ってきた大いなるノアの箱舟」はその時までに……去ってしまったのである(39)。

農村地帯の経験――中央アジアの農場における厳しい生活

中央アジアの農村地帯に来た者は、通常特定の労働場所に組みこまれていない、避難民と移送民であった(40)。そのため、かなりの数のユダヤ人が、中央アジアの平原に散在する無数のコルホーズ（集団農場）とソフホーズ（国営農場）へ送られた。ソビエト農業の基幹部門である。この種の農場は、一九一七年のロシア革命後に出現し、戦争遂行上不可欠であり、労働力を必要としていた。疎開者の多くは、農場行きを選んだわけではないが、なかには農場ならパンと果物の安定供給があるだろうと空しい期待を抱いて志願した人や、風土上ソ連邦のどこよりもよいと自ら選択した者もいる。[41]この農場における報酬は、その名称や共産主義の大義名分とは裏腹に、労働力に比例したものであった。つまり、メンバーは使用人として扱われるのである。[42]この部門における生活は、ユダヤ人疎開者たちが証言しているように、過酷な労働を課せられ、単調で退屈であると同時に、人間同士の摩擦が絶えなかったが、同時に新しい人間との出会いと経験の機会もあった。

グリゴリー・カノビッチの中編小説『暗闇の顔』（*Liki Vo Tme*）（二〇〇二年）は、この側面を描く。それは、中央アジアの接触ゾーンにおけるさまざまな種類の人との出会いを通した、リトアニア系ユダヤ人のアイデンティティの変容に関する考察、とみることができる。[43]タイトルの顔とは、モスクワとレニングラード出身のロシアに同化したユダヤ人たち、カザフスタンに入植したロシア民族の人々、地元カザフの人たち、広大なソビエト帝国各地から送られてきた負傷兵たち、そしてその力を共同体、文化生活のあらゆる面に浸透させてくる圧倒的存在としてのソビエト当局の代表者である。カノビッチは、アラタウ山脈に近い〝トンカレス〟農場での体験を紡ぐが、主人公の名を借りて経験する、当地における民族、言語そして宗教上の側面、そして登場人物たちの多様な民族的顔が表明するさまざまな見方に、敏感である。そこに流れるテーマは、中央アジアにおけるソビエトのロシア化政策、内に隠れたあるいは露骨な反ユダヤ主義、ソビエト・ユダヤ人インテリゲンチャによるイーデッシュ語の喪失、避難民危機によってもたらされた人道上の大きい災難、スターリン主義政権の暴力的・権威主義的政治秩序である。青年カノビッチ（主人公名グリシャ）が、隣人たちと交流するなかで、カザフスタンにおける時間は、自分のアイデンティティを形成して成人となるうえで、基本的な経験の時であるだけでなく、ソ連邦におけるユダヤ史というもっと大きい現実を反映する小宇宙の場面でもある。

グリシャとほかの避難民の子供たちとの関係を理解するうえで、接触ゾーンの概念が重要である。モスクワとレニングラードから来た子供たちは、ロシア語を流暢に話すだけでなく、どのように振舞うべきかも判っていた。ロシアの主要都市で一般的・社会的・文化的規準になじんでいたし、政治的枠組みのあることも知っていた。集団農場にずっと住んでいる子供たち（そして大人）は、ロシア語とカザフ語の両方を話すと考えられ、さらにもっと重要な点は、彼らの政治的・社会的・文化的基準は、イーデッシュ語を話す避難民とは、大変違っていた。カノビッチがはっきり書いているように、ソビエトの権力とその組織は、広大なソビエト帝国の周辺部では、違った振る舞い方をした。その結果、地元民からは、一風変わった受け止め方をされた。しかるに主人公は、新しくソ連邦に併合された地域の出身であるため、この集団の双方にとってアウトサイダーであり、双方の信念と振る舞い方とは同様に異質であった。

ロシア語をソ連邦の共通語とする考え方は、多くのユダヤ人疎開者にとって、ひとつの挑戦であった。カノビッチは、信仰心が篤く、イーデッシュ語を日常語として使う家庭に生まれ育ち、一九四〇年にソビエト臣民になった人で、その面で苦労した者のひとりであった。当初言語上のハンディキャップがあったうえに、教育機関は、ソビエトのイデオロギーとプロパガンダ注入を優先する重い任務をもち、言語修得上効果的な学習手段を提供できなかった。集団農場には一部屋だけの学校があり、教師がひとりいたが、ロシア語がろくに話せず、ソビエト権力の中心であるモスクワとレニングラードから来た子供たちに、自己の権限を往々にして委譲した。その学校が、カノビッチの著作では、初期の接触ゾーンである。広大なソビエト帝国のさまざまな地域から来た子供たちの文化的出会いの場とされたが、どの場面でも失敗するのである。〝民族〟の言語に関する公的立場とはまったく裏腹に、この集団農場だけでなく、疎開者と避難者が到着した場所と同様に、ロシア語が、ソビエト文化の公的な国家媒体であり、ロシア語文学と公的なソビエトメディアの媒体であると共に、統合と社会化の標章であり、コルホーズ学校におけるすべての教育努力の要となった(44)。

コルホーズ学校は、カノビッチの話によく出てくる文化的接触の場であり、そこで主人公グリシャは、カザフの文化的伝統や、モスクワとレニングラード出身のユダヤ人避難児童、そしてソビエトのイデオロギーにさらされる。どこにもみられるスターリンの写真、特に有名なのがスターリンとマムラカトの写真で、いずれも、頭上にあって仰ぎ見る、ソビエトイデオロギーの視覚的シンボルとなった。マムラカトはタジク人の少女で、よく知られた綿つみ娘、ソビエト的聖像のいわば備品的役割を果たしていた。タシケントが中央アジアのモデル的都市であり、中央アジア共和諸国のソビエト近代化のシンボルであったように、彼女は中央アジアの模範的子供であった。主人公グリシャにとって、ロシア語の勉強は「ルスランとリュドミラ」の暗記、スターリンあるいはプーシキンの崇拝を通したロシア風の仕立てにされる絶え間なき圧力であり、寄る辺なき身の孤独感はつのるばかりであった。学校における文化交換が、集団農場におけるグリシャの時代の重点課題であり、生き残るためのものがきであり、リトアニアで身につけたものの喪失であった(45)。

カノビッチが描く移動のつらさは胸をうつ。それは、今までとは全然違うカザフスタンの生活に対する適応の話であり、文化上・言語上のギャップ、反ユダヤ主義、リトアニア系ユダヤ人避難民と集団農場の多民族社会との反目、誤解を背景とする集団農場の経験である。中心的様相のひとつが、食料不足と、配給の不透明さである。権威主義的な議長が、自分の権力をかさに着て、配給を恣意的に行い、自分の部族の領地のように支配する。(46)集団農場は、ソビエト経済を写し取った存在であった。欠損、無能な経営、計画供給の失敗、そして蔓延する腐敗を特徴とする。ここで指摘しておく必要があるが、アシュケナジ系ユダヤ避難民は、一九三〇年代の壊滅的集団化の後に、カザフスタンの地方へ来たのである。この時代カザフ人の三〇％ほどが死亡し、彼らの伝統的田園文化が破壊されたのである。(47)戦争遂行努力と過酷な労働法をもってしても、経済状況の改善にはつながらず、聞くに堪えない避難民の困難な状況をもたらした。

すべての話は一挙に帰結する。飢餓と欠乏、文化上の誤解、イデオロギー上のギャップの果てに、一〇代の少年たちは、集団農場の畑へ落穂ひろいに駆りたてられる。グリシャは、ソ連邦で何が犯罪になるのか判らぬままに、外に出て小麦の茎を枕袋へ入れる。カイヤー・ベクという登場人物が、集団農場におけるソビエト権力を象徴する。彼は警官であり、ＮＫＶＤ（内務人民委員部）の地方部員、判事そして刑の執行官で、すべての役割が合体した人物である。集団農場は、戦争遂行努力の支援に悪戦苦闘する社会主義事業である。したがって、避難民に対する給食は最優先事項ではなかった。ソビエト経済は、平和時にはうまく機能せず、戦時になると、もっと悪くなった。少なくともグリシャの見解ではそうである。食事を与えなければならぬ人はあまりにも多く、分けてやる人はあまりにも少ない。カイヤー・ベクは、グリシャの抱くイメージではソビエト権力となる。小麦を盗んでいるところを集団農場におけるソビエト警察の究極の代表に捕まり、グリシャは激しい拷問を受ける。カイヤー・ベクは、判事、陪審そして刑執行人を兼ねた人間であると自認し、一三歳のグリシャを鞭で叩きのめし、動かなくなった子を死んだと思い畑の真ん中に放置して去る(48)。

鞭打ちの後、命を救ったのは、ひとりのユダヤ人軍医。ドジュバリンスクの病院に入れてくれる。病床にあって、グリシャは南カザフスタンとリトアニアを比べ、出身地のシュテーテル（ユダヤ人村）が懐かしくてたまらない。

ドジュバリンスクは、キシュラク（*qistaw*：カザフ語で半遊牧チュルク系の居住地の意）ではなく、極めてまともな町である。緑があり、揚水ポンプがひとつ設置されている。駅があれば、店も三つ。私の生まれたヨナバには全然似ていない。しかし、どこか懐かしいところがある。ヴィリヤ（ネリス）のような川が流れ、カザフ人だけでなくユダヤ人もドジュバリンスクに住む。我らが父なる神が戻るまで、ここなら住める(49)。

病院では負傷兵や病院スタッフと交流があり、ソ連邦についてたくさんのことを学んだとはいえ、ユダヤ人共同体とユダヤ人の伝統から引き裂かれて生きるのは、グリシャにとってとてもつらいことである。軍用病院は、もうひとつの接触ゾーンとみることができる。さまざまな文化の人たちが出会い、交流する場である。しかし、グリシャにとって、詳しい証言を書いた多くのユダヤ人避難民にとっても、疎開に対する適応は極めて高い代償を伴った。

カノビッチは、人間の尊厳という観点から、中央アジアへの疎開と人道上の危機について、よく発言している。貧困、飢餓そして虐待といった基本的問題に焦点をあて、尊厳を侵害する問題として扱う。アビシャイ・マルガリートは、有名な作品『まともな社会』（*The Decent Society*）で、貧困は相対的な概念と強調し、「それは、収入配分にかかわるが、生存のための最低条件という社会概念にかかわる。この最低限は、人の命を維持するに必要なものという社会概念と結びついている。この最低限は、各社会の一般的な人道概念を反映する」と書いている[50]。戦前のソ連邦では、人間にとって適当と考えられる生活水準は、一様ではなく、地域上の位置、社会的・政治的地位によって相当な違いがあった。戦時下中央アジアの状況も同じであった。

カノビッチは、この時代に人間がおかれた状態を強く意識し、さまざまな苦しみのもとを指摘する。住居の極端な不足、飢餓レベルの継続的食料不足、当局による過酷な労働割当をはじめ、悪天候や厳しい気象にさらされ、着るものに乏しく、医療施設もない。支援組織はなく、祈りの場としての宗教共同体も存在しない。受け入れ側の善意いかんにかかった暮らしで、その受け入れ側も全体的に意志決定力と自治機関としての存在を失っていく——そのすべてが巧みに一本の線に織りこまれている。カザフスタンへの疎開時におけるグリシャの経験はフィクションではない。それは切実なサバイバルの話であり、苦しみの濃縮された避難民の体験で、ユダヤ史にも類をみない乱暴な移動である。全体的にみると、カノビッチのコルホーズ体験は、タシケントにおけるルビナのバビロンとは相当に異なる。いずれにせよ、ソ連邦における戦時サバイバルを記録した多くのソビエトおよびポーランドのごく普通のユダヤ人と同じように、この二人は、ユダヤ史、第二次世界大戦そしてホロコーストを理解するうえでの基本として、ユダヤ人の中央アジア疎開体験を提示している。

移動の結末

戦時ソビエトの集団大移動で、アシュケナジ系ユダヤ人約一〇〇万人が、中央アジアへ移動した。その多くは、この地域に三年から五年間とどまった。戦場が西へ動くにつれ、そして特に戦争が終わると、疎開者の大半は同じように戻っていった。ソビエトのユダヤ人は、戦前の住み家へ戻る場合がよくあったが、多くのポーランド出身のユダヤ人は、ほぼ一九四六年までに、本国送還となった[51]。しかし、相当数の人が現地に踏みとどまり、疎開者一〇万人とその子孫が、この地域、特にウズベキスタンに一九九〇年まで残留した。タシケントは成長を続け、戦後のソビエトで第四の都市に発展した。ユダヤ人疎開者の古い世代と若い世代双方にとって、中央アジアへの疎開体験がもとになって、次々と回想記が書かれた。ウズベキスタンとカザフスタンで過ごした時間、そして中央アジアでの諸文化との出会いは、ソ連邦のユダヤ人共同体に消すことのできぬ痕跡を残した。

しかし、ホロコーストの恐るべき規模が次第に明らかになってくるにつれ、ユダヤ人疎開者は、自分たちの戦時感想を、表に出さなくなった。彼らの戦後生活は、疎開経験について完全に沈黙を守るか、大祖国戦争という大きいテーマのなかに自己の記憶を封じこめるかを特徴とする。ソビエトの公文書館が公開されたのは、戦後半世紀もたってからで、研究者たちは、戦時の対市民政策、大規模疎開、そして戦中戦後の状況を徹底的に調査できるようになった[52]。ソ連邦の崩壊は、方法論のシフトをもたらし、ホロコースト調査は、ドイツとポーランドの大量殺戮発生地を越えた地域へ拡大されることになった。それには、中央アジアのような地理的外縁部が含まれ、アシュケナジ系ユダヤ人避難民の苦境に、新しい光をあてられることにもなった。疎開、そしてもっと大きい意味で、ユダヤ人のソビエト中央アジアとの出会いに関する文書は、日記、回想録そして目撃証言と共に、ソビエト政権が後に残した記憶のギャップに、初めて取り組むことを可能にし、転地、移動における人間の全体像を明らかにするようになる。この資料は、もっと近年の研究と共に、ソ連邦におけるユダヤ人のサバイバル問題に関する貴重な文献である。

第4章

フロンティアのユダヤ人――シベリアの共同体とその建築

アンナ・ベレジン、ウラジミル・レヴィン

アメリカ史は、フロンティアの概念に関する世界の歴史文献を豊かにした。フレデリック・J・ターナー（アメリカの史家、一八六一～一九三二年）の後継者たちがその概念を合衆国の境界をはるかに越えた域まで、拡大したのである。[1] 近代ユダヤ史と社会学の研究者たちは、フロンティア論の枠組みのなかで後に続き、合衆国だけでなく、アルゼンチン、オーストラリア、カナダそして南アフリカといった国におけるユダヤ人の体験を概念としてまとめた。[2] しかしながら、奇妙な話であるが、シベリアのユダヤ史はフロンティア論とそれをベースとするさまざまな見解の枠組みのなかで考察されたことがない。ロシアのシベリア征服は、一五八三年に始まる。コサックの首長イエルマーク・ティモフェイエビッチが、小さい部隊を率いてウラル山脈を越え、東へ向かって進撃を開始した時である。[3] シベリア征服は、三世紀後の一八六〇年、日本海沿岸のウラジオストク建設をもって事実上完結した。厳しい気候、長大な距離そしてまばらな現地住民社会の希薄な人口のため、シベリアはロシアのヨーロッパ域とは区別された。[4]

シベリアは、一九世紀初期から、合衆国とよく比較されてきた。しかしながら、アメリカとシベリアのフロンティアは、その神話において異なる。目下アメリカのフロンティアは、建国神話のひとつとみられる――〝最も長く生き続けるアメリカの神話である〟――それは、活気あふれる今日の大都市に、決定的な影響を及ぼしたアメリカ文化の大本である[5]。この神話の肝心な個所は、市民の性格の変容で、それはフロンティア域ではぐくまれたという点である。シベリアも同じように神話発祥の地と受け止められている。住民を変容させ、豪胆にして率直、誠実な性格をつくったとされる[6]。しかしながら、そのシベリアが、ロシアの大都市に精神的インパクトを与えることにはならない。それどころか大半の人にはシベリアはロシアの自然な延長と受け止められる。つまり、〝アジア側ロシア〟である。これは、〝活動の中心地と地続き〟という単なる事実をベースとする[7]。

一九世紀、この広大な地域に入植したユダヤ人たちは、シベリア・フロンティア神話を身につけ、自分たちをウラルの西方にいるロシア系ユダヤ人とは違うと認識し、彼らより優れており、精神的にも上と考えた。観察者たちは、シベリアのユダヤ人たちを〝ユダヤ人の特別集団〟と表現し、誇り高く、独立独歩の気概があり、極めて宗教性が低いと強調している。シベリアのユダヤ人は、人数からいえばとるに足りぬ存在であり、フロンティアの条件で、発展の期間が比較的短いので、フロンティアのユダヤ人のアイデンティティ発展を調べるうえで、手頃なケーススタディの対象になる。本章は、このアイデンティティを明らかにする。回想録、旅行ノートそして新聞記事といった言語上の資料、そしてユダヤ人の共同体施設と個人宅といった建物を通して伝えられるメッセージの分析の両面から、検討するものである。

帝政時代のシベリアにおけるユダヤ人の入植

一六、一七世紀におけるロシアのシベリア植民地化は、この広大な大地から得られる毛皮の取得願望によって、大いに刺激を受けた。国際市場は、贅沢品に対する強い需要をつくりだし、毛皮は取引上最も高価な商品のひとつであった。[8] 地元の部族民から献納を毛皮で集め、進出地を管理するために、モスクワ大公国は地元民とは違う相当数の人間を必要とし、軍部隊の配置と共に居留地をつくり、そこに国外追放者と囚人を送りこんだ。ユダヤ人がシベリアに来た最初の徴候は、オーストラリアの場合と大変よく似ていて、一八世紀後半にさかのぼる。ロシアが初めてユダヤ人たちを手にした時である。モスクワ大公国は、中世以来ユダヤ人の領域内居住を正式に禁止しており、商人として立ち入ることも禁じていた。[9] ロシア帝国が、大きいユダヤ人口のある領土を手にしたのは、一七七二年、ポーランド・リトアニア共和国の第一次分割の時である。ユダヤ人を支配するようになっても、当のユダヤ人は一九一七年の帝国崩壊まで解放されず、いわゆる〝ユダヤ問題〟は次第にロシア国家の政治において最も焦眉の問題のひとつになってきた。ユダヤ人の権利で一番重大な問題が移動の制限であった。ペイル（強制隔離地区）から出ることができないのである。そこは、一八世紀末から一九世紀初めにかけて生起した、ポーランド・リトアニア共和国の分割で手にした西地域とロシア・トルコ戦争で獲得した地域であった。[10]

この移動制限に加えて、一八三七年に〝シベリアにおけるユダヤ人の再定住の取り下げ〟に関する行政命令が出て、ユダヤ人がウラル以東の地へ移住することが、はっきりと禁止された。[11] この状況において、不本意ながらユダヤ人がこの地域へ合法的に移動できる方法が二つあった。皮肉なことであるが、第一の方法は罪を犯すことである。すると、追放あるいは罰としての強制労働で、シベリア送りとなる。家族は囚人となった身内のあとを追うことが許された。事実多くの者がそうした。一九世紀の初期以降、ユダヤ人追放者の小さい〝コロニー〟が西シベリアのトボルスク、トムスク、カインスク（現クイビシェフ）、そして東シベリアのクラスノヤルスク、アチンスク、エニセイスクに生まれ、根付いた[12]。第二の方法は、これも不本意であるが、軍の徴用による。一八二七年から、ユダヤ人が徴兵対象になったのである。未成年のユダヤ人子弟が、強制徴兵を受け、カントニスト（少年兵）訓練学校に入れられた。そこで一八歳になるまで予備訓練を受け、一八歳になると二五年間の長期兵役につかされた（一二～一八歳のケースもあった）。この種の学校は、トボルスク、トムスク、イルクーツクのようなシベリアの主要都市にもあった。教育目的のひとつが、この少年たちをロシア正教会のキリスト教徒に改宗させることであった。多くの少年が洗礼を受け入れたが、改宗しない者はユダヤ教の礼拝と伝統を守ることが許された[13]。このユダヤ兵の多くは、除隊後勤務していた町に残り、地元ユダヤ人共同体の形成にとってはかなりの割合を占めるようになった。

アレクサンドル二世の統治時代（一八五五～八一年）にみられたユダヤ人の選択的統合政策は、シベリアのユダヤ人口の構成に大きい影響を及ぼすことはなかった[14]。人口の大半は、シベリア追放になった囚人、元兵士そしてその子孫であり、それに正式の許可なくこの地域に来た者がいた。一九世紀後半、当局がシベリアを開放し、大量移住を認めた時、ユダヤ人には、既述の理由により、この機会を利用できる可能性はほとんどなかった。その結果というべきか、一八九七年の人口統計によると、ユダヤ人のシベリア居住者は約三万五〇〇〇人（非ユダヤ人口五七六万人）であるから、ごくわずかである。ちなみにロシア帝国には五一〇万人のユダヤ人が居住していた[15]。

しかしながら、この後二〇年の間にシベリア人口は倍増し、この地域におけるユダヤ人の数も増えた可能性が極めて高い[16]。当時その数は、南アフリカのユダヤ人口に近くなっており、オーストラリアのユダヤ人口より三〇％ほど多くなっていた[17]。ロシアのシベリア植民は、一九世紀から一九一七年までは、農村を主体としていた。当初ユダヤ人囚人とその家族も、村に配置された。しかし土地の耕作にかかわる者は比較的少数で、大半は農業ではない仕事を求めた。一九世紀が終わるまでに、シベリアのユダヤ人は、半数以上がすでにシベリアの主要都市に集中していた（表4-1参照）。

一九世紀末のシベリア経済に抜本的な転換をもたらした重大要因が、シベリア鉄道の建設である[18]。新しい都市が次々と生まれ、トボルスクやトムスクといった古いシベリアの中心的町がわきに追いやられたのは、なにはさておきこの鉄道がシベリアの諸都市とヨーロッパ側ロシアを結んだからである。ノボニコラエフスク（現ノボシビルスク）は、鉄道橋建設者用の居住地として、一八九三年に設立されたが、これがひとつの好例である。一九一〇年までに人口が五万二〇〇〇人を越え、そのうちユダヤ人は約一〇〇〇人になっていた[19]。北満州のハルビンという漁村も、その例である。満州は正式にロシア国の一部になったことはないが、二〇世紀初期、シベリアと直接結ばれた。一八九八年、ハルビンは中東鉄道（旧称東清鉄道）の主要接続点および管理センターのひとつとなり、一九一三年までに当地の人口は六万八五四九人となり、そのうちユダヤ人口は五〇三二人であった[20]。ヨシュア・フォーゲルが本書（第12章）で指摘しているように、ハルビンでユダヤ人口が増えたのは、幅広い経済的展望

表4-1　シベリア主要都市におけるユダヤ人口とユダヤ商人（1897年）

都市名	総人口	ユダヤ人口と割合		ユダヤ商人の割合
西シベリア				
トムスク	52,210	3,202	6.1%	15.7%
オムスク	37,376	1,138	3.0%	17.4%
チュメニ	29,544	262	0.9%	8.3%
トボルスク	20,425	1,251	6.1%	4.9%
マリンスク	8,216	830	10.1%	54.8%
カインスク	5,884	930	15.8%	46.1%
東シベリア				
イルクーツク	51,473	3,609	7.0%	24.1%
クラスノヤルスク	26,699	1,121	4.2%	15.4%
チタ	11,511	1,211	10.5%	46.0%
エニセイスク	11,506	541	4.7%	21.3%
ベルフネウジンスク	8,086	908	11.2%	55.6%
カンスク	7,537	441	5.9%	32.5%
アチンスク	6,699	477	7.1%	20.0%
ネルチンスク	6,639	501	7.5%	38.7%
ニジネウジンスク	5,752	117	2.0%	25.0%
バルグジン	1,378	454	32.9%	88.3%
ロシア極東部				
ブラゴヴェシチェンスク	32,834	306	0.9%	1.5%
ウラジオストク	28,933	290	1.0%	3.9%
ハバロフスク	14,971	130	0.9%	4.2%
ニコラエフスク・ナ・アムール	5,684	235	4.1%	34.0%

注：ユダヤ人口は，宗教ベースで計算．一方，商人の割合は，使用言語をベースとした算定である[21]．

がベースになっていただけではない。同じように重要であったのが、制限の多いロシアの法律が、ここでは通用しなかったことである[22]。

かくして、少なくとも一九世紀末を起点としてみると、シベリアの主要都市と町では、民族および宗教集団のなかでユダヤ人がロシア人につぐ存在となっており、自宅所有者および商人のなかでは、圧倒的にユダヤ人の割合が高かった[23]（表4－1参照）。シベリアの上流階級に、ユダヤ人のビジネスエリートが加わり、公的生活に活発にかかわった。都市という文脈でみると、ユダヤ人は社会的・経済的地位の高い集団であり、貧にまみれた強制隔離地区のユダヤ人とは対照的であった。彼らの特別な法的地位（シベリア居住権をもつユダヤ人の数は制限されていた）と経済的によい立場が、シベリアのフロンティア神話と結びついて、自己をシベリアのユダヤ人とみる集団性をつくりだした。

シベリアのユダヤ人とその自画像

ロシア帝政時代、ユダヤ人のシベリア入植は、圧倒的に不本意な行動であった。それでも、シベリアに定着したユダヤ人は、非ユダヤのシベリア人特有の熱狂的地元愛をとりこんだ。一八九四～九六年にかけてシベリアを巡回したユダヤ人通商代表ツビ・カシュダイは、地元ユダヤ人の間にみられるシベリア的意気込みに驚き、時に困惑すらした。

私は……彼らが「我々はシベリア人だ！　シベリア人、シベリア人だ！」と、誇り、驕る心に言う（イザヤ書九・八）のを耳にした。問いかけるすべての質問に、交わすすべての会話で、彼らは自分たちがシベリア人であることを宣言し強調するのである。誰もが胸に手をあて、「私はシベリア人だ、シベリア市民だ」と胸をはり、最高という意味で、自分たちの血統（ヘブライ語で *Yichus*）に触れ、「我らの先祖は、そしてその先祖の先祖もシベリア人」と言うのである。(24)

シベリアにおけるユダヤ人の地元愛に関する似たような発言が、一八四〇年から一九一八年の間にいろいろ記録された。もっとも、この地元愛が肯定的意味で使われたのか、それとも否定的にみるべきかについては、発言者たちの意見が一致しているわけではなかった。一九〇九年、リベラル派のシベリア紙が、地元のユダヤ人を、「ほかの民族系のシベリア人と違いはない」と誉めた。(25)一九一六年、シベリア人ではないユダヤ人政治活動家が、民族のルーツを切り捨てたとして、〝モーセの律法のシベリア人〟を非難した。(26)シベリアのユダヤ人は、ウラル山脈の向こう側の非ユダヤ人について、独自の意見ももっていた。シベリアの非ユダヤ人の大多数が支持するシベリア愛国主義は、ヨーロッパ側ロシアの住民に対するあからさまな傲慢を特徴とした。一方、ユダヤ人のシベリア愛国主義も、ロシアの西側同胞に対する傲慢が特徴と考えられた。(27)

シベリアのユダヤ人の間にみられるこの優越感が、彼らの信仰心の篤さに由来するものでないのは、確かであった。圧倒的に非ユダヤ人の多い社会であり、ユダヤ人の数はとるに足りない。日常の生活、衣服そして言語が、急速な文化変容上触媒役を果たしたのは明らかである。シベリアのユダヤ人たちは、まわりの社会と類似していた。ユダヤ人としての伝統は、ほぼ礼拝の場における表明に限定されていたが、大半の人は毎日ではなく、シャバット（安息日）あるいは主な祭日の時だけシナゴーグに行った。このように、シベリアで信仰を守る行為は、ペイル（強制隔離地）という伝統的な地域の基準と違っており、ペイル内外の地、サンクトペテルブルクやモスクワのような首都、大都市の近代化したユダヤ人に特有な線に沿って、発展した[28]。戒律を守るのが限定的であっても、彼らは自己を「戒律を守るロシアのユダヤ人より信仰心が篤い」と認識していた[29]。加うるに、全面的な信仰生活の順守を妨げたのが、宗教指導者の不足であった。ユダヤ人入植上の禁止令によって、ラビはシベリアへ自由に行けなかった。ラビが常駐するのは、イルクーツク、トムスク、チタ、トボルスク、クラスノヤルスク、エニセイスクそしてハルビンだけであった。

シベリアの典型的なユダヤ人共同体は、伝統を守る施設として礼拝の家一～二、ユダヤ人墓地一、斉戒沐浴場一、一種のユダヤ人学校一と戒律に沿った屠殺をする畜殺場一をもっていた[30]。その役割を果たす人は、通常いくつかの役割をもっていた。シナゴーグにおける礼拝の先導（カントール）、戒律に沿った畜殺（シェヒター）、割礼（ベリット・ミラー）、そして宗教上の問題の裁定などを担当した。独特のユダヤ人共同体を形成した、あとひとつのシベリア的特徴が、シベリア内のさまざまな民族宗教集団との関係である。一九世紀から二〇世紀初期の旅行家と歴史家は、集団間の接触にみられる宗教上の寛容、包容力を強調している。例えば、イルクーツク知事の息子アレクセイ・イグナチェフが、次のように述懐している。

イルクーツクでは、出自はほとんど重要でなかった。私の両親の家では、ユダヤ人のカルメイヤー一家が、私の父の補佐官や、金持ちの金鉱王、教育のある追放者、そして予備連隊の地味な将校たちと、愉快に踊った。さまざまな人が交流するこの種の共同体は、ヨーロッパ側のロシア、特にサンクトペテルブルクではあり得ない。(31)

ユダヤ人の回想録や通信文は、シベリアが反ユダヤ主義に影響されていない、と強調している。(32) 事実シベリアでは、二〇世紀初期まで、反ユダヤの暴力は起きていなかった。トムスク、クラスノヤルスクそしてバルナウルで反ユダヤのポグロムが発生したのは、一九〇五年のロシア革命の時であった。(33) それから一〇年ほどたった第一次世界大戦時、反ユダヤのポグロムが、再びクラスノヤルスク、ノボニコラエフスク、トムスクのほか、いくつかの比較的小さい町で発生した。(34) それでもシベリアのユダヤ人たちは、自分たちが経験した集団間の関係から、自分の方は大丈夫と自信をもっており、すっかり安心していた。この安心感は、何軒かのユダヤ人宅にユダヤのシンボルが掲げられたことに示されていた。西シベリアのチュメニとオムスクから、東のミソヴァヤ（現バブシキン）、そしてカバンスクに至る地域で、ダビデの星が木造家屋に飾られ、それが今でも建っている（写真4－1参照）。このような装飾で最も目立つ例が、一九一一～一三年にクラスノヤルスクに建てられたイオシフ・イッツインの邸宅とその装飾である(35)（写真4－2参照）。ダビデの星の装飾だけでなく、家屋がユダヤ教の宗教建造物と関係のあるネオムーア式であった。

ユダヤ人であることを公に誇示するのは、ペイル（強制隔離地）やその外のヨーロッパ側ロシアの都市ではユダヤ人の家屋所有者には普通のことではなかった。ペイルでは、家の持ち主のアイデン

写真４－１　オムスクのユダヤ人家屋（20世紀初期）

写真４－２　イオシフ・イツイン家の住居（クラスノヤルスク．設計者：ウラジミル・ソコロフスキ，1913年）

ティティは、まわりの社会には極めてはっきりしているので、象徴になるものを表示する必要はなかった(36)。ペイルの外では、ユダヤの象徴は、ほとんどがシナゴーグとコミュニティセンターにつけられるだけで、我々が知る限り、個人宅でつけているのは、滅多にない。シベリアにおけるこの習慣は、いくつかのファクターが収束した結果である。第一、ユダヤ人居住地に固まるのではなく、一般住民のなかに散在していた。第二、ユダヤ人たちは、周囲の社会が反ユダヤ感情を抱いているとは考えていなかった。第三、象徴を示すことは、家の持ち主と本人の自尊心に対する敬意に寄与する。居住する家の装飾にユダヤの象徴を含めることは、持ち主が家を売る意志がないことを示し、この特定の都市や町に、根をはって生きることの宣言であった。ユダヤ人の宗教建造物も共同体レベルで同じ自信を示していた。

シベリアのシナゴーグとその建築様式

ひとつの地域に相当数のユダヤ人が定住すると、ごく自然にしかも真っ先にシナゴーグが設立される。シベリアで最初にできた礼拝の家は、一八一〇年代にさかのぼり、多くの場合許可を得ずに機能していた。しかし一八三五年に、建設はユダヤ人法令で扱われるようになった。つまり、礼拝の家を建てるには、地方当局の許可が必要になったのである。[37] この法令は、強制隔離地区外の共同体については明示していなかったので、これが数十年間行政当局を混乱させた。シベリアのユダヤ人は、あれこれ切り抜けて、一八五〇年までは、まだ許可なしでシナゴーグ建設ができた。一〇年後、地方当局は、シナゴーグと礼拝の家がシベリアの主な町に存在することを進んで認めた。[38] 一八六〇年代、国はユダヤ人共同体に対する統制を強めてきた。どうみても、そうとしか言いようがないのである。それまでシベリアのユダヤ人たちは、ラビの召致やシナゴーグ建立のため、請願書をたくさん地方当局に出していた。当局は、これをことごとく内務省へまわした。一方、内務省は、在シベリア・ユダヤ人共同体の地位を明確にするまで、決定を先送りした。

一八六八年、強制隔離地区外のユダヤ人共同体は法的枠組みのなかに組みこまれ、シナゴーグ新設の認可権は、内務省がもつことになった。一八七〇年代、少なくとも四つの共同体――チタ、カバンスク、ベルフネウジンスク（現ウランウデ）、そしてトボルスクも（兵士あるいは第二シナゴーグ建設で）――が、この決定のおかげで、礼拝の家建設の認可を得た。[39] 一八八一年、この年は、強制隔離の南地域で反ユダヤポグロムが荒れ狂った時で、ロシア国家とユダヤ人住民との関係は、危機的状況に直面した。政府はユダヤ人を非難し、反ユダヤ政策を強めた[40]。内務省は、特にシナゴーグ建設については、認可を非常に渋るようになった。その結果、トボルスクの第二シナゴーグ、エロフスコエ村のシナゴーグは閉鎖され、チュメニ、スレテンスク、バルグチンのシナゴーグ建設申請は、何年も拒否された[41]。チュメニのようないくつかの信徒団体は、必要な認可書なしで建設を開始し、その後シナゴーグの〝合法化〟に努力した[42]。

国家と皇帝に忠誠心を示す方法で、切り抜けようとした共同体もある。例えば一八八一年、ヤルトロフスクのユダヤ人たちは、アレクサンドル三世の即位に対する特別な礼拝書をつけて、申請した[43]。八年後、トムスクのユダヤ人たちは、「一八八八年一〇月一七日の列車事故時、皇帝（アレクサンドル三世）とその家族の奇跡的救出」に敬意を表し、〝アレクサンドル・シナゴーグ〟の名を冠するとして、新シナゴーグ建設を申請した[44]。同じ意味で、一八九六年のニコライ二世の即位は、新たな希望をかきたて、認可を得ようと一五年ほど苦闘してきたバルグチンのユダヤ人たちは、新皇帝に敬意を表し、礼拝の家にその名を冠すると約束した[45]。ユダヤ人の忠誠心を表明するやり方は当局に影響を与えず、期待した結果は引き出せなかった。当局は、申請をしばしば拒否した。しかしながら、同じ時代、既存シナゴーグの改築ないし更新の申請は、通常認めた。一九〇五年革命時ある程度の〝良心の自由〟が導入された後になって初めて、シベリアとサンクトペテルブルクの当局は、新しいシナゴーグの建設申請を、もっと寛大に扱うようになった。

シベリアのシナゴーグの形状とスタイルは、共同体のアイデンティティと自信を反映していた。村落に初めて出現したシナゴーグは、そのほとんどが普通の家であり、まわりの民家と区別できなかった[46]。しかしながら、一八七〇年代末になると、主要都市のユダヤ人共同体は、建築上特徴のある礼拝の家を建て始めた。強制隔離地にみられる様式のものもあった。背の高い二階建の礼拝室をもつ。東側の窓は大きく、西側の方は小さい。入口のある一階が男性、二階が女性の礼拝用になっている。この様式は、トボルスクの初代シナゴーグ、チタの古いシナゴーグをはじめ、クラスノヤルスク、ニコラエフスキ（アムール河畔）、ノボニコラエフスク、そしてペトロパブロフスク（現カザフスタンのペトロパブル、写真４－３参照）の各シナゴーグにみられる。

写真４－３　ペトロパブロフスクのシナゴーグ
（20世紀初期の絵葉書）

しかしながら、省の行政の中心地――ほかの町にもいくつか例があるが――のユダヤ人共同体は、この伝統的なデザインから離れ、近代的デザインを採用し始めた。最も目につく例が、オムスクの新しい木造シナゴーグ（一八七四年）である。ウィーンのレオポルトシュテッター・テンプル（一八五八年）を模したのである。このテンプルは影響力のある建物で、十数のシナゴーグ――大半はオーストリア・ハンガリー帝国内――のモデルになった[47]。特異なドームつきのシナゴーグもできた。イルクーツクのシナゴーグ[48]（一八七九～八一年）、トムスクのカミナー・シナゴーグ（一八八一年）、ベルフネウジンスク[49]（ウランウデ、一八八三年、写真４－４参照）、エニセイスク[50]（一八八六年）、そしてカンスク[51]（一八九五年）の各シナゴーグ

写真4－4　ベルフネウジンスクのシナゴーグ
（1883年．20世紀初期の絵葉書）

である。シナゴーグの上にドームをつけるのは、一九世紀中頃まで当たり前ではなかった。それまで東ヨーロッパのシナゴーグに頂塔のついたものは、ひとつもなかった。(52) この様式のシナゴーグは、まず中部ヨーロッパに出現した。おそらくベルリンのオラニエンブルガー・シュトラッセのシナゴーグ（一八五九～六六年）の影響を受けたと考えられ、すぐにロシアの大きい都市で手本になった。

一八九〇年年代、帝都サンクトペテルブルクのコーラル・シナゴーグが、ロシア帝国、特にシベリアのシナゴーグに影響を与え、これが新しいモデルになった。コーラルは一八七九～九三年に建設されたが、こちらもオラニエンブルガー・シュトラッセのものに、影響を受けていた。(53) 建物は、デザイン競作の発表や写真、絵ハガキで、広く知られた。(54) 落成式の後、入口の上についた特異なドーム、そしてそのネオムーア式スタイルが、シベリア全域で自由に模倣された。(55) これ以降、シベリアのシナゴーグは、大半はドームをひとつつけるようになった。二つ、いや三つもついたものもある。その多くはネオムーア式の要素をとりこんでいた。(56) この傾向を最も鮮やかに示しているのが、一八九六年に焼失した後再建されたオムスクの木造シナゴーグである。ウィーン風の様式は影をひそめ、ネオムーア様式となり、入口の上にはドームがつけられた。サンクトペテルブルクのシナゴーグに刺激されたのである。[57] ヨーロッパのほかのモデルも、刺激を与えている。例えばアチンスクのシナゴーグ（一九〇七年）は、[58] ストラスブールのネオロマネスク様式の壮麗なシナゴーグ（一八九〇年）をモデルにした。[59] シベリアのユダヤ人たちは、西側世界のスタイルとその要素をとりこむ一方で、地元の建築様式にも依拠した。例えばチタ、クラスノヤルスク、オムスク、カンスクの各シナゴーグ、トムスクの兵士のシナゴーグ（写真4－5参照）は、いずれもそうである。それぞれ木彫りの模様で飾られている——シベリアの木造建造物で一番目立つ特徴である。

写真4－5　トムスクの兵士のシナゴーグ1階窓の装飾（設計者：アンドレイ・ランガー，1907年）

シベリアにあるユダヤ人の都市部共同体は、大半が堂々としたシナゴーグをもっていた。帝都やヨーロッパの大都市にあるものを、モデルにしていた。シベリアのユダヤ人を描いた書（一九一一年）で著者のユ・オストロフスキーは、シベリアのユダヤ人共同体とそのシナゴーグについて、「シベリアの礼拝の家は、大半が広々とした石造りである。輝くような美しい建物ではないが、シベリアのユダヤ人共同体は、自分たちのものを誇りにしている……」と書いた。[60] しかしながら、シベリアにできた最初のシナゴーグの内部は、ほとんど知られていない。例えばトボルスク・シナゴーグ（一八六〇～七〇年代？）や、クラスノヤルスクあるいはまたマリンスクのものは、極めて伝統的で、ビマー（聖書台をおいた祭壇）が礼拝室の中央に位置している。これと対照的に、イルクーツク、ベルフネウジンスク、トムスクのストーン・シナゴーグ、チタの新シナゴーグ、そしてカバンスクのシナゴーグは、ビマーはアーク（トーラーの巻物を収納した聖櫃）と一緒になっている。この組み合わせは、内部の中心を一本化したもので、ヨーロッパの改革派シナゴーグの特徴であった。ロシア帝国では、改革派の運動はあまり前進しなかったが、このデザインはいわゆるコーラル（合唱）・シナゴーグに採用された。その最たる例が、サンクトペテルブルクのコーラル・シナゴーグであった(61)。

礼拝の家を建てることは、どの集団にも、特に少数派集団にとって重要な行為である。サスキン・ケネン・スナイダーが指摘したように、「文化的変容の境界が問題視され議論され、再びユダヤ的なものに目覚めていく。まさにそれがシナゴーグのなかで起きていた」のである(62)。シベリアでは、ユダヤ人たちは居住する都市や町で、自分たちの共同体が有する高い経済的地位を誇示すべく、並々ならぬ努力を払った。小さい町では、教会には劣るもののシナゴーグがよく当地のランドマークになった。二〇世紀初期の絵葉書をみると、例えばベルフネウジンスク、マリンスク、アチンスク、エニセイスクの風景画に、シナゴーグが描かれている（写真4－4参照）。大きい都市では、シナゴーグが中心的地位を占めることはほとんどなかった。例外はおそらくチタ（写真4－6参照）とハルビン（写真12－1参照）だけであろう。しかし、この珍しいケースでも、ほかの宗教団体から見逃されることはなかった。ロシア正教会の地域新聞がチタのシナゴーグの目立つ存在を、やっかみ半分で次のように報じている。

チタでは……みじめな木造教会が確認されることはほとんどない。地味な黒っぽい聖堂は市の下町のなかに隠れてしまっている。一方、山の手の一番高いところの最良の地には、威容を誇る純白のシナゴーグ建築が、そびえ立っている(63)。

写真4-6　チタのシナゴーグ
（設計者：I・ロディコフおよびG・ニキティン，1907～08年．20世紀初期の絵葉書）

シベリアのシナゴーグが目立つ存在であり、外から仕入れた建築様式であることが、地元ユダヤ人共同体の繁栄ぶりを物語る。それは、彼らのしっかりした社会的立場を示すひとつの証拠であり、地域のほかの集団と同等であるという気持ちと重なっていた。この地域のユダヤ人共同体は、ペイル（強制隔離地）の伝統を拒否した。もとはといえばこの地の出身ではあったが、ヨーロッパ側ロシア、そしてヨーロッパの高い地位の共同体からの様式を借用したのである。自己の表現という彼らの意識的選択は、ロシアのユダヤ人に対して表明した傲慢さは、強制隔離地の伝統的世界にだけ向けられたことを、示唆する。換言すれば、このフロンティアのユダヤ人たちは、伝統的な東ヨーロッパのユダヤ人共同体よりは、西側世界の大都市そして近代化したユダヤ人をよしとしたのである。

ソビエト時代とその余波

一九一七年二月帝政ロシアは崩壊し、それがユダヤ人の解放をもたらした。それは、シベリア進出制限の廃止も意味した。つまり、シベリアのユダヤ人を排除した重要な障壁が、消滅したのである。一九一七年一〇月に権力を掌握したボルシェビキも、すべての民族の平等を強調した[64]。今やユダヤ人は、新しい支配エリートのなかに進出し、共産党、政府、学問そして産業界で重要ポストにつくことができるようになった[65]。ボルシェビキは、プロレタリアをベースとした新しい社会を築こうとした。一方、旧〝支配階級〟すなわち貴族とブルジョワ階級は抑えられた。この理由により、一九二〇〜二二年にシベリアでソビエト支配が固まった後、シベリアのユダヤ人で裕福な者の多くは、出ていった。かなりの数の人が、ハルビンや近くの満州内の町に移った。一〇年以上たって、ソビエト時代より前のシベリアのユダヤ人にみられた生活の特徴が、ここハルビンに残されることになる。ソ連邦に残った者は、連邦内で大々的に移動した。彼らは村や小さい町を離れ、シベリアの都市やヨーロッパ側のソビエトへ移っていくのである。一九三〇年代、ソビエトのシベリアには新しい流入もみられた。それにはユダヤ人も含まれる。連邦の西部から来たのである。当時、スターリンの工業化政策で、いくつかのシベリアの町が産業クラスターを形成するに至った。ノボシビルスク（旧ノボニコラエフスク）は、この政策でシベリアの主要な工業センターのひとつとなり、一九三九年時点で、ユダヤ人が六五〇〇人ほども住んでいた[66]。戦後この非公認首都は、この地域で一番ユダヤ人口の多いところとなった。一九五九年で約一万一五〇〇人、一九七九年時点で九二〇〇人である[67]。

大戦の狭間にあたる時代、工業がソ連邦の最優先部門であったが、ユダヤ人は入植を勧奨された。[68]最も喧伝されたのが、一九二八年のビロビジャン（ビラ川とビジャン川の谷）農業入植である。ソビエトと中国の境界域に位置するが、プロジェクト開始から六年間で、一万九〇〇〇人を越えるユダヤ人が入植した。しかし、この新入りの約六〇％が去った。[69]このユダヤ人自治州とその州都ビロビジャンは、パレスチナにおけるシオニストプロジェクトに対するソビエト式代案なのであった。それは、極めて類似した目的をもって構想された。すなわち、ユダヤ人を地を耕す民に戻し、自己の郷土で農業に従事する土着の民に変えるというのである。ビロビジャンのユダヤ人たちは、シオニストの構想と対照的に、宗教的要素を一切排除し、イーデッシュ文化をベースとした社会主義民族文化の発展に尽くす者とされた。ビロビジャンを首府とするユダヤ人自治州は、再定住で限定的な成功しか得られないにもかかわらず、一九三四年に設立された。五年後ユダヤ人口は約一万八〇〇〇人となり、地区総人口の一六％を占めるに至った。しかしその後総人口に占めるユダヤ人の割合は、次第に減少していく。[70]

当局は、ソ連邦で建設中の新しい社会から、宗教を一切排除しようとした。一九二〇年代、彼らは反宗教プロパガンダにその努力を傾注し、一九二八〜二九年に教会、シナゴーグそしてモスクの閉鎖を大々的に行った。シベリアを含む全土のシナゴーグ、教会そしてモスクは、一九三〇年代末までにその大半が閉鎖され、建物はほかの目的に転用された。[71]シベリアでは、教会のほとんどが破壊され、シナゴーグは内部の施設が荒らされ、キュポラがはずされて、さまざまな行政機関の建物として使われた。大きいシナゴーグのドームが残ったのは、イルクーツクだけである。小さいドームが残ったも

写真4-7　ペトロフスキ・ザヴォードのシナゴーグ
（1909年．撮影：2015年）

のは、アチンスクとチタにある。しかしながら、一連のやや小さい町にある石造シナゴーグは、キュポラを失くしても、今日に至るも町一番の高い建物で豪壮・偉容を誇っている。ニジネウジンスク、カバンスク、そしてペトロフスキ・ザヴォードのシナゴーグ（現ペトロフスク・ザバイカリスキ、写真4-7参照）に、みられる通りである。

一九四〇年代、ユダヤ人の新しい波がシベリアへ押し寄せた。一九三九年から四〇年にかけ、ポーランド東部（西ウクライナと西ベラルーシ）、ベッサラビア（モルドバ）、リトアニアそしてラトビアを併合した後、ソビエト当局は、四〇万ほどの〝ブルジョア〟成分を、いくつかの遠隔の地へ移送した。つまりシベリアと中央アジアで、そのうち約一〇万がユダヤ人であった。[72]一九四一年六月の独ソ開戦に伴い、今やドイツ占領地となった地域から、多数の疎開者がシベリアへ流れこんだ。[73]ユダヤ人のこの新来集団は、シベリアのシナゴーグの役割を元に戻す努力をしたり、新しいシナゴーグの開設も試みたようである。[74]シベリアの主要都市では、ユダヤ人の小さいグループが、ユダヤ教団の登録とシナゴーグの開設を申請した。一九四三年から四七年にかけてのことであるが、成功したのは、オムスク、ノボシビルスク、イルクーツクそしてビロビジャンだけであった。

全体的にみても、ソビエト時代、建築はすべて国家の統制下にあり、ユダヤ人は建築様式に、ユダヤ的アイデンティティの表現機会をもてなかった。多くの場合、彼らはその気もなかった。しかしながら、シナゴーグ開設の許可を得た小さいユダヤ人共同体は、ごく少数あるが、宗教施設のシンボルとして、建物の外側にその象徴をつけた。イルクーツクとオムスクでは、歴史のあるシナゴーグの建物の（一部ないしは全面的に）返還を求めた(75)。ノボシビルスクとビロビジャンでは、住宅に新しいシナゴーグをつくった(76)。一九四〇年代後半につくられたこのシナゴーグの形態に関しては、ほとんど情報がない。しかし、一九八〇年代には、新しいシナゴーグは、ダビデの星で飾られた(77)。この種のシナゴーグの内装については、もっと情報が乏しい。珍しい例外が、一九五七年にビロビジャンのシナゴーグのためにつくられた二つの木製聖櫃と二つのアムディム（礼拝主導者のための聖書台）である。ひとりのユダヤ人職人がつくったものであるが、おそらく東ヨーロッパ系ユダヤ民俗芸術の最後の作品例と思われる(78)。

スターリン晩年期に荒れ狂った国家ぐるみの反ユダヤ主義が、ソビエト社会におけるユダヤ人の居場所を変えた。今やユダヤ人は、支配エリートからほぼ完全に一掃された。そして、ユダヤ的なものの公的な表明は、奨励されなかった。それでもユダヤ人は、科学、工業、文化、医療の分野でまだ大量に活動していた。一九七九年時点で、シベリアと極東には、約七万人のユダヤ人が住んでいた(79)。彼らは、極めて教育程度が高く、同化した都会住民であり、ほかのソビエト・ユダヤ人と、性格的にはほとんど同じであった。同時にシベリアのユダヤ人は、新しいソビエト式シベリア愛国主義を受け入れた。ソビエト時代、この地域はまだフロンティア域、北域の探査と開発に苦闘している最中の領土と受け止められており、いくつか大きい開拓プロジェクトが推進され、新しい入植地がつくられ、ユダヤ人も惹きつけられた。

フロンティアのアイデンティティ形成は、ソビエト時代に続いていた。そして、フロンティア〝タイプ〟の新しい地域アイデンティティもまた、シベリア東部に生まれてきた。極東（ロシア語で*Dalnii Vostok*）と呼ばれる地域である。しかしながら、帝政ロシア時代の先人たちと違って、ソビエト・シベリアのユダヤ人たちは、もはやフロンティアのユダヤ人ではなかった。シベリアのほかのソビエト人民と似て、彼らは勇敢かつ強いシベリア人と感じており、ヨーロッパ側の人民とは違うと思っていた。それでも、彼らは、ソビエト、ユダヤそしてシベリア人という三つのアイデンティティが結合した新しいアイデンティティは形成せず、この三つのアイデンティティは、分離したままで、融合しなかった。ソビエトのシベリアと極東にユダヤ人の新しいフロンティアをつくろうとする試みは、ビロビジャンで起きただけである。この未開の地に、ユダヤ人の零細商人と職人が入植し、生産性のある農業従事者として自己を立て直し、建設的な社会主義ユダヤ文化を創造するとされた。ビロビジャンは、旧強制隔離地の〝ユダヤの首府〟に影響を及ぼすことを意味した。しかし、このプロジェクトそのものが、失敗に終わるのである。

一九八〇年代後半に始まるゴルバチョフのペレストロイカは、鉄のカーテンを排除し、国家を世界に開いた。シベリアのユダヤ人の大半は、ほかの地域のソビエトのユダヤ人と同様に、イスラエル、合衆国そしてドイツに移住した。二〇一〇年の人口調査によると、シベリアとロシア連邦極東地区のユダヤ人口は、わずか一万四〇〇〇人ほどである。ビロビジャンには一六二八人いたが、当地人口のわずか〇・九％を占めるにすぎない[80]。それと同時に、ソ連邦そしてロシア連邦のほかの地域と同じように、シベリアの諸都市では、ユダヤ文化とユダヤ教の活動が再び表面に出てきた[81]。ユダヤ人のなかには文化および宗教組織に加わる者もいた。その組織の活動は、ユダヤ人の国際団体の関与によって広がっていった。チュメニ、オムスク、トムスク、イルクーツク、ウラジオストクなどシナゴーグの建物が残っている都市では、再建された共同体が建物を取り戻し、修理した。アメリカのユダヤ人支援団体ジョイント（一九九〇年代）、ユダヤ教ハバッド派（二〇〇〇年代）の支援を受ける場合が多かった[82]。

写真４－８　ハバロフスクの現代シナゴーグ（2000年代）

ユダヤ人共同体に戻された革命以前のシナゴーグの再建は、相反する利害関係で紛糾する場合が、往々にしてあった。オリジナルの形に戻そうとする欲求は、共同体による日々の利用という基本的活動と矛盾した。今日信徒団体の規模は、歴史的なシナゴーグをつくった共同体よりもずっと小さく、ハバッド派のラビの指導下で従来とは異なる礼拝様式をとるケースもままあった。ユダヤ人が相当住むほかの都市では、シナゴーグとコミュニティセンターを組み合わせた新しい建物が建てられた。ハバロフスク（二〇〇四年、写真４－８参照）ビロビジャン[83]（二〇〇四年）、クラスノヤルスク（二〇〇〇年代）、ノボシビルスク[84]（二〇一三年）が、その例である。一九九〇年代と二〇〇〇年代に建てられたシナゴーグは、ポスト・ソビエトの建築様式とイスラエルおよび合衆国から輸入した現代的デザインが入りまじっている。モデルの選択は、現代ロシアにおけるユダヤ人の宗教共同体が、大半が地元ユダヤ人ではない者に主導され支持されていることを示唆している。

結び

ユダヤ人のシベリア初期入植は、自らの意志によるのではなく、法的に制限されていた。それでもユダヤ人は、都市、町そして村に、信仰上不可欠の施設をもち活動が維持可能な共同体をつくることができた。一九世紀という長い時間のなかで、彼らは独特なタイプの自我一体意識をつくりあげた。それはユダヤ人そしてシベリア人の二つが組み合ったものであり、彼らは自分自身に対し、そしてまたまわりの共同体との人間関係に対しても自信をもち、自分の住宅そして共同体の建物にもその自我を表現した。後者については、外観と内装に、サンクトペテルブルクやヨーロッパの首都で開発された様式を適用し、時にはそれと地元の様式とを組み合わせたりした。この自信は、フロンティア地域におけるユダヤ人の主たる特徴であると思われる。〝グローバルフロンティア〟のほかの地域との比較によって、明らかである。結局、同じ時期、ほかの地域からいくつかの（土着ではない）民族・宗教集団が当地へ来た時、いずれの集団もここを〝自分たちのもの〟と主張することはできない。〝所有者〟がいないことは、平等感をつくりだす。

シベリアは、ユダヤ人が入植し、ロシアのフロンティア社会の構成要素になっただけでなく、〝ユダヤ人の感覚〟でいえば、そこは〝ユダヤ人のいない〟地であった。そこへユダヤ人の入植が起きたのである。ユダヤ人の居住史がないこの地域で、ユダヤ人たちはフロンティア社会の構成要素であると自覚し、一九世紀という長い時間のなかで、しっかりしたユダヤ人の生活を築いた。このような〝ユダヤのフロンティア〟は、ユダヤ人の移住史で常時出現した。時には、ユダヤのフロンティアが、ほかの集団が同時に入植するいわゆるフロンティアと一致することもあった。例えば帝政時代のノヴォロシア、あるいは英帝国時代のオーストラリアがそうである。すでに開発され人も住んでいるところへ、ユダヤのフロンティアが開けたケースもある。ロシアのユダヤ人強制隔離地外の地域がそうである。[85] ソビエト時代、シベリアは、この国のヨーロッパ側に住むユダヤ人と伝統や慣習の違いがない人々を新しく惹きつけた。ソビエト国家が反宗教イデオロギーを堅持したので、宗教上あるいは民族上のユダヤ的アイデンティティを表現する機会は多くなかった。礼拝用の新しい建物の建築はほとんど不可能であり、可能であっても外装にその帰属を示す記号があるものの、地味であった。ソビエト時代、シベリアはユダヤのフロンティアではない状態になった。フロンティア神話は引き続き存在したものの、この地域に住むユダヤ人たちは、ソビエト・シベリアとソビエト・ユダヤのアイデンティティを融合せず、この二重性は、ソビエト後にもみられた。

第２部

南アジア――英領および独立後のインドにおけるアイデンティティと文化

第5章

インド亜大陸のユダヤ人共同体
――インド民族主義とシオニズムの狭間

ナタン・カッツ、ジョアン・G・ローランド、イタマール・テオドル

近代インド亜大陸のユダヤ人共同体は、基本的にいくつかの集団で構成されてきた。出身が異なればサイズも違う[1]。しかしながら、彼らの歴史は、いずれも古代までさかのぼる。この複数の集団のなかで、一番古い歴史を有するのがコーチン（現コチ）のユダヤ人共同体である（地図5－1参照）。この共同体の歴史的認識によれば、彼らのルーツは、パレスチナとインド南部マラバル沿岸との交易を行った、ソロモン王時代（紀元前九七〇～九三一年頃）にさかのぼる。このような理由から、彼らはマラバリスとして知られ、〝黒いユダヤ人〟と呼ばれる時もあった。紀元七〇年、ローマ人による第二神殿の破壊後、シングリに逃れてきた彼らは、クランガノールの王朝から居住を認められ、王朝の保護を得た。このような経緯を経て、ユダヤ人はここに共同体を築いた。以後コーチンのユダヤ人は、インドの支配者と親密な関係を維持し、支配者は偉大な指導者といわれたヨセフ・ラバニ（一一世紀）に、諸侯の肩書を与えた。一五六八年、この王朝の保護のもとで、その宮殿とクリシュナの神を祭る寺院の横に、コーチン・シナゴーグが建設された[2]。

第二が、最大集団のベネ・イスラエルである。彼らの伝承によると、この共同体の先祖は、紀元

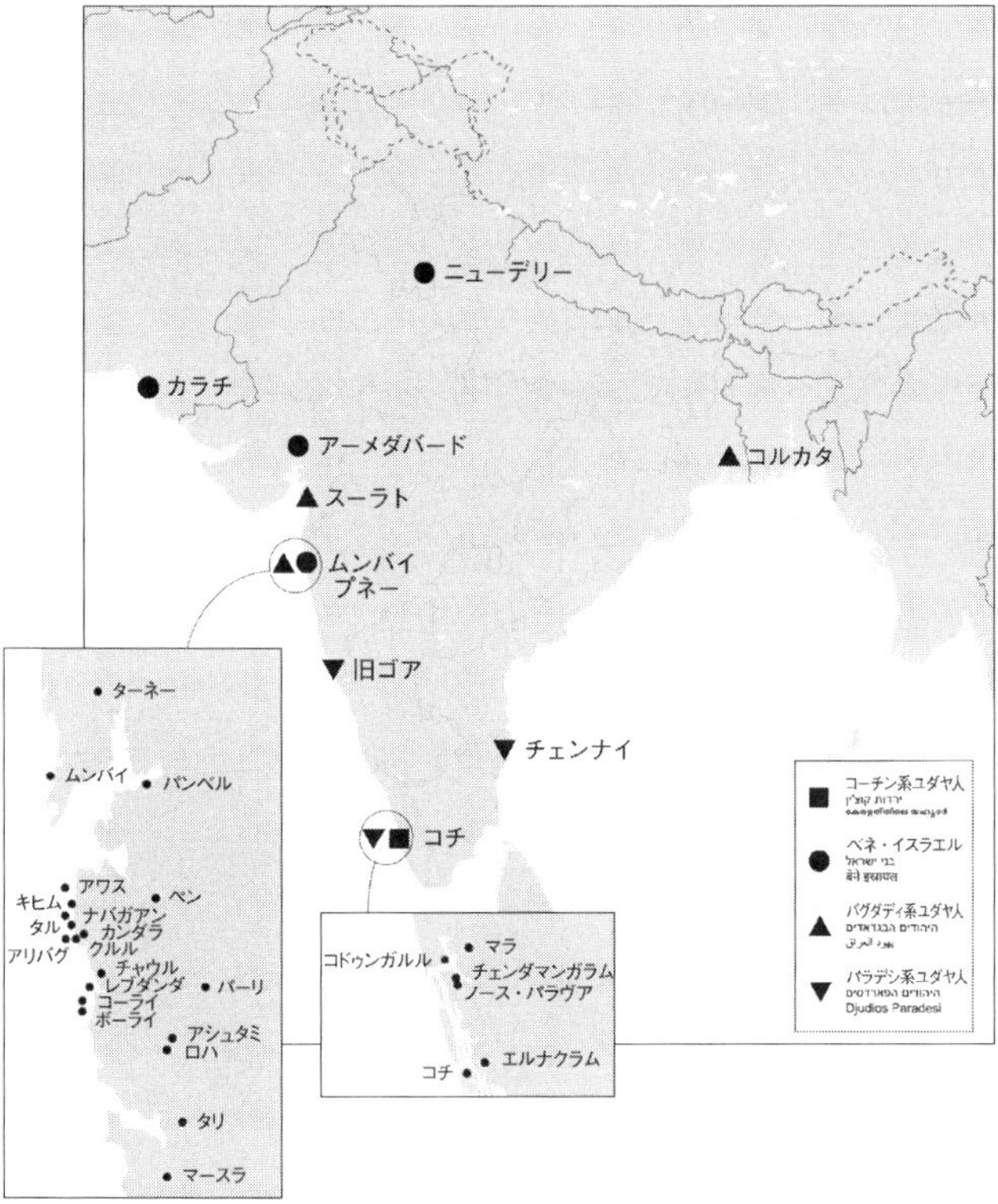

地図5-1　近代インドのユダヤ人集団

前一七五年頃、征服者である敵の迫害を逃れ、ユダヤ人たちがイスラエルから出帆した。その船は、現在のムンバイの南にあたるコンカン沿岸で転覆した。辛くも生き残った人たちは、聖書を含めすべての所持品を失った。このユダヤ人たちは、地元ヒンズー教徒に助けられ、植物油生産の搾油業につくようになった。彼らはシャンワル・テリス（マラーティー語で土曜日の搾油人の意）と呼ばれた。ユダヤ教の戒律に従い土曜日の労働を避けたからである。彼らは、〝聞けイスラエル〟に始まる一神教の信仰を記憶し、ユダヤ教の祝祭日や食物戒律をいくらか守って生活した。戒律に従って割礼も行っていた。しかしながら、彼らは、口伝律法を知らず、ラビもいなかった。主流派ユダヤ人共同体の礼拝や慣習から離れ、孤立したままであった(3)。それでも、近代初期になると、外部との一連の接触によって、ベネ・イスラエルの自己認識が変容していく。最初の接触はコーチンのユダヤ人共同体との出会いで、エゼキエル・ラハビ（一六九四〜一七七二年）の訪問をもって始まる。第二が一九世紀初期、キリスト教宣教師との接触である。宣教師たちは、彼らにヘブライ語を教え、ヘブライの祈りをマラーティー語に翻訳した(4)。

第三の集団が、パラデシ・ユダヤ人と一括して呼ばれる人たちである。一五世紀から一六世紀にかけて、迫害を逃れイベリア半島から来たユダヤ人たちの子孫である。このユダヤ人たちは、コンベルソ（カトリックに改宗したユダヤ人）と並んで、一六世紀初期インドにおけるポルトガルの勢力拡大に影響を受けた。ゴアがポルトガル領インドの首都になると、当初ユダヤ人たちはそこに定住した(5)。しかしながら、そのうちにコーチンへ移り、香料の取引に従事する者が出てきた。一方、集団としては小さいが、マドラス（現チェンナイ）に移り、ダイヤモンド取引に従事した集団もある。後者の共同体は、一七世紀にイギリス東インド会社（ＥＩＣ）と強く結びついた。コーチンに居住するこのスファルディ系パラデシ（異人の意）・ユダヤ人は、〝白いユダヤ人〟と呼ぼれることもあった(6)。

第四の大きい集団が、よくバグダディ・ユダヤ人と呼ばれる人々で、近代に中東から来たユダヤ人で構成されている。インド共同体として出現したのは一七三〇年頃、アラビア語とペルシア語を話す少数のユダヤ人たちであった。彼らは、ボンベイの北約二六〇キロの港湾都市スーラトに共同体を築

写真５−１　コーチンのパラデシ・シナゴーグ内部．1568年建設．現在も使用中とされているシナゴーグとしては，英連邦内で最古のものと考えられる．観光名所のひとつになっているが，地元共同体がほぼ消滅しているため，礼拝は不定期になっている

いた。この新しい移住者たちはイギリスの存在によって生まれたさまざまな機会に惹かれて、インドへ来たのである。この小さい集団は、カルカッタとボンベイ（現コルカタ、ムンバイ）に定着し、見る間に富と地位と活気ある共同体を築き上げた。その時代、彼らのジュディオ・アラビック的な自己認識は薄れていき、彼らは〝インド・極東のアラビア出身ユダヤ人〟となった。カルカッタで出会った諸文化との相互作用を反映した認識である(7)。

パラデシとバグダディ両集団の移住と共に、インド亜大陸のユダヤ人の存在と自己認識に転換が生じる。近代初期がその先触れの時代である（写真５−１参照）。この二つの集団は、外国のインド支配と国際交易に依存し、ベネ・イスラエルやコーチンのユダヤ人とは違って、自分たちを固有のインド人とは認識しなかった(8)。この時代は、さまざまな系統のユダヤ人が存在し、地理的にもその共同体が広がった時期であるが、その共同体間の結びつきが強まると共に、彼らの自己認識に目立った転換の生じた時でもあった。例えばボンベイでは、ベネ・イスラエルが、機会を

写真5−2　ベネ・イスラエル共同体所属の夫婦（1900年代）

求め新しいフロンティアの町へ最近やって来たバグダディのユダヤ人と出会った（写真5−2参照）。この一連の共同体の変化を促進したのは、何にも増してイギリスのインド支配の確立であった。イギリスの直接支配は一八五八年に始まり、インド亜大陸の住民生活に、さまざまな現代様式をもたらした。しかしそれは、特に前述のユダヤ人集団のような少数派共同体に、多くの機会を与えた。その結果、例えば、ベネ・イスラエルの人々は事務員や兵隊になり、都市中産階級になり始めた[9]。

ベネ・イスラエルとバグダディの関係は、いささか複雑であった。ボンベイにはベネ・イスラエルが、バグダディよりも先に来ており、一七九六年に最初のシナゴーグを建てている。バグダディがこの港湾都市に移住し始めた時、ベネ・イスラエルは彼らを歓迎し、シナゴーグでの礼拝を認め墓地の使用も許した。一方バグダディは、ベネ・イスラエルに、ユダヤ教の律法と慣習を教えた。この相互の助け合いは数十年間続いた。しかしながら、バグダディは急速に豊かになり、先住のベネ・イスラエルを圧倒するようになった。この支配的地位の確立は、一八三三年、ダビッド・サスーン（一七九二〜一八六四年）のボンベイ到着をもって始まる。本人は、バグダッドのナシ（共同体の指導者）であり、オスマントルコ帝国の地元支配者パシャの経理部長でもあった。ダビッド・サスーンは、父親の地位を引き継いだのであるが、バグダッドとイラク南部を支配するダウード・パシャから略奪されて、バスラへ逃れ、そこからボンベイへ向かったのである。ボンベイの輸出入を独占するパールシー（ペルシア系でゾロアスター教徒）とイギリス人の間にあって、自分の地位を築き上げていった。サスーンは、当初阿片を扱ったが、事業を不動産と繊維分野に拡大し、世界で最も裕福かつ豪奢なユダヤ人一族のひとつを率いる家長になった。〝東方のロスチャイルド家〟といわれるゆえんである。(10)

ベネ・イスラエルとバグダディの共同体間の軋轢が表面化したのは、一九世紀の中頃である。異教徒間の結婚問題が、原因のひとつであった。ユダヤ教の宗教法上のいわゆるハラハー（法の意）に基づき、バグダディはこれに反対した（ユダヤ人と非ユダヤ人の結婚には、正式の改宗を必要とする）。彼らは、ベネ・イスラエルが、ユダヤ人の信仰生活とユダヤ教の学びから何世紀も離れていた、と指摘する。ベネ・イスラエルは離婚と再婚に関する戒律が判らずその子供たちのユダヤ人としての出自が不明というのである。このハラハー上の問題とは別に、バグダディがイギリスの支配者をより身近な存在と考えている点にも軋轢の原因があった。バグダディ・ユダヤ人は、自分たちには別の継承があり、これによって、〝土着〟のユダヤ人とは異なる扱いを受けて然るべき権利があると考えた。彼らの狙いは、ヨーロッパ人として分類されることにあった。要するに、大英帝国でヨーロッパのユダヤ人が白いユダヤ人として扱われているのと同じ地位が望みであった。しかしながら、この議論は不毛に終わる。(11)一八五七年、インドで起きた反英蜂起（セポイの反乱）の後、特に一八七〇年代から八〇年代にかけて、イギリスは以前にも増して人種的傾向性を強めたのである。さらに、次第に大きくなる仲たがいのタイミングがいかにも悪かった。反乱の後、インド人に身のほどを思い知らせるという全体的な流れのなかで、両者の反目が起きていたのである。次第に変わりゆく空気の変化が、ベネ・イスラエルとバグダディの分離に触媒役を果たした。肌の色の白いバグダディは、ベネ・イスラエルと比べれば豊かであり、少しは知られた存在であり、もっと幅広く認知され社会的に受け入れられることを望んだ。ヨーロッパ人として考えてもらいたかったのである。それゆえに彼らは、アラブ的風習を次第に捨てて、イギリス化の度を強めていった。ボンベイのサスーン家は、その一例である。一八六五年から一八七〇年の間に一族のうち数名がイギリスに移住し、イギリスの共同体と貴族の間に受け入れられた(12)。

急速にヨーロッパ化するインドのバグダディは、土地固有の共同体との結びつきを否定した。特にベネ・イスラエルの存在は、白人との同化の邪魔になると考えたのである。バグダディは、自分たちが独自の存在であり、〃土着の〃同宗信徒とは区別しようとした。そのようなわけで、ベネ・イスラエルとの分断は深まるばかりであった(13)。インド人としてのアイデンティティの保持、インド民族主義の勃興、自己のユダヤ人としての責務、相手に対する認識などについて、双方はそれぞれ違った態度をとっていた。よくいわれることであるが、交易を仕事とする離散民のバグダディ・ユダヤ人は、自分たちの居住地に対し、しっかりした帰属意識をもっていなかった。彼らは、同化を心配し、自分たちの出自と宗教を強調していた(14)。ベネ・イスラエル共同体が、風俗習慣、衣服そして色彩などさまざまな〃インド的なもの〃に異質性をさほど抱いていなかったが、バグダディは、インド人と同一視されることを頑強に拒んだ。このような背景から、インド民族主義の勃興は、バグダディをもっと親イギリスの立場へ押しやり、ベネ・イスラエルとの関係は一段と面倒なことになった(15)。

イギリスのインド支配が及ぼす深い政治的・社会的インパクトにもかかわらず、二〇世紀には二つの力強い民族主義運動が、この地域におけるユダヤ人の生活と存在に、ずっと広範囲な波紋を呼んだ(16)。第一がインド民族主義運動、第二がシオニズムである。この二つの運動は、イギリス支配がもつ吸引力から多くのユダヤ人共同体を、次第に引き離していき、彼らのアイデンティティ危機を深めた。ベネ・イスラエルとコーチンのユダヤ人の大半は、二つの運動によって引き裂かれたが、やがてはっきりとシオニズム指向を示すようになる。一九四八年にイスラエルが建国される。そのうちに大多数のユダヤ人は、独立国家インドから出ていった(17)。本章は、このアイデンティティ危機と、二つの民族主義運動がインド亜大陸のユダヤ人共同体の生活を形成し、その運動を決した経緯を記述する。

ユダヤ人共同体とインド民族主義運動

インドの民族自決運動は、イギリス帝国の支配下で起きた。一九世紀初期以降インドに欧米の新知識が流布してからで、科学や技術だけでなく政治的解放思想も輸入されていた。早くも一八四九年に、インド思想家ゴーパル・ハリ・デーシュムクが、マラーティー語紙で、アメリカの民主主義を称揚し、インド人はアメリカの革命家たちを見習い、イギリスを叩き出すと予言した。このような出版物を刊行すれば、数十年後であれば、煽動行為として逮捕起訴されたであろうが、当時はイギリス当局にほとんど注目されなかった。一八五二年、類似の意志表明があった。ボンベイ、カルカッタそしてマドラスの政治団体が、議会に長文の請願書を提出した。そのなかに、民主的権利の保証、土地税の低減に対する強い要求がみられた。特にヒンズー教内にみられる宗教改革運動は、もっと前進した。例えば、ウパニシャードに基づく一神教と西洋思想による共同体・教育改革運動のブラフマサマージ、最も古いヴェーダの基本へ戻るとするアーリヤサマージは、新しいアイデンティティ感を与え、伝統的な宗教形態を新しい方向性で形成し直そうとした。世界のすべての民族と宗教をとりこみ万人救済を目的とする団体や、輝かしき過去をベースとした連帯を目的に、民族の伝統を再構築しようとする運動もあった。伝統主義を志向するこの連帯が、インド民族主義の主たる特徴となり、ヒンズー教の伝統をベースとするがゆえに、ムスリムは排除された(18)。ユダヤ人も排除されたのは明らかであり、ユダヤ人がインドの民族主義運動に複雑な気持ちを抱いたのは、一部にはその点が背景にある。

インドのユダヤ人は、全体としてみれば、政治で特に活動的であったわけではないが、数名は個人として自由闘争に参加している。国民会議派に加わったり、マハトマ（モハンダス・カラムチャンド）・ガンジー（一八六九～一九四八年）を支援したり、あるいは民族運動家をいろいろなやり方で支援した。コーチンのユダヤ人A・B・サーレム（一八八二～一九六七年）、ベネ・イスラエルのダビッド・エルルカー（一八九一～一九七〇年）とアブラハム・エルルカー博士（一八八七～一九六〇年）、そしてバグダディのモーリス・ヤペテ（没一九七六年）とセン・ハンナ（一八九四～一九五七年）は、取り上げるに値する人物である。ダビッド・エルルカーは、ベネ・イスラエルのなかで、強力なインド民族主義運動家となった数少ない人間のひとりであった。彼と兄のアブラハム・エルルカー博士は、イギリスに留学中過激民族主義者バル・ガンガダール・ティラク（ロクマンヤ、一八五六～一九二〇年）の影響を受けた(19)。ダビッド・エルルカーは、自分の共同体のなかでも活動的で、一九一七年に月刊誌『イスラエライト』の発行を開始した[20]。全体的にみると、ベネ・イスラエルは、行政事務職では、イギリスから優先雇用の便宜を与えられていたので、インドの政治問題にかかわることに、相反する気持ちを抱いていた。この相反する態度の一例が一九二〇年一二月に開催された全インド・イスラエライト連盟の第三年次総会であった。エルルカー兄弟が主導する団体であるが、レセプション委員会の委員長Ｉ・Ｊ・サムソンは、これまで共同体は政治問題を慎重に避けてきたが、メンバーが共同体としての見解を明らかにする時が来た、と述べた。だが、総会議長Ｋ・Ｍ・エリヤフが、反対意見を表明した。すべての政治運動からはっきり距離をおくべしと言ったのである。しかしながら、国の政治運動に対する関与には相反する立場がみられたにもかかわらず、ユダヤ人のアイデンティティを守るという点では、まとまっていた[21]。

インドの民族主義運動は、性格においてヒンズー教をベースとし、提唱者のなかにはそのイデオロギーの根底にある法（dharma）を強調する者もいたので、ベネ・イスラエルにとってはこの運動と関係するのは容易であった。ユダヤ教とヒンズー教との一番強い結びつきのひとつが倫理観にあったので、そうであったろう。二つの宗教は、それぞれに詳細にしてかつ特定の生き方を明示し、それを守る義務を課す点で一致する。ヒンズー教は微に入り細にわたるダルマ・シャース・トーラー（法典）を、ユダヤ教はハラハー（口承律法）を築き上げた。こちらも詳細にして特定の生き方を示す。ダルマとハラハーは、倫理と宗教が融合している。ダルマは、義務、法、秩序、宗教、正義そして徳義の観念を伝える。ハラハーもそれに似たような観念を有する[22]。そのようなわけであるから、独立運動家バル・ガンガダール・ティラクが、ベネ・イスラエル共同体の人たちから尊敬されたのは、不思議なことではない。ティラクは、世界を守り続ける〝責務〟は啓発されたエリートのためにあるのではなく、万民のためにあると主張した。ティラクは、世界の安寧（サンスクリット語で *lokasaṅgraha*）という言葉を強調した。これは、彼にとってダルマあるいは責務を意味した。彼はギーター（Gītā：聖典）が、（圧制、暴力からの）自由への個々人の目標到達を示し、全体の安寧と国家共同体の安寧に向かうための導きである、と信じた。彼の考えた見解は、インド独立のために戦う民族主義者たちに、強いインパクトを与えた。そのような者として、ダビッド・エルルカーは、ティラクの裁判時に若手の弁護士としてついていていたが、月刊誌『イスラエライト』に社説を書き、この偉大な指導者が「カーストや宗派の区別をせず」、非政治的活動と奉仕を行っていたと主張した。[23] 哲学者Ｓ・ラーダークリシュナンのような知識人やマハトマ・ガンジーのような活動家も、同じような見解をもち、全体の安寧と全体の幸福を意味するローカサングラハという言葉は、精神性と政治の融合をはかる民族主義者の中核的用語となった。[24]

コーチンのユダヤ人は、イギリスのインド支配あるいはマハーラージャ（藩王）家に忠誠を誓う臣民であると同時に、国の独立運動に対しては揺るぎない支持者でもあった。一九二九年、ラホールでインド国民会議派の総会が開催され、インド各地から三万人の代表が出席した。当時マッタンチェリ市議会議長であったＡ・Ｂ・サーレムは、そのひとりであった。総会は、ジャワハルラール・ネールが議長をつとめたが、イギリスからのインド独立という歴史的な決議を、圧倒的大多数で採択したのが、この総会である。総会に続いて、ガンジーがインドの独立宣言をまとめた。サーレムはこれを持ち帰り、コーチンおよびトラバンコールの両藩王国で読み上げた。一九三三年、ネールと娘のインディラがコーチンを訪れた時、サーレムはネールに紹介された。ずいぶん後になって彼はネールに再会した。本人はすでに独立インド国の首相になっていた。その時の写真が今でも残っている[25]。サーレムは、インド国民会議派の忠実なメンバーであった。特にガンジーに対する景仰の心はよく知られていた。マハトマを尊敬していたのは、彼だけではなかった。一九三八年、ボンベイのインド系ユダヤ人代表団がガンジーに面会し、イギリスの支配を脱しインド独立を目的とする民族主義運動の推進上、何かできることはないかと問うた。興味深いことに、この高名なインド指導者は、「我々の解放闘争に対する支援は歓迎するが、ひとつの共同体としてまとまって参加しないよう忠告したい。ここには、イギリス帝国主義、国民会議派民族主義、そしてムスリム分離主義という三つの相争う強大な勢力があり、それにはさまれて粉砕されてしまうだろう」と言った[26]。

二〇世紀になって最初の数十年、インドのユダヤ人は興味深いアイデンティティの衝突を目撃した。それは、イギリスの役人がユダヤ系である時に生じた。具体的には、エドウィン・モンタギュー（一八七九～一九二四年）が、インド担当国務大臣に任命された時（一九一七年）である。任命から間もなくして、インド国民会議派弁士のひとり、ジャティンドラ・ナース・バシネルジェー（ニラランバ・スワーミー、一八七七～一九三〇年）が、モンタギューのユダヤ教の信仰について、侮蔑的と思われる意見を述べた。インド国民会議派議長ララ・ラジプト・ラジ（一八六五～一九二八年）によって、すぐに叱責されたものの、この言辞は挑発的で、インドのユダヤ人共同体は激しく動揺し、インドのユダヤ人共同体とインド民族主義との間にきざしつつあった緊張した関係が、にわかに表面化した。主流派からはずれた少数派であるから、主流派民族の大義にはあまりかかわろうとしないと言われているようなものであった。ダビッド・エルルカーは国民会議派議長に抗議電報を送り、「インドのイスラエルびとは、母国の運命を共有する正当な存在であり、モンタギューの宗教的信条に対するＪ・Ｂ（ニランバ・スワーミー）の誹謗中傷は言語道断にして極めて遺憾、宗教上の寛容と公正な扱いを保障するうえで公の謝罪が不可欠と思考する」と主張した(27)。

一九三一年、ルーファス・ダニエル・イサーク（レディングのマーキス一世、一八六〇～一九三五年）が、インド総督に任命された。これも事例のひとつであった。モンタギューの任命よりもさらに大きい波紋を呼び、インドのユダヤ人共同体の感情を逆なですると共にアイデンティティの危機をもたらした。イサークは、イギリスの政治家で判事でもあり、英国高等法院王座部の首席裁判官、インド総督、外務相を歴任している。ユダヤ人で閣僚になった二番目の人物であり（最初の人はハーバート・サムエル）、シオニストでもあった。ベネ・イスラエル共同体は、就任を大歓迎し、今後のご活躍を祈る旨祝いのメッセージを送った(28)。同じように、全インド・イスラエライト連盟は、第四回総会で彼の統治がこの国の人種差別を撤廃することを期待する旨決議した。レディング卿の任命は、イギリス国内でも特定勢力の間で拒否反応を引き起こした。反ユダヤ反インド人として知られるロンドンのモーニング・ポスト紙は、新しいインド総督のリコールを要求した。同様に英海軍将校Ｈ・Ｍ・フレーザーは、レディング卿に関するパンフレットをばらまき、「英国人総督が英国人たる性格を失い、ユダヤ人総督になるのはいかがなものか」と国民に訴えた(29)。さらにフレーザーは、総督の権威を傷つけ体面を汚しているとして、レディングとモンタギューを非難した。インド民族主義の前進を装って、ユダヤによる統制を強め、支配権を確立しようとしているというのである。その線に沿ってフレーザーは、

「インド人に対してスワラジ（イギリス支配を脱した自治）がふさわしいというのは、単にユダヤの総督がふさわしいという意味にすぎない」と書いた[30]。彼は、モンタギューの言うインドに対する道義の政策は、「口のきけぬ数百万のアジア人を組織し、ヨーロッパ文明とキリスト教を打倒する人間雪崩に仕立てることである」とも述べた。インドの英字紙は、フレーザーのパンフレットに嫌悪感を表明した[31]。

第一次世界大戦の余波を受けて、ベネ・イスラエル共同体のメンバーたちが、民族主義上共同体上の諸問題に関して心理的葛藤を抱いていたとしても、バグダディ社会には、このような気持ちが全然なかった。イギリスに対する彼らの親近感と敬慕心は、トルコ帝国からのイラク解放で、ますます強まった。インドでは、バグダディは自己の社会的地位の向上に一段と努めた。努力目標のひとつが、インド武器取締法（一八七八年）の対象除外であった。この法律は、インド亜大陸の土着民の武器所持を禁じている。しかしながら、第一三条は、非インドの少数派とヨーロッパ人にはこの条項の適用を除外している。一九一九年六月、この線に沿ってカルカッタのバグダディ共同体代表七七人が、政府に請願した。彼らは、イギリスのインド支配と政府に対する忠誠を強調し、政治煽動に参加しないことを誓った。彼らは、自己のライフスタイルと願望に鑑みて、インドとは異質の存在であると考えるとした[32]。バグダディは、自己がスファルディ系の出自であることを強調し、イギリス生まれのユダヤ人を含め、大英帝国のほかの地域にいるユダヤ人臣民に与えられた地位と同等のものを要求した。彼らの請願にインドのほかのユダヤ人に関する指摘がないのは、驚くにあたらない[33]。

一九二九年から一九三五年にかけて、中央立法議会とベンガル立法議会の選挙人名簿の見直しで、カルカッタのバグダディは、ベネ・イスラエルやコーチンの〝黒いユダヤ人〟といった〝土着〟のユダヤ人、あるいはインド人と一緒くたにされることを望まず、ベンガル立法議会について、ヨーロッパ人有権者のなかに含められるよう運動した。ベンガル立法議会の議員であるD・J・コーヘンは、カルカッタで唯一議員の資格をもつバグダディであり、請願活動家のひとりであった[34]。しかしながら、イギリスはバグダディをほかのユダヤ人と区別することを拒否した。一九三〇年代、ユダヤ人の入隊志願が波となって続いた。今回は、ベネ・イスラエルだけでなく、コーチンとバグダディのユダヤ人も含まれていた。第二次世界大戦が近づくにつれ、兵力の補充が増え、ユダヤ人の志願兵は約一〇〇〇人に達した。この数は、その頃のユダヤ人口の二％ほどに相当する。当時、ユダヤ人共同体全体がイギリス支持で固まっており、その戦闘遂行努力を支援したいと願っていた。ナチドイツの勃興は、ユダヤ人の反抗心を呼び起した。バグダディのなかには、自分たちの住む都市カルカッタを守ろうと考えている者もいた。日本の占領下にあるビルマ国境から約一〇〇〇キロのところに位置する[35]。

シオニズムのインパクト

インドのユダヤ人共同体がシオニズム運動と出会ったのは、二〇世紀初期である。第一次世界大戦の結果、イギリスがパレスチナの委任統治権を受けた時、この出会いは熱情に変わった。インドとパレスチナは、イギリスの支配下という点でリンクし、この新しい状況が、ユダヤ人共同体内でイギリスに対し、インドに対し、またほかのユダヤ人共同体に対し、そしてまたシオニズム自体に対して、相反する態度を生み出した。一九一七年にバルフォア宣言が出されて二年後、ロンドンに拠点をおく世界シオニスト機構（ＷＺＯ、イギリス・シオニスト連合本部はその所属）のメンバー、ポール・トルコウスキーが、ボンベイのベネ・イスラエル共同体へ書簡を送り、シオニズムに対する態度を問うた。トルコウスキーは、インド在住のベネ・イスラエル農夫をはじめとする労働者に、郷土帰還を提案した[36]。この書簡がインドのユダヤ人の間に論議を呼び、それが契機となって、一九二〇年にボンベイ・シオニスト協会（ＢＺＡ）とベネ・イスラエル・シオニスト協会が設立された。この前後に起きた議論が極めて興味深い。ベネ・イスラエルの見解と自己認識を垣間見せてくれるからである。数週間のうちにベネ・イスラエル共同体のシャアル・ハ・ラハミム・シナゴーグで、三五〇人ほどが集まり、これまでヨーロッパの思想と受け止められていたシオニズムについて話し合った。話し合いでは、シオニズムの目的について、あるいはまた迫害されるユダヤ人の保護上の役割について、さまざまな意見が表明された。この運動は、ユダヤ人全員ではなく、迫害されているユダヤ人だけを救出し、パレスチナへ移住させるのが目的である、と論ずる者がいれば、主目的はパレスチナの保有と主張する者もいた。一方、シオニズムには精神面と政治面の二つの面があると考える人々がいた。人によって、ユダヤ教学と文化の保護発展を目的とする精神的シオニズムは支持するが、民族的・政治的願望には反対する者もいた。

インドのユダヤ人は、人種問題にも関心を抱いていた。一九一九年の会合で意見を述べた者のうち数名は、彼ら自身がかかわり、かつまた懸念する微妙な問題を指摘した。インド・ユダヤ人共同体内の階層と肌の色の識別問題である。これに対し、アブラハム・エルルカー博士は、シオニズム支援者が階層と肌の色の区別なき平等を保障しないようであれば、民族宗教ユダヤ教は彼らと協議すべきではないとし、そうでなければシオニスト国家は、肌の偏見をベースとした人種憎悪の温床となり、宗教の盟約はまがいものになると述べた[37]。弟のダビッド・エルルカーは一歩論を進め、さまざまな人間をひとつにまとめ、ひとつの民族として形成するうえで、ほかの影響因が宗教にとって代わっているから、ベネ・イスラエル共同体は、はっきりした態度をすぐ決めるべきではないと述べた。ダビッド・エルルカーによると、人間のアイデンティティ形成上、ナショナリズムが宗教性を越えていた。これはユダヤ人の従軍で明らかである。第一次世界大戦では、ユダヤ人が他国のユダヤ人と戦い、キリスト教徒が他国のキリスト教徒と戦った。ダビッドは「シオニストが、文化、メンタリティ、文明度そして経済状態のうえで、極めてばらばらの人々をまとめあげ、ひとつのユダヤ人国家を形成するのは、世界の進歩を数世紀遅らせる」と論じた。さらに彼は、欧米のユダヤ人は肌の色の偏見から逃れられない、自分と同じ信徒に対してさえ然りであるとし、そのうえに、ベネ・イスラエルは、その肌の色のゆえに、バグダディのシナゴーグではユダヤ人としての権利が否定されているのはいかがなものかと問うた。彼は「西側のユダヤ人は、正当な理由もなくベネ・イスラエルをユダヤ教改宗者として非難し、奴隷の子孫と見下すことさえある」といろいろ例を引きながら回想し、このような差別はユダヤ人が圧倒的多数を占めるようになれば、もっとひどくなると、懸念を示した[38]。

この会合を司会したソロモン・モーゼスは、たとえシオニズム支持の票を投じるとしても、その人物のパレスチナ行きを期待すべきではないと論じた。さらにモーゼスは、パレスチナはあまりにも小さいので、迫害されているユダヤ人全員は収容できないとする意見は、とるに足りぬ意見として一笑に付した。彼は、エルルカー兄弟の反対にもかかわらず、提案された決議を承認した。会合は、イギリスにおけるシオニズム運動を精一杯支持するという内容である。モーゼスは、委員会を任命して、会合を締めくくった。シオニズム運動との今後の協力を検討する組織である。委員会は、ベネ・イスラエル会議のメンバーが大半を占め、全インド・イスラエライト連盟からは誰も参加しなかった。[39]この連盟が支配するティフェレト・イスラエル・シナゴーグのジャマート（集会の意）は一堂に会し、もっと慎重かつ身構えた決議を採択し、先の会合はこのジャマートの意見を代表しないとした。連盟はシオニズムの精神的側面を支持するが、シオニズムの政治的・民族主義的側面については、パレスチナの政治的将来の詳細が発表され、さらに「ベネ・イスラエルは、あらゆる点において、ほかのユダヤ人が受けている権利と特権を全面的に享受する資格がある」旨の正式の宣言が出されるまで、態度を保留するとした。[40]バグダディもシオニストと強い連帯を築いた。一九二〇年五月、ベネ・イスラエル支部が設立される数ヶ月前であるが、バグダディ共同体のメンバー三人が、ボンベイ・シオニスト協会（ＢＺＡ）を立ち上げた。会員は一二月までに四〇人となり、会長が選出され月刊で会報の発行を開始した。結局組織として生き残り、ボンベイにシオニズム旗を掲げるのは、ベネ・イスラエル集団ではなく、バグダディ支部であった。[41]

一九二一年、世界シオニスト機構（ＷＺＯ）の公報部長（翌年事務局長）イスラエル・コーヘン（一八七九～一九六一年）がカルカッタを訪れた。当時、機構は募金活動を大々的に開始していたが、あいにくカルカッタにはシオニスト組織がなかった。コーヘンは、マゲン・ダビッド・シナゴーグで講演し、カルカッタ協会の設立を手助けした。[42]ボンベイでは、ＢＺＡとベネ・イスラエル・シオニスト

写真5－3　イスラエル・コーヘン博士のボンベイ到着を待つシオニストメンバーたち（1921年）

協会の両会長をはじめたくさんの人から歓迎された。トルコウスキー（コーヘンはボンベイのシオニストの非公式代表と書いている）も来訪を歓迎した。コーヘンは当地で四回講演したが、最後の講演では、ベネ・イスラエルのメンバーが五〇〇人以上も集まった（写真5－3参照）。コーヘンは、パレスチナでは、〝肌の色による差別〞やそれに似たような差別はないとし、イエメンのユダヤ人あるいは最近パレスチナに来た東方系のユダヤ人と同じように歓迎されると約束した[43]。すぐにコーヘンは、ベネ・イスラエルは貧しい共同体で資金面ではほとんど協力できないであろうが、バグダディの方は、説得すれば献金に応じる可能性があると判断した。しかしながら報告では、ベネ・イスラエルは、強烈なユダヤ人意識に触発され、エレツイスラエル（イスラエルの地）回復と民族の任務にその分を尽くしたいという強い願望をもっていると述べている。コーヘンはコーチンを訪問しなかったが、インド滞在中ユダヤ人共同体の会長に書簡を送り、シオニストの大義のための資金集めを要請した[44]。

　コーヘンの訪問が刺激になって、シオニストの率先活動を促した。一九二一年一一月、BZAが『シオンのメッセンジャー』を発行した。「ユダヤ教、シオニズム、文学、科学、精神文化そしてオリエントのユダヤ人の進歩」をテーマとする家庭向け雑誌である[45]。この機関誌発行はバグダディの事業で、編集長のフローレンス・ハスケルは、機関誌がボンベイ、やがては全インドのユダヤ人共同体のまとめ役になることを願っていた。創刊号から、コーヘンの訪問時どの共同体が一番貢献したかをイスラエライト側と議論し、時がたつにつれベネ・イスラエルの活動を頻繁に扱うようになった。しかしながら、コーチンのユダヤ人にとってシオニズムは、彼らの熱烈な信仰の表明なのであった(46)。早くも一九〇一年に、コーチンのパラデシ共同体の有力者のひとりであるＮ・Ｅ・ロビーがヘルツルのシオニスト機構紙ディ・ヴェルトに手紙を送り次のように伝えた。

「シオニストの理想は、すでにコーチンにも勝利の入城を果たした。我々は、コーチン、ボンベイ、カルカッタ、ラングーン、マラバル沿岸のマーラ、エラクラム、シェノマンガラム等々のユダヤ人居住地で、多くの熱烈な同志を得ている。上記のところを含め諸都市にシオニスト支部が設立され、イギリスのシオニスト連合本部につぐ地方本部の組織化を、近い将来報告できるよう願っている(47)」。

ロビーは「マラバル沿岸に七ヶ所の集会」と書いているが、この点は特に意味深い。彼は、マラバルの〝黒い〟ユダヤ人とパラデシの〝白い〟ユダヤ人の両方を含めたからである。何世紀も続いた諍いの後、二つの集団はシオニストの熱情に燃えてついにまとまった(48)。コーチンのユダヤ人がもつ歌の多くは、シオンに帰還して長い追放の時代に終止符を打とうとする願望がにじんでいる。この一連の歌は伝統的に共同体全体の特別な行事の時に歌われ、聖別されたシオンの徳を称えた。例えば、次の歌がある。

私たちは戻りたい

ダビデ王が住まいしところ
遠い昔私たちが暮らした地へ
私たちは追放の身の世代
必ずやこの世代にシオンへ戻る
美しの地は百合の如く
エルサレムは黄金と乳の
エデンの園の如し
私たちに帰還の許しを
そしてまた
戻る力を与え給え(49)

シオニストのイデオロギーは、インドのユダヤ人の間ではさまざまな形の受け入れ方をされたが、インドにもっと幅広いインパクトを及ぼした。ユダヤ機関（Jewish Agency for Palestine）が、一九二〇年代後半から一九三〇年代にかけて、インドのムスリム共同体の態度とこれが及ぼすイギリスの対パレスチナ政策への影響を、懸念するようになったのである。(50) 一九二九年にパレスチナで発生した騒乱と、強まるアラブの反シオニズム運動にインドのムスリムが大いに注目する事態となり、パレスチナのシオニスト執行部はボンベイのユダヤ人にムスリムの動向報告を求めた。(51) ガンジーは、ヒラーファト運動（インド・ムスリムの反英運動）を支持し、自分の発行するヤング・インディア紙で、自己のシオニズム観を初めて公に発表した。一九二一年三月二三日付紙面で、「イスラムの聖所に対する非ムスリムの直接的・間接的影響は許さない。これがインドにおけるムスリムの意見であることから、問題の最も厄介な個所がパレスチナであった」と論じた[52]。それゆえに、ユダヤ人は自由な礼拝が許されてもよいが、ムスリムは先の大戦で戦った者であり、パレスチナの統制権を失うべきではないとしたのである。パレスチナに対するユダヤ人の権利の主張について、ガンジーの（否定的）見解は、当時反論されぬままであった。パレスチナはアラブに所属するとした彼の一方的パレスチナ観は、インドにおけるヒンズー・ムスリム連帯をよしとする彼の政治姿勢の範疇にあったのである。しかしながら、インドのユダヤ人共同体にとって、この立場は否定的な内容であり、真面目なシオニストは難しい対応を迫られた[53]。

一九三〇年四月、ユダヤ機関執行部からゲルション・アグロンスキー（パレスチナ・ポスト、後のエルサレム・ポストの創刊者）が、ボンベイを訪れた。パレスチナ問題に関する全インド・ムスリム会議が、当市で開催される直前の訪問で、アグロンスキーはこの機会をとらえ、新聞に報道される演説や決議のなかにみられる、反シオニズム言説に反論しようと考えた。タイムズ・オブ・インディアとデイリー・メイルは、イギリスは宣言を支えざるを得ないと論じつつ、バルフォア宣言は〝誤り〟とする社説を掲載した。アグロンスキーが、〝傍観者〟の意見として二紙に書簡を送ったところ、二紙はこれを掲載した。ボンベイ・クロニクルも扱ってくれた[54]。一九三〇年時点におけるボンベイのシオニズムの状況についても、アグロンスキーが分析している。一握りのユダヤ人が、自己の重要性を過小評価しているというのである。彼の観察によると、ユダヤ人共同体の上流クラスの指導者たちは、最初シオニズムに対する攻撃を無視していたが、今に至って何もしない態度が間違っていたことを認めている。そこで彼は、ユダヤ人共同体の役員会が、積極的な役割を果たすよう勧告した。パレスチナやシオニストの仕事について正確な情報を伝え、反シオニズム言動にはきちんと対応せよというのである。シオニスト組織は、シオニズムが東側に対し……適正なパレスチナ情報を伝えられるよう、遅滞なく対策を講じなければならない。アグロンスキーは、機構に対してこのような勧告も行った(55)。

一九三〇年、これに応えてボンベイ在住のヨセフ・サルゴンが、ジューイッシュ・ブレチンを発刊した。ユダヤ機関とシオニスト執行部の議長ハイム・ワイツマン博士は、サルゴンの要請に応じ、インドのユダヤ人に対し特別メッセージを出した。曰く、

我々はインド在住ユダヤ人の助けを必要としている。当地のユダヤ人は、さまざまな人種と宗教にまじって居住しているので、特にひとつの点で、つまり機微について、西側でしばしば行われている判断よりも、もっと深く理解できるからである。それは、東方の一地域にユダヤ人共同体を築き上げるうえで生じる特別な問題とかかわる。彼らは、シオニズムの意味と真の願いを、広大なインド領域に住む住民たちに、説明する必要がある(56)。

ワイツマンは、特にインド・ムスリムの間にみられる誤解を解くうえで支援を求めた。諸事実を知れば友人になれると考えたのである。ケレン・ハエソッド（建国基金、シオニスト機構の財務部門）役員会秘書、レオ・ヘルマンは、ジューイッシュ・ブレチン（発刊の一年後ジューイッシュ・アドボケート、

さらにその後ジューイッシュ・トリビューンに引き継がれた）を、インドのユダヤ人共同体の間にみられるシオニズムとユダヤ人のナショナルホーム建設にみられる無知を一掃する機関紙として評価した。[57]

インド・ユダヤ人の貢献

ユダヤ人共同体のメンバーたちは、二〇世紀前半の段階で、インド社会と深くかかわり、いくつかの分野で卓越していた。当時インドで活躍していた人物の地位と業績をみると、大体の様子が判る。例えばボンベイでは、三人が市長になった。バグダディから二人、サスーン・J・ダビッド（一九二一年）、メイヤー・ニッシム（一九二九年）、ベネ・イスラエルで高名な医師エリヤフ・モーゼス（一九三七年）である。[58]経済分野でも、比較的小さい共同体であることを考えれば、目を見張るような実績がみられる。ボンベイのサスーン家は通商と産業帝国を築いただけでなく慈善事業でもみるべきものがあった。カルカッタの実業家もそうである。バグダディのエズラ家、エリアス家、ガバイ家がそうである（写真５−４参照）。コーチンではコーデル家が有名である。一九二〇年、コーデル家はケララ州でフェリーと輸送事業を興し、ケララの村落間および島と陸地の輸送で事業を広げ、コーチンへの送電と給水事業も行った。ケララのインフラ整備にも貢献している。家長のシャブダイ・サムエル・コーデル（〝サット〟）は、共同体の指導者であるだけでなく、その歴史を知る人でもあった。[59]

文化の分野でも、ユダヤ人は活発な役割を担った。例えばベネ・イスラエル共同体のニッシム・エゼキエル（一九二四〜二〇〇四年）は、劇作家、編集者、文芸批評家として知られ、二〇世紀のインド

写真5-4　コルカタのマゲン・ダビッド・シナゴーグの内部，2017年改装後の状態．イタリア・ルネッサンス様式で赤レンガ仕様．地元バグダディ共同体出身エリアス・ダビッド・エズラの設計で，1884年にオープンした

を代表する英字詩人のひとりであった。エゼキエルは、都会の経験を表現する以外に、田舎の経験、風景をインドの英語詩にとりこんだ最初の詩人でもあった[60]。エゼキエルは、近代主義の革新と技巧を通して、インド英詩を確立・拡大したが、おかげで英文学は、純粋に精神的かつオリエント的テーマを越えて、もっと幅広いさまざまな事象や関心事をとりこんで、豊かになった。バグダディの女優たちがスターダムにのしあがったのは、無声映画時代であった。最初のシタラス（ヒンズー語で将来性のある若手女優の意）がルビー・マイヤーズ（旧姓スロチャナ、一九〇七～八三年）で、〝銀幕の女王〟として知られた。初期インド映画で活躍した女優には、ほかにスーザン・ソロモン（旧姓フィロザ・ベグン）、エステル・ビクトリア・アブラハム（旧姓プラミラ、一九一六～二〇〇六年）、フローレンス・エゼキエル（旧姓ナディラ、一九三二～二〇〇六年）が含まれる。エステルは、一九四七年に初代ミス・インドに選ばれた人物で、後に映画界の大物プロデューサーになった。一連の若手女優たちは、インドの古典的神話劇に代わって登場した新しいジャンル、〝社会派〟で活躍した人たちであった。彼女たちはそれぞれの分野で、相応の女性であれば、プロの俳優、音楽家、舞踊家として大成できることを、証明したのである[61]。

ユダヤ人は、教育と医学界の分野でも重要な役割を果たした。なかでもよく知られているのが、ベネ・イスラエルの教育者レベッカ・ルーベン（一八八九〜一九五七年）である。ボンベイ大学の入学資格試験で女性初の一位になった人で、ロンドン大学では教員資格免許をとり、やがてボンベイのサー・エリー・カドーリ高等学校の校長（一九二二〜五〇年）になった。ベネ・イスラエル子弟のための主要校である。ルーベンは、シリーズで英語読本を書いた。ほかに教材をいくらか出したが、これはマハラシュトラ州で広く使用された。ユダヤ人子弟向けの月刊誌『ノフェス』（誌名はマラーティー語で蜂の巣の意）も発行した。彼女は、さまざまな政府機関の委員をつとめるかたわら、ベネ・イスラエル・ストレー・マンダル女性団にかかわり、その活動を組織した。[62] エルシャ・J・ジラード博士（一八九〇〜一九八四年）も著名人物で、ベネ・イスラエルの婦人科医として、ボンベイで活動した。医療監督官時代（一九二八〜四九年）、カマ婦人科病院、アルベス小児科病院を拡充し、インド婦人科および産科学会の会長もつとめた。彼女は共同体内でも、ストレー・マンダルの設立（一九一三年）、そしてユダヤ宗教連合（Jewish Religious Union）（一九二五年）の設立者として知られた。[63] 最後になったが、セン・ハンナも重要人物である。バグダディの母親とヒンズー教徒の著名弁護士（ユダヤ教に改宗）の父親との間に生まれた女性で、教育者として名を成した。女性、子供の力強い擁護者で、ニューデリーに開校したレディ・アーウィン・カレッジの創立を支援した。彼女は、インド民族運動に深くかかわり、国民会議派で主導的役割を果たしている。[64]

アイデンティティ紛争の帰結

ヨーロッパについでアジアで第二次世界大戦が勃発した時、イギリスの大義のための戦いにより、ユダヤ人にとって民族主義の問題は、一時棚上げとなった。しかしながら、戦争が終わると、パレスチナの場合とまったく同様に、インド独立闘争は、忠誠の問題を元に戻した。当時インドのユダヤ人社会は、三万人近くになっていた。長い歴史のなかで最大の人口である。それでも、当時インド亜大陸の総人口の〇・〇一％以下であった。シオニズムは、ユダヤ人共同体を前例のないレベルまでまとめあげた。そうでなければ、各共同体はばらばらのままであったろう。当時一番大きい共同体が人口二万〜二万四〇〇〇人のベネ・イスラエル、ついで約六〇〇〇人のバグダディ・ユダヤ人、以下、コーチン・ユダヤ人が約二〇〇〇人、パラデシが数百人であった[65]。

一九四八年五月のイスラエル独立と共に、インドのユダヤ人の間にみられたアイデンティティ紛争は、大方終わりを告げた。数年のうちに、ユダヤ人の大半はシオニズムを選び、イスラエルへ移住した[66]。なかには、特にバグダディ共同体のメンバーにとって、イギリスのインド支配の終焉（一九四七年七月）は、決断に一種の触媒役を果たした。独立したインドがもはや外来の少数民族を受け入れることはないと感じたのである。多くの者が西側諸国へ移った。しかしユダヤ人全員が、この動きに同意したわけではない。一九四九年、第一陣がコーチンを去った。まず汽車でボンベイまで行ったが、そこで数ヶ月待機せざるを得なかった。その後、飛行機でイスラエルへ向かった。この共同体は、一九五三年までに大半がイスラエルへ移住した（写真5－5参照）。インドの民族主義者、非シオニスト、年をとりすぎて動けない老齢者、移住を思い描けない者だけが、後に残った。一九九〇年代、故シャブダイ・サムエル・コーデル（没一九九四年）は、数十年もコーチン共同体の世話役であったが、「私の意見では、インド独立のすぐ後に始まるユダヤ人の集団移住は、政治上そして共同体上の見地に立てば、間違いであった。ユダヤ人を迫害してこなかったのは、世界でインドだけであり、ユダヤ人は、特にコーチンでは本当に幸福に暮らしてきたのであるから、このような集団移住の必要はなかったのである」と述べている[67]。

写真5-5　イスラエルからの特使との会見にのぞむユダヤ人共同体のリーダーたち（コーチン市エルナクラムにて）

インド独立後、人口が縮小しつつあるにもかかわらず、重要な地位についたユダヤ人が何名もいる。ジャック・ファルジ・ラファエル・ヤコブ（一九二四〜二〇一六年）中将は、特に国家的名声を得た軍人である。一九七一年のインド・パキスタン戦争（バングラデシュ解放戦争としても知られる）に続いて、当時東パキスタンとして知られていたこの地域がパキスタンから分離したが、バグダディ出身のこの陸軍将校は、バングラデシュ建国に果たした役割で特に知られる。当時陸軍少将のヤコブは、インド東部軍管区の参謀長であった。三六年の軍歴のなかで、彼は第二次世界大戦そして一九六五年のインド・パキスタン戦争でも戦っている。退役後は、ゴアおよびパンジャブ州知事として活動した。ベネ・イスラエル出身のヨシュア・ベンヤミン

（生一九二〇年）も、よく知られた人物である。ベンヤミンは、インド政府の建築技監時代（一九七二～七八年）、インド議会別館や国防省本部の設計を含むさまざまな国家建築プロジェクトを担当したほか、共同体の建築も手掛けた。ニューデリーのユダ・ヒヤム礼拝堂、ベネ・イスラエルのインド上陸の地とされるナバンの記念館は、その例である。ベネ・イスラエルのエズラ・コレットは、ニューデリーの小さいユダヤ人共同体の指導者であったが、船舶・運輸省の監察長官をつとめた(68)。

いくつかの系統があるインド亜大陸のユダヤ人共同体の出身で、イスラエル国民になった者の数は、自然増のおかげで、現在七万人を越える(69)。インド出身のユダヤ人は、カナダ、合衆国、オーストラリアそしてイギリスにも居住している。しかしながら、当のインドには、今日四八〇〇人ほどのユダヤ人しか住んでいない（六〇〇〇人とする推計もある）。その九〇％ほどがベネ・イスラエル共同体のメンバーである。ムンバイとその衛星都市として発展したターネーが、ユダヤ人社会の中心地で、約三五〇〇人のユダヤ人が住む。その九九％はベネ・イスラエルである(70)。コチ（コーチン）には、二〇二一年現在でわずか八人しかユダヤ人はいない。コルカタには約二〇人が住んでいる(71)。大規模な国外移住に伴い、インドでは共同体活動が縮小低下した。ベネ・イスラエル発行の新聞や定期刊行物は、かつては多くあり賑やかであったが、現在は不定期刊行になってしまった(72)。インドのユダヤ人共同体は、文化遺産としてたくさんのシナゴーグを残した。現在もまだ使用されているものがいくつかある。インドが独立して七五年ほどたったが、地元のユダヤ人たちが、選択したのは確かである。インド亜大陸で二〇〇〇年ほど比較的静穏な生活を送ってきたにもかかわらず、彼らは生地を離れ父祖の地へ戻ることに決めたのである。

第6章

インド亜大陸のユダヤ人軍人
——アジアの特異な伝統

ラン・アミタイ

古代ユダヤ人は勇猛な戦士として知られた。それでも、第三次ユダヤ・ローマ戦争（紀元一三二〜一三六年）の後近代に至るまで、主な軍隊で多人数が軍務についたことはなかった。そのうえに、彼らの共同体的地位や彼らの従事する職業から、彼らを兵隊にとるにはためらいがあった。近代になっても、彼らの忠誠心を疑う向きがあった。しかしながら、一九世紀初期に至って、兵役はユダヤ人解放の先駆であり、同化の一要素であるだけでなく、共同体で得た地位の一指標にもなった。その後、二つの世界大戦時、一〇〇万人を越えるユダヤ兵が、従軍した。ヨーロッパおよび北アメリカの軍隊で戦ったのである。その多くが勲功章を授与され、なかには極めて位の高い将官に昇進した者もいる。ユダヤ人は消極的で兵役を忌避するという想定上の言説があり、近年では戦場で勇戦敢闘するという相反する話がある。この二つの言説が学術上、次第に注目されるようになったのは、何ら不思議ではない。(1)

同時に、軍隊におけるユダヤ人については、一般の注目と報告は、ヨーロッパと北アフリカ戦以外の軍隊についてはほぼ完全に無視してきた。英印軍におけるユダヤ兵の存在は、そのよい例である。

ユダヤ人は一八世紀後半から英印軍で勤務してきたにもかかわらず、この件に関する歴史上の調査は極めて少ない(2)。とはいえ、英印軍は典型的な西側の軍隊ではなかった。英印軍は下級兵のほとんどを現地人の徴募兵（セポイ）で充当した。任官による将校のほとんどはヨーロッパ人であった。本章は、インドのユダヤ人が英印軍に組みこまれ、インド独立後はインド国防軍の兵士となり、この軍隊服務が、彼らの共同体的・経済的地位に貢献した件を扱う。前章でみてきたように、ユダヤ人共同体がインド亜大陸の社会構造のなかに統合されたことと、反ユダヤ主義がなかったことが、さまざまな分野への進出を許し、彼らの社会的・経済的地位の改善が可能であった。本章は、この分野のひとつが、軍隊勤務であったことをとりあげる。

イギリス東インド会社とそのユダヤ人セポイ

この分野で最も目立つのが、インド亜大陸の主なユダヤ人集団のひとつ、ベネ・イスラエル社会であった(3)。大英帝国の支配するインド植民地内で一番大きい〝土着〟ユダヤ社会から兵を徴募するのは、たまたまのことではなかった。この集団はインドにしっかり根をはり、以前に軍事上の経験をいくらか有していた。さらに、コーチンのユダヤ人と違って、人口が多かったし、バグダディと違って、通商だけでなく、公務員を含むさまざまな分野の仕事についていた。彼らの軍隊経験は一八世紀初期にさかのぼる。インド亜大陸が植民地化される前である(4)。東インド会社（ＥＩＣ）は、一八世紀中頃に亜大陸における領土支配を拡大し始めるに伴い、兵力を必要とした。植民地化以前の王朝、特にムガール朝と同じように、植民地軍は、さまざまな人種と宗教集団に属する者を兵として採用し、支配地の防備にあてた。ベネ・イスラエルは、ボンベイ（現ムンバイ）のまわりに集中して居住し、主としてボンベイ隊に入隊した。ベネ・イスラエルの歴史研究者ハイム・サムエル・ケヒムカー（一八三〇～一九〇八年）は、労作『ベネ・イスラエルの歴史』（一八九七年）のなかで、一章を共同体の軍事史にあて、一七五〇年から一八九〇年までのボンベイ隊に勤務したベネ・イスラエルのメンバー名を、一〇〇人以上も列記した[5]。

ベネ・イスラエルの軍隊勤務は、おそらく一七五〇年代後半に始まると考えられる。一七五五年、ボンベイ隊がバンコットとその周辺域を掌握した。ベネ・イスラエルが昔から居住している地域である。歴史研究者ミッチ・ヌマークが示唆しているように、そこでいくらか徴募が始まった[6]。しかしながら、一八世紀末までにユダヤ人が東インド会社のボンベイ隊で勤務し、当時隊は作戦展開中で、その多くに従軍したことは間違いない。一七八六年の記録文書には、「ボンベイ隊に〝土着ユダヤカーストの一団〟がいる」とある。おそらくこれは、ベネ・イスラエルが軍隊内でひとつの民族集団として規定された最初の事例であった[7]。一九世紀末頃には、ベネ・イスラエル徴募兵は勇猛果敢で知られるようになっており、際立った存在であった[8]。さらに、相当数が下士官になり、将校に昇進した者もかなりいた。階級はジャメダル（中尉）やスベダル（大尉）からスベダル・メジャー（少佐）程度である[9]。

ベネ・イスラエル兵が戦闘に投入された最初の戦いは、公式記録では第一次英・マラータ戦争（一七七五～八二年）であった[10]。ベネ・イスラエル兵は、第二次英・マイソール戦争（一七八〇～八四年）にも参加している。イギリスがマイソール王朝（支配者ハイダル・アリと息子のティプ・スルタン）と戦った時で、ベネ・イスラエル兵数十名が英印軍に投入されたと推測されている。[11]絶対数からみれば多くない。しかし、当時の共同体の規模から考えると（インド亜大陸全体で約五〇〇〇人）、相当な割合になる。共同体全体の一％ないし二％である。[12]さらにこの紛争時、共同体のメンバーが殺されたり捕虜になったりしている。[13]ベネ・イスラエルの言い伝えによると、捕虜の一団がマイソールに近いティプ・スルタンの居城に連行され、そこで処刑されることになった。

身元を問われて、捕虜のひとりが自分はサムエル・エゼキエル・ディベカー（没一七九七年）と名乗り、自分たちはベネ・イスラエルの者であると答えた。この答えを聞いたティプ・スルタンの母親が、息子を制止した。コーランにはユダヤ人がムスリムに親切であったというくだりがあると言って、考え直すように乞うたのである。彼は命を助けた。[14]一七八四年に戦争が終わり、捕虜たちは釈放され、ディベカーはこれを神意と受け止め、ボンベイにシナゴーグを建てることを誓った。この美談については、これ以上の記録はない。しかしそれは、この共同体における軍務の重要性と献身を例示している。[15]ディベカーは必要な土地を取得し、シナゴーグ建設は一七九六年に完了した。当初新しいシナゴーグはディベカー自身の名前がついていたが、後にシャアル・ハ・ラハミム（ヘブライ語で慈悲の門の意）と改称された。[16]

イギリスは、マイソール王朝とこの後二回戦争をしている。一七九九年に第四次戦争が終わった段階で、イギリスは南インドの広域を占領していた。占領地は、東インド会社の直接支配あるいは従属する統治者を介した支配で、維持した。この後イギリスは、マラータ帝国に戦いを挑み、三次に及ぶ戦争の末一八一九年に勝利し、その領土の大半を手中にした[17]。そのうえにイギリスは、パンジャブ地方と亜大陸の北西域で、一連の戦いを続けた[18]。ベネ・イスラエルの戦闘員は、すべての戦いに参加し、なかには勲功をたてた者もいる。一八四二年のシンド占領では、ベネ・イスラエルの戦闘員たちが従軍章を授与され、英・シーク戦争では一〇人が従軍章を受けた[19]。今や軍役がこの共同体の重要収入源となり、いくつかの推計によると、共同体の約二〇％が、こちらからの収入に依存していた[20]。この後の時代、軍隊勤務で生計を立てる兵隊集団というベネ・イスラエルのイメージは、ユダヤ人世界に広がった。はたして本当であろうか。イギリスの研究者ヨセフ・ヤコブ（ジョゼフ・ジェイコブ）は、世界のユダヤ人共同体とその〝主たる職業〟を調査し、「ユダヤ人の統計調査」（*Studies in Jewish Statistics*）（一八九一年）としてまとめたが、この事実をつきとめており、軍隊勤務がベネ・イスラエルの主な職業のひとつであり、ほかのユダヤ人共同体にはみられない現象であると述べている[21]。

セポイの反乱（一八五七〜五八年）とその後の改革

インド亜大陸は、一九世紀中期までに全域がイギリスの支配下に入った。直接あるいは従属する地方の支配者を介した間接支配の形をとり、公共の秩序は、植民地軍と准軍事組織に依存した。当時英印軍はイギリスの指揮統制下にあって、兵隊の大部分は地元出身兵（セポイ）で構成され、軍規と〝分割統治する〟政策の慎重な適用の組み合わせで、統制された[22]。数度に及ぶマラータ戦争の後、インドにおけるイギリスの支配の強化、経済的圧力、そして軍の統制政策による締めつけが、イギリス人と現地兵との関係に圧力となってのしかかった。そして、一八五七年、この圧力が、イギリスに対する公然たる反抗の形をとって、内部炸裂を起こした。この反乱は、ヨーロッパではインド大乱として知られ、第一次インド独立戦争と呼ばれているが、亜大陸のイギリス支配の転換点となった。[23] この反乱時ベネ・イスラエル共同体のメンバーは、一貫してイギリス側についた。イギリスに対する忠誠心に疑問の余地はなく、勤務につき、優れた行動で表彰された者や負傷あるいは死亡した者もいた。[24] 研究者ヌマークが指摘しているように、一八五八年末現在で、ボンベイ隊には三七〇人のベネ・イスラエル兵がいた（全体の一・一%）。ネパール出身のグルカ兵といえば、後に武勇の兵として知られるようになり、もっと大きい集団になるが、[25] 両者の数を比較するのも意味がある。同じ年、ベンガル隊にグルカ正規兵はわずか五九〇人（二・五%）しかいなかった。[26]

一連の功績にもかかわらず、反乱は英印軍におけるベネ・イスラエルの軍務に、ネガティブな影響を与えた。反乱後イギリスは、同じような反乱の再発防止のため、軍とその徴募機関の大々的改革に着手した。イギリスはその改革の一環に軍人種理論（Martial Race Theory）として知られる新しい理論の導入を開始した。兵隊の採用と軍務適性に関する新しい考え方である。[27] この理論によると、徴募対象者は部族帰属に従って、分類される。その結果、インド亜大陸の部族社会的集団のなかでいくつかが、〝軍人種〟として定義された。そしてこの複数の集団のなかから採用された者は、戦闘の腕をもち軍務に適していると受け止められた。[28] 軍人種として分類された主な種族集団は、北西インドの武人階級を構成するラージプート族、パンジャブ地方のシーク教徒、そしてヒマラヤ地方のさまざまな集団（ドグラ族、グルカ族など）である。[29] 改革のもうひとつの要素が、単一の部族集団で構成された生物学的・同質的部隊の編制である。この部隊の規模は規定されなかったが、単一の集団で編成された連隊が、いくつかあった[30]。

反乱後の数十年、改革は主にベンガル隊と新編のパンジャブ軍団で実施された。マドラスとボンベイの両隊は、大半のベネ・イスラエル兵が所属する部隊であったが、反乱時小さい役割しか果たしていないので、当初改革の影響を受けなかった[31]。ベネ・イスラエル共同体のメンバーは軍に入隊を続け、インド内外でのイギリスがかかわる戦争に参加した。一九世紀後半に書かれた新聞記事、回想録そして報告が、当時共同体メンバーに与えられていた軍務の性格に光をあててくれる。ところによっては、共同体の兵隊がたくさん参加して（ケースによっては数十人）、共同礼拝をしたり、あるいはミンヤン（ユダヤ教で礼拝が成立する人数、最低一〇人）のために集まった。この宗教儀式は特に目立つものであり、ロンドン発行の週刊紙ジューイッシュ・クロニクルは、「インドからの走り書き」（"Jotting from India"）と題するコラムでその行事を定期的に詳しく報道した[32]。

イギリスの外征部隊に編入され、海外戦に参加したベネ・イスラエル兵の歴史をみると、帝国の拡大と共に相次いで投入されている。最初が第二次阿片戦争（一八五六～六〇年）時である。この後、一八六八年にアビシニア（現エチオピア）に派遣され、続いて第二次英・アフガン戦争（一八七八～八〇年）、第三次英・ビルマ戦争（一八八五年）、そして中国の義和団事件（一八九八～一九〇一年）と、投入が続いた[33]。南アフリカのボーア（ブール）戦争（一八九九～一九〇二年）では、インド外征部隊への参加は、限定的であった。イギリスが黒い肌のインド兵の実戦参加を望まなかったからである。しかし、戦場域でベネ・イスラエル兵がいたという証言がいくつかある。おそらく補助的役割で現地にいたのであろう[34]。共同体のメンバーのなかには、アデンなど海外植民地に派遣され、日常の治安維持任務についた者もいる[35]。

　広範な任務遂行は、一九世紀後半、英印軍のなかでベネ・イスラエル共同体のメンバーの地位が、しっかりしていたことを物語る。それでも一八五七年の反乱後にベンガルおよびパンジャブ両隊で実施された改革が、そのうちにボンベイ隊にも波及し、ベネ・イスラエル共同体からの採用が、大幅に減った。一八九三年、イギリス当局が、軍の統合化に着手した。三つの行政管区の軍隊を一本化するのであるが、統合は一九〇二年に完了した[36]。その結果、ボンベイ隊は、先にベンガル、パンジャブ両隊で実施され、軌道に乗った採用法と編成法の導入を開始した。対策の主眼は同質的な線に沿ったもので、部族・共同体をベースとした部隊編成であった[37]。

　新しい方針のもうひとつの柱が、任官将校の配属先で、同じ部族・共同体集団の部隊にて勤務とされた[38]。一括して〝カースト・ルール〟として知られるこの新しい状況のもとで、ベネ・イスラエル共同体は、軍のなかで絶対数が小さく、同質的な中隊を編成するに足る人数を揃えることができなかった。一個大隊の編成となればなおさらである[39]。かくして任官将校の地位へ到達する機会は極めて限定的となり、軍隊勤務は以前と比べれば魅力的ではないようになった。この共同体にとって幸いだったのは、その頃になると行政職、特に政府の公務員として、就職できるようになったことである。かなりの人数でしかもよい地位につけた。高い教育水準のおかげである。二〇世紀初期をみると、ユダヤ人の軍隊採用数が激減し、一九〇四年の英印軍調査によると、十数年前には数百人いたのに、わずか三七人（軍全体の〇・〇二四％）の在籍数であった。これに対し、グルカ兵の数は一万四二二四人（同九・三％）に増加していた[40]。

総力戦の時代と徴募の拡大――一九一四～四七年

二〇年ほどの減少の後、第一次世界大戦そしてそれに続く戦争の狭間に、英印軍内のユダヤ兵の数が増えた。ヨーロッパで世界大戦が勃発すると、大英帝国を守るインド部隊が突如として必要となり、インド亜大陸全域で大掛かりな募兵が始まった。募兵は管区協会を通して実施され、志願兵は、出身管区と結びついた部隊に、配属された。長い軍歴の伝統をもつベネ・イスラエルは、最初に採用対象になった口で、ボンベイ隊の部隊に配属された。しかし、今や軍隊に勤務するのは、ベネ・イスラエルだけではなかった。バグダディとコーチンの両共同体のメンバーも、数は少ないが徴募された[41]。バグダディの応募動機は、ほかのユダヤ人とは違っており、イギリス化とイギリスの支配者との一体化にあると思われた。動機が何であれ、戦時中インドのユダヤ人たちは、戦闘でその名をあげた。そのひとりダビッド・エズラ大尉は英駐屯砲兵隊に勤務し、西部戦線で戦死した。ソロモン・ヴァルカー大尉は、メソポタミアのクート包囲戦に参加した。同じようにヨセフ・ヤコブ・トーカー少佐とJ・C・サムソン大尉も第一次世界大戦時メソポタミアとイランで戦い、一九一九年の英・アフガン戦争にも従軍し、それぞれ勲章を授与された[42]。

第一次世界大戦が終わると、英印軍は再び規模を縮小した。インドのユダヤ人共同体の者を含め、多数の兵隊が除隊した。しかしながら、その後すぐ、軍の改革があり、その一環として上級将校へ昇

写真6-1　カラチのシナゴーグで礼拝する英印軍ユダヤ兵（1944年）

進する道が開けた。従来イギリスは、インド人将校がヨーロッパの白人兵を指揮するのを忌避し、このような選択肢はブロックされていたのである。道が開けたので、一九三〇年代からユダヤ人共同体出身者で上級将校に昇進する者が増えてきた。この傾向は第二次世界大戦そして戦後も続いた。同時に英印軍は、技術上相当な進歩を経験した。これは、技術および管理のプロに対する需要増を意味した。その結果として、共同体のメンバーは、多くが教育があり、それに見合った職業についていたので、その職業を軍隊組織のなかで容易に活かすことができた[43]。

第二次世界大戦は、幅広い兵科で、再び三つのユダヤ人共同体すべてに兵籍編入の機会を与えた[44]。この特徴のひとつが、バグダディ・ユダヤ人の大幅な参戦がみられたことで、特にビルマ正面に顕著であった。戦時中日本軍が、カルカッタ（現コルカタ）まで一〇〇〇キロメートル圏内に迫った。当地在住の共同体メンバーのなかには、郷土防衛の戦いと受け止める者もいた[45]。この正面で戦ったバグダディのなかには、例えばジャック・ファルジ・ラファエル・ヤコブ（一九二一～二〇一六年）がいる。後年、英印軍の陸軍中将になったが、この正面各地で戦った。通信将校のモーリス・コーヘンは、コヒマ戦（一九四四年）に参加した。そしてエリアス（エリヤフ）・ヨシュア少佐。いずれもカルカッタ出身であった[46]。ベネ・

イスラエル共同体出身で将校に任官した人たちも、この正面で戦った。ほかにウィリアム・スリム（後に陸軍元帥）麾下の第一四軍で戦ったミハエル・ソロモン・ダニエルス（ボーンカル）少佐、モーゼス・アブラハム・イサーク・ボーンカル中佐がいる。(47)

バグダディ共同体出身者は、英印海軍への入隊でも目立った。入隊して勤務につき、第二次世界大戦後将校に任官した者が何名かいる。なかでも有名なのが、ジャック・ヤペテで、一九四一年に入隊し、後年インド海軍の准将になった。(48) 英印空軍にも多くのユダヤ系インド人が志願・入隊した。大半は技術職であるが、なかにはパイロットになった者も何人かいる。カルカッタのバグダディ共同体出身のモーリス・イサーク大尉は、そのひとりである。(49) ダニエル・ボーンカル少佐は、独立したインド防空部隊に移り、コーチン防空隊の隊長になった。(50) 第二次世界大戦が終わるまでに、英印軍に在籍するユダヤ人の数は、戦前の数倍になっていた。この傾向は、一一年後のインド独立（一九四七年）以降も続き、むしろ拡大した。

独立インド国軍内のユダヤ人——一九四七年～現在

一九四七年のインド亜大陸の独立は、軍隊組織の大幅な改変をもたらした。英印軍は、二つに分割され、独立したインド、パキスタンの国軍になった。独立したインドでは、軍はイギリス植民地当局から軍隊の運用手順を引き継いだが、もはや同じ考慮で行動することはなかった。そしてこれが、軍隊の構造と徴募体制を変化させるのである。インドのユダヤ人共同体についていえば、インドの独立そして一年後のイスラエルの独立は、彼らの自己認識とインド社会への同化に、抜本的な変化をもたらした[51]。独立インド国軍は、英印軍と違って、役割と階級上の昇格に制限を設けなかった。それでもユダヤ人は、もはやイギリスの庇護下にはないので、新しい昇進の道は自ら切り拓いていく必要があった。

インド独立の少し前の一九四六年九月、ジャワハルラール・ネール（一八八五～一九六四年）は、その後成立するインド内閣の外務相に任命された時、インド国軍の改革意図を示唆した。この意図に沿って、彼はインド軍最高司令官クロード・オーキンレック大将に書簡を送り、軍の徴募機関の改革を求めた[52]。この改革は独立後すぐに着手されたが、一九四九年三月段階でバルデフ・シン国防相は、インド国軍は社会的地位と宗教上の信仰のいかんを問わず、すべてのインド国民を受け入れると宣言した。インド独立後数年間をみると、ユダヤ兵は大半が大戦従軍兵であった[53]。興味深いことに、パキスタンで軍務についていたユダヤ兵は、ひとりとして残留を望まず、独立後は全員インドへ移った[54]。

任官割当制が撤廃され、制限枠がなくなり、インドのユダヤ人諸集団にとって、任官への道が以前よりもずっと開けた。ユダヤ人で高位高官の地位についた人が、何名かいる。初めてのことである。特に有名な人物がベンヤミン・サムソン海軍大佐（後に海軍中将）で、一九四八年にインド初代の駐英武官に任命された。エリス・ジラード海軍大佐（後に海軍准将）は、海軍の法務局長として活躍した。ヨナタン・サムソン大佐（後に少将）は、インド国軍武器弾薬生産監督総監であった[55]。一九六〇年代から七〇年代にかけて、この傾向はもっと顕著になる。新しい名前が続々と登場するのである。例えば、一九五九年に入隊したエードゥアルト・ハイームス少佐はインド空軍情報部で活躍した。ラッセル・モルデカイ中将は、一九六〇年入隊の口であるが、戦闘工兵隊の勤務についた。一九六六年入隊のオリバー・ハイームス大佐は、兵站支援部隊の配属であった。一九六七年入隊のルーベン・ヤコブ大佐は、砲兵連隊、一九七〇年入隊のベンソン・ダニエルス准将は歩兵部隊の配属である。[56]

大戦後の時代、インドは大規模な戦争を三度戦った。第一回は一九六二年、インド北東部国境での対中戦争（中印国境紛争）、残る二回は一九六五年と一九七一年の対パキスタン戦争である。インドのユダヤ人は、この三度の戦争で相当な役割を果たした。例えば一九六二年の戦争で輸送機のパイロットとして活動したイサーク・アワスカル空軍中佐は、ラダクの前線部隊に補給品を空輸した。ヨセフ・ボーガオカル少佐は、アッサム地方のインド空軍基地で航空交通管制（ATC）官として、北東部国境戦線への航空管制を指揮した。[57]一九六五年のインド・パキスタン戦争では、例えばボーガオカル少佐は、インド空軍の航空交通管制官として活躍、エフライム・ジラード中佐は、ガルヴァル歩兵連隊の第二大隊を指揮し、戦死した。ラハミム・タレガオカー中尉は、北東部正面で、兵站将校として行動した。[58]一九七一年の戦争では、ジャック・ヤコブ少将がインド東部軍の副司令官として行動し、この時の戦闘で東パキスタンに勝利し、それがバングラデシュの独立をもたらすのである。[59]

インド国防軍は、ユダヤ人徴募兵の宗教を無視せず、ユダヤ教の祝祭日には、可能な時には有給の外出許可を認めた。[60]同じように、ニューデリーの管理部門で働くユダヤ人将兵は、ニューデリーのシナゴーグにおける礼拝に、定期的に参加した。ちなみにこのシナゴーグは、市の小さいユダヤ人社会のコミュニティセンターの役割も果たした。将兵のなかには、ハバッド派の施設と接触している者もいた。[61]イスラエルに関しては、インドは一九八〇年代後半までこのユダヤ人国家に対し敵意を含んだ外交政策を維持した。[62]この政策は、次の逸話が示すように、まわりまわって時にインドのユダヤ人将兵を微妙な立場に突き落とした。一九六〇年、インドは非同盟運動における活動の一環として、エジプトのガマル・アブデル・ナセル大統領を招いた。大統領のホスト役をつとめたのが、ベンヤミン・サムソン海軍中将（当時プーナの国防大学学長）であった[63]。ナセルの搭乗機が到着すると、その機はユダヤ人の航空管制官ヨセフ・ボーガオカルの管制下で着陸した。サムソンは、ナセルの搭乗機のパイロットのひとりが、ユダヤ人であることも知った[64]。

ナセルは、ユダヤ人将校がこのような海軍高官として勤務していることに気づき、ネール首相にどうしてこのようなことができるのか、と問うたところ、インドはすべての宗教の帰依者を完全平等をもって扱い、サムソンは何をおいても真っ先にインド国民であり、本人の宗教を問題視することはない、との答えが返ってきた[65]。別の事例をあげると、一九七七年にジャック・ヤコブ陸軍中将が、イラクの陸軍高官を迎えた時であるが、対イラン戦でシャッタルアラブ川の河口域における上陸作戦を勧告した。このイラクの将官は本人がユダヤ教徒でバグダディ共同体の出身者であり、さらには第二次世界大戦時にイラク正面で戦った事実さえ知っていた。だが彼はどの事実にも無頓着であった[66]。しかしながら、イスラエルに対するインドの比較的敵意のある政策は、インドのユダヤ人将兵がイスラエルを訪問できず、退役した後でのみ可能であることを意味した[67]。

結び

本章では、インドのユダヤ人共同体の成員が一八世紀以来インドの軍隊に従軍した事実を示した。

この伝統はイギリスによって固まった。イギリスは、植民者としてやって来ると、地元民を兵隊として採用し始めた。ベネ・イスラエル共同体は、最初に採用されたグループのひとつであった。彼らは勤務成績良好で、一九世紀には一貫して英印軍で軍務についた。しかし一方では、減少傾向もみえてくる。ひとつには、就業機会が拡大したためであるが、徴募機関に対するイギリスの改革のためであった。しかしながらこの減少傾向は一時的であった。第一次世界大戦そして一九三〇年代後半以降、共同体メンバーが軍に戻るようになり、さらに今回はバグダディ共同体メンバー、そしてコーチン共同体からもいくらか軍務につくようになった。インドの独立と共に、この伝統は維持され、インド・ユダヤ人共同体メンバーのなかには、軍隊内で高い地位につく者も出てきた。

インド亜大陸におけるユダヤ人の軍務は、いくつかの側面で特異である。第一、共同体の普通の職業としての軍務は、インドのユダヤ人の間では、比較的早い時代に始まる。ヨーロッパの場合よりも早く、インド独立後も、その状況は維持されてきた。第二、ベネ・イスラエル出身兵が占める高い割合は、我々が知る限り、イスラエルの建国以前、近代アジアとその外部で、軍務を主たる職業のひとつにした唯一のユダヤ人共同体であることを示唆する。独立国家インドでは、在籍者の人数のわりには、ユダヤ人将兵で高い地位についた者が多かった。ほかの共同体には極めて稀なことである。このような状況は、植民地時代とその後の時代、ユダヤ人が近代インド多文化社会にうまく順応・同化したことを示唆する。

第7章

アラビア海沿岸の文化交流と宗教指導者
――インドとイエメンのユダヤ人

メナシェ・アンジー

一八八六年、ラビ・シャローム（サーリム）・イラキ・ハ・コーヘン（一八四二～一九一七年）が、インドへ向け出発した。イラキ師はエルサレムのイエメン系共同体のメンバーで、教派の資金集めのために送られたのである。彼はほとんどカルカッタ（現コルカタ）で過ごし、それまで同じ目的で来たシャダリム（使節たち）と違って、たくさんの寄付金を集めて戻ることができた。しかし、なぜイラキ師はずいぶん遠いインドを選んだのであろうか。そしてまた前例のない資金集めに成功したのは、なぜであろうか。本章は、彼の任務がイエメンとインドとの間に関係のあることを示唆する。全体的にはイエメンとインド亜大陸の強い結びつき、そして特にイエメンのラビと主だった貿易商の移住（一九世紀）がある。それでも、当時二つの地域の行き来は、イエメン人に限定されず、インド人もイエメンへ行っていた。本章は前述の逸話を出発点として、アラビア海の両沿岸に居住するユダヤ人の文化的・宗教的結びつきが強まった状況を検討し、インドのユダヤ人共同体間の関係に焦点をあてて考察する。

イエメンは、歴史的に南アラビアとして知られたが、当地とインド亜大陸との結びつきは、近代初期に相当大きくなった。貿易関係は、コーヒーと香料の取引の結果、そしてまた一八世紀にインド洋がイギリスの支配下に入ったため、大きくなった。ヨーロッパの帝国主義そして特にイギリス帝国主義が、インド洋のさまざまな地域を結びつけたおかげで、両岸域のユダヤ人共同体は、近い関係になった。この種の発展は前例がないわけではない。南アジアと地中海の文化関係は、たとえ政治的・経済的発展が一三世紀にこの関係を弱めたとしても、中世に大変発展した。(1) 一六〇〇年にイギリス東インド会社が設立されたのに伴い、会社はムガール王朝から営業権を得て次第に商活動を強めていった。(2) 一七五七年（プラッシーの戦い：東インド会社軍がフランスの支援するベンガル太守軍を撃破した戦闘）以後、イギリスはインド亜大陸の支配域を急速に拡大していき、一世紀後にはインドを併合し、直接支配に移った。イギリスのインド支配（British Raj）はユダヤ人共同体に多大なインパクトを与え、お互いの関係にも影響を及ぼし、彼らの自己認識を変容し、伝統的な全体像を近代化した。イギリス植民地の臣民は、この帝国のなかで彼らの自己認識を築き、帝国の管理下で貿易ルートをつくりあげた。

東方世界は西側に対して、ただ反対の立場にあったわけではない。そこは、貿易ルートの開設を通して、植民地下東方の再構築のベースになった。その貿易ルートがニーズの共有を通して、共通の結びつきをつくりあげたのである。(3) 次に紹介するのは、一九世紀に築かれたイエメン・インド系ユダヤ人の結びつきと双方向の動きに関する、二つのケーススタディである。

イエメンからインドへ

コーヒー取引は、一八世紀中頃まで、主としてアラビア海の沿岸域で行われていた。イエメンの農家が、一五世紀中頃からコーヒー・アラビカ種の栽培を始め、そのコーヒー豆を煎ってインドおよびエジプトの交易商に売った。交易商は、これをムスリム世界とインド洋沿岸域で市場に出した。[4] 喜望峰経由でインドに到達したバスコ・ダ・ガマの壮大な航海に続いて、ヨーロッパとアジアが航路帯でつながった。ヨーロッパ列強はインドとイエメン間の国際交易の支配権を握った。[5] 通商上の結びつきが増え、植民地勢力の存在で生じるさまざまな機会に乗じて、イエメン系ユダヤ人の移住が始まった。その初期のひとりが、有名な作家ゼカリア・ダーヒリ（イヒエ・アルダーヒリ、一五三一～一六〇八年頃）で、一六世紀にインドとパレスチナを訪れている。ラビ・シャローム・シャラビそしてラビ・シュロモ・アダニのようなイエメン系ユダヤ人共同体のラビたちは、エジプトおよびパレスチナへ向かった。普通の住民も然りで、その名前が、後期ゲニザ（使い古しの聖書、破棄古文書等の保管庫）の文書に出ている人たちもいる。[6]

近代初期、数十人のユダヤ人がインドへ移住した。主としてマラバル沿岸（インド南部の西海岸）である。[7] そのひとりラビ・ネヘミヤ（ナーミヤ）・モッタ（没一六一五年）は、一六世紀末から一七世紀初めにかけて、コーチンのユダヤ人共同体の精神的指導者であった。死後本人の墓は、さまざまな宗派の人々の巡礼の地となり、今日イスラエルに住むイエメン系共同体のメンバーたちは、今でも神話的人物とみなし、毎年ハヌカの祭日には、追悼式を行っている。[8] コーチンの著名詩人のひとりラビ・エリヤ・アダニ（没一六三一年）も、イエメン出身であった[9]。ラビ・エヒエル・サーテもイエメン出身で、さまざまな件に関するハラハー、つまり宗教法の戒律を導入した。それには奴隷の解放の法が含まれる[10]。この三人のラビは、イエメンからインド亜大陸に移住し、当地のユダヤ教の発展に影響を及ぼした近代初期のユダヤ人集団の代表格である。彼らは、コーチンのユダヤ人社会の精神的指導者となり、トーラーとハラハーを教え、詩をつくり、ハラハー上の規則集をつくり、日常生活を律する実践基準を決めた[11]。この人たちとその宗教上の活動は、イエメンのユダヤ人たちがユダヤ教の伝統を受け継ぐラビ集団とユダヤ教から遠く離れた地域の集団とのかけ橋役を、何世紀も果たしていたことを示唆する。ユダヤ教から離れたインドの〝ラビ法廷なき〟ユダヤ人集団のなかで目立つのが、ベネ・イスラエル（ヘブライ語でイスラエルの息子の意）とコーチンのユダヤ人である。この二つの共同体に対して、特に一九世紀にはイエメンからの移住者が、ユダヤ教の知識をきちんと整えるうえで主たる役割を果たしたのである。

これに続く半世紀、数千人のユダヤ人がイエメンからインドへ移住した。その相当数が前の移住者のあとを引き継ぎ、宗教上の役割を果たした。ユダヤ人の流入に伴い、一八世紀には、イエメンの首都サヌアとコーチン間の文通が増えた。文通者のひとりが、サヌアのユダヤ人共同体の指導者ラビ・イヒエ・サーリーで、さまざまな問題に関する戒律上の回答を書き送った。一七七〇年代にイエメンから移住しコーチンに居住したシュロモ・クサールが、イエメンのラビ・イヒエ・パシャーリに送った書簡には、〝ラビ法廷の議事録〟つまり訴状の定式とその扱い……を送るように求めている。〝なぜならばコーチンの人々は、我々の神聖なるラビに従うことを望む〟からであると付記している[12]。文通は、コーチンのユダヤ人がイエメンのラビを、宗教法上の疑問に関する問い合わせ先とみなし、ユダヤ教の宗教法でイエメンの慣行を受け入れたことを示唆する。コーチンにおけるイエメン共同体の慣行の影響は、結婚にかかわる地元の方式に明白である。現在でも結婚の儀式で新郎が縁結びの祝福（ヘブライ語でビルカト・エルシン）を朗唱する。これはイエメン式で、ほかの共同体ではラビの役割である。(13) 音楽の分野でも、コーチンで使われるタ・アミム（ヘブライ語でシナゴーグでの朗唱の意）とメロディーは、イエメンの伝統に由来する。イエメン系ユダヤ人移住者がもたらしたものであろう。(14)

一九世紀になると、イエメンからの移住者の影響は、ほかのユダヤ人共同体、特にバグダディとベネ・イスラエルに波及した。バグダディ共同体がインドに出現したのは、一八世紀、バグダッドからの移住者のほか、イラク、イエメンなどアラビア語を話す国や、そしてまたペルシアからも加わり、共同体を築いたのである。(15) バグダディは、共同体の成長そして富の蓄積と共に、イエメン出身ラビとトーラー教育者の便宜を受けるようになった。かくして、この聖職者たちは、伝達者であると共に文化交流の主体者となる。なかでも著名なのがラビ・エラザール・イラキで、カルカッタのバグダディ共同体のラビになった人物である。一九世紀の出版の分野でも、重要な役割を果たした。(16) イラキ師は、イエメン出身者を父としてコーチンに生まれたが、例えば過越祭の最初から最後の締めくくりまでの手順をまとめた手引書（ラビ・ベンベニステの『ペサハ・メウビン』と題する）をバグダディのジュディオ・アラビック語に翻訳・編集し出版した。(17) 出版者としてのイラキ師の実力は、専門的技術とトーラーに関する広遠な知識に由来する。家族のなかには出版業界で働く者もおり、イラキ家は二〇世紀半ばまで教育、文化の分野で有力な一家であった。(18) イラキ師は、イエメン系ユダヤ人の宗教書も出版している。彼が最初に出版した書は、一八四〇年の『シャレイ・ケドウシ』――ユダヤ教の戒律に基づく畜殺法の書（ラビ・イヒエ・サーリー著）――であった。[19]

イエメン系ユダヤ人の伝統と宗教指導者による感化は、一九世紀後半に至るまでインドのバグダディ共同体に影響を及ぼした。例えば、ラビ・サイード・ワハブ・ナタンは、ボンベイ在住サスーン家のシナゴーグのカントール（先唱者、ヘブライ語でハザン）そしてシェヒタ－（ユダヤ教の戒律に基づく畜殺を行う人）として、一八九九年にインドへ来た聖職者であった。ラビ・ニッシム・エリシヤ・エリヤフ・ザカリは、ボンベイのエリヤ・シナゴーグのラビで、ラビ・モーリ・ワハブ・ナタンに証書を出した。本人は不幸にして四五歳で死去したが、息子のイツハク・ナタンが仕事を受け継ぎ、ボンベイでハザンそして教師として働いた。[20] サヌアのラビ法廷の登記者ミサウワデーが示唆しているように、インドのユダヤ人共同体の男性は、この一連の関係をベースとして、イエメンの女性と結婚した。その一例が、イエメンのアブラハム・ハドナル家の娘ジーンで、インドのイヒエ・ベンサリム・アルカンジと結婚、結婚式は一八三一年バグダッドで行われた。[21] サヌアのラビ法廷の判事たちは、ケトウバ（結婚契約書）がサヌアのやり方に従って準備され、アブラハム・ベンサリム・タイベによって保管されると強調している。[22]

イエメンのラビは、ベネ・イスラエル共同体のためにも、いくらか宗教上の役割を果たしていた。この集団の起源は謎であるが、彼らの存在が〝発見〟されたのは近代初期、おそらくエゼキエル・ラハビ（一六九四～一七七二年）によると思われる。[23] コーチンのユダヤ人共同体の指導者ラハビは、イエメンに起源をもつという話を聞いていたのであるが、その村を訪れた時、ユダヤ人共同体の習慣の痕跡を確認し、標準的なユダヤ教を彼らに教え始めた[24]。その後、ベネ・イスラエルのもっと意義深い〝再発見〟があり、一九世紀初期に主流ユダヤ教の導入が始まった。最初はキリスト教宣教団の接触に対応する形をとった。やがてユダヤ人の教師や精神的指導者たちが、ユダヤ教の口承律法をベネ・イスラエルに教えるようになる。特に知られているのが、イエメン出身系のラビ・ソロモン・サーリム・シャラビである[25]。この後すぐボンベイに出版社がつくられ、ベネ・イスラエル用の宗教書を出版した。出版者のアブラハム・ベンエフダ・ジャマルは、イエメン出身でコーチンに住む子弟の教師（ヘブライ語でメラメド・ダルデキー）であった。一八四六年、ラビ・ハイム・ハレグアが、コーチンの伝統に従った〝セデルハガダー〟（過越祭の礼拝一式をまとめた書）を出版した。これは、ベネ・イスラエル用にハイム・ガルゾーサーがマラーティー語に翻訳したものである。同じ年、ジャマルは、コーチンの習慣に従った歌（ビュティム）の本も出した。イエメン系のラビは、一九世紀末になっても、ベネ・イスラエル共同体でさまざまな役割をもち続けた。例えば一八九六年、ボンベイのバグダディ共同体の指導者たちが、地元ベネ・イスラエル共同体のカントールはコーチンないしはイエメンのユダヤ人である、と証言している[26]。

一九世紀、ベネ・イスラエルのユダヤ人としての出自をめぐって苦々しい論争が起きたが、イエメン出身ユダヤ人による（ユダヤ教に関する）指導が、この論争の新しい火種になった。当時この問題は、ある意味で深刻であり、二〇世紀になってもベネ・イスラエルに影響を及ぼした。問題は、一九世紀中頃ボンベイおよびカルカッタでバグダディ系ユダヤ人共同体がベネ・イスラエルと出会ったことに、端を発する。一八四三年、カルカッタ在住のバグダディ移民たちが、出身地バグダッドのラビに、べネ・イスラエル共同体のメンバーと結婚できるかどうか、そしてさらに、ベネ・イスラエル共同体のメンバーは、ミンヤン（礼拝成立に必要な最低限の成人男性一〇人）に数えることができるかと問い合わせた。どのような回答があったのか判らないが、問い合わせの言葉遣いからみると、質問者に前向きの態度がうかがえる。一八七〇年、パレスチナのスファルディ系とアシュケナジ系共同体の双方のラビが、ベネ・イスラエル共同体のメンバーにユダヤ人共同体の諸活動に参加することを認め、ベネ・イスラエルとほかのユダヤ人共同体との密接な関係構築の必要性を強調した(27)。

それでも、インドのバグダディのユダヤ人たちは、ベネ・イスラエルとは距離をおいた。彼らは、ベネ・イスラエルの人とは結婚せず、一緒に礼拝することはなく、この習慣は最近まで続いた。アジアへ行った一九世紀の旅行家で使者のヤーコブ（ヤコブ）・ハレヴィ・サフィル（一八二二～八五年）は、この排除の理由を「ユダヤ人たちは、彼らと結婚しなかった。彼らが伝統的な離婚（ヘブライ語でギッティン）とレビレート婚（ヘブライ語でハリツァ、申命記二五・五―一〇参照）の慣習を今でも守らないからである」と説明している(28)。サフィルが認めたように、バグダディのユダヤ人共同体がベネ・イスラエルと距離をおく第一にして最大の理由は、宗教問題であった。一八九六年、同じように、ボンベイのバグダディ共同体の指導者が（ジュディオ・アラビック語で）、ベネ・イスラエルは〝デーチリン・ベ・サフェク・マムゼルト〟（Dāchilīn be-Safeq Mamzerut）であると指摘した。彼らは非嫡出の生まれという意味である(29)。一九一四年、やはり同じように、エルサレムのラビそしてまたバグダディのラビが、彼らはマムゼリム（非嫡出）の地位にあるとし、「彼らはカライ派（口承律法を拒否するユダヤ人の集団）と規定され、彼らとの結婚は禁じられる」と書いた(30)。

バグダディとベネ・イスラエル共同体との溝は、文化的要素にも起因していた[31]。バグダディは、彼らを「ヒンズー教徒のような生活をしている……彼らは違った反応を示す人たち」とみた[32]。換言すれば、ユダヤ人の伝統は、ユダヤ教に二つの大きい流れを認める。すなわちスファルディ系（東方ユダヤ人）とアシュケナジ系である。前者はイスラムの影響圏内に生き、その慣習に影響を受けた。後者はキリスト教の影響圏内で生き、その慣習に影響を受けた。ヒンズー教の影響圏内にあるユダヤ教は、主流派ユダヤ教とは今も性格を異にしている[33]。加うるに、ベネ・イスラエルがユダヤ人社会から分断されたのは、植民地主義そしてカースト制をベースとする差別の結果でもあった。最近の研究が示しているように、南アジアでイギリス社会に受け入れられることは、バグダディ共同体にとって複雑かつ骨の折れる道のりであった[34]。したがって、バグダディ共同体からみると、この社会に受け入れられるためには、ベネ・イスラエルのようなローカルなユダヤ人とは距離をおくことが、前提になるのは明らかであった。イスラエルにあるベネ・イスラエル共同体のメンバーは、二〇世紀中期になっても、自分たちに対するラビ法廷の〝人種主義〟を非難していた[35]。

全体的にみると、インドにある三つのユダヤ人共同体に対する助言者になったのが、イエメンのラビであった。彼らの役割は、新しい地理的枠組みの出現を示唆する。それは、インド洋地域のさまざまなディアスポラ共同体をとりこんだもので、西はエジプト、エチオピア、アフリカの角、イエメン、イラクそしてペルシア湾、東はインド、東南アジアに至る地域である。この結びつきは、主として近代初期以降形成されてきた広域の通商ネットワークをベースとしていた。そしてその結びつきの強化拡大役を果したのが、バグダディ系ユダヤ人の商業ネットワークであった。イエメン系ユダヤ人は、インドそしてさらに東方域のバグダディ共同体で、教師、戒律に基づく畜殺業、そしてラビとしての役割を果たした。もっともバグダディにはその助けがなくてもやっていける伝統はあった。これと対照的に、コーチンとベネ・イスラエルの両共同体の場合は、口承律法の教育上、さらにはラビの継承する伝統とユダヤ教関連書を伝え教えるうえで、イエメンのラビの役割は不可欠であった[36]。

イエメン系移住者とインドのユダヤ人との結びつきは、偶然のことではなかった。イエメンのユダヤ人は、外縁部に位置するとはいえ、ラビ文献をもつユダヤ教の世界の一部、と考えられた。彼らは、ラビ文献の影響下にありながら、その一方で、ラビ文献をもたぬ（モーセ五書のみの）ユダヤ教とも近かった。一二世紀の偉大なラビ・マイモニデス（モーゼス・ベンマイモン）の書簡が、この間の事情を物語る。「そして、イエメンのすべての都市で……タルムードを論じる人たちがいる……彼らが先端の方に住むおかげで……（ミシュネ・トーラー、マイモニデスが編集した律法集）が、インドに至るまで彼らの行動をただしている」とした[37]。その意味で、アジア特にインドにおいてラビ文献をもつユダヤ教の教えを伝えるイエメン系ユダヤ人の役割は、イエメンから移住してきたムスリムの宗教学者の役割に類似する。東南アジアで、イスラムの教えを広めたのが、ハドラミーと呼ばれる人々であった（イエメン南部の海岸地方ハドラマウト出身）。ユダヤ人と同じように、多数のハドラミーが——その多くは商人であり宗教関係者であった——イエメンを出て、主としてマレーシア、シンガポール、インドネシア、そして東アフリカの沿岸地帯とアフリカの角に居住した。このハドラミーの移住は、一六世紀に始まり一九世紀から二〇世紀にかけてかなり増えた[38]。アジアでそれぞれの宗教の教えを広めたのは、イエメンのユダヤ人とムスリム双方の共同体であった。前者は南アジア、後者は東南アジアである[39]。

イエメンのベネ・イスラエル

イエメンのユダヤ人とインドのユダヤ人の接触は、インドの外でも起きた。ベネ・イスラエルが、ほかのユダヤ人共同体から疎外されていたにもかかわらず、インドの外で接触が生じた。この出会いは、一九世紀中頃イエメンで起きた。ベネ・イスラエル出身者の多くはイギリス共同体のユダヤ的出自が、すでに疑問視されている頃である。ベネ・イスラエル出身者の多くはイギリス当局と密接な関係をもち、一九世紀にはイギリス軍のなかで事務官や将校として勤務した。[40] このようにして、彼らはインド社会のヒエラルキーのなかで自己の地位を向上した。[41] 一八三九年、イギリスによるアデン占領で、多くのインド人——特に英印軍に勤務した者——がイエメンの南部へ行った。アデンに駐留した二個連隊のなかに、ベネ・イスラエル出身兵がたくさん勤務していた。[42] インドのカーストのなかで、宗教上の理由からインド洋を横断することを拒否する集団がいくつかあったが、これと対照的に、ベネ・イスラエル出身者は海外勤務に積極的で、家族を伴って行く者もいた。[43] イギリスの植民地主義に伴う、イエメンに対するインドイスラムの影響については、すでに研究者たちの著述がある。イギリス植民地主義とインド出身ユダヤ人のイエメン移住との結びつきも、研究対象にして然るべきである。[44] 一九世紀中頃には、極めて多数のインド出身ユダヤ人が、アデンに住み、イギリス当局と緊密な関係を維持していた。大半は兵隊として来たのであるが、イギリスの行政局の職員として行く者もいた。いくつかの資料によると、アデンには一八七二年時点でインドから来たユダヤ人が少なくとも一四三五人いた。ボンベイのバグダディ共同体出身者もいるが、大半はベネ・イスラエル共同体の出身である。[45]

アデンにインド出身ユダヤ人がいた証拠は、墓地にもある。ダビッド・ハインリヒ・ミュラー教授（一八四六〜一九一二年）を団長とする調査団が、墓碑を模写して持ち帰ったのである。一八九八年、ウィーン大学の高名な東洋学者をはじめとする一行が、南アラビアの古代言語の調査を目的に、アデンとソコトラ島を訪れ、[46]この地域の諸言語の銘刻名文を多数蒐集した。彼らは、アデンの墓地もまわり、数百の写しをとった。ウィーンのラビ、ツビ・ペレツ・ハユート博士（一八七六〜一九二七年）は、グラーツ大学のインド・イラン系言語を専門とする言語学者ヨハン・フェルディナンド・オットー・キルシュテ教授（一八五一〜一九二〇年）と共に、この墓碑を調べ、インド共同体出身の存在を発見した。一八四九年以降、そのメンバーがユダヤ人墓地に葬られるようになっていたのである。[47]マラーティー語で刻まれた墓のひとつに、一〇歳になるサパラ（チポラ）という名の少女のものもあった。一八五八年に悲劇的な死を遂げ、父親エヘズケルによって埋葬されていた。[48]当時インドでは、ユダヤ人共同体の間で社会的距離が保たれていたことを考えると、アデンのユダヤ人とインドからの新来者の間には、どのような出会いが起きたのであろうか。ベネ・イスラエル共同体のメンバーたちは、当地ユダヤ人のシナゴーグで行われる安息日と祭日の礼拝や行事に参加していた。証拠ならある。資料によると、彼らはヘブライ語が読めなかったので、トーラーを読まなかった。そのうちに、彼らは独自に自分たちの〝祈りの家〟をつくった。表向きは、共同体が大きくなったためとか、イギリス政府がイギリス管理地区内外で課したインド出身従業員に対する行動制限のためであった。それでも、インド出身のハザン（先唱者）とミンヤンのリーダー（聖書朗読を許された人）は、地元イエメン共同体に所属し、彼らが礼拝、宗教行事を執り行う人たちであった。その結果、ベネ・イスラエルのこの人たちは、イエメン式のヘブライ語発声法を習得した。この人たちのなかには、イエメンのリーダーによって使われる礼拝時の仕草（特に敬意を表するために片ひざを折ること）を真似する者もいた。[49]

イエメンの地元ユダヤ人共同体の指導者たちは、インドの同胞と同じように、アデンにいるベネ・イスラエル出身者の存在と、彼らのユダヤ人としての出自問題に関心を抱いた。ハラハー上の質疑に対し、サヌアのラビが（ラビ・シャローム・マンスーラと思われる）、そのレスポンサ（回答）で「アデンの町に住む者は、アズリエル（スペインのカバリストの末裔）と呼ばれているが、サドカイびとではないし、ボエチュスびと（第二神殿破壊前に存在した集団）でもない。彼ら自身はイスラエルびとに所属すると主張している。自分たちをベネ・イスラエルとも呼んでいる」と応答した。[50] このハラハー上の回答は、ベネ・イスラエルはもともとスファルディ系のユダヤ人であったが、中世スペインの王によってキリスト教に強制改宗させられる憂き目にあった。密かにユダヤ教の信仰を守り続けたが、後年インドへ追放され、当地では社会的圧力のために、次第に信仰から離れていった。大英帝国の雇用者としてアデンへ移った時点で、彼らは、「すでに教えを学び始めており、今ではユダヤ教の戒律を元のように守っている」と指摘している。[51] サヌアのラビの回答は、キリスト教へ改宗したほかのユダヤ人たちがユダヤ教へ戻る道を選んだ場合と同じように、ベネ・イスラエルはユダヤ教へ改宗する手続きを踏まねばならないと判定する内容であった。ここが肝腎な点である。すなわち、「彼らは、改宗する必要がある。割礼し、ミクベ（宗教儀式用の浴槽）に身をひたさなければならない」のである。[52] サヌアのラビは、そのレスポンサのなかで、ラビ・ヨセフ・カレー（没一八四九年）の名をあげ、同じような判定をしたと述べている。ラビ・カレーは、当時生存との指摘があるので、このハラハー上のレスポンサは、一八三八～四九年の間に書かれたと考えられる。

ユダヤ人世界のなかでは、一部には肌が浅黒く、地元のインド人とヒンズー教の伝統に類似しているため、ベネ・イスラエルのユダヤ人としての出自の信憑性に疑問を抱く人たちがいた。このラビの判定は厳しかったが、この人たちの声とは違って、救済のための立脚点を指示していた。サヌアの判定は、ベネ・イスラエルのユダヤ人としての起源に疑問を呈することはなく、栄光のスファルディ系ユダヤ人共同体の末裔であるとみなしていた。異端審問でスペインからインドへ逃げたスファルディ系ユダヤ人としての自画像は、いくつかの情報をベースにしていた。ユダヤ人の追放に伴い、一五～一六世紀にこの民族がインド亜大陸へ移住したこと、マドラス（現チェンナイ）とコーチンにユダヤ人（パラデン）共同体が形成されたこと、そしてゴアにスペインの改宗者（ヘブライ語でアヌシム）が住んでいたことである[53]。イエメンのラビたちは、表面的で不正確な知識を、ラビ・イヒエ・アルダーヒリの書から得たと思われる。このラビは、一六世紀に南インドを訪れ、当地のユダヤ人共同体が、スファルディ系と改宗者で構成されることを認めた[54]。アルダーヒリの書はあいまいであったが、指導的立場にたつサヌアとアデンのラビたちは、これを読んだようである。

一九世紀末になる頃、アデンのベネ・イスラエル共同体は衰退し始める。軍隊勤務に適したインド出身集団に関するイギリスの政策が、次第に変わり始めたため、その結果ベネ・イスラエルの徴募数が減ったのである[55]。二〇世紀にこの小さい共同体のメンバーたちが書いた回想録を読むと、次の点が明らかとなる。すなわち、彼らはアデンのユダヤ人共同体と接触していた。何十年も隣り合わせで暮らしてきた。しかしながら、この接触にもかかわらず、双方の間には広い溝が残ったままであった。

リザ・マザル・ビンヤミンは、ベネ・イスラエルの共同体の出身で、アデンで成長した人物であるが、近年「私の共同体のメンバーたちは……近くのユダヤ人居住地から自分たちの住居を離していた……アデンのユダヤ人たちとは対照的に、我々の家族のメンバーたちは、稀に例外はあっても、ユダヤ教の安息日に働くことをいとわなかった」と回顧した。[56] しかしながら、ヘブライ暦のティシュレイ月の休日には、スファルディ系のシナゴーグで礼拝し、仕事には行かなかった。興味深いことに、地元のインド系ムスリムと地元ムスリムは、ベネ・イスラエルを地元ユダヤ人共同体の一部とはみなさず、したがって彼らに対する態度は、もっとポジティブであった。[57] 極めて重大なことであるが、アデンでもイエメンのユダヤ人はベネ・イスラエルの人とは結婚しなかった。そのためベネ・イスラエルの男性は、古巣の共同体で結婚相手を探すため、インドへ行かざるを得なかった。[58]

インドのシャダリム――教宣募金の使節

本章の初めに紹介したラビ・シャローム・イラキの募金任務に話を戻すと、任務が成功した背景には、いくつか理由がある。イエメンのユダヤ人共同体は高度の（ユダヤ）文化をもつ共同体であり、その共同体のメンバーは、インドでは極めて高い評価を受けていた。ラビはユダヤ教の師であり、伝統の先導者なのであった。イエメン出身者の多くは、カントールやラビあるいは戒律に基づく畜殺人など地元共同体における宗教上の役割を担った。そのため、そしてまたさし迫った経済苦境のため、一九世紀には、インドへの移住が増えた。一方アデンでは、一八三九年に大英帝国が占領した後、経済状況は改善したが、イエメンの中央部では悪化していった。つまり、インドへの移住の主たる〝推進〟ファクターは、政治的混乱に起因するイエメンの経済的破綻であった。イヒエ・コラーは回想録で、次のように書いている。

ユダヤ人は大変困っていた。毎週月曜日と木曜日に墓地へ行って祈った。祈るユダヤ人が家に戻っても、そこには何もない。生きるすべもない。彼は祈り続ける人々の間から立ち上がり、突き動かされるように東へ向かった。行き着いたところがインドであった。そこに一〇年かそれ以上住んだ後、サヌアへ戻ろうと考える。家族に会い古巣で過ごそうと思うのである。サヌアに到着すると、そこには、自分が出奔した時と同じように、ユダヤ人たちが墓地で祈っているのであった。彼は、「このまちに戻るのではなかった」と呟き、インドへ戻った。(59)

インド亜大陸では、イギリスの支配下でイエメンからの新来者に多くの経済的機会が開かれていた。この移住者たちは、次第に豊かになり、イエメンの共同体や、パレスチナのイエメン系ユダヤ人共同体を支援できるようになった。インドに移住したイエメン系ユダヤ人のひとりが、ラハミム・ベンモーサ・イラキ・ハ・コーヘン（一八四六～一九二三年）である。サヌアに生まれカルカッタで死去した本人は、一八六〇年代イエメンのイスラム世襲教主間の抗争期にイエメンを離れ、カルカッタに移住したようである。そこには、彼の親族、ラビ・エラザール・イラクの家族が永年住んでいた。ハ・コーヘンはこの大きい港湾都市で、バグダディ共同体出身の女性ヨヘベド・ユダと結婚した。彼女の父親ソロモン・ユダ（サレー）もイエメンからの移住者で、サヌア出身と思われる。[60]ハ・コーヘンは、ダビッド・サスーン社で働き始めた。[61]

サスーンの企業には、ユダヤ人青年が働き、上海勤務者も多かったが、彼も上海支社で働くことになった。[62]当時中国で活動する貿易会社の重鎮が、ダビッド・サスーンの息子スリマン・サスーンであった。[63]ハ・コーヘンは、中国で立派な成績をあげ、カルカッタに戻ると、地方支局の管理職になり、やがてカルカッタとボンベイの両支社の責任者に抜擢された。一八九〇年代から二〇世紀初めにかけて、ハ・コーヘンはフローラ（ファルハ）・サスーンと連絡をとり合った。夫のスリマンが一八九四年に死去した後、彼女が会社を率いていたのである。[64]ハ・コーヘンは、カルカッタのバグダディ共同体では、その指導者のひとりとなり、共同体のために尽くした。いろいろな役職があったが、ユダヤ人擁護機関アリアンスの地元委員会の委員、マゲン・ダビッド・シナゴーグ委員会の委員、ユダヤ人女学校の名誉幹事が含まれる。地元のユダヤ人墓地の維持管理のためにも働いている。[65]さらに、ほかのユダヤ人共同体の福利厚生に力を注ぎ、エルサレムの貧困層に寄付を行った。[66]イギリス当局のために尽くした功績で、一八八三年に名誉行政官に任命されている。[67]

一八八二年、弟のヨセフ・イラキ・ハ・コーヘンが、三人の子供を連れて、イエメンからエルサレムへ移住した。イラキ・ハ・コーヘン一家の経済的状況は、パレスチナに住むほかの新移民同様、悲惨であった。この苦しみを軽減しようとして、エルサレムのイエメン系ユダヤ人共同体は（スファルディ系コレル――研鑽のための集まり――の一部になっていた）、募金のためさまざまな国への使節派遣を決めた。[68]スファルディ系使節のうち二人がインドを訪れた。ラビ・ヨセフ・アハロン・メユハスと弟のラビ・モシェ・メユハスで、弟はこの後インドに定住した[69]。この二人は、ラハミム・ハ・コーヘンと会って、本人の親族が最近エルサレムへ移住したことを知った。こうなれば話は早い。ラビ・ラファエル・メイル・パニゲルを座長とするスファルディ系コレルの指導者たちは、ラハミム・ハ・コーヘンの甥であるラビ・シャローム・イラキを、インドの叔父のもとへ派遣することを決めた。ラハミムとラビ・シャロームは、子供の頃イエメンにいたので、しかも年齢が近いので、知り合いであった可能性が高い。いずれにせよ、エルサレムのイエメン系共同体の指導者が、シャローム・イラキに募金委任状（ヘブライ語でシュタル・シャダルト）を渡した。イエメンとインドでの募金活動を認める内容である。この書状によると、彼はアデン、ボンベイ、カルカッタ、コーチンそしてシンガポールで任務を遂行することになっていた[70]。

しかしながら、イエメンおよびインドの諸都市におけるこの任務は、もともとヨセフ・メユハスに託されていたのである。インドに住む兄弟モシェの仲介を得て、一ヶ月後ヨセフ・メユハスはシャローム・イラキと了解に達し、結局後者がインドに行くことになった。そして、ここが肝腎な点なのであるが、彼が集めた金は、二人の成果として分けるのである[71]。この合意の後、シャローム・イラキはインドへ向かい、カルカッタに到着すると、裕福な親戚であるラハミム・モーサ・ハ・コーヘンの家に宿泊した。モーサ・ハ・コーヘンは、親身になって協力し、当地共同体のお歴々にアピールし、貧しい親族のため、そしてエルサレムの同胞のために、相当な金を集めてくれた。かくして、シャローム・イラキは、貧しい同胞のために集めた多額の金を持って、すぐにエルサレムへ戻ることができた[72]。よい条件のもとで、任務は期待以上の成果をあげた。これまではせいぜい数百ルピーしか募金できなかったのに、今回は六〇〇〇ルピーの金を持ち帰ったのである。[73] この後何度もシャダリム（募金任務者）がインドへ派遣されたが、イラキのような成果をあげたのは、誰もいなかった。[74]

結び

本章は、イエメンのユダヤ人が一九世紀にインドへ流入した件を扱ったが、移住の波は小さく、このイエメン系ユダヤ人が独自の共同体を形成するには至らなかった。イエメン出身者で成功し、出身地やエルサレムの共同体を支援できるほど裕福になった人が何名もいたが、彼らの主たる貢献は、自分が加わった新しい共同体のなかで生じた。二〇世紀にディアスポラで形成された個々の共同体と違って、ここでは彼らは地元のユダヤ人共同体に加わり、ラビとしての地位で共同体に尽くす方を選んだ。[75] イエメン出身のユダヤ人たちは、正統なユダヤ教とその導きなき共同体との橋渡し的役割を果たし、彼らの宗教上の慣習が、彼らの接触したさまざまなユダヤ人共同体によって、吸収された。宗教上の彼らのガイダンスと知識が、日常生活と結びついたユダヤ教の慣習と戒律上の思想を、長い間主流のユダヤ教から引き離されていたユダヤ人共同体に再導入するうえで、促進役になったのである。

イエメン出身のユダヤ人は、インド近代化の初期段階で、同地ユダヤ人共同体の生活で明確な役割を担った。アラビア海をはさんで個人間の接触、人と思想の転移が可能であったのは、間違いなく距離的に近いことが要因であった。それでも、ユダヤ人のこの移住ケースは特異であった。中心地から離れ、アラビア半島の先端にあるという位置が、それよりさらに遠隔の地にある共同体における指導上、理想的な条件であったということであろう。失われた十部族の行方や行方探しについては、何世紀も続く民間伝承があり、それをもとにしていろいろなことが書かれてきた。エルダッド・ハ・ダニ（紀元八五一～九〇〇年頃）といえば、南アラビアの出身で、東アフリカの〝独立ユダヤ国家〟の住民であると自称した人であるが（自分の所属するダン族が、ナフタリ、ガドそしてアシエルの各部族と共に、アフリカのかなりの地域を支配、と主張した）、この話が出てから、イエメンのユダヤ人は、失われた十部族の話の一部として、語られてきた。[76] しかしながら、時には彼らが十部族のメンバーと接触していた人とみられることもあった。この伝承からみれば、主流ユダヤ教の影響圏の端にいることから、イエメンのユダヤ人共同体は、その橋渡しが可能と考えられた。[77] 本章はこの橋渡しが、ヨーロッパの覇権とイギリスのインド支配という特定の状況下で、生起したことを示す。しかしながら、イエメン系ユダヤ人が果たした役割は、一世紀ほどのうちに不要となった。インドのユダヤ人共同体は、それぞれ大半が、新しく建国されたイスラエルへ移住したからである。

第3部

東南アジア――植民地主義の遺産と新興の共同体

第８章

シンガポールのユダヤ人
――阿片取引のうえに築かれた共同体

ヨナタン・ゴールドシュタイン

シンガポールは、近代の創建で、当地ユダヤ人共同体の歴史も新しい。この都市は、イギリスの植民地行政官サー・スタンフォード・ラッフルズ（一七八一～一八二六年）によって一八一九年に建設された。ラッフルズは、英領ベンクーレン（スマトラ島南西沿岸地帯）の副総督として、阿片の東方輸送上安全な経由地を確保する必要性を感じた――オランダの干渉とマレーおよびフィリピンの海賊行為から守るためである。阿片は、アジア人が耽溺する新しい嗜好品になったように、ヨーロッパ人にとってもむしろ新しい商品であった。一世紀前、オランダ東インド会社で働くひとりのドイツ人医師が、ジャワ人が凝固した形で阿片を吹かしているのを観察していた。このやり方はジャワから来たのかもしれない。しかし、おそらくフィリピンのスペイン人たちが、煙草を吸うアメリカ・インディアンのやり方を採用したのである。イギリスの貿易商たちは、一八世紀中頃になると、現金収入に困り、東インド（マレー諸島を含むアジア南東部地域）のオランダ人と張り合い、インド産阿片を中国へ輸出し始めた。この収入を、中国茶、織物、磁器その他中国の物品を調達する資金にするのである(1)。インドから中国への阿片輸送は、イギリスの船が使われたが、それは、イギリス東インド会社の所属船ではなかった。

東インド会社は、インド産阿片の売却で利益をあげたが、密輸は避けた。それでも、ひとりの歴史研究者が指摘しているように、一八〇〇年までに「スエズ以東の大英帝国は……麻薬取引のカルテルになっていた」のである。[2] ラッフルズは、ジョホールの支配者であるスルタンとテメンゴング（地元の長）と協定を結び、マラッカ海峡の東端にあたる、住民の少ないシンガプーラ島に、要塞を建設した。この島要塞は、急速に国際貿易の一中心地になった。カルカッタの対中貿易商ウィリアム・ジャルディンは、一八一九年の中頃当地に来た人物であるが、茶箱（一〇八ポンド）入りのインド産阿片を五箱も売ることができた。一箱当たり一一〇〇ドル銀貨という莫大な金額である。一八二四年、イギリスは、スルタン、テメンゴングそしてオランダと新たに協定を結び、帝国が遂行する事業にしっかりした適法性そして継続性を付与した。この後二〇世紀に至るまで、この島は中国へ阿片を運ぶ船舶の積み換え地、中継地になった。妙な話であるが、この高価な商品が、少なくとも当初は、マレー半島南端の小さい島に出現したユダヤ人共同体の主な収入源になった。[3]

シンガポール・ユダヤ人共同体の起源

ユダヤ人は、シンガポール建設後間もなくして当地へ来た。イギリスの東インド会社は、船を使った東方向けの出荷参入を、非イギリス人に少しずつ認めていった。当初認められたのはアルメニア人とパールシー教徒（ムスリムの迫害を受けインドへ逃れたペルシア人のゾロアスター教徒）であった。ユダヤ教の宗教法（ハラハー）には、ひとつの抜け穴があった。それによって、バグダディのユダヤ人たち――バグダッドをはじめ中東から来たユダヤ人とその子孫で、出身地からそう呼ばれている――も参入できた。〝土地の法〟は嗜好品としての麻薬使用を禁じているであろうが、医薬用を目的とする阿片の販売を禁じているわけではない。これが習慣性の強い危険な薬物でありながら、広く濫用されている証拠がたくさんあるにもかかわらず、ユダヤ人貿易商は、自分の麻薬は医薬専用、それだけに使用されることを充分に期待していると、建前上の主張ができるわけであった。同時に、ゴア、ディーウ（インド西部）とダマン（同）のポルトガル人商人は、阿片をペルシアからだけでなく、イギリスの直接支配を受けていないインド人からも入手した。彼らは船で直接中国沿岸の植民地マカオへ輸送した。アルメニア人は、西ヨーロッパの港、トルコ帝国のスミルナで入手したが、イギリスの商船の手がまわらない時、英領インド自体から調達した。そして中国人のジャンク・トレーダー（戎克を使った貿易商）は、シンガポール、東南アジアそして中国沿岸地域を対象に、阿片の卸売りと小売りを行った。イギリスの東インド会社は、よそ者の業者多数の参入に目をつぶった。厄介な抜け荷問題を避けるためだけでなく、歴史研究者テオ・カムスマが論じているように、「よそ者業者の競争があまりにも激しかった」からである(4)。

シンガポール内では、阿片取引のネットワークは、混然一体となって機能し、インドが未精製阿片の主たる供給地であった。規模は小さいが、スミルナ、メソポタミアそしてペルシアからもぽつぽつ流入した。植民地政府は、すべての輸入阿片の取引権を、独占的なカルテルに売った。農場を意味する、婉曲的な言いまわしの自称〝ザ・ファーム〟である。そして個々の業者は、オークションで入札した。最高入札者は、シンガポールの中国人住民への販売を目的に、華僑の小売業者へ精製阿片を売った。彼らは、東南アジアと中国へも出荷した。通常は委託販売である。イギリスは、この方法により、いくつかのレベルで利益を得た(5)。責任分散のこのシステムのなかで、バグダディは、特定の市場分野を開拓した。一七九八年、シャローム・ハ・コーヘンが、バグダディ共同体では第一号となる商社を、カルカッタにつくった。以後バグダディは、阿片調達を目的として、ガンジス川沿いの町に支店を設け、カルカッタの政府オークションで阿片を買った。ダビッド・サスーンは阿片業者で、彼の商売はこの方式で展開していった。彼は、メソポタミアでの迫害を逃れ、無一文の状態で、ボンベイにやって来た。一八三二年のことである。やがて、阿片取引で利益をあげるようになる。それから、アルメニア人とパールシー教徒がつくりあげたパターンに沿って家族経営の帝国を東方向に拡大していった。サスーンの商売敵であるパールシー教徒のジャムセトジー・ジージーボイによると「ダビッド・サスーンが成功した主たる理由は、自分の（八人の）息子たちを使った」ことである(6)。

イギリスの海外貿易で、ユダヤ人が取引上変わったやり方をしたわけではない。それは例外的なことではなかった。親族をベースとするバグダディの商取引は、ジュディオ・アラビック（アラビア語圏でユダヤ人が使った固有の言語）で、聖書へブライ語、バグダディ風アラビア語をベースとした、〝符丁〟式商業用語で行われたが、これは特異なことではなく、大英帝国下の住民の間では典型的なやり方であった。ジュルファン（現アゼルバイジャンのジュルファ出身者）と東方正教会系のアルメニア人は、彼ら特有の言語を使い、パールシー教徒、ジャイナ教徒、そしてイスラム教徒とヒンズー教徒の一部もグジャラート語を使い、一族のなかでだけ通じる秘密の隠語をもっていた。一八二九年に実施されたシンガポールの人口調査では、バグダディの貿易商が九人、アルメニア人貿易商二三人となっている。二〇年後の一八四九年の調査では、ユダヤ人二二人、アルメニア人五〇人である。シンガポールの総人口は、五万二八九一人に膨張していた。バグダディは、居住許可、公民としての編入、通商特権をほかの集団と共有した。これは、バニア、イスマイリ（シーア派ムスリム）、マールワーリ、ナットゥコッタイ、チェッティアーズ、シンドといった集団と同じ扱いであった。もっとも、集団の多くは、イギリスによって社会的に疎外されていると感じていた(7)。

一八六一年、ユダヤ人使節のヤーコブ（ヤコブ）・ハレヴィ・サフィル（一八二二～八五年）が、エレツイスラエル（イスラエルの地）における慈善活動のための募金で、シンガポールを訪れた。彼はシンガポールという名称をヘブライ語の本で、初めて指摘した人である。彼によると、ユダヤ人二〇家族の生計は、主として、「合法的な（当時）阿片取引で成り立っている。これはインドと中国の間で大いに繁昌している商売である……献金に対する彼らの気前のよさは、取引の活況による」という(8)。一八八三年時点の話であるが、シンガポールの商人W・G・ガーランドは、「阿片取引は……ユダヤ人とアルメニア人が握っており……ほかの東方入植地と同じように、当地では地元商売の重要な構成要素になっている」と述べている(9)。シンガポールのユダヤ人共同体史を調べた研究者エーズ・ナタンは、バグダディの阿片取引を、〝富を得る合法的な近道〟とみなした(10)。募金で当地に来たサフィルの観察は的確であったと考えられる。彼がシンガポールに到着した時点で、カルカッタと中国間の取引の大半は、直行の快速帆船で行われていたが、一八四五年に蒸気船が参入した。シンガポールは時折一休みするところになっており、もはや重要な積み替え地としての地位にはなかった。シンガポールの阿片取引業者は、利益をあげるため、次第に地元の消費市場に戻るようになった。もっともペナン島と中国へ出荷を続ける業者もいくらかいた。

地元市場への転換で一番利益をあげたのが、マナセ・メイヤー（一八四六～一九三〇年）であった。バグダッドに生まれカルカッタで成長、教育はシンガポールで受けた。マナセはここで叔父のヨシュア・ラファエル・ヨシュアのもとで過ごした。本人に阿片取引のいろはを教えたのが、この叔父である。一八七三年、二七歳の時マナセは兄弟のルーベンとパートナーを組んだ。三番目の兄弟エリアスが、メイヤー・ブラザース社のカルカッタ支社長である。会社はシンガポール市場で、莫大な利益をあげた[11]。研究者のひとりは、マナセを〝極東で一番豊かなユダヤ人〟と指摘している。その資産は、インドの財閥ビルラ、タタ、そしてサスーンを越えていた[12]。彼の正確な資産価値は不明のままであろうが、大英帝国の国王ジョージ五世から、一九二九年にナイトの称号を受けるほどの著名人であった[13]。バグダディは富を築くと、彼ら言うところの〝もうけ〟を運用した。中国は、阿片とその取引を非合法かつ社会の破壊性を有する有害輸入とし、時々厳しく取り締まっていたので、シンガポールの対中貿易商は、阿片取引の利益を、もっと安定した事業に投資したのである。特に港に隣接する地域に対する不動産投資である[14]。バグダディの正確な資産は把握し難いが、幾人かの財産は、まさに伝説的であった（写真8－1参照）。一九〇七年時点で、当地ユダヤ人共同体の人口は約五〇〇人であった。貿易商で株式仲買人のニッシム・アディスはグランドホテル・ドゥルーロップを建てた。自宅用としては、〝スエズ以東最高級のマンションのひとつ〟といわれる〝マウントソフィア〟を建てている[15]。

マナセは、阿片取引の利益を使って、アデルフィアとシービューの両ホテル、メイヤー・マンショ

写真8－1　増加するユダヤ人の不動産所有．ユダヤ人資本家たちが増えるに伴い，新しいビジネス機会を求める人たちも出てきた．1928年に完工したこの建物は，ダビッド・エリアスの所有

ン、メイヤー・フラット、クレセント・フラットの三つのアパートを建設ないしは購入した。彼は住み心地のよい住居のひとつに、〝エシュルン〟（ユダヤ民族を意味する詩的呼称）と名づけた。メイヤー・ロードに面し、名称の意味からも好立地である。彼は、一九〇〇年までに島の四分の三は所有していたと思われる。ある情報によると、「ほかの誰よりもシンガポールの不動産をもつに至った」という[16]。シンガポールのケヒラー（ヘブライ語で共同体の意）が、独自性を形成し、六〇年近くもその独自性を維持し得たのは、共同体を支配したマナセの卓越した通商上の実績だけでなく、

慈善活動によるところが大きい。マナセは、ラビの全面的な支援を得て、シンガポールに理想的なバグダディのライフスタイルを再現した。それは、彼の実際の出生地よりもはるかにバグダディ的であった。彼は、自分の目的をほかのバグダディ移住者と共有した。歴史研究者ヤエル・シリマンは、「東のバグダディは、いくつもの境界域をさまよいつつ、広大な地理的空間を越えて流入してきた。しかし、移動したとはいえ、しっかりした枠組みをもつ本物の共同体を維持することができた」と認めている。彼女自身の曽祖母の生活は、「極めて遠方かつ広大な地理的空間にまたがっていたとはいえ、住む場所はいつもひとつのところ、すなわちバグダディ共同体のなかであった。それはほとんど付帯的とも

いえた[17]」。

その理想化された再生共同体は、現実のバグダッドとは違っていた。そこでは、多くのユダヤ人が貧しい生活を強いられ、迫害に苦しんでいた。バグダディは、出身地とは違う新しい現実を支えるために、使用言語を守り、親族で社会的交流、商業上の関係を維持した。この関係枠は、北の方へはペナンとマラッカ、西へはメソポタミア、ブシェール、そしてエルサレム、東方向にはバンドン、ジャカルタ、ラブアン島、マニラ、パダン、サンダカン、スラバヤ、ヤンゴン、ザンボアンガのほか、多くの中国港湾都市に広がっていった。ユダヤ教の聖職者たちは、マナセから財政支援を受けて、この国境を越えた環境を強化した。その中心的役割を果たした聖職者たちは、このディアスポラの世界で、バグダディから尊敬される存在であった。なかでも崇敬された指導者的立場にある聖職者が、ラビ・ヤーコブ・ハイム・ソフェル（一八七〇～一九三九年）、ラビ・アブダッラー（オバディア）・ソメク（一八一三～八九年）である。疑問の余地はあるが、最も影響力があったといわれるのが、義弟のヨセフ・ハイム・ベンエリヤ師（一八三三～一九〇九年）で、一八五九年から一九〇九年まで、バグダッドで司祭をする立場にあった。

ヨセフは、アシュケナジ、スファルディ、バグダディその他ミズラヒ（東方）系共同体で、〝ベン・イシ・ハイ〟（原意は生きる人の息子）と呼ばれ、シンガポールのまさに記念建造物といえる二つのシナゴーグ建設で、積極的役割を果たした。共同体のシナゴーグ、マガイン・アボート（ヘブライ語で先祖を守る人の意、写真８－２参照）、マナセの個人的シナゴーグ、ヘシェド・エル（ヘブライ語で全能の主の愛する思いやりの意）である。一九〇五年のヘシェド・エルの除幕式に合わせて、本人は特別のデ

写真8-2　シンガポールのマガイン・アボート．
1878年オープン，東南アジアでは一番古いシナゴーグ

ラシャ（ヘブライ語で法話の意）をまとめた[18]。彼は、マナセにイエシュブ（エレッイスラエル——イスラエルの地——のユダヤ人共同体）に対する力強い献身の心を植えつけた。トルコ帝国の一地方についで英委任統治領そして後年イスラエルとなる地域のユダヤ人共同体に対する思いやりである。このベン・イシ・ハイは、エルサレム住民を可能な限り具体的に支援するため、自分の著作の大半を、その地で印刷させた。著作『ラヴ・ペアリム』（レスポンザー宗教法上の質疑応答集）の第三部出版はマナセが費用を負担した[19]。一九〇〇年マナセは、自分の師を手本とし、自分の妻と息子七人を伴って、エルサレムを訪れた。ある観察者によると、「イスラエルに対する愛を彼らに教えこむ」のが、旅の目的であった[20]。エルサレムのユダヤ人施設に対するマナセの寄与は、本人宛ラビ・ヤーコブ・ハイムの感謝状からはっきり読み取れる[21]。

シオニズムの正式組織に対するシンガポール共同体の献身は、ベン・イシ・ハイによって刺激され、マナセの資金援助を受けながら、段階を踏んで大きくなっていった。ヨーロッパと違って、シンガポールでは、政治シオニズムと反シオニズムのラビ陣営との間に、紛争は生じなかった。バグダディ系ユダヤ人のシオニスト協会は、最初にビルマで発足した。一九〇三年のことであるが、翌一九〇四

年には中国にも設立された。世界シオニスト機構（ＷＺＯ）加盟の団体がシンガポールにできた背景には、作家で機構事務局員のイスラエル・コーヘンの当地訪問（一九二〇年）がある。これが刺激になったのである。コーヘンは、アジアのほかの都市でも、組織設立に貢献した。一九二二年、マナセはシンガポールのシオニスト協会の初代会長になった。本人の自宅は、〝ハチの巣〟のごとき活発な拠点になったという。一九二二年、アルバート・アインシュタインが、創立間もないエルサレムのヘブライ大学の資金集めで、シンガポールに来た時、マナセは二〇〇人を集めたレセプションを催した。その結果、大学のため一万ポンドの献金が集まった。マナセの献金は三〇〇〇ポンド。大学に対する個人の寄付額としては最高で、永年この記録は破られなかった[22]。

マナセの晩年には、本人の娘モゼル・ニッシムが、父親が始めたシオニスト活動の規模を大きくした。一九二九年、彼女は、クハル・ヴィトキンにつくられる普通科学校の建設資金として、三〇〇〇ポンドを寄付した。クハル・ヴィトキンは、当時イギリスの委任統治下にあったシャロンの野に位置する農業共同体（モシャブ）である。南アジアを歴訪したシオニスト使節は、エルサレムのシオニスト執行部に、「ニッシム夫人は、我が運動が誇りとすべき最高の女性のひとり」と報告している[23]。それでも、団体活動と慈善事業に対するマナセの広範な支援をほかと比較すると、対中貿易で成功した実業家としては、例外的ではなかったことが判る。シンガポールには、ユダヤ教とは別の宗教団体、市民組織そして慈善事業があり、その関連の建物もたくさんある。その多くが、阿片取引の利益の相応の寄付で運営ないし建設された。マナセのシナゴーグから数ブロック離れたところに、壮麗なホテルや大聖堂がいくつもある。例えばセント・アンドリューのアングリカン聖堂（一八五六～六一年）、セント・グレゴリウス使徒教会（一八三四年）、ラッフルズ・ホテル（一八八七年）がある。いずれも一九世紀シンガポール建築の粋である。[24] アメリカの阿片取引業者たちにも同じことがいえる。ボストンのロバート・ベネット・フォーブスは、沿岸救援隊の編成、老齢船員ホームの設置を支援し、アイルランドのジャガイモ飢饉（一八四〇年代）時には、ジェームズタウン号の船長として食糧を同地へ運んだ。ラッセル社のジョン・C・グリーンは、プリンストン大学、プリンストン神学校、ニューヨーク市慈善団体に、多額の寄付をした。ステファン・ジラードは一八三一年に六〇〇万スペインドルをフィラデルフィア市に寄付したが、当時アメリカの慈善寄付史上最高といわれた。同市の白人男子孤児用の学校建設が、寄付目的であった。大恐慌の深刻な時代にあっても、ジラード・カレッジは、アメリカの大学で最も多額の寄付を受けている一〇校のひとつであった。[25]

阿片取引に対する共同体の態度

貿易上の成功と気前のよい寄付の先をみると、非ユダヤ人の対中貿易共同体のなかで阿片取引の妥当性をめぐって相当な亀裂が生じていた。ユダヤ人の間では、このような論争は起きなかった。この点に関して、ユダヤ人の態度は異なる。非ユダヤ人の対中貿易業者のなかには、阿片を〝有害な〟商品と非難し、倫理上・法律上の観点から阿片取引を批判する者がいた。彼らは麻薬販売を、奴隷制と奴隷取引を論じるのと同じやり方で論争した。アメリカ、イギリスそしてアジアで、医師、伝道師をはじめ、率直な意見を述べる個人事業家や有名な人が、〝阿片取引撲滅協会〟を立ち上げた。反奴隷制協会と比肩できる組織である。取引の妥当性に関して、イギリス議会では熱を帯びた論争が展開した。その議会では、五〜六回は投票までもちこまれたが、人道的努力の甲斐はなかった。一方、合衆国では、大統領経験者のジョン・クインシー・アダムズ（第六代）、ジョン・ワース・エドモンズ（ニューヨーク州最高裁判事、後にスピリチュアリスト）といった著名人たちが、阿片取引の妥当性について論争した。一八四一年に彼らが行った講演は、大いに喧伝された。イギリスの貿易商ジョン・バロー、ジョン・デイビスそして船医のツーグッド・ダウニングは、広東語、イギリスそしてアメリカの英語出版物で論争を行い、その記事は国際貿易業界で幅広く読まれた。[26]

ユダヤ人の観点からみて、この論争が特異なのは、バグダディの麻薬取引業者がまったく参加していない点である。ユダヤ人が沈黙を守ったからではない。話はまったく逆で、彼らはシンガポールをはじめとするさまざまな地域における商取引の改善について、終始議論していた。それも内輪の話ではなく公共の場での話し合いであった。彼らは、〝阿片と蒸留酒農家〟優勝杯として知られる競馬トロフィーを手にしようと、毎年競い合った。[27]一九一七年、マナセはシンガポールで新聞種になった。〝徒党を組んだ阿片絡みのケース〟として知られる。マナセが、アルメニア人の麻薬王アラトーン・サルキスと争った事件である。一九一四年にサルキスに二万米ドルを貸し、その返済を求めたのであるが、サルキスは阿片販売の手数料をもらっていない、その分の貸しがあると主張した。さらに、サルキスは、マナセがペルシア産の阿片を大量に保有しており、ほかのユダヤ系シンガポール人──エリアス、マナセ（別人）およびルーベンが組んだ徒党を破りたいので、手を貸してくれとマナセに頼まれたとも主張した。大いに喧伝された裁判であったが、結局裁判長はサルキスにマナセへの借金返済を命じた。当時合法的であった阿片取引の妥当性については、まったく論議の対象にならなかった[28]。ユダヤ人たちは、結局は倫理的・法律的論議に動揺せず、勝ち馬に賭けていた。シンガポール内では、輸入阿片の販売は合法的で、一九三〇年代に政府専売になるまで、公開市場で支障なく取引されていた[29]。一方、中国内では、ナタン・ダンが予想していた通りになり、輸入阿片が経済を疲弊させた。イギリスは、第一次阿片戦争（一八三九〜四二年）で、中国における販売の独占権所有を強く主張したわけである。この取引は、一八五八年の天津条約の入り組んだ条項のなかで、適法とされた[30]。

その結果、一八五八年以降、誰でもインドで阿片を買って、イギリスのP&Oラインあるいはアルメニア系アプガル社の船で、直接中国へ輸送できた。中国では清朝政府が関税を課すわけである。その年、中国を訪れたひとりのイギリス人が、「阿片の販売は、グッドフライデーにロンドン市中でホットクロスバン（菓子パン）を売っているように、中国のどの都市でも自由、制限などなかった」と報じている[31]。一八七五年から一八八五年まで、ドル価で阿片が中国最大の輸入品目であった。衰退しつつある清朝は（辛亥革命を経て）すぐ中華民国（一九一二年）に代わっていくが、一九〇六年（孫文の中国革命同盟会結成の翌年）時点で、阿片課税金が、国の主たる収入源になっていた[32]。結局、清朝の過酷な課税制度は、阿片の国内生産を奨励する目的で意図されたのであるが、これによりバグダディ、イギリスそしてアメリカの輸入業者は、やむを得ず取引から完全に手を引くことになった。それまでに、中国の阿片中毒者は幾何級数的に増大していた。中華人民共和国の成立（一九四九年）までに、中毒者数は約一〇〇〇万人になっていた。新政権は最優先政策の一環として、麻薬としての使用を目的とする阿片栽培の一掃と阿片中毒の根絶を推進した[33]。

以上を総括すれば、阿片取引におけるシンガポール在住バグダディの行動は、ほかの典型的な貿易商たちと同じ点もあり、違っている点もあった。ユダヤ史の観点からすれば、シンガポールはひとつのユダヤ人解放地であった。バグダディは、メソポタミアにおける迫害から逃れた人々であり、シンガポールに到達した瞬間から、イギリス植民地主義の庇護のもとで暮らすことになった。彼らは、商業上もさることながら、公民としても際立った存在になった。世界のほとんどの地域では無理であり、異例なことであった。彼らの広範な商業活動と慈善事業は成功したほかの阿片取引業者のそれと類似していた。バグダディのひとりダビッド・マーシャルは、一九六五年のシンガポール独立に寄与した。そのプロセスは別途紹介する。ほかのバグダディたちも、ユダヤ教が七つの公認宗教のひとつである共和国の市民として、高い地位についた。これは、ユダヤ教がこのような寛容をもって扱われない東南アジアでは、ユニークなことであった。

世界史の視点からみると、ユダヤ人・非ユダヤ人を問わず、麻薬取引業者は、全員が問題であった。バグダディの考え方は、同業者のアメリカ人、イギリス系インド人、アルメニア人、イギリス人、オランダ人、パールシー教徒そして特に自国民の非医療ニーズに応じる、つまりは自国の麻薬患者に直接売りつける中国人の精神構造と同じであった。国際商業紙だけでなく、幅広くやりとりされている個人同士の通信にみられる批判に対し、彼らは、一様に抵抗を示した。この取引にかかわることについて、ユダヤ人の弁明は二〇世紀後半になっても続いた。例えば一九九二年のことであるが、マイヤーとサドカ（バグダディ）商業一族のマイジー・マイヤーは、多数のバグダディが手にした金は、〝阿片の取引による〟と歴史家が述べたことを遺憾とした。これに対し、歴史研究者ヨシュア・フォーゲルは、「自分としては我々がダビッド・サスーンをキッド革の手袋をつけて扱っていることに、困っている」と述べた。フォーゲルによると、彼ダビッドが毎日シャハリト（ヘブライ語で朝の礼拝の意）を欠かさぬことは、彼が今日我々の指摘するところの麻薬の取引業者であった事実に比べれば。重要な話ではない。彼はこれが危ない物質であることを知っていたのである。パブロ・エスコバル（コロンビアの麻薬王）との比較が――阿片販売が合法的で、（サスーンが）その法律上抑制していた点を除き――もっとよい比較である。(34) 彼らを、世界史とユダヤ史の視野に立って考察する時、フォーゲルの観察を考慮に入れると、美点を際立たせることにはならないだろうが、シンガポールのバグダディの輪郭をもっと現実的にとらえられる。

日本の占領のトラウマ

第二次世界大戦中とその直前のシンガポールのケヒラー（ユダヤ人共同体）史を早送りでみると、歴史的な意義をもっと考えられる二つの展開があった。第一は、シンガポールの公式な難民政策と、ヒトラーから逃れてきたユダヤ人に対する態度である。第二は、日本軍の占領から逃れてきたユダヤ人と、シンガポールで立ち往生した者の命運である。シンガポール、香港、ビルマ、インド、海峡植民地（東南アジアにおけるイギリスの直轄植民地）、マレー連合州、ジョホールそしてサラワクが、ヒトラーの支配から逃げてくるユダヤ人の受け入れになると、悲しいことに禁止的性格の強い大英帝国の移民政策を適用した。このアジア植民地は、ジブラルタル、ジャマイカ、ケニヤ、パレスチナそしてイギリス本土と同じように、広く門戸を開くことはせず、厳しい規制を続けた。ユダヤ人たちは、イギリス支配地を避け、国際都市上海のような、受け入れられる可能性の高い地を求めた。世界ユダヤ人会議（WJC）の統計によると、一九四一年時点でシンガポールのユダヤ人口はピークに達し、約一五〇〇人。そのうちヒトラーのドイツおよびオーストリアから逃れてきたユダヤ人は、わずか八八人であった。その大半は、もっと安全な避難地である上海とオーストラリアへ移った[35]。

一九四二年二月一五日、シンガポールは日本軍に占領された。その時点で、この植民地のユダヤ人住民は、大半がすでにオーストラリア、イギリス、セイロン、インドそして上海へ逃げていた。マナセ・メイヤーの娘モゼル・ニッシムは、鬱蒼たるジャングルのなか険しい道をたどって避難した。ビジネス・パートナーで、共同体史家エゼ・ナタンの甥は身の毛もよだつようなシンガポール脱出計画を立て、実行した。時々刻々と状況の変わる脱出行ではあったが、日本の占領という先行き不透明な状況よりはましというわけであった[36]。ユダヤ人のなかには、インドに到達すると、バンガロールに拠点をおくインドのマレー協会に参加する者もいた。会長がジョホールのスルタンの息子テングト・アブダル・バカールであったが、統一のとれないごった混ぜの組織で、そのうちに中国人が脱会した。この組織がイギリスかどこかの政策に影響を及ぼしたのか、不明である[37]。日本軍の占領一年目、アメリカ、オーストラリア、イギリスおよびオランダの将兵五万二〇〇〇人が、島の東端にあるチャンギー野営地に収容された。この俘虜収容所に、ユダヤ人がいたのは間違いない。しかし、それを証明する資料は断片的である。

同じ年、シンガポールに残留していたユダヤ人数百人は、あまり干渉されず、比較的自由に生活した。収容所に入れられたのは、わずか一九人である。日本軍は、マナセ・メイヤーの資産のひとつ〝ベルヴェ〟を仏教寺院に変え、日本の戦死兵の遺骨安置所にしたが、全体的にみると、実務上寛容放任の政策をとった。日本軍は、華僑の抵抗制圧に重点をおき、インド人、マレー人に対しては、自己を〝解放された〟人々と重ね合わせて、相手の機嫌をとった。とるに足りぬ脅威にもならぬユダヤ人民間人が収容されるのは、一年以上たってからである。一九四三年四月五日、このユダヤ人たちはチャンギー収容所に移された。ユダヤ人ではないが、公務員のトーマス・キッチングが、一九四三年四月七日付の日記に、ユダヤ人一一〇人が到着したと書いている。このユダヤ人たちはトイレがひとつしかない部屋ひとつに詰めこまれ〝無惨な〟状態におかれた後、サイムロードにある英空軍（RAF）基地転用の刑務所に移された。

共同体の戦後再建

一九四五年九月二日の日本降伏の時点で、マレー半島全域から集められた別のユダヤ人男女四七二人ほどが、サイムロードの収容所に詰めこまれていた。イギリスの民間人とほかの〝敵性外国人〟四五〇〇人と一緒であった。エゼ・ナタンは、この監禁生活の悲惨な側面を記述している。わずかな量の食事、医薬品の供給も少ないうえに、集団間のいがみ合いもあった。しかし、日本軍はシンガポールの華僑と直接の敵に対しては仮借なき弾圧を加えたが、それ以外に対してはほとんど迫害しなかった。[38] ダビッド・マーシャルとチャールズ・シモンを含む少数のシンガポール出身ユダヤ人将兵は、日本の労働キャンプへ送られた。彼らの体験は後述する。[39] 第二次世界大戦中に移動した後、ユダヤ人のなかにはシンガポールに戻らぬ決心をした者がいれば、フランク・ベンヤミン一家のように、インドから戻って仕事を再開し、宗教およびシオニスト組織を再建した者もいる。一九四六年、シンガポールのユダヤ人口が約一〇〇〇人になった時、英空軍（RAF）少佐で従軍ラビのS・M・〝ソニー〟・ブロッホは、戦時中カルカッタのユダヤ人共同体の強化に尽力した人物で、戦後のロンドンでも同じような役割を果たすことになるが、シンガポールのヘブライ学校（ヘブライ語でタルムード・トーラー）で子供たちの教育にあたった。シンガポールのユダヤ人隊友クラブが、労働シオニスト青年運動ハボニムの支部を設立するにあたっては、これを支援した。ちなみに支部は、カディマ（前進）と題する機関紙を発行している。シンガポール共同体が、ブロッホのようなアシュケナジ系の軍隊付聖職者やハボニムのような非宗教社会主義団体を受け入れたのは、厳格なバグダディ系ラビの体制下にある共同体が、包容力をもつことを物語る。[40] 数年後には、別の非宗教系団体である国際婦人シオニスト機構（WIZO）が、シンガポールに支部をつくった。[41]

戦後バグダディ系ユダヤ人は、シンガポールの公的生活に統合されていく。それを雄弁に物語るのが、おそらくダビッド・マーシャル（前出、旧名マシャル）の経歴であろう。シンガポール出身であるが、一九〇八年、圧倒的にバグダディ系住民の多い、貧しいマハラー地区に生まれた。マシャル家は、シンガポールの圧倒的多数のバグダディと同じように、阿片取引による巨万の富などとは無関係な一家であった。六歳で英語で教育する学校に入学したが、それまでバグダディ・アラビア語しか話せなかった。青年時代に、マナセ・メイヤーのシオニスト協会に参加し、その機関誌『イスラエライト』の編集にたずさわった。イギリスで法律の教育を受け、イギリス軍の指揮する海峡植民地志願隊に入隊し、第二次世界大戦時には、三年半に及ぶ捕虜生活を日本で送った。このような経歴を経た後、一九五五年に首席大臣に選出された。一九五六年四月、この職責でシンガポールの独立を目的としてイギリスと交渉している。イギリスは、繁栄する東南アジアの植民地を手放す気など毛頭なかった。交渉は失敗した。マーシャルは辞任した。それでも、自治州としての最初の地位を引き出し、完全独立への道を切り拓いたのが彼である。自治州としての地位は、彼が職を辞して間もなくして実現するのである。

一九五六年六月、マーシャルはシンガポール通商代表団を率いて、中国と日本を訪れた。彼は日本を再訪したわけであるが、労働キャンプのあった室蘭と芦別を訪れている。和解、そしてシンガポールと日本の広範な通商関係の回復を目的とする旅であった。北京では、中国の国務院総理周恩来と会談し、残留するユダヤ人数百人（大半はアシュケナジ系）の出国を認めるよう説得した。マーシャルは、終生シンガポールのケヒラー（組織化された共同体）の活動に関与し、さまざまな課題で指導者としての役割を担い、死してユダヤ人墓地に葬られた。母親のファルハ・マーシャルは、イスラエルの独立後間もなくして同地へ移住し、そこで葬られた[42]。シンガポールは、一九五〇年代から六〇年代にかけて、いくつかの段階を経た後イギリスから（一九六五年八月に）完全に独立した。独立と共に、新国家のケヒラー（当時約八〇〇人）は、ほかの共同体と同等の地位を保障された。一九七七年、『イスラエル・リポート』誌は、この平等の背後に、通商上の根本的理由をみた。次のように報じている。

リー・クアン・ユー（一九二三〜二〇一五年、永年首相をつとめた）の政権は、内外に対し共にオープンであるとし、その正しさを力説しているが、シンガポールにユダヤ人が住むことに相当な関心を抱いている。世界の十字路で貿易の一中心地であるこの国にとって、寺院、モスクそして教会と並んでシナゴーグが存在することは、ひとつの明確な利点なのである。(43)

前述のように、シンガポールはそのユダヤ人共同体に同等の地位を認めている。そしてまた、同地のユダヤ人・非ユダヤ人の多くは、非武装化し工業国として復興した日本との関係から、多々得るところがあると考えると同時に、独立国として出現したイスラエルからも、学ぶべき点が多々あるとみた。この認識を示した最初の人物のひとりが、運輸通信大臣のフランシス・トーマスであった。一九五六年、トーマスは、「小国イスラエルは、砂漠を（手入れの行き届いた）庭園に変えた。独立間近のシンガポールは、その精神から学べることがたくさんある」と述べた。(44) シンガポールのユダヤ人たちは、このような関係づくりのため、熱心に働いた。一九五三年、エルサレム・ポストの創刊者ゲルション・アグロンスキー（アグロン）（後年エルサレム市長）がシンガポールを訪問、その結果六七四〇米ドルがシオニスト募金団体ＵＩＡ（統一イスラエルアピール）に献金され、本人は、イスラエルへの移住を望むシンガポール国民を支援する旨、共同体に約束した。ユダヤ人のなかには、おそらく戦時のトラウマ的経験のためであろうが、寛容ではあるが、人種的に入りまじった状況のシンガポールよりも、ユダヤ的環境下でのライフスタイルを選ぶ者もいた。(45)

一九五六年、「今日のイスラエル」と題する写真展が開催された。シンガポール・スタンダード紙によると、「九〇〇人のユダヤ人社会が催した戦後最大のイベント」であった[46]。その年モシェ・シャレットがシンガポールを訪問した（シャレットは一九五五年二月まで首相、ベングリオン政権下で五六年六月まで外相）。訪問後シャレットは「集まった人々の、話を聴いて理解しようとする熱意には限りがなかった」と述べた。一九六二年三月、ケレン・ハエソド（エルサレムを拠点とする建国基金）の会長がシンガポールを訪れ、講演し、イスラエルにおける移民支援として、二四四三米ドルの献金を得た。この訪問の後、シンガポールとイスラエルの間に一連の通商・技術協定が結ばれ、大臣、軍関係者その他の政府関係者訪問が相次いだ[47]。このような交流が発展し、一九六九年に両国は全面的な外交関係を正式に結んだ。一九七四年夏に、一時的であるが両国関係に亀裂が生じた。マレーシアのアブダル・ラザク首相が、二九ヶ国より成るイスラム会議をクアラルンプールで開催した後、シンガポールのリー・クアン・ユーがイスラエルの専門家たちを国外に追放したのである。イスラエルとの接点は、わずかに大使館だけになった。シンガポールのケヒラーは動揺し、神経質になった。すかさずダビッド・マーシャルはひとりの報道記者に「シンガポールはイスラム教に改宗した」と自分の気持ちを打ち明けた[48]。

シンガポールは、長期の戦略的関心をイスラエルと共有している。特に、国内および近隣ムスリム諸国の過激化の可能性を共に懸念しているため、数年足らずで、イスラエルの専門家たちは戻った。その多くはイギリスとインドの軍に訓練されたグルカ兵と肩を並べて、シンガポール軍の質的向上とハイテク兵器の装備化を進めた。この専門家のなかには、本章筆者のいとこ（イスラエルのハイテク企業エルタで働いている）を含め、〝メキシカン〟と呼ばれる人たちがいた。ダビッド・マーシャルの未亡人は、メキシカンたちが大勢到着し始めると、冷蔵庫にイスラエルの伝統的食材フムス（ひよこ豆をベースとした練りもの）とテヒナ（練りゴマソース）の常備が必要になる、と筆者に皮肉っぽく言った。一九八六年一一月、イスラエルの大統領ハイム・ヘルツォーグは、厳重な警備下で一時間、ウー・キム・ウー大統領（一九一八～九七年）がシンガポールを訪問した。ヘルツォーグは、厳重な警備下で一時間、ウー・キム・ウー大統領と会談し、中東および東南アジア問題、そして特に二国間商取引について話し合った。ブルネイ、インドネシアそしてマレーシアは、〝協議〟のためと称してそれぞれの大使を召喚した。しかしそれは数日間のことであった。マレーシアでは、「シンガポールへの給水を遮断する」と声を大にして威嚇し、ヘルツォーグがシンガポールに滞在した二日間、マレーシア全土でムスリムのデモが荒れ狂った。シンガポールのリー・クアン・ユー首相は、ジョホール海峡の対岸からの圧力に屈服しなかった。シンガポールとイスラエルは、共にムスリム共同体の敵意に直面していたので、リー首相が、ムスリムおよびアラブ諸国からの激しい反対に後退しなかった理由は、そこにあると考えられる。ヘルツォーグによると、「イスラエルとシンガポールにおけるその軍事代表団のおかげで、その国は自国を守りマレーシアを抑止するに足る軍事力を整備できた」という[49]。

今日、シンガポールとイスラエルの関係は、さまざまなレベルで活況を呈している。バラス家、ベンヤミン家、エリアス家、イサークス家、マシャル／マーシャル家、メイヤー家、サスーン家、ソロモン家、シューカー家がそれぞれ設立した信託基金が、イスラエルにおける主な慈善事業に資金を提供している。ガリラヤ地方でも中部および南部域のようなイラク系ユダヤ人が集中して住む地域で、特にその活動が顕著である。長期に及ぶこの同胞愛事業は、ベン・イシ・ハイとマナセ・メイヤーが始めたものであるが、国境を越え、遠方の地へ至るバグダディ・ディアスポラの連絡と思いやりを例証する。皮肉なことであるが、この一連の結びつきは、イラクにおけるユダヤ人共同体の完全崩壊と同時並行で展開した。一九四〇年代短期間であるが、ヤコブ・バラスが母親と一緒にシンガポールからイラクへ戻った。そこで彼はイラク軍に徴兵されそうになった。一九五〇年から五一年にかけて、一二万人を越えるイラクのユダヤ人が、〝エズラ・ネヘミア作戦〟でイスラエルへ空輸された。彼らは比較的教育レベルが高く、イラクでは実業界、法務および行政機関で際立った存在であったから、ほかのオリエント系共同体の出身者に比べれば、圧倒的にアシュケナジ系色の濃厚なユダヤ人国家への吸収統合が、比較的うまくいった。[50]

イラクでユダヤ人共同体が分解消滅し、イラクのユダヤ人がイスラエルに到達しつつある時、シンガポールのユダヤ人共同体の間で、別の現象が起きつつあった。政治的・宗教的に寛容なシンガポール共同体の保護的な傘の下で、さまざまなユダヤ人の組織が保護され、強化されていた。ハバッド派のラビ・モルデハイ・アベルゲルが、バグダディのユダヤ教団マガイン・アボートを率い、バグダディ系の宗教儀式を頑として守った。同じような厳守派がフェリス・イサークで、マナセ・メイヤーのヘセド・エル・シナゴーグをきちんと維持した。ここでは、全共同体のために週単位の礼拝、儀式と朝食会を行った。マナセ・メイヤー信託基金の運用で、マナセ・メイヤー校が運営された。一九九六年にガネヌー（ヘブライ語で私たちの幼稚園の意）としてラビ・アベルゲルと妻シムハ（シルビアナ）の家に創立され、学校として発展したのである。[51] よく機能するこのバグダディ共同体は、約一八〇人で構成されている。二〇〇〇年、アメリカの研究者ジョアン・ビーダーが、マガイン・アボートにおける安息日の礼拝に出席し、その時の印象を次のように書いている。

右側には、古株が坐っている。日本軍の占領時代を経験したバグダディ出身の男たちである。左側には、この共同体の富裕層と若手のユダヤ人が坐る……ユダヤ人福祉委員会（ＪＷＢ）のフランク・ベンヤミン会長は、トーラー朗読の儀式参加の後、壇場から降り、通路を歩きつつ、全員にシャバットシャローム（ヘブライ語で安息日の平安の意）の挨拶をした。それは思いやりのこもったもので、シンガポールに住むユダヤ人全員をまとめようという気持ちがあふれていた……フランク・ベンヤミンをはじめとする人々は、一六〇年以上も前にシンガポールの初代バグダディ系ユダヤ人を鼓舞してきた、正統派の基本的伝統を犠牲にすることなく、活気ある共同体を維持する決意であった(52)。

二〇一〇年、シンガポールのケヒラーは、共同体に一番恩恵をもたらした活動的二家族の慶事を祝った。フランク・ベンヤミンの息子とビクトル・サスーンの娘が、イスラエルで結婚したのである。歴史的視野に立ってみると、この結婚は、時を越えた共同体の存続、国境を越えたアイデンティティの維持であり、記憶と現今の繁栄そして将来展望によって裏づけられたものであり、さまざまな要素が組み合った結果である。第一、シンガポールのユダヤ人は、二世紀近くも、政治的・宗教的そして経済的寛容を享受したことである。最初はイギリスの植民地主義下、そしてその後の独立国家の環境下で、それが可能であった。第二はダイナミックな世俗の指導者たちの貢献である。フランク・ベンヤミン、シンガポール最高裁判事ヨセフ・グリンベルグ、フェリス・イサーク、エゼ・ナタン、サウル・マシャル、ビクトル・サスーン、故ヤコブ・バラス、ダビッド・マーシャル、マナセ・メイヤー、モゼル・ニッシム等々、錚々たる人物がいる。同じように重要なのが、精神的指導である。これはベン・イシ・ハイにさかのぼり、その後を英空軍（ＲＡＦ）従軍ラビのブロッホが継ぎ、現在ラビ・アベルゲルと妻シムハ（レベチンの称号をもつ）が任務についている。ダビッド・サスーンの未亡人ジャン・グレイ・マーシャルの調停力は、時に重要な支援役を果たしてきた。彼女が活動している二〇二一年現在、シンガポールのユダヤ人口は約二五〇〇人である。二〇世紀初頭や第二次世界大戦直前と比べると、かなり多い。人数は別にして、ケヒラーは、国境を越えて集まった人々が、民族の記憶をベースとした共同体として存在する。本章が示唆しているように、シンガポールのユダヤ人は、何千年と続く伝統、組織そして国境を越えたアイデンティティを維持してくることができた。一九世紀から二〇世紀初期にかけて行われた阿片取引をベースとした、しっかりした財政上の基盤のおかげである。

第9章

植民地居住から新しい共同体認識へ——在インドネシア共同体の興亡と再建

レナード・クリソストモス・エパフラス、ロテム・コーネル

現代インドネシアでは、ユダヤ教は七つの公認宗教のなかに含まれていない。同じように、国家規模が相当大きいにもかかわらず、そのインドネシア領で、定期的に集まるミンヤン——共同の礼拝が成立するために必要な、最低一〇人のユダヤ人男性——をみつけることさえ難しい。それでも現代史のなかではインドネシア列島に、相当な規模の活気あるユダヤ人共同体が存在していたのである。この共同体の有為転変は、アジア全体のユダヤ人共同体の主たる特徴を示しているように思われるが、インドネシアの歴史と社会の特質にかかわる特異な点もある。それに従って本章は、一九世紀以降の勃興、日本軍による占領とその後のインドネシアの独立に伴う没落、そして最近になってみられる、いくつかの集団で構成される共同体の再生の動きを扱う。

東南アジアにおけるユダヤ人の存在は、歴史的にみると比較的近年に始まる。インドネシア列島に古代ユダヤ人社会の痕跡はないが、ヨーロッパ植民地主義の出現前に、アラビアあるいはインド亜大陸から貿易商と船乗りが、スマトラ島とジャワ島にぽつぽつ来ていた可能性は、充分にある。彼らの存在を文書で示した最初の証言が、エジプトのフスタートから来た貿易商に関する記述である。一二

九〇年、北西スマトラのバルス港で死去とある。この後、ユダヤ人の血を引く人たちが、ポルトガル人と一緒にこの地域に来たと思われる(1)。一五一一年、アルフォンソ・デ・アルブケルク指揮下のポルトガル部隊が、マラッカ（マレー語でメラカ）という港町を占領し、ここを拠点に東南アジアにおける急速なルシタニア（ポルトガル）化の道を切り拓いていった。二年後、四隻のポルトガル船がジャカルタに到着した。ユダヤ人は、イベリア半島から追放されていたので、この植民地拡張にはっきりした形で参加していたわけではない。しかし、キリスト教改宗者（通称コンベルソ、あるいはマラノ）、そしてイベリア半島出身ではないユダヤ人が、この時代の探検航海の多くにかかわっていた。この改宗者の多くは、ゴアに居住していたが、異端審問が当地にも及んできたので、彼らはやむなくポルトガルの植民地から出ていき、時にはさらにその先――マラッカ海峡とスマトラおよびジャワの北部沿岸――の地へ移住した(2)。

東南アジアに築かれたポルトガルの重商主義帝国は永続きしなかった。一六四一年にその主要港であるマラッカがオランダの手に落ちてから、特に然りである。一方オランダは、一六世紀末この地域に明確な関心を抱き始め、一六一九年までにジャカルタをポルトガルの手から奪いバダビアと改名した。彼らの植民地拡大の尖兵役を果たしたのが、オランダ東インド会社（VOC）である。この組織が巨大な海洋帝国を築き、オランダ植民地主義のベースを形成した。VOCは、オランダ人以外のヨーロッパ人と非キリスト教徒のアジア人を多数雇用したにもかかわらず、ユダヤ人は避けた。さらにユダヤ人が支配地に行くことも禁じた。特にバダビアのアジア本部へは立ち入り禁止であった。宗教上の要件を満たす組織も施設も提供できないというのが、その口実であった。長期に及ぶ禁止ではあったが、身分を隠したユダヤ人たちが、一八世紀にオランダ領東インドに入った事例ならいくつもある。詐称者のひとりが、レーンデルト・ミエロ（一七五五～一八三四年）である。帝政ロシアの出身で、兵士として一七七五年にインドネシアへやって来たが、バダビアに近いポンドック・グデに広大な屋敷をもつ富裕者になり、ＶＯＣが一七八二年にメンバーとしてユダヤ人を加えることを認めた時、自分の出自を明らかにすることができた(3)。しかしながら、ユダヤ人に関するＶＯＣの新しい政策で、ユダヤ人が直ちに流入することにはならなかったし、一七九九年の会社解散の原因になったわけでもない（オランダは一八一四年に連合王国の時代になり、オランダ領東インドとして直接支配するようになった）。それでも、永年のタブーが破れたことは、長期的にみると、この列島へのユダヤ人の移住に、影響を及ぼした。

共同体の誕生

ユダヤ人が時々訪れるという話ではなく本物の共同体がインドネシアに生まれるのは、一九世紀になってからである(4)。その時点でオランダ政府は、列島の広域を植民地化していた。しかし、完全にコントロールできるようになるのは、二〇世紀初期である。植民地へ入ることには公式の制限がなかったので、ユダヤ人が次第に定住するようになる。近代になって、オランダ領東インドにユダヤ人が存在するという話が初めて出てくるのは一八六〇年代である。ユダヤ人旅行家で使節のヤーコブ・ハレヴィ・サフィル（一八二二～八五年）が報告している。一八六一年、オーストラリアへ向かう途中、七週間かけて列島を旅したのである。サフィルは、エルサレムからの使節で、バダビア、スラバヤ、セマランといった港湾都市に相当な数のユダヤ人がいるが、共同体として組織されていないとし、多くの者は、ユダヤ人であることを恥じていると報じている。そのなかで、自己のアイデンティティを認めた人は二〇人ほど。いずれも世帯持ちで、バダビアに居住していた。全員ヨーロッパ出身で、大半はオランダとドイツからインドネシアに来た人たちであった（サフィルは、募金任務で一八五八年に出発、イエメン、インド、オーストラリア、ニュージーランド等を五年かけてまわった）。この人たちは、裕福な貿易商、植民地当局の役人と兵隊で、たいていオランダあるいは現地女性と結婚した。シナゴーグはなくユダヤ人墓地もない。聖職者、カントール、シェヒター（戒律に基づき畜殺をする人）、モヘル（割礼を行う人）もいなかった(5)。

オランダ領東インド諸島にユダヤ人の共同体生活はないとするサフィルの指摘は正しかった。それは秘密でも何でもなかった。オランダのユダヤ人共同体が、現地ユダヤ人のため植民地に基本的な宗教上の枠組みをつくろうとして（失敗して）いたからである。それでも、サフィルの観察は、完全ではなかった。中東から来たユダヤ人たちに気づかなかったのである。マムルーク朝の迫害から逃れたユダヤ人たちが、新しい商業機会を求めて、インドそしてシンガポールを経由してジャワに到着しつつあったのである(6)。さらに、このユダヤ人使節は、インドネシア列島に、もっと大きい動向が生じつつあることを見逃した。一九世紀後半、拡大するオランダ植民地に、ユダヤ人が到来しつつあった。最初は小さかったが、次第にその数は大きくなり、発展力のある共同体が形成されてきた。この移民は、ジャワに定住し、規模は小さいが、発展が遅れている大きい島スマトラ（特にメダン）にも住んだ。新しい移住者の大半はアシュケナジ系のユダヤ人で、オランダと中部ヨーロッパから来た人たちであったが、バグダディ系ユダヤ人もいくらかいた。こちらは、ペナンとシンガポールから来たのである。彼らの多くは、商業に従事した――卸売業と輸出入業務である――。もっとも、スマトラに駐留するオランダ軍のなかに、ユダヤ人がちらほらまじっていた証拠もある。(7)

サフィルの訪問から六〇年たって、ユダヤ人の数は増加したが、宗教上の事情には大した違いがなかった。一九二一年、シオニストの募金活動家イスラエル・コーヘンが、五日間の日程でジャワを訪れた時、ジャワ島だけで数百人、「おそらくは多く見積もれば二〇〇〇人ほど」住んでいることを知った。「バタビアとスラバヤに散在している」という。(8)しかしながら、コーヘンにとって数は大した問題ではなかった。多くのユダヤ人が居住し、列島経済に対する貢献があるにもかかわらず、「共同体としてまとまるという意味での、ユダヤ的生き方が存在しない。異教徒との結婚がよくある。組織らしきものといえば存続すれすれのシオニスト的形態の協会がいくつかあるだけ」とコーヘンは嘆いている。(9)ユダヤ的生き方に関するコーヘンの過小評価は、大方において正確であるが、これから起きようとする状況展開には、気づかなかった。特に一九二〇年代、ユダヤ人共同体は活発であった。オランダ領東インド・ユダヤ人利益団体をはじめ、ユダヤ人協会をいくつか設立している。共同体としてのアイデンティティの確立と急速な成長、そして当時のユダヤ人の数は、一部にはこの時期に活発になったシオニスト運動、オランダ人の間に広がる反ユダヤ主義で説明できる。共同体の内部ではシオニズムに対する態度に、鋭い分裂がみられはしたが、スラバヤとパダンのユダヤ人たちが、オランダ領東インド・シオニスト協会（Nederlands Indische Zionistenbond）を、一九二六年に創立した。そのパダンでは同じ年に『エレッイスラエル』（ヘブライ語でイスラエルの地の意）と題する月刊誌が創刊された。後に発行所がバンドンに移されたが、一九四二年に日本軍によって閉鎖されるまで、発行を続けた。一九二八年、シオニスト運動の中央募金機関（ケレン・ハエソド、建国基金）が、植民地でも募金運動を開始した。スラバヤに拠点をおいた活動は、急速に列島全域に広がり、バタビア、バンドン、マラン、メダン、セマラン、ジョグジャカルタを含め、ユダヤ人の住む主要都市に少人数であっても支部をおいて行動した(10)。

少なくとも宗教上あるいは共同体上の条件からみて、本物の共同体がインドネシアに生まれたのは二〇世紀初めであった事実は、別に驚くことではない。この時期ヨーロッパでは、反ユダヤ主義が強まり、同化の圧力も高まっていたので、ユダヤ人にとって海外植民地は、（避難のためには）都合のよい地であった。彼らは、人口が多く敵意を抱く場合の多い在来住民にのみこまれるような生活をしてきたのであるが、植民地当局は、ユダヤ人入植者を普通のヨーロッパ人として扱う傾向があった(11)。オランダのユダヤ人共同体は、相当な迫害にさらされていたというわけではないが、メンバーの保守的態度に加えて、ユダヤ人のつける職業が限定されていたので、入植地へ移住する者が少なくなかった。もっとも、大きい機会を求め、さらには詮索好きな視線を浴びる共同体を離れ、制約の少ないライフスタイルを求めるという面もあった。ただし、オランダの植民地がどこも同じというわけではなかった。例えばオランダ領西インド諸島（現スリナム）では、ユダヤ人共同体は、もっと凝集力があり、伝統的なライフスタイルを維持していた。二つの共同体は、サイズがほとんど同じであったので、両者の相違は興味をそそるが、人口構成と社会的構造に起因すると思われる。スリナムのユダヤ人は、全ヨーロッパ人の約三分の一を占めており、お互い比較的近いところに固まって住んでいた。一方インドネシアでは、ユダヤ人は入植者全体からみるとごくわずかであり、広大な列島に分散して住んでいた[12]。例えばパダン（スマトラ島）とメナド（スラウェシ島）に住むユダヤ人は、二五〇〇キロ以上も離れているため、航空便のない時代互いに連絡をとり合うことが、極めて難しかった。このため、オランダ領東インドの共同体は、宗教組織と共同体の生活を維持できる見込みが乏しく、同化のリスクがもっと高かった。

オランダの植民地としては最大のこの地域に生まれた共同体は、第二次世界大戦勃発に先立つ二〇年間に、成長を続けた。植民地当局が一九三〇年に実施した最後の公式人口調査によると、ユダヤ人の居住者は一〇九五人である[13]。しかしながら、この調査の総合性には疑問がある。一〇年前イスラエル・コーヘンが指摘したように大半のユダヤ人は「ユダヤ人としての出自を隠し、あるいは否定している」からである[14]。当時ユダヤ人口は、おそらくこの推計の二倍の規模で、一九三〇年代後半には二五〇〇人を越えていたと考えられる。それでも、我々がこの統計を少なくとも標本調査とみなすならば、いくつかの特徴が明らかである。第一、ユダヤ人の八五％以上が、ジャワ島の主要都市（バダビア、スラバヤ、バンドン）に住み、一一％がスマトラ島に居住、列島のほかの地域に住む者はわずかである（四％以下）。第二、ユダヤ人のなかで女性の占める割合は四一％以下である。ユダヤ人の間にみられる男女比は、ほかの入植者および逗留者集団と異なり、極めて例外的である。熱帯の遠い植民地という条件を考えれば、注目すべき事実である[15]。

第二次世界大戦の前夜、インドネシアのユダヤ人の間で一番大きい集団は、オランダ出身者であった[16]。植民地当局の事務員、植民地駐留部隊の兵隊、教師、医師などで、それ以外は商人であった。第

写真9－1　バルミツバ（男子成人式）の祝いでムスリー家に集まったオランダとバグダディ双方のユダヤ人たち（戦前のスラバヤ）

二の集団がバグダディ系のユダヤ人。数百人の規模であるが、バグダディは総称的な名前で、イラク、アデンその他の中近東域から来た人を指していた。彼らは主としてスラバヤに居住し、なかにはイギリスの旅券を持つ者もいたが、商業に従事した。輸出入業（麻薬取引業が数件含まれる）、商店主、行商人そして職人である[17]。第三の集団が、ナチの迫害から逃れてきた難民で、主としてドイツ、オーストリアそしてポーランド出身者である。彼らは大戦勃発の少し前に来ていた。縁者を頼ったり、あるいは情け深いオランダの領事たちが発給した証明書で、当地へ来たのである[18]。この三集団間の接触の度合については意見が分かれるが、使用言語、伝統、そして居住地が違うため、疎遠に近かった。そうはいっても、オランダ系とバグダディ系双方の古参および富裕層の間では、特にスラバヤで社会的交流があった（写真9－1参照）。

全体的にみると、一九三〇年代インドネシアのユダヤ人は、同化と伝統の特徴をもつ分散した共同体を形成した。それは統合とはほど遠く、共同体としての、そして宗教上の薄い構造を維持し始めたところであった。バグダディ系ユダヤ人は、ユダヤ教の伝統を維持しようとしたが、共同体は宗教的敬虔さを欠き、正統派の信仰を守る人がいたとしても、ごくわずかであった。オランダ系ユダヤ人のなかには、宗教上の伝統を実際に守る人もいたが、大半は支配層の大きいキリスト教徒共同体に同化する傾向にあった。非ユダヤ人との結婚は珍しくなかった[19]。同じように、多くの者は、自分のユダヤ的出自を示す痕跡を隠し、男のなかにはキリスト教徒や現地の女性と結婚する者がいた。オランダ領東インドのユダヤ人共同体は、内部事情がどうであれ、植民地の経済構造によく助けられ、オランダの植民地政策をはっきり支持した。共同体メンバーは、植民地エリートの共同体生活に組みこまれ、現地人との接触は雇用主としての役割で、主に家と店の使用人に限定されていた。経済面でいえば、共同体メンバーの多くが、比較的高い生活水準を維持した。例えば、戦前その多くが、高級家具が一杯ある大きい家に住んでいた。自家用車を持つ者もいた。彼らは現地人の召使い、料理人、そして運転手を雇っていた。彼らの回想の多くは、永遠に失われた熱帯のパラダイスの思い出である[20]。

ヨーロッパで大戦が勃発する少し前とその後、植民地のユダヤ人口はまだ増えつつあった。一九三八年から一九四一年まで、オランダ、ドイツおよび東ヨーロッパから難民数百人がオランダ領東インドへ逃げてきた。なかには、オーストラリア、上海あるいはフィリピンなどへ向かう途中の者もいた。しかしながら、植民地へビザなしで来ると、バタビアの港に数週間とめおかれた。彼らの苦難をやわらげるため、当地のユダヤ人家族が自ら進んで保釈保証人になったり、出国できるまで一時難民を宿泊させた[21]。難民の到着で、ユダヤ人共同体は急に人口が増えたわけであるが、サイズからいえば、とるに足りぬ小さい存在であることに変わりはなかった。太平洋戦争（一九四一～四五年）勃発の前、インドネシアにはおそらく約三〇〇〇人のユダヤ人がいたと考えられる。しかしこの数は、オランダのユダヤ人口（一九三九年時点で約一四万人）の約二％にしかあたらない。植民地の入植者数と比べれば、その規模はさらに小さくなる。オランダ領東インド在住のヨーロッパ人とユーラシア人の数は約三六万人で、この入植者数は、総人口（当時約六八〇〇万人）の〇・五％強を占めていた。このように限られた人数のうえ、共同体として基礎ができるには比較的短い時間しかなかったので、戦前のユダヤ人共同体は、政治的あるいは文化的重要性をもつに至らず、しっかりした才能の重要人材を生み出すに至らなかった。

崩壊――日本の占領とインドネシアの独立

一九四二年三月、日本帝国陸海軍がオランダ領東インドを占領した。当初占領者当局は、植民地を支配した集団のなかで、最も危険性の高い層の追放を目的とした。この理由により、彼らの政策は、まずオランダ兵、ユーラシア兵の留置を実施し、ついで非戦闘員のオランダ人男性を対象とし、その家族を収容所に入れた。[22]つまり日本は、最初に王立オランダ領東インド軍（Koninklijk Nederlands Indisch Leger: KNIL）および王立オランダ海軍の将兵を対象とし、非戦闘員には手をつけなかった。しかしながら、数ヶ月もすると、日本側は性別と年齢を問わず、ヨーロッパ生まれのオランダ人全員の逮捕を開始した。少数のヨーロッパ生まれのユーラシア人、特に英米人を中心とする連合国側市民も、含まれる。[23]当初ユダヤ人非戦闘員は、特定の民族ないしは宗教集団として扱われなかった。オランダで生まれた者、連合国の市民権をもつ者は、非ユダヤ人と区別されず、同じような条件なら逮捕された。これと対照的に、日本はバグダディ系ユダヤ人を、中国人やアラブ人と同じように〝在外東洋人〟（オランダ語でVreemde Oosterlingen）のカテゴリーに入れて、自由にさせた。日本は、枢軸国（ドイツ、イタリア、ルーマニア）の国籍をもつユダヤ人、あるいは非交戦国や中立国（例えばスイス）の市民権をもつユダヤ人を逮捕しなかった。幸いにしてインドネシアで生まれ、あるいはアジア出身であることを証明できる相当数のオランダ系ユダヤ人も、逮捕しなかった。

いずれにせよ、いわば（ユダヤ人に対する）偏見のないこの扱いは、永続きしなかった。一九四三年後半、日本の政策が劇的に変わり、収容所の外にいたユダヤ人の大半は、出身や国籍にかかわりなく、逮捕された。今や収容される身となった者は、熱帯の気候、乏しい食料そして苛烈な扱いといった厳しい収容所生活に苦しむようになった。三年以上もこの状態におかれる者と同じになったのである[24]。収容所生活は、共同体を必ずしも団結させなかった。さまざまな集団が別々に抑留されており、従来の接触パターンをおおむね維持していたからである[25]。さらに、インドネシアで日本の政策は、非ユダヤ人抑留者と一緒の処置をとらなかった。すでに抑留中のユダヤ人の多くは、次第に非ユダヤ人抑留者から引き離されていったのである。ユダヤ人であるという理由でとられたこの新しい差別政策は、警告なしで導入されたわけではない。第一六軍憲兵隊本部の副司令村瀬光雄憲兵中佐（一九〇八～四九年）による反ユダヤ煽動が、前段としてあった[26]。

インドネシアでのユダヤ人に対する急な政策変更の背後には、いくつかの動機があった。一九四三年、日本当局は一定の自治制の導入と並んで、ジャワ島をはじめとする列島の抵抗活動撲滅に、力を入れた。地元民ではないが、抑留されていない集団は——特にユーラシア人、そして華僑と収容所の外にいるユダヤ人も――危険分子、破壊、反乱の潜在的脅威とみられた。さらにインドネシアは、日本とナチドイツ帝国の接点で、二つの主要枢軸国が相互の疑惑を克服し、少なくとも一定の協力を維持できる闇の地帯であった。反ユダヤのドイツの政策が日本側に最大のインパクトを与えた地でもあった。さらに、日本のインドネシア占領軍のなかで、その首脳の多くは満州国で勤務した経験を有し、その地のユダヤ人と接触していた。彼らはユダヤ人を、使いようによっては有用であるが、危険な成分であるとみなしていた(27)。

オランダ領東インドを占領した日本軍は、その政策にもかかわらず、少なくとも当面は、植民地のユダヤ人共同体を壊滅しなかった。その結果、列島所在のユダヤ人は、一九四五年八月の解放の時点で、大半が生き残っていた(28)。しかしながら、日本の政策は長期の視点でみると、壊滅的であった。三年以上に及ぶ占領時代に共同体のほとんどが味わった三年のトラウマは、政策の直接の結果である。この期間は、インドネシア解放運動が、独立闘争を開始する準備上大いに有用であった。インドネシア国家の登場は、すでに打撃を受けている共同体にとって、とどめの一撃になった。一九四〇年代初めの日本帝国の主張のように、自己に独立権ありと確信する独立インドネシアは、外国人、特に非アジア人と非ムスリムを受け入れる余地をもっていなかった。つまり、戦前この植民地でエリート層を形成していた人々である。新国家は、以前の支配者たちを拒否し、ヨーロッパの出自であるユダヤ人を受け入れる気がないことも、はっきり示した。さらには外見がユダヤ人なら、出身にかかわりなく受け入れられないのである。

インドネシアの独立闘争時代（一九四五～四九年）と非植民地化過程で、ユダヤ人集団のメンバーは、自分たちの命が危ないと一様に感じていた。戦後、残留していた日本軍部隊は、連合国側によるインドネシア再植民地化の支援役を果たしていたが、皮肉なことに、ヨーロッパ人共同体全体はもとよりユダヤ人たちを、現地民の武装集団や暴徒の襲撃から守ってくれたのは、その日本の部隊であった。[29]その後一九四七年になって、ユダヤ人の共同体活動が再開し、オランダ領東インド・ユダヤ人利益団体が、シオニスト協会と並んで再び動き始めた。[30]オランダ軍のなかには、かなりの数のユダヤ兵がいて、再植民地領の守備についており、その彼らがオランダ領東インド・シオニスト協会に加わり、シオニズムの大義と独立したイスラエル国を支援した。[31]一方で、戦後数年の間に、ユダヤ人の多くは、オランダ、イスラエルそして合衆国へ移住する道を選んだ。資産を全部残して出ていくのである。世界ユダヤ人会議（WJC）が一九四〇年代末に実施した調査によると、当時この地のユダヤ人口は約一五〇〇人。その半分の七五〇人がバタビア、スラバヤに五〇〇人、バンドンに二五〇人である。[32]

独立を求めるインドネシアの苦しい武力・外交闘争は、一九四九年一二月に終わりを告げた。闘争の終わりもオランダの正式承認も、ユダヤ人の状況を改善しなかった。インドネシアの新政権は、外国人に敵意を抱いていた。ユダヤ人の流出が続いた。その出国は一斉というわけではなく、最初の出国者はナチの迫害から逃れてきた人たちで、その次にオランダの旅券を持つ者が続いた。後者はオランダ人全体にまじった出国である。こちらの出国はいくつかの波となり、一九六〇年代初期まで続いているが、オランダでは歓迎されない扱いだったので、衝撃を受けた。バグダディは、もう少し長く滞在する傾向があった。一九四九年、彼らはスラバヤに家を一軒購入し、そこをシナゴーグに変え

写真9－2　ユダヤ教の祭日を祝う人々（1950年代のスラバヤ）．イスラエルの国旗が飾られている

た。インドネシア唯一のシナゴーグであったが、公式の資格をもつラビがいなかった[33]。この行為にもかかわらず、共同体のメンバーたちは、少しずつ出ていった。それは一九五〇年代末に始まり、一九六〇年代まで続く。

イスラエルの建国は、共同体の状況を悪化させた。インドネシア初代大統領スカルノ（在任一九四五〜六七年）は、この共同体を西側植民地主義最後の砦のひとつと考えていた[34]。そのためもあり、ユダヤ人商人は、一九五六年のスエズ危機（第二次アラブ・イスラエル戦争）時には、破壊行為を恐れ身を守るため店を閉めた。二年後状況はさらに悪化した。スカルノの激烈な演説に煽られて、民族主義は高まるばかり。オランダ資産の国有化に至った[35]。しかしながら、インドネシア国内にみられる全体的な敵意にもかかわらず、一九四八年以降、地元のユダヤ人の間には、シオニズムとイスラエルに対するプライドが相当高まった（写真9－2参照）。インドネシアは世界最大のムスリム国家であり、非同盟運動の主導国のひとつである。その国でこのような忠誠心を示すことは、忠誠心の衝突となり、その結果に前途はないと思われた。それゆえに、インドネシアに残るユダヤ人は、一九五七年までにわずか四五〇人になった。主にジャカルタ（一九四九年にバダビアを改称）、スラバヤ、バンドンの居住者である[36]。

アイデンティティを求めて――新しいユダヤ人集団の出現

インドネシアのユダヤ人共同体は、一九七〇年代に事実上消滅した。残留者は一般のインドネシア共同体に同化した。自分の出自を隠し、あるいは新しいアイデンティティを身につけ、ユダヤ民族の伝統を少なくとも公然と認めることはしなかった。双方の先祖がここでひとつとなり、新国家に順応した者が少なくない。そのひとりが政治家のヤプト・スルヨスマルノ（生一九四九年）である。一九八一年以来、本人は影響力をもつ極右准軍事組織パンチャラチ青年団の指導者である。オランダ出身ユダヤ人の母親とムスリムの父親との間に生まれた。父親は軍高官で、ジャワの貴族スルヨスマルノの出身であり、戦闘的ムスリムのアイデンティティを身につけていたが、子供たちにはユダヤ人の名前をつけた。残留ユダヤ人の保護者として知られる(37)。

皮肉な話であるが、共同体が消滅しつつある頃、ユダヤ人とイスラエルに対する以前よりは前向きな認識が生まれ始めた。一九七一年、両国は軍事協力の話し合いを始め、これがインドネシア空軍に対する三五機の戦闘機輸出（一九八一～八二年）につながった。同じ頃、イスラエルの復活に関する本が何冊もキリスト教系出版社によって、翻訳出版された。例えばモシェ・ダヤンの回顧録『ストーリー・オブ・マイライフ』のように、イスラエル人の手になる著作である。これは英語版の発行から三年後に出版されている。アバ・エバンの『マイピープル――ストーリー・オブ・ジューズ』も同じ頃に出版された(38)。一九九三年のオスロ合意は、インドネシア・イスラエル間の緊張緩和につながる一段と大きい機会を提供した。その時点から、キリスト教徒、イスラム教徒は聖地巡礼でイスラエルを訪れることができるようになった。やがて、カリスマ派、ペンテコステ派そして福音主義派の教会に所属するインドネシアのキリスト教徒が、ユダヤ教の記述をその神学にとりこみ始めた。この点で霊感の主たる源泉がキリスト再臨前の経綸主義神学（Premillennial Dispensationalism）で、アメリカの福音主義運動が信奉する。この運動はキリスト教の救済のロードマップにおけるユダヤ人の役割とイスラエル国とのかかわりについて、ユニークな理解を推進した。この神学は、歴史上の諸事象を終末論的顕示として確認しようとする歴史主義（歴史は人間活動によるのではなく不変の法則によって決定されるという説）の天啓的史観を置換しようとした[39]。

同じ時期、スハルト大統領（在任一九六八〜九八年）の失脚で、新秩序（インドネシア語で *Orde Baru*）は、インドネシアにイデオロギー上の真空状態を生み出した。この空白は、急速に別のイデオロギーで埋められていった。それにには国境を越えた宗教的イデオロギーが含まれる。同じように、この時代には、もっと対決姿勢の強い「独自性」政策も登場した。これは、少なくとも一部はインターネットの出現によって促進された。スハルト没落に伴って登場したひとつの重要ファクターが、アブドゥルラフマン・ワヒドが第四代大統領（在任一九九九〜二〇〇一年）に選出されたことであった。一九九〇年代ワヒドはイスラエルと緊密な関係を築き、イスラエルの前首相シモン・ペレスと友人になった。大統領に就任すると、ワヒドはこの友好関係を利用して、イスラエルとの経済関係の強化をはかった。ムスリム社会にみられ反対姿勢は強いままであったから、国家レベルでみると、このアプローチは不必要かつ馬鹿げた行為、と考えられた。一方この時期に、インドネシアの宗教界に「アメリカン・セイクレッド＆ヘブライックルーツ」と称する集団の運動が、出現した。キリスト教徒の間にユダヤ教のサブカルチャー（ユダヤ教徒にかかわる慣習行動様式）を認めるものである。この種の運動は、教えのうえで表現がさまざまであるにもかかわらず、一括して「メシアニック・クリスチャニティ」のカテゴリーに入れられる[40]。インドネシアのキリスト教は、ユダヤ教盛り上げの温床といえる。インドネシアのキリスト教人口は約二九〇〇万人、人口の約一一％を占めている。キリスト教はこの国で第二の宗教勢力であるが、イスラムに比べればはるかに小さい[41]。比率はそうであっても、キリスト教は急速に成長しており、信徒の多くは、ムスリムの背景をもっている[42]。

それと同時に、ユダヤ人としての帰属意識と、ユダヤ人の伝統に対する熱い関心が、新しい流れになり始めた。最初は、主にインターネットを介した伝播であったが、もっと最近になってソーシャルメディアによって一段と強まった。インドネシアにおけるデジタルおよびインターネット技術の急速な発展が、新しい宗教的アイデンティティ形成上の手段になった。その結果、この論議に加わっていた人たちのなかから、自分の宗教上のアイデンティティを取り戻した者が、かなり出てきた――オランダの植民地当局の仕事についていたり、商業に従事していた先祖がもっていた伝統のぼんやりした記憶を取り戻した者もいれば、ほかの目的で、ユダヤ教のサブカルチャーをとりこんだ者もいる。ポスト改革インドネシアは、複合的な国民アイデンティティの一部として市民がこの面の再生を果たすことをいくらか許したのである。そのようなものとして、彼らはユダヤ教のサブカルチャーをとりこみ、その象徴的表現――例えばキッパ（頭骸帽）、パヨット（長いもみあげ）、さらにはハシッド派の衣装まで――を示すことができた[43]。なかには、彼らの先祖のユダヤ教の伝統を実体のあるものにすることを望まず、メシアニック・クリスチャニティの信奉者になる者もいた。ユダヤ教熱中者という周辺部集団のなかには、失われた十部族の神話を信じ、自分がその部族の子孫と考える者があり[44]、ユダヤ教への改宗に向け真剣に行動したりした。ベネイ・ノア共同体によってつくられた、改宗に至るまでの事前手続きを介したやり方であった。なかには、自己流のシドール（ユダヤ教の日常祈禱書）と簡易参考書をつくった者もいる。後者は「ノアの七戒」順守者を支持する教育機関（Ask Noah International resources）資料を抽出したものである[45]。

この活動のピークが、二〇一三年頃であった。その年、保守派ラビがインドネシア人七五人の大量改宗を行った[46]。ひとりの正統派ラビが、この改宗を無効にした。改宗者のなかには徹底性を貫き、あらためて改宗する者がいたが、大半は現在の地位のままでいることをよしとした。集団は、この問題をめぐって二つに分裂し、さらに分裂していくつかの小さい集団に分かれた。厳格な手続きを経て正統派ユダヤ教の道を歩む者がいれば、ユダヤ人としてのアイデンティティについて、インドネシア共同体の状況に適応するうえで、もっとゆるやかな理解をよしとする者もいた。以来二つに割れた集団は、それぞれのラビの指導監督を（別々に）受けて存在しているが、分裂したままである。ひとつは、アメリカの保守派ラビであるトビア・シンガー師、あとひとつはアメリカの改革派ラビのダビッド・クニン師が監督している。後者は、以前日本のユダヤ教団で働いていた人である。時々、スファルディ系とか先祖のルーツといった主張が出るにもかかわらず、今日のユダヤ教の流れは、性格において圧倒的にアシュケナジ系である。さらに、二〇一〇年代にこの集団を支援したアメリカとオーストラリアのラビは、いずれもアシュケナジ系の出身であった[47]。

現在の共同体の規模は不明である。インドネシア国民は、身分証明書に所属宗教を記入しなければならない。しかしユダヤ教は、インドネシア政府が認めたいわゆる公認七宗教には含まれていないので、ユダヤ人の数を正確に把握するのは難しい。最近の一報告は、インドネシア全体でユダヤ人二六一人としている。しかし、ユダヤ教に対する今日の帰属化が流動的であり、ユダヤ教に対する関心が高まっていることを考えれば、ユダヤ人とユダヤ教〝熱中者〟の数は、数千台に達しているかもしれない。[48] インドネシアにおける近年のユダヤ教復活現象を理解するには、次の三人の素描が参考になる。ユダヤ人のアイデンティティを身につけ、その集団を率いている人である。第一は、ヤーコブ・バルーフ（旧姓トアル・パリリンガン）とその集団である。三〇代後半でメナド市生まれである。バルーフは目下インドネシアで最も有名なユダヤ人である。[49] 彼の出身地北スラウェシ（旧セレベス）は、この島の六州のひとつであるが、キリスト教徒が集中して住む地域でもある。住民二〇〇万人の六〇%ほどはキリスト教徒で、地元住民は伝統的にユダヤ人に対し誠実、友好的であり、ユダヤ教にかかわるさまざまな表現もみられることから、メナドは、〝エルサレムのベランダ〟とか〝第二のイスラエル〟といった愛称がついている。[50] この寛容の象徴が、二〇〇八年にこの州に建立された高さ一九メー

写真9-3　カキ・ダイアン記念塔．2016年，北スラウェシ（セレベス）に建設された，世界最大のメノラ．この建設のため地元政府が15万米ドルを支出した．建設費についてはCassrels 2022を参照

写真９－４　トーラーの巻物を運ぶヤーコブ・バルーフ師（北スラウェシ〈セレベス〉トンダノ，2014年）

トルのメノラ（七枝の燭台）である。おそらく世界最大であろう[51]（写真９－３参照）。

前出のように、この国に新しく出現したのが、ユダヤ人としての自己認識問題であるか、これを自分と重ね合わせた最初の人物が、バルーフである（写真９－４参照）。彼は、若い頃祖母との会話で、自分のユダヤ人としてのルーツを知った、と主張している。祖母が自分はユダヤ人の家系と述べたという。彼は、インターネットでユダヤ教について学び始めたが、ラビとしての正式のスミハー（ヘブライ語で聖職拝命の意）の手順と式を受けていない。シンガポールで短期講習を受けただけであるが、オーストラリアのメディアでは、〝事実上のラビ〟と呼ばれている。[52]故郷の町では〝ハシッド〟風の盛装で知られ（白いシャツの下にタリット・カタン――小型の礼拝用ショール――が見え隠れする）、シンガポールのハバッド派支部と、連絡をとり合っている。その窓口になっているのが、ラビ・モルデハイ・アベルゲルである。[53]バルーフは、自宅およびシナゴーグでユダヤ教の儀式を執行し、一度バリ島でユダヤ人カップルの結婚式を司宰したことがある。彼は故郷の町から三五キロほど離れたトンダノにあるシナゴーグも、監督している。シャアル・ハシャマイムという名称である。二〇一四年の報告によると、彼の共同体には三〇人ほどが含まれていた。しかし、その後の内部紛争の結果、一握りになってしまった。[54]それでもバルーフは、スラウェシ島の北の一角にユダヤ人のセンターをつくる希望を放棄していない。二〇二二年の国際ホロコースト追悼日に、彼の提唱で、東南アジアで最初のホロコースト博物館が開館した。[55]

エリシェバ・バット・アブラハム（旧姓ビリアートマドジャ）が、現代インドネシアのユダヤ人共同体の状況を物語る第二の人物である。この若い女性は、ムスリム一家の出身であるが、祖父がユダヤ人の家系であると主張していた。二〇〇七年にキリスト教に改宗し、その五年後、さらにユダヤ教に改宗している。バット・アブラハムは、ユダヤ教とのかかわりを長い眠りからの〝目覚め〟（インドネシア語で *Terbangun*）と表現し、自分のユダヤ人としての家系は、民族と宗教の錯綜した厚い層の下に埋もれていたと主張する。彼女は、パプアにおけるユダヤ教の再生を始めた最初の人でもある。

パプアに拠点をおくメシアニック・クリスチャン集会に招かれた彼女は、そのメンバーたちがペルーから来たユダヤ人の子孫であると主張している。二〇一四年、彼女は、この問題を解明するため、ラビ・トビア・シンガーを招き、師の補佐となってこの共同体の発展に尽力した。バット・アブラハムは、フリーランスの文筆家でもあり、現在ホーリーランド・ツァー社を経営している。イスラエルの聖地旅行で、シンガー師がガイド役になっている。彼女は、ユダヤ人団体エイツ・ハイム・インドネシアを設立し、パプアのユダヤ人のための〝登録済みのシナゴーグ〟設立を支援した。これはパプア・ユダヤ人共同体（ＫＹＴＣ：Papuan Jewish *Kehilat Yehudim Torat Chaim*）と称し、二〇一六年に生まれた。改革派ラビによる大量改宗が正統派によって無効にされたのは、前出の通りであるが、バット・アブラハムと妹は、正統派の手によって改宗し、すぐにバルーフのユダヤ人としてのアイデンティティに疑問を呈し、彼がラビとしての聖職拝命を正式に受けていない点も指摘した[56]。

第三の人物がベンヤミン・メイヤー（メイエル）・フェルブルッゲである。スマトラ島南端域のランプン州に家族と一緒に住んでいる。ムスリムが圧倒的に多い地方である。本人はフェルブルッゲとかベニーの名前で知られるが、第三の集団を率いる指導者である。彼の正式の地位は補助ラビの資格であったが、実質的に共同体のラビとして活動している。この資格は、ユダヤ教の聖職者の新しいカテゴリーで、ラビとしての正式の聖職拝命を受ける前の中間段階である[57]。議論の余地があるが、常勤のラビを雇えないユダヤ人共同体にとって、ひとつの解決策になっている。この地位につくための訓練とは、ユダヤ人の一般信徒に対する教育である。礼拝の主導などの宗教上の処置法、出生から死に至る人間一生の節目の行事の主宰、ユダヤ人共同体におけるユダヤ教関連の教育継続、が含まれる。フェルブルッゲは、二人のラビによって補助ラビとしての地位を授けられた。二人とはユダヤ教学習機関（Jewish Learning Institute）の一部であるロドフェイ・コデシュのラビ・ヨナタン・ギンスブルグとラビ・スティーブン・ジュールス・ペスキンドで、二人とも二〇一四年時点でジャカルタの保守派ラビとして活動していた。

フェルブルッゲの共同体は、全土に分散している。集団としてのまとまりを維持するため、彼はＬＩＮＥのビデオチャット・アプリケーションを使い、バーチャル・ミンヤンをつくりだした。これを通して安息日の礼拝を行うことができる（写真9－5参照）。現在フェルブルッゲの集団は、ラビ・クーニンの後見下にある。フェルブルッゲは二〇一三年以来インドネシア・ユダヤ人共同体連合（ＵＩＪＣ）の世話役としても活動している[58]。これは、インドネシア初のユダヤ人組織であったが、後にいく

写真９－５　インターネットを介したバーチャル・ミンヤン（礼拝成立に必要な成人男子10人）で安息日の礼拝を行う人々（スマトラ島バンダル・ランプン，2017年）

つかの集団に分裂した。フェルブルッゲとラビ・クーニンは、独自にパプアの〝ユダヤ人〟集団を抱えている。バット・アブラハムとシンガーの集団とは別の存在である。フェルブルッゲをはじめとするメンバーたちは、ユダヤ教の信仰に対する寛容度がかなり高い。バット・アブラハムとラビ・シンガーとは違って、今日のインドネシアでは、厳格な正統派の生活を守るのは不可能であると強調する。例えば、安息日の礼拝が成立するためのミンヤン（必要最低限の成人男子一〇人）の確保がそうである。パプアのユダヤ人は別として、どこのユダヤ人集団も、それが維持できない。さらに彼は、カシュルート（食物戒律）に余計な境界を設けたとして、バット・アブラハムを批判してきた。インドネシアの食物は大半がハラル（イスラムの食物戒律）に則るという事実があるにもかかわらず、彼女は厳格に戒律を守るためインドネシアの食物を消費できない、と述べている。イスラエル・パレスチナ紛争に関しては、フェルブルッゲはバルーフと同じように、紛糾する諸問題とは距離をおく傾向があり、あいまいな態度をとっている。一方バット・アブラハムは、イスラエルの大義を公然と支持している。[59]

　エリシェバ・バット・アブラハムと協力するラビ・シンガーは、最近のユダヤ人共同体再出現をもって、非インドネシア人の居場所を体現している。彼自身の声明によると、「教会からユダヤ人が抜けることを手助けするのが、自分の一生の夢」なのである。この目的に沿って、シンガー師は「ユダヤ教のためのユダヤ人」(*Jews for Judaism*) 運動を設立したほか、「手を差しのべるユダヤ教」(*Outreach Judaism*) の責任者でもある。この組織は、ハバッド・ルバビッチ派の運動と同じように、散在し孤立しているユダヤ人を対象に、救いの手を差しのべる。[60] 彼は、ジャカルタの自分のアパートを発信所にして、ラジオ番組も放送している。ユダヤ教支持者とベネイ・ノアのために、毎週安息日礼拝を行っているのである。ベネイ・ノアは、ミンヤンの規定にほとんど合致しない。さらにシンガーは、キリスト教の処世訓と核心的教えに対して、弁明活動と教育を通して、異議を唱えてきた。これは、ＹｏｕＴｕｂｅチャンネルに定期的にあげられている。キリスト教に対する彼の批判的態度は明確である。例えば近年行われたインタビューのなかで、「正統派のラビたちは、(改宗者の)数でいつでも悩んでいる。しかしヨシケ（キリストの蔑称）が完全な虚妄であることが判ると、改宗者が正統派のユダヤ人になることが、ずっとパシュトー（ヘブライ語で容易の意）になる」と述べた。[61] キリスト教に挑戦する行為には、貧者救済のセムバコ（生活必需品）慈善活動というものもある。これは、二〇一六年一二月二五日に実施された。[62] インドネシアでは、宗教団体や非宗教団体が、定期的に慈善活動を行っている。特にイスラム教のラマダン（断食月）とイード・アル＝フィトル（ラマダン終了の大祭）、クリスマス、そしてヴェシャク（サンスクリット語で釈尊を祝う日の意）の時が多い。しかしシンガーのセムバコが特異なのは、ユダヤ人共同体のツェダカ（ヘブライ語で博愛、慈善の意）の概念を適用しただけではなく、その含意にある。クリスマス時に実施されることから、インドネシアのキリスト教会と張り合っていることが容易に判るであろう。[63]

近年パプアにひとつの集団がつくられたことは、ユダヤ人共同体の再出現上最も興味ある展開である。インドネシアの最大の島であるパプアは、国の一番東に位置するが、これまでユダヤ人共同体が存在したことはない。パプア人は人種的にはメラネシア人であり、豊富な天然資源・鉱物資源をもつにもかかわらず、パプア州は最貧地帯のひとつである。パプア人は、分離主義の願望をもつことでも知られるが、何度か〝メシア出現の期待〟を経験した。メラネシア系であるパプア人は、いろいろあるなかで特に問題なのが、インドネシアのほかの人種集団から、文化的・人種的偏見にさらされたことである。二〇一六年六月一四日、ジャカルタのコンベンションホールで、パプア・ユダヤ人共同体（ＫＹＴＣ）の設立式が挙行された。シンガーは、この国のさまざまなユダヤ人集団間の激しい競争に鑑みて、この組織が国唯一の〝登録されたシナゴーグ〟である、と発表した。それでも、ポスト改革インドネシアにおけるメシアニック・クリスチャニティの登場が、かなりの数のパプア人をユダヤ教への大量改宗に導いた。それは、宗教上の救済表明上イスラエルに対する同情を示すものでもあった。[64]

したがって、政府の承認を得るうえで、ＫＹＴＣがキリスト教の教会会議を上部団体に選んだのは、驚くことではなかった。ジャカルタに本部をおく「精霊教会統合教会会議」（Sinode Am Gereja Pimpinan Roh Kudus）は、中央政府との関係を通して、合法的存在として認知させることを、ＫＹＴＣに提示した。最近まで政府が公認していたのは、イスラム、プロテスタント教会、ローマ・カトリック教会、ヒンズー教、仏教そして儒教であった。[65]政府公認のマイノリティ宗教——プロテスタント、カトリック、ヒンズー教、仏教、儒教——は、パンチャシラ（現代インドネシアの建国理念）の枠組みを通して（建国五原則——最高神への信仰、人道主義、民族主義、民主主義、社会的公正）、人権侵害が頻発してはいるが、それぞれの権利をほぼ維持することができた[66]。多数派が信仰しないものは、無神論者、新宗教団体だけでなく、イスラムのアハマディー運動、シーア派、ゾロアスター、道教、そしてユダヤ教であるが、研究者のチアラ・フォルミチの言葉を借りれば、「保護もなく放置され、インドネシアの制度化された多元主義の弱さを露呈」している[67]。一般の意見は、これらを〝不法宗教〟とみなす。その具体的事例が、二〇一三年に起きた。六五年の歴史をもつスラバヤのシナゴーグが、取り壊されたのである。直ちに、この行為は反ユダヤ主義のひとつの表明とみなされた。この破壊行為を許可した政府役人の発言は、ユダヤ教は〝不法〟宗教であり、かつまたとるに足りぬ地位のゆえに、取り壊しが認められたことを示唆している[68]。この点に照らしてみれば、KYTCが、「精霊教会統合教会会議」を選んだのは、計算したうえでのことであったと考えられる――この組織が中央政府とコネがあったためだけでなく、大半はカリスマ派／ペンテコステ派そして性格においてメシアニック系の九つの教会会議の上部団体として機能していたためでもある。設立委員は、キリスト教をユダヤ教の活動のための適当な盾とみなし、祝辞をもらうため、その式典に宗教問題省から役人を招いた[69]。

式典の演説で、この教会会議の議長トミー・アヤワイラ（没二〇一七年）は、シンガーを指さして〝最高ラビ〟（インドネシア語で *Rabbi besar*）と呼び、御本人がインドネシアに来られたのは、「ハシェム（神の意）の光が我々の上に輝くしるし」と述べた。アヤワイラは、イザヤ書二一・三を引用し、「主の教えはシオンから、御言葉はエルサレムから出る」と述べつつ、大胆にも「KYTCは、メシア来臨時救済されるよう、インドネシアをユダヤ化すると信じる」と言明した[70]。彼の演説は、二重の意味をもつ表現例であり、ユダヤ教の言葉が、特定のキリスト教のロジックを通して、表明されたのである。

この点に関して、カリスマ派／ペンテコステ派と福音主義教会は、福音の精神を維持する点において、相手とは違う。つまり〝インドネシアのユダヤ化〟という表現は、インドネシアのキリスト教化〟の単なるパラダイムシフトにすぎないとする福音主義の精神を、維持しているのである。[71] これに応えて、式典に参加した政府役人は、ＫＹＴＣの設立を、〝教会計画〟（インドネシア語で *acara gereja*）と受け止め、ＫＹＴＣが〝キリストの愛〟（*cinta kasih kristus*）を広げるよう切に願う、と懇請した。この役人が、プログラムがユダヤ教とメシアニック団体で組織されていることに気づいていなかったのは、明らかである。[72]

全体的にみて、最近インドネシアに残存するユダヤ教が再生の気配をみせているが、この努力の見通しはどうなのであろうか。ムスリムが多数派を占める状況でユダヤ人共同体が存在することは、明らかに落とし穴を伴う。ユダヤ人は独自の文化的特徴をもち、異国の地に住む離散の存在であるが、依然として本質化された用語で考えられている（筆者追記：複雑な課題あるいは人間集団を、本質的な性格あるいは特徴にまとめて単純化すること。ステレオタイプあるいは一般化した想定をベースにしている場合が多く、単純化した性格は固有にして不変とする）。同時に、彼らは抽象的カテゴリーを形成している。それは、ユダヤ人アイデンティティのネガティブな構造である。このような事態は、伝統的に反ユダヤ主義上あるいはユダヤ肯定主義上の論議の基礎になる一方で、ポスト改革インドネシアでユダヤ人共同体出現の理由のひとつであったのかもしれない。新しいユダヤのアイデンティティは――たとえキリスト教がインドネシアにおけるユダヤ人のイメージ形成の場であったとしても――キリスト教のヘゲモニーと向かい合った弁解がましいもののようにみえる。

しかしながら、新しい共同体の出現に伝播役を果たしたのは、何にも増してキリスト教とイスラム教団の緊張である。したがってユダヤ教は、少数のインドネシア人――ユダヤ人の末裔と非ユダヤ人――が、新しいアイデンティティを身につけるカテゴリーである。それは、ジャワ人、アラブ人、インドー人（インドネシア人とヨーロッパ人の混血）等といったもっと歴史が長くかつまたもっと現実感のあるアイデンティティとは、違うものである。それに従って、現代インドネシアでユダヤ的であることは、ベネイ・ノアとメシアニック・クリスチャニティの事例にみられるように、実際のユダヤ教の本質を離れた、宗教上の新種形成のための意味と含みを有するものであり、それを告知することにほかならない。今のところ、これが、永続性のある共同体建設には不健全な基礎になっていると思われる。確かに、ごく少数の精力的活動家と追随者の小さいサークル以外には、出現しつつあるインドネシアのユダヤ人共同体は、統一性を欠き、インドネシアの外のユダヤ人共同体、特に正統派そしてイスラエル国とは限定的な関係しかもたぬことを特徴とする。

結　び

インドネシア列島は、この一五〇〇年間、小さいユダヤ人共同体が劇的な興亡を経験し、近年には相当な共同体が再び登場してきた。最初に生まれた共同体は、植民地という環境下のことであり、オランダと中東のユダヤ人を引きつけて成長し、列島の近代化によって生じる職業上および通商上の機会から恩恵を受けた。同様に、この共同体の発展を停止せしめたのは、日本の占領であった。日本はその領土にヨーロッパ人の存在を許さなかっただけでなく、現地の独立闘争運動の意志を強めた。アジアで戦争が終わると、代わってこの運動が国の全面的独立に向けてリード役を果たし、植民地支配勢力を漸次駆逐することができた。ユダヤ人の大半もそれに含まれる。現代のインドネシアに出現したユダヤ人共同体は、若くかつとるに足りぬほど小さいうえに、すでに割れ目が生じている。競合するいくつかの集団で構成され、各集団は、もっと大きい社会のなかでその地位を確保しようと苦闘し、さまざまな問題に直面している。今日のインドネシアでユダヤ人になるには、世俗の国境を越えた宗教上の主張だけでなく、インドネシア的特性とコスモポリタニズムをとりこんだ、多面性を身につける必要があるからである。慎重に行動してきた共同体であるが――意味あるユダヤ教上の表現経験に関してだけでなく、ユダヤ的なもののさまざまな行動手順を受け入れるための、媒介カテゴリーの形成に関しても非常に慎重でなければならなかった。このようなハードルを考えると、このひび割れのした集団が、成長し得る共同体へ地固めできるかどうか、今後数十年で明らかになるであろう。

第10章

非植民地化とその余波——英領アジアにおけるバグダディ系離散民の運命

アモス・ウェイ・ワン・リム

二〇世紀初期、大英帝国の最隆盛時、バグダッドから香港へ至るイギリスの支配地は、英領アジアとよく呼ばれた。この広大な地域のなかに、バグダディ系ユダヤ人の小さい共同体が複数存在し、それぞれ繁栄し、イギリス支配下の港湾と植民地一帯に、緊密なネットワークを形成した。バグダディの一連の共同体は、全部合わせても五〇〇〇人を越えたことがない。しかし、彼らのもつ影響力は相当なものであった。この離散民のネットワークの結び目は、経済、親族そして文化上のチャンネルを通してつながっていたが、それを可能とし、かつ必要としたのは、イギリスの植民地主義であった。人種的に層状を成す植民地社会では、この港町のユダヤ人は、〝白〟でも〝原住〟でもない特異な地位を利用し、イギリスとの仲介業で利益を得た。バグダディ系ユダヤ人がヨーロッパ人の特権を求めた結果である。その帰結は、非植民地化の成り行きで明らかである。ユダヤ人共同体の大半は、インド、ビルマ、シンガポールそして香港の植民地から、次第に出ていったのである。

バグダディ共同体内の階級の複雑さと共同体的ひび割れは、精細な吟味が必要である。いろいろ違うアイデンティティのため、共同体のメンバーあるいはそのなかのサブグループは、別々の方向と場所の選択を迫られた。イギリスの植民地化は、バグダディ系ユダヤ人の共同体的ネットワークの形成と英領アジア内での移住を可能にしたが、非植民地化はそれを元に戻す役割を果たした。その非植民地化は、第二次世界大戦後急速に進行し、バグダディの移住パターンに影響した。例えば、元の出身地に戻る代わりに、バグダディ系ユダヤ人共同体は、大半が英語圏へ移住した(1)。前英領アジアの非植民地化プロセスとそれに続く初期的な民族的アイデンティティの芽生えは、諸共同体内の階級格差も示している。この格差は、植民地時代エリートの英国化によって悪化した。

植民地主義とその後の非植民地化の影響が、離散共同体のネットワークのなかで、共同体のアイデンティティ、肖像そして歴史記述を変えた。本章はこの点を論述する。そのため、英領アジアのバグダディ系ユダヤ人共同体の肖像にみる傾向を、まず確認する。この場合のバグダディ系ユダヤ人共同体は、バグダッドに起源をもつユダヤ人だけでなく、レバント（東地中海沿岸）のユダヤ人共同体の集団も指す。その地域からインドへ移住し、さらにイギリスによって開かれた機会を求め、そこを跳躍台にしてさらに東へ向かった集団である。次に本章は、バグダディ系ユダヤ人共同体に及ぼしたイギリスの植民地主義の影響を検討する。アジアにおけるイギリスの存在は、一九一四年をピークに、第二次世界大戦後の非植民地化プロセスで支配権を失い、一九五七年のマラヤ連邦の成立によって一段と後退する。イギリスが残した統治機構は、誕生する国家の経営基盤の役割を果たす。最後に本章は、特にケーススタディの対象としてシンガポールを例にとり、非植民地化後の国民国家におけるバグダディ系ユダヤ人の状況を検討することにより、植民地主義の影響を検討する。

本章は、植民地化プロセスによって、離散のバグダディ共同体のアイデンティティが、イギリス

表10－1　インド，ビルマおよびシンガポールの推定ユダヤ人口[2]

	1900年	1939年	1946年	1957年	2020年
インド	18,500（カルカッタ1919年）	25,000～27,000（カルカッタ1830年）	28,000～30,000（1,000）	20,000（カルカッタ1945年）	4,800～7,500
ビルマ	700～1,000	2,150	500	100	>10
シンガポール	500（462）	1,500	1,200（877）	800（700）	2,500（180）

注：(　) 内の数値はバグダディ系ユダヤ人．

化した共同体としておおむね固まっていった点も指摘する。非植民地化は、前植民地におけるイギリスの影響を大幅に弱めた。これが、前英領アジアからバグダディ系ユダヤ人の流出につながるのである。統計が示しているように、全体としてユダヤ人口が減少傾向にあるが、そのなかでバグダディは、第二次世界大戦後イギリスの退去に伴う減少が一番激しい。結局、三ヶ国のユダヤ人の総人口は、まさに微小になってしまった（三ヶ国人口の〇・〇一％以下、表10－1参照）。

バグダディ系ユダヤ人ディアスポラ共同体

インド、ビルマ、シンガポールそして香港のバグダディ系ディアスポラ共同体の回想、自己表明には、共通する話がある。イラクはマムルーク朝の最後の為政者であるバグダッドのダウード・パシャ（在位一八一六～三一年）の過酷な支配下で、共同体の脱出が始まった。この記述には多少問題がある。第一、ダウードはユダヤ人だけを目の敵にして迫害したわけではない。彼はイギリスの東インド会社に、輸入品に対する課税を強要した。確かに、ダウードの支配時代ユダヤ人が小さい波となって国を離れていき、これがもとになって英領アジアにバグダディ系ユダヤ人共同体が出現することになったが、しかし、それよりずっと多数のユダヤ人が、二〇世紀中頃までイラクに残っていたのである。さらに、一九世紀初期にイラクを出たユダヤ人は、東方へ向かった最初の集団ではない。それより一世紀前、かなりの数のバグダディ系ユダヤ人が、インド亜大陸に商活動を確立していた。

一八世紀初期、インドがまだムガール朝の支配下にあった時、バグダッドそしてアレッポから来た貿易商たちが、スーラトに小さいユダヤ人共同体を築いた。(3) 一七三〇年、このジュディオ・アラビック（ユダヤ人が使う方言）を話す商人たちが、第二の共同体をボンベイ（現ムンバイ）に築いた。さらに一七九七年、今度はイラクとシリア出身のユダヤ人貿易商が第三の共同体をつくった。場所は、インド亜大陸の東岸域にあるカルカッタ（現コルカタ）である。これら初期の居住地は、一八三〇年代先述の迫害を逃れて、バグダッドからもっと多くのユダヤ人が流入したため、勢いを得た。しかしながら、違いをみせたのは、ダビッド・サスーン（一七九二～一八六四年）を家長とする一家であった。一八二九年までバグダッドの財務家であったが、三年後ボンベイに到着し、数年の間にイギリスの繊維会社とペルシア湾岸の商人たちの仲介商になった。その後数十年、サスーンとバグダディ家系のメンバー、従業員そしてほかの商人たちが東へ進み、拡大する英領アジア帝国内の港湾都市に事務所や交易所をつくった。ビルマのラングーン（現ヤンゴン）、マレーシアのペナン、シンガポール、オランダ領東インドのスラバヤに至り、やがて中国の香港と上海に到達する（地図10‐1参照）。彼らは商業拠点をつくると、家族を呼び寄せ、すぐに、その各々の地に小さいバグダディ共同体が生まれた。インドの撚糸市場をかなり支配し、阿片を中国に売りイギリスの繊維製品をアジアで売った。これを扱う各地の交易所は共同体を形成し、英領アジアに通商と共同体の支えを有するネットワークがつくりあ

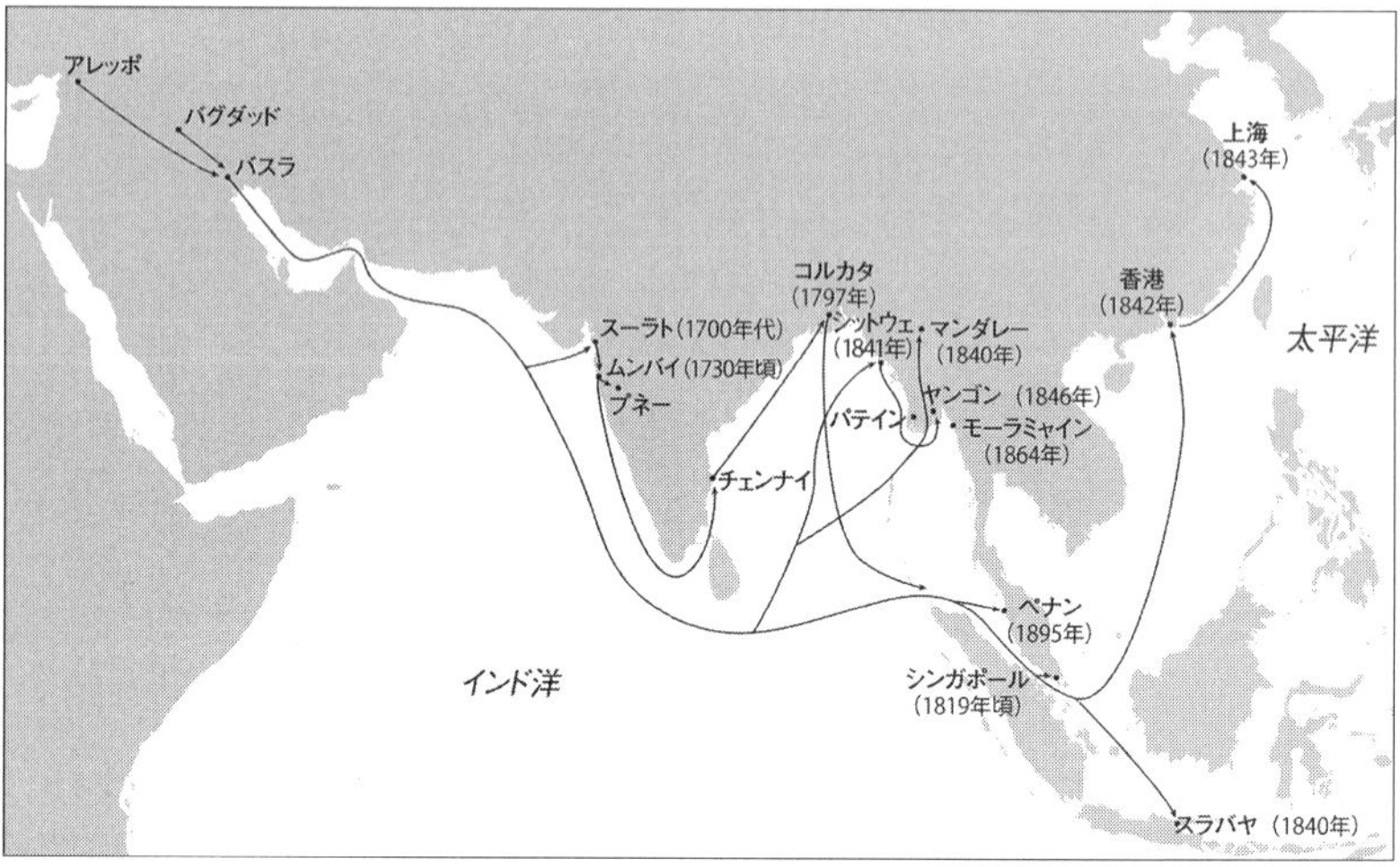

地図10－1　アジアに広がるバグダディのネットワーク

げられた。

バグダディ系共同体は、英領アジアに雨後の筍のごとく生まれた。彼らが主張するこれまでの経緯については、多少不正確な点がありはするが、いくつかの性格を共有していた。どの共同体も、バグダディ同士のみならず、支配者のイギリスとも緊密な関係を維持した。植民地世界の秩序と条約港のなかでは、東へ向かって進出するバグダディ系ユダヤ人ディアスポラにとって、通商、そしてイギリスの流儀にならいイギリスとつながることが、生き残り上のカギであった。植民地時代にあっては、イギリスの流儀を身につけイギリスにつながるのが正しい対処であり、機会にもつながった。しかし、この文化変容過程は否定的な面もあった。つまり、バグダディ共同体は大英帝国の旗のもとで繁栄する一方、富の分配は不平等となり、金のある一族はますます豊かになった。イギリスの港湾システムは、ビジネスの拡大にコネクションを必要とする貿易港に依存していたので、金のある人間をよしとした。[4] 少数の商売成功者の出現に伴い、上流、中流そして下流に階層化した共同体は、この金持ちが主導した。[5] エリートはエリート同士で結婚する場合が多く、バグダディ系ユダヤ人ネットワークの歴史記述は、たいていはごく少数の家族史をベースとしている。インドのサスーン家、シンガポールはメイヤー、中国はハルドーンである。[6] 中流および下流階級の者は、エリート層のために働き、あるいは自分でずっと小規模の商売をやり、あるいはまた成功者階級の慈善に依存した。この慈善は貧者の自立を助けず、富者に対する依存度を強めるだけで、格差をますます広げた。縁故のない身で来て、裕福な家族に雇われる身分から脱して財を成した貧者の例は、稀である。貧乏人は、財がなく経済上の機会に恵まれず、イスラエルへ移住して遠縁のバグダディ一族と合流する道を選んだ。貧乏人と中流階層のなかには、非植民地化後現地に残った者もいる。[7]

イギリスの植民地一帯にあるバグダディ共同体は、おおよそ似たような経験をしたが、時期は必ずしも同じではない。[8] ネットワークが分極化してヨーロッパの植民地文化の方へ向かったのは、エリート層との関係が希薄化する結果になった。[9] 同化は、当分のところユダヤ人のアイデンティティと存続に大きい脅威とはならなかった。共同体の規模が、共同体生活を維持するには充分な大きさだったからである。かくしてバグダディ共同体は、ヨーロッパにいる西側共同体とは違った経路をたどりつつ、彼らの宗教上のアイデンティティを発展させた。バグダディのリーダーたちは、同化の脅威を受けず、近代化には緊張せず、技術革新と世俗の教育に、もっとオープンであった。例えば、主導的立場にあるバグダディのハカム（スファルディ系のラビ）・ヨセフ・ハイム（一八三二～一九〇九年）は、信徒にアリアンス・イスラエリート・ユニヴェーセルのような、近代的・進歩的な学校へ子弟を通学させるよう、強く勧めた。ちなみに、このバグダッド校は、一八六四年に開校している[10]。英領アジアにいるバグダディ系ユダヤ人は、この指導に従い、子供たちを、英語使用校と仏語使用校に通学させた。シンガポールでは、共同体が子供たちをキリスト教系の学校へ送ることすらした。セント・ジョセフ校とかセント・マルガレート校といったミッションスクールである[11]。同じように、土地の主流派が使う言語を選ぶのも、アイデンティティ選択上のシフトを示す、あとひとつの指標であった。バグダディ系ユダヤ人の家や共同体は、通商用にもとはジュディオ・アラビックを使っていたが、そのうちに英語がとって代わった[12]。

バグダッドにあったもともとのユダヤ人共同体は、平等主義とはほど遠く、階層間のギャップが明白であった。そのうえに、英領アジアにおける生活と一部の人が享受する途方もない大きいビジネスチャンスによって、貧富の差はもっと大きくなった。経済と文化のラインに沿ってひび割れしたバグダディ共同体が最初にみられたのは、インドである。財政上の地位と社会上の地位は相関関係にあり、さらにそれはイギリス好みの度合と相関関係があった。財政上豊かであればあるほど、イギリス信奉が強いのであった。バグダディのなかでもエリート層のアイデンティティの中心にあるのが、イギリス植民地主義であった。まずインドで始まるが、裕福な共同体階層の者は経済上イギリス社会に素早くとりこまれていった。共同体内をみれば、イギリス信奉とエリート主義の相関が明らかであった。指導的立場にある者は貿易商で、ファッションと外見がイギリス風であった。共同体のほかの者は、たいていアラブ風の衣装を身につけていた。イギリス風になるのは、階層が下になればなるほど度合が小さくなり、共同体のなかが一様でなく割れていることを示唆する。このエリートたちは、イギリスの規範に順応しただけでなく、強いイギリスへの移住願望をもっていた[13]。

イギリス植民地主義の一産物としてのイギリス順応について、次に三地域のケーススタディを示す。すでにイラクのバグダディ共同体で階層化が生じていたが、それが拡大・深化していく。各ケーススタディは、特定の地域における定着の仕方と、各共同体内のイギリス化の過程を検討する。このケーススタディは、第二次世界大戦の勃発とその後の経過のなかで、バグダディ共同体が没落していく過程も扱う。

インド

インドは、バグダディが東へ向かうための一種の発進地であった。チアラ・ベッタが指摘するように、インドは、発現期のバグダディ・ディアスポラを分析するうえで、ひとつの情報源になると考えられる[14]。一八三〇年、バグダッドで最も著名な家系の家長ダビッド・サスーンは、常設の通商拠点として、ボンベイを選んだ。インドのこの港湾都市のおかげで、サスーンは自分の忠誠心を、トルコ帝国の残酷なバグダッド知事から、大英帝国の旗に変えることができた。通商上の取引に対し、これまでよりはるかに大きい参入機会と、切望する安全感を与えられたのが、後者であった。植民地化の最終段階にあったインドで、バグダディは野心的であると同時に中途半端な集団となった。中間的な存在である。彼らは植民地支配者ではないし、被支配者でもないが、貿易港における大英帝国の通商権益拡大上、信頼に足る協力者として行動した[15]。バグダディは、インドに居住していたとはいえイギリス人の仲間であるとの認識を抱いた。この識別観をもって、彼らはこの地で外国人のままであった。バグダディは、イギリス貿易の出先機関に対し、相当程度補助的立場にたつ一方で、不動産分野、そして一八世紀の阿片取引といった商売にかなり進出しており、インド経済で重要な役割を果たした。宗教上の様式が、衣服や料理と食事のマナー上、外見的にはイギリス化していたとしても、共同体のリーダーたちは、正統派の伝統を厳格に守り、現状維持を貫こうとした。若い世代になるにつれ、信仰心が薄れ、共同体の敬虔度は時間がたつうちにゆるくなってきたとしても、信仰の篤い金のある富裕層が、共同体の宗教上のライフスタイルを維持するうえで、カギ的存在であった。

宗教上一般的慣行に従った行動は、ひとつの自己補強現象である。信仰心の篤いメンバーはインドにとどまる傾向にあり、それほどでもない人は、やがてイギリス本土へ移る傾向があった[16]。インド社会の性格も関係していた。伝統的インド社会においては、外国人はそれほど調和を乱す要素ではなかった。共同体の寛容度が高いこともあるが、相違の区画化が進んでいるためである[17]。バグダディがインドに住みつくと、彼らの経済的・社会的役割は、パイオニアか定住者に変わったが、インド社会では異邦人のままであった。時には通商上重要な地位につくことがありはしたが、彼らは、イギリス人入植者だけとの共生関係を維持した。そして、そのようにするなかで、後年彼らは、植民地インド経済で繁栄はするが、その経済の末端部分の存在になった[18]。人目を引く際立った異質性のゆえに、土着化の問題は特にインドのバグダディにあてはまった。インドにいるほかの主要なユダヤ人集団――ベネ・イスラエルとコーチンと比較すると、言語、衣服あるいは料理法の点で、バグダディは、大半の現地住民と全然共通性がなかった。

文化面でみると、インドのバグダディは植民地支配者の線に沿って重点を変えた。当初、彼らの通商ネットワークの中核は、そしてそれに伴う文化的ネットワークは、バグダッドから東の香港へ、西にはロンドンへのびていた。そのうちに文化的ネットワークの中核は、イギリスへの傾斜を強めていく。ロンドンを中心とする英語使用共同体、そして特にその一部であるユダヤ人共同体をもつところをよしとするのである。[19]言語の選択は、集団の文化変容のバロメーターであり、インドでもこれがいえた。一時は一九世紀後半に、カルカッタとボンベイでジュディオ・アラビック語紙が、発行されていた。この言語は、アラビア語の一方言で、ヘブライ語で表記する。ダビッド・サスーンをはじめとするパイオニア世代が舞台から去ると、ジュディオ・アラビック語紙も消えた。[20]インドのバグダディは、時がたつうちに、これまで使ってきたジュディオ・アラビックよりも、英語そして現地語のヒンズー語をよしとしたのである。一九四七年にパレスチナ・ポスト（現エルサレム・ポスト）紙が、ボンベイの裕福な階層が自己の〝ヨーロッパ化〟に精を出している様子の一端を報じている。[21]それでも、共同体の大半は、特にインドの生活にもっと組みこまれた貧困層は、インドを出るような贅沢はできないし、その意志もないのであった。

ビルマ

バグダディ系ユダヤ人が、初めてビルマ（現ミャンマー）に来たのは、一八四〇年代で、その後すぐ首都のラングーン（現ヤンゴン）とマンダレーに、共同体をつくった[22]。イラクから迫害を逃れてくるバグダディがおり、このイギリス植民地のユダヤ人口は、一九〇〇年頃一〇〇〇人に近づき、第二次世界大戦の勃発前夜には、二倍以上になった[23]。全員がバグダディであったわけではない。ベネ・イスラエルとコーチンのユダヤ人も来るようになったからである。第二次世界大戦前の数十年、バグダディ共同体のなかで旧世代に属する者は、衣装、言語（アラビア語）共に伝統に固執し、ユダヤ人家庭では、まだこれが一般的であった。共同体生活は、二つのシナゴーグを中心にして展開した。〝ムスメアフ・イエシュア〟と〝ベト・エル〟である。前者は一八五七年に東インド会社から免許書を与えられたのが自慢で、後者は一九三二年につくられた。ユダヤ人共同体は、規模としてはとても小さかったが、コスモポリタン的ラングーンの発展に、非常な影響を及ぼした。バグダディは、彼らが住むほかの港湾都市と同じように、人数のいかんを問わず。身を寄せた地に貢献した。彼らは、ユダヤの〝商人王子〟というあだ名をつけられ、気前のよい共同基金献金者として知られる。一九二〇年代まで、彼らは経済生活で際立った存在であったが、それ以降通商面で後退し始める。近代的方式に適応できなくなったためである。相当な数のメンバーが、どの職業でも未熟で、貧困生活を送った。全員がまわりの現地人共同体と温かい関係にあったが、イギリス当局と築いた関係を頼りとし、その当局が提供する保護に依存した[24]。

ビルマのバグダディ・インド系ユダヤ人共同体も、イギリス化の進んだ上級階級ではなかったもののの、やはりイギリス化を求めた[25]。インドのバグダディ共同体と同じように、ビルマにおける（一定の共同体的レベルから高い地位への）社会的垂直移動は、西側の特にイギリスへの規範傾倒を意味した。

イギリス植民地主義が提供する機会を利用して、バグダディは社会的・政治的にイギリス風になり、伝統、言語、宗教そして結婚で結びつくだけでなく、イギリス化を通した社会的垂直移動という共通思考によって、アジアのネットワークを築いた。ビルマのバグダディは、ベッタのいう〝重なり合うアイデンティティ〟を維持した。イギリス風とジュディオ・アラビックの形をとったものの複合である[26]。バグダッドで苦しんだ記憶は、イラクにいる不運な友人や親族との手紙のやりとりで、一段と強まった。イラクにいるユダヤ人近親者の生活の現実が、正しいかどうかは別として、苦しみの記憶という認識は、英領アジアのバグダディ系ユダヤ人がいかにしてひとつの話にすがりつくようになったかを物語る。つまり、〝迫害を逃れイラクから脱出〟し、〝大英帝国の旗のもとで安息の地をみつけた〟という経緯である。特にビルマのユダヤ人の場合、記憶は二つの傘——イギリスの支配と小乗仏教（テーラバーダ）の寛容——のもとで生きる感謝がベースにある[27]。ビルマに生まれ育ったバグダディの第二世代であるエリス・ソフェルは、生活のあらゆる面に対するイギリス文化の直接的影響に触れ、それが、英語という言語、教育、文化そしてスポーツを介して伝播されたと書く。ソフェルの回想によれば、植民地の教育システムは、イギリスが世界のどの国よりも立派であると説いたという。大英帝国の偉大性の証拠として、英語と地理の教育で、この印象が強く刻みつけられていく[28]。

地元のバグダディ共同体にとって、イギリス的であることとユダヤ的であることが、その共同体の中心であった。受け入れてくれた社会——ビルマ人社会——はユダヤ人にとって関連性のないところであり、特にアイデンティティと理想とは関係のない存在であった。それは、地元ビルマ社会との関係が悪かったことを意味していない。バグダディが彼らを無視したわけでもない。状況はまさに逆であり、関係は大変よかったが、彼らはその意義を明らかに過小評価していた。さらに、共同体内の伝統的な面が、地元社会と一定の距離をおく結果になった。特に、ヘブライ語あるいはジュディオ・アラビック語の使用と、ユダヤ教の戒律順守が、国家間を越えたユダヤ的なものの存続を支えていた。このように言語や宗教が、離散社会のなかですべてのユダヤ人に対する均質化として機能していた。イギリス的なものも、永続的かつ望ましい文化として、ユダヤ的なもののはるかなる理想に合致していた。したがって、バグダディ共同体の間で、パイオニア世代の後、言語選択が英語になったのは、少しも不思議ではない。英語の使用は、彼らの文化的・社会的傾向を明らかにすると同時に、彼らの国際的地位と商業上の適性を助長した。このような状態にあって、地元言語のビルマ語はほとんど必要でなかった。ヒンズー語は召使いに対して使われ、ジュディオ・アラビック語は旧世代が話し、ヘブライ語はシナゴーグの礼拝で使用された。ヘブライ語は、宗教の言語であると同時に、民族、継承そして内輪の言語である。一方、英語は、ルツ（ルース）・セルニアが指摘しているように、「入場許可書（パスポート）と政治的未来の言語であると同時に、手の届かぬ理想の言語」でもあった。この二つの言語は、ビルマの家に住むバグダディにとって、安心できる〝一種の保護被膜〟を形成しただけでなく、英領アジア一帯に散在する離散共同体の媒体でもあった[29]。

シンガポール

英領アジア一帯のユダヤ人共同体のなかで、ポストコロニアルの時代になって新しい国家に統合されたのは、シンガポールの共同体だけであった。最初のバグダディ商人がシンガポールに上陸したのは、一八二〇年代と考えられるが、彼らは、後継者と同じように、完全な通商権を与えられ、居住権を認められると共に、市民として扱われた。この共同体では、英領アジアの他のバグダディ共同体と同じように、初代はジュディオ・アラビック語をしゃべったが、その子供たちは英語を習得した。彼らは、ほかのバグダディ貿易商とだけでなく、特に南アラビアのハドラマウトのアラブ商人とも取引した。一九世紀、シンガポールのユダヤ人は、ボンベイのユダヤ人と同じように、阿片取引に従事し、この麻薬をさらに東の香港、上海へ再輸出した。(30)

シンガポール史に足跡を残した移住者のひとりが、サー・マナセ・メイヤー（一八四六〜一九三〇年）である。一八六七年、大英帝国の商業基盤が二一歳のメイヤーに、ラングーンで仕事を始める手段を与えた。彼は一八七三年までにシンガポールへ戻り、輸出入業を始める。メイヤーははじめ阿片を扱い、その後不動産を手掛けるようになるが、莫大な資産を築き、そのおかげで、六〇年にわたってユダヤ人共同体を支配し、そのアイデンティティ形成に寄与した。(31)メイヤーが一九二九年にナイトの称号を授けられた事実は、彼のイギリス支持の強さを示し、シンガポールの植民地経営に対する貢献度を物語る。しかし、大英帝国支持は、メイヤーだけに限らなかった。ユダヤ人共同体の多くの者が、強烈なイギリス崇拝者であった。一九八〇年代ユダヤ人福祉協議会（JWB）の会長であったチャールズ・サイモン（シモン）は、一九八四年に受けたインタビューのなかで、初期ユダヤ人共同体の主たる魅力として、大英帝国の旗のもとにある絵のようなシンガポールを詳しく論じた。(32)地元歴史研究家のエゼ・ナタンが、シンガポールのバグダディの肖像を、補足する形で伝えてくれる。それは、家の居間に英国王室の写真を飾る王党派の姿である。双方の間には人種間の緊張があり、階級と宗教の違いもあったが、ナタンはここではこれに触れず、自己を「我々全員がイギリス人ではないのか」とみなす彼らの気持ちを紹介した[33]。

一九八六年に出されたナタンの回顧録は、階級と宗教の相異に対する先見の明がなかったことを物語る。この回想は印象的である。それは、共同体が自己をイギリスと同定していた程度を示すが、戦争になりシンガポールが攻撃された時、共同体は立ち往生し、失望するのである。ナタンは、戦前の青春時代にみた共同体の内部分裂にも触れている。「ヨーロッパ出身のユダヤ人のなかには、インドから来たユダヤ人をアラブ人とか東洋人と呼ぶ者がいた」という[34]。それでも、この内部のへだたりは、外部とのへだたりに比べれば色あせる。とるに足りないのである。社会的制約域の一番上のところで、バグダディはシンガポールで人種差別にさらされた。例えば戦争勃発時、アジア人志願者はイギリス軍への入隊を拒否された。人種のためである。少数の例外を別にすればバグダディはアジア人あるいは東洋系とみなされ、人種偏見の矢面に立たされた[35]。

さまざまな人種集団を扱うイギリスの対処法は、シンガポールのユダヤ人のなかにも、相当な波紋を及ぼした。とりわけナタンは、次の点を指摘する。つまりイギリスは、「アシュケナジ系ユダヤ人が、宗教上の伝統は多少共有するが、文化的なつながりがほとんどないとして、地元ユダヤ人住民の団体を探すよりも、同じ出身の同輩たちがもつクラブや協会に参加する」のを当然視したという[36]。いずれにせよ、ベッタの上海在住バグダディの研究になぞらえると、イギリスは時には、植民地社会的枠を大目にみて、切望するが手の届かぬ〝ヨーロッパ的〟というバッジを与えた。どの植民地社会でも、富がひとつの分極ファクターであり、それは、富の持ち具合で、さまざまな人種をひとつの集団に入れ、同じ宗教信徒たちを二つに分けた。同じように富は、金持ちのバグダディとアシュケナジ系ユダヤ人を混ぜる一種の乳化剤であった。これがなければ、出身の肌の色のゆえに、まじることはないのである。この展開になった顕著な事例が、植民地発行紙に掲載された公的な招待客リストである。ヨーロッパ人と東洋人を区別するが、カルカッタ生まれのN・N・アディス、バグダッド生まれのE・S・ナタンといった著名なユダヤ人は、ヨーロッパ人リストに入れられた。このことから推して、共同体内の個々人の経済的地位が、人種と社会のカテゴリー化に役目を果たしていることが判る。一方、ヨーロッパ人の地位は、植民地社会で経済的・社会的により高く位置づけられた[37]。

メイヤーは外見上イギリス化してはいたが、信仰の篤い人であった。彼の（精神的・物質的）遺産は、今でもシンガポールに生きている。特に素晴らしいシナゴーグを建設するなど、地元ユダヤ人共同体の景観に対する寄与が大きい。しかしながら、シナゴーグを建てようとするメイヤーの決心は、純粋な愛他精神に基づくものではなく、一九一〇年当時ユダヤ人共同体に生じた分断に対処するためであった。このシナゴーグの件は、バグダディ共同体内の社会的関係、特に金持ちと貧乏人のギャップを物語る。会衆が増えるにつれ、さまざまな背景をもつ信徒が多くなり、マガイン・アボート・シナゴーグの礼拝方式に不満をもつ信徒も増えた。メイヤーは、自分自身のシナゴーグを建設することによって、状況に対応したのである[38]。彼は従業員たちを搾取することで、富を得たのであろう。また、マガイン・アボート・シナゴーグの役員数名ともめていたのも確かである。メイヤーの新しいシナゴーグであるヘセッド・エルは、マナセ・メイヤー邸に所属する個人の礼拝所である。そこで礼拝する者はほとんどおらず、ユダヤ教の新年以外たいてい閉じられていた[39]。

階級の線に沿った相克は、文化の問題と絡み合っていた。戦前のユダヤ人共同体は、イギリスと歩調を合わせるか、バグダディの生き方に固執するかで、この二つの傾向は、富によって非常な影響を受けた。富の有無で、二つの集団が形成され、それがシナゴーグの着席位置と住居とシナゴーグとの距離で見分けることができた。金持ちは、シナゴーグの中心位置に固まり、家は外縁域で広い土地にあった。一方貧乏人は、シナゴーグに近いむさくるしいところに住んでいた[40]。戦前ユダヤ人の生活状態は、富に従ってばらばらになったが、ユダヤ教が守られている環境に惹かれ、その中核にシナゴーグがあった。彼らのユダヤ教は、視野の狭いもので、ある程度小教区的なところがあり、しっかりしていた。彼らに信仰がなかったならば、書くだけの共同体史はなかったであろう。ユダヤ人が、島の青草の茂った地域に散在していれば、共同体生活はほとんどなかったであろう[41]。

二〇世紀になった頃、貧困層が共同体で一番大きい集団になっていた。バグダディの伝統と出身地の思い出の継承者たちは、ジョアン・ビーダーが指摘しているように、「敬虔でホームシックの移民たち、自分たちの新しい環境にバグダッドの居心地のよいマラッハ（居住区）をつくろうとした人たち……まるでイラクにまだいるような気持ちの持ち主」であった[42]。ヤコブ・バラス（一九二一～二〇〇〇年）は、マレーシア・シンガポール証券取引所の会長をつとめた人物で、共同体の主柱のひとりであったが、ユダヤ人富豪のリーダーシップを非難し、旧約聖書の故事にちなんで〝第一の災い〟と呼んだ[43]。バラスは、大英帝国領のイギリス式クラブについて、貧者を排除する障壁、貧しいユダヤ人の支援を拒否し、彼らを同等に扱わない金持ちユダヤ人の態度そのもの、と指摘した。共同体は経済的地位に沿って分断され、戦後すっかり縮小した。もとはといえば、金持ちユダヤ人のリーダーシップに問題があった。このようなことがなければ、シンガポールのユダヤ人口は、少なくとも四〇〇〇人から五〇〇〇人にはなっていたであろう、とバラスは述べている(44)。

イギリスは、島の植民地支配者であり、その優越的存在が受け入れられていたのは、第二次世界大戦初期までである。一九四二年、難攻不落と考えられていたこの要塞島は陥落し、それと共にヨーロッパ人はアジア人よりも優秀という信念も、微塵に打ち砕かれた。イギリスが日本に敗北したことで、シンガポール住民の間にみられたイギリスの優越的存在感は、薄れてしまった。ユダヤ人共同体内、バグダディ共同体内でも、イギリス軍の崩壊は衝撃的であった。議論の余地はあるが、日本の占領は地元ユダヤ人が抱いていたイギリス支配の伝奇的幻想を解体した。この点で、彼らの戦時体験は、インドの同胞そしてまたビルマから逃れた同胞の体験とは異なる。ナタンは、共同体史研究家として、戦争が共同体に与えた影響を総括しようとした。その点で特に注目すべきは、主たる結果として指摘した二点、すなわち、各メンバーが互いに相手に対して抱く新しい責任感意識、そしてシンガポールに対する帰属意識であった(45)。

非植民地化とバグダディのアジア・ディアスポラ共同体に与えた影響

第二次世界大戦時の、特にその結果としての大英帝国の没落と、それに伴う非植民地化プロセスは、バグダディ共同体に多大な——時には破壊的な——インパクトを与えた。アジアに住むバグダディは、英語圏か新しい独立したイスラエルへ移住し、これで彼らの共同体は、四分五裂した。そのなかで、戦後の非植民地化アジアでバグダディ共同体が生き残ったのが、ここシンガポールの特異な点である。[46]香港のバグダディ系ユダヤ人も、戦後活動を続けたが、同市の非植民地化は一九九七年、イギリスが中国へ返還した時である。したがって、香港の共同体は、非植民地化の影響を検討する本章の時間枠に該当しない。規模は小さいが（現在のメンバー数約一八〇人）、この共同体が機能しているには、いくつかの理由がある。第一の理由は、イギリスの退去に時間がかかったことである。戦後シンガポールは、一九五〇年代後半まで、（英国王の）直轄植民地として残っていた。ムスリムが多数派を占めるマレーシア連邦からシンガポールが分離されたのも、共同体が生き残った理由のひとつである。独立したマレーシアには、極めて少数のユダヤ人しか残らなかったのは明らかである。そうではあるが、もっと複雑な理由がひとつある。それは、非植民地後のシンガポールの性格と、少数派に対するその態度にかかわる。

西洋化したシンガポールと同化したユダヤ人のアイデンティティの両立性が、おそらく手掛かりとなる要素である。それは、国家のアイデンティティと、そのさまざまな共同体の歴史を通してみることができる。一九五〇年代シンガポールのユダヤ人共同体は、非植民地化プロセスへの対応上、岐路に立たされた。そのシンガポールでは、現地のユダヤ人共同体と国際ユダヤ人組織との間には、見地と状況対応にははっきりした違いが生じた。国際組織の報告は、移住が実行可能な唯一の解決法と強調し、地元の報告は、巣立ったばかりの国家に対する共同体の弾力性と貢献を愛情こめて追憶する。地元ユダヤ人の間にみられた態度は、その後国家機構によって支持されることになる。シンガポールは、多文化主義と能力主義をベースとする国家大原則（メタナラティブ）の確立を課題とし、その状況のもとでユダヤ人の姿勢を是としたのである。ユダヤ人共同体はこの二つを共有していた。

この大原則の本質は、シンガポールの初代主席大臣ダビッド・マーシャル（一九〇八～九五年）の性格にみてとれる。マーシャルは、バグダッドから移住してきた二人のユダヤ人の間にシンガポールで生まれた人物である。戦後バグダディ系ユダヤ人は、シンガポールの公的生活に統合されていくが、マーシャルの経歴はどこからみてもその全面的表明であった。[47] この主席という役割で、マーシャルは、中国人やインド人ではなく、マレー人あるいはヨーロッパ人でもないが、その自分が「シンガポールの脈動そのものである」と感じるのである。[48] 全員参加型のシンガポールにしようとするマーシャルの動きは、多文化社会としてのシンガポールに対する、ユダヤ人の貢献にもかかわる。彼は、ユダヤ人としての出自を誇りにしてはいたが、熱烈なシオニストではなかった。マーシャルは、世界ユダヤ人会議（WJC）の使節が示唆したように、自他共に認める同化主義者であり、自分のシンガポール市民権を真っ先に考えた。[49] 一九六九年、イスラエルの代表団と会談した時、彼はシンガポールのイスラエル人とユダヤ人共同体の関係が薄いことに不満を漏らし、「自分たちと全然共通点のないアラブ諸国出身のユダヤ人たち」に対して、イスラエル人が見下した態度をとると文句を言った。[50]

それはそれとして、シンガポールのユダヤ人共同体は、非植民地化のいくつかの側面から守られなかった。人数が減った主な原因が、共産主義の脅威による初期の政治的・経済的不安定性であった。地元のユダヤ人たちは、共産主義革命の恐怖にのみこまれたのである。[51] シンガポールでは中国人（華僑）が多数派を占め、当時は本当に共産主義者に乗っ取られそうに思われた。しかしながら、共同体内の事情も重大であった。戦前の階級的相違がそのまま続き、ばらばらの社会という意識が、バグダディの相当な流出につながった。共同体の金持ち層は壁を築き、下層階級のユダヤ人とまじわろうとしなかった[52]。当時共同体の著名人士であったフランク・ベンヤミンは、同胞のなかで島を出る者がいる点について、簡潔にその理由をあげ、「自分と子供たちは、西側の共同体の方がもっと充実した生活を送ることができ、教育と就業機会もずっと大きいと信じた」ためとし、さらに「現在の自治国家は共産主義に向かっているという不安感」もあって、そのように行動したと述べている[53]。しかしながら、マーシャルは「ユダヤ的生き方は、アジア人よりもヨーロッパ人の方に近い」ため、統治体制の変化が脱出因になった、と指摘している[54]。

やがて、共同体のメンバーたちが示した恐れは、根拠のなかったことが判明した。共産主義革命は起きなかったし、国は繁栄した。批判的にみれば、独立国家シンガポールでは、ユダヤ的であることは、政治問題を抜きにした宗教上のアイデンティティに分類された。シンガポールの多文化主義に関するこの概念は、さまざまな現場でみることができる。興味をそそるそのショーウインドーが、地元ユダヤ人共同体に関する展覧会であった。二〇〇〇年、シンガポール国立歴史博物館（ＳＨＭ）で開催されたのである[55]。ＳＨＭは、共同体の系譜、歴史そして宗教に焦点をあて、横断的に世界で一様なユダヤ的なもの、を表現した。宗教の所産にまとめあげたのである。文化地理学者のリリー・コングは、展覧会が、文化多元主義のイデオロギー讃歌のひとつとして、この少数派共同体にスポットライトをあてた、と論じた[56]。国立歴史博物館は、多文化、多民族、多言語そして多宗教イデオロギーの上に構築されたシンガポールの国家アイデンティティの強化という明確な目的をもって、少数派にスペースを割き、「彼らの関心に気配り」をみせた、とコングは指摘する。[57] 奇妙なことに、この展覧会では、共同体とほかの人種との関係、そしてシンガポールの外の世界のユダヤ人との関係も回避された。隣人である中国人との相互作用については、共同体メンバーたちによる見解が相反するにもかかわらず、政治的に微妙な問題がある点に鑑みて、館員たちは自己規制したのである。[58]

展覧会は、地元ユダヤ人共同体を代表するものとして、ユダヤ教を強調したが、シンガポールのユダヤ人全員が信仰篤き者かどうかは、不問に付した。展示責任者は、インタビューのなかで、自己をユダヤ人と認識する多くの者が共同体の宗教行事に参加せず、必ずしも信仰生活を送っているわけではないと示唆した。[59] この見解は、ラマン・アップが一九五〇年代後半に実施した調査の結果――ユダヤ教が共同体の核心――とは著しい対照を成す。[60] 地元バグダディは、広域に及ぶ大きい離散共同体のネットワークの記憶をもつ。ポストコロニアルのシンガポールでは、創作された国家のアイデンティティを付与した国家建設の過程が、バグダディからその記憶を切り離してしまった。このやり方で、彼らの歴史物語は、シンガポール中心史のなかに封じこめられてしまった。その中心史は、国家生誕成功談を売りこむために、多文化主義の諸要素と社会経済学のダイナミズムが、軽んじられた。この国家構想は、ユダヤ人だけをターゲットにしたわけではない。一九七二年、S・ラジャラトナム外相は、歴史の切り離しを提唱した。そうしなければ、中国、インド、インドネシア、あるいはシンガポールのユダヤ人の場合、バグダッドという異種のルーツへシンガポールをさかのぼらせてしまう。切り離した形態の歴史は、統一シンガポールの形成手段として役に立つというわけである。[61] シンガポールが独立を果たしたのは、わずか七年前である。国は、経済的苦難と治安上の問題に直面していただけでなく、これまで一度も存在しなかった国家の真空を、緊急に埋める必要に迫られていた。

いずれにせよ、シンガポールは、国家としての統一を維持しつつ少数派に配慮する転換を行った。歴史研究者クリストファー・J・ワンリン・ウイは、現代性論考に対するシンガポールのアプローチを記述するなかで、人民行動党政権が、一九七〇年代に民族分離を通した文化管理を考えたことを認めた。〝民族上は中立〟政策は、産業および文化の近代化に対する合理的公約によって支えられていた。[62] この文化管理の表明が、一九八〇年代にひとつの形になって現れる。シンガポール国民の再民族化で、ハイフンつきの複数アイデンティティでCMIO（中国―マレー―インド―その他）と称される。この段階で、バグダディ共同体のメンバーたちは、人種上突然〝その他〟扱いをされていることに気づいた。戦前ユダヤ人店主として働いていたアルバート・レラフは、インタビューのなかで、地元ユダヤ人は、中国人ではないしマレー人あるいはインド人でもないので、運転手や給仕など、人種で決まっている職業のカテゴリーに入らないと嘆いた。[63] しかしながら、ビーダーは、ユダヤ人共同体に対し避難地を提供しているとして、シンガポールの人種的・宗教的調和の話を称えた。彼女の論じるところによると、それによって地元ユダヤ人は、経済的自由と並んで、反ユダヤ主義のない宗教的寛容を享受できる。[64] この市民的かつ経済的自由の観念は、二〇二一年一二月に、シンガポール・ユダヤ人博物館の開館によって裏づけられた。ウォーターループ通りのヤコブ・バラスセンターに位置し、マガイン・アボート・シナゴーグの隣りにある。二世紀に及ぶ共同体の歴史を扱い、博物館のウェブサイトによると、国家建設に対する貢献が強調されている。[65]

結び

本章は、英領アジアのバグダディ系ユダヤ人共同体のアイデンティティと自己表現に対する、植民地主義とその後の非植民地化の影響を検討した。この離散共同体は、ボンベイから上海までのびており、共同体とその結節点を築きアイデンティティを固めるうえで、カギ的要素であったのが、ビジネスと貿易であった。共同体は、商人家族、有り余るほどの経済的機会、信仰そして慈善行為によって、支えられていた。植民地時代、イギリス風になることが社会的段階を上がっていく手掛かりであったが、階級分裂をもたらす傾向もあった。バグダディ・ディアスポラ共同体のネットワークは、伝統を共有する一方で、前向きに外部と対応する親英的傾向も共有していた。これがバグダディのアイデンティティ政治学であった。非植民地化に伴い、これまで形成されていた階級分裂は、一段と明確になった。シンガポールでみられたように、イギリス化されたエリートは、英語圏へ移住し、貧乏人は取り残されるという構図である。

もっと幅を広げ、英領アジアにあるほかの中間商人少数派共同体と比較すると、バグダディのイギリス化傾向は例外的なことではなかった。植民地社会という枠組みのもとでは、ヨーロッパの植民地主義者と入植者の基準と価値観に従うことが、外来少数派が社会的・経済的に上昇できる唯一の手段であった。フランスのインドネシアやオランダの東インドのような、ほかのヨーロッパ植民地も、似たようなフランス化（Francophiles）、バダビア化（Batavophiles：バダビアはオランダの古称）現象がみられた。英領アジア内では、ほかにもアルメニア人、ユーラシア人、海峡華人といった中間商人少数派共同体があり、いずれもイギリス化したが、バグダディの経験は違っていた。この一連の共同体は、非植民地化で、自己のアイデンティティの再定義をしっかりやらなければならなかった。ほかの共同体と比較すると、バグダディの場合、宗教共同体としての自我像の選択が、アイデンティティのパラメーターの範囲を明らかにしていた。例えば、戦前のシンガポールのユーラシア人は、実用目的でヨーロッパ人の地位を声高に求めた。このレッテルが非ヨーロッパ人に否定されている社会的・経済的特権を認めさせてくれたからである。ユーラシア人は外見上ヨーロッパ人と似ていなかったが、〝ヨーロッパ人〟の地位を認められた。大半の者が英語をしゃべり、バグダディのユダヤ人としての体験とは極めて対照的にユーラシア人はキリスト教徒であった。[66]

皮肉なことであるが、英領アジアで反ユダヤ主義、もっと正確にいえば、それが存在しなかったことが、バグダディ共同体の消滅に直接影響した。ビルマにおけるユダヤ人の経験が示しているように、反ユダヤ主義の欠如は、共同体の特に上層部の間に、ヘブライ語とユダヤ教の教えに対する無関心をつくりだし、これがユダヤ人としてのアイデンティティの一部消失につながった。[67] これと対照的なのが、戦後のシンガポールである。政府は、CMIOというきれいに分けた民族の線に沿って各民族共同体を明確にすると共に、それにスポットライトをあてようとした。その政府によって、ユダヤ人としてのアイデンティティの本質が示されたように、迫害を逃れ、安全な地を求めるという認識は、シンガポール政府が信奉する〝極貧状態から金持ちへ〟の国民縁起にぴたりとあてはまる。結局のところ、植民地主義消滅の前、当市に住んでいたバグダディに、全員ではないがそのいくらかに安全の地を提供したのは、戦後のシンガポールであった。ダビッド・マーシャルのような人は、独立したシンガポールが提示した非植民地化後の公約が充分に魅力的、と考えた。一九七八年、マガイン・アボート・シナゴーグの創建一〇〇周年時、マーシャルは「我々は、それが集約する精神、すなわち異宗教間、異人種間の相互尊敬の精神を讃美する」と宣言、ユダヤ人のシンガポールの記憶には宗教的寛容と経済活動の自由が基調としてあることを示唆した(68)。

第4部

東アジア——中華圏の共同体と反目

第11章

上海のユダヤ人
——東アジア最大のユダヤ人共同体の興亡と再生

ロテム・コーネル、シュ・シン

一九三〇年代初期、上海は中国最大のユダヤ人共同体が存在する地になった。この共同体は、一九三九年までに、そしてその後ほぼ一〇年にわたって、アジアの二大共同体のひとつとして存続した。ハルビンの共同体はロシア出身ユダヤ人で構成される均質的共同体であったが、これと違って上海の共同体は、さまざまな出身者がまじるコスモポリタン的共同体であった。互いに異なる性格と視野をもついくつかの集団で構成され、集団間そしてその外に広がる中国人社会との接触が限定的なところでもあった。ハルビンの共同体と違って、上海のユダヤ人は、一九四三年まで、反ユダヤ主義現象をごくわずかしか経験しなかった。しかし結局は、中国のユダヤ人全員にいえることだが、終戦そして中国共産党の権力掌握によって、その急速な消滅をもたらした。本章は、この都市が東アジアにおけるユダヤ人居住地の中心になった事情を調べ、勃興期にこの共同体を構成するに至った諸集団とその相互の関係を検討し、それから、一九四〇年代に没落に至った理由と、二〇〇〇年代初期に中国本土最大の共同体としてよみがえった経緯を考察する。

共同体の出現――一八四〇年代〜一九三〇年代

上海の歴史は古代にさかのぼるが、第一次阿片戦争（一八三九〜四二年）の後すぐにその運勢が上がり始める。この戦争時、市はイギリス軍に占領された。南京条約（一八四二年）の締結によって、清朝政府は国際貿易に門戸を開く条約港を五つ開港した。そのひとつが上海であるが、外国人に対して開港されると、ユダヤ人たちがすぐに来港するようになる。そのパイオニアのひとりが、バグダディ系ユダヤ人のエリアス・ダビッド・サスーン（一八二〇〜八〇年）で、早くも一八四四年に、自社貨物を広東（現広州）とマカオから中国沿岸へ輸送し始め、小規模ながら、貿易金融のための手形引き受けを中心とする引き受け業務などいわゆるマーチャントバンキングの便宜も提供した。六年後、サスーンは短期間の香港視察の後、代表をひとり広東に残し、上海へ移ることに決めた[1]。ほかのバグダディ系ユダヤ人が上海へ来るのに時間はかからなかった。当時イラクをはじめとする中東各地のユダヤ人たちが、ボンベイ、カルカッタ、ラングーン、シンガポールを含むアジア諸都市に、小さい共同体を築いていた[2]。上海では、彼らは従来の阿片取引を躊躇せず放棄し、新しい仕事に着手した。なかには、港湾不動産と銀行業務に進出する者もいた。この都市の成長、一族のネットワーク、そして個人的な勤勉によって、いくつかの家族が目覚ましい成果をあげ、見事成功した。サイラス・アーロン・ハルドーン（一八五一〜一九三一年）、サー・エリー・カドーリ（一八六七〜一九四四年）、サー・エリス・ビクトル・サスーン（一八八一〜一九六一年）といった人物の率いる貿易商社の活動にみる通りである。ちなみにサイラスは、上海の主要地主のひとりであった[3]。

少数の著名貿易商が手にした富を、バグダディ全員が享受したわけではない。しかし、彼らは一緒になってメンバー数百の活発な共同体をつくりあげた。彼らは、アジアにおける同胞のネットワークからさまざまな便宜を得ながら、互いに助け合い、金を出し合って聖職者をおき、ユダヤ人共同体が必要とする、礼拝を含む宗教行事と宗教教育に万全を期した。一八八七年、上海のバグダディ共同体は、ベト・エル・シナゴーグを設立した。これは、ロバート・ブラドショー・ムーアヘッドとシドニー・ヨセフ・ハルス社のデザインである。一九二一年には、もっと大きいシナゴーグが建設された。オヘル・ラヘル・シナゴーグである。サー・ヤコブ・エリアス・サスーンの妻であった故レディ・ラヘル・サスーンの名を冠したもので、古代ギリシアの意匠、装飾を模したいわゆるギリシア復古調のデザイン、似たものがあるとすれば、ロンドンで一番立派なシナゴーグであった[4]。信仰を守るための建造物は、中味のない象徴であったわけではない。開封のユダヤ人は、シナゴーグの破壊後大半が同化していたが、一八六〇年代にユダヤ人が同地を訪れた後、上海の共同体がユダヤ教へ戻す努力に着手した。一九〇〇年、上海共同体は、開封共同体の歴史研究とその居住場所および遺物の保存を目的として、「中国のユダヤ人救援協会」を設立した[5]。

次に来たのがロシアのユダヤ人で、上海市に別個のユダヤ人共同体を形成した。その先触れが、日露戦争（一九〇四〜〇五年）終結から間もなくして来た集団であるが、一九〇七年に上海初のアシュケナジ系信徒団体を設立した。ロシアの内戦時代（一九一七〜二三年）には、さらに多くのユダヤ人が政治的不安定と人種迫害を逃れて、非ユダヤ人共々上海に流入した[6]。避難先に上海を選んだのは、運任せであったわけではない。当時上海は、中国で最も繁栄する国際都市になっており、ユダヤ人、非ユダヤ人を問わず、ロシアの難民、亡命者を惹きつけたのである。一九二七年、国民党総統蔣介石（一八八七～一九七五年）が同市を制圧し、共産主義者と反体制派数千人を追放し、上海の地位と経済支配は一段と強固になった。すぐに数十の海外銀行や大手貿易商社が進出した。上海は商業面のみならず、中国有数の港を有し、中国の近代工業の半分が集中する都市でもあった。[7]一九二八～二九年、ハルビンからのロシア系ユダヤ人流入が、急増した。中東鉄道（CER、旧称東清鉄道）をめぐって、ソ連邦と中国（東三省の実権を握る張学良に代表される）が火花を散らし、この地域におけるユダヤ人の商業にも悪影響を及ぼしていた。[8]一九三一年後半（満州事変が勃発し）、日本が満州を占領して傀儡国家満州国を樹立するに伴い、ロシア出身ユダヤ人の上海居住者数がさらに増えた。満州そして特にハルビンに住んでいた者の多くは、日本の相反するあいまいな態度に困惑し、上海が有する経済的将来性と社会的安定を求めて、ここへ来たのである。[9]

ロシア系ユダヤ人の上海流入は、一九三〇年代後半になっても続いた。もっともこの三〇年代は、中国そして特に満州からの移住が大半であった。その結果、上海のユダヤ人共同体が、中国最大のユダヤ人共同体としてのハルビンをすぐに凌駕してしまう。[10]一九三五年には、この動向をさらに加速する動きがあった。ソ連政府が、中東鉄道（CER）の諸権利を満州国政府に売却したのである。上海のロシア系ユダヤ人共同体が古いバグダディ共同体を規模においてすぐに越えてしまった。前者は、主にフランス租界に居住し、小売業、輸出入業、手工業に従事し、次第に市の共同体、文化生活にかかわるようになった。一九三一年、新しい移住者たちがベタル――シオニスト修正主義党青少年運動――の支部をつくった。この運動がリガで発足したのは、わずか八年前で、一九二九年にはハルビン

写真11－1　青少年運動ベタル上海支部のメンバーたち（1940年代）

が、中国最初のベタル支部設立を自慢していた。修正主義党は、メンバー約二五人で、市内にすぐ細胞もつくった[11]。一年後ベタルのメンバーたちが、上海義勇隊（SVC）のなかにユダヤ人中隊を設け、さらに一九三五年には、〝ヤミット〟と称する海上隊も編成した。メンバー数約一二〇人、ダビデの星の記章がついた制服を着用し、この後活動を続けたが、日本軍が上海を占領した後、正式に解体された[12]（写真11－1参照）。

当初、ロシア出身ユダヤ人とバグダディ共同体の関係は、限定的であった。共同体は、新来者のため救援基金を設け、礼拝所の共用を認めた。それでも、礼拝時そして全体的には信仰生活上、二つの集団がまじわることはなかった。礼拝方式と信仰上の慣習が違っている点もあるが（アシュケナジ対スファルディ）、ロシア出身ユダヤ人とバグダディの間には、そりが合わぬ側面があった。前者は、バグダディが社会的気どりをもち、距離をおく者と感じていた。血統を守り、ほかの系統のユダヤ人との結婚には難色を示す存在である[13]。新来者たちは、金があり社会的にもっと確立しているバグダディ同胞に対して憤慨し、憤りを隠さなかった。マルシア・リスタイノが観察したように、バグダディは「アシュケナジの福祉にほとんど関心を抱いていなかった」のである[14]。このような関係であるから、二つの集団は別々の葬儀組合と墓地を持っていた。しかし一時は、上海唯一のヘブライ学校（タルムード・トーラー）を共用した。社会面をみると、上海ユダヤ人学校と上海第一ユダヤ・ボーイスカウト隊では、厳格な区別が少しずつ解けてはいたが、二つの集団は別々のままであった[15]。

大戦の狭間にある時期、上海はロシア、アメリカからさまざまな傾向のユダヤ人たちを惹きつけた。後に有名になった人もいる。なかには、国民党あるいは中国共産党（CCP）の支援者として、地元あるいは国家レベルの政治問題に、躊躇せず介入する者が何人もいた。例えば、アメリカのジャーナリスト、ジョージ・E・ソコルスキー（一八九三〜一九六二年）は、一九一八年に上海へ来て、その後一四年間、孫逸仙（孫文）の英字紙シャンハイ・ガゼッタのために働いた。ソコルスキーの後に来たのが、モリス・アブラハム・コーヘン（一八八七〜一九七〇年、通称二丁拳銃のコーヘン）である。孫逸仙の副官となり、後に中国革命軍の少将に昇任した[16]。一九三〇年、南アフリカのトロッキスト、セシル・フランク・グラス（一九〇一〜八八年）が、上海に上陸した。グラスはフリーランスのジャーナリストとして働きながら、中国共産主義者同盟（Communist League in China）の設立にかかわり、国際社会でトロッキスト運動の窓口として活動した。中国の左翼政治運動で、グラスと行動を共にしたのが、アメリカのジャーナリストで政治学者のハロルド・ロバート・イサーク（一九一〇〜八六年）である[17]。このような人物以外は政治活動にかかわらなかったが、上海の文化面で足跡を残した。一九一八年、ロシア生まれの作曲家アロン・アブシャロモフ（一八九四〜一九六五年）は、上海に移住し、この後三一年間、市の音楽分野で相当な影響力を発揮した。アブシャロモフは、西洋の交響曲作曲技法と中国音楽の成分との合成を試み、一九四三年から四六年まで上海市立交響楽団の指揮者として活動した。[18]戦後上海の全盛期には、アメリカのジャーナリストで作家のエミリー・ハーン（一九〇五～九七年）も活動した。ここには六年間居住した。一九三五年に上海に来た彼女は、英語教師として生計を立て、詩人の邵洵美（浩文）と恋仲になった。[19]当地上流共同体の動静を報じつつ、上海の最もセレブな姉妹の伝記を書いた。作品『宋家皇朝』（宋家の三姉妹）である。宋靄齢、宋慶齢、宋美麗の三人で、慶齢は孫文、美齢は蔣介石と結婚した。[20]

短い全盛期そして終焉――一九三八～四九年

一九三三年ナチが政権をとり、それに続くドイツとオーストリアにおけるユダヤ人迫害が引き金となって、今までにない規模でユダヤ人が上海に流入した。一九三三年から一九四一年までに一万八〇〇〇人ほどのユダヤ人が、中部ヨーロッパからここへ到着し、急速に膨張する共同体のなかで、この新規分が最大集団になった。その先駆的グループが、二六家族の一団で、一九三三年後半に到着している。アドルフ・ヒトラーが権力を掌握し、ドイツのユダヤ人に対するボイコットを実行しあるいは反ユダヤ指示を出し始めて間もない頃である。この第一陣は、上海の医師不足を報じた新聞記事を読んで、ここを選んだと思われる。一九三四年春までに、さまざまな医学分野のユダヤ人医師八〇人が、ドイツからここへ移住した。[21]行き先としては、彼らを受け入れてくれるところはほとんどないという事情もあった。ドイツ当局はこの出国に反対せず、むしろユダヤ人の上海向け送り出しを手助けしようとした。しかしながら、一九三〇年代後半時点で、日本当局はユダヤ人の中国移住をこころよく思わなかった。しかし、ユダヤ人の上海上陸にはほとんど反対しなかった。市当局も然りである。[22]

第二次日中戦争（一九三七〜四五年）の勃発が、ユダヤ人難民の上海流入を阻止することにはならなかった。戦争勃発から五週間後、日本軍が上海を攻撃した。激戦三ヶ月の後、日本軍は中国軍部隊を撃破し一九三七年一一月二六日に全市を制圧した。日本軍は、制圧はしたが国際租界には手をつけず、市内のユダヤ人の生活に介入もせず、ユダヤ人難民の上陸も阻止しなかった。[23] 一八六三年に生まれたイギリスとアメリカの合同飛び地は、今や一五〇万人が住む居留地になった。住民の大半は中国人である。[24] この地域では、外国人とイギリス国籍者は、当地ユダヤ人共同体メンバーを含め、清朝政府が一九世紀に調印した条約の条件下で、治外法権と領事裁判権を享受していた。[25] 日本の上海占領時代、そして太平洋戦争（一九四一〜四五年）の勃発直後に始まる完全支配の四年間、上海は、ビザなしで上陸できる世界唯一の地として知られていた。上陸した直後、難民のひとりは「上陸時誰も書類提示を求めなかった。[26] 本当に信じ難い……ヨーロッパでは、何万何十万というユダヤ人が、入国を許してくれる国を必死に求めているのに、ここではユダヤ人は上陸すれば、それで済む」と書いた。[27]

一九三八年一一月九〜一〇日、ナチドイツ全土で、ドイツとオーストリアのユダヤ人を対象として、ポグロムが荒れ狂った。戦前の最も悪名高い壊滅的反ユダヤ暴動は、クリスタルナハト（水晶の夜事件）として知られるが、ユダヤ人の出国に多大なインパクトを与えた。ユダヤ人難民の大半は、この事件の後、上海へ来ている。事件後の一〇ヶ月間に、第三帝国から一一万五〇〇〇人以上が出国し、そのうち少なくとも一万四〇〇〇人が上海へ向かった。[28] 一九三九年八月だけで、ユダヤ人難民を乗せた客船八隻が上海に入港し、同市の難民人口は一万七〇〇〇人台になった。一ヶ月後、ヨーロッパで第二次世界大戦が勃発し、流入はわずかとなった。一九四〇九月一二日、ドイツのユダヤ人難民を乗せた船が、無事上海に到着した。最後の大規模流入である。主に中産階級の人たちで、男性に比べ女性がちょっと少なく、子供の数も比較的少なかった。職業面でみると、商人が圧倒的に多く、医者と歯医者（約四〇〇人）、音楽家（二六〇人！）、大学教授と続く。職人もかなりいた。[29]裕福な人がいくらかいたが、大多数は限られたお金しか提携しておらず、たくさんの回想録に書き残しているように、むさくるしい環境下で過酷な生活を余儀なくされた。[30]総計で二万人未満のユダヤ人難民しか上海に到着しなかったのは、日本あるいは市当局が設けた障壁のためではない。[31]主たる理由は別にある。ヨーロッパからの距離の問題、ドイツおよびイタリアの汽船会社の東アジア向け配船能力の問題、ソ連邦が設けた陸路横断上の障害である。[32]

しかしながら、ソ連邦は一九四〇年夏に東方への陸路横断を認めた。リトアニアで立ち往生しているユダヤ人難民を対象とする限定的なものであった。この難民たちは、大半がポーランド国籍者で、最終目的地のビザを提示し旅費のあることを示せば、日本通過ビザを入手できた。[33]通過ビザのほとんどは、カウナス（コブノ）で、日本の副領事杉原千畝によって発給された。それはそれとして、ほかに数人の日本人および中国人外交官が、通過ビザをユダヤ人に発給した。[34]ウィーンとベルリンだけでも、一九四〇年一月から一九四一年四月までの間に、一四七七通もの日本ビザが発給された。[35]彼らは日本へ向かった。しかし一九四一年五月に、ユダヤ人五二人の小さい集団がロシアの貨物船でウラジオストクから上海に直航した例もある。[36]さらに一九四一年八月後半には、日本当局が日本本土（大半は港湾都市神戸）に残留中のユダヤ人難民を上海へ移送し始めた。それには、リトアニアの著名ユダヤ教神学校（ヘブライ語でイエシボット）約二〇校の神学生数百名が含まれていた(37)。上海に上陸すると、彼らは人目を引くスファルディ系共同体の大きいシナゴーグに収容された。そこで学習し、生活するのである。しかし、彼らの多くは、個室をみつけた。そしてその後この目的に使用するビルが二棟購入された(38)。

上海には、太平洋戦争勃発直前、二万五〇〇〇人から二万七〇〇〇人ほどのユダヤ人がいた。そのうちのほぼ三分の二が、中部および東ヨーロッパからの難民であった。残りはロシア出身のユダヤ人五〇〇〇～七〇〇〇人、そして一〇〇〇人近いバグダディがいた(39)。全員を合わせると、今や上海は、中東以東最大のユダヤ人口を擁するアジア一の都市になったのである。ハルビン、香港あるいはシンガポールはもとより、ボンベイより大きかった。新来者の多くは、仕事をみつけるのが難しかった。彼らが、職業上限定的な分野に集中していたのも原因のひとつではあるが、大半の者が充分な貯金もなく来ており、商売のための資金や収入源がなかった。新来者で仕事をみつけた者はごくわずかであったので、共同体のなかで生活基盤のしっかりした人たちが、支援のネットワークをつくった。主としてアメリカ・ユダヤ人合同配分委員会（JDC、通称ジョイント）が資金援助をする組織である(40)。一九三八年一〇月、「上海欧州出身ユダヤ人難民支援委員会」が、バグダディ主導下この集団の財源で設立された(41)。あとひとつ重要な組織が、「国際欧州難民救済委員会」（CAEJR）（コモール委員会）である。同じ年ポール・コモールによって設立された。一九三九年夏現在で、五〇〇〇人を越える難民が合同給食所で食事の配給を受けており、同じ数の難民が、避難所――大半は虹口で借り上げた大型ビル――で暮らしていた(42)。この一連の救援組織は、当初サー・ビクトル・サスーンに支援されたが、一九三九年九月までに、主としてジョイントの資金援助で運用されるようになった[43]。

一九四〇年代初期におけるユダヤ人の文化活動は、その人数に比べて豊かであり、多方面に及んでいた。鍛え上げたプロの音楽家がたくさんいて、難民たちは自前の交響楽団をつくり、一五人ほどは、有名な上海市立交響楽団の楽団員になった。イーデッシュ語の演劇、バラエティショー、キャバレー演芸のほかライトオペラにも進出した。しかし彼らの人気は、同じくユダヤ人難民が演じるドイツ語演劇には及ばなかった。難民たちは、上海滞在中二〇点ほどのオリジナル作品を書いている。ヨーロッパの現代演劇作家の作品と肩を並べて上演された[44]。絵画展の開催も稀ではなく、通常ユダヤ人クラブで開かれた。ここは、一九三二年にフランス租界につくられたのであるが、一九四二年一一月、日本に接収された[45]。ユダヤ人の出版ビジネスも、少なくとも活発ではあった。同時期に、上海ではユダヤ人の雑誌と新聞が数十種、数ヶ国語で——圧倒的にドイツ語が多かったが——発行された。短命に終わるものが多く、発行部数も少なかったようである。ユダヤ書出版社（Jewish Book Publishing Company）が、一九四二年に営業を開始し、主にロシア語とイーデッシュ語で、本を出版した[46]。精神面でみると、ユダヤ教学の学習面で、上海は一時期世界最大の集中域であった。前述のようにユダヤ教神学校が多数上海に避難した。そのひとつミル・イエシバはこの種のユダヤ教学の教育機関で世界一で、リトアニアのイエシバでホロコーストに生き残った唯一の機関であった。

一九四一年一二月七日、太平洋戦争が勃発した。上海在住ユダヤ人難民に対する日本側の扱いは、この開戦が分水領になったのは間違いない[47]。開戦の当初から、難民たちは、新任の難民問題担当（上海無国籍避難民処理所長）の新しい役人である久保田勉（一八九五〜一九七五年）が、〝確信犯的親独派〟

であり、〝ユダヤ人たちはすぐに厳しい扱いに直面する〟と感じた[48]。戦火が拡大するに伴い、難民の経済状態も悪化した。例えばミル・イエシバの場合、合衆国の正統派ユダヤ教組織から財政支援を受けていたが、途端に途切れてしまった。もっとも、中立国経由の送金が間もなく再開される[49]。このイエシバは、不断の財政支援のおかげで、全員の生計を立てることができた[50]。その時代、難民生活にとって最も重大にして忘れ難い事件が起きた。開戦から一四ヶ月ほどたって、日本当局が、難民抑留の決定を発表したのである。三ヶ月後、日本はこの計画を実行し、虹口地区の〝指定域〟内に、難民を押しこめた[51]。当局は、〝無国籍避難民〟だけを指定集団としていたが、ユダヤ人のみを閉じこめた[52]。難民たちは、人であふれ返るこの一平方マイル圏を〝上海ゲットー〟と呼んではばからなかった。ここに、一万八〇〇〇人近いユダヤ人が——ほとんどは中部ヨーロッパ出身であった——二年以上も住んでいた[53]。

日本当局は、ゲットーという言葉を使わぬよう抑留者たちに警告した。〝反ユダヤ的傾向とは無縁〟としたかったのである[54]。しかしながら、ミルの見解は違い、ほかの難民たちの意見と同じように、これ（指定的抑留）を日本の反ユダヤ政策の一環と受け止めた。ほかの抑留者たちも、ゲットーの背後にある動機について、ほとんど疑問を抱いていなかった。彼らは、これがドイツの影響下で実施され、「やがて彼ら（当局）が一挙に手をつけることができるように、我々を一ヶ所に集めておく」のが狙いと主張した[55]。戦後ドイツの資料は、この見解を裏書きしているようにみえる。もっとも日本当局はこの対策を開戦以前に考えていた[56]。ゲットー内では、当局に対する難民の接触は、たいてい「上海・アシュケナジ系難民救援協力委員会」（SACRA）経由で行われた。この新設協会は、ロシア出身ユ

写真11-2　祭壇のまわりで勉学にはげむミル・イエシバの神学生と教師たち（上海ベト・アハロン・シナゴーグ，1941年末）

ダヤ人で構成され、日本当局と密接に連絡しつつ、指定地域への難民の可及的速やかな移動を、最初の仕事とした。日本側は地域担当の警察隊も設置し、難民を隊員として採用した。地域の出入口の警備を任務とする。それでも当局は、外部で働く者のための通行証発行の権限は手放さず、この権限を申請者いじめによく使った。人で混み合うゾーン内の生活は日を追って困難となり、ジョイント代表が一九四三年二月に拘留された後、飢餓と病気が難民の命を支配し、生活に打撃を与えた[57]。それはそれとして、文化および共同体面では、多くの人が戦時の思い出をもち、制限区域内での滞在であっても、極めて活動的であったと記憶している[58]。ミル・イエシバの場合、この種の記憶はもっと強烈である。時々摩擦や正規の制約がありはしたが、ミルの記録は、〃ゲットー〃の滞在がたいてい波風の立つほどのことはなく、神学生たちは、毎日礼拝のための外出許可をすぐに得たとしている[59]（写真11-2参照）。全般的に、この一連の話は、この時代にイエシバが「霊的な発展と信仰心を強める諸活動の頂点」に達したと、自慢する内容である[60]。

上海の難民たちは、戦争時、日本が代行するナチの迫害を考え、大いなる恐怖にかられて過ごした[61]。太平洋戦争の前夜、市に反ユダヤプロパガンダが出現した。当地のユダヤ人共同体にもかかわる内容であった[62]。開戦から一年たって、プロパガンダはさらにひどくなり、悪意に満ちた反ユダヤの陰謀話が、あちこちで流れた。ミル・イエシバの一学生は、「我々は、絶滅計画を少なくとも二つ知っている」、「いずれも、奇跡と不可思議な力によって、寸前に失敗した」と言っている[63]。最初の計画は、〝上海の日本大使〟の協力を得て日本軍が意図したと称する話で、一九四三年初めに浮上した。ユダヤ人を複数の船に乗せ、事故にみせかけて沈めるという話である[64]。二番目の計画は、ドイツが〝ガス室使用の専門家二人〟を上海に派遣したという話で、戦争末期に浮上した由[65]。結局、災難は連合軍によって起きた。終戦のわずか四週間前の一九四五年七月一七日、アメリカの爆撃機が上海を空襲し、ユダヤ人ゲットーにも打撃を与えたのである。市内では数千人が犠牲になった。そのなかに難民の死亡三一人、負傷一九〇人が含まれ、七〇三人が住居を失った[66]。

日本の降伏と戦争終結がすぐに支援をもたらしたが、それは、上海のユダヤ人共同体の急速な縮小の始まりでもあった。一九四五年末アメリカ軍が上海に進駐し、ジョイントの活動も再開されて、難民の悲惨な状態は改善に向かった[67]。彼らは、当市滞在中ずっと苦労してきた一時逗留者の身であり、残留を望む者はほとんどいなかった。難民のひとりが、「人々はここを離れることばかり話している」と書いている[68]。一九四五年一二月、合衆国の総領事館が開設され、国際航路の運行も再開されて、これが上海離脱の第一波につながった。当初、合衆国への移民割当が少なく、出身国次第であり、ドイツ国籍の難民がいくぶん優先された。それでも、手続きが遅く、生活は相変わらず厳しかった。一九四六年、上海は猛烈なインフレに襲われ、ストライキが一七一六件、外国企業数十社が店仕舞いした。排外主義が広がり、反ユダヤ騒動が散発的に起きた。虹口では、住宅難が深刻であったが、中国人暴

徒が難民追い出しをはかり、収容施設を奪おうとした。(69)

難民の出国は、遅々として進まなかった。ジョイントの調査によると、一九四七年三月時点で、上海にはまだ一万三四七五人のヨーロッパ出身難民が残留していた。その圧倒的多数はユダヤ人であった。(70)それでも数ヶ月のうちに申請審査が進み、一九四八年四月までに五〇〇〇人を越える難民が、アメリカ本土に到達した。(71)一方、上海の状況は悪化の一途をたどり、これも定住者と難民のいかんを問わずユダヤ人押し出しに一役かった。中国の内戦はエスカレートするばかりで、戦闘が上海に近づいてくると、ロシア系およびバグダディ双方のユダヤ人も、真剣に移住を考え始めた。一九四八年五月のイスラエル建国は、さらに出国を加速した。新国家は、ビザや割当とは関係なく、ユダヤ人に門戸を開いていた。皮肉なことに、難民のなかで新生ユダヤ人国家を第一希望に選んだのは、一〇％以下であった。イスラエルを選んだ人の多くは年齢の高い人々であった。(72)ロシア系ユダヤ人共同体と並んでバグダディ共同体の大多数は、イスラエルを選んだ。(73)しかしながら、その上層階級の者は、別の計画をもっていた。ケンブリッジ大卒で美食家のビクトル・サスーンは、サスーン家の主要メンバーであったが、一九四一年まで上海に居住した。当時サスーン家は上海に一八〇〇件を越える不動産を所有していたが、本人は一九四八年末までに当市の関係事業を売り払い、バハマ諸島のナッソーに拠点を移した。一方カドーリ家は香港へ移転した。(74)

間もなくして、上海に残留していたユダヤ人にとどめの一撃が見舞う。一九四九年五月、人民解放軍が上海を占領し、深刻な排外煽動がすぐに始まったのである。過去の同種の排外運動と同じように、今回の煽動は必ずしもユダヤ人だけをターゲットにしたわけではなく、出国を躊躇している者に対してというよりは、外国人居留民全体に向けられたものであった[75]。五ヶ月後の一九四九年一〇月、中華人民共和国の成立が宣言された。これが彼らにとってとどめの一撃になった。中国全土に残るヨーロッパ出身のユダヤ人難民は、一九五〇年までに一〇〇〇人以下となった。それも大半は、合衆国への入国許可待ちの身であった。その年の五月、合衆国行きの最後の船が、天津を出港した。ごくわずかの者が、自分の意志で上海に残った[76]。その年、ロシア出身ユダヤ人数百人が、東京へ向かった[77]。現地に踏みとどまった少数の者にとって文化、信仰生活にかげりが生じた。一九五一年、重課税のため、オヘル・ラヘル・シナゴーグは政府にリースされた。政府はベト・アハロン・シナゴーグも接収した[78]。六年後の一九五七年時点で、上海に残留するユダヤ人は、わずか一〇〇人ほどであった。一〇年前の絶頂期に比べれば、ほんのわずかな存在になったのである[79]。

ユダヤ人共同体の再生――一九八〇年代

上海のユダヤ人共同体は、一九五〇年代中頃以降数十年間、事実上消滅状態にあった。この状況を変えたのが、中国へ勉学や仕事あるいは取引で来た個々のユダヤ人である。一九七〇年代後半になって最初の人が来た。そして上海に住みついた。ほかに北京、南京、広州、深圳といったいくつかの大都市に住み、そのなかには長期滞在の住民になった人たちもいる。ロベルタ・リプソンとイリース・シルバベルグはその例である。二人は中国語の勉強で一九七九年に来中し、修学後はその言語能力を駆使して医療機材の輸入会社を立ち上げている[80]。この後の時代、特に一九九〇年代、世界貿易機構

（WTO）に加盟を認められた後、経済改革が深化した。世界貿易と投資に中国の大きい市場が開かれ、それがユダヤ人を含むさらに多くの外国人を惹きつけた。

新しい状況は、中国を去ったユダヤ人ビジネスマンや企業家も惹きつけた。かなりの人数であり、そのひとりがアルバート・サスーンで、著名なサスーン家のいとこである。ニューヨークに本店をおく繊維産業にかかわっていたが、一九九〇年代に上海へ来て、医療関連の会社を立ち上げた。カドーリ家も戻った。バロン・ローレンス・カドーリ（一八九九～一九九三年）である。香港に拠点をおく電機会社CLPパワーの所有者であるが、家族が一九四〇年代に上海を出た組である。カドーリは、中国最初の原子力発電所である大亜湾原子力発電所に投資した。その後、息子のミハエル・カドーリ（生一九四一年）が上海に事務所を開設し、海岸通りのいわゆるバンドで、商用地として利用可能な最後の敷地に、ペニンシュラホテルを建設した。[81] 上海には、一九九五年時点で二〇〇人を越えるユダヤ人が居住していた。出身は一五ヶ国とばらばらで、大半は大手国際企業職員、投資家、実業家であった。二年後、一団のユダヤ人たちが集まり、この人たちが中心になって、上海ユダヤ人コミュニティ（共同体）センターの設立で、市当局の合意をとりつけた。[82] センターは独自に事務所をもっていなかったので、アルバート・サスーンが、本社の一部を事務所にしてくれた。一九九〇年代に上海ユダヤ人共同体の再建に尽力した人物のひとりが、セス・カプランである。アメリカ国籍の在外居住者で、コンパック・コンピュータ社の社員として、一九九六年に着任したが、当地にラビがおらず、シナゴーグもないことにすぐ気づいた。そこでカプランは、翌年から旧フランス租界の古い家の裏手で、安息日の食事の提供、日曜集会、休日の活動を開始した。当初、一番人気のある活動には、イスラエルの総領事を含め三〇～四〇人が集まっていたが、次第にメンバーが増えていく[83]。

この共同体形成期に重要な役割を果たしたもうひとりの人物が、ニューヨーク在住ラビのアーサー・シュナイヤー（生一九三〇年）である。もっとも、本人は上海に居住したことはない。ビル・クリントン大統領に指名され、中国の江沢民国家主席の招きを受けて、ラビは良心の訴え財団（Appeal of Conscience Foundation）の会長として、一九九八年に中国を訪問した。シュナイヤーは、アメリカの宗教および人権代表団の代表として、クリントン大統領の訪中の事前工作をしたのである。前の大統領訪問から一〇年近くたっていた。今回の大統領訪問時、ラビとカプランはヒラリー・クリントン大統領夫人およびマドレーヌ・オルブライト国務長官に付き添い、オヘル・ラヘル・シナゴーグを訪れている。代表団は、上海の徐匡迪市長と会った。市長は、上海市政がシナゴーグを歴史的史蹟として修復し、公開することを約束した[84]。一年後、ロシュハシャナ（ユダヤ教の新年）初日、上海市人民政府は、地元ユダヤ人共同体に、オヘル・ラヘル・シナゴーグの二四時間使用を許可した。初日の夕方と朝の礼拝に一二〇人ほどのユダヤ人が集まった。ここでの礼拝は、一九五二年以来初めてのことであった。その後、ユダヤ人共同体はこのシナゴーグの使用を、時々認められた。例えば、一九九九年から二〇〇〇年四月までの間の祭日――ハヌカと過越祭――である。二〇一〇年には、その年の上海万博の一環として、このシナゴーグの建物は、通常の安息日の礼拝に使用を認められたが、ユダヤ人共同体に返還されることはなかった。

香港のハバッド・ルバビッチ派、特にその創設者ラビ・モルデカイ・アブツォンが果たした役割も、見逃してはならない。アブツォン師は、アジア代表および香港ハバッドセンターの指導者として、一九八六年に着任した。香港の共同体が、常勤のラビとして一年契約で招いたのである。一年の契約が終わった後、彼は滞在を延ばし、市内にハバッドセンターを開設し、アジアにおけるハバッド・ルバビッチ・ネットワークの構築責任者として働いた(85)。上海の共同体が具体化し始めると、アブツォンは一九九七年のロシュハシャナに始まる祭日の礼拝と食事を準備するため、メンバーのひとりを派遣した。カプランは、ユダヤ人がまとまって居住する地域へ進出するというハバッドのグローバルな拡大政策のなかに、上海が必然的行き先都市であるとみてとった。ハバッドは香港に組織をしっかり確立しており、中国はこの時かなり門戸を開きつつあった。北京が続き、それから多くの都市、そして全土さまざまな地域が後に続くという読みである(86)。

一九九八年、アブツォンの指示を受けて、ラビ・シャローム・グリンベルグと妻ダイナが上海に到着した。当地のユダヤ人共同体に加わるのである。ラビは、ニューヨークのハバッド・ルバビッチ派の出身で、まず香港のハバッドセンターに勤務し、今度中国本土へ派遣されたのである。本人の到着は、センターの様相と諸活動を大いに変えた。上海のユダヤ人共同体にとってラビ・グリンベルグは、三つの意味で重要な存在であった。第一、常勤のラビとして、全身全霊を傾けて共同体の発展に尽くし、さまざまな活動を展開した。第二、ユダヤ人の各種共同体あるいは福祉組織と教育制度をつくり始め、ミクベ（沐浴斎戒用の浴室）を建てた。第三、共同体が定例の礼拝と宗教行事を開始した。通常の安息日を守るための諸行事、食物戒律に合致したコーシャ食品の提供を含む。グリンベルグは市当局との関係も築いた。中国人を改宗させるためではなく、在市ユダヤ人の信仰生活を維持するためであることを、明確にした[87]。彼の指導下で、共同体はビルから多目的型のコミュニティセンターに変わった。二〇〇二年、上海ユダヤ人コミュニティセンターは資金を集め、家をミラマール・ガーデンに移し、センターに一戸建ての家屋をつけることにした。四年後、センターはヘブライ名がつけられた。オヘル・イスラエルといい、イスラエルの主席ラビであるラビ・シュロモ・アマル師によって、正式に命名された。新しいセンターには、シナゴーグ・ベイト・ミドラシ学習ホール、図書室、コーシャ食品売店、幼稚園、学校そしてミクベが併設されている[88]。

上海のユダヤ人共同体であとひとり重要な人物がいた。モーリス・オハナというモロッコ出身の実業家である。主として事業拡大を目的に上海へ来たのであるが、昔のユダヤ人共同体の伝統と精神的遺産を大切に思うようになり、フランス語圏のユダヤ人のために、第三のセンターを上海につくりあげた。その復活の意志表示として、オハナは市当局の許可を得て、娘の結婚式をオヘル・ラヘル・シナゴーグで挙行した。このような式典がここで行われるのは、実に六〇年ぶりのことであった[89]。このイベントは大いに注目された。「シナゴーグは満員、フランス語、英語そして中国語が入りまじる、なごやかな会話が続いた。イスラエル、合衆国、フランスそしてアルゼンチンの領事、そしてモロッコの大使が、男子席に陣取り、伝統的な赤絹のガウンをまとった中国娘たちが、女子席の女性たちに優美なヘッドスカーフを配ってまわった[90]」。オハナは、熱心な活動のおかげで、上海コミュニティセンターの会長に選ばれた。

上海ユダヤ人共同体は、過去二〇年の間に成長し、中国で最大、かつよく組織され機能するユダヤ人共同体に発展した。現在、ユダヤ人口が増え、さまざまな地域に住むようになったため、共同体は、さまざまな行事実施用に三つの集会場をもつことになった。ひとつは、前につくられたミラマール・ガーデン一七二〇番地、次にできたのが浦東の新しいユダヤ人活動センター。この地域で働き生活する人々のため、利便性の高い施設がつくられた。そこのラビは、シャローム・グリンベルグの弟アブラハム・グリンベルグである。第三のセンターは、上海の江蘇路に位置し、主として上海のフランス語圏ユダヤ人のために使われている。上海のユダヤ人共同体は、〝ヤッド・エズラ〟ボランティアグループも編成した。新しく到着したユダヤ人家族の相談窓口として活動し、ユダヤ人観光客の支援やユダヤ人新生児の誕生祝いもやっている。

上海在住ユダヤ人の数は、二〇〇〇年代末までに相当増えた。いくつかの推定によると、二〇〇九年時点で二〇〇〇人である。目を見張るような増加ではあるが、上海は中国最大の共同体という以前の地位を、まだ取り返していなかった。[91]二〇〇〇年代末当時の在中ユダヤ人五〇〇〇〜八〇〇〇人のうち、約四〇％が香港に住み（三〇〇〇人前後）、北京一〇〇〇人、深圳および広東省にそれぞれ一〇〇〇人ほどがいた。[92]二〇二〇年代初め、上海のユダヤ人共同体は、三ヶ所のサービスセンターを有し、活動家約二五〇人が、共同体の世話をしている。一二ヶ国の出身者である。共同体は、数千人に達する訪中者や、定期的に来る短期滞在の人々の基本的ニーズに応えている。今日の上海共同体は、メンバーの大半が定住者ではないという性格と規模のゆえに、一九三〇年代の豊かで多様性を誇る共同体とは、比ぶべくもない。それでも、中国そして特に上海の重要性が大きくなりつつある状況を考えれば、この共同体が戦前の地位を取り戻すのは、それほど遠くないであろう。

結び

二世紀近い時間のなかで、上海には継続的にユダヤ人が存在していた。その共同体はどの物差しでみても小さかった。特に市全体の人口、あるいはヨーロッパと北アメリカの同じような都市型ユダヤ人共同体と比較すれば、規模が小さいのである。しかしながら、一九三〇年代この萌芽期の共同体は相当に大きくなり、一九四〇年代初期、アジア（テヘラン以東）最大になった。上海共同体は、近代においては中心的位置にありながら、中国におけるユダヤ人共同体の先触れにはならなかった。その中華帝国が、継続性のあるユダヤ人共同体を受け入れたことはある。唯一近代以前の東アジアに生まれた開封の小さい共同体である。信じられないが、上海におけるユダヤ人の存在は、一八五〇年代の太平天国の乱が開封のユダヤ人共同体を四散させた頃に始まる。しかし、二つの共同体が互いに相手にとって代わることはなかった。実際のところ、二つの共同体に似たところはほとんどなかった。つながりがないのである。開封の共同体は同質性が高く安定していたが、メンバーは次第にまわりの大きい集団に、社会的・人種的に同化していった。

上海のユダヤ人共同体は、このような特質がなかった。コスモポリタン的で一時躍動的で活気があったが、本質的に不安定で維持力がなかったので、繁栄させた諸要素はどれひとつとして一世紀も持続しなかった。今と同じように、当時市に到着するユダヤ人の大半は一時滞在者（逃げてきた難民あるいは国外追放者）であり、永住地とみなす者はごくわずかであった。一時の避難を目的としていたので、地元住民との緊密な接触を確立し、中国語を学び、土地の習慣を理解しあるいは彼らの共同体事業に貢献する者は、ほとんどいなかった[93]。さらに、上海におけるユダヤ人の人口構成は、ヨーロッパや中東のユダヤ人共同体の特徴的構成とは違っていた。上海の場合男女比率がバランスに欠け（男性が多かった）、子供の数が少なかった[94]。今日この共同体は、昔の場合と同じように極めて同質性に乏しく、出身地がさまざまで、宗教上の慣習と伝統も（同じユダヤ教とはいえ）さまざまである。このユダヤ人共同体の存在は、特定かつ一時的な背景のもとで繁栄しただけであるから、脆弱であった。つまり、それは、植民地あるいはグローバルな取引と交易のネットワーク上にあり、当局者の意向に支えられていた。イギリス、日本あるいは中国当局は、自己の利益のために共同体メンバーを使った面もあり、要するに当局の都合次第であった。過去、背景の変化あるいは当局の善意の喪失が、共同体の消失の前兆となった。今後再びこれが起きる可能性はある。

第12章

ハルビンのユダヤ人共同体
——三帝国下でのはかなき興亡

ヨシュア・フォーゲル

ハルビン、かつては魅力的な町であったが、今日（一九三四年）生ける屍の地の悪名を馳せるところ。満州国における統治最悪の都市である。これほど生命が保証されない都市は、おそらくほかにないだろう。黄色の人間の法に屈する白系および赤系ロシア人一〇万を含むハルビン住民が、白昼であっても武器を携帯せずに出掛けるならば、身の安全を賭ける外出となる。(1)

このように書いたのは、有名なジャーナリストのエドガー・スノー（一九〇五〜七二年）で、日本が満州を占領し、清朝の宣統帝であった溥儀を後押しする満州国の執政にすえた直後のことであった。これとは別の、スノーの見解とは真逆に、ハルビン——東洋のパリ——の驚異を語る論評がある。東アジアの中心部に、ちょっとヨーロッパ的（あるいはロシア的）コスモポリタンの国際都市ハルビン、そこには、ヨーロッパの最新流行のファッションと食べ物が全部揃っている。一九四〇年、日本のジャーナリストで作家の橘外男は、「哈爾賓！　浪費とロマンチックな冒険が渦を巻く北部満州の国際都市、過去と未来が交差し交響曲を奏でる世界……何と素敵な所であろうか」と書いた。(2)　この混和のなかに入ってきたのが、小さいユダヤ人共同体である。しかし、ハルビンのこの若い共同体は、一九三〇年代時点で、すでに急激な衰退に向かい始め、ついに回復することがなかった。本章は、アジア最大の都市型ユダヤ人共同体のひとつを扱い、その興亡そしてその命運に底流する動因を検討する。

ハルビン市の創建

中国史に多数ある事例とは違って、ハルビンには新石器時代にさかのぼる歴史はない。ユダヤ人共同体のメンバーたちが、失われた十部族やハザールの子孫でないことも確かである。[3] この都市は、一九世紀末ロシア人技術者が設計し、中国人労働者によって建設された。中東鉄道（CER）の主要ハブとするのである。ウラジオストクからチタの間を満州鉄道で結び、チタからはシベリア鉄道でつながる。満州で中心的位置にあり、松花江（スンガリ川）に直接アクセスできる。帝政ロシアは、まだ清朝行政管轄下にある中国北東部へ前進を続けており、このようないくつかの見地から、ここは最適の位置にあった。[4]

ウラジオストクとハバロフスクを結ぶシベリア鉄道のウスリー線は、一八九六年秋の時点で、完工間近にあった。その時点でロシアと清朝は秘密協定に調印している。これによってロシアは、満州を横断する線の延長が可能になった。中東鉄道を構成する鉄道線である。輸送貨物を容易にさばいて荷下ろしをするため、川に近い作業基地が必要であった。ロシアの測量員たちは、松花江の近くに人口のまばらな地域をみつけた。必要物資がヨーロッパからウラジオストクへ海上輸送され、そこから

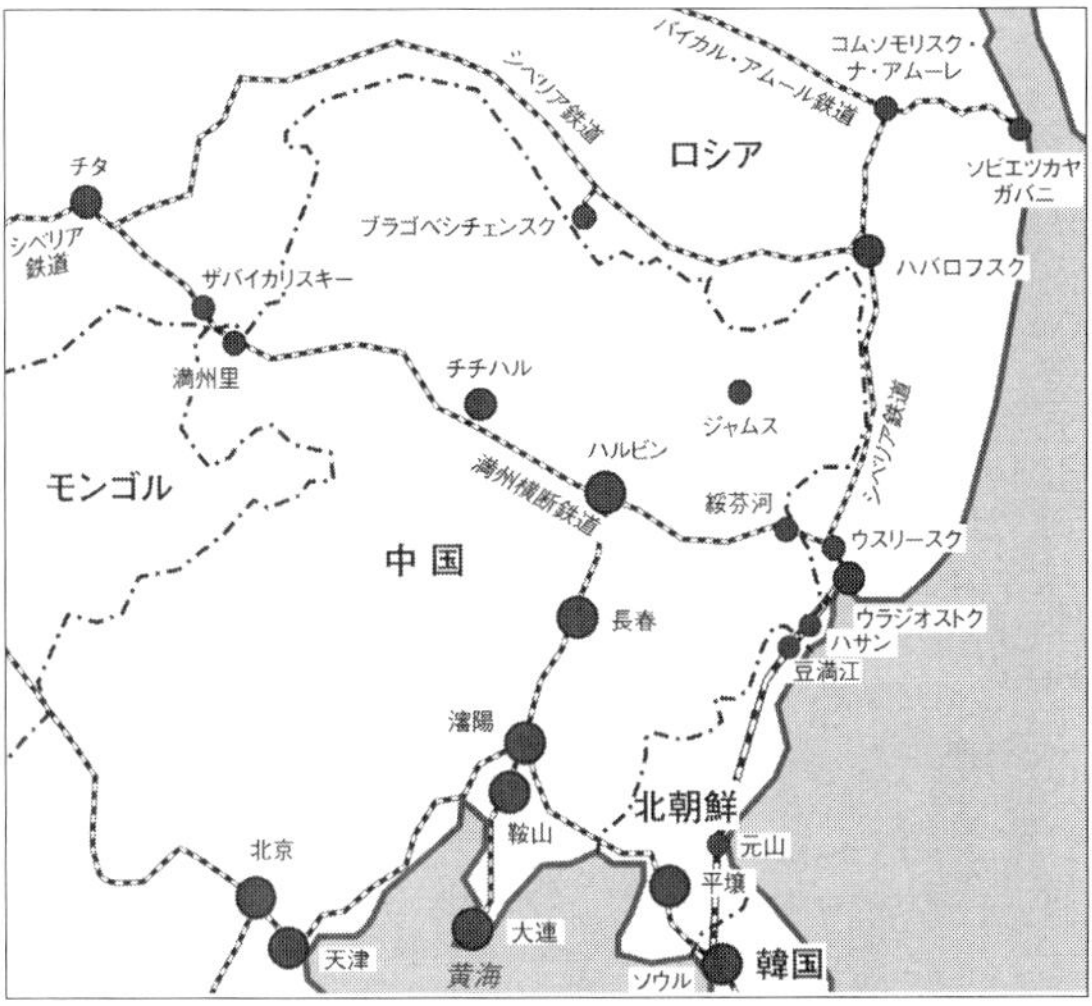

地図12－1　満州とその周辺域（1920年代）

ハバロフスクへ鉄道で移動し、さらにそこから河船で松花江を下りこの新しい要地へ運ぶのである（地図12－1参照）。一八九八年三月、五〇人のコサック兵が護衛について、二〇人ほどの第一次建設班がウラジオストクを出発し、〝スタリーハルビン〟（ロシア語で古きハルビンの意）と呼ばれるようになった新しい用地に到着した。そこには小さい村があり、二〇軒ほどの小屋が建っていた。村民は低品質のアルコールを醸造し、川の土手に阿片を栽培していた。ロシア人たちは片っ端から何でも買い上げた。かくして、鉄道の本格建設が始まった。最初彼らは、川の荷揚げ場から旧村の中心部へ至る、狭軌道と駅を必要とした。このルートは後にハルビンの大通りになった。ロシア語でキタイスカヤ・ウリツァ、中国語で「中央大街」と呼ばれるようになる(5)。

　ロシア政府は、この地域の開発のため、一握りの著名ユダヤ人実業家に、投資の機会を与えた。

ハルビン地域そして満州に対する産業投資で、毛皮と木材を含むが、この二品目で、ユダヤ人実業家はほかの分野よりもっと大きい利益をあげた。新設都市の初期入植に参加した最初のユダヤ人の多くは強制徴募兵（ニコラエフスキエ・ソルダティ *nikolaevskie soldaty*）であった。強制徴兵になり（極めて若手の場合がよくあった）、ニコライ一世のもとで二五年間兵役につけば、ほかのユダヤ人には拒否されている権利を手にできる。すなわち、ユダヤ人強制隔離地の外に居住できるのである。(6) 初期入植者はこの人たちである。この軍隊服役は、金で回避することができた。しかし割当数は変わらなかったので、皆から恐れられる徴兵の圧力は、次第に貧乏人家族にかかってくるようになった。(7)

ハルビンは名も知れぬ世界のど真ん中にあって、気候の厳しいところであったが、それでも当時の頑丈な男たちは、恐れることなくヨーロッパから数千キロ離れた地域に入植した。ロシア政府は、ロシアからユダヤ人を一掃したかったので、遠方の満州入植には報奨制を適用した。帝政ロシア政府は、ユダヤ人が中東鉄道で働くことを認めなかったが、一連の裕福なユダヤ人実業家たちは、物資と建設資材の供給で、ますます豊かになった。この果敢な資本家のなかで、先駆者のひとりがローマン・モイセビッチ・カバルキン（一八五〇～一九三三年）である。穀物の取引ですでに財を成していたが、リャザン・ウラルスク鉄道のコンサルタントとしてロシア政府のために働いた。彼は、シベリアから満州への貨物輸送の許可を政府から得て、一九〇六年にハルビンへ来た。一九一〇年頃、R・M・カバルキン社を設立し、大豆（満州に豊富である）の取引に革命を起こした。一九二〇年代初期、カバルキンは、パレスチナに移住し、終生そこで過ごした。レヴ・シュムレビッチ・スキデルスキー（没一九一六年）も、ハルビンの建設初期に活動したユダヤ人実業家である。鉄道の建物建設で財を成し、後年事業を広げ、材木と石炭の分野に進出した。一九一六年に死去すると、息子たちが事業を引き継いだ。一九二一年に建てたのが、ハルビンで最初のタルムード・トーラーで、あまり恵まれない男児のための初等宗教学校である[8]。ほかにもたくさんいるが、指摘する価値のある人物が、A・ロパトである。貧乏人から一躍大金持ちになった人で、中国中に煙草産業を展開して財を築いた[9]。

二〇世紀への移行期は、ロシア帝国から北および南アメリカへの大量移住の時代であった。東へ向かった者は、この外部への大移動の一部であった。それは一八九八年に細々と始まる。一九〇三年までに、ユダヤ人入植者の数はおそらく五〇〇〇人に達していたと思われる。一九一〇年時点では約一五〇〇〇人と推定される[10]。正確な人口統計の取得は難しいが、この後二〇年間にハルビンのユダヤ人口が着実に増えていったのは間違いない。ユダヤ人研究者数人の推定によると、一九一六年時点でざっと六〇〇〇人のユダヤ人がハルビンに居住し、この数は一九一九年一月までに一万人の大台に乗り、その後の一〇年間で約一万五〇〇〇人に達した[11]（人口上の頂点）。近年になって中国の研究者たちが、類似の数字を提示するようになる。現物の人口統計資料を欠くとはいえ、李述笑、上領英が最も精緻な（とはいえ大雑把ではある）数字を提示した。すなわち一九〇六年時点で三〇〇〇人、それが一九〇八年に六〇〇〇人に増加する。ところがその後急激に減少して、一九一一年に二四〇〇人となるが、一九一三年までに再び上昇して五〇〇〇人、一九一九年に七五〇〇人、そして一九二〇年にピークの二万人に達した。しかるに二年後、急激な減少で一万一〇〇〇人になる[12]。推定値が頻繁に変動し、高い数値になると、張鉄江の記述にある二万五〇〇〇人まで多くなる。事実に立脚せず願望的思考の域を出ない数字のようにみえる。特に、当時中国のユダヤ人移住者が、覇権主義的でない平和的な人たち

とみられていたことを考えれば、なおさらである。(13)

戦前のハルビンとそのユダヤ人共同体の言語傾向については、コンセンサスがあるように思われる。戦前ハルビンに住んでいたユダヤ人、非ユダヤ人の回顧録はすべてが、ハルビンのヨーロッパ人共同体は主にロシア語圏、と書いている。もちろん、中国人の商売が無数にあった。その多くは小規模経営であった――そして、市の商売用語は、全体的にみればロシア語あるいはロシア中国語がまじったピジン（混合言語、*Moia-tvoia*）であった。(14) ユダヤ人共同体自体の使用言語も、ロシア語であった。一九二〇年代初期の逸話にみられる通りである。イスラエル・コーヘンがバルフォア宣言のわくわくするメッセージを携えて世界をまわり、ハルビンに来た時、安息日の朝シナゴーグの礼拝の後、信徒に少し話をしていただけないか（イーデッシュ語でReb Yisroel,vet ir efsher a bisl zogn?）と求められた。二回目の会合で、コーヘンがヘブライ語で話を始めると、至るところに出没する中国人の警備員が、話を中断させ、自分が（たぶん）理解するロシア語を使えと要求した。しかし、本人はそれを知らなかった。(15) イブ・ナフタリ（旧姓グリーンワルド）は、木材と穀物を扱う商人の娘であった。父親は、家族を連れて入植する一年前の一九一四年、ハルビンに来ている。一九七〇年代初めにインタビューを受けた時、彼女はハルビンの思い出を語り、「そこはロシアのようでした。反ユダヤ主義のないロシアです……とてもひどいところでしたね……西部物のように――小さい町、辺境の町です。道路は舗装されていませんでした。板敷きの歩道がありました。ハルビンは、中国の地にある、ロシアの町でした」と述懐している。さらにパール・レヴィンの場合、一九〇五～〇六年の革命（血の日曜日事件）のポグロムを逃れて、父親が家族をハルビンへ移動させているが、率直にこの見解を裏書きしており、「そこはロシアの町でした」と述べている。初期入植者のひとり、サラ・オシンは、もっと端的に「ハルビンは絶対にロシアの町」と言った[16]。

全面的なロシアの雰囲気は、もちろんそれはそれで魅力的であるが、この共同体には別の特徴もあった。そこは急ごしらえの辺境の町であったが、ロシアのユダヤ人強制隔離地（ペイル）に猖獗する反ユダヤ主義とは無縁の地であった[17]。しかし、ここへ移住するかどうかの決心は、一種の賭けでもあった。さらに、ハルビン第一の民族大集団――中国人――に対する無視あるいは無知があった。ハルビンに移住した多数の中国人のうち、ロシア語を話しロシア人のような生活をするのは、疑いなくゼロに近かった。この現象は、このような半植民地的環境においては、おなじみのことであった。大々的なロシアの侵入に、中国人が苦々しい気持ちを抱くとしても、これまで人口もまばらで何もなかった地域へ、多数の中国人を吸収する仕事をもたらしたという側面もあった[18]。いずれにせよ、ユダヤ人たちの大半は、地元中国人共同体には無関心であり、断然ロシア的生活を送り、ロシア語圏内にあった。これは、活発な定期刊行物の出版に反映していた。故ルドルフ・レーヴェンタル（一九〇四～九六年）がずいぶん前に指摘したように、共同体で発行されている新聞、雑誌およびニュースレターは（彼の計算によると）、一九二〇～四〇年の期間中、全部で二〇種類であった。極左から極右までいろいろあった。なかには、『ユダヤ人の生活』（*Evreiskaya zhizn'*）のように、数十年間続いたものや、『ディアスポラとパレスチナ』（*Diaspora i Palestina*）のように数回の刊行で廃刊になった定期刊行物もある。二〇種のうち一九種はロシア語、一種類だけイーデッシュ語の発行であった[19]。さらに、ハルビンのユダヤ人共同体は一貫してシオニストであり。スターリン全盛時代、ハルビンはロシア語によるシオニスト紙を発行する世界で唯一の都市であった。

ハルビンにおけるユダヤ人の信仰と共同体生活

ハルビンの開設から間もなくして、ユダヤ人の宗教施設がつくられた。ユダヤ人共同体が、共同体として正式に名乗りをあげたのは、一九〇三年二月一六日、ユダヤ人口がおおよそ五〇〇人で、それが宗教活動の母体であった[20]。同じ年、ハルビンにユダヤ人共同墓地がつくられた。共同体の最初のラビが、ラビ・シェベル・レヴィンで、一九〇四年八月に着任した。オムスクそしてチタのラビであった。彼は、とりあえず小さいシナゴーグを設立した。セントラル・シナゴーグの着工は一九〇七年、完工が一九〇九年一月である（写真12－1参照）。さらに九年後もっと大きいニュー・シナゴーグがつくられる。二代目のラビ・アハロン・モシェ・キシレヴ（一八六六～一九四九年）の着任は一九一三年、死去するまで共同体のラビとして働いた。キシレヴは、ウクライナの高名なボロジン・イエシバで学んだが、後に著名になる同窓生がいた。ラビ・ハイム・ソロベイチク（一八五三～一九一八年）、さらにもっと著名なハイム・ナフマン・ビアリク（一八七三～一九三四年）、そしてラビ・アブラハム・クック（一八六五～一九三五年）である。この三人は、それぞれの受け止め方で、初期のシオニストたちに影響を受けた。そしてラビ・キシレヴは、シオニズムの認識を身につけて東へ来た[21]。なぜキシレヴは、身近であったものとは全然違う別の世界の、しかもユダヤ人がまばらにしかいない地域を選んだのであろうか。ハーマン・ディッカーは、ルバビッチ派のレッベにせがまれ、正統派ハシッド運動の初代派遣ラビのひとりとして、当地へ来たと示唆する[22]。

戦争、ポグロムそして革命（一九〇四～一八年）が、かなりの数のロシア系ユダヤ人をハルビンへ押しやり、二〇世紀も二〇年代にはどこか堅苦しい雰囲気を含め――出身地でみられるような行き届いたユダヤ人共同体が、できあがっていた。ユダヤ教を中心にすえた初等学校が一九〇七年に設立され、一九〇九年には高等学校が開校した。一九一二年に開館したユダヤ図書館は発展し、一九三〇年代初めにハルビン・ユダヤ公立図書館になった。

写真12－1　ハルビンのセントラル・シナゴーグ（1909年）．1931年に白系ロシア・ファシスト隊により焼き打ちされて倒壊，再建されたが，1963年に閉鎖．その後改装されて2014年にリニューアルオープンした．写真は20世紀初期の絵葉書

一九〇七年に設立されたのが、ユダヤ婦人慈善協会である。共同体内の貧者、病人の支援を目的とする。一九一八年には、ユダヤ人無料食堂がつくられている。共同体内の貧者と病人のほか老人に対して食事を提供した。ゲミルト・ヘセド（親切の贈り物の意）そしてエズラ（支援の意）が、それぞれ一九一六年と一九二四年に設立された。同じ組織が世界中にあるが、ユダヤ人に対する無利子のローン提供を目的とする[23]。今やハルビンは、さまざまな組織の揃った共同体になった。世界中のどこでもそうであるが、たいていは、共同体の富裕層による貢献のおかげである。この共有組織には、ユダヤ人子弟が学ぶ宗教系および普通（非宗教系）学校が含まれる。最初の宗教系学校は、早くも一九〇七年に開校し、

前述のタルムード・トーラーは一九二一年に設立された。長い間ハルビン共同体の住人であったボリス・ブレスラーは、大学で学びたい者は、たいてい合衆国、カナダあるいはヨーロッパへ行った、と述べている。ペーター・バートン（一九二二〜二〇一四年）のように、日本へ行った者もいる。[24]バートンは、早稲田大学に学び、戦後合衆国に移住し、後年日露関係の研究者になった。[25]

共同体は、医療制度もつくった。世界各地にミシュメレット・ホリム（ヘブライ語で病者の守護者の意）という名前を冠した医療機関がある。無料の医療基金である。ハルビンでは、一九二〇年にアブラハム・I・カウフマン博士（一八八五〜一九七一年）の手によって設立された。博士は、事実上すべてのユダヤ人団体の長を歴任した人物である。ウクライナに生まれたカウフマンは、スイスで医学を学び、一時期ロシアのペルム（旧称モロトフ）で働いた。一九一二年、医者として働くためハルビンに来たのであるが、すぐにユダヤ人共同体のさまざまな活動にかかわるようになった。カウフマンは、講演し、地元のロシア語紙に執筆し、あるいはユダヤ民族協議会（ＮＪＣ）で会長役をつとめ、一九三〇年代後半には、日本が後押しする極東ユダヤ人会議（後述）の議長になった。こちらは、後の人生にはマイナスになる地位であった。第二次世界大戦の終結直前（八月八日）ソ連赤軍が満州に侵攻し、すぐにハルビンを占領した。カウフマンは、敵との協力の科で直ちに逮捕され、その後一一年間ソ連のグーラーグ（政治犯の強制労働収容所）で過ごし、一九五六年に釈放された。[26]

ハルビンの共同体は、強制隔離地（ペイル）の侮辱的生活から解放され、初めて自由に息ができるようになって、行動的なシオニスト団体を素早く組織した。一九一七年に発足し、二年後には、東アジアのユダヤ人共同体を対象に、第一回会議を開催している。[27]ヨセフ・トランペルドール（一八八〇

〜一九二〇年）は、よくハルビンのユダヤ人として引用される。このシオニスト活動家は、パレスチナのテルハイ入植地を防衛中に死去し、民族の英雄になったが、ハルビンには比較的短期間しか滞在していない。日露戦争に従軍して捕虜となり、日本の俘虜収容所で一年過ごした後、釈放されヨーロッパ側ロシアへ戻る途中、ハルビンを通過したのである。[28]ハルビンに残したトランペルドールの遺訓は、間接的な話であるのは間違いないが、シオニズムを右寄り組織として根付かせることにあった。その右寄り組織とは、当時今ほどはっきりした形を成していなかったが、ヘルート党そしてその系譜上のリクード――イスラエルの主要右派中道政党につながる勢力、である。ハルビンには、あとひとり重要な右派シオニストがいた。モルデハイ・オルメルト（一九〇八〜九八年）である。本人は、将来イスラエルの首相となるエフード・オルメルト（生一九四五年）の父親であるが、ロシアに生まれ、一九一九年に家族と共にハルビンに移住し、ベタル（ブリット・トランペルドールの略語、トランペルドールの誓約の意）のハルビン支部設立発起人のひとりとなった。[29]ベタルは、国際青少年運動のひとつで、右派の政治姿勢を維持していたが、遠方のハルビンでの活動は、社会、民族にかかわる行事とスポーツであった。[30]

高いレベルの結びつきが、直接・間接にいろいろあって、ハルビンにおけるシオニズムの重要性が過大評価されるのは容易であろう。それはそれとして、当時ここのユダヤ人社会には、社会主義者もいた。大半は親ロシアではなく、自己のサークルのなかでの活動が主で、さまざまな非シオニスト的見方をもっていた。シオニストは、パレスチナにおけるユダヤ民族の郷土建設を目的とし、社会主義者は世界に社会主義を築き上げる壮大な計画をもち、いずれもハルビン――もっと一般的にいって中

写真12－2　ユダヤ人経営のポンビー百貨店正面（ハルビン，1930年代）

国を、永住の〃ホーム〃とは考えていなかった。前述のように、ハルビンにおける事業経営は飛躍的に伸びていた。最近中国の研究者たちが深く掘り下げている調査分野であるが、ある中国人研究者は、ユダヤ人経営の事業が、一九二六年現在でハルビンに四八九あった、と主張している[31]（写真12－2参照）。一方、ピーター・バートンは、ハルビンのユダヤ人共同体の七〇％が、商業にかかわっていたと推定した。多少の誇張があるにしても、相当な数字であるのは間違いない。

　ハルビンのユダヤ人住民と多数派を占める中国人との関係は、せいぜいのところ限定的といえた。当時地元中国人共同体は飛躍的に拡大しつつあった。ただし、その人口が他の共同体（ヨーロッパ系とアジア系）の合計と同じレベルに到達するのは、一九二〇年末である。その頃には、朝鮮人共同体があった[32]（一九一〇年朝鮮は日本帝国に併合されたので、朝鮮人は建前上日本人の一部であった）。各共同体の規模とは無関係に、各民族共同体は互いにほとんど関係をもたなかった。ある意味で、ハルビンはるつぼというよりは溶け合わないまま並列するモザイク状の都市であった。実業家のなかには、中国の役人たちと交流し商売上の接触をもつ者がおり、貧しい中国人で、裕福なロシア人、ユダヤ人、非ユダヤ人の家で働く者もいた。しかしそれは、個人的結びつきの〃深さ〃の話であった。ユダヤ人のなかで、中国人あるいは日本人の学校——たくさんあった——に通学することを夢みる者は、ほとんどいなかった。ユダヤ人はロシア人と同じように、そのひとりが回想しているが、たいていの植民地の環境にも似て、中国人を対等の人間とみていなかった。イスラエル・エプシュタイン（一九一五～二〇〇五年）が、回想録で同じようなことを指摘している[33]（写真12－3参照）。確かに、戦前のハルビンでは、中国語を学習しようとしたユダヤ人は、ほとんどいなかった。いたとしても、中国人の遠大な歴史と文化を本当に評価する者はほとんどいなかった。さらに、まわりで展開する中国の政治的大変動に関する充分な知識をもつ者になると、一段と少なかった。中国自体、三〇年あるいはもっとたって彼らの心のなかにやっと目覚め始めるのである[34]。

写真12－3　稀にみる光景．自宅における晩餐のテーブルで，中国人使用人と共にポーズをとるハルビンのユダヤ人一家（1920～21年頃）

　中国人が、ハルビンのモザイク共同体にみるさまざまな民族集団について無知であったわけではない。しかし、東アジアにおける強大なヨーロッパ帝国主義諸国の出身者たちと違って、集団としてのユダヤ人は脅威になる存在ではなかった——そのため二つの共同体は隣り合って存在した。同様に、ハルビンにおけるユダヤ人の経験が、ヨーロッパでの経験に似ていたのであれば、ユダヤ人にはもっと言いたいことが生じ、潜在的脅威を考えなければならなかったであろう。このユダヤ人共同体の誰ひとりとして中国研究家にならなかったのは、不思議ではない。ハルビンで発行されるようになったイーデッシュ語の新聞デル・ファイテル・ミズレヒ（*Der vayter mizrekh*：極東の意）は、メイヤー・ビルマン（一八九一〜一九五五年）の編集で、約一四ヶ月間（一九二一〜二二年）ほぼ週三回の割合で出された。リトアニア生まれのビルマンがハルビンに来たのは一九一七年で、一九三〇年代後半に上海へ移るまで、さまざまなロシア語とイーデッシュ語の出版物に記事を書いている[35]。このイーデッシュ語新聞は、ニューヨークで発行されている同じイーデッシュ語日刊紙フォルベルツ（*Forverts*：前進の意）と、連携した。こちらは社会民主的傾向をもち、ユダヤ人共同体では知られた存在であった。前者の廃刊から一世紀たった今日、後者は日刊ではなくなったが、まだ発行されている。デル・ファイテル・ミズレヒは、ニューヨークの新聞以上に、ヨーロッパ情勢に重点をおき、特に戦争とポグロムで発生した多数の孤児問題に、紙面を割いた。一点集中でヨーロッパに焦点をあてない時は、無料食堂の経営問題など共同体が抱える諸問題をとりあげた。さらに、ユダヤ人共同体のエリート層の一部をやり玉にあげた、多彩かつ辛辣な風刺には事欠かなかった。中国問題が紙面に出ることは、全然といってよいほどなかった。

面白いことに、学術調査そして品行調査（原意はハギオグラフィックすなわち聖人列伝にかかわるの意）をまぬがれた話題が、ひとつある。すなわち、地元ハルビンの娯楽産業におけるユダヤ人共同体の役割である。ユダヤ人の多くは、貧窮状態で、この町へやって来た。そして、別に驚くほどのことではないが、相当数のユダヤ人が、空きのあるところで仕事についた。ほかの者が誇りとは全然思わぬ分野の世界である。中国研究家のマーク・ガムサは、素晴らしい筆致で、ホテル・モデルネの歴史を描いた。ヨセフ・カスペが所有する、ハルビンで最も著名なホテルのひとつである。息子のシモン・

カスペは、一九三三年に（白系ロシア人集団に）誘拐され殺害されている。[36] カスペ本人は、日露戦争当時、ロシア軍と共にハルビンに来た人物であるが、ここに定住を決め、一九一三年にホテルを開業した。[37] 一九二〇年代には、ハルビンはすでに、東アジア地域で最も活気があり、かつまた自由奔放な都市のひとつとして、知られるようになっていた（写真12－4参照）。日本の旅行者や入植者には——圧倒的多数の者は、フランスの首都を訪れたことはないのであるが——〝東洋のパリ〟（〝エロスの都〟と言われることもあった）と呼ばれていた。ハルビンには、ダンスホール、ストリップ劇場が無数にあり、バーに出没するさまざまな民族の商売女もたくさんいた。店舗の多くはユダヤ人が経営しているといわれた。[38]

写真12－4　華麗なる都市の生活．イサーク・ソスキンと妻マンヤの結婚記念晩餐会に招かれたユダヤ人たち（1925年）

日本の占領と反ユダヤ主義の台頭

日本政府は、一八九五年に日清戦争で勝利し、清朝の郷土である満州（中国北東部）の利権を手にした後、日本国民の移住、入植の後押しを始めた。一部には新しく手にした朝鮮半島という植民地の補強、一部には仕事もなく土地もないぶらぶらしている余剰人口問題の解決を目的とする。一九〇五年、日露戦争でロシアが敗北したのに伴い、この地域における民族間の緊張が強まった。日本の権益を守るため現地に駐留する日本軍すなわち関東軍は、一九三一年九月に〝事変〟を煽り、その工作により、翌年三月までに、日本が後押しする満州国を建国し、退位を余儀なくされた清朝最後の皇帝溥儀を、その満州国の皇帝として〝帝位〟に戻した（当初は執政）。その国は期待を裏切らず、満州一帯への日本による植民地化を支持した。ハルビンが満州国最大かつ最もコスモポリタン的都市であったが、新政府は、新京（現長春）を首都にした。

事実上のアナーキーである自由奔放かつ身勝手な雰囲気の裏面にあるのが、疑いようのない悪質分子が領域に入ってくることである。シモン・カスペの悲劇的事件で明らかなように、いつも状況につけこみ、これを利用しようとする集団である。最悪なのが、比較的小さいロシアのファシスト集団と、日本軍の過激分子であった[39]。この二つの集団は、強烈な反共産主義、そして明らかにそれに随伴している反ユダヤ主義を共有していた。ロシアのファシストたちが獰猛な反ユダヤ主義者であるのは、別に驚くほどのことではないが、日本軍のこの分子の場合は、どうしてなのであろうか。当時、南京における日本軍の恐るべき行動が、国際ニュースで生々しく伝えられており、日本は、何かよい広報活動を必要としていた[40]。これを扱う人物のひとりが、安江仙弘陸軍大佐（一八八六～一九五〇年）、名の知れた反ユダヤ主義者で、偽書『シオン長老の議定書』の翻訳者であった。安江は、ユダヤ問題をいろいろ書いた人物で、うまくいかなかったシベリア出兵に従軍して数年後の一九二〇年代中頃、パレスチナを訪れているが、この地域へ来るユダヤ人移民に対して寛容な態度をとれば、激怒した。何はさておき、彼はドイツ人を怒らせたくなかったのである[41]。

戦後になって、〝ユダヤ問題〟を担当した日本の軍人の過去を、必死になって洗い清める行為がみられた。安江の過去の記録は、私の判断では、明白である。たくさんある彼の著作をざっと読んだだけでも、筋金入り、根っからの反ユダヤ主義者であることが判る。ユダヤ問題物を次々と出した人物である。[42] 安江の議定書翻訳は、唾棄すべき内容の全文を、日本語で初めて紹介したということである――その後たくさん出る。[43] 陸軍の安江に対し、海軍のユダヤ問題専門家が犬塚惟茂大佐（一八九〇～一九六五年）で、同じように議定書の熱烈な信仰者であった。戦後多くの者がやったように、彼そしてその彼に続いて未亡人が、懸命になって過去を消し去り、なかったことにしようとした。その過程で、歴史的事実を無分別に見落とすことが、往々にしてあった。[44] 戦後、ハルビン特務機関について調べた加瀬英明は、これはすべて皮相なことであったとし、犬塚はどの点からみても本人自身が日本軍のなかで最悪の反ユダヤ主義者であった、と報じている。[45]

日本の新聞、雑誌の報道は、無記名か筆名を使う場合が多く、二〇世紀初期には、愚かとしかいいようのない皮相浅薄な記事を出した。最も異常な記事のひとつが、一九二〇年夏の発行誌に出た「猶太人は穢多人種なり」と題する記事である。著者は、〝猶太人〟についてもっと知れと読者に促す。なぜならば、彼らはシベリアへ勢力を拡大しようとしているからであり、日本人商人に多大な損害を与え、引き続き与えているからである。著者は〝北斗〟という筆名を使用し、ユダヤ人はわずか二年半前にボルシェビキ革命を起こし、今やソビエト政権内のすべてを支配していると述べ、彼らは「諸民族は興りそして滅んだが、イスラエルだけは不動」と豪語する、と書いた。興味深いことに著者は、ユダヤ人がロシア皇帝のもとで数えきれぬほどの差別政策に苦しみ、商業の面でいくらか自由裁量権を認められているだけ――この分野で彼らは極めて巧みになった――と説明するのである。[46] 数ヶ月後同じ雑誌に、短い記事が掲載された。過激思想をもつユダヤ人が世界中に巣くっており、病原菌をまき、全世界の隷属化を準備している、という内容である。(47) この一連の記事は、記事掲載誌の認識する対象範囲がロシア極東部と北東アジアであるがゆえに――ハルビンはまさにそこに位置する――そしてまたそれが商業問題にかかわるために、重大な意味をもつのである。それがどれほど典型的なことであったかは、不可能ではないとしても、判断は難しい。安江、（上海の）犬塚その他同類の人々が、満州の政治にかかわるようになると、ハルビンと満州のユダヤ人にとっては、狐が鶏小屋へ入れられたことを意味した。

日本支配の全盛期と極東ユダヤ人会議

一九三〇年代後半、満州の日本当局は、この地域におけるユダヤ人入植に関し三回会議を開いた。この一連の出来事は、〝ユダヤ問題〟に対する戦前戦中の日本の見方と政策に、密接にかかわっていた。会議は、多くの論評家によって論じられてきた。しかし、いくつかの例外はあるものの、その分析は皮相である。中部ヨーロッパから流出するユダヤ人難民の入植を目的とする、さまざまな計画が、日本の軍部と政府関係者、そして東アジア諸都市のユダヤ人居住者との関連で国際連盟で働く者によって論じられた。いずれの計画も、検討とプロパガンダの域を出なかった。例えば一九三四年八月、前国際連盟事務次長の杉村陽太郎（一八八四～一九三九年）が、ジューイッシュ・テレグラフィック・エージェンシー（通信社）のインタビューを受け、日本政府はユダヤ人難民五万人を満州に受け入れる用意ありと語った。しかしその数日後、日本の外務省は否定的な声明を出した。ありとあらゆる言い訳が開陳され、前向きな点は何もなかった。それと同時に日本は、満州の経済開発に腐心し、資本の導入を必死に求め、その一方でアメリカとの緊張した関係を緩和しようとしていた。南京からの恐ろしいニュースで、緊張が高まっていたのである。一九三七年後半、国際親善と親ユダヤの誠意を示すため、日本は、第一回会議を開催した。主として対米関係の悪化を避けるためで、三回ともハルビン開催となった。歴史研究者の丸山直起が指摘しているように、それは日本が〝ユダヤカード〟を切ったことを意味した(48)。

正式の会議開催の前に、カウフマン博士は当局者と協議するため、日本へ行った。一連の協議は、よからぬ噂を残した。一九三七年一二月二六～二八日、第一回極東ユダヤ人会議がハルビン商業クラブと市のシナゴーグのひとつを会場として、開催された。天津、満州里、ハイラル、チチハル、神戸、奉天およびハルビンから代表が出席し、出席を期待した上海と香港の共同体は、行くのが難しいとして遺憾の通知を送った。ユダヤ人聴衆は、大きい数字をあげる報告がいくつか、控え目な概算で六〇〇～七〇〇〇人であった。会議開催の構想を提案したのは誰であるか――日本人かそれともユダヤ人自身なのか――、これまでいくつか推論があげられてきた。ハルビン憲兵隊の河村愛三少佐は、当初カウフマンを特務機関長の樋口季一郎少将に紹介するのを躊躇したが、結局は紹介したと主張。カウフマンが全極東ユダヤ人の解放運動を興そうと考え、そのための会議開催で、日本側、特に樋口にアプローチしたと述べている。数十年後、研究者ハーマン・ディッカーはこの問題を追及し、会議開催を求めたのは、ユダヤ人のようにみせかけ、世界を納得させようとしたのは、日本側であったと確信した(49)。

丸山が指摘しているように、ハルビンの日本人、特に軍人は、ユダヤ人の間に（カウフマンもそのひとりである）、このような会議の開催を要望する強い声があることを知っていた。かくして、軍部は積極的にこれを利用しようとした。このようにしてユダヤ人と日本人の関心が一致したわけである。地元ユダヤ人を狙った犯罪（誘拐、殺人、窃盗）が不安になるほど増加している時であり、日本の保護が得られるという可能性は、ユダヤ人共同体にある程度安心感を与えた。それによって、中国、満州そして日本のユダヤ人共同体との接触が可能となり、協力も得られるようになり、そしてそれは、ドイツおよび東ヨーロッパからのユダヤ人移民に対し、日本が満州の門戸を開く可能性のあることも意味した。日本のユダヤ人保護を国際的に喧伝すれば、満州に対する海外資本導入計画の推進が可能となり、ひいては西側における反日姿勢に影響を及ぼす可能性もある。いずれにせよ、日本の軍部と政府当局者の充分な協力と高度の政治的判断がなければ、会議開催は不可能であったろう。

日本側からの会議参加者には、満州地方における日本のユダヤ政策にかかわる主要人物が含まれていた。樋口、安江、河村等である。ユダヤ人側を代表したのは、アブラハム・カウフマンである。長文の宣言——親日的色彩が濃厚であった——が採択された。日本と満州国政府の支配地域内でユダヤ人が自由と平等の権利を享受し、平和的共同事業を推進し、反共で一致した行動をとることを強調した内容であった。一〇種の宣言が出され、その最後の文面には、「会議は、日本及び満州国の正義と人道主義の姿勢に感謝し、両国が福祉と人類の幸福の信条を推進することを期待する」とある。(50) これは、広報活動として大体において失敗というのが、全体的な評価であった。世界各地に駐在する日本領事の大半は、報告すべきものが何もなかったが、世界最大級のユダヤ人口を擁するポーランドの日本領事は、当地のユダヤ系新聞各紙が、本会議について〝懐疑的で、嘲るがごとき評価を下している〟と本国に報告した。東京のドイツ大使館とイスラム協会は、まず第一に日本の会議後援に反対した。

一九三八年は、ユダヤ人移民が、ヨーロッパからアジアへ流入し始めた年である。はじめはぽつぽつであったが、次第に奔流となって流れこむ。そのほとんどは、港湾都市上海へ向かった[51]。その年の終わり、第一回会議から一二ヶ月後、時期的には水晶の夜（クリスタルナハト）事件から一ヶ月余たって、第二回極東ユダヤ人会議が、ハルビンで開催された。日本の在ハルビン総領事がファイルした資料によると、在ハルビン・ユダヤ人共同体の正式創設三五周年の節目に開催された。議題は、ユダヤ教、文化および教育上の諸活動、経済および共同体生活、そしてユダヤ人難民問題である。会議の記事内容の詳しい記録はないが、今回は特務機関が正式に参加する代わりに、背後からの操作を選んだことが判っている。これと対照的に、満州国と満州協和会（関東軍の影響下にある）と結びついた政治団体が、公然と参加した。カウフマン博士は、長春（当時新京と改称されていた。満州国の〝新しい首都〟である）へ行った。目的は橋本虎之助陸軍中将（一八八三～一九五二年）との面談である。当時、橋本は協和会の中央本部長であった。橋本は、何事も心配するなと述べ、満州国は人種上の調和を国是とし反ユダヤの迫害と徒党を組むことは絶対ないと言った[52]。

ハルビンの特務機関はなぜ背後に引っこみ、協和会を前面に押し出したのであろうか。特にその年の八月、樋口が日本に戻った後、東京は満州国を責任ある当事者として正面に立て、〝本物〟の国家とし国際社会の光を浴びさせたかったのである。それが伝えたかったイメージは、ユダヤ人難民を保護する人道的国家の姿であり、それを誕生間もない国家に対する国際資本の支援につなげるという考え方である。第二回会議は、ユダヤ人が法のもとで人種的平等と権利を享受するとしながら、東アジアにおける新秩序の建設において、日本および満州国とあらゆる面で協力するとの誓いを宣明した[53]。手掛かりとなる記録が少ないので、この第二回会議に、広報活動の域を越えるものがあったのかどうか判断が難しい。日本の政府高官たちの貧相な出席では、役に立たない。（上海の）犬塚海軍大佐は、会議開催自体が、ユダヤ人政策で日本が成功している証明であり、日本国体の栄光のあかしであると自慢した。彼の信じるところによると、日中戦争が進行中であり、ユダヤ人は、日本の大義の正しさを理解するため、日本の指導を必要としているのであった[54]。

一年後の一九三九年一二月二三～二六日、ハルビンで第三回会議が開催された。東アジアのユダヤ人共同体から、一九人の代表が出席した。今回は、詳細な記録が、南満州鉄道の調査部職員によって保管されていた。今回も、前二回と同じように、ハルビンの商業クラブで開催された。日本と満州国からは、協和会本部から原田松三、協和会の浜江省（満州国の線引きが行われた時、一九三四年につくられた省）代表の韋煥章（生一八九二年）、大連特務機関から悪辣な安江仙弘大佐、樋口がいなくなった後のハルビン特務機関（後任、秦彦三郎大佐）から、機関長代理として入村松一少佐が出席した。会衆には、ハルビンのユダヤ人約八〇〇人が含まれていたと思われる。会場には、日本と満州国の国旗と共に、ダビデの星をあしらったシオニスト運動旗が掲げられた。日本のヘブライ・ユダヤ関連の研究者小辻節三（一八九九～一九七三年）が、会衆に向かってヘブライ語で演説したといわれる[55]。この演説の内容は謎のままであるが、杉田六一（一八九七～一九七六年）によると、小辻はハルビンのユダヤ人共同体に大変評価されていた人物である[56]。小林正之（一九〇六～二〇〇四年）そして杉田といえば、ユダヤ史のこの分野では日本でトップの研究者であるが、小辻の意図について楽観的な見方をしていない。漠然とではあるが反ユダヤ的記事を書いたにもかかわらず、明確に反ユダヤ的内容でなければ、ハルビンにおける活動について、日本では特高（特別高等警察）につけまわされるのであった[57]。小林は、小辻の〝有名な演説〟についてははっきりと疑問を呈し、おそらく小辻は真摯さと余興の二つを目的とした形で、ヘブライ語の短い原稿を暗記したのであろう、と示唆している[58]。

前回と同じように、会議は現在および将来の問題に関する立場について、いくつかの宣言を採択した。まず、中部および東部ヨーロッパで数百万のユダヤ人が経験している、前例のない政治上、経済上そして人種上の抑圧状況に触れ、そのユダヤ人たちに対する支援を決議した。会議は、この迫害に声を大にして抗議したが、その迫害の当事国の名前をあげないところで、踏みとどまった。会議は、ユダヤ問題の究極の解決が、パレスチナの郷土におけるユダヤ人の理想の顕現にありとした。そして前回と同じように日本、満州国あるいは中国において、ユダヤ人に対する宗教上の差別なき、人種上・文化上の権利の平等性を主張した。そして、「会議は、平和と東アジアの新秩序建設に邁進する大日本帝国に敬意を表明する。さらに……会議は、日本の賢明な指導下で東アジアのすべての民が、平和的建設に着手する日の近いことを予期する」と結んだ[59]。

双方に一種の絶望感が感じられる。一九三〇年代初めから、そして特に満州占領以来、日本は国際問題でいよいよ孤立していた。国内政治の面でも不安定になっていた。ハルビンのユダヤ人共同体は、日本の統治下で次第に縮小しつつあった。反ユダヤ活動そして犯罪事件が増えていたのである。多くのユダヤ人が転地し、上海あるいは神戸へ移っていった。地元の共同体側を支えるには、日本人が最後の希望であったが、そうはいかなくなってきた。第三回会議の宣言は、ニューヨークのアメリカ・ユダヤ人会議、ロンドンのユダヤ人評議会、パリの世界ユダヤ人会議、そしてロンドンのジューイッシュ・テレグラフィック・エージェンシー宛に打電された。前回と同じように、日本の主たる目的は、満州国という若い国へユダヤ資本を誘致することであり、彼らのために働いているユダヤ人たちに協力を強いることであった。しかしながら、日本がナチドイツと組むことになり、特に三国同盟の締結後、前途は断たれた。最も言いなりになるユダヤ人を通しても無理であった。かつての〝ユダヤ人を使う〟攻めの計画は、日本の権益を害する陰謀者として、文字通り〝ユダヤ人を攻める〟ものに変わった。

この転換は、次の四点を伴っていた。第一は、東アジアのユダヤ人に対する支援の中止である。日本は第四回極東ユダヤ人会議の開催を阻止した。ユダヤ人は今や人質にされて対英米関係の行き詰まり打開に使われる身となった。第二に、ユダヤ人が分を守り、日本の政策に従って行儀よくすれば、日本、満州国あるいは中国に住むユダヤ人を、暴力を使わずに扱う。第三、新知識、技術あるいは資本を有しそれを利用できる者以外のユダヤ難民は、日本、満州国あるいは中国への入国を排除する。第四、国際ユダヤ人の影響力行使戦略に対応し、特に東アジアに居住する国際ユダヤ人の影響力究明を継続する。丸山が指摘したように、外務省内に勃興する親ナチ派の動きが、感知された(60)。第四回極東ユダヤ人会議は、一九四〇年一二月二〇日に大連で開催の予定であったが、父親の秘書として働いていたカウフマンの息子によると、カウフマンと日本当局は、今や東アジア最大のユダヤ人共同体をもつ都市となった上海を開催地にしたかった。しかしながら、日本はほかの枢軸国、そしてまたおそらくは前述の内部親ナチ分子とトラブルになることを恐れ、開催の一週間前に中止にした[61]。

この後の五年間、ハルビンは安全な距離圏からヨーロッパとアジア正面における戦争の恐怖を観察していた。大戦中日本とソ連は、一九四一年四月一三日に調印した日ソ不可侵条約を厳守した。しかるに一九四五年八月九日に状況が変わる。スターリンが条約を破ったのである。兵力一五〇万、八九個師団のソ連軍が、雪崩をうって満州国に侵攻し、火力、機動力共に関東軍を圧倒した。八月一五日までに日本の天皇は国の降伏を表明していた（八月一四日にポツダム宣言を受諾）。しかし、ハルビンがソ連の手に落ちるまで、あと一週間を要した[62]。ソ連は、国民党軍を入れないように腐心した。その部隊は、市から六〇キロ離れた地域で停止していた。市が人民解放軍に引き渡されるまであと八ヶ月を要した。ハルビンは、事実上共産主義者が最初に手にした大都市である[63]。

共同体の消滅

アブラハム・カウフマンは、ハルビンをはじめ満州で日本当局と組んだ〝仕事〟によって、一部の人間から救世者と称えられたが、別の一部の人間からは裏切者と非難された。ソ連は、後者の立場で一九四五年に本人を逮捕した。カウフマンは、特に一九三〇年代後半からの大規模流出にもかかわらず、ハルビンに踏みとどまり、沈みゆく船と運命を共にする道を選んだ。ハルビンのユダヤ人の時代は、一九三〇年代末までに、急速な終焉を迎えつつあった。かつては、四散したユダヤ人共同体の終の住処、さらには郷土とまで想定されていたのであるが、完全な破綻に終わった[64]。日本人研究者のひとりは、太平洋戦争勃発直前のハルビンのユダヤ人口は二八〇〇人に減少し、終戦時までに約二〇〇〇人になったと推定している。前住民の大半は天津と上海に転居していた[65]。戦後そして一九四九年の中国共産党の勝利の後、残留ユダヤ人のほとんどは、合衆国、カナダ、オーストラリアそしてイスラエルへ移住した。一〇年後、ユダヤ人残留者は、中国全土で三〇〇人足らずになった。

ユダヤ・エルザッツ（代用）〝郷土〟としてのハルビン市の短い歴史は、大いなる期待をもって始まった。ユダヤ人の大半はロシア恐怖症の人々であり、そこはそのユダヤ人にとって機会にあふれる地のように思われ、少なくとも初期においては、反ユダヤ主義が事実上存在しなかった――それによって当時世界的にユニークな都市になったのである。第一次世界大戦とそれに伴う革命そしてポグロムが発生するなか、そのような希望が当地への移住願望をたきつけた。満州そして特にハルビンにおける日本の影響が強まっていったが、地元ユダヤ人実業家とその資金を日本の勢力拡大のために使うことが可能とする思考は、現実には、日本人を悪だくみのプロパガンダのとりこにした。ユダヤ人が世界の資本を支配している――長い伝統をもつ反ユダヤの決まり文句である――と本当に信じているのであれば、人を陥れようとして、かえって自分が不利になることはしないだろう。日本の反ユダヤ主義が正直に、もっと正確にいえば、不正直にやすやすと構造変化をきたして、親ユダヤ主義に化したのは、そこに理由がある。

日本はユダヤ人共同体との関係に長い伝統を有していない。この点を覚えておくのが大事である。賛否両論あるが、二〇世紀前半につくられた著作の大半は、胸くそが悪くなるようなユダヤ人像を含め、ヨーロッパの反ユダヤ主義の完全な模倣である。たとえ日本の反ユダヤ言辞を深刻に受け止めるにしても、ハルビンのユダヤ人たちは、身体的意味で野蛮な扱いを受けたことはない。一九三〇年代には手荒く扱われていた。しかしそれは、無法の社会的犯罪者集団の仕業であり、政府の政策ではなかった。我々は、同じ難民たちが中部ヨーロッパを脱出できなければ、いかなる成り行きになったのか、はっきりした状況を描くことができる。最後まで現地に踏みとどまった、名前の知れている人でハンナ・アグリという女性がいた。ハルビン共同体の出身である。[66]象徴的な言い方をすれば、二〇世紀初期の共同体の、いわば遺物で、何十年かの間にほとんど中国語を習得しなかったようである。[67]最近になると、ひとりのイスラエル人研究者がハルビンに住みついた。[68]現在では引退しているが、かつては東アジア最大であったハルビン・ユダヤ人共同体の最後の（間接的であるが）後裔である。

ハルビンのユダヤ人口が一九三〇年代から減少するのは、要するに、戦争の先行き不透明、見通しが立たぬ結果であった。彼らが特に虐待されたわけではない。日本の軍上層部と政治家たちは、アメリカの裕福なユダヤ人投資家の投資を期待して、現地ユダヤ人を使おうとしたのである。しかしながら、日本がナチドイツと同盟を組んだ後、この夢想は煙と消えた。そして地元のユダヤ人共同体は、これまで感じていた保護があったとしても、それはすぐに蒸発することを知っていた。この地域へ突入するソ連軍と中国共産軍の動きは、現地日本人共同体にとって、身の毛のよだつことであった。しかしユダヤ人の方は、それまでに大多数が南へ逃げていたのである。

第13章

台湾
——ルーツなき戦後のユダヤ人共同体

ドン・シャピロ

台湾のユダヤ人共同体は、戦後アジアにおける小さくて極めて都会的な共同体の一ケースである。聖書にある仮住まいの〝逗留者〟という言葉が、数百人の共同体メンバーの大半にあてはまる。近年はイスラエルと合衆国の出身者がほとんどであるが、ビジネス、学術その他の活動で数年あるいは数十年滞在するケースが多い。地元共同体のなかで快適に生活し仕事をしているのであろうが、台湾を自分の終の住処とし引き続き次の世代も住む地と考える人は、比較的少ない。台湾におけるユダヤ人住民が比較的仮住まい的性格をもつことは、ユダヤ人共同体生活の建設と維持上問題であった。しかし、さまざまな困難があるにもかかわらず、ユダヤ人の存在は維持され、近年には強固になった。これは、個々人と組織の献身的努力のおかげである。

台湾のユダヤ人共同体の性格を考えるうえでカギになるのが、ユダヤ人と台湾の関係史が比較的短いという点である。この島におけるユダヤ人居住者の存在は、二〇世紀中期以降に確認される。第二次世界大戦とその余波の結果、台湾が西側にとって経済的・戦略的重要性をもつようになってからである。付記すれば、根拠となる資料はないように思われるが、ユダヤ人——おそらくはコンベルソ

（キリスト教改宗ユダヤ人）――が一七世紀頃から台湾（ヨーロッパではフォルモサとして知られていた）に商人あるいは行政官として来た可能性はある。オランダ東インド会社（VOC）が地域本部をバタビア（現ジャカルタ）におき、東南および東アジア一帯に貿易拠点をつくった。このコンベルソたちが、この東インド会社のために働いていたのである。この時代会社に投資していた人の相当数は、ユダヤ人であった。(1)一六六一年、オランダは、日中混血の策士・鄭成功率いる軍に、台湾から駆逐されるが、それまでに台湾南西部の現台南を中心に、大きい入植地を建設していた。(2)その時代ユダヤ人が台湾に居住していたことを示す具体的証拠はないが、いたとしても別に驚くことではない。(3)

しかしながら、この後数世紀、台湾にはユダヤ人旅行家を惹きつけるものは、ほとんど何もなかった。中国本土の約一六〇キロ東にある台湾は、北東域の日本から南西のインドネシアに至る列島線の一部であり、中華帝国の外縁に位置する。オランダ人が入植する前、この地域には、オーストロネシア語族のさまざまな部族が住んでいた。現代のDNA検査で判明しているように、ニュージーランドからハワイに至る先祖である。一七世紀から一八世紀にかけて、福建省を中心に中国南部から移住の波が続いた。帆船の時代、台湾海峡を横断する危険な船旅で、上陸すれば、先住民とたびたび衝突した。(4)当初台湾は、行政上福建省の県として統治されていたが、一八八七年に省に格上げされた。しかし八年後、第一次日中戦争（日清戦争、一八九四～九五年）の結果結ばれた下関条約で、台湾は日本へ割譲された。

この後の五〇年間、日本の植民地支配下で中国南部からの移住民の子孫は、多くの日本文化の特徴を身につけていき、植民地政権が実施した諸政策で、公衆衛生は改善され、基本的な経済インフラも整備された。日本語が学校教育および行政上の使用言語であった。[5] 日本の植民地時代、ユダヤ人関連として知られるものに、一商社の業務がある。その後石油会社が二社活動した（そのうち一社はロイヤル・ダッチ／シェルの前身）、ロンドンのマーカスとサムエルのサムエル兄弟が創立した会社である。商社のサムエル・サムエル社は横浜に本社をおき、日本政府の認可で、阿片の台湾への輸入と樟脳の輸出にあたった。いずれも独占輸出入である。この商社は一八九六年から一九二六年まで台湾に事務所をもっていた。兄弟のひとりの息子が、一九一〇年頃商用で台湾に行ったことは判っている。一族のなかであるいはユダヤ人従業員で台湾に滞在した人は、ほかにもいると思われる。[6]

第二次世界大戦の終結で、台湾は一九四五年に蔣介石の国民党政府の支配する地になった。それまでに島は、中国で経済的に最も開発の進んだ地域のひとつになっていたが、同時に日本の軍事基地や産業施設に対する連合国空軍の爆撃で、相当に被害を受けていた。さらに台湾は社会的緊張によって混乱した。中国本土から派遣されてきた政府役人は、日本の植民地支配下にあったため、台湾住民を二級市民として扱う傾向があり、〝本土人〟実業家は台湾住民をないがしろにして、私腹を肥やした。多くの台湾住民がこのような状況に憤慨した。[7] 一九四九年後半になると、もっと緊張した雰囲気になった。当時中国は内戦下にあり、国民党政府は、共産党の赤軍（人民解放軍）との帰趨を決する戦闘に敗北し、やむなく台湾へ後退した。そこで台北に〝臨時首都〟を建設するわけである。推定一五〇万の人が、大半は上海から海路島へ渡った。国民党軍の軍人とその家族だけでなく、外国人を含む親国民党派の一般人も移動したのである。[8] この移住者のなかに、数は少ないがユダヤ人たちがいた。戦前安住の地を求め、上海、ハルビンその他の都市に来たユダヤ人たちで、共産党が勝利するまで残っていたのである。[9]そのひとりナタン・ラビノビッチ（ナット・ラビンとしても知られていた）は、一九八五年に死去したが、台湾で葬られたユダヤ人として判明しているのは、彼だけである。台湾に逃れるまで上海では、ナタンはギャングと関係をもつナイトクラブのオーナー、であった。[10]

合衆国軍の役割

一九五〇年代初期、国際観測者の多くが、共産党が台湾攻撃をもって革命を完了する、と考えていたように、国民党政権は先行き不透明の状態にあった。しかし、台湾の命運は朝鮮戦争の勃発で変わった。合衆国政府が、台湾をアメリカの安全保障圏に含めたのである。一九五四年、ワシントンと台北は相互防衛条約を結び、翌年から合衆国の軍隊が台湾で行動を開始し、島の防衛に関しアドバイスや支援にあたった。[11]合衆国軍の台湾駐留兵力が、一万を越えることはほとんどなかったが、ユダヤ系アメリカ兵は、ミンヤン（礼拝が成立するに必要な最低一〇人のユダヤ人成人）になるだけの数は充分にいた。一〇年後、ベトナム戦争がエスカレートするなかで、戦闘圏からR＆R（保養慰労休暇）でアメリカ兵が不断に台湾を訪れた。台北の南北縦貫道である中山北路沿いに、司令部支援活動拠点があり、そのなかの諸宗派共用礼拝堂で礼拝が行われていた。常駐のラビはいなかった。台湾に一番近い合衆国の従軍ラビは、フィリピンにいたが、台湾へは不定期に時々行くだけであった。重要な祭日の時は、軍が特別に合衆国からラビを一名派遣した。ロシュハシャナ（ユダヤ教の新年）の祝宴とペサハのセデル（過越祭の行事）は、軍の将校クラブで開催された。[12]

台湾は、一九六〇年代後半の段階で、経済発展のテイクオフ期を迎えた。厳格な土地改革と外国為替管理を強調する政府の政策を通して、戦災から立ち直り、経済的安定を手にしたのである。一五億ドルに達する合衆国の経済援助は、一九六五年に終わったが、企業家が基幹産業でスタートアップするためのローンを含め、財政上の支援に役立った(13)。この経済支援もさることながら、北米およびヨーロッパ市場への進出が、長期間の急速な成長を後押しした。それは、繊維製品、靴を含む、台湾で安価に生産できる消費財の輸出を中心とする。この買い手市場が台湾に発展し、サンプルを手にしたバイヤーたちが台湾に押し寄せるようになった。このサンプルをいくつかの業者に提示して競わせ、品質と価格共に一番よいものを選ぶのである。このバイヤーの大半は、アメリカのユダヤ人であった。彼らは、台湾に来ると、プレジデントホテルに宿泊する傾向があった。当時台北で第一級の国際ビジネスホテルで、彼らは毎回安息日にはここに集まり礼拝した。大半はアメリカの履き物バイヤーで、その多くは、シリアのアレッポ出身であった。ホテルの調理場は、キドウーシュのためのハラー（安息日、祭日に用意される特別のパン）、オネグシャバット（ヘブライ語で土曜日午後の行事の意）用のご馳走を提供するため、調理訓練を受けた。かくして、台北では二つの礼拝が同時に行われていた。プレジデントホテルに集まる流動的グループ、そして軍の礼拝堂に集まる一定期間の居住者グループである。国籍でいえば、アメリカ国籍者とイスラエル国籍者はほぼ同数であった。後者は、台湾と取引のあるイスラエル企業の派遣社員が主で、イスラエル航空機産業（ＩＡＩ）、タディラン、アイゼンベルグ・グループ、そしてツィム海運などである(14)。

台湾の経済開発に一番影響を及ぼした実業家は、間違いなくモーゼス・シャピロ（本章筆者とは無関係）であった。シャピロは一九六〇年から一九七七年にかけて、アメリカの電子機器メーカー・ゼネラルインスツルメントの社長そして会長をつとめた人物で、台湾に住んだことはないが、頻繁に現地を訪れている。最初の訪台は、一九六四年五月である。シャピロは、アメリカのメーカーが日本からの輸入製品に太刀打ちできなくなると考え、台湾の李国鼎経済相と面談し、ゼネラルインスツルメントのプラント建設を提案した。生産コストを引き下げて競争力を強めるのが、狙いであった。シャピロは税制上の優遇措置と部品および原材料輸入の円滑化を求めた[15]。李は、台湾経済の発展にカギ的役割を果たした人物のひとりといわれるが、電子機器の分野における海外からの最初の台湾投資に大変喜び、投資申請は記録的速度で、承認される旨確約した。会社は土地を取得し、従業員三〇〇人を採用し、訓練した。そして、シャピロが李経済相に会ってちょうど半年後に、工場が操業を開始するのである。シャピロは、台湾の労働の質と生産性にずいぶん喜んだといわれ、政治的安定性と政府の支援にも満足し、アメリカの電子機器業界内で、台湾が投資環境に優れているという話を大いに吹きまくった。それから数年のうちに、ＲＣＡ、ゼニス、アドミラル、フィルコそしてモトローラが台湾に進出し、アメリカ向けテレビセットの生産を開始した[16]。

ゼネラルインスツルメントの投資が、しっかりした電子機器およびコンピューター産業の地固め役を果たし、台湾繁栄の一翼を担った。アメリカの投資産業で訓練を受けた技術者や管理者の多くは、自分で会社を立ち上げあるいは地元企業の幹部になった。同時に台湾は、中国語を学ぶ外国人学生を惹きつけ、その数も増えていった。中国はまだアメリカ国籍者に門戸を開いておらず、台湾が北京官話学習の国際的センターになった。このような主要機関が、アメリカの諸大学が共同して運用する中国語研修大学間プログラム、そして外交官を養成する国務省の言語学校である。(17)前者は国立台湾大学のキャンパスにある。言語研究あるいは調査プロジェクトの推進によって、そっくり一世代といってよいほどの、合衆国等の主な中国研究者の経歴は、台湾で始まった。研究者の多くはユダヤ人であった。主導的立場にたつ研究者には、例えばコロンビア大学のアンドリュー・ナタン（ネーサン）とミロン・コーヘン、カルフォルニア大学バークレー校の社会学者トーマス・ゴールド、ウィスコンシン大学のエドワード・フリードマン、ブラウン大学の故アラン・ワックマン、オーストラリアのモナシ大学のブルース・ジェイコブスが含まれる。合衆国政府のなかにも、リチャード・ソロモンやケネス・リーバーサルのような専門家がいた。

全体的にみて、台湾にユダヤ人共同体が生まれた時、その主力はアメリカの駐在員であった。商用や中国語研究で来台する民間のユダヤ人が次第に増えるにつれ、米軍当局は、ユダヤ教の安息日と祭日の行事で、一般人が軍人と共に基地内礼拝堂で礼拝するのを、認めるようになった。軍の礼拝堂で、ユダヤ人が集まって礼拝するのがもとになり、これが台北ユダヤ人共同体に発展していく。(18)ニューヨークの弁護士ミハエル・D・フリードマンは、一九七〇年代台北で仕事をしていた人物であるが、この礼拝堂はキリスト教とユダヤ教の礼拝の切り換えが容易であった、と述懐している。「カトリックの祭壇は車輪つきで、トーラーの巻物を安置したユダヤ教の祭壇とすぐに入れ替えができた。こちらの祭壇も車輪つきで、移動式であった」、「礼拝書は、ユダヤ聖職者協会（Jewish Board of Chaplains）が支給し、ショファル（吹鳴用の羊の角笛）は、合衆国政府の官給品で、政府所有の認識番号がついていた」という。(19)礼拝で使うコーシャワインは、当時台湾ではワインと蒸留酒の輸入は厳重な統制下にあったが、軍のチャンネルを通して入手可能であった。フリードマンの回想によると、一九七四年に夫婦で到着した時、軍礼拝堂における礼拝のリーダーは平信徒で、米海軍将校アービング・J・グリーン大佐であった。大佐は化学の博士号をもつ学者で、当時、台北に基地をおく海軍医学研究隊の隊長であった。[20]

共同体の正式発足

一九六〇年代、民間人および軍人家族のユダヤ人女性が、小さい集まりであったが、女性親交団体をつくった。その団体が、軍の将校クラブで時々集会を催し、サンデースクールを組織し、そして祭日の夕食会を開いた。[21] 一九七〇年初期の時点で、台北には約二〇組のユダヤ人家族がいた。[22] その時代になると、民間のユダヤ人居住者は、礼拝施設を提供してくれる米軍の駐留が終わる日のことを考え始めていた。一九七一年、台湾は国連の議席を失い、一年後リチャード・ニクソン大統領が歴史的な中国訪問を敢行し、上海コミュニケに調印した。それは、アメリカの外交承認が、中華民国（台湾）から、北京の中華人民共和国に変わる、その道筋をつけるものとみられた。中華民国と合衆国の間には、友好・通商・航海条約が結ばれていたが、それがいつまで有効なのか判らない。そのような状況のなかで、会衆は一九七五年の総会で、まだ可能なうちにこの条約を利用して、台湾法のもとで非営利団体としてユダヤ人共同体を登録すべきであると決議した。その条約には、他国の国民が国内で礼拝場所を設置する場合、受け入れ国の認可を必要とする旨の条項があるが、申請側は担当の役人たちに設置の理非について、納得させなければならなかった。ミハエルとルースのフリードマン夫妻が働

く法律事務所が、無料で申請原案をつくり、官僚主義の迷路を誘導した。(23)

会衆委員会が、申請によって直面する政治的障害を話し合った。懸念材料のひとつが、外交関係をまだ維持しているアラブ二ヶ国、すなわちサウジアラビアとヨルダンの出方である。この法律事務所が外務省の支持を得るため、接触をアレンジした。フリードマンの回想によると、ヨルダン王国およびサウジアラビア王国との長期に及ぶ関係が、障害問題として浮上した。当局に対しユダヤ人の代表たちは、「我々は政治とは関係のない宗教共同体である。我々が望むのはただひとつ、我々が礼拝し我々の子供たちに宗教教育を与えるための場所だけである。我々は御国の外来客員であることを充分承知している。外交関係を乱すようなことは一切しない」と当局に約束した。(24)問題になりそうなのが、ほかにもあった。当局は、韓国人・文鮮明を教祖とする世界基督教統一神霊協会や合衆国のエホバの証人（ものみの塔）といった〝破壊的〟宗教セクトを懸念していた。二つとも近年台湾に接近していた。(25)フリードマンは、海軍の礼拝堂における礼拝に見慣れぬ人物が複数列席していた状況に鑑みて、「我々は、台湾の治安当局の蜜偵か何かであろうと疑った」と回想する。(26)台北で中国史を研究するマーク・カプランの提案を受けて、委員会は、ユダヤ人共同体が中国に一〇〇〇年以上も平和的に存続し、共同体問題を起したことは一度もない、と当局に訴えた。役人たちはユダヤ教の宣教団がいないのを不審に思ったが、フリードマンは、ユダヤ人が改宗運動をやることはないと説明した。(27)

やがて、中華民国の憲法が保障する信仰の自由を守る権利に沿って、一協会としての台湾ユダヤ人共同体（ＴＪＣ）の法人化が認められた。中国語の憲章には、理事会会長としてミハエル・フリードマンの名前がある。主だった理事に、モリス・Ｉ・モリス（電子機器メーカーＲＣＡの役員）、ハリー・

アイゼンバウム（ヨーロッパの海運会社キューネ&ナーゲルの役員）等が含まれる。次は、家族の大半が居住する天母地区施設を借り、ジューイッシュセンターとして運営するため、資金集めが必要であった。募金目標はすぐに達せられた。すべてのユダヤ人が歓迎されていると感じるセンターにすることを条件に、ひとりのユダヤ人が匿名で一万ドル寄付したのである。台湾では、ユダヤ教の戒律に基づくコーシャ（清浄の意）肉の入手が難しいので、センターにはミルシガ（イーデッシュ語で乳製品の意）の簡易食堂だけを併設することに決まった。もちろん食物規定に従った食物分類をベースにする。インディアナポリスのジューイッシュ・ポストが、一九七五年に報じた記事によると、共同体の発足時、ラビ・ヤコブ・T・ヘーニグが、助言、指導にあたった。(28) 当時ヘーニグ師は、合衆国空軍予備軍団所属の聖職者で、祝日礼拝の司祭役として、二年間台湾に送られていた。新聞は、ラビの発言として、当時共同体が〝しっかり結び合っている〟とし〝概して過渡期にある〟と書いている。さらにこのラビは「好奇心からであろうが、島に滞在中呼び止められて、私のかぶるヤルムルク（頭蓋帽）の説明を求められ、あるいはユダヤ教の歴史を手短かに教えてと言われることがよくあった」と述べている。(29)

黄金時代

新しく形成された共同体のリーダーシップは、すぐにヤーコブ・リーバーマン（一九二三～二〇一五年）に移った。エネルギッシュなカリスマ的人物で、一九七五年に来島後すぐに会長に就任し、一九八六年に離島するまで（カリフォルニアに引退）、会長をつとめた。リーバーマンはハルビンに生まれ、九歳の時親戚と暮らすため上海に移り、英語の学校に通学した。青少年時代を上海で過ごしたリーバーマンは、シオニスト青少年運動ベタルのメンバーになり、日本の大学で修士号をとった後も、メンバーとして活動した。(30) 一九四九年、リーバーマンはイスラエルへ移住したが、一九六〇年代にアジアへ戻り、日本で商社に勤めた後、シャウル・アイゼンベルク・グループの台湾事務所長として、台北に赴任したのである。(31) 一〇年に及ぶ会長時代、リーバーマンはステンシル印刷で会報を発行した。会報はやがて二〇頁の厚さとなり、会員だけでなく、台湾をよく訪れるユダヤ人、世界に散在する共同体メンバーの友人に配付された。内容は、会長その他の役員や会員が書いた論説、解説、詩などのほか、世界ユダヤ人会議、ユダヤ機関、オーストラリア・ユダヤ人評議会などの外部資料も転載した。リーバーマンは、会報の役割について、論説で「世界のユダヤ人と我々の小さいユダヤ人共同体を結び、連帯を強めると共に、団結、霊感、教育そして情報のみなもとでもある」と説明している。一九八四年、共同体創立一〇周年を記念して、彼はつながるユダヤ人の輪（From One Jew to Another）と題する特集を組んだ。

リーバーマンの会長時代にあたる一九七〇年代初期、共同体の規模は当初の一八家族から五三家族になった。センターは、安息日と祭日の礼拝のほか、サンデーブランチ（食事）会、サンデースクール（共同体メンバーが教えた）、映画やゲストを招いた講演などの〝文化の夕べ〟にも使われた。センターでは、料理人と管理人を雇用した。料理人はメンバーの指導で、ファラフェル（平べったいパン〈ピタ〉の中にサラダを入れドレッシングをかけた中東の大衆食）などのつくり方をすぐにマスターした。当時台北には、国際ホテル以外に西洋料理店がほとんどなく、英語の通じるレクリエーション施設も比較的少なかったので、多くのユダヤ人家族にとってセンターが重要な交流の場になった。そのセンターは、数年の間に少なくとも六回移転している。天母地区と近くの石碑には、一家族用の一～二階建ての家屋が一杯あった。これはセンターとしての使用に理想的であった。大きい広間は社会・文化行事に使えるし、別の大部屋は祭壇と会衆席をおいて、シナゴーグとして利用できた。さらに広々とした調理場もついていた。しかし、台湾が経済的に発展するに伴い、不動産価格が急激に値上がりしていった。台湾のユダヤ人共同体に数年間賃貸した後、たいてい地主は高い建物に建て替えるので契約の更新なし、と通告した。外務省が介入したケースもある。ユダヤ人センターは公館にあまりにも近いところにある、とサウジアラビアの大使館が不満を述べ、政府の役人たちがこれを確認し、外務省に地主は賃貸契約を更新しないと約束した。

台北のユダヤ人共同体は、一九八〇年代から九〇年代かけて、正式メンバーの数と活動の面でピークに達した(32)。当初サンデースクールは、イスラエル人の母親が教えていたが、その後若夫婦の担当になった。若夫婦——通常夫か妻が中国語の研修生——に賄いつきの部屋の提供と交換に、一年間教育を担当してもらうのである。この時代、共同体の主柱は、主に商社の経営者（台湾製消費財を扱う輸出業者）と細君たちであった。それには、エリーとフィオナ・チタヤット（長い間共同体の副会長であった）、ジャックとヤエル・ビジョ、アンドレとバベッテ・シュラキが含まれる。彼らはその後それぞれイスラエル、スイス、香港へ転居した。二〇〇〇年代初め、消費材の供給者として、台湾が中国を含む低コスト諸国に対し、競争力をなくしたからである。台湾で履き物製造業の経営者であったイスラエルのプニナ・ゴールドシュタインと亡夫ベンジも、拡大を続ける共同体の重要メンバーであった。

プニナは「メンバーたちは互いにとても親密でした」、「何十年もたった今でも、連絡をとり合っています」と述べている[33]。

この時期、共同体のメンバーが急増した。台北の地下鉄建設にアメリカから（ユダヤ人）技術者半ダースとその家族が来島したのである。加うるに、れっきとした大使二人が、メンバーになった。一九九四年に政治的任命で、イサーク・ハノノ・ミスリがパナマ大使として赴任、二〇〇〇年代初めには生え抜きの外交官ジュリオ・ロベルト・パロモ・シルバが、グアテマラ大使として着任した。アジア太平洋ユダヤ人協会（Asia-Pacific Jewish Association）が一九八八年に発行した『ユダヤ人旅行者のためのアジア・太平洋サバイバルガイド』は、台湾訪問者に対しコーシャの食事にY・Y・キッチンとステーキハウスを案内している。ステーキハウスはとっくに閉店したが、カシュルート（食物規定）を守る旅行者に対するほかの案内——例えば、たくさんある仏教徒の精進料理店のひとつを紹介——は今でも有効である[34]。リーバーマンの退任に伴い、会長は化学工業界のアメリカ人エド・タッカーになった。一九八七年にタッカーが本社に転任となり、本章の筆者が、その後数十年会長職にあったが、台北政府が共同体に任期制限を設けるように指示したのである。

エフライム・フェルディナンド・アインホーン博士（一九一八〜二〇二一年）も、共同体の形成に貢献した人物である。アインホーンは、一〇三歳の誕生日を迎えた三日後に台北で死去し、イスラエルの地に埋葬されたが、〝現代のマルコ・ポーロ〟とか〝台北のマジッド〟と奇抜なあだ名で呼ばれた。後者は、東ヨーロッパで活動した伝統的な巡回説教師の意である[35]。二〇一六年には台湾のビジネス誌が、「実業家、研究者、ラビ、言語学者、私的外交の実践者を含む、多彩な才能と役割を併せもつ稀有な人物」として紹介した(36)。二〇一一年にハバッド派が台湾に進出するまで、本人が共同体付の唯一のラビであった。晩年は車椅子の生活であったが、安息日と祭日の礼拝に必ず参加し、台北のロータリークラブの週例会、アメリカンクラブのサンデーブランチにも出席を欠かさなかった。台湾に来たのは五七歳の時、すでに波瀾の人生を乗り越えた年であった。オーストリア・ハンガリー帝国の末期ウィーンに生まれ、後年イギリス国籍をとり、さらにその後アメリカ市民になった。

台湾に対するアインホーンの熱愛は、一九七五年に始まる。クウェートの企業の財務顧問になって間もなくのことである。クウェートの通商代表団として台北を訪れた際、この都市が自分の仕事にはもっと向いていると判断し、台湾で暮らすことに決めた。最初の数年、彼は主として販売促進用ギフトとして使う、斬新な製品の開発に取り組んだ。それと同時に祭日の礼拝その他シムハ（イーデッシュ語で祝い事の意）の司会で、ユダヤ人共同体を支援した。共同体のミンヤン（礼拝集会）はプレジデントホテルで行われていたが、彼は一九八〇年からリッツホテル（後にランディス台北ホテルに改称）で、定期礼拝を行うようにした。リッツ側は、客室のひとつをシュール（シナゴーグ）として改装した。商用で台北に来るユダヤ人訪問者は、このホテルへ誘導するというのが、交換条件であった。

二〇〇三年、天母地区でコミュニティセンターとして適当な場所をみつけるのが、次第に困難になって、登記されている台湾ユダヤ人共同体のメンバーたちは、ランディスでアインホーンの礼拝に参加するようになった。同じ頃ホテルは、シュールとして使われていた部屋を客間に戻し、代わりに近くの商業ビルの小さい一室を提供した。しかし二〇〇六年にその場所も区画整理の対象となり、ほかの場所に移ることになった。今度はシェラトングランド台北ホテルで、広々とした客間が確保され

写真13－1　台湾ユダヤ人社会におけるシムハット・トーラー（律法感謝祭）（2020年）

た。トーラーの巻物、祭壇その他のものはランディスから移されたが、同時にアインホーンが個人で蒐集したヘブライ語の稀覯本（数百年前のものもある）も、こちらへ移された（写真13－1参照）。二〇一五年、再び新しい場所を探さなければならなくなった。以前と比べるとユダヤ人実業家の来島が少なくなり、来島する人も、アインホーンの事務所をもはや通さず、ホテルを予約する人が多くなった。危ういところで問題は避けられた。共同体メンバーのひとりジェフリー・D・シュワルツが、所有するオフィスビルの空室を、提供したのである。おかげで、財政上の重い負担をかけずに、共同体の安定運用が可能になった。

アインホーンは、寄る年波で動けなくなる前に、毎年国立の台湾大学に出講し、宗教課目の時間に、ユダヤ教を講じた。最高学府では最も重要な大学である。集会場が小さいので、学生たちは実習の一貫としていくつかの組になり、二～三週かけて、安息日の礼拝に参加した。彼は東ヨーロッパで築いた貴重な関係を利用し、チェコ共和国、ハンガリー、ラトビア、リトアニアそしてポーランドを含む一連の国家と台湾の非公式な関係の改善に寄与した[37]。官僚主義に悩まされている友人を助けるため、アインホーンが政府の役人たちに会いに行くと、その役人たちが喜んで迎え、感謝の気持ちを表明することがよくあった。ロータリークラブで築いた関係も貴重であった。その関係を何度も活用している。なかでも劇的な事例が、一九九四年に起きた。台北で中国語を学ぶイギリス国籍のユダヤ人青年がダイビングで重傷を負った時、手術のため、イギリスに搬送する必要があることを知ると、アインホーンはすぐにロータリーの友人に連絡した。キャセイパシフィックの人で、担架に固縛された患者と医療班のために、席を確保してくれた。

イスラエルの進出とハバッド派の来島

一九九三年、イスラエルが台北に代表部を開設し、台湾のユダヤ人共同体にとって頼りになる組織が生まれた。二〇二〇年代初めの時点で、イスラエル経済文化局（ＩＳＥＣＯ）が、一〇人のイスラエル人を含むスタッフ二一人で、活動していた(38)。イスラエルと台湾が、正式に国交を結んだことはない。イスラエル建国から数十年、台湾は石油の供給源としてのアラブ世界との密接な関係維持に腐心した。もっと時間がたって、北京との関係が改善されてくると、イスラエルは対中関係を難しくすることを望まなかった(39)。しかし、イスラエルが一九九二年に中国を外交承認した後、全面的な外交関係よりレベルの低い、代表部事務所の交換は可能となった。世界の主要諸国が台北に設置した代表部事務所と同じように、イスラエルのＩＳＥＣＯは大使館と同じような機能をもっているが、北京との〝ひとつの中国〟政策を維持するため、正式の大使館には至らない資格であった。台湾はテルアヴィヴに同じような事務所をもっている(40)。

台湾とイスラエルは長い間非公式の接触を続けた。一九七〇年代後半から一九八〇年代に至るまで、例えばイスラエルは台湾に対し、対空および対艦ミサイル、哨戒艇などの軍用機材を密かに供給し、技術関連の企業間でもビジネス上の関係が発展した[41]。実際問題、双方は共通点が極めて多く、かつてエルサレム・ポスト紙の古参編集者ローレンス・リフキンは「出生時に生き別れとなった双生児」と言った[42]。イスラエルの政治学者モール・ソボルは、この類似性を引用し、双方は若い民主主義国家で、領土狭小、人口も少ない。天然資源に乏しく、教育に力を入れ、人的資本に依存せざるを得ない。双方は〝厄介な隣人〟の近くに位置する。しかし、ハイテクと科学をベースとする産業に力を入れて成功したと指摘する[43]。

それでも、イスラエル・台湾関係は、大部分が秘密区分に入れられ、あるいは目立たないようにされている[44]。政策上の方針として政府高官は台湾を訪問しない。しかし二〇一七年に、台湾の科学技術相が、イスラエルで開催された国際会議に出席した。議会代表の訪問は、もっと当たり前である。クネセット（イスラエル議会）の議員グループは、ほぼ毎年訪れている[45]。台湾の政界要人も何名かイスラエルへ来た。台湾の蔡英文総統は、野党時代の二〇一三年に訪イし、帰国後イスラエルの安全保障と技術および経済能力について、称賛する記事を書いている[46]。将来の総統有力候補といわれる二人の政治家も、市長時代イスラエルを訪れている。副総統の頼清徳（二〇二四年総統就任）は二〇一六年、台北市長の柯文哲（民衆党主席）は二〇一九年にそれぞれ訪イした[47]。商取引は五年間で四五％伸びた。二〇一九年の商取引をみると、対イ輸出は九億七五〇〇万ドル、イスラエルからの輸入は六億八五〇〇万ドルである。二〇二一年は合計で二〇億ドルを越えた。台湾の主な輸出品目は集積回路、機械部品、アクセサリー、化学製品、携帯電話である。イスラエルからの主な輸入品目は、光学機械、半導体産業用の機械、集積回路である。イスラエルに投資している台湾の主なメーカーには、半導体分野でウィンボンドとその子会社ヌヴォトン、精密機械分野でハイウィンテクノロジーが含まれる。イスラエルのIDEテクノロジー社は、台湾でいくつかの大規模淡水化プロジェクトに従事している(48)。一九九九年以来、台湾で夫リランと共にコンサルタント会社を経営しているレビタル・シュパンゲンタル・ゴランは、「台湾の得意分野は精密製造、一方イスラエルが競争力をもち強味とするのはR&D（研究開発）とイノベーション」で、ここに相当な協力の機会が生まれていると指摘する(49)。

観光産業も、双方向の訪問規模はまだ比較的小さいが、協力機会が大きくなりつつある分野である。台湾の旅行業者数社が、イスラエル観光を扱っている。聖地巡礼で台湾のキリスト教徒をターゲットにしているのも、いくつかある。電子機器関連の仕事でよく台湾を訪れるエヤル・ラーナンも、台湾旅行に関心を抱くイスラエル人にとって、台湾事情の情報源である。ISECOは、文化、学術交流にも熱心であった。二〇一八年二月、世界第四位の規模を誇る台北国際図書見本市でイスラエルが主賓国の役目を果たした時、相当な評価を得た。台湾南部がひどい地震に見舞われた時には、ISECOが、独立記念行事予算を急遽支援に使うことを決め、大いに注目された。ISECOは、地震の犠牲者一七〇名に弔意を表し、イスラエルが開発・生産した耐震構造の勉強机一七〇セットを贈った。

この一〇年ほどをみると、正統派ユダヤ教のハシッド派運動ハバッド・ルバビッチ派が、発展する共同体に現代のイスラエル魂を導入した。ハバッドは、台湾の状況を何年も視察した後、二〇一一年にラビ・シュロミ・タビブとその妻ラヘリを台湾に派遣した。台北にハバッドハウスをつくるのである(50)。若手のタビブ夫婦は、三年間香港で勤務していたので、この地域の事情はある程度理解していたが、台湾のユダヤ人共同体に、新しいエネルギーを注入した。二人は、台湾在住のユダヤ人を不断に探しまわり、データベースにつけ加え共同体の活動を大きくしていった。地元ユダヤ人が戒律を守るには、いろいろ制約があるが、タビブ夫婦はその制約を少なくする努力をした。コーシャの鶏肉を合衆国から輸入するよう、大型スーパーのコストコを説得したのは、ラビ夫婦である。それだけではない。夫婦は、コーシャの食事を注文する旅行者に届ける仕事もした。ラビ・タビブは、台北市当局と交渉して、市庁舎前の広場に巨大なメノラを建てる許可を得た。毎年ハヌカのお祭りの時に、建てられ点灯する。さらにラビは、スコット（仮庵祭）の時には、小型トラックの荷台を使って、移動式スッカ（仮庵）をつくっている(51)。

活性化する共同体

今日、台湾のユダヤ人共同体は、さまざまな国籍と職業の混合体である。大多数はアメリカ国籍とイスラエル国籍者であるが、ヨーロッパ、ラテンアメリカ、カナダそしてオーストラリア出身者もいる。多くは比較的短期の滞在者である。数学期の中国語の研修生、任期数年の多国籍企業の従業員や外国公館の館員などである。どの時代にも、少なくとも数名のユダヤ人公務員がいる。正式の外交関係がないので、大使館の代行であるアメリカン・インスティチュートが存在し、そのスタッフとして働いているのである。同じようにカナダの代表部には、非公認の外交官としてユダヤ人が時々赴任している。台湾で大手企業——これまでシティバンク、マッキンゼー、クラフト、ゼネラルモーターズなどから着任――の役員として働くユダヤ人もいる。最近になると、若手のイスラエル人たちが、化粧品と宝飾品の売りこみで続々と台湾に来るようになった。台湾移住歴の長い人の多くは、自分で事業を立ち上げて、仕事をしている。大半は商業分野である。ユダヤ人居住者の間には、台湾に対する共通の認識がある。それは、台湾が極めて歓迎すべき環境にあるということである。五〇年近い居住歴をもつジェフリー・D・シュワルツは、「反ユダヤ的な言動には、一オンスも、いやただの一回も遭遇したことはない。実際問題、台湾人はユダヤ人を大変尊敬している。それに私たちの間には、共通点がたくさんある。家族を愛し、教育を大切にする。そして実業家を尊敬する」と指摘している。[52]

それでも、数年に一度は困った問題が起きる。広告にナチのシンボルやヒトラーの写真を使ったり、強制収容所をテーマにして、レストランの開店宣伝をするのである。[53]しかし、二〇一六年から二〇一九年まで台湾でイスラエル代表として勤務したアシエル・ヤルデンは、「どのケースでも、反ユダヤあるいはネオナチ感情は一切ない」、「純然たる無知、感受性の欠落、歴史に精通せず、そのシンボルの意味するところを理解していないことに起因する」と述べている。[54]この種の現象で最も困惑すべき事件が、二〇一七年に起きた。私立高校の学園祭で、生徒たちがナチの記章をつけ、鉤十字の旗を掲げて行進したのである。台湾所在のイスラエルおよびドイツ代表部が抗議した。そして校長が辞任した。きわどいところで、それは経験から学ぶ機会となった。このパレードにかかわった生徒たちが、ホロコーストの学習を開始し、次の国際ホロコースト追悼日の行事に参加した。その催しでは台湾の蔡英文総統が基調講演で、人権に関し過去の教訓から学ぶことの重要性について語った。台湾の教育省は、これが一過性の現象にならないために、毎年二〇人から二五人の教育者をイスラエルへ派遣し、

写真13－2　ジェフリー・D・シュワルツ・ジューイッシュ・コミュニティセンター（JCC）（台北，2022年）

ヤドヴァシェムでホロコースト教育に関する二週間の訓練コースに参加させている。[55]

　近年、共同体の維持について楽観的見通しを強める展開があった。二〇二〇年、ジェフリー・D・シュワルツが、数年に及ぶ計画と交渉の後、台北ユダヤセンターの設立を発表した。ユダヤ人の宗教、文化、共同体および教育活動を支援する組織で、自分と台湾人の妻・ナ・タン・シュワルツ（瑩娜）が提唱したのである。[56]かくして、二〇二一年末、「ジェフリー・D・シュワルツ・ジューイッシュ・コミュニティセンター」が、台北の中心部にある四階建てビルの中にオープンした（写真13－2参照）。花と室内用植物のマーケットの近くである。長い間使われていなかった建物で、大幅修理と改装が必要であったが、長期賃貸契約を台湾政府と結んだのである。建物には、シナゴーグ、宴会場、コーシャの食事施設（目玉はパラグアイからの輸入牛肉である）、教室、台湾初のミクベ（斎戒沐浴用の浴槽）そして展示場がある。そこには、ユダヤ教あるいはユダヤ民族の芸術品や工芸品など、シュワルツの個人蒐集品数百点が、展示されている。宗教活動は、ハバッド派の監督下で行われ、建物にはタビブ家の居住区もある。

　シュワルツは、このプロジェクトに着手した動機について、「台湾のユダヤ人が心安らかに祈る場、宗教と伝統を守り祝うことのできる恒久施設」をつくりたいと思い、これからの世代が民族の精神的遺産を継承し、地元社会とより緊密な関係を築く一助にすることを願った、と述べている。[57] 開設式に出席した頼清徳副総統は、新しいセンターが「台湾文化とユダヤ文化の交流の橋渡しになる」ことを期待すると言った。[58] さまざまなユダヤ人集団をすべて歓迎するというのが、シュワルツの当初の意図であった。しかし、ハバッド派との協議で、正統派と非正統派の礼拝を同じ屋根の下で行うことは、双方にとって不可能であることを知った。[59]

ラビ・アインホーンが築いた基礎のうえに立つ信徒団体は、正式に台湾ユダヤ人共同体として登録され、ベンヤミン・シュワルツ会長をはじめ、若い家族持ちの理事たちの主導下で、活動に弾みがついた。このグループは、ユダヤ教のどの宗派とも連携するとして登録しているが、実際には、合衆国の保守派に一番近いと思われる。男女同席の礼拝をする。その数年前までは、毎回ミンヤンを確保するのも難しかったのに、今では毎週金曜日の夜には四〇〜六〇人が出席するようになり、子供のための日曜学校も続けている。ラビ・タビブの計算によると、台北首都圏には目下六〇〇人以上のユダヤ人が住んでおり、そのほか地方に数百人はいる。[60] もちろん、全員が全員共同体活動に参加を希望しているわけではない。それでも二〇二一年の過越祭セデル（正餐式）には、二二〇人がアメリカンクラブに集まった。信徒団体は、子供と成人を対象に、野外キャンプ、ハヌカの点火式や窯業センターにおけるドライデル（ハヌカの時のコマ遊び用のコマ）づくり、ハラー（安息日用のパン）づくりレッスンなど、さまざまな行事や講習を実施している。[61] 一連の積極的展開を通して台湾におけるユダヤ人共同体は、これからますますよくなる、最良の活動機会はこれからという自信を強めている。

第14章

日本のユダヤ人
――ビジネスコミュニティがたどる紆余曲折の道

ロテム・コーネル、ウィリアム・ジャーヴェイス・クラレンス＝スミス

日本にユダヤ人共同体が存在するのは、近代の現象である。日本の〝キリスト教伝来の時代〟（一五四九〜一六五〇年）、イベリア半島のコンベルソ（キリスト教に改宗したユダヤ人）が何名か上陸してはいる。しかし、一九世紀後半まで日本にユダヤ人共同体が存在したというはっきりした証拠はない(1)。さらに、ヘブライ語には、近代よりずっと前からインドと中国に相当する名前がある。しかし日本に相当する名前はない(2)。それでも、一七世紀初期から今日に至るまで、古代にユダヤ人と日本人の間に接触があったとする論が、継続的に登場する(3)。日本人とユダヤ人の接触と相互に相手を認識するのが遅かったのは、別に不思議ではない。日本はアジアの東のはずれに位置する。この大陸に存在するユダヤ人共同体から一番遠い地域である。さらに、朝鮮、シベリア東部、フィリピンあるいは台湾などアジア大陸の東部沿岸地域あるいは西太平洋域には、近代以前にユダヤ人共同体は存在しなかった。しかし、この遅い始まりにかかわらず、日本にあるユダヤ人共同体の近代史は豊かであり、紆余曲折しながら、一五〇年以上継続している。

日本でユダヤ人が定住した最初の都市は、おそらく長崎である。江戸時代（一六〇三〜一八六八年）、

公式上当地がヨーロッパとの唯一の接触地点であり、一八五四年にアメリカの艦隊（アメリカ東インド艦隊）が抉じあけた開国後間もなくして、欧米の商人たちが定住した最初の場所となった。長崎は外国人を見慣れた地であり、その港は、ウラジオストクを基地とするロシアの太平洋艦隊の艦船にとって冬場の避寒地になった。初期の定住者のなかには、ロシア出身のアシュケナジ系が数名いた。オデッサ（オデーサ）から来た精力的なギンスブルグ（メス）兄弟は、ロシアの海軍その他政府関連の仕事を専門にしていた。レブ（レオ）・レスナーは、ガリシア生まれであるが、オーストリア・ハンガリー帝国の旅券を持ち、イスタンブールから来日し、共同体の初代リーダーになった。ジュセッペ・シラーも、ポーランドに生まれ、一八七五年ニューヨークでアメリカに帰化、長崎では店を構えたが、その後妻と共に洋服屋を開店、一八九八年に死去するまで、その仕事を続けた(4)。

ユダヤ人の初期定住地は、長崎以外では、外国人に居住を許された数ヶ所の港町、特に横浜と神戸に生まれた(5)。世紀の変わり目頃には、東京湾の主要港である横浜が、ユダヤ人の主たる居住地になっている。主にアシュケナジ系の人たちである。当地外人墓地にあるユダヤ人の墓は、一番古いので一八六五年である。この新しい港町（開港一八五九年）には、一八六九年時点で、五〇組ほどのユダヤ人家族が住んでいた(6)。初期居住者のひとりが、F・マークスで、早くも一八七四年に靴屋として働いていた(7)。主に中東系ユダヤ人が次第に居住するようになったのが、関西地方の大都市大阪を控える新興港湾都市、神戸である(8)。一九〇〇年には、この都市で〝三五人より成るユダヤ教信徒団体〟結成、と報じられた(9)。神戸に定住した初期のひとりが、エリアス（エリー）・アンタキである。アレクサンドリアのアレッパン家の子孫で、神戸には一八九七年にやって来た。当初輸入灯油の卸売りをやっていた

写真14－1　俘虜収容所のヨセフ・トランペルドール（大阪，1905年）．頭上には彼が組織した“ブネイツィオン・メシヴィム・ベ・ヤーパン”（ヘブライ語で日本に捕われた者のなかのシオンの息子たちの意）のシンボルが描かれている

が、一九〇七年に自分の会社を立ち上げ、主に綿の反物をエジプトに輸出した。[10] ほかの都市では、大手外国企業が函館、名古屋、大阪、下関、門司（現北九州市）に事務所を構えたが、ユダヤ人居住者はごくわずかである。[11] 静岡、京都に住んだユダヤ人の名が、個々にあがる程度である。[12]

明治時代の日本には、ユダヤ人がいたことを示す統計が存在しない。官庁がほかの外国人と区別しなかったからである。[13] 同様に、〝段階移動〟（step migration）のパターンが、ユダヤ人居住者の追跡を複雑にしている。[14] そのような問題がありはするが、ユダヤ人居住者は一九〇〇年頃約五〇〇〇人であったとみてよい。この数字については、エンサイクロペディア・ジュダイカが大戦の狭間の時代、〝数千人〟いたと主張してはいるものの、一九〇〇年以降数十年間に大変増えたとは考えられない。[15] それはそれとして、日本におけるユダヤ人の数は、短期間だけ急増することが、何度かあった。最初は日露戦争の時である。ロシア軍所属のユダヤ兵士一七三九人が、日本軍の捕虜になった。その大半が日本へ送られ、同じ宗徒ごとに、いくつかの収容所に収容された。人によっては、それは自分の人生を振り返る時であった。大阪は堺近郊の浜寺俘虜収容所では、ユダヤ人捕虜一二一〇人が、ヨセフ・トランペルドール（一八八〇～一九二〇年）の指導のもとで、シオニスト協会をつくった。本人は、後年傑出したシオニスト活動家になる[16]（写真14－1参照）。次にユダヤ人が急増したのは、ボルシェビキ革命の時である。この時は、ユダヤ人難民一七〇六人――大半は女性と子供――が合衆国へ向かう途中日本で立ち往生した[17]。次が一九四〇～四一年である。四〇〇〇人を越えるユダヤ人難民が、通過ビザで日本に上陸した。人によって期間は違うが、それぞれ日本に滞在したのである[18]。

大まかに述べると、初期のアシュケナジ系ユダヤ人移住者は、ウラジオストクからロシアの船、あるいはサンフランシスコからアメリカの船で日本へ来た。いずにせよ戦前においては、西ヨーロッパ出身のユダヤ人たちが――言語上は、英語、仏語あるいは独語が主力である――エリート層を形成する傾向があった[19]。さらに、ミズラヒ（東方系）のユダヤ人が、大半はイラク出身者であったが、当初上海から流出した。ジュディオ・アラビックを話す人たちである。しかし、戦争の狭間にあたる時代、この言語グループは、シリアとエジプト出身者が次第に優勢になった。近くのフィリピンと違って、ラディノ語（ジュディオ・イベリア語、ヘブライ語で表記）を話すアナトリア（小アジア）とバルカン諸国のユダヤ人は少なかった[20]。職業については、ユダヤ人の多くは商業に従事、あるいは貿易会社で働いた。一九二六年に書かれた記事は、数例の製造者を除き、あとは全員貿易商としているが、ありそうもない話である[21]。自由業の者は、驚くほど数が少なく、長期滞在はほとんどなかった[22]。しかしながら、数は少ないが労働者と職人、そして元船乗りすらいた[23]。

二〇世紀初期、日本におけるユダヤ人の分布が大幅に変わった。ジークムント・レスナーの未亡人ソフィが死去した一九二三年末現在で、長崎にはわずかのユダヤ人しか残っていなかった。日本で最初にユダヤ人が定住した港湾都市ではあるが、その港の重要性が低下するに伴い、彼らの流出となった[24]。これとは対照的に、横浜がユダヤ人の定住という意味では、中心的地位を維持していった。一九一四年時点で約三〇〇人が居住し、四年後には、ロシアから難民が流入した後で、人数は五〇〇人になった[25]。一方、神戸には、一九一八年時点で二五〇人ほどのユダヤ人が住んでいたが、一九二三年の関東大震災で、壊滅した横浜市から、ユダヤ人たちが――ユダヤ人諸組織からの財政支援があったにもかかわらず――一時神戸に避難した[26]。一九三〇年代初めミズラヒ系移住者の増加傾向がみられた。しかし、この三〇年代末になると、神戸の共同体はかなり縮小した[27]。意外にも一九四一年以前の東京には、比較的少数のユダヤ人しかいなかった[28]。

戦前日本におけるユダヤ人共同体の生活

商業従事者の経済的成功譚は、実際に成功している人の話があるので、誇張されやすい。実際には、ユダヤ人移住者の大半は、ホワイトカラーの従業員であった。例えば明治ポートレイツ（Meiji Portraits：明治時代の在日外人とその企業を調査するサイト）に、レビィあるいはコーヘンという名前の人が一九人リストアップされているが、そのうち七人は経営者あるいは経営者になった人であり、残る一二人は従業員である。後者の多くが会社を立ち上げようとしたのは間違いないが、不成功に終わるケースが多かった[29]。全員が豊かであったわけではない。一九〇三年に日本を訪れたあるユダヤ人は、〝アラブ系ユダヤ人〟の物乞い（イーデッシュ語でシュノラ）が何名かいて、豊かな同胞に頼って生きている、と書いた[30]。ユダヤ人経営の会社は日本製品の輸出と原材料および欧米の技術輸入を特徴としていた。当初ジャポニズムの熱狂下にある欧米向けに絹と芸術作品を扱うことで目立った[31]。この流行が一段落すると、消費財、特に綿製品の輸出が主力になった[32]。特に議論の余地ある一団は、地元で主に外国人向けにアルコールを売った。横浜の優等生たちは、彼らを〝大衆酒場野郎〟とか〝ラムショップ〟（バー）の持ち主と罵倒した。日曜には大騒ぎになる例のところである[33]。一九〇三年時点の長崎には、このようなユダヤ人の〝飲み屋〟が一三軒もあり、主に船員を相手にした。典型的な例が、オデーサ（オデッサ）出身のアシュケナジ系ユダヤ人が経営したところである。いくつかは繁昌した。イン（宿屋）やレストラン、ホテルになったものがあれば、いかがわしい間貸屋になったものもある[34]。

ユダヤ人はほかの経済部門にも進出した。外国人共同体向けに、新聞を発行した者もいる。ラファエル・ショイヤーのジャパン・エクスプレス（一八六〇年代）、セル・レヴィのレコー・デュ・ジャポン（一八七〇年代）が、そうである[35]。フィラデルフィアから来たベンジャミン（ベンヤミン）・フライシャーは、ジャパン・デイリー・アドバタイザーをもっと長期間発行した。最初は横浜から、その後一九一三年に東京で発行している[36]。エリアス・アンタキは、大戦の狭間にあたる時代、養殖真珠を輸出した。御木本幸吉にとって珍しい外国人の競争相手であった[37]。エジプト出身のクレメンツ・ハキムは、一九三〇年代後半、静岡茶の輸出で知られるようになった。中東と北アフリカの市場を専門にしている[38]。製造業と金融業に進出したユダヤ人も数名いる。イサーク・アンタキは、一九四〇年時点で、輸出用に綿の反物を生産していた。一方サムエル家は、日本の公的機関のために起債した[39]。日本は、日清戦争時（一八九四～九五年）、戦費支払いのためロンドンの金融市場に目を向け、一八九七年に四五〇万英ポンドほどの一括引き受けを求めた。彼らは、一九〇七年まで日本の地方自治体向けにも一連の小規模ローンを、まとめて引き受けた(40)。しかしながら、一九〇四～〇五年の日露戦争と戦後処理のためのローンについては、サムエル家は欧米のほかの大手にとって代わられた(41)。

日本でユダヤ人が（成員が安心を託せる）典型的な〝信頼の共同体〟のように、どこまで振る舞ったのか不明である。一八九九年まで横浜でビジネス上のパートナーをもっていた一九人のサンプル例では、おそらく一七人がユダヤ人のパートナーをもっていた。ホワイトカラーとして働く一九人のうち、一一人は、同胞ユダヤ人の被雇用であった(42)。しかしながら、家族の結びつきと出身地の方が、ユダヤ人としてのアイデンティティよりも重要であったようである。そういうわけで、ポーランド出身のユダヤ人で横浜共同体のリーダーのひとり、ユリウス・ウィトコウスキーは、一八九九年に〝ユダヤ系企業〟という表現に腹を立て、この表現を断固拒否し、ユダヤ人はそれぞれ違った近代国家に所属し、世界の戦場でその国のために戦い死ぬのである、と強調した(43)。事例は二つの方向を示している。一八六四年、ダビッド・サスーン&サンズは、横浜支店のマネージャーに、イギリス人ジェームズ・バーナードを任命した。彼は「一九世紀に当企業によってマネージャーの地位を与えられた数少ない非ユダヤ人のひとりになった」のである(44)。アレクサンダー・マークスも、主にユダヤ人を雇用した。一八七二年にオーストラリアへ帰国するに際し、彼は自分の会社をシモン・マーカスに譲渡した。マーカスは一八九〇年にその会社をウィトコウスキーに売った。本人は、前任者たちの雇用パターンを踏襲した(45)。

一九二〇年代後半時点で、日本におけるユダヤ人の職業パターンは、以前と大差はなかった。しかし東京には、新しい種類のユダヤ人たちが登場する。音楽教師と芸術家である。当時国民は、古典音楽に非常な関心を示していた。これが外国の音楽教師に対する需要につながった。この新来者のなかで特に名の知れた人が、指揮者のエマニュエル・メッテル（一八七八～一九四一年）、バイオリニストのアレクサンドル・モギレフスキー（一八八五～一九五三年）、ピアニストのレオ・シロタ（一八八五～一九六五年）――全員ロシア帝国出身である。ドイツ出身では作曲家クラウス・プリングスハイム（一八八三～一九七二年）がいる。一九三〇年代後半、ナチの迫害から逃れるユダヤ人難民が流入した。そのなかには知的職業の人がたくさんおり、日本の音楽界におけるユダヤ人の存在感をさらに高めた。そのなかで特に際立つ人物が、ピアニストのレオニード・クロイツァー（一八八四～一九五三年）、指揮者のヨセフ・ローゼンストック（一八九五～一九八五年）――日本交響楽団を指揮した――オペラ歌手のマンフレート・グルリット（一八九〇～一九七二年）である。その大半は戦中戦後日本に残り、戦後期日本の代表的音楽家の育成に寄与した。(46)

社会的にみると、戦前日本にいたユダヤ人たちは、植民地アジアにあるユダヤ人共同体と、あまり変わりはなかった。一九一四年の少し前、彼らは、ディアスポラ世界に典型的な〝部内分裂〟の状態にあった。つまり、同化主義者がいれば、ユダヤ民族主義者もおり、シオニスト、社会主義者もいた。もっとも勢力やその比率は判然としない。(47)一番大きい緊張感を引き起こしたのは、おそらくシオニズムである。当地の運動は一九〇五年、ユダヤ人捕虜の間に余暇活動として始まった。一九一八年時点で、神戸にはシオニスト協会が存在している。(48)この展開は散発的な現象で、イギリスからシオニズムに対使節として一九二〇年に来日したイスラエル・コーヘン（一八七九～一九六一年）が、シオニストする無関心を苦々しく感じたのは、当然であった。長い間神戸に住むある貿易商は彼に「なにしろパレスチナはここから遠いもので」と言った。それでも、神戸での会合の後、コーヘンは二〇〇英ポンドほどの献金を手にし、シオニスト協会の設立の約束を得た。横浜では、会合に五〇人ほどが集まり、三〇〇英ポンドほどの献金があった[49]。

アジアのほかの〝港町のユダヤ人〟と同じように、日本のユダヤ人たちも、いくつかの自主的団体をつくった[50]。一八九九年、横浜にユダヤ慈善団体（Jewish Benevolent Association）が誕生した。裕福な人たちの集まりである[51]。一九〇一年にはジークムント・レスナーが、長崎に同種のものを設立し、一年後には、英・ユダヤ協会（Anglo-Jewish Association）の支部長にも就任した。ただし本人はオーストリア・ハンガリー帝国の国籍であった[52]。レスナーは一九〇九年から一〇年にかけて神戸支部の設立にもかかわった。こちらは会員一六人である[53]。一九二三年の関東大震災は、神戸のユダヤ人たちを結束させ、横浜で被害にあったユダヤ人たちを救援した[54]。一〇年後、エジプト出身のエリアス・アンタキが、英・ユダヤ協会神戸支部長となり、本人の死後は弟のイサークが、あとを継いだ。一九四〇年時点で会員一一人である[55]。ほかにもグループ化があるが、言語上・文化上同じ背景の者の集まりである[56]。一九二〇年、神戸でヤブロフ氏を中心にロシア系ユダヤ人たちが、民家の二階を集会場として、社交クラブをつくった。ユダヤ人ではないロシア人でも入会可とした[57]。ミズラヒ（東方系）ユダヤ人も、同じように寄り集まった。中東系ムスリムそしてキリスト教徒も然りである[58]。クラブが故国を離れた者の共同体生活の中心であったが、彼らは必ずしもユダヤ人を受け入れなかった[59]。その憂き目にあったひとりがサム・サムエルで、一八八〇年代神戸クラブの入会を拒否された。彼がユダヤ人であるからと思われる。[60]半世紀後、ほとんどのミズラヒ系ユダヤ人は、このクラブを避け、一九三〇年代にライバル組織に集まった。神戸レガッタ・アスレチッククラブである。[61]

ジェンダーと年齢の点では、独身で若いユダヤ人男性が圧倒的に多かった。江戸および明治時代、日本に居住したほかの外国人たちと同じように、この男女比率の不均衡が、地元女性との同棲をもたらした。結婚に至ることも時々あった。[62]近親者が、出身地に適当な結婚相手を探して、これを阻止しようとした。[63]ラッセル家の男たちは、スコットランドのグラスゴー出身と思われるが、日本人女性との結婚傾向があった点で、ほかと違う。横浜共同体のリーダーで定住歴の長いモーリス・モーゼス・ラッセルは、日本人女性モヨと結婚したことで、何人かに批判された。日本で彼と合流した三兄弟のうち、アルベルトとルイスは日本人女性と結婚し、ハリー（イスラエル・ヘンリー）は、グラスゴーのユダヤ人女性と結婚したと思われる。[64]ナタン・メスは長崎でハナと結婚したが、そのハナは自分をハンナと呼び、ロシア人として名簿に載せられた。[65]オランダ出身のイサーク（アイザック）・アルフレッド・アイリオンは、一九〇〇年頃神戸でマスダ・ツネコと結婚し、六人の子をもうけた。[66]二〇年後イスラエル・コーヘンは、このような男女の結びつきに同意せず、社会的排斥に終わるので、結びつきがほとんどないと述べている。[67]このような結びつきがあるのはあるが、全体で何組あったのか不明のままで、ユダヤ教に改宗した子供が何名かも判らない。当地キリスト教徒の間に好奇の目があったにもかかわらず、普通の日本人のユダヤ教改宗者については、証言がない。この傾向は戦後期も続くのである。[68]

日本人妻のなかには、ユダヤ教に改宗した人たちもいる。例えば、ベッサラビア出身で長崎では居酒屋を経営していた裕福なユダヤ人ハスケル・ゴールデンベルグは、一八九四年にキタと結婚した。その時点で二人の間にはすでに三人の子供がいたが、彼女はユダヤ教に改宗し、ユダヤ教の戒律に従った家庭生活を送り、子供たちもこの信仰のもとで育てた。夫が一八九八年に死亡し、その後彼女は日本人と再婚したが、ユダヤ人としての人生をまっとうした[69]。日本の女性のなかには、改宗してロシア軍所属ユダヤ人捕虜と結婚した人たちもいる。新しい信仰を身につけようと熱心に勉強したことで知られる[70]。このような結婚で生まれた子供たちのなかには、ユダヤ人共同体に残った者がいれば、脱落した者もいる[71]。例えば、ゴールデンベルグの娘は、カトリック教に改宗している[72]。神戸でコーヘンは、ユダヤ人の父と日本人の母をもつ男子と話をした。その後コーヘンは本人とビルマで会っている。男子は、自分は日本人であるとの認識を示し、（宗教にとらわれない）自由思想家であり、「宗教は呪いである」との見解を示した[73]。

戦前の日本におけるユダヤ人の信仰生活については、いくつかの観察が可能である。当時ユダヤ人たちは、日本で自分の信仰を自由に守る権利を歓迎しながら、その一方で、自分たちの間では信仰の含意については立場を異にした。つまり、合同礼拝の試みが時々あるにもかかわらず、スファルディ系とアシュケナジ系の伝統がはっきりと区別されたままであった[74]。礼拝ホールは、たいてい民家か賃貸施設で、特別の行事にはシナゴーグに格上げして使用するものとされた[75]。横浜では、初期段階でシナゴーグ設立の試みがあったが、後味の悪い結果に終わった。例えば、金曜日の夜、すでに安息日が始まっている時、病人や危篤状態の人のために祈るのは許されるかなど、宗教法上の解釈をめぐって、信徒の立場が割れた。かくして、シナゴーグ用に取得されていた建物は、一八七二年一〇月に競売にかけられ売却された[76]。機能する最初のシナゴーグができたのは、一八九五年である。五〇家族ほどを対象とする規模である。[77] 翌年には長崎にもシナゴーグが開設され、トーラーの巻物が三巻献納された。一九〇三年時点で六〇家族ほどが礼拝した。[78] しかしながら、信徒が減り、ほとんどゼロの状態になったので、建物は一九二四年に売却され、トーラーの巻物は神戸に移された。[79]

神戸にシナゴーグ建設資金として二〇〇〇円が集められたのは、一九一八年以降である。しかし、〝ロシア〟と〝アラビア〟そして〝エジプト〟系の礼拝者が、〝イギリスとアメリカ系ユダヤ人〟には受け入れ難い厳格な正統派方式を強く主張した。結局資金は出資者たちに返却され、いくつかのミンヤン礼拝グループが、行きあたりばったりに集まって、礼拝を続けた。祭日がその典型例である。[80] それでも、イスラエル・コーヘンは、一九二〇年時点で神戸に「民家の二階に……小さいシナゴーグがひとつあった」と報じている。[81] 一九三一年以降神戸では、非公式のスファルディ系シナゴーグの礼拝に、アシュケナジ系ユダヤ人数人が、断続的に参加した。しかし、彼らは一九三六年までに専用のシナゴーグをもつに至る。一九三九年には、アレッポ出身のラーモ・サスーンによって、オヘル・シェロモ・スファルディ・シナゴーグがつくられた。シナゴーグとして建てられたのは初めてで、エジプト出身のイサーク・アンタキが保管していたトーラーの巻物が、安置された。[82] シナゴーグがあっても、慢性的に人手が足りなかった。一九〇三年、長崎の共同体は、専属のラビ、シェヒター（戒律に従った畜殺人）、モヘル（割礼者）をもつ日本唯一のところ、と誇らかに報じた。[83] 神戸の場合、一九三七年時点で、オリエンタルホテルにおける結婚式を司宰するため、上海からラビが来ている。しかしながら、その年に、アレッポ出身のラビ、ニッシム・タウィルが、この港町に定住した。[84]

ユダヤ人の宗教的慣行が外部の世界に注目されることは滅多になかった。その稀なケースが一八六五年に起きた。ルイス・A・ヨセフが、安息日の戒律に反するとして、横浜の法廷に出廷することを拒否したのである。四年後ポール・ワイゲルトが、「自分はユダヤ教の教えを守る者」として、法廷でキリスト教の新約聖書に手をおいて宣誓することを拒否した。[85] ユダヤ人の日本定住の初めから、地元当局は宗教にかかわる事柄を許容する立場をとった。一八六〇年代初めから、当局は信仰のいかんを問わず、外国人墓地用に土地を割当てた。[86] 横浜のキリスト教徒のなかには墓地委員会の地位を独占しようとする者が何名かいた。しかし、抗議の後ユダヤ人側に五つの代表権のうちのひとつが割当てられた。正式のユダヤ人地域というのはなかったが、隣接する一七および一四の地区に、ユダヤ人が大体埋葬されていた。[87] 長崎では、ジークムント・レスナーが、特にユダヤ人埋葬用としての区画を確保し、ロシアの捕虜数名は、この〝ユダヤ人墓地〟に埋葬された。[88] 一方、この遠隔の地では、食物戒律の順守が難しかった。[89] 一九〇六年、東京を訪れたユダヤ人銀行家ヤコブ・シフ（一八四七～一九二〇年）は、カリフォルニアから持参した食品で戒律を守った。一方、一九二〇年に日本を訪れたイスラエル・コーヘンは、横浜の大通りに「小さいコーシャ料理店がオープンしている」と書いた。[90] 神戸には、シェヒター（畜殺人）がひとりいたが、一九三〇年時点で、〝カシュルート（食物規定）らしきものを維持〟しているのは、わずか二家族であった。[91]

全面戦争時代の動静

第二次世界大戦は、在日ユダヤ人共同体の生活や存続そのものに最も深刻な挑戦状を突きつけた。

一九四〇年代には、最初の五年間に前代未聞の人口増加に続いて、今までにない激減を経験した。この急激な変動の背景には、関連し合う二つの大きい紛争の勃発がある。欧州戦（一九三九～四五年）と太平洋戦争（一九四一～四五年）である。前者がユダヤ人難民の群れを押し出し、それが日本本土へ流れこんだ。その本土では、後者の準備で日本当局はこの難民とユダヤ人住民の一部を押し出すのである(92)。かくして、ユダヤ人の数が一時急増した後、今度は激減する。この同じ時期、日本には反ユダヤ主義の記事が氾濫した。書籍や新聞の記事の形で出版され、ユダヤ人を〝日本の経済的成果〟を奪い取る陰謀に狂奔する〝邪悪な策謀集団〟として、紹介するのである(93)。しかしながら、戦前のドイツや帝政ロシアと違って、この出版物は地元ユダヤ人共同体を攻撃対象とせず、〝国際〟ユダヤ人という抽象的イメージの方が強く、こちらをターゲットにした。そのため、戦時プロパガンダがユダヤ人に対する物理的暴力に発展することはなかった。そうであっても、そのプロパガンダが、もとからいる人と難民双方に対する扱いに影響し、おそらくそれが、触媒作用を起こし、やがてユダヤ人数百人の移送になるのである(94)。

ユダヤ人難民の流入は、偶然のことではなかった。一九三〇年代後半、ヨーロッパから逃れてくるユダヤ人難民を受け入れてくれる国は、極めて少なかった。多数の受け入れなど論外である。日本も歓迎しなかった。しかし通過ビザの持ち主には港を経由した入港を認めた。ドイツは、一九四〇年時点でまだユダヤ人の出国を許していたので、通過ビザを持つドイツ出身ユダヤ人約二〇四〇人が、目的地へ向かう途中日本に上陸した。そして、ソ連は一九四〇年夏までにリトアニアを合併し、当地に立ち往生していたユダヤ人難民に、突然出国を許し、東方向への領土横断を認めたのである。このよ

写真14－2　リトアニアから来たユダヤ人難民
（神戸，1941年）

うな状況下で、日本はさらに二三〇〇人以上の難民——大半はポーランドの国籍者——に短期のトランジットとして入国を認めた[95]（写真14－2参照）。一一ヶ月間（一九四〇年七月一日〜一九四一年五月三〇日）で、合計四四一三人のユダヤ人難民が上陸した。そのうち一九四一年二月だけで、八〇六人もの難民が神戸に到着している[96]。難民の多くは、まず神戸に迎え入れられた。そこでは、小さいアシュケナジ系共同体が神戸ユダヤ人委員会（Jewcom）を通して、難民の世話をした[97]。彼らの生活を維持してやるのは負担である。モイセフは、ユダヤ人委員会に占める少人数のロシア系ユダヤ人の役割を強調しているが、神戸共同体はミズラヒ（東方系）ユダヤ人が大勢を占めていた。一九四〇年時点で、中東系六二、〃ロシア系〃三四、〃ドイツ系〃二五である。この数字は家族の家長の数と思われる[98]。

波となって日本へ押し寄せた難民集団のなかで、一番人目を引くのが、ミル・イエシバ（ユダヤ教神学校）の学生たちであった。学生とラビを合わせて二七三人、当時ヨーロッパ最大のユダヤ教の教育機関で、一九三九年一〇月中旬、ソ連占領下のポーランドから脱出し、まだ独立していたリトアニアに逃げこんだのである[99]。翌年夏ソ連がリトアニアを併合した時、イエシバの学生たちは、さまざまな証明書のなかで、特に日本の通過ビザを入手しようと奔走した。そして一九四〇年一二月、日本への旅が始まる。彼らは二週間かけてシベリアを横断し、日本海側の敦賀に到着した。港には神戸のユダヤ人共同体の代表たちが待っていて、彼らの到着を歓迎した。共同体は、シナゴーグを含め、彼らに宿泊施設を貸与し、生活の世話をした。彼らはそこに滞在し礼拝した[100]。ミルの代表たちは、日本を一時的な避難地と考え、最終目的地のビザを求めて、東京へ足を運んだ。望むべくは合衆国のビザであるが、同時に代表たちは、日本当局には滞在延長を求めた[101]。ミル・イエシバは、日本滞在中さまざまなユダヤ人団体の財政支援に大いに依存した。一方、日本政府と地方自治体は、パンと小麦粉の支給を除けば、ほとんど支援しなかった[102]。地元民の一般的態度がたとえ深い同情心に満ち、隠された慈悲の心があったとしても、ミルと地元民の関係は限定的であった[103]。一方、難民は、全員が全員ミルのような立場にあるわけではなかった。なかには裕福な者もおり、半数以上は最終目的地のビザを取得し、短期滞在で日本を離れることができた。例えばゾラフ・バルハフティク（一九〇六～二〇〇二年）は、ワルシャワの弁護士でシオニスト活動家、後年イスラエルの宗教相になった人物であるが、東京でビザを取得し、一九四一年五月、家族と一緒にバンクーバーに向け日本を離れた[104]。

日本が西側に背を向ける前に、長期居住者のなかには、歓迎せざる空気を感じ取った人たちがいた。早めに日本を離れた者もいる。例えばドイツ出身の哲学者クルト・ジンガー（一八八六～一九六二年）は、一九三九年にオーストラリアへ移住できた（そこで、敵国国民として抑留された）。八年前東京帝国大学で教え始め、二回地位を失い、次第に民族主義色を強める日本に、希望を失ったのである[105]。一九四〇年に合衆国へ去ったのが、エルンスト・ベアヴァルト（一八八五～一九五二年）である。一九三八年に解任されるまで、ドイツの化学・製薬コングロマリット、I・G・ファルベンの上級代理人であった。本人は解任後、二年間東京でアメリカ・ユダヤ人合同配分委員会（JDC、通称ジョイント）のために働いた[106]。ドイツ出身の哲学者カール・レーヴィット（一八九七～一九七三年）は一九四一年に合衆国に移った。一九三六年から東北帝国大学で教鞭をとっていたが、三国同盟締結後、日本におけるナチプロパガンダの圧力によって、自分の立場が〝危うい〟状態になったと感じるようになった[107]。難民のなかには、レーヴィットと違って、受け入れ国を探せない者もいた。なかには八ヶ月も日本で待ち続けた人が何人もいる。一九四一年六月時点でその待機組は一一四五人で、一ヶ月後一〇〇七人に減少した[108]。八月になると、対日外交摩擦が新しい段階に達し、戦争が間近に迫る状況になり、アメリカ当局は難民に対する財政支援を阻止した。この（ユダヤ人団体からの）支援がなければ、残留難民の生活維持の負担は、日本政府にかかってくる。近年出版のミルの主張によると、それまでにアメリカ人に対する日本人の敵意は、「白人種全体に対する敵意になった……（そして）戦争が近づくにつれ、ユダヤ人に対する不信感が劇的に高まった」という[109]。その状況のもとで、賽は投げられた。同じ月、日本政府は、最終目的地のビザを取得できない残留ユダヤ人難民の移送を開始した[110]。ミル史は、この移送を、〝日本からの追放〟、〝悪しき布告〟、あるいは〝流刑〟という表現さえ使って記述している[111]。

上海移送難民の最後の組が、日本を離れたのは九月一七日であった。総計約一〇〇〇人が上海へ送られたことになる。大半はポーランド出身であった[112]。日本の真珠湾攻撃は一九四一年一二月であるが、その少し前の段階で、ユダヤ人共同体はかなり縮小した。一方、日本が東南アジア全域を占領した一九四二年五月の段階で、その帝国の支配下に約四万人のユダヤ人がいた――これまでの最高の数字である。しかしながら日本本土では、その数は最低になった。以後終戦まで、ごく少数のユダヤ人が監禁されずに残った。中東系ユダヤ人のなかには、フランスあるいはイギリス支配国の出身であっても、日本人によって大目にみられた者がいる(113)。残るユダヤ人の大半は戦前から日本に居住するユダヤ人がほとんどであるが、一定区域に集められた。その人たちには、無国籍の〝ロシア人〟、ドイツおよびオーストリアの旅券を持つユダヤ人が含まれる(114)。後者のユダヤ人たちはすぐに国籍を剝奪され、ドイツ企業に働いていた者は解雇された。しかし、全体として戦時中彼らは生き延びた。イギリスおよびアメリカの旅券を持つユダヤ人も同じ命運をたどった。彼らは、非ユダヤ人のイギリスおよびアメリカの国籍者と共に収容されたが、ユダヤ人ということで選別されたり、あるいは特にいじめられたことはない(115)。神戸の小さい共同体は、当時ロシアおよび中東出身のユダヤ人家族で構成されていたが、東京および横浜の居住者よりはよい生活条件であった。それを示す証拠がある。一部には、首都のドイツ人共同体とナチ党拠点から離れており、その影響を比較的受けなかったおかげであろう(116)。

戦後期の回復と成長

戦争終結と共に、戦前のユダヤ人共同体は、ゆっくりと回復し始めた。一時的ではあるが、最初成長のもとになったのが、米駐留軍のユダヤ系軍人である。そのユダヤ人のなかには、戦後日本に相当なインパクトを及ぼした者もいた。最初駐留軍の兵力は約五〇万であったので、そのうちユダヤ系軍人の数は数千に達していた可能性が、極めて高い。数字については記録がないが、連合国の日本占領時代（一九四五～五二年）、ユダヤ人ははっきりした足跡を残した。

そのなかで最も注目すべき人物が、チャールズ・ルイス・ケーディス大佐（一九〇六～九六年）である。ニューヨークの弁護士で、戦前ニューディール政策の実施に一役かった人物である。連合国軍最高司令官総司令部（ＧＨＱ－ＳＣＡＰ）の民政局次長として、ダグラス・マッカーサー大将によって、三人の委員で構成される、日本国憲法の改訂に関する運営委員会の委員長に任命された。それが起草した憲法は、一九四七年五月三日に施行され、少なくとも本章執筆の段階で、まだ日本国憲法として機能している[117]。経済専門家のウルフ・イサーク・ラデジンスキー（一八九九～一九七五年）は、日本の農地改革を主導し、アルフレッド・クリスチャン・オプラー（一八九三～一九八二年）は、法制改革の責任者として活動し、日本育ちのベアテ・シロタ・ゴードン（一九二三～二〇一二年）は、民政局で新憲法の法のもとにおける平等そして特に女性の平等にかかわる条項を担当した[118]。

戦後初期、東京が日本のユダヤ人共同体の中心として登場した。当時神戸には数家族がまだ住んでいたが、長崎のユダヤ人はひとりも残っていなかった[119]。当初共同体は、戦前の活力を取り戻しておらず、宗教活動は、アメリカ駐留軍所属の従軍ラビによる行事に限定されていた。この状況は、相当数のユダヤ人が中国から流入するに伴い、一九四〇年代末から一九五〇年代初めにかけて、変わり始める[120]。この新来者たちは、大半がロシア出身で、中国内戦（一九四五～四九年）で人民解放軍が勝利して共産党政権になり、上海とハルビンから脱出したのである[121]。この新来者のなかで注目すべき人物が、オデーサ（オデッサ）生まれのミハエル・コーガン（一九二〇～八四年）である。一九三二年に両親と共にハルビンへ移住し、七年後東京へ移った。東京では早稲田大学に学んでいる。コーガンは、六年間天津に居住した後、一九五〇年に東京へ戻り、すぐに太東貿易（後にタイトーと改称）を設立した。

自動販売機ついでジュークボックスの輸入・販売を扱うようになり、次第にビデオゲーム、玩具そしてアーケード・キャビネット（コイン式ゲーム機）の製造を専門にするようになった[122]。今やユダヤ人住民の大半は、日本の首都に集中するに至った。家族数約二〇〇、定住家族はその四分の一しか占めていなかったが、共同体全体としては戦前の規模に戻ったのである[123]。

さらに、新入りたちは、相当な資産と商取引上の経験を有し、すぐに新しい施設をつくることができた。最初のユダヤ人クラブが開設されたのは、一九五一年。二年後には三笠宮殿下の臨席を得た開所式で、ジューイッシュ・コミュニティセンター（JCC）が正式に発足した。世界ユダヤ人会議（WJC）が支援し、約一〇〇家族が支える組織である[124]。東京の共同体生活は必ずしも充分な宗教活動を意味しなかった。ラビが常駐し、聖職者としての仕事を始めるには、あと一〇年ほどを要する。この仕事を引き受ける聖職者がいなかったのが、遅れた理由のひとつである[125]。一九六三年、香港で聖職者として働いていたイギリス出身のラビ・J・アドラーが、東京の共同体を指導するラビとして任命された[126]。同じ時期、共同体のメンバーたちは、地元民――ラビ・ヒロシ・オカモト――のラビ任命に反対していた。ユダヤ教に改宗し、合衆国でラビとしての資格を与えられた日本人である[127]。アドラーも別の理由で困難に直面した。主な障害がシナゴーグそしてミクベ（沐浴斎戒用の浴槽）が東京域にないことであった。これが結婚式の司宰、さまざまな宗教行事の執行の妨げとなった。そのため、ユダヤ教の慣習に基づく結婚式を希望するメンバーは、神戸へ行くかあるいは韓国まで足をのばさなければならなかった[128]。

このような障害があったにもかかわらず、一九六五年時点までに、JCC活動の参加者が増えてきた。サンデースクールには、三〇人ほどの子供が参加し、建物のなかでは定期的に集会が開かれていた。経済の〝奇跡〟の時代、日本を目指す人や駐在員が増えた。その頃東京に住むユダヤ人の三分の一強はアメリカ出身者が占めていた。イスラエル出身は三分の一以下であった[129]。首都圏に住むユダヤ人は約五〇〇～六〇〇人で、日本のユダヤ人口の四分の三を占めていた。神戸のまわりには一五〇人ほどが住み、残りはあちこちに散在していた[130]。一九六八年、シャウル・アイゼンベルグ（一九二一～九七年）の資金援助で、東京にシナゴーグができた[131]。戦後の日本は、ユダヤ人企業家に有り余るほどの機会を提供できたが、アイゼンベルグはそれをつかんだ典型であった。東京在住の百万長者で実業家、ミュンヘンで生まれた。ポーランドから来た信仰心の篤い家庭であり、彼は一九四〇年にまず上海に逃げたが、すぐに東京へ戻った。そこで、日本人・オーストリア人夫婦の娘と結婚し、戦時を日本で過ごした。戦後初期アイゼンベルグは、日本の鉄鋼産業向けに鉄関連産品を輸入した。戦後日本と欧米間の貿易は成長していくが、それに一役かったのがアイゼンベルグである[132]。

シナゴーグができた年に共同体の舵とり役になったのが、ラビ・マービン・トケイヤー（生一九三六年）である。ユダヤ教保守派のトケイヤーは、一九六〇年代初期、在日合衆国空軍付のラビとして働いた人物で、ユダヤ人共同体の結束に重要な役割を果たし、日本社会でユダヤ人の生活に関する認識を広めた聖職者である[133]。東京における八年の在職期間中のみならず、合衆国に戻った後も、トケイヤーは執筆を続け、ユダヤ人の伝統、知恵、ユーモア、そして日本の読者を対象とした日本との関係等について、数十点の本を出した。日本語に翻訳され、ベストセラーになったものである。ユダヤ人に対する多大な関心を喚起し、この国におけるユダヤ人の評価を高めたのである[134]。日本・ユダヤ人共同体（ＪＣＪ）は、彼のリーダーシップのもと、アイゼンベルグやワルター・Ｊ・シトリンをはじめとする地元ユダヤ人実業家の支援を得て、東京の高級住宅地広尾に広い土地を購入し、日本の共同体全体のための大型ジューイッシュ・コミュニティセンター（ＪＣＣ）を建設した[135]。東京のＪＣＣは、数年の間に共同体のほぼすべてのニーズをとりこんだ。東京唯一のシナゴーグ、宗教学校、一般図書を含むユダイカ（ユダヤ教関連資料）図書館、ミクベ、ヘブラ・カディシャ（ユダヤ教の伝統に従った埋葬を行う組織）が含まれる。さらに、輸入コーシャ食品が供され販売される社交エリアもあった。そして安息日と祭日には、礼拝と宗教儀式が実施されるのである[136]。

一九七〇年代、日本のユダヤ人口は一〇〇〇人台で安定した。一九三〇年代後半とほぼ同じレベルである。しかしながら、現実には定住者はおそらく二〇〇人以下で、残りは大半が五年以下の契約で日本に派遣されている人たちであった。圧倒的大多数は東京の首都圏に居住し、もうひとつの居住地である神戸では、約三〇家族ほどに縮小していた。ほとんどが中東出身のスファルディ系である。彼らのオヘル・シュロモ・シナゴーグは、一九七一年に再開した。さらにコーシャ料理店がひとつあり、戒律を厳守するユダヤ人は、ここを利用できた[137]。同じ頃日本で、ユダヤ人の生き方と伝統に対する関心が高まってきた。そのさきがけとなったのが、ヘブライの筆名を使い一日本人が書いた、ベストセラーの『日本人とユダヤ人』である（著者はイザヤ・ベンダサン。山本七平の筆名といわれる）。ユダヤ人について論じる本が次々と出版され、テレビ番組でもいろいろと扱われた[138]。

この関心は否定的な側面ももっていた。一九八〇年代後半、今度は反ユダヤ主義の波が到来した。時期的には、合衆国との経済摩擦が強まり、国内では不動産価格や株価が高騰（バブル経済）していた頃である。本や新聞、雑誌に書かれたものが大半であるが、ユダヤ人共同体に直接影響を及ぼすことはなかった。ただし、多くのメンバーが状況を憂慮し、何名かの人がボランティアで、日本のメディアをモニターし、ユダヤ陰謀論の書き手や出版社に抗議した[139]。この時代、シナゴーグと墓地を含め、日本にあるユダヤ人の施設に対する攻撃は一回も起きなかった。それはそうであるが、カルト運動のオウム真理教が一九九五年に起こしたテロ攻撃（地下鉄サリン事件）の後、真理教が反ユダヤ的言辞を弄していたため、JCCとイスラエル大使館は警備を厳重にせざるを得なくなった[140]。さらに日本の一右翼団体が、ヒトラーの誕生日にJCCへトラックで乗りつけ、車上よりナチ讃歌をスピーカーから大音量で流す事件も起きた。日本の地価高騰は〝ユダヤ資本〟が元凶と称する鉤十字入りのビラが、都心部の電柱や掲示板に貼られたのも、この時代である[141]。

一九八〇年代、日本におけるユダヤ人の生活は、イスラエルから来る短期滞在の若者たちで、活況を呈した。兵役を終えた後の世界旅行が新しい伝統のひとつになって、国内旅行と短期労働を兼ねて、多数の若者が群れを成して日本へ来たのである。日本全土特に東京では絵やアクセサリーを路上で売る者もいて、警察沙汰になったり、組織犯罪（ヤクザ）の身内ともめることが時々あった。共同体の伝統派にとって喜べないことであった。彼らのなかで長期に滞在した者は、極めて少ない。彼らが与えた長期に及ぶインパクトは、なきに等しい。一方、活気ある共同体を維持するうえで重要な存在であったのが、比較的年長者で長期滞在のイスラエル人であった。一九五〇年代末に始まり、二〇〇〇年代にもっと顕著になってくるが、イスラエルの政府関係者と実業家——ベルギーとイスラエルを拠点とするユダヤ人ネットワークに依拠するダイヤモンド業者、ハイテク企業の代表、ツィム海運の代表――が、そして少数の武道愛好家が、メンバーの相当な割合を占めていた。時には三分の一ほどになることもあり、日本の首都におけるユダヤ人の生活を高め充実していくうえで、助けになった(142)。

もっと近年になってからであるが、共同体の精神生活を形成したもうひとつの要素が、ハバッド派である。この正統派ハシッド運動は、主として遠方に居住する世俗的なユダヤ人を対象にして活動し、近年になってアジアでその存在感を強めている(143)。日本で最初のハバッドハウスが開設されたのは一九九九年。ラビ・ビンヨミン・エデリーと妻エフラトが開いた。一年後あとひとつハバッドハウスができた(144)。当初彼らは、日本・ユダヤ人共同体（ＪＣＪ）施設内で活動していたが、宗教問題をめぐって紛糾、緊張が高まり、結局ハバッドは自己の場所をつくることになったのである(145)。二〇二〇年代初期の段階で、ハバッドハウスは、京都、神戸、岐阜を含む主要都市につくられ、東京には二ヶ所という状態にある。ハウスのある地域に住むユダヤ人の宗教的性格を補強しているわけである。二〇〇九年、古いＪＣＣビルが建て替えられた。プリツカー賞の受賞者である建築家槇文彦とその総合計画事務所の設計で、一九一六平方メートルの建物は、東京共同体の富とバイタリティを証明する（写真14－3参照）。

全体的にみると、二一世紀になって最初の二〇年間、日本に住むユダヤ人の数は一〇〇〇～一五〇〇人で推移し、その大半は首都圏に居住している。共同体は、保守派、正統派、革新派そしてリベラル派と並んで反宗教的な派のユダヤ人の用に供してきたが、ＪＣＪの活動には、一〇〇～一五〇家族しか参加していない(146)。在日ユダヤ人の約六〇％は合衆国出身で、四分の一がイスラエル出身である。しかし、以前と同じように、定住ユダヤ人口は二〇〇人前後で、その家族の多くは、ユダヤ人男

写真14－3　東京のジューイッシュ・コミュニティセンター内のシナゴーグ（2022年）

性と日本人女性の夫婦構成である。[147] そのほかのユダヤ人居住者は、共同体生活を避ける者、自分を一般的にみて日本社会の住民と考える者である。それにしても、有名になった人物がいろいろいる。総人口に占める割合が極端に小さいことを考えると（〇・〇〇一％前後）驚くほどの数である――特にメディアとエンタメ分野で目につく。テレビやラジオに出演する外国人タレントで、デーブ・スペクター（生一九五四年）、ラジオパーソナリティのピーター・バラカン（生一九五一年）、女優でタレントのジュリー・ドレフュス（生一九六六年）がいる。作家ではリービ英雄（生一九五〇年）が有名である。出身地はさまざまであるが、日本に居住するユダヤ人研究者で、広く知られるようになった人物もいる。数学者のピーター・フランクル（生一九五三年）、言語学者のジャック・ハルペリン（生一九四六年）、政治学者のオフェル・フェルドマン（生一九五四年）、春画蒐集家で美術史家のオフェル・シャガン（生一九六七年）が、その例である。

ほかにもまだいるが、このような居住者が名を成し相当な貢献をしても、現代日本におけるユダヤ人の存在感はとるに足りない。いつも居住人数が極めて少なく、しかもその大半は、短期居住者である。彼らがどれほど努力したのか不明であるが、日本に居住するほかの欧米人も大同小異である。東京をはじめ日本の大都市は、表面的にはコスモポリタン的にみえるが、現代日本はほぼ閉鎖社会のままで、最近移民労働法の自由化の措置が出た後でも、拡大された新来者の受け入れ割当を消化することさえできないでいる。戦後個人が自由を謳歌し、宗教活動に対して極めて寛容であり経済上の魅力があるにもかかわらず、日本は相当規模のユダヤ人共同体が成長するための、豊かな土壌の地になっていない。

第5部

仮想のアジア——失われた十部族と隠れた共同体

第15章

アジアと失われた十部族
――回復された事実の検証とシオニスト史の書き直し

ギデオン・エラザール

一八六〇年の過越祭前夜、ラビ・アキバ・ヨセフ・シュレジンジャー（一八三八～一九二二年）は、一行の詩を口ずさみながら、目を覚ました。それは詩篇六五で、「いかに幸いなことでしょう。あなたは選ばれ、近づけられ、あなたの庭に宿る人は」という内容であった。シュレジンジャーは、プレスブルグ（現ブラスティスラバ）の指導的ラビで、人が詩の一行を口ずさみつつ目覚める時は、小預言が予期されるというタルムードの言葉も覚えていた。確かにその通りであった。朝の礼拝を終えた後、シモン・モシェの息子エリエゼルと名乗る男がやって来て、自分は日本と中国の間にある、アジアのチベット（ヘブライ語でベン・ヤーパン・ベ・ヒナ、ベ・アジエン）から来たと語ったのである。この訪問者はヘブライ語を話し、シュレジンジャーの義父宅で、過越祭の食事に呼んでいただきたいと言った。義父のラビ・ヒレル・リヒテンシュタインは、超正統派の祖にして著名な教え主ハタム・ソフェル（ラビ・モシェ・ソフェル、一七六二～一八三九年）の弟子であった。チベットから来たというエリエゼルは信仰篤く教養がありどこか耽美的な人のようで、シュレジンジャーは感銘を受けた。少食で、ゾハル（ユダヤ教神秘主義カバラの経典）とミドラシ（旧約の注解を収集した聖書注解書）から縦横無尽に引用し、熱心に祈る一方、詩文をわけの判らぬ奇妙な言語に翻訳した。シュレジンジャーとの会話で、彼は人口九万六〇〇〇人のユダヤ人共同体から来たと主張した。よく組織され、偉大な賢人によって導かれているという。彼は、秘儀的な知識を有し、秘法の眼識を発揮する由で、シュレジンジャーは、この点を多少詳しく説明している(1)。

祭日の後、シュレジンジャーと弟子たちが、お金と次の目的地までの鉄道切符を提供した。彼は一切の贈り物を拒否し、来た時と同じように徒歩で去った。エリエゼルは杳として消息を絶ち、以来話題になることはなかった。しかしながら、一九世紀のハンガリーにこの〝アジア〟のユダヤ人が出現したことは、ある意味で時代のひとつの特徴といえた——メシア到来を期待し、はるかな昔遠方の地に消えたユダヤ人をめぐり、新たに関心が生まれた時であった。シュレジンジャー自身が、時代のメシア期待熱を具象化しているようにみえる。一八七〇年、彼は所属共同体メンバー多数が反対するなか、それを押しきって聖地へ移住した。当地で彼はいくつかの事業に着手する。ユダヤ人の民族的・精神的救済にかかわるプロジェクトで、土地の取得とユダヤ人の農業開発、日常語としてのヘブライ語の復活、ユダヤ人防衛隊の編成が含まれる。シュレジンジャーは、有名な弟子ヨエル・モシェ・ソロモンと共に、ペタハ・ティクバの建設にかかわり、初代入植者たちのためのラビとして働いた。シュレジンジャーは、初期的な原型シオニストとみなされてもよいと思われるが、同時に筋金入りの保守派で、世俗主義や宗教の改革に激しく反対し、特に初期的な近代正統主義には敵意さえ抱いていた。彼と同じ世代の人々と同じように、なかでも当時活動していたビルナのガオン（一七二〇～九七年）の弟子たちがそうであるが、シュレジンジャーのメシア出現の夢には、別の要素が含まれていた。すなわち、イスラエルの失われた十部族を実際に探すことである。本人の場合は、おそらくチベットのエリエゼルと称する人物との珍しい出会いに触発されたのであろう。一八九九年エルサレムで、「エト・レバケシ」（探す時がきた！）と題する請願書が出された。それは、究極の救済を早める一手段として、〝サンバチオン川の向こうに住む〟十部族を探すためのユダヤ人に対する呼びかけで、シュレジンジャーのほかエルサレムの主だったラビたちが、発起人として名を連ねていた(2)。

本章では、アジアという広大な地域に消えた共同体の探査法について、触れておきたい。ユダヤ人のメシア信仰の復活が、一九世紀の半ばに始まるからである。さらに、自分たちこそ失われた部族の末裔と主張するアジア所在の共同体のなかで行われた対処法にも触れる。その仕事が、同じメシア信仰の伝統の延長として、イスラエルで宗教シオニズムによって採用されたのである。純粋に精神的な目的を指向する努力ではなく、実利的かつ政治的課題とされ、アジアで失われた部族探しをすることは、宗教上かつ資料上の意味を含む、もっと大きい努力の一環として理解された。宗教上からみると、それは究極の救済に必要な条件を整えるということであり、シオニズム運動をもって始まったプロセスを意味する。歴史上の資料という点からみると、それはシオニズム史を書き直すというもっと大きい努力の一環である。ビルナ・ガオンの弟子たちと、アキバ・ヨセフ・シュレジンジャーのようなイエシュブ（エレツイスラエル――イスラエルの地――のユダヤ人共同体）の人々の行動と神学上のルーツを確認することによって、シオニズムの歴史を書き改めるのである。

さらに、メシア到来ドラマでは、諸部族によって演じられる正確な役割については、その受け止め方に移り変わりがあり、本章はこれについても言及する。一九世紀に始まる失われた部族に関する初期的調査は、長い間失われていた伝統と典拠へ戻ることによって、ユダヤ人世界のバイタリティの回復上、部族の基本的役割を強調するのである。しかしながら、シオニスト事業の進展とイスラエルの建国と共に、部族はユダヤ教の救済者として提示されることはもはやなく、むしろ救済された者として扱われるようになった――忘れ去られたユダヤ人、己の真のルーツを忘れ、覚醒されなければならぬ存在であり、物理的・精神的な追放から慎重に呼び戻し、生き返らせる必要がある人々と受け止められた。

一九世紀におけるユダヤ人のアジア探訪

イスラエルの失われた十部族探しは、主にアジアに焦点をあて、二〇〇〇年以上もユダヤ人の想像をかきたててきた。東方に部族を探し求めるのは、アッシリア人によって諸部族が北部メソポタニアとペルシアの地域へ追放されたとする聖書の記述に由来する。それには、「アッシリアの王は、この国のすべての地に攻めのぼって来た。彼はサマリアに攻めのぼって来て、三年間これを包囲し、ホシェアの治世第九年にサマリアを占領した。彼はイスラエル人を捕まえてアッシリアに連れていき、ヘラ、ハボル、ゴザン川、メディアの町々に住まわせた」（列王記下一七・五－六）とある。それに従ってヨセフスは、イスラエルの失われた十部族を、「ユーフラテス川の向こう」に住むと同定した。[3]そのうちに、部族の居所探しは主にアジアを対象とし、それは〝東方〟に対する永年の魅惑と不可分になった。ローマの大プリニウス（ガイウス・プリニウス・セクンドゥス）とセビリアのイシドールによって描かれた文明の境界の外にある不思議の国である。確かに、イスラエルの失われた十部族に関するさらに古い言い伝えは、アレクサンダー大王の生涯と伝説にまつわる話にとりこまれている場合がよくあった。例えば地上の天国、ゴグとマゴグ、プレスター・ジョン（中央アジの王国を支配したと称するキリスト教修道君主）の伝説の王国等々、いろいろある。(4) 失われた部族の伝説は、アジアという広大な地域が、アレクサンダー大王の門で侵入を防止されているが、そこでは世界の秩序をくつがえすだけの、カオスの力と〝汚れた民〟が蟠踞するという話と符号する。(5)

かくして、イスラエルの失われた十部族の神話は、ユダヤ人の間にみられるメシア的含意と、キリスト教徒がもつ〝反キリストの意図を有する超人的存在の強大な軍〟としてのイメージが組み合い、これが中世時代にしっかりと根付いてしまった。(6) 超自然の神秘の川サンバチオンの向こうに住む十部族の話は、謎めいた九世紀の旅行家エルダッド・ハ・ダニによって、宣伝された。彼は、部族の居住地を中国国境からアフリカに至る地域に広げている。(7) アジアにおけるその位置を確認したのが、一三世紀の旅行家ツデラのベンヤミン（ベンジャミン）で、ほかにも、モンゴルのヨーロッパ侵攻を書いたキリスト教徒の年代記作者マシュー・パリスも、それに言及している。彼は、モンゴル人を失われた諸部族と同定した人物である。(8) 失われた諸部族探しが、アメリカのような途方もない遠隔の地まで広がるのは、アジアの地が次第に神話の域から現実に近づいた、近代になってからである。(9)

一九世紀になると、イスラエルの失われた十部族を探そうとする現実の活動が復活した。ヨーロッパによる植民地プロジェクトの拡大を通して、アジア各地へ向かう新しい道が開けた。これは、失われた諸部族との接触の可能性を意味するものであった。

事実、イギリスの史家チューダー・パーフィットは、失われた諸部族をヨーロッパの植民地拡大と結びつけ、「イスラエルびとの起源というファンタジーは……ヨーロッパの植民地事業と共に拡散する」と認めた(10)。かくして、一九世紀中頃にはユダヤ人、非ユダヤ人の旅行家・冒険家による、いくつかの試みが行われることになる。コーカサス地方、アラビア半島、中央アジア、インド、中国へ向かうのである。そして、さまざまなところで、長い間行方不明であったユダヤ人たちが出現したとか姿を消したという噂が、繰り返される(11)。

植民地拡大の一副産物としての探査例が、いくつかの中国遠征にみられる。それは、第一次阿片戦争に伴う騒ぎと共に始まる。この現象のなかで最も際立つ例が、おそらくウジエル・ハガの旅である。ボストン出身のユダヤ人で、義和団運動と一九〇〇年のその反乱を、失われた十部族と結びつけた人物のようである。義和団の包囲下にある北京の外国人居留地を解放し、乱を鎮圧する目的をもって、マッキンレー大統領は遠征部隊を派遣することになった。ハガは中国へ向け出航する部隊との同行を求め、大統領の許可を得た。中国に滞在中ハガは、中国の文化、風俗習慣、国内事情に関する詳しい報告をつけて、手紙を送っている。ハガにとって不幸だったのは、義和拳教徒はユダヤ教徒でなかっただけでなく、彼らは根っからの排外主義者たちであった。ハガは叛徒に捕まり、中国の牢獄で死んだと考えられる。

『セフェル・ブリット・ハハダシ』と題する本がある。ハガの手紙が掲載されているが、それより前に失われた十部族の代表と会ったと主張する一旅行者の報告が転載されている。太平天国の乱の時（一八五〇〜六四年）、アルザスのアブラハム・ステンペルがイギリス軍部隊に同行して、中国を訪れた。

歴史研究者ツビ・ベンドール・ベニテが、ステンペルの記述について論評し、反同化主義者の課題が強く染みこんだ内容であると指摘する[12]。中国のユダヤ人はユダヤ的なもののモデルとして記述され、離散の時代ずっと、まわりの諸民族とまじわることはなかったとする。さらに、ステンペルが唱える当地のユダヤ人は、欧米のユダヤ人の現実とは対照的な理想を体現している。その彼が描く中国のユダヤ人は、地に生きる農夫で、ステンペルと地元ラビとの会話は、間もなく登場するシオニスト運動のイデオロギーに酷似しているのである。ステンペルの記述には、次の会話が含まれている。

私　あなた方は何をしているのか、ぜひ知りたい。あなた方の商売と職業は何ですか。

彼　あなたの質問に答えるには、一言で足りる。我々は全員農夫（ヘブライ語でオブディ・アダマ）である。

私　農夫？　冗談を言っているのですか。

彼　冗談を言っているのではない。我々は全員農夫である。全員農村に住んでいる。ほかに職人が少しいるが、商人については、この地域にはひとりもいない。ここの商売は、すべて中国人だけが握っている[13]。

この後、商売の美徳と悪徳に関する論争が続き、そのなかでこのラビは、宗教上の観点からみると、商売がもっと問題のある職業である、これにたずさわると神を忘れ財貨の神マモンをあがめるようになるからである、と主張する。ステンペルは、ヨーロッパではまさにその通りと認め、憂慮すべき世俗化と同化の傾向があることを指摘した。彼は、当地部族と違って、土地の所有と農業が西側のユダヤ人にはこれまで不可能であったと説明し、ヨーロッパのユダヤ人を弁護しようとした。これに対し中国のラビは、時代は変わった——ヨーロッパのユダヤ人は解放されたのである。農業の仕事に戻る時が来たのではないかと主張した。つまり、失われた十部族の代表に関するステンペルの記述は、失われてしまった本物のユダヤ教、すなわちほとんど聖書の型通りに、その地と結びついたユダヤ教のイメージづくりの試み、である。中国のラビとの会話を通して、ステンペルはヨーロッパのユダヤ人の復活と若返りへの道が奈辺にあるか、今や〝確信〟するに至ったわけである[14]。

ステンペルが出したような報告は、失われた十部族探しが、行方不明のユダヤ人の捜索だけでなく、失われたユダヤ教の真正なる特質探しでもあることを示していた。ディアスポラのほかのユダヤ人の現実とは正反対、つまりユダヤ人には否定されている本来の姿と原動力を探し求める行為であったことを物語る。確かにある程度は、部族に対するこのような受け止め方が、今日に至る部族探しの背景にあると思われる。史家アビグドル・シャハンは、『サンバチオンを越えて』(*Beyond Sambation*)と題する近年出版の著書で、第二次世界大戦前ベッサラビアで過ごした少年時代、失われた諸部族の話に非常に感動したと前置きし、〝広い土地、そこに支配から解放され自由に生きる民〟がいるのである、まわりにいる踏みつけられた弱いユダヤ人、揚げ句の果ては少年時代を過ごした共同体はホロコーストで殲滅される、そのようなユダヤ人とは雲泥の差である、と書いた[15]。これに従って、部族に関するシャハンの英雄的イメージが、著書のなかで壮大なる旅路として描かれる。諸部族がアジアを通り（やがて南北アメリカに到達）、パシュトー語族、カシミール人、日本人等を含むいくつかの集団と関係を結び、ユダヤ教とヘブライ語の足跡を大陸全土に残したと主張する。[16]

一九世紀、ユダヤ的なものの純粋な姿を探すうえで、最も声高に叫ばれ大々的に喧伝されたのが、おそらくビルナのガオンの弟子たちのリーダーによる試みであろう。そのリーダーとは、聖地に移住したシュクロフのラビ・イスラエルで、ピンスクのバルーフとイエメン行きを計画した。シュクロフ（ベッサラビア）のイスラエルが書いた手紙には、イエメンでバルーフは、ダン族と自称する男たちに会ったという。男たちは一度戻ってバルーフの来訪許可をとるから待っていてほしいと言った。バルーフは、砂漠で待つことができなくなり、ひとりの召使いと共にやむなくサヌアの町へ戻った。バルーフは、地元の一有力者を救済した後、地元の政治紛争にまきこまれ、殺害されてしまった。殺害の後、ダン族からひとりの使者がバルーフを探しに町へ来たという。バルーフの関係者から死亡したことを知らされると、この謎めいた人物は「背を向け、どこかに消えていった」という。[17] シュクロフのイスラエルは、失敗したので大いに失望したと回顧する一方で、「十部族の王国の位置が今や明らかになった」ことに勇気百倍し、すぐに次の探査派遣に着手した。[18]

この努力の背景にある動機は、メシア行動主義のもうひとつの側面に関係していた——スミハーの制度（ローマ時代に消滅したラビの叙階式）復活の必要性である。アリエ・モルゲンスターンによると、メシア出現プロジェクト推進のためスミハーを復活しなければならぬという考えは、ガオン（ビルナの賢者エリア・ベン・ソロマン・ザルマン、一七二〇〜九七年のこと）の弟子たちの間ですでに流布していた。それは、メシア到来の前に、ベイト・ディン（判断の家の意で、ラビの法廷、民事、犯罪および宗教上の問題を扱った）が必要とするマイモニデスの判断をベースとしていた。しかしながら、そのような法廷叙階の復活なしでは法廷は召集できなかった。ユダヤ人の世界で存在が知られた共同体で、断絶なき叙階の伝統を維持するところは、ひとつもなかった。シュクロフのイスラエルが抱く前提によれば、失われた十部族は、何十世紀も孤立した状態にあり、始原に至る叙階を受けた人々のつながりをもつはずである。それを手掛かりにすれば、神殿破壊以前の賢者の時代、ひいてはモーセ自身へたどれる可能性がある[19]。

モルゲンスターンは、失われた十部族探しはビルナのガオンが抱くメシア思考のガイドラインの一表現と受け止めるべきである、と論じる。つまり、救済過程は、アラム語のカバラ上の表現ヒタルタ・デルタタ（アラム語で、〝深層からの覚醒〟の意）にかかわる、具体的かつ自然な人間の行為をもって始まる。諸部族探しの行動は、ほかのメシアプロジェクトに比べれば、はっきりした優位点がひとつあった。人間の能力の範囲内でできる行動だからである[20]。シュクロフのイスラエルは、諸部族宛の長い手紙のなかで、ミドラシとゾハルを引用し、諸部族の帰還を信じると宣言し、失われた諸部族を聖地へ戻すという明確な目的をもって、彼らを探し、発見するのが、〝異境の地にあるユダ族とベンヤミン族〟の神から授けられた任務であると論じた。さらに彼は、宗教法廷について、「救済はその法廷に依存する」と強調しつつ、法廷設立を助けるため、叙階を受けた賢者たちを送るよう、彼らに求めるのである[21]。

ユダヤ民族の復活と真正なるものの一表現としての失われた十部族の話は、宗教シオニズムの精神的父、ラビ・アブラハム・イツハク・ハ・コーヘン・クック（一八六五〜一九三五年）によって、さらに練りあげられた。この問題に関する彼の考え方は、失われた諸部族に関するラビ・シモン・ツビ・

ホロビッツの書『コール・メバセル』に記載された前書きでも、表明されている。リトアニアのカバリストであるラビ・ホロビッツは、前述したシュレジンジャーの「エト・レバケシ」（探す時がきた！）と題する請願が出た年に、諸部族探しの旅に出た[22]。二年かけてインドへたどり着いたが、地元当局によって送還されてしまった。ラビ・クックは、ホロビッツ宛の手紙で、プロジェクトのひとつとしての諸部族救済は、いくつかの面でシオニストの努力と密接にかかわりがある、と書いている。それでラビ・クックは、諸部族を三つの基本的特質と結びつける。すなわち、諸部族は、〝生来的な精神的たくましさ〟（ヘブライ語でアズート・ネフェシ・ヒユビット）、〝聖なるトーラーの光明〟（同メオル・ハトラー・ハクドシャ）そして〝命の清らかさ〟（同タハラト・ハハイム）をもつ。意味深長なのは、この三つの特質が離散の地のユダヤ人の欠陥と対照を成すという点である。すなわち、トーラーの〝輝きをなくし〟、生来的たくましさを喪失し、徳義の低下をきたしている。ラビ・クックのビジョンでは、諸部族が戻ることは、「聖なる地の聖なる民にとってふさわしい、健全にして謙虚かつ純粋な命」が戻ることでもあった[23]。

このように、ラビ・クックは、ステンペルやシュクロフのイスラエルと同じように、可能性のある諸部族との接触を、ユダヤ的真正という長い間失われた姿と結びつく機会、とみなした。つまり、深く宗教的であると同時に、聖地の自然と具体的な現実に根付く生活という特異なコンビネーションへ戻るのは、諸部族との邂逅によってのみ可能というのである。前に指摘したように、モルゲンスターンによると、ガオンの弟子たちが行うメシア活動の性格は、この宗教上の理想にあった[24]。それは、宗教シオニストがもつイデオロギーの土台になったが、これについては後述する。

シオニズムとメシアヨセフの息子

二〇世紀初期、中心的シオニストたちの書物のなかに、失われた十部族に対する一定の関心がみられた。特に注目に値する人物が、イツハク・ベンツビ（第二代大統領）である。中東のユダヤ人共同体について広範囲な調査を実施し、諸部族とクルディスタンとアフガニスタンのユダヤ人を結びつける伝統について調べた。[25] しかし今日においては、本件に対する関心、特に実地探査の分野に対する関心は、大部分は宗教シオニストのサークルに移っている。[26] 失われた諸部族を確認し接触しようとする活動を近年盛んに行っているのが、ラビ・エリヤフ・アビハイルである。一九七〇年代アジアで調査活動を開始している。アビハイルの著書には、宗教シオニズムの重鎮たちの熱烈な推薦の言葉が載っている。ラビ・ツビ・エフダ・クック（一八九一～一九八二年）、ラビ・シュロモ・ゴレン（一九一七～八四年）などである。クックは、本腰を入れて活動を開始するよう自分が激励した人物として、アビハイルを紹介しているが、確信をもって推薦し、「我々の聖なる伝統によれば、失われた十部族は、彼らの地と同胞のもとへ必ず戻る。彼らを探し出し、帰還させるのが、ユダヤ教とベンヤミン族の子孫である我々の任務である」と書いた。[27] 彼は、特にアフガニスタン、パキスタンそしてインドのパシュトー語族、カシミールの住民、そしてインド・ミャンマー国境周辺域に住むクキ―チン―ミズ諸部族のなかにいるベネ・イスラエルに注目した。ラビ・アビハイルの仕事は、アジアにユダヤ人の子孫が住むとして当地のさまざまな共同体を調査対象とするもので、当初は、多くの人に胡散臭く思われたが、今や現実の課題として十部族に対する関心が、主流派、特に宗教シオニスト陣営に移ってきたのである。ラビ・エリヤフ・ビルンバウムは、本件に関する著作のなかで、この課題を復活し、「イスラエルの民と諸部族のつながりの歴史的継続を維持する」願望を表明した[28]。

ヒレル・ハルキンは、ラビ・アビハイルと共同した失われた十部族探しをまとめて本にし、そのなかで、調査の意味についてアビハイルと交わした会話に触れているが、アビハイルが、「頭に目がついている人なら誰でも、救済のプロセスが始まっていることに気づく」、「しかし最初のステップであっても、イスラエル国すなわち〝我らの救済の始まり〟（アラム語で *athalta dege'ula*）は、ヨセフの家の帰還まで、完成することはない」と言った由である[29]。アビハイルは、ガオンとその弟子たちが時間をかけて検討した概念、すなわち〝メシアヨセフの息子〟に、はっきり限定して言及した。ダビデを起源とするメシアと違って、早期に出現するこのメシア的人物は救済の物理的側面、すなわち国土の回復と離散民の帰還集合そしてエルサレム神殿の建設にかかわる。この問題に関する詳しい記述が『コール・ハトール』という本に掲載されている。著者については別の意見もあるが、ガオンの弟子シュクロフのラビ・ヒレルとされる。その書では、ガオン自身が、ヨセフの家のメシアの一具象化として同定されている。ガオンとその集団は、〝ヨセフの息子〟を一八四〇年に始まるメシアの時代とみなした。年代は、ヘブライ年（ת״ר）と雅歌の一章に関するゾハルの注釈に合わせてある。その一章とは「花は地に咲きいで、小鳥の歌う時がきた。この里にも山鳩の声が聞こえる」（הניצנים נראו בארץ עת הזמיר הגיע）（雅歌二―一二）である。確かに、モルゲンスターンが認めているように、諸部族探査と叙階再興に関するシュクロフのイスラエルがとった行動では、一八四〇年前後のメシア出現期待が、重要なファクターであった。

ヨセフの息子メシアは、タルムードに出てくるが、このアイデアは、ビルナのガオンによって大々的に展開された。超自然的現象としてメシアを認識することとは対照的に、『コール・ハトール』で論じられるメシアの役割は、土地への具体的な帰還、農業開拓地の設立、その他日常生活上のさまざまな側面を含む、自然かつ現実的課題に取り組む救出者の役割である。前述のように、失われた十部族の意義は、現実の帰還だけにあるのでなく、〝深層からの〟活動に対する面にもあった[30]。この考え方は、ラビ・クックに深甚な影響を与えた。彼が、テオドル・ヘルツルを称えたのは有名な話である。シオニスト運動とその創始者は、〝メシアヨセフの息子（messiah ben Joseph：ヨセフの子孫メシアの意）から発したきらめき〟とみなすべきである、と示唆したのである[31]。この文脈に、ヨセフと諸部族とのつながりの意義がある。この点を認めておくべきである。諸部族探しと、基本的には自立的かつ自律的性格をもつ諸部族自体は、共にこのメシア到来の初段階の具象化と表現の一形態、とみてよい。この結びつきは、エリヤフによってはっきりと指摘されている。本人は、ブネイ・メナシェをイスラエルへ連れてくる運動の中心的人物のひとりであり、世界各地のユダヤ化グループの間ではベテランの活動家である。ビルンバウムは、ブネイ・メナシェに関する著書のなかで、一九世紀のラビの意見を引用している。エゼキエルに関するこのラビの注釈は、失われた十部族が、「メシアヨセフの息子であるヨセフの旗のもとに」集合する、としている[32]。

アジアで発見された失われたユダヤ人――ブネイ・メナシェ

前述のメシアの論議は、ラビ・アビハイルの教えと考え方の中心的意義であったが、今日諸部族問題を扱っている中心的組織の論議では、だいぶ意味を失っている。この組織はサーベイ・イスラエルとして知られ、アメリカのユダヤ人ミハエル・フロインドが設立したもの。一九九〇年代イスラエルに移ったフロインドは、アビハイルと組んで仕事を開始したが、そのうちに分離し、自分自身の組織をつくった(33)。アビハイルと違って、フロインドの考え方は、本質において民族的かつ人道的であり、ユダヤ的ルーツを再びつなぎたいと望む人々を支援することにある。この組織は、ユダヤ人の末裔でユダヤ教に関心を抱く、いくつかの集団のなかで活動している。それには、中国は開封のユダヤ人、南米ではマラノの末裔のほか、自己を失われた十部族の子孫と主張する集団が含まれる。諸部族に関する初期の試みとは対照的に、この組織のこれまでの活動は、前例のない性格の結果を、現実にもたらしている。

この点に関して当組織があげた最大の成果が、インド北東部のマニプールとミゾラムに居住する、ブネイ・メナシェの正式改宗とイスラエルへの移住である。このほか、失われた十部族問題に取り組む複数の在米ユダヤ人組織があり、個人的に追究している人もいる。なかでも注目すべき組織が、「クラヌー」である。クラヌーの詳しい分析は、本章の枠を越えるが、注目すべきはこの組織がユダヤ教を自己規定として受り入れ、世界各地のさまざまな集団と接触していることである。組織は、正統派による改宗を提供していないが、この組織の存在は、ユダヤ教がユダヤ人としての自己認識を正当化し、その認識を強め、もっと大きいユダヤの組織統治体に加わる選択肢を提供している点で、大変意義がある。さらに「クラヌー」は、ほかの組織とも協力している。例えば、ラビ・シュロモ・リスキンが創立し主宰する近代正統派運動「オール・トーラー・ストン」のなかに最近新設された〝イスラエル離散民〟（ヘブライ語で *nidhei yisrael*）を対象とする事業との協力がある。(34)

サムラによると、クキ―ミズ―チン集団の間にみられる失われた十部族に関する血筋という概念は、時に少数民族シンルンを指し、現在ではブネイ・メナシェを指しているが、二〇世紀初期に始まるとらえ方である。(35) シャルバ・ウェイルが指摘したように、東南アジアの大陸部山岳地帯（ゾミアともいう）のさまざまな民族集団――例えばカレン族――を失われた諸部族の残存者とみる向きは、一九世紀中期におけるキリスト教の活発な伝道努力と共に始まる。(36) さらに、ジェームズ・スコットが示したように、千年至福信仰は、そして地域への支配権を行使しようとする地方国家にとって異端とみなされる宗教の選択は、この地域住民の間にみられた根強い伝統である。圧政的な中心勢力に対するいわゆる反政府闘争は、長い間失われていた書、文字とその書式あるいは知識体系を取り戻す夢と結びついている場合が多い。(37) これこそブネイ・メナシェの話にみられる重要な特徴である。(38) スコットは、この文脈で「バプテスト宣教団が、長い間救済者を待ちこがれていた人々に聖書をもたらしたのは、幸運であった」と指摘する。(39) この地域住民の救済者期待傾向が、キリスト教伝播上重要なファクターになった。宣教師はしばしば文化を元に戻す者として認識された。ブネイ・メナシェの場合、似たような原動力が、この地域の支配を目論むインドに対する武力抵抗の一環として生み出された。(40) ミゾラムとマニプールの住民の大半はキリスト教徒として残り、いくらかはユダヤ教を受け入れ、ブネイ・メナシェの中核を形成した。

ワイルは、ブネイ・メネシェ形成のルーツを、ミゾラム出身でハラ・メラという名の霊能者が一九五一年に見た夢にあるとし、シンロン族を失われたイスラエルびとと同定している[41]。実際のところ、キリスト教宣教団の間では、ビルマのカレン族や中国四川省西北部のチャンミン族のような、東南アジア大陸部山岳地帯の住民を失われた十部族と同定することが、普通に行われていた[42]。一九五〇年代、この集団がユダヤ人そしてイスラエル国と連絡をつけることに関心を示し始めた。そして、その目的のために、ミゾ・イスラエル・シオニスト機構が、一九七四年に設立された[43]。一九七九年、ラビ・アビハイルとの連絡がついた。そして、部族の先祖マンマシと聖書上の人物メナシェを関連づけたのが、このラビであった[44]。アビハイルをはじめとする人々は、ブネイ・メナシェがイスラエルの地にかかわる伝統と、ユダヤ人の宗教上の慣習（レビ記にあるような聖書上の讀罪の捧げものなど）を維持していることを、証明しようとした[45]。近年、スファルディ系の主席ラビであるラビ・シュロモ・アマル（生一九四八年）の裁定があって、ブネイ・メナシェの住民数千人が、イスラエルに到着した。ラビ庁はこれを支持し、国の当局がしぶしぶ認める形での入国であった。話はそこで終わらない。この特定部族の発見は、ほかのメシア的含みをもっているのである。いくつかの伝承によると、メナシェの部族は、この地へ戻る十部族の第一号になるという。早期の帰還には報酬がある。早い到着のおかげで、埋葬を目的としたサウル王とその息子たちの収容ができたとサムエル記（上三一・一二・一三）にあるとした[46]。

十部族と関係があるよくいわれるもうひとつの集団が、アフガニスタン、パキスタンに住むパシュトー語族である。インドのパシュトー語族を研究する研究者エヤル・ベエリによると、ブネイ・メナシェの間にみられるユダヤ教への改宗熱意と対照的に、多くのパシュトー語族の人々は、自分たちのヘブライの文化遺産探しに、関心がある。現在のところ彼らは信仰心の篤いムスリムであり、改宗は極めて厄介な問題である[47]。ベエリが指摘しているように、近年失われた十部族問題にかかわるようになった人と組織が、かなり増えている。彼は、増えたのは、需要と供給の問題であるとしている。アジアその他の地域で、失われた十部族の子孫と主張する集団の人たちが、自分たちのアイデンティティを探すため、新しいテクノロジーを利用している。ブネイ・メナシェの例が明らかにしているように、失われた諸部族探しは、知られていない民あるいは身を隠すことを選んだ民を探すことであったが、最近は役まわりが逆転し、探す人が探される立場になった。今日、活動の大半は、自分たちがユダヤ人の子孫であるとし、それをユダヤ教のラビ当局そしてイスラエル国に知られ、認知してもらいたいという方になった。

このような役まわりの転換例が、失われた十部族の子孫と主張する別の集団の歴史にみられる。インドのアンドラ・プラデシュ州に住むブネイ・エフライムである。テルグ語（ドラビダ語族の言語）を話す小さい共同体で、一〇〇〇年ほど前、中央アジア経由でインドに来たエフライム族の末裔、と主張している。一九八〇年代、この共同体の長であるシュムエル・ヤーコビのエルサレム訪問に端を発し、ユダヤ教との同定化が始まった。この集団は、不可触賤民ダリトに所属しており、ユダヤ人の子孫であるとの主張は、高いカーストそして合衆国とイスラエルのユダヤ人から注目されることにより、カーストの厳しい差別を克服するための一手段、とみられることが多い[48]。ブネイ・エフライムにとって、ユダヤ人そしてユダヤ人の苦難と自己を同定することは、ひとつの意図に基づいて事象の論理・前後関係を設定し、カースト制度内における集団自身の苦難を説明する一方策となった(49)。

従来、ステンペル、シュクロフのイスラエル、ラビ・アブラハム・クックなどの書では、イスラエルの失われた十部族を、真正なるもの、失われた伝統と古代の活動を受け継ぐ存在として描き、それが中心テーマであったが、今日では、それが文字通り消えてしまった。これまでアジアの大地で発見される部族は、ヨーロッパのユダヤ人を物理的かつ精神的危機から救出するものとされたが、シャベイ・イスラエルと出会った集団は、いくつかの聖書の伝統を維持しているとして称賛の価値ありとされたが、同時に潜在的救い主というよりは、救い出される必要がある立場の人々であることが判明した。同じように、長い間失われたままの知識を保持している集団とか、正統なる叙階を受けた指導者の血脈をもつ集団といわれたのが、話は逆となり、その種の集団は正統派ユダヤ教とイスラエル社会という大きい枠組みのなかに統合される目的をもって、主流派ユダヤ教の知識を身につけるプロセスに入ることが期待されることになった。

ラビ・ビルンバウムによると、ブネイ・メナシェの習慣と慣行に関する文化的記憶が、イスラエルへの移住によってひどく腐食してしまった(50)。さらにイスラエルへの移住により、新しい権威のセンターと新しく形成された文化の発信サイクルに、集団が組みこまれることになる。ビルンバウムによると、イスラエルのブネイ・メナシェ共同体は、幅広いイスラエル共同体から一定の習慣を吸収し、その後これがインドのブネイ・メナシェに、非常な権威のオーラをまとって伝えられ、とりこまれた。これは、共同体の伝統とユダヤ的ルーツについて最もよく知る人々は、イスラエルへ生活を移したメンバー、と考えられていたからである。このようにして、ブネイ・メナシェとイスラエルのユダヤ教正統派の接触が、イスラエルとマニプール・ミゾラムの両地域において、主流派ユダヤ教のイメージで、この失われた部族の漸進的再生を主導しているわけである。

イスラエルとアジアのユダヤ人

ブネイ・メナシェから数千人が改宗し、イスラエルへ移住したことによって、この国にユダヤ人初の東アジア共同体が形成された。日下イスラエルに居住するブネイ・メナシェの間で実施された文化人類学上の調査で、アジア的容貌をもつ集団の意味するところが、明らかにされた(51)。ブネイ・メナシェを身近に知らないイスラエル人の多くは、アジア系の外人労働者と勘違いし、ユダヤ人の分類に入れることを疑問視する場合が多く、イスラエルへの移住動機にも疑念を抱いているのである(52)。近年、インドからイスラエルへのブネイ・メナシェ移住促進キャンペーンが、一部の政治家やジャーナリストから批判されている。ジュディアとサマリア（ヨルダン川西岸地区）における入植地人口の増大を意図する宗教シオニストの野望というのである。確かに、この集団のメンバーの多くは、キリヤト・アルバをはじめとするジュディアとサマリアの入植地に居住している。同じように、ガリラヤ地方の都市部にブネイ・メナシェの共同体がつくられたことに対し、批評家たちは、これをこの地方の〝ユダヤ化〟とユダヤ人が多数派を占める地域づくりの推進事業、と説明している(53)。ブネイ・メナシェの主張に対する敵意は、二〇〇三年に頂点に達する。厳格な世俗派政党シヌイ出身の内務相アブラハム・

ポラーズが、この集団メンバーに対するビザ発給を拒否し、インドからの移住停止を決めたのである。超正統派共同体のなかでも、失われた部族関連活動に対する無関心あるいは反対が顕著であった。超正統派は、ブネイ・メナシェのような集団の認知に反対であり、このような認知がもつメシア的含意を否定する。これは、シオニストの積極的行動に対する超正統派の反対と一致すると思われる意見である。[54]

この共同体のメンバー数はわずかに数千人であり、人口構成上はとるに足りない問題ではあるが、アジアの失われたユダヤ人の間にみられる活動は、それ自体が別種のシオニスト話の表明である。修史論からいえば、それはシオニズムの歴史を書き直す大掛かりな努力の一貫である。一九世紀後半、主として世俗のシオニスト運動で始まるシオニズムの歴史ではなく、シュクロフのラビ・イスラエルとラビ・アキバ・ヨセフ・シュレジンジャーのような宗教上の動機による活動を起源とする歴史である。最近、この主旨をもって学術的かつジャーナリスティックな手法で書かれた本が出版されている。この歴史観の背後にいる学術的権威が、『エルサレムへの帰還――イスラエルのユダヤ人再定住史　一八〇〇〜一八六〇』をまとめたアリエ・モルゲンスターンである。モルゲンスターンによると、諸部族をみつけようとする発案は、ビルナのガオンの弟子たちの目的が、パレスチナでトーラーを学びオリーブ山に埋葬される日を待つことに限定されていなかった証拠である。むしろ彼らは、具体的かつ現実的手段で、救済をもたらすことを目的とする、積極的行動主義のメシア運動の一部であった。[55]二〇〇八年には、右翼系週刊紙ベシェバに、ヨエル・ヤーコビが、「最初の開拓者」と題する記事を書いた。一九世紀パレスチナにおけるビルナのガオンの弟子たちを描いた内容であるが、三つの要素の明確な結びつきを指摘している。現今の入植運動、ガオンの弟子たちのメシア待望と積極的行動主義、そして救済は実践的かつ政治的手段によって達成され、〝諸国民〟の承認をかちとることの三つである。[56] 記事が指摘しているように、この点ではテオドル・ヘルツルより約七〇年先行する。同じ著者は、もっと最近の「ヘルツルに先行したラビ」と題する記事で、シュレジンジャーの活動を描いた。シュレジンジャーは、この地に対する永遠の愛、土地の取得活動、武力による防衛、〝エリエゼル・ベンエフダより一〇年も先行する〟ヘブライ語の復活運動で、再び称揚されるのである。[57]

おそらく、シオニストの歴史に関するこの種の議論より、もっと重要な点がある。それは、失われた十部族の問題が、今日のシオニスト運動と方向性に関し、相当な含みをもつことになったことである。つまり、シオニストプロジェクトのさらなる展開を目指す一環として、アジアその他の地域における現実の失われた十部族探しの論議が、はっきりと組みこまれているのである。これと対照的に、イスラエル社会のほかの人々は、このプロセスを〝メシアニック〟とみなしていると思われる――世俗の主流派シオニズム内では、極めてネガティブな言外の意味をもつ言葉である。ビルナのガオンとその弟子たちを近代シオニズムの真なる父として見直す試みは、ヨセフ・アヒトヴによって、〝イスラエル民族主義のあいまい化〟の一証左として批判されている。[58] これと対照的に、ミハエル・フロインドやラビ・ビルンバウムのような活動家たちは、諸部族探しの努力を、世俗的な用語の使い方ではあるが、発足の当初から極めて〝メシアニック〟な運動の自然な展開とみている。

結び

アキバ・シュレジンジャーのハンガリーの自宅を訪れた〝チベット〟のユダヤ人や、アラビアの砂漠でピンスクのバルーフが出会ったダン族のメンバーと同じように、失われた十部族探しはユダヤ史のなかで突然出現し、いつの間にか気づかれぬまま消えていくように思われる。本章でとりあげた二〇世紀初めまでの分で、思想家と旅行家による諸部族に関する記述には、際立った特徴がひとつみられる――失われた真正なるもののシンボルとしての諸部族のイメージである。それゆえに、失われた聖書時代のユダヤ人は、自律的で意思強固な二五〇〇年の時空を越えた伝統の保持者として、紹介される。ベン・ドール・ベニテが指摘したように、〝遠隔〟のアジアに住む一集団が、失われた部族の子孫であることを、イスラエル当局によって正式に認められ、出身地への帰還が始まったのであるから、その意味で我らが住む時代はユニークである。(59) 本章で強調したように、イスラエル社会の論議に諸部族の話が再登場したのは、宗教シオニスト活動家の積極的努力のおかげである。それで、ブネイ・メナシェというインド・ミャンマー国境地帯の共同体が、イスラエルに実際に到着したことは、シオニストプロジェクトの赫々たる勝利であり、ヨセフメシアのイメージに正しく一致するという証拠とみなされたのである。

いうまでもないが、イスラエルの失われた十部族の問題と、二七〇〇年間離散の地にあった末裔の発見は、シオニズムの性格とその未来について、そしてまたグローバル時代におけるユダヤ教とユダヤ民族に関して、重大な問題を提起している。今後さらなる調査、研究を要する諸問題である。問題が問題なので、全体的なユダヤ人共同体への受け入れプロセスは、たくさんの障害を伴う。ラビ・ビルンバウムによると、世界各地のユダヤ化集団の多くにあてはまる問題である――たいてい地元のユダヤ人共同体は受け入れを拒否し、地元のラビ当局は彼らの改宗に関与せず、イスラエルの当局者は対応がのろく、ユダヤ人としての彼らの出自を認めることを躊躇する。ユダヤ人として認められたら、イスラエルへの移住権が帰還法によって自動的に生じるという背景もある。(60) ビルンバウムは、改宗問題に関する最近の研究で、失われた十部族に対するユダヤ人の無関心に批判の声をあげ、それが（ユダヤ人をキリスト教に改宗する）ミッショナリー活動と受け止められることに関する懸念と絡み合っているとした。(61) 彼は、失われた十部族問題を神話と奇跡の範疇にあるとする前提が、本当の存在に関する懐疑を広範囲に広げたと追記している。

同時に、手の届かぬ神話から、東アジアからイスラエルへの移住という現実への転移は、諸部族探しが広げているやり方に、いくつかの変化をもたらした。多くの活動家は、聖書の律法と一神教的献身を偲ばせる古代の儀式を維持する人々の捜索にかかわっているが、アジアなど広大な地域に消えた諸部族は、今日では、ユダヤ教の儀式の一部を、それも変質し希薄になった形で維持する者にすぎない、と考えられている。ユダヤ人を救うよりは、救われるのを待つだけである。かくして、ヨセフの部族の帰還は、完全に条件付きになった。つまり、改宗手続きをしてジュディア（ユダ）の兄弟たちの首脳部が受け入れてくれるかどうかにかかっているのである。

総括

第16章

近代アジアのユダヤ人社会
――共同体共通の性質、人口上の特徴と独自性

ロテム・コーネル

広大なアジア大陸は、さまざまなユダヤ人共同体が多数存在する地域であった。その共同体の大半は、今日西アジアとして言及される――もっと普通には中東として知られるが――地域に起源を発し、繁栄した。紀元前一〇〇〇年にユダヤ教が出現したのは、この地域特に東地中海沿岸域で、それは西方向にはヨーロッパへ、東方向へは西アジア各地に広がった。いずれにせよアジアつまり西アジアの東（本章ではここを〝アジア〟として言及する）にも、たくさんのユダヤ人共同体があった。近代アジアだけでも、一〇〇を越える共同体が存在したが、アジアの広大なサイズ、膨大な人口、通商上の流通繁栄を考えれば、さらには古代ユダヤ教起源の地から遠く、地理的に片寄っているため、その数は思ったほどではなく少ない。近代以前には――人類史上アジアの地位が特に突出していた時代――共同体として出現した数は少なく、その歴史を古代までたどれるのは、一握りにすぎなかった。残る大半は地理上の分散、数そして重要性の点からみて――一九世紀中期以降ほぼ一世紀の間に生まれるのである。

一九世紀中期に始まり二〇世紀の中頃に至るまで、かなりの数の共同体が主としてアジアの港湾都

市に生まれ、繁栄した。繁栄の頂点に達したのが、アジアでは第二次世界大戦が勃発する直前である。もうひとつの地域が、ロシア帝国とその後のソ連邦の主要輸送経路沿いである。しかしながら、共同体の多くは、一九五〇年代までに、成長するよりも早い速度で急激に減少していき、結局一九世紀後半の水準に近いところまで落ちるのである。本章は、近代アジアにおけるユダヤ人共同体の勃興と没落、そしていくつかのケースでは再興に関する総合的かつ新しい全体像を提示しようとするものである。テーマ別で構成される一四章の各内容は、本書のメタナラティブと同じように、近代アジアにおけるユダヤ人定住地の経済および文化生活のみならず、アイデンティティ、背景、構造に関する諸問題を扱う（第1章参照）。そのなかで、本書の発掘したものは、一〇点の調査ラインに沿って記述し、分析される。

起源と分離

アジアのユダヤ人共同体を論評するには、いずれの場合でも、真っ先に共通の特徴と相異を決める必要がある。共有する起源が、ユダヤ人共同体間で基本的な属性である。当該共同体とその成員の起源が、彼らのアイデンティティの主たる側面を構成する。彼らが堅持する伝統、そして同種共同体との関係性、異なると規定される共同体との関係性が目安となる。本章は、順序として、そしてまた便宜上、共同体が位置する主たる地域に従って、地理的に四つに分けて考察する。とりあげ方によっては、この一連の共同体は、別のカテゴリーに従って分けることもできよう。例えば、成員の地理的・

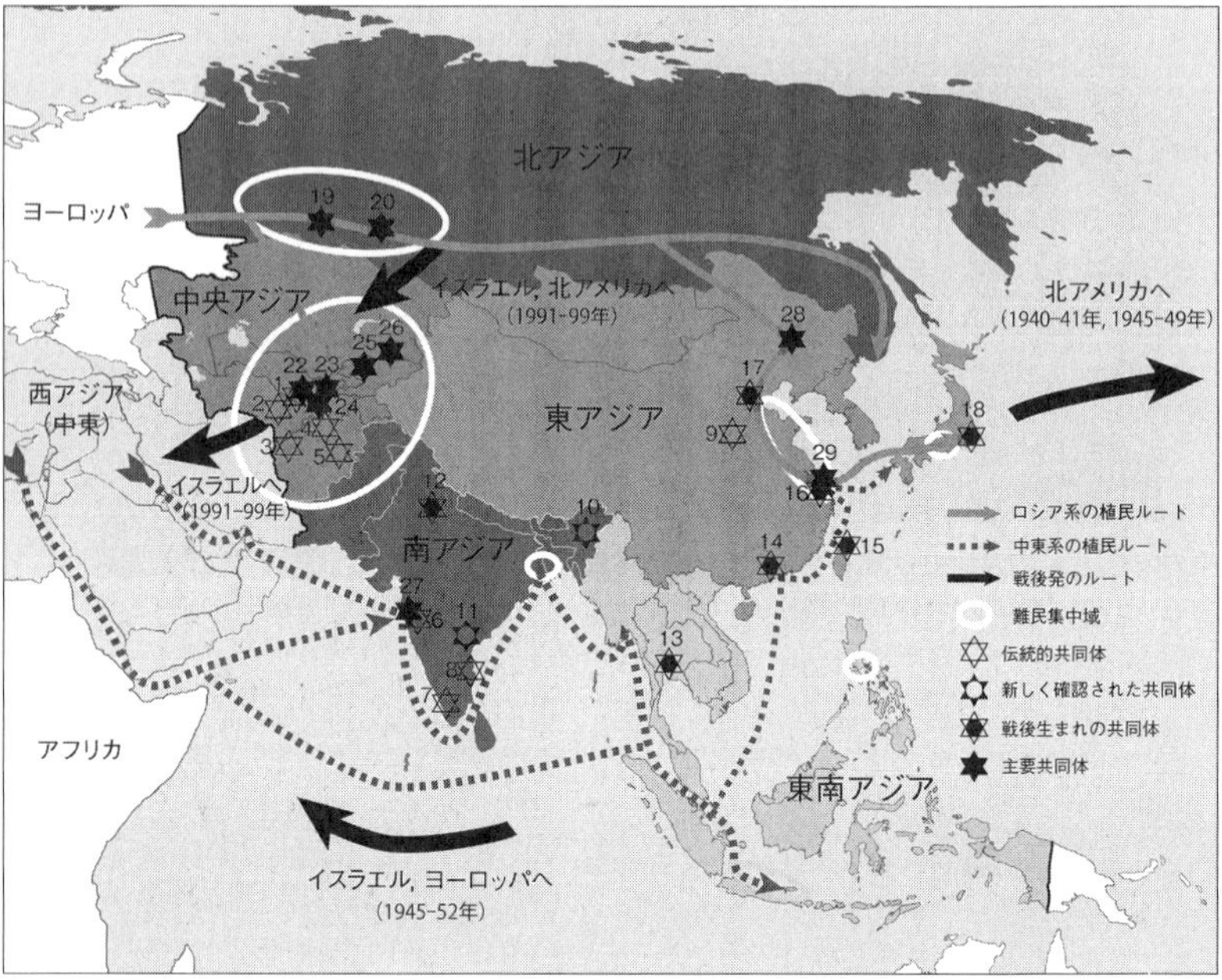

地図16-1　近代アジアのユダヤ人居住地域：当初の居住地と移動方向

伝統的共同体；1. ブハラ，カッタクルガン，シャルジョウ(トルクメナバート)；2. ヨロテン(ヨロタン)；3. ヘラート；4. バルフ；5. カブール；6. ムンバイ(ボンベイ)；7. コチ(コーチン)；8. チェンナイ(マドラス)；9. 開封．**新しく確認された共同体**；10. ブネイ・メナシェ集中域，インパール；11. ブネイ・エフライム，コタレッディパレム．**戦後に生まれた共同体**；12. ダーラムサラ；13. バンコク；14. シェンチェン；15. 台北；16. 上海；17. 北京；18. 東京．**主要共同体**（ピーク時1万以上のユダヤ人）；19. オムスク；20. ノボシビルスク(ノボニコラエフスク)；21. ビロビシャン；22. サマルカンド；23. タシケント；マルギラン，フェルガナ(ノビマルゲラン；スコベレフ)；アンディジャン；24. ビシュケク（フルンゼ）；25. ドゥシャンベ；26. アルマティ（ベルニ，アルマ=アタ）；27. ムンバイ(ボンベイ)；28. ハルビン；29. 上海.

人種的起源、出現の時期、宗教上の性質あるいは傾向、あるいはまた成員の主たる生業による分類もできよう。このような分け方は、時によっては、アジアのユダヤ人共同体の勃興、形成について、より大きい識見を提示する場合がある。この点に関して、本書は近代アジアにおけるユダヤ人居住地の起源に、六つの主たる群を確認している（地図16－1参照）。

1. 伝統的共同体

この群は、近代以前に——なかには古代にさかのぼる——出現した少数のユダヤ人共同体で構成される（地図16－1参照）。すべて中東に起源を有するが、この一連の共同体でアジアへ到達した時と経路が不明なものもある。例えば、コーチンのユダヤ人、インドのベネ・イスラエル共同体のユダヤ人がそうである。ほかのケースとしては、例えば中央アジアに住むブハラのユダヤ人（アフガニスタンの少数の共同体を含む）、中国は開封のユダヤ人は、西アジアの北東周辺域——ほとんどはイラン——から移動し、さらにその地域内で広がった人たちである。この共同体のなかには、その域外のユダヤ人共同体と連絡を維持し、伝統を守りほとんど同化しなかったものもあれば、開封のユダヤ人やベネ・イスラエル共同体のように、少しずつ連絡を失い、ユダヤ教全般の慣習をそっくり維持することができなくなったものもある。移住後に存在がはっきりしたものが、特に該当する。一定のユダヤ教の伝統の喪失は相当なもので、近代になって〝発見〟されユダヤ教との結びつきを〝再建〟しなければならぬほどである。開封の小さい共同体の場合、一九世紀中期頃に事実上消滅したので、〝発見〟は無理であった。全体的にみると、この群は、急速に影が薄くなっていった。一八五〇年時点で、この群はアジアのユダヤ人の七五～八五%を占めていたが、その割合は一九〇〇年までに四〇～四五%に低下し、さらに一九四五年には一四～一八%程度になった。戦後一九九〇年までに二二～二六%までに回復した。しかし、この群の共同体の成員は大半が移住、特にイスラエルへ移ったので、減退するアジアのユダヤ人共同体のなかで、二〇二〇年までに一〇～一五%程度に減少した(1)。

2. 欧米植民地共同体

アジアにおける欧米植民地帝国の心臓部に、かなりの数のユダヤ人共同体が生まれ、繁栄した。貨物集積拠点に出現したのである。主に大英帝国の植民地、ついでオランダ、フランスそしてアメリカの植民地にも生まれた（地図16-1参照）。この種の共同体で主なものは、南アジアでは、ボンベイ（現ムンバイ）、マドラス（現チェンナイ）、カルカッタ（現コルカタ）に出現し、東南アジアでは、ラングーン（現ヤンゴン）、シンガポール、サイゴン（現ホーチミン市）そしてマニラにできた。さらに東アジアには香港、上海、神戸、横浜にできた。この群のなかで主流を形成したのが、バグダディ系のユダヤ人で、時に支配的な存在であり、ここで紹介した共同体にはたいてい住んでいた(2)。バグダディ系はアジア大陸全体で約一万人、その半数以上はインド亜大陸に居住していたにもかかわらず、前出の共同体で主力になっていたのである(3)。この群のなかの居住地の多くは、第二次世界大戦の余波を受け、さらには欧米植民地主義の崩壊に伴って縮小した。しかし、アモス・ウェイ・ワン・リムの章で明らかなように、いくつかは生き残り、今日に至るも繁栄しているのである。この一連の共同体のなかには、ほかの群の共同体よりも、もっと学術的な研究対象になったものがいくつかあるが、規模からいえば、かなり小さくマージナルな存在であった。最盛期（一九〇〇～四五年）でも、アジアのユダヤ人総数の五～一〇％程度であった。

3．ロシア植民地内共同体

ロシアとそれに続くソビエト帝国のアジア域——シベリアと中央アジア（地図16－1参照）——には、かなりの数のユダヤ人共同体が繁栄していた。なかにはロシアのアジア影響圏（アフガニスタン、モンゴリア、中国北部）へ広がったものもあり、さらにその先（例えば日本）にさえ、進出した。ブハラのユダヤ人は、一九世紀後半までに、もっと安全で繁栄しているロシア直轄領にも進出し、そのためサマルカンドにユダヤ人共同体が興り、ブハラの共同体の衰退をもたらした[4]。一九三四年、ソ連邦が満州の北東境界の近くに、自治州（Autonomous Oblast）をつくった。その行政の中心地がビロビジャンの町である。この群にある共同体の多くは、第二次世界大戦時ヨーロッパ側ロシアから多数のユダヤ人難民と疎開民が流入し、戦時中成長の絶頂に達した。第二次世界大戦の終結に伴い、欧米植民地内の共同体が衰退したが、こちらは、一九九〇年代ソ連邦が崩壊し大量移住の可能性が生まれるまで繁栄し、時には拡大するケースもあった。この群の共同体メンバーは、大部分がヨーロッパ側ロシア特にユダヤ人強制隔離地（ペイル）の出身で、この新しい居住地でロシア化を経験した[5]。彼らは次第に家族内でもロシア語を話すようになり、習慣をはじめロシアの文化上のしきたりを守り、少なくとも境界内においてはロシアそしてその後のソ連国と自己を重ね合わせて考えた。この群は、一八五〇年以来アジア最大のユダヤ人口を誇り、当地域のユダヤ人総数の五〇～七五％を占めていた。

4. 難民共同体

アジアにおけるユダヤ人の居住地は、難民と疎開民の流入で相当大きくなった。彼らは、五つの地域それぞれに安全な避難地を求めたのである（地図16−1参照）。最初の波は、規模が一番小さいが、一九一七年のボルシェビキ革命時に起き、その後のロシア内戦（一九一七〜二二年）の終結で止まる。この難民たちは、主にヨーロッパ側で起きた迫害とポグロムを逃れ、中央アジア、北アジアそして東アジアへ流れていったのである。例えばハルビンのユダヤ人共同体は、一九二〇年代初期に最大規模に達した。革命に対する激しい反発から逃れる亡命者の流入による。[6] 難民第二波のアジア流入は、一九三三年に始まる。ナチドイツの迫害を逃れ、大半はドイツ、オーストリアから、数は前二者に比べれば少ないがポーランドからも流出したのである。この第二波は一九三八〜三九年にピークに達し、ドイツのソ連邦攻撃に端を発する独ソ戦（一九四一年六月）の勃発をもって終わる。この難民の波は大半が上海に到達した（約一万七〇〇〇人）。ほかに数千人が、東アジア（天津、神戸）、東南アジア（例えばマニラ、バタビア）、そして南アジア（主としてボンベイとカルカッタ）に分散流入した。[7] 難民の流入は第三波をもって終わるが、一番大きい波であった。一九四一年に始まるドイツの対ソ侵攻で、ポーランド東部およびヨーロッパ側ロシアから逃れたユダヤ人難民と疎開民がこれにあたるが、中央アジアと北アジアへ流入したのである。さらに、ソ連当局による住民の組織的疎開もあった。この第三波は、期間は短かかったが、アジアに住むユダヤ人の九〇％以上を短期間（主に一九四一年頃から四五年まで）占めたのである。[8] しかしながら、戦争が終わると、南、東南および東アジアに滞留するこの難民たちは、すぐに大陸を離れた。中央アジアそして規模は劣るが北アジアのユダヤ人難民は、約一〇％が現地に踏みとどまり、基本的にはロシア植民地内共同体のメンバーになった。

5．新しく確認された共同体

この群は二つの共同体で構成される。ある段階で失われた十部族のひとつで、その末裔であると主張し、そのうちにユダヤ教を受け入れた。二つのうちよく知られているのが、ブネイ・メナシェ（ヘブライ語でメナシェの息子たちの意）共同体で、インドとビルマの国境地帯に住むチベット・ビルマ語族に属する民族集団のひとつで、一万人ほどの規模である。ユダヤ教徒の末裔と主張し始めるのは一九五〇年代初期、集団がまだキリスト教を信仰している時であった。これまでに三〇〇〇人を越える住民が、イスラエルへ移住している。[9] あとひとつが、ブネイ・エフライム（ヘブライ語でエフライムの息子たちの意）であるが、テルグ語（ドラビダ語族の言語）を話す小さい集団（約五〇家族）である。インド東海岸域はアンドラ・プラデシュ州の農村地帯に住む、貧しい共同体である。[10] こちらの場合、共同体のリーダーがエルサレムを訪れた後、一九八〇年代後半になって近代ユダヤ教を実践し始めた。

6．戦後生まれの共同体

この群は、戦後期、特にこの三〇年の間に出現した共同体で構成される（地図16－1参照）。その共同体は、圧倒的に大陸のグローバルシティ、すなわちグローバルな経済ネットワークで、主要結節点として機能する都市センターに位置している。この一連の都市は、アジアの経済的勃興と市場経済への仲間入りという状況を象徴する。この群の共同体は、圧倒的に専門家の駐在および一時滞在者――

大手の企業と政府の職員、実業家、研究者そして語学教師――で、数年間アジアに駐在し、任期が終われば自分の国へ帰る人たちである。この一時滞在者たちは、現在ユダヤ人の二大居住国である合衆国とイスラエルからの出向者が多い。前二者と比べれば数は比較的少ないが、西側世界の大きいユダヤ人共同体から来た者もいる。この群のなかには一種の共同体もある。比較的近年になってのことであるが、人の入れ替わりはあるが、共同体的な形が維持されている。イスラエルの旅行者で構成されるが大半は（兵役を終えた）バックパッカーの若者たちで、インドのヒマラヤ山中、タイ南部のいくつかの島に、なかには数年という稀なケースもあるが、たいていは数ヶ月を過ごす。一時滞在のため、この群で暮らす人の数は算定が難しいし、数えられることもまずない。そうではあっても、一九九〇年の極めて小さい群からかなり大きくなり、二〇二〇年時点で、アジアのユダヤ人口の一〇～一五％を占めるまでに成長したと思われる。

共同体の起源を六つの明確な群に分けた以上の分類は、近代アジアにおけるユダヤ人居住地の複雑性と非常な多様性を示している。それは、近代アジアのユダヤ人が、たいてい〝港町のユダヤ人〟(Port Jews）であることも示唆している。その主張は話としては興味があるが、必ずしも正確ではない。確かに、欧米植民地共同体に所属するユダヤ人の大半は〝港町のユダヤ人〟、つまり目立った港湾都市に住むユダヤ人で、海運業と貿易にかかわっていた。(11) 近代初期ヨーロッパの一部ユダヤ人と同じように、アジア内外の貿易拡大にかかわった人たちである。この港湾共同体は、極めて小さいサイズであったにもかかわらず、西側の学問と意識のなかでは、規模とは不釣り合いなほど注目された。一部には、いくつかの華やかな一族（主にバグダディ系の諸家族）のため欧米人の目につきやすかったということがある。

いずれにせよ、近代アジアにはほかにも大きい人口を擁する群がある。港町のユダヤ人でないことは確かである。例えば、ロシア植民地共同体に属するユダヤ人は、大半が中央および北アジアの内陸部共同体に住んでいた。それはそれとして、この共同体の多くは、〝輸送ハブのユダヤ人共同体〟と呼んでもよいと思われる。その意味で、彼らの役割は、港町のユダヤ人と大きい違いはない。さらに、伝統的共同体に属するユダヤ人のなかには、いくつかの港湾都市（例えばコーチン、ボンベイ）に居住する人もいた。しかし、内陸部の都市に住むケースの方が多く、なかには遠隔の山岳地帯に住む人々もいた。最後に、戦後生まれの共同体に属するユダヤ人の多くは、確かに貨物の集散拠点に住む。しかしながら、彼らは港があるからその都市に住んでいるわけではない。アジアのグローバル都市と首都は、海の近くに位置する傾向があり、近くに大型港と少なくとも国際空港がひとつ付属している場合が多い。

起源で分けるのは、近代アジアのなかでユダヤ人が進んだ主な経路を明らかにするという意味で、価値がある。彼らの共同体は、マッシュルームのように無造作に群生したわけではなく、人間のはっきりした運動の結果である。一九四五年までは、たいてい植民地の枠組み内で動き、最近になると、グローバルな枠組みに沿った動きとなる。近代ユダヤ人共同体は、まずアジアの西部域で興った――つまりシベリアの西部域、中央アジア、そして南アジアの沿岸地帯および東南アジアである。それから次第に東方向すなわちシベリア東部、東アジアへ動いていく。この数十年をみても、戦後生まれの共同体のなかには、グローバル都市の勃興と共に出現したものがいくつかある。最初は日本で、その後韓国、台北そして近年になって中国に登場するのである。しかしながら、その起源が何であれ、近代になって出現したユダヤ人共同体は、ダビッド・ソルキンの言葉を借りれば、すべて「通商に真価を認め、そのうえに築かれた都市、政治体制あるいは植民地」における生活を共有した[12]。換言すれば、アジアのユダヤ人は沿岸地帯、あるいは内陸部であっても外部に広がるネットワークと結びついた、主な通商センター、物資集散地に居住し、不釣り合いなほど（ほかの住民数に対して）――通商、域内あるいは国際貿易に集中した。

共同体間の関係

さらに、この区分はアジアのユダヤ人共同体間における断層を示している。時間の経過と共に、共同体の多くは起源の異なるユダヤ人が混在するところとなった。例えば、伝統的共同体が存在する都市の大半は、欧米植民地共同体（例えばボンベイ、コーチン）またはロシア植民地共同体（例えばブハラ、サマルカンド、ドゥシャンベ、ビシケク）の居住地にもなったのである。地域によっては、ロシアおよび欧米植民地共同体のユダヤ人が、一緒に住むケースもある（例えば上海、東京）。しかしながら、混淆共同体という表現は誤解を招く。この諸集団がまじり合っているわけではないからである。少なくとも戦後期までは然りで、それでも、共同体は別個に存在した。各共同体を慎重に調べると、内なる分離のもとになるものの存在が明らかになる。多くの場合、断層を形成している。とりわけ次の線が含まれている。

1．先住対〝植民地〟ユダヤ人

いくつかのアジアの都市では、何世紀も存在する先住のユダヤ人共同体（伝統的共同体）のメンバーと、植民地勢力とつながってやって来たメンバーとの出会いがあった。例えばボンベイでは、先住のベネ・イスラエルが、バグダディ系ユダヤ人――欧米植民地共同体のひとつである――と出会った。一方ブハラでは、先住の共同体が、ロシア植民地共同体メンバーの到着を目撃した。中央および南アジアの諸都市でも、同じような出会いがあった。しかしいずれも、植民地共同体は新参者であった（例えばカラチ、タシケント）。この二つのケースの場合、原住と新参双方の集団の相違は幅広く、社会的・文化的方向性、言語そして礼拝方式が異なり、地元当局との関係も違っており、その集団間の接触は浅いままで、緊張によって傷つき、時には反目し合うこともあった。

2．アシュケナジ対東方系ユダヤ人（バグダディ系、シリア系およびブハラ系）

歴史上生じたアシュケナジ系とスファルディ系の二つの流れは、アジアのユダヤ人共同体でも変わらなかった。二つの集団が出会う共同体のなかでは、これが主な断層を形成した。欧米植民地共同体（例えばスラバヤ、上海、神戸）ではミズラヒ（東方系）とアシュケナジ、中央アジアではブハラとアシュケナジが出会った[13]。分離のもとには、典礼方式に相当な違いがあり、使用言語、社会的慣習、文化的方向性そして経済的追及上、違いはもっと大きかった。その結果、この二つのカテゴリーに属するユダヤ人は、社会的にほとんどまじわらず、結婚することも稀であった。少なくとも出会ってから最初の数十年はそうであった[14]。

3. 定住対一時滞在ユダヤ人

一時避難の地を求めるユダヤ人難民が、数波になって流入した結果、アジアの都市の多数が、長期に及ぶユダヤ人定住者と短期滞在者との出会いを目撃した。目につく文化的相違を別にすれば、二つの集団の経済的違いは歴然としていた。後者が貧窮状態にあるためである。地域によっては、難民の数が地元共同体の人数よりも多かったが、それでも宿泊施設と食料を提供して、流入者を助けるケースがたくさんあった。ユダヤ人が地元の女性と結婚した場合、定住性が特に高くなった。その女性が改宗する場合も時々みられた。

4. 中部対東ヨーロッパのユダヤ人

啓蒙期以降のヨーロッパと同じように、西、特に中部ヨーロッパのユダヤ人（ドイツ語を話すユダヤ人）は、東ヨーロッパの同胞（ドイツ語でオスト・ユーデン）を見下した。前者が示す見下した姿勢は、宗教と伝統に対する態度、そして近代化に対する反応が違うという（誇張された）見解に、起因していた。ほかの相違は、言語そしてシオニズムに対する態度を含んでいた。この分離線は短命に終わったが、神戸や上海のように、主として戦時アジアにおける難民社会のなかに現れた。

この種一連の集団がひとつの共同体内でよく認められたことは、近代アジアには、ユダヤ人の大いなる多様性がみられることを物語る。これを考慮すると、アジアのユダヤ人共同体を一般化し、大陸レベルの用語（例えばアジアのユダヤ人共同体）、あるいは地域レベルの用語（例えば東南アジアのユダヤ人共同体）、あるいは都市レベルの用語（例えば上海のユダヤ人共同体）といった区分で語ることは難しい。この難しさは、アジアの外のユダヤ人世界にもあてはまるであろう。それでも、近代アジアに居住するユダヤ人の数が極めて少ないことを考慮すると、この一連の区分と多様性は確かに興味深い。

初期の拡大

近代アジアにおけるユダヤ人共同体の成長は、極めて特異な局面で、しかもはっきりした形で始まった。この共同体のなかで比較的長いルーツをもつものは少なかったが、大半は一九世紀に出現し、前述の二つのルートをたどった。

1. 欧米植民地共同体

この共同体は、一九世紀アジアにおける欧米植民地主義の拡大に伴って生まれた。一五〇〇年にポルトガルがゴアを占領し、以来近代初期に至るまでに、一握りのヨーロッパ列強がアジアに交易場と一定の領土を確保・維持した。直接支配あるいは共同出資会社を介した支配である。ユダヤ人が、この帝国主義的拡大のなかに入ってくるのは遅かった。ユダヤ人は、ヨーロッパのアジア植民地帝国に近づくことを、おおむね一八世紀後半になるまで、阻止されていたからである。[15] バグダディ系の移住者がスーラト、グジャラートの港町に少しずつ流入してきた。一七三〇年頃である。それからカルカッタに来るようになったのが、一七九〇年代後半である。ユダヤ人入植者が最初に目指したのが、インドであった。ヨーロッパ列強と合衆国が、アジア・太平洋域の広大な地域を占領・支配し始めるのは、ナポレオン戦争（一八〇三～一五年）後で、その時点でイギリスは、インド洋の沿岸域と東南アジアに支配権を確立し、通商拡大の覇者になり、ユダヤ人にとっても魅力ある地になっていた。一九世紀、アジアで植民地勢力が領土を拡大する一方、伝統的なマルチナショナル的貿易会社が崩壊し、双方あいまって、これが個人事業家にたくさんの機会を与えることになった。ほかの人にまじってユダヤ人もその機会を素早くつかもうとした。[16]

2. ロシア植民地共同体

この一連の共同体は、アジアにおける帝政ロシアの拡大に伴って、形成された。もっともコサックは早くも一五八二年にウラル山脈を越えて東進し、一八世紀にはロシア皇帝の任務を帯びて、探検家たちが太平洋を調査していたが、当時ユダヤ人は帝政ロシアの西部域に設けられた強制隔離地区に閉じこめられ、機会をつかむことができなかった。共同体ができ始めるのは一九世紀初期で、シベリア、そして一九世紀に征服した中央アジアに対する帝政ロシアの入植、開発推進に伴って生まれた。そしてそれは、東アジアにおけるロシア帝国主義時代につながっていく。[17] この一連の発展は、シベリア鉄道の建設（一八九一～一九一四年）開始で勢いを得た。[18] ユダヤ人共同体は、この沿線に出現したが、鉄道そのものは、ロシアの主権下の地域のみならず、満州のような、その支配権のもとにある地域へも延びていた。

3. 難民共同体

アジアにできたユダヤ人難民共同体は、欧米植民地共同体かロシア植民地共同体のいずれかのルートをたどった。双方という稀なケースもある。換言すれば、ボルシェビキ革命の騒乱のなかで、ヨーロッパ側ロシアから逃れた難民は、東方向の北アジアへ脱出し（なかには東アジアの満州に到達した者もいる）、あるいは東南方向の中央アジアに向かって脱出した。ロシア植民地共同体が広がったのと同じ方向である。次は一九四一年である。独ソ戦の勃発に伴うドイツ軍の猛攻下で、避難民と疎開者は同じルートをたどって逃げた。これと対照的に、一九三〇年代のナチの迫害で発生した難民は、船で（イタリアから）東へ向かい、南、東南そして東アジアへたどり着いた。欧米植民地共同体が広がったのと同じ方向である。それはそれとして、一九四〇～四一年の短い期間に難民数千人が、シベリア鉄道でソ連邦を東へ横断し、神戸それから上海に到達した。

4. 戦後に生まれた共同体

この種の共同体は、戦後のグローバリゼーションとそれがもたらす経済面の恩恵——主としてグローバルなスケールによる商品、サービス、データ、技術そして資本のやりとり——を背景として生まれた。ユダヤ人専門家たちは、この経済的側面を奨励するメガシティや首都（例えば香港、東京、台北そしてソウル）に居住し、アジア特に東アジア地域の急速な成長に乗じた。一九八〇年代になると、合衆国やイスラエルをはじめ主に西側諸国から中国本土にも、再定住するようになった。中国は一連の改革に着手しており、計画経済システムからグローバル規模の市場経済へ移行した。その富とビジネスチャンスがさらに多くの海外の貿易商、実業家そして法律専門家を惹きつけた。かくして、主要なメガシティにユダヤ人駐在員で構成される新しい共同体が、いくつか出現するに至る。

人口構成上の特徴

本書は、人口上の特徴をいくつか提示する。これが、近代アジアにおけるユダヤ人の移住と性格を理解するうえで助けになるであろう。ユダヤ人共同体に関するデータは、欠如している場合がよくあり、せいぜいのところ時々出る程度ではあったが、それでもいくつかの目安と記録があるので、大まかではあるが、過去二世紀ほどの期間内における主な時代の大陸人口と各地域の人口規模が再現できる。

1．総人口

次の人口推計（表16－1参照）は、アジアのユダヤ人数が、一九世紀初めから順次増加し、第二次世界大戦時にピークに達したことを示す。この成長傾向は、ユダヤ人の不断の移動——同時並行的に生じている二つの流れ——、そしてそれに伴う新しい共同体の成立の結果であった。ユダヤ人は東方向へ移動し、それから拡大を続ける欧米植民地勢力に追随する形で北東へ向かった。[19]一方、東方向へ移動し、それから拡大を続けるロシア植民地帝国の動きに沿って南東へ向かう流れもあった。こちらの共同体は、一九三〇年代以降、中部ヨーロッパから難民流入で拡大し、さらに一九四〇年代初期には、ソビエトの大々的疎開の一環として、東ヨーロッパのユダヤ人が多数流入した。しかしながら、一九四五年以降、ユダヤ人の居住地はすべての地域で減少した。一九四五年（の終戦）直後から減ったところがあれば、一九九〇年代にいなくなったところもあり、今日のどん底状態になった[20]。それはそれとして、最近になると、日本、韓国、台湾、そして一九八〇年代になって中国も加わるが、東アジアの経済パワーの勃興と共に、ユダヤ人の駐在員を主力とするいくつかの新しい共同体が、東アジアに出現している。

2．世界のユダヤ人とアジアのユダヤ人——ユダヤ人口の相対的規模

アジアにおける近代のユダヤ人口は、突然流入がありその後流出があるなど、劇的な転換がみられたものの、人口規模は小さく、絶対数においてほぼどの時代にも極めて小さかった。一九四〇年代初め、短期間最大規模になったが、その時は、世界のユダヤ人口の約三%を占めていた。そのアジア人口は、大半が中央および北アジアに集中していた。しかしそれ以外は、一九四〇年以前そして一九九〇年代以降、そこの地域は一%以下にとどまっていた。さらにアジアの人口と比較すれば、その人口に占めるユダヤ人の数はごくわずかであり、一九四〇年代初期のピーク時で〇・一%以下、それ以外の時代さらに小さく、〇・〇一%以下で、地域によっては、ほんの一握りであった（表16－1参照）。ユダヤ人の存在が極めて希薄な状態は、北および中央アジアで特に一九四〇年から一九九〇年までは

表16－1　近代アジアのユダヤ人口（総数，推計）と
世界のユダヤ人口および2地域における人口比率

	1850年	1900年	1945年	1990年	2020年
アジアのユダヤ人総数	18,100～26,200	75,000～84,000	922,000～1,167,000	185,000～213,000	32,000～61,000
世界のユダヤ人口（単位1,000）	5,000～5,500	10,600～11,273	11,000	12,810～12,868	14,787～15,077
世界人口に占めるユダヤ人の割合	0.4～0.5	0.7	8.4～10.6	1.4～1.7	0.2-0.4
アジアの人口（単位100万）	690～710	800～840	1,300～1,350	3,000～3,050	4,340～4,380
アジアの人口に占めるユダヤ人の割合	0.003～0.004	0.0094～0.01	0.07～0.09	0.006～0.007	0.0007～0.0014

注：数字は推定値の上限と下限を示す．1945年を除き1月1日時点を示す．1945年の場合戦争終結時すなわち北，中央および南アジアは5月8日，東および東南アジアは8月15日時点を示す．アジア関連の数字は西アジアを含まない(21)．

表16－2　アジア5地域のユダヤ人口と各地域における人口比（2020年現在，推定）

	ユダヤ人口	地域総人口（100万）	地域人口に占めるユダヤ人の割合（%）
中央アジア	6,400～15,500	112	0.006～0.014
北アジア	11,000～22,100	33	0.033～0.067
南アジア	4,900～7,800	1,930	0.0003～0.0004
東南アジア	2,900～4,400	655	0.0004～0.0007
東アジア	6,800～11,100	1,620	0.0004～0.0007
アジア（総計）	**31,900-60,800**	**4,350**	**0.0007～0.0014**
西アジア	6,800,000～7,200,000	322	2.11～2.23

注：数字は現ユダヤ人口の推定値の上限と下限を示す．主にユダヤ人の定義の違いによって生じる差である．アジア（総計）に西アジアは含まない(22)．

極端というわけではなかったものの、アジアのどの地域にもあてはまった。このささやかな定住は、人数において西アジアのユダヤ人共同体と比較にならない。今日、その西アジアでは、ほとんどがイスラエルに集中している（九九％以上を占める）。この地域のユダヤ人口は、アジアのほかの地域を合わせたユダヤ人口の一五〇〇〜三〇〇〇倍もある（表16－2参照）。それでも、ユダヤ人が極めて少ないことは、アジアのいくつかの町で彼らの相対的な規模が、ある時点で、その重要性はいうまでもなく、大きくなかったことを意味しない。例えばハルビンでは、一九一三年時点でユダヤ人数が五〇三二人、全人口の七・三％を占めていた。さらにシベリアと中央アジアのいくつかの町では、その比率がもっと大きくなった時もある(23)。

3．人口構造

アジアの伝統的共同体に属するユダヤ人は、その人口構造においては、周辺の非ユダヤ人共同体と基本的な違いはなかった。なかには、ほかの地域のユダヤ人共同体と似ているものもあったと考えられる。我々はこの一連の共同体の詳しい人口調査資料――特に出生率と年齢構成――を持っていないが、バランスのとれた男女比率とかなりの数の子供がいたことは、明らかである(24)。これとは対照的に、欧米植民地共同体のメンバーは、程度の差はあるが初期のロシア植民地共同体も、フロンティア域の初期移住者共同体の多くと同じように、男女比率がバランスに欠け（男性が多かった）、子供と若者もわずかであった(25)。この傾向は、東および東南アジアの難民共同体で、もっと顕著であった(26)。この人口構成は、移民共同体あるいは一時滞在者で構成される共同体において典型的で、設立時とその後に続く数十年が、特に然りである。

4. 滞在期間

アジアの伝統的共同体ではほとんどの者が生涯その成員として生きるが、欧米植民地共同体、そして遠隔の地のロシア植民地共同体の一部では仮住まいである。植民地共同体のメンバーは、経済的機会あるいは変化を求めてやって来た者で、数年もすればほかへ移るかあるいは元の古巣に戻った。なかには何年も踏みとどまる者がいた。典型的なのが地元民と結婚した場合で、この共同体で生涯を終えた。アジアで生まれた者もいるが、少数派を形成するにとどまった。今日でも、アジアに住むユダヤ人の多くは、特に戦後形成の共同体に属する者は、一時滞在者と駐在が大半を占めている。

主要共同体

本調査の資料分析から、近代アジアにおいてユダヤ人はむらなく一様に広がってはいないことが判る。この一七〇年間を対象とした調査が示唆しているように、一番集中した地域は中央アジアであった。西アジアには、比較的大きいユダヤ人の集中域があり、そこと距離的に近いことが理由であった。特にイランが然りである。さらに、第二次世界大戦ともかかわりがある。勃発前から戦時中にかけて、ヨーロッパ側ロシアからユダヤ人が流入したのである。ユダヤ人の集中域で次に大きいのが、北アジアである。この地域は時代によっては、中央アジアを越えることもあった。第三に重要な地域が南アジアで、当地のユダヤ人口は、大部分が伝統的共同体に属していた。東アジアのユダヤ人口は、相当に変動が激しく、一九四一年にアジアで大戦が勃発する直前に最大となり、それから、急速に減少する。対象になる時代一貫して一番小さかったのが、東南アジアのユダヤ人共同体で、八〇〇〇人を越えたことは一度もない（表16－3参照）。

国家内の居住については、一九世紀後半から今日に至るまでアジアで一番大きい共同体を抱えているのは、ロシアである。北アジアそして中央アジアの大部分を（一九九一年まで）支配していたからで、ユダヤ人避難民と疎開者のこの地域への移動を認め、あるいは移動させた当事者でもある。最大居住地という地域にもかかわらず、アジア側ロシアのユダヤ人数は、ソ連邦崩壊以来激減し、今やロシアのアジア地域に住むユダヤ人の数は、一九九〇年時点の五～八％になっている。一九世紀初期そしてまた一八五〇年頃、今日のウズベキスタン（主としてブハラの汗国）とインドが、アジアで最大のユダヤ人共同体を抱えていた。前者が一万二〇〇〇～一万五〇〇〇人、後者が七〇〇〇～一万人である。一九九一年以降は、ウズベキスタンとカザフスタンのユダヤ人共同体が、中央アジアで最大となり、一方インドのユダヤ人共同体は、近代一貫して南アジアでは、一番大きかった。東南アジアでは終始どこかに大きい共同体が存在する状況にはなかったが、第二次世界大戦勃発前の時代、オランダ領東インド（蘭領インド、現インドネシア）とフィリピンで、この地域で初めてまとまった人数のユダヤ人共同体（約二五〇〇～三〇〇〇人）が出現した。東アジアでは、近代ほぼ一貫して（一九五〇～九〇年を除く）、一番大きい共同体が存在したのは中国である。この国のユダヤ人共同体は、一九四〇年代初め約三万五〇〇〇人となり、ピークに達した（表16－3参照）。

表16-3　近代アジアのユダヤ人口（推定）と都市部主要共同体

	1850年	1900年	1945年	1990年	2020年
中央アジア主要統治体	7,200～8,400 ブハラ汗国，アフガニスタン	18,800～22,600 ロシア，アフガニスタン	797,000～1,014,000 ロシア，アフガニスタン	136,000～146,000 ロシア	6,400～15,500 ロシア，ウズベキスタン，カザフスタン
北アジア主要統治体	3,000～6,000 ロシア	34,000～36,000 ロシア	60,000～80,000 ロシア	40,000～55,000 ロシア	11,000～22,100 ロシア
南アジア主要統治体	7,000～10,000 英領インド（パキスタン含む）	18,700～19,300 英領インド（パキスタン含む）	30,200～32,900 英領インド（パキスタン含む）	5,100～6,400 インド	4,900～7,800 インド
東南アジア主要統治体	260～550 英領ビルマ，蘭領東インド	2,000～3,200 蘭領東インド，英領ビルマ	6,000～8,400 蘭領東インド，シンガポール	900～1,700 シンガポール，タイ	2,900～4,400 タイ，シンガポール
東アジア主要統治体	600～1,100 中国	1,400～2,600 中国，日本	28,500～31,900 中国	2,600～4,400 香港，日本	6,800～11,000 中国，香港，日本
主要共同体所在地	ブハラ，ボンベイ，カルカッタ，コーチン，サマルカンド，ヘラート，カブール，開封，カッタクルガン（サマルカンド）	ブハラ，ボンベイ，サマルカンド，トムスク，イルクーツク，チタ，タシケント，カルカッタ，コーチン，ヘラート，上海	タシケント，上海，ボンベイ，アルマ＝アタ，ビロビジャン，フェルガナ，ドゥジャンベ，イルクーツク，ノボシビルスク，オムスク，コーカンド，ブハラ，ヘラト	タシケント，ブハラ，サマルカンド，イルクーツク，ドゥシャンベ，フェルガナ，ビロビジャン，オムスク，ノボシビルスク，アルマ＝アタ，チュメニ，ボンベイ，ハバロフスク	ムンバイ，イルクーツク，タシケント，ノボシビルスク，コーカンド，オムスク，ビロビジャン，サマルカンド，香港，上海

注：数字は推定値の上限と下限を示す．都市名は当時の呼称に基づく[27]．

アジアにおける都市部ユダヤ人共同体については、戦時中のタシケントに大陸全体で初めてという大きい共同体が出現した。そのユダヤ人口は一九四四～四五年にピークに達した（約一五万～二〇万人）。どこの共同体も、この都市のユダヤ人口の五分の一にすら達しなかった。戦後のピーク（一九七〇年に五万六〇〇〇人）でも然りである。一九四五年までの数年間タシケントは、世界有数のユダヤ人都市部共同体のひとつであった。当時のテルアヴィヴ（一九四五年で一九万人）も同じである。戦時中アルマ＝アタ（現アルマティ）のユダヤ人口も、約三万人に達したと考えられる。そのほか中央アジアでは、ブハラ、サマルカンド、マルギランそしてフェルガナといった都市部共同体では一九四〇年代ほぼ一貫して一万人を越える人口を擁した。同様に、ノボシビルスク、イルクーツク、ビロビジャンのようないくつかの北アジアの都市部にも、同じ時代にこの数字を少し越えるユダヤ人口を有するところがあった。ほかの地域では一万人を越えたところは、三つの共同体しかない。そのうち二つは東アジア、残るひとつが南アジアである。前者では、一九四〇年代の上海（ピーク時の一九四一年後半で約二万七〇〇〇人）、そして一九二〇年初期のハルビン（約一万二〇〇〇～一万五〇〇〇人）、後者は、一九三〇年代と四〇年代のボンベイ（現ムンバイ）である。この少し後までそうであったと考えられる（ピーク時は一九四五年の二万五〇〇〇人前後であった）（表16－3参照）。

共同体間のネットワーク

アジアのユダヤ人共同体は、規模が小さく、広大な地域に点在しているにもかかわらず、無数の人的結びつきと、いくつかの共同体ネットワークでリンクされていた。この結びつきは、アジア内の商取引網を形成し、財政上の支援とバックアップの用をなし、宗教上の指導と支援を提供してきた。これには三つの重要なネットワークがあった。

1．ミズラヒ・ネットワーク

中東系ユダヤ人（不正確であるが〝バグダディ〟として知られる場合がよくある）のネットワークは、インド亜大陸で一八世紀に形成され始めた。バスラとバグダッドに住んでいた家族を中心とするいくつかの集団が、一族郎党をひきつれ、主にアレッポを中心とするシリア人と共に、ゆっくりと東へ向かい、アジアの欧米植民地の港湾都市に定住していった。手始めはイギリス、それからオランダ、フランスそしてアメリカの植民地である。このミズラヒ系ユダヤ人は人間関係が緊密な集団で、人数にすれば、五〇〇〇人を越えることはないが、家族と商売の結びつきを維持していた。

2．ロシアのネットワーク

このネットワークは、ロシア極東部のさまざまな居住地と共に、当初満州のいくつかの地に居住したユダヤ人たちの家族と商売の結びつきをベースとしていた。東アジアにおけるロシアの影響力が低下するに伴い、なかには南へ向かい、上海、天津へ移動する者が出てきた。一九四五年以降は東京にも移った。彼らの結びつきは主として文化的なもので、定着するまで互いに助け合い、ロシア語を話す共同体を形成していった。

3．イスラエルのネットワーク

一九四八年のイスラエル建国以来、イスラエル人の滞在者と駐在員が、アジアで自分たちのネットワークをつくり始めた。一緒にまとまろうとする傾向と結びつきがあいまって、コミュニティセンターがつくられ、補助的学習システムと宗教儀式上の便宜を提供すると共に、モデルとなるコミュニティセンターを、ほかの地域へ伝える役割を果たした。このネットワークは、イスラエルの大きい団体と機関の代表との密接な結びつきによって、補強された。主として軍とＩＴ部門の代表、そしてダイヤモンド商で、イスラエルの外交機関の代表によって支援される場合が多い。

4．ハバッドのネットワーク

ハバッド・ルバビッチ正統派ユダヤ教ハシッド運動が、アジアで活動を開始したのは、一九九〇年代である。以来世界ネットワークの一環として、アジアに数十ヶ所のハバッドハウスを設立した[28]。この〝ハウス〟は、アジアの主要都市と主な観光地に設けられ、ユダヤ教の伝統と価値観の普及のほか、ユダヤ人（大半は世俗派）がユダヤ教を学び実践する居心地のよいインフォーマルな場の提供を目的として、活動を続ける。各地のこのセンターは目的とノウハウを共有し、それぞれ男性のハバッド使者（ヘブライ語でシャリアフ）と妻である使者（ヘブライ語でシュルハ）で運用され、単一の本部によって指揮されているが、人と資金のネットワークで、しっかりと結び合っている[29]。二〇一〇年代末時点で、ハバッドはアジアに三八のセンターをもっている。タイと中国にそれぞれ八ヶ所、カザフスタンとウズベキスタンに各五ヶ所、インド三ヶ所、日本三ヶ所、キルギスタン、ネパール、シンガポール、カンボジア、ラオス、韓国、台湾に各一ヶ所である(30)。

文化と社会的側面

近代アジアのユダヤ人共同体を構成する五つの群は、多様性の縮図である。共同体の生活、民族の伝統、宗教そして非ユダヤ人との共存に対する文化的態度が、群によってそれぞれ違うのが特徴的である。さらに、近代アジアのほぼすべてのユダヤ人共同体のなかに、独自の構造に由来する異質性がそれぞれにみられるので、このテーマの分析はより複雑なものになる。それでも、このような相異があるものの、近代アジアのすべての共同体にあてはまることが、いくつか観察可能である。

1. 宗教

アジアは著名なラビやユダヤ教学を生み出さなかった。共同体の規模があまり大きくなく、互いの距離が離れすぎており、歴史あるユダヤ教学のセンターはアジアの外にあってさらに遠かったからである。それはそれとして、時に宗教が統合の役割を果たすことがあった。しかし、必ずしもそうではない場合もあった。欧米植民地アジアを選んだユダヤ人のなかには、出身地の宗教色の濃い制約的共同体の圧力から、逃れてきた者もいたのである(31)。一方大陸一帯に、ユダヤ人墓地と並んで大小数百のシナゴーグが存在することは、アジアに住むユダヤ人の多くの者にとって、生活に宗教の場があるこ

写真16－1　祈りを捧げるユダヤ人男性たち（サマルカンド，1860年代後半）

とを示している。アジアの共同体はどれひとつとっても、ヨーロッパのシュテーテル（ユダヤ人の小さい村）や今日のイスラエルのように戒律をしっかり守る献身的な共同体とはいえないが、敬虔度においては、共同体の間だけでなく、共同体のなかの個人の間にも違いがみられる。一般化ができるとすれば、ブハラとバグダディのユダヤ人は、同じ地域のなかでもほかよりも信仰心が篤い傾向があった（写真16－1参照）。しかし、それを別にすれば、違いは個人レベルのことであり、例外はどの集団にもみられた。

2. ユダヤ民族の伝統

一般的にいって、伝統的共同体は、欧米あるいはロシア植民地主義と結びついた共同体よりも、はるかに伝統に固執する傾向があった。同じように、東方系ユダヤ人（バグダディとブハラ）とアシュケナジ系ユダヤ人の間にも、際立った違いがあった。いずれの場合も、前者が後者よりも、ユダヤ教の祭日を順守し、もともとの言語あるいは方言を使い、非ユダヤ人との結婚を避ける傾向が強かった。難民共同体のなかでは、伝統はほとんど役割を果たさなかった。ほかのニーズの優先順位が高かったということもある。それでも、大きい違いはあった。例えば、ドイツ系同化ユダヤ人――ナチの迫害のためユダヤ人としての出自を突きつけられた者もいる――と集団で東アジアへ着いたリトアニアのイエシバ所属正統派（ユダヤ教の戒律と伝統を厳守する）との間には、歴然たる違いがあった。戦後生まれた共同体のなかでは、出身国での生活態度に比べると、メンバーたちはユダヤ教の伝統に基づく共同体生活を、もっと守る傾向があった。この現象は、彼らの文化的孤立の結果と考えられるが、ハバッドハウスの存在とそれが提供する施設のおかげという面もある。

3. 文化活動

アジアのユダヤ人共同体は、文化生活と活動の面でも相当に違っていた。共同体はひとつとして顕著な貢献をせず、注目に値する文化的成果をあげたところもない。共同体の多くは規模が小さすぎるか存続期間が短すぎて、意義ある文化的活動を発展させることができなかった。一方、主として伝統的共同体は、あまりにも保守的で孤立し、非宗教的文化活動を行うにも伝統に縛られた。そうはいっても、戦時下上海と戦後のタシケントに形成された共同体のように、多数の新聞を発行し、劇場では演劇が盛んで、文学作品も多々発表されるなど、規模に比べ例外的ともいえるほど豊かな文化的成果をあげた共同体が、いくつかある。さらに個人レベルでは、居住者数が極めて少ないのに比べて、アジアでは驚くほどの数のユダヤ人が、文化、芸術および知的職業の分野で活動し、名をあげた。戦前の日本と中国では音楽分野、今日ではインドで映画と軍事部門、日本でテレビの情報部門が指摘される[32]。

4．シオニズム

一九世紀後半に誕生し、中部および西部ヨーロッパで運動を開始した近代シオニズムは、アジアのユダヤ人共同体でも急速に根を広げ始めた。なかには、メンバーがヨーロッパからシオニズム思想を持ち帰ったところがあれば、シオニスト使者がニュースを広めたところもある。それでも戦前のアジアでは、共同体がシオニズムで固まり、あるいは集団移住を決意するほどシオニズムは強力ではなかった（例外はブハラのユダヤ人たちである）。たいてい少数の人にしか影響しなかったからである。それでも、特に若い共同体と孤立した共同体では、シオニズムは反対に直面せず、相当な説得力を有し、民族の信条をベースとした、従来よりも強力なユダヤ人としての自己認識を与えた。シオニスト運動の勃興に対応する共同体が、一九二〇年代から増え始める。自分たちの民族にかかわる意義を強調しつつ、新聞を発行し、青少年運動を組織し（特にベタルを中心とした）、シオニストの大義のために献金を行った[33]（写真16－2参照）。この点で突出していたのが、ハルビンと上海である。ひとつにはロシア植民地共同体に属する活動家たちの熱心な努力が、背景にある[34]。イスラエルが建国されると、シオニズムは、イスラエルへの移住促進の動機づけの役割を果たすと同時に、いくつかの共同体が消滅するファクターのひとつになった。

写真16－2　共同体のハヌカの祭りで、メノラに火を灯すユダヤ人の子供たち（マニラ，1939年）（近代ユダヤ教における，ハヌカの民族的意味あいについては，次を参照：Berkowitz 2004, 244）

写真16－3　ダビッド・サスーン図書館（ムンバイ）

非ユダヤ人との接触と貢献

ユダヤ人と近代アジアとの当初の出会いは、うまくいった。新世界と同じように、欧米植民地帝国とロシア植民地帝国における環境は、流入するユダヤ人にとって都合がよかった。このユダヤ人たちは、たいてい中間層の人間として機能し、研究者ダビッド・セサラニの言葉を借りれば、「伝統的反ユダヤ的敵意によるところが少なく、己の信仰よりは国家と経済に対する個人の有用性をよしとする、新しい社会的経済教義の光にあたった」のである(35)。確かに、少なくとも第二次世界大戦の勃発まで近代アジアは、出身地共同体で体験した反ユダヤ主義からある程度ユダヤ人を解放し、伝統的生活の重しから解き放つと共に、新しい経済的機会を提供した。しかしながら、これはユダヤ人たちが手早く同化したことを意味しない。全体的にみて、近代アジアのユダヤ人共同体は限定的な文化的同化を示した。全体としての貢献は名ばかりで、主に個々人が達成した成果であり、それも必ずしもユダヤ人としてやったわけではない(36)。著名な例が、一八七〇年にボンベイ市中に建設されたダビッド・サスーン図書館と閲覧室である（写真16－3参照）。図書館設立はアルバート・サスーンが構想したもので、建設費の約半分は本人の寄付による。

それはそれとして、共同体は、たいていは大都市にあって、いずれも小さい少数派を形成しており、地元共同体との関係は、さまざまなパターンを示した、個人だけでなく共同体の下位集団の間でも、パターンが違った。戦前の上海におけるバグダディ、あるいは戦後東京のユダヤ人共同体のように、いくつかの共同体では、ユダヤ人が地元の文化と経済にかかわり、エリートあるいは地元共同体との密接な交流をもった。それには、結婚も含まれる。しかしながら、アジアにあるほかのユダヤ人共同体の多くでは、ユダヤ人はむしろ地元共同体と距離をおき、少数の人と経済上のつきあいをするだけでよしとした。分析によると、この交流は主として三つの要因に左右されていた。それは、次に示す三つ、すなわちユダヤ人自身の態度、地元共同体の対応、そして植民地の文脈である。

1．ユダヤ人の間にみられる態度

アジア外のユダヤ人共同体の間にみられる相違と同じように、近代アジアの共同体は、まわりの非ユダヤ人世界に対する態度とその世界との交流について、お互いの間で相当な違いがあった。日々の行動に関するユダヤ教のさまざまな教えが、厳格に戒律を守るユダヤ人に、非ユダヤ人との緊密な接触を禁じていたので、信仰心の篤い共同体であればある程度、まわりの共同体との社会的・文化的接触、交流が少なかった。共同体に居住する期間と彼らの資力がユダヤ教の戒律を守る努力の決め手になった。ユダヤ教の施設をつくり、聖職者をおきさらに教育を行ううえで、居住期間が長く財力の余裕が大きければ大きいほど、ユダヤ教の伝統の原型を維持することができた。ユダヤ人が非ユダヤ人と結婚するのは、珍しいことではなかったが、結婚があるとすれば、ユダヤ人の男性と現地女性の組み合わせが普通で、その女性がユダヤ教に改宗する場合もあった。散発的な逸話から判断すると、このような組み合わせは、小さくて体制がゆるやかあるいはリベラルな共同体、そして男女比率が男性側に傾いているところで、起きやすかった[37]。同じように、国家としてあるいは地元の風土として異人種間ないしは異教徒間の結婚に反対しない国で（例えば日本、オランダ領東インド、ソ連邦）、もっと普通であった[38]。このような結婚で生まれた子供の将来は、特にユダヤ人としてのアイデンティティの問題では人によってさまざまな違いがあるので、もっと調査する必要がある。個人の居住期間の長さが、もっと幅広く社会および文化生活にかかわろうとする動機と願望に影響した。アジア生まれあるいは生涯居住する意図で来たユダヤ人は、短期の滞在者に比べると、当然ながら植民地あるいは地元社会ともっとかかわる傾向があった。

2．地元住民の態度

地元共同体の性格とそれを形成する諸条件も、ユダヤ人が地元の諸事情にかかわり貢献しようとする力と動機づけに、相当な役割を果たした。支配階級と一般大衆の間にみられるユダヤ人に対する態度が、受け入れと同化の決定上、重要であった。戦後の非植民地化時代、特に外国人排除政策と人種的民族主義を促進したアジア諸国は、ユダヤ人の融合、統合を進めなかった。同じように、パキスタン、アフガニスタン、マレーシア、インドネシアのようにイスラエルをボイコットしてきた国は、ユダヤ人の貢献を鼓舞するようなことは、一切しなかった。グローバリズム、自由貿易そして文化的多元主義を尊重する諸国の開放的社会は、これ以外の国に比べるともっと豊かな機会の地をユダヤ人に提供しているように思われる。

3．植民地の文脈

二〇世紀中頃までアジア全域で多くのユダヤ人共同体が、植民地の文脈のなかで生きていた。この文脈において、植民地体制はもとよりそれ以上に植民地社会が、ユダヤ人と現地人をさえぎる緩衝の役割を果たした。ユダヤ人は、支配階級のエリートたちの行動と態度を見習う傾向があり、可能ならば彼らに受け入れられようとした。特に、現地人社会に対する体制側の恐れと忌避を見習う傾向があり、植民地支配エリートあるいは彼らの出身国の一般的な見解に追随しようとした[39]。現実場面では、彼らは非ユダヤ人と経済的関係は維持したが、地元共同体への順応同化はもとより社会的接触を避けた（写真16－4参照）。その反面、非植民地の文脈でみた日本、あるいは土着民の少ないロシアのシベリア、そしてブハラのような伝統的共同体で、もっと強い結びつきを固めようとしたのは、不思議ではない。奇妙な話であるが、戦前のアジアでは、独立国家でさえ、欧米植民地主義のネガティブなインパクトを避けることができなかった。上海のバグダディ共同体がその例である。バグダディ共同体は、豊かになり市

写真16－4　ポール・コモールと中国人従業員（上海，1928年）

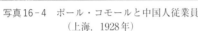

政への関与を深めていったが、その経済的繁栄は大英帝国とリンクした通商ネットワークをベースとしていた。これが共同体を中国信奉より英国信奉にした[40]。大英帝国に対する忠誠心と帰属意識は、第一次世界大戦時イギリス軍のメソポタミア作戦とそれに伴うメソポタミア占領（一九一七年）後、ますます強まった。そして大英帝国の勢力低下に伴い、彼らの大半は出て行き、イギリス市民権をもつ者は、イギリス本国か、香港やバハマ諸島といったイギリス植民地へ移った[41]。

4．反ユダヤ主義

しばしば指摘されることであるが、インド、中国そして東南アジアのようなアジアのいくつかの地域では、ユダヤ人は反ユダヤ主義を経験しなかったとよくいわれる[42]。アジア人の大半は伝統的な反ユダヤ主義にさらされず、自国にユダヤ人共同体が存在することをほとんど知らず、あるいはまったく気づかなかったのは、ある程度確かではあるが、この大陸における反ユダヤ主義の様相は、もっと複雑である。伝統的共同体、特に開封とベネ・イスラエルのユダヤ人は、数が少なく、まわりの共同体のなかによく溶けこんでいて、宗教上の独自の信仰と慣習をもつために、迫害やはっきりした偏見を経験したということはない。同じように、アジアの植民地共同体では、ユダヤ人はたいていヨーロッパ人と考えられ、公的な差別を受けたことはない。ただ、ユダヤ人は植民地体制側のエリート層によって排除され、社会的まじわりやクラブでは歓迎されない存在、と実感していた[43]。一方、ムスリム社会では、ユダヤ人共同体は現実にそしられ、虐待された。この扱いは、第二次世界大戦と共にもっとひどくなる。まわりにユダヤ人が増え、国内外の圧力の高まりと連動していたのである[44]。アジア側領内に住むユダヤ人に対するソ連の態度は、ほかの地域における状況と大同小異であった。もっとも北アジアでは、辺境という性格のため、ヨーロッパの同胞が直面している非公式の差別を、いくらかまぬがれることができたようである。[45] 一方、アジアにおける日本の植民地帝国は、ユダヤ人の有用性について当初戸惑いを示していたが、結局ユダヤ人に場所を与えなかった。日本人は、ユダヤ人を〝白人〟あるいは〝ボルシェビキ〟のいずれかと考え、その領土に住む者を、異邦の危険分子として扱い、戦争が激化するにつれ、ユダヤ人の大半を勾留した。日本の態度は、独自性の強い要素をもってはいたが、ナチドイツの影響を受けていた。[46] アフガニスタンでも、ドイツと同じようなネガティブなインパクトが感じられた。一九三三～四一年には、政府がユダヤ人共同体の強制国外退去というあからさまな行動をとった。[47]

戦争の結果として、そしてまた非植民地化の過程のなかで、アジアの数国家ではユダヤ人は植民地主義の遺産とみなされ、追い出しの対象になった。一九四七年七月、パキスタンのラホールで地元ユダヤ人共同体のリーダーが襲われ、一年もたたぬ一九四八年五月には、〝パレスチナデー〟にデモ隊がカラチのシナゴーグを襲撃した。結局当地のユダヤ人たちは、ボンベイへ逃げていくのである。パキスタンに残留した者に対し、ポグロムが再発する。一九五六年のスエズ動乱時（第二次中東戦争）、そして一九六七年の六日戦争時（第三次）とその後も壊滅的打撃を受け、やがてこの国のユダヤ人共同体は完全に消滅した。[48] インドネシアとマレーシアのようなほかのムスリム国家でも、イスラエルの建国とアラブ・イスラエル紛争が、ユダヤ人共同体に対する地元民の態度に影響し、共同体メンバーの大多数が追い出されてしまった。[49] 近年、反ユダヤ的見解の流布には、目にみえるユダヤ人共同体を必要としないことが明らかになっている。例えば東アジア全域で、極めて多数の住民――中国で人口の二〇%、日本で二三%、韓国では実に五三%――がユダヤ人に対してネガティブな考えを抱いている。それは、親ユダヤ観が入りまじった反ユダヤ主義と規定できる。[50]興味をそそるが、この種のユダヤ観は、地元にある小さいユダヤ人共同体の扱いあるいは状況に影響したことはない。

衰　退

第二次世界大戦の終結以降、アジアのユダヤ人共同体は相当な衰退を経験した。時に事実上消滅したものもある。今日、戦後生まれたあるいは再興した共同体がいくつかありはするが、アジアにおけるユダヤ人口は、一九四五年頃のピーク時に比べれば、相当減少した。一九〇〇年頃と比較しても少ないのである。この衰退にはいくつか理由がある。そのうちのいくつかは、地域内の根本的変容にかかわる。例えば、日本帝国の勃興とその後この地域に始まる多くの国の独立がある。域外の変化にかかわるものもある。ユダヤ人移民あるいはアジアで行き場を失った難民を、受け入れてもよいあるいはその可能性を示す気運が生まれたのである。この衰退の詳しい経緯の分析は次の通りである。

1．日本帝国の勃興

一九〇四～〇五年の日露戦争に始まり、一九四五年の降伏をもって終わる日本帝国の興亡が、これにかかわる。四〇年の間にみられたアジア大陸における日本帝国の急速な勃興が、アジアのユダヤ人共同体の衰退の主な原因なのである。一九三〇年代後半、ユダヤ資本のとりこみという途方もない幻想を抱きながら、結局のところ、帝国の拡大と人種に対する日本人の態度は、ユダヤ人の存在に不利益であった。東および東南アジアの経済と貿易を支配しようとする願望と、〝アジア人のためのアジア〟という主張を背景にして、日本当局は、ユダヤ人を外国人成分とみるだけでなく、相手を食いものにするライバルとみなした。一九四一年には、日本本土からユダヤ人を（上海へ）移送し、一九四二～四五年には、東南アジアの主要港湾都市のユダヤ人数千人を拘禁状態においた。上海では一九四三～四五年の戦時中一万八〇〇〇人近いユダヤ人を抑留した。この一連の行動は、すべてこの見解に由来する徴候であり、単なる戦時中の行動としては済まされぬものであった。日本のアジア席捲は、間接的に民族主義の勃興と欧米植民地帝国の没落を促進した。これは、共に東南アジアの主なユダヤ人共同体の衰退、時には崩壊の歴然たるきっかけとなった。

2. アジア民族主義の勃興

太平洋戦争（一九四一～四五年）の終結そして日本の降伏と共に、アジア諸国は次第に独立するようになった。どの国にも、度合はさまざまであるが、人種色の強い民族主義が出現し、民族間の闘争が発生し、民族浄化に至ったケースもいくつかある。ユダヤ人はたいてい外国の少数派として扱われ、植民地体制の一構成要素とみなされる場合が、往々にしてあった。さらにいくつかの国では、たいていムスリム国家であるが、アラブ・イスラエル紛争のため、ユダヤ人は敵とみなされた。このように、国家が民族主義色を強め、反欧米、反イスラエルへ傾斜し、グローバル・ネットワークから自国経済を切り離していくに伴い、国内のユダヤ人共同体に制約を加え、メンバーの国外移住を求める空気が高まった。共産中国、独立後のインドネシアとマレーシアがその例である。

3. アジアにおける欧米植民地帝国の消滅

日本の東南アジア占領（一九四二～四五年）、そして日本降伏後の独立闘争が、アジアにおける欧米植民地帝国に、どちらかといえば突如として決着をつけた。戦後すぐに独立が得られたわけではなく、同時というわけでもなかったが（独立はフィリピン一九四六年、インドとパキスタン一九四七年、ビルマとスリランカ一九四八年、インドネシア一九四九年、ベトナム、カンボジアおよびラオス一九五四年、マレーシア一九五七年、シンガポール一九六五年、そしてブルネイ一九八四年）、欧米勢力は一九五〇年代中頃までに、アジアの保有地のほとんどを失った。植民地管理体制の消滅と植民地エリート層の退去は、旧体制の崩壊、後ろ楯の喪失、さらにはユダヤ人のような少数派の身の安全を守る保護者の消滅、植民地貿易のネットワークの解体を意味した。

4. ロシア植民地帝国の衰退とソ連邦の崩壊

二〇世紀には、アジアにおけるロシアとその後継のソビエト植民地帝国が、浮沈を繰り返し、そのたびにユダヤ人にはっきりした影響を及ぼした。日本の満州占領（一九三一～三二年）と、その後の分割支配する政策の導入と共に、この地域に居住するユダヤ人は、移住し始めた。ソ連の短期満州占領

（一九四五年）とそれに続く中国側権力の強化が、この傾向に拍車をかけ、流れを変えることは不可能になった。一九九一年のソ連邦崩壊は、中央および北アジアのユダヤ人共同体に、強烈な打撃を与えた。この二つの地域では、人種的な民族主義の勃興と、地域の政治体制と経済の悪化が、国外脱出を早めた。同時に、経済的に豊かで民主的な諸国が、移民受け入れの門戸を開いたことが、移動を加速し、共同体メンバー多数の出国を促した。共同体のなかには三〇年の間に人数が一九九一年レベルの一〇％ないしはそれ以下になったところが、いくつかある。(51)

5．欧州戦の終結とナチ政体の消滅

ドイツの降伏と戦後ヨーロッパに生まれた新しい秩序が、アジアに取り残されているヨーロッパ出身ユダヤ人数十万人に、帰還の道を開いた。ナチあるいはソビエトの占領を逃れ、あるいはまた強制疎開の対象になった人々が、今やヨーロッパへ戻れるようになったのである。それで戦後間もなくして、中央アジアに移されていたユダヤ人の大半は、西へ向かって動き始め、オランダ領東インドに抑留中の者は、当初オランダへ向かった。同様に、大戦勃発の少し前、ドイツおよびオーストリアから逃れて上海へ来た難民の間では、かなりの数の人が、出身国への帰還を選択した。

6．ユダヤ人移民に開けた新しい門戸

第二次世界大戦が終わり、ホロコーストの余波が残るなかで、西側の数ヶ国が、過去数十年間割当制を課し、移民を制限してきた後に、ユダヤ人移民に門戸を開いた。この国々——主に合衆国、カナ

ダ、オーストラリア――は経済的に繁栄し、民主主義の価値観を有すると共に、反ユダヤ主義のレベルが比較的低いことにより、移民にとっては望ましい国とみられていたが、今やアジア脱出を願うユダヤ人に新しい安全な避難地を提供しているのである。戦中戦後、さまざまな障害が大きくなるが、この移民受け入れ国が、共同体消滅の原因になったわけではない。しかし、滞留者――主に難民――のようにアジアを一時的避難地としてしかみていなかった人々にとって、救いになったのは確かである。

7. イスラエル建国

一九四八年の独立後、イスラエルはアジア脱出を望むユダヤ人にとって、すぐに重要な目的地になった。北米やオーストラリアへ移住できない非シオニストのユダヤ人にとって、イスラエルは、ほかよりはまだましな選択肢のように思われた。しかし、シオニスト、そしてユダヤ教の伝統を守る人々にとって、イスラエルはすぐに望ましい移住地になる。最初の戦いである独立戦争が終わり、数年のうちに経済状態も安定し、イスラエルは以前にも増して魅力的な移住地になった。ベネ・イスラエルとコーチンのユダヤ人のような共同体、さらには一九九一年以降の中央アジアおよびロシア極東部のユダヤ人共同体間にも、イスラエルへの移住に、雪だるま式の効果あるいはドミノ効果がみられることを、観察できるであろう。つまり、規模は小さいがまとまった数がイスラエルへ移住し、移民の受け入れがうまくいっていることを知らせると、脱出願望が高まり、ほぼ共同体全体の移動につながるのである。

近年の復活

アジアのユダヤ人居住地は、第二次世界大戦の結果、相当に減少したが、この一般的傾向がすべてというわけではなかった。事実、一九九〇年代からアジアに、規模は小さいが共同体が出現、あるいは復活した。この成長は主に中国で起きたが、東京、ソウル、台北といった東アジアに位置する複数のアジアの首都にも、みられた。一九四五年以前には、(例外があるが) ユダヤ人共同体が存在しなかったところであるが、今日いずれもグローバルシティに成長し、繁栄するユダヤ人共同体の存在する地になった。ほかにも、いくつかの観光地に、いくつかの小さい常設共同体が生まれた。住人はイスラエル人の逗留者、長期滞在のイスラエル人旅行者である。新しく生まれた共同体は、次の傾向と関係がある。

1．アジアにおけるグローバルかつ新自由主義経済の拡大

過去四〇年の間に、アジアは自由市場資本主義と結びついた新自由主義世界観を次第に身につけ、グローバリズムが提供できる相互連携市場の恩恵を受けた。中国は毛沢東の死去（一九七六年）後、新自由主義の考え方を抱き始めたが、鄧小平の市場中心の改革と開放が、国際的に相当な効果を及ぼすようになるまで、一〇年以上も要した。日本も、一九八〇年頃から政府与党の自由民主党（ＬＤＰ）が、新自由主義政策をとり始めた。一九九一年のソ連邦崩壊は、アメリカの支配権を一時頂点に押し上げ、前ソビエト衛星諸国の経済開放をもたらした。その意味ではこの崩壊は少なくとも重要な意味

を有していた。一九八〇年代以降にみられるアジアの目覚ましい経済成長と繁栄は、多くの外国人企業家と専門家を惹きつけた。合衆国がこの人材の主たる供給源である。合衆国は戦後期以来とび抜けて重要な輸出先であり、財政投融資の面でも一番であった。それは昔も今も変わらない。アジアに駐在するアメリカの専門家は、アメリカ経済と共同体に精通し、英語は完璧であり、さらにはアメリカに人脈ももっているので、貴重な人材としての需要が高かった。その相当数はユダヤ人の専門家で、アジアに居を移すと、小さいが活気に満ちた共同体を形成した。国籍だけでなく、共通の価値観と伝統をベースとする共同体である。

2．イスラエル経済の発展

イスラエルは、一九六〇年代の初めから、世界第二のユダヤ人共同体として、アジアにおけるユダヤ人共同体復活上の主たる源になった。急成長するイスラエル経済の方向性は、輸出の主力である産業が、主にＩＴ、防衛関連と兵器、運輸そしてエネルギー分野であるが、アジアを極めて潜在力の大きい有力市場とみなした点にあった。事実、アジアは、イスラエルにとって順調に成長する大きい市場となり、多数の企業が支店を開設し、合併企業をつくった。今日、アジアの大都市には、どこにもイスラエル人の小さい共同体がある。メンバーは大企業の従業員、政府の職員、個人事業家で、大半は短期の滞在者である。この諸都市では、どこでもそうであるが、成長しつつあるユダヤ人共同体の四分の一から三分の一は、イスラエル人が占めており、そのなかでその数に比してずっと大きい役割を果たしている。

3．イスラエル人観光の新しい流れ

一九八〇年代から、アジアはイスラエル人が目指す主な観光目的地になった。当初アジアは、兵役を終えて間もない若いバックパッカーたちを惹きつけた。しかし時間がたつうちに、南米の場合と同じように、長期周遊が多くの青年たちの通過儀礼となった。この現象は広く一般化し、二〇一〇年代、同じ時に数万のイスラエル人がアジアに滞在し、同じようなルートをたどり、同じ山中の駅に群がり、あるいは島に蝟集した。なかには、生活がしやすく物価の安い特定地での逗留を決め、そのようなイスラエルの若者たちが大きい集団をつくって滞在した。それには、ゴアの海辺、インド北部マナリ周辺の谷やネパールのカトマンズのほか、タイのサムイ島とパンガン島が含まれる。このような地域には、ハバッド運動が前述の〝ハバッドハウス〟をたくさん設立し、旅行者のユダヤ人としての伝統体験を広げている。近年、アジアのいくつかの地域——特にタイ——が退職したイスラエル人（主に男性）を惹きつけるようになり、その人たちを中心とした小さい共同体が、パタヤとマニラに出現するまでになった。

近代ユダヤ史に占めるアジアの位置

近代アジアにおけるユダヤ人口は極めて小さく、さらに仮住まい的性格を考えれば、この大陸は、近代以前そして近代の両時代にかなり限定的な役割しか果たしていないようにみえる。時には無視してもよい程度である。ユダヤ人は、その長い歴史のなかで、まず中東に広がり、ついでヨーロッパ

に拡散したが、アジアへは向かわなかった。実際のところ、近代が始まる前、ユダヤ人のなかでこの二つの境界を越えあえて東へ向かった人は、極めて少ない。つまり、アジアは古代から最も大きくかつ一番人口の多い大陸であったが、南極大陸を除くすべての大陸のなかで、ほぼ全期間、ごくごく少数のユダヤ人しか受け入れなかった。近代になると、ヨーロッパおよび北アメリカはもとより、ラテンアメリカ、アフリカそして驚くことにオーストラリアまでが、それぞれアジアよりも多くのユダヤ人を受け入れた。この状況はいつまでも続いて、今日に至っており、強まる傾向にすらある。例えば、二〇二〇年代初期、アジア大陸全体で、せいぜい三万二〇〇〇人から六万一〇〇〇人が居住するにすぎない。南アジアにせいぜい八〇〇〇人、東南アジアに一万一〇〇〇人である。（表16－2参照）。アジアで最も人口稠密なこの二地域で、ユダヤ人は人口の〇・〇〇一％以下を占めるにすぎない。ユダヤ人の移住と拡大パターンそしてアジアを避ける傾向は、興味をそそる話ではあるが、複雑な問題である。

近代以前ユダヤ人がなぜアジアへ移住せず住みつかなかったのかという問題は、本書の扱う範囲を越える。しかしながら、突き詰めた考察をしなくても、その昔アジア全域でユダヤ人の居住を妨げたと思われる障害が、いくつか指摘できるであろう。それには、まず距離の問題が含まれる。南および東アジアの人口密集地への距離は、ヨーロッパとの距離に比べればはるかに大きく、遠い。地理的な障害も指摘される。東方への交通を妨げる広大な砂漠や山脈がある。水上交通の手段も問題で、近代になるまで、遠距離の危険な航海に耐えるには、限定的な能力しかなかった。さらに、短期間を除けば、広大な地域を支配する政治的統一がなく、交易商にとっては身の危険を感じる安全保障上の問題があった。そして、この地域に一神教の宗教が広がるのが遅かったという事情もある。

近代になっても、アジアに定住するユダヤ人口は極めて限られているが、その原因は別にある。ユダヤ人世界の中心は、一九世紀初めまでに、ヨーロッパをしっかりベースとするようになり、経済的困難や迫害のためこの大陸からほかの地へ移る場合、ヨーロッパの海外植民地へ流れた。主に北アメリカ、程度の差はあるが南アメリカ、オーストラリアそして南アフリカへ向かったのである。アジアは、イギリスとロシアの移民を惹きつけなかったように、ユダヤ人移民を惹きつけなかった。いくつかの地域は、貧しく人口過剰で、そのうえ高温多湿である。一方ほかの地域は非常な過疎地で、低開発、それに寒冷の地である。

このような環境のもとで、二〇世紀の一世紀間にアジアに到着したユダヤ人――合計で一〇〇万人強――の主力は、緊急に避難地が必要な難民であった。数ヶ月あるいは数年のうちにほかの受け入れ先がみつかると、この難民あるいは疎開民は、その機会をとらえ、もっと受け入れ環境がよいと信じるところへ移った。しかしながら、なかには、大成した人たちもいる。少人数ではあるが、アジアの港湾都市にいたユダヤ人たちは、貿易、金融、そして製造部門においてすら、不釣り合いなほど突出して活動し、彼らの成功がユダヤ人を惹きつけることができた。それでも戦後のアジアは次第に魅力を失っていく。人種的な民族主義、外国人移住の制限、人権問題のためである。アジアのいくつかのメガシティで活動する短期滞在の駐在は別として、定住や移住は気乗りしないことであった。今日のユダヤ人の見方からすると、近代アジアは一種のシャングリラのままである。人によっては地上の楽園、ほかの人間には地獄――高山のつらなる山脈の向こうにあって、ユダヤ人のほぼ存在しない地である。

(39) 例えば本書第12章を参照．もっとポジティブな態度については，次も参照；Cho 2017.

(40) 没落因のひとつとしてのサスーン家の英国貴族階級に対するこだわりについては，次を参照；Sassoon 2022.

(41) Meyer 2000, 73–4. バグダディ系ユダヤ人と大英帝国の関係について，もっと幅のある全体像については，次を参照；Stein 2011.

(42) 本書第10章および第13章を参照.

(43) 本書第10章および第14章を参照.

(44) 本書第3章を参照.

(45) 本書第4章を参照.

(46) Kowner 2018, 76–83.

(47) Koplik 2018, 342–3.

(48) Weil 2016b, 132.

(49) 次を参照；本書第9章，Ainslie 2019.

(50) Kowner 2023b. 日本については次を参照；Kowner 1997; Kowner 2018. 現代マレーシアにおけるユダヤ人無き状況下の反ユダヤ主義については，次を参照；Ainslie 2019.

(51) 例えば，ユダヤ人自治州においては，ユダヤ人口が1837年に約2万人に達し，1948年に4万～5万人まで上昇，以後1959年に1万4269人，1989年には8887人に減少した．さらにユダヤ人の末裔は2010年時点で1600人になった．次を参照；Jewish Autonomous Oblast, 2022.

Feldman, Joshua Fogel, Albert Kaganovitch, Zeev Levin, Vladimir Levine, Dov Ber Kotlerman, Guy Podoler, Joan G. Roland, Ambassador Akiva TorおよびNoam Urbach. 特定共同体の規模の算定と，地元の人口資料の調査上お世話になった．詳しい調査分析はコーネルの次著に掲載予定.

(22) 出典；DellaPergola 2021; Wikipedia; The World Factbook (www.cia.gov/the-world-factbook/), accessed December 31, 2021.

(23) ハルビンの調査と調査上の制約については，次を参照；Gamsa 2020b, 6.

(24) 中央アジアにおけるユダヤ人共同体の男女比率（多少女性に有利）については，次を参照；Konstantinov 2018, 95 (Table 5). 家族規模については，次を参照；Konstantinov 2018, 98.

(25) 例えば，1897年のロシアの人口調査データは，シベリアに住むユダヤ人の男女比率が少し不均衡で，7対6であることを示している．実数は男性1万8483人，女性1万5994人である．中央アジアの新しい共同体でも似たような比率であった. 次を参照；Konstantinov 2018, 95 (Table 5).

(26) 神戸および上海の難民子弟の数と男女比率は，次の2つのジョイント報告を参照：1941年3月31日付神戸の難民状況“Status of Refugees in Kobe Japan”-JDC, item ID; 488362. 1947年1月付1947年1月に上海から出航した難民に関する報告——“Statement of Refugees who left Shanghai in January 1947” -JDC, item ID; 45697.

(27) 資料については表16-1を参照．詳細分析は，コーネルの刊行予定書を参照.

(28) アジアにおけるハバッドの活動は，本書第4・6・8・9・11・13章および第14章を参照．ハバッドハウスについては，第13章および第14章を参照.

(29) この世界的ネットワークについては，次を参照；Levy Holt 2014.

(30) 次を参照；Chabad locator 2022.

(31) インドネシアのユダヤ人居住は，それに該当する．次を参照；Kowner 2011および本書第9章.

(32) この活動については，本書第3・5・11・14章を参照.

(33) この活動については，本書第2・5・9・11章および第12章を参照.

(34) シオニズム運動に対する中国のユダヤ人の貢献については，次を参照；Katz 2010; Shichor 2021.

(35) Cesarani 2002a, 2.

(36) インドの映画界（Bollywood）と現代日本のエンターテインメント業界におけるユダヤ人個々の活動については，本書第5章および第14章を参照.

(37) 戦前のオランダ領東インドと日本については，本書第9章および第14章を参照.

(38) 戦後中央アジアにおけるユダヤ人の異教徒との結婚については，次を参照；Konstantinov 2018, 97–8.

(5) この動静については，次を参照；Weeks, 2010.
(6) 本書第12章を参照.
(7) 上海および神戸の共同体については，本書第11章および第14章をそれぞれ参照．マニラについてはHarris 2020, インド亜大陸についてはBhatti and Voigt 1999を参照.
(8) 本書第2章および第3章を参照.
(9) この集団については，本書第15章を参照.
(10) この集団については，Egorova and Perwez 2013および本書第15章を参照.
(11) アジアでこの概念を適用する件については，次を参照；Goldstein 2013b.
(12) 次に引用；Cesarani 2002b, 113.
(13) 現代の言語の慣用上，ミズラヒ系ユダヤ人（ミズラヒム）は，西アジアから北アフリカに至る地域の中東系ユダヤ人共同体の子孫をほぼ全面的に指す用語，として使われている.
(14) そうではあるが，西欧のユダヤ人のなかには，イタリアだけでなく特にオランダ，イギリスにスファルディ系のユダヤ人が居住している.
(15) 例えば本書第9章を参照.
(16) オランダ東インド会社（VOC）は1799年に破綻し，一方のイギリス東インド会社（EIC）は，1874年に解体された．その前の1858年に，インドは新しく英領インド（British Raj）という形で，英国王の直轄になっていた．南および東アジアにおけるユダヤ人，非ユダヤ人共同体の出現については，次を参照；Bickers and Henriot 2000.
(17) ロシアの植民地主義と特にアジアにおけるその拡大については，次を参照；Bączkowski 1958, Ledonne 1997, Miller 2021.
(18) この鉄道とロシア植民地主義との関連については，次を参照；Marks 1991.
(19) それはそれとして，東南アジアと東アジアの港湾都市にたどり着いたユダヤ人のなかには，少数ではあったが，まず北アメリカへ行き，そこから太平洋を渡ってきた者がいた.
(20) この減少傾向は，特に東および東南アジアで顕著であった．いくつかの算定によると，この2つの地域におけるユダヤ人口は，1933年に約3万4000人であったが，1957年には2900人以下となった．次を参照；Schwarzwart 1957, 11.
(21) 算定はいろいろな資料を使って行われた．それには次の資料を含む；Singer 1901–6; Kranzler 1976, 249; Isenberg 1988, 183, 280–2; Skolnik 2006日付不明；Berezin and Levin 2015; Weil 2012; Weil 2016b; Levin 2018, 日付不明; Konstantinov 2018, 85–93; Talto 2018; Kolpik 2018, 345; Stillman 2022; DellaPergola 2021．さらに本書各章の情報にも依拠する．次の研究者の方々にも感謝する；Ran Amitai, Dan ben-Canaan, Anna Berezin, Chen Bram, Doron B. Cohen, Sergio DellaPergola, Ofer

（45）Birnbaum 2010, 290.
（46）Pirkei Rabbi Eliezer 17.
（47）次の人物へのインタビュー；Eyal Be'eri, Beit El, Israel, April 10, 2018.
（48）この集団に関する主な研究については，次を参照；Egorova and Perwez 2013; Zykov 2015, 61–2.
（49）Egorova and Perwez 2012, 3.
（50）次の活動家へのインタビューを参照：Eliyahu Birnbaum, Efrat, Israel, July 2, 2018.
（51）ブネイ・メナシェ共同体メンバーたちへのインタビュー．次を参照；Bnei Menashe community, Kiryat Arba, Israel, 2021–22.
（52）Egorova 2015, 9.
（53）Maltz 2015.
（54）Shashoua 2016, 286.
（55）本件に関するモルゲンスターンとヘブライ大学のイスラエル・バルタル（Israel Bartal）との論争概要については，次を参照；Eshed 2011.
（56）Ya'acobi 2008.
（57）Ya'acobi 2016. ベン・エフーダ（Ben Yehuda）は，近代ヘブライ語の父と考えられている．
（58）Ahituv 2010, 347.
（59）Ben-Dor Benite 2009, 223–4.
（60）次の活動家へのインタビューをベースとした記述；Eliyahu Birnbaum, Efrat, Israel, July 2, 2018.
（61）Birnbaum 2018, 481.

第16章

本章を論評していただき，ウィリアム・G・クラレンス=スミスおよびジョアン・G・ローランドに感謝する．

（1）この算定は，主として主として中央アジアのブハラ系ユダヤ人，インドのベネ・イスラエルおよびコーチンのユダヤ人の数をベースとしている．次を参照；Konstantinov 2018, 86 (Table 1).
（2）バグダディ系は，マドラスとバタビアに定住しなかった．さらに日本とフィリピンでは，シリア系およびエジプト系ユダヤ人がイラク系ユダヤ人より目立った存在であった．
（3）いくつかの算定では（例えばアイゼンベルグ；Isenberg 1988, 111）は，インド亜大陸のバグダディ系人口を，1940年代のピーク時6500人としている．
（4）Kaganovitch 2018, 77–82.

（12）Ben Dor Benite 2009, 217.
（13）Haga 1911, 7–8.
（14）Haga 1911, 9.
（15）Shahan 2003, 11.
（16）Shahan 2003, 11.
（17）Morgenstern 1987.
（18）Morgenstern 1987.
（19）Morgenstern 2008, 251–2.
（20）Morgenstern 2008, 207.
（21）Morgenstern 1987.
（22）Et Levakesh 1899.
（23）Kook 1984, 195.
（24）Morgenstern 2008, 207.
（25）Ben Zvi 1969, 138–9; 146–50.
（26）Shashoua 2016, 282.
（27）Avihail 1987, 113.
（28）Birnbaum 2010, 282.
（29）Halkin 2002, 30.
（30）Morgenstern 2008, 207.
（31）Kook 1984, 94.
（32）Birnbaum, 日付不明.
（33）Shavei Zion: One Nation, Many Face. URL: https://www.shavei.org/
（34）この種の協力は，最近ジンバブエからレンバ族の２人が到着した事例にみられる．２人の旅費はクラヌーが出し，イスラエルでの経費はオール・トーラー・ストン（Ohr Torah Stone）が負担した．次を参照；https://kulanu.org/young-leaders-of-lemba-community-arrive-in-israel-for-jewish-studies/
（35）Weil 2004; Samra 2012.
（36）Weil 2004, 8.
（37）例えば次を参照；Clark 2009, 57.
（38）Birnbaum 2010, 288.
（39）Scott 2009, 286.
（40）Chakraborty 2010, 95–7.
（41）Weil 2004, 7.
（42）Weil 2004, 7–8; Weil 2016a, 30.
（43）Chakraborty 2010, 92.
（44）Egorova 2015, 5.

の成り行きについては，次を参照；Goodman and Miyazawa 1995, 220–51; Kowner 1997, 2012.

（140）Schreiber, 2022年1月28日付私信．このカルト集団の反ユダヤ主義については，次を参照；Kowner 2006, 12–5.

（141）Schreiber, 2022年1月28日付私信．

（142）Fischbein 1966, 3; “Keitsad haim” 1968, 4; Samuels 1971, 469.

（143）ハバッドの活動に関するさらに進んだ論議は，本書第16章を参照．

（144）ラビ（Efrat Edery）へのインタビュー，東京，2021年9月3日．

（145）ジェローム・ローゼンベルグ（Jerome Rosenberg）（ジャパン・ジューイッシュ・コミュニティセンター〈JCC〉理事長，在職1997〜2001年）へのインタビュー，東京，2022年4月29日．

（146）Kublin, Schudrich, Tuval, Tokayer and Parfitt, 2007, 82–3. 2022年時点で東京渋谷のジューイッシュ・コミュニティセンター（JCC）メンバーで会費を払うのは102家族，ローゼンベルグ理事長インタビュー．

（147）2022年時点でJCCメンバーの約70％は異教徒と結婚．大多数はユダヤ人男性と日本人女性との結婚による家族構成である．ローゼンベルグ・インタビューをベースとした算定．

第15章

（1）Shlezinger 1873, 70.

（2）*Et Levakesh* 1899.

（3）Josephus, *Antiquities* 11: 5; 2. ヨセフスが言及した位置の識別については，タルムードの次を参照；Yevamot 16b.

（4）Dan 1969.

（5）門はもともとスキタイ人の侵攻から守る目的で，建設された．その存在は，さまざまな人が指摘している．例えば次を参照；ヨセフスのユダヤ戦記――Josephus in *The Jewish War* (7: 244–251)，コーラン――the Quran (18:83–98)，マルコ・ポーロの東方見聞録――*Travels of Marco Polo* (1:5).

（6）Ben-Dor Benite 2009, 60.

（7）Ben-Dor Benite 2009, 87.

（8）Paris, 1852, 313.

（9）Ben-Dor Benite 2009, 136–42; Parfitt 2003, 91–114.

（10）Parfitt 2003, 158.

（11）この一連の陸路の旅の記述内容は，次を参照；Morgenstern 2008, 186; Ben-Dor Benite 2009, 213–7.

Silverman 1989, 89–99.
(116) Brecher 2017, 164; Elia 2021.
(117) Shillony 1991, 195–6.
(118) この3人の回想については，次を参照；Ladejinsky 1977; Oppler 1976; Sirota 1997.
(119) 長崎のユダヤ人共同体の終焉については，次を参照；Har'el 1964, 3.
(120) "Jewish Communities in Japanese City Growing" 1951, 4.
(121) 新入りのなかには，大田区大森に居住する者がいた．その通りは，今でもドイツ通りと通称されている．
(122) "追悼ミハエル・コーガン氏," ゲームマシン，233号, 1984.
(123) 200家族という算定については，次を参照；Hon 1951, 11. その後に出された1957年と1958年の算定によると，日本のユダヤ人共同体は500～650人としていた．そのうち約100家族が東京，30家族が神戸，14家族が横浜に居住していた．次を参照；"Severe Decline" 1957, 3; "Number of Jews" 1957, 3; "Drishat Shalom" 1958, 6.
(124) "First Jewish Club" 1951, 4.
(125) Bloomberg 1960a, 3; Bloomberg 1960b, 3.
(126) "Rabbi Who Served" 1966.
(127) その数年後の段階で，約800人が日本に居住していた．その半数は東京居住である．駐留米軍のなかにもユダヤ人がいたが，これはこの数に含まれていない．次を参照；Samuels 1971, 468.
(128) 次の研究者へのインタビュー；Prof. Ehud Harari, Tel Aviv, July 3, 2021.
(129) Fischbein 1966, 3. 少し違う内訳は次を参照；"Keitsad haim" 1968, 4.
(130) "Rabbi Who Served" 1966.
(131) "Tokyo Jewish Community Dedicates" 1968, 3.
(132) Shai 2019, 109–11.
(133) Samuels 1971, 470.
(134) 例えば次を参照；Arbes 2015.
(135) 著名な実業家には，アイゼンベルグのほか，日本にコストコのチェーン店を築いたジェフ・ベルガーがいる．
(136) 例えば次を参照；Lavi 1980.
(137) Kublin, Suhudrich, Tokayer and Parfitt. 2007, 82; "Meichel in Town" 1973.
(138) 次を参照；ベンダサン『日本人とユダヤ人』1971．戦後日本でさまざまな事象をユダヤ人と結びつける件に関しては，次を参照；Goodman and Miyazawa 1995, 135–82.
(139) Mark Schreiber, Tokyo, 2022年1月28日付私信．この反ユダヤ主義の波とそ

在リトアニア日本領事・杉原千畝がこの脱出に果たした役割と，戦後その功績が認められた件は次を参照：Kowner 2023a, Kowner 2023c.

(96) この集団のなかには，ポーランド旅券の所持者2040人，その他の旅券所持者299人がいた．いくつかの報告は，神戸だけで4608人のユダヤ人難民が到着したとしている．次を参照；Eber 2012, 115. 1941年2月の数字は，神戸ユダヤ人共同体（アシュケナジ系）がジョイントに送った次の1941年3月12日付報告を参照；JDC, item ID: 488648.

(97) この委員会とその体制については，次を参照；Moiseff 1941, 9.

(98) Elia 2021, 97.

(99) ミル・イエシバの戦時体験の概要については，次を参照；Kowner 2022.

(100) 地元共同体は，全部で23軒の家を提供した．そこに難民1631人が収容された．次を参照；Shatzkes 1991, 266.

(101) Epstein 1956, 126.

(102) ラビ・カルマノヴィッツ（Rabbi Abraham Kalmanowitz, 1887–1964）は，合衆国におけるミル代表で，戦時の精神的物理的サバイバルにカギ的役割を果たした人物．ラビの関与した特筆すべき事件が，1941年の過越祭にマッツア（種なしパン）とワインが特別に贈られたことである．次を参照；Hertsman 1976, 81–2; Bernshtain, Forgas and naveh. 1999–2001, 2: 449–51; Epstein, 1956, 125. イエシバの学生たちが受けた乏しい食料配給に関する報告は，次を参照；"1,400 plitim Yehudim be-Yapan" 1941.

(103) Shatzkes 1991, 265–6; Hava 2014, 131–2.

(104) Warhaftig 1984, 301.

(105) Arndt 1999, 656–8.

(106) Shillony 1991, 179.

(107) Pansa 1999, 99.

(108) Rotner-Sakamoto 1998, 150.

(109) Bernshtain, Forgas and Naveh, 1999–2001, 2: 515. 似たような感情については，次を参照；Leitner 1987, 118.

(110) "Japan Deports" 1941, 3. この移送の状況については，次を参照；Rotner-Sakamoto 1998, 150–1.

(111) Hertsman 1976, 88–9; Bernshtain, Forgas and Naveh. 1999–2001, 2: 522.

(112) Sakamoto 1998, 93–4.

(113) Elia 2021.

(114) イサーク・シャピロの戦時回想録には，このような家族の話が記録されている．次を参照；Shapiro 2009.

(115) Sidline 2007, 98. 日本本土における戦時の扱いに関する概要は，次を参照；

(72) Earns 1994.
(73) Cohen 1925, 138–40. 次も参照；Cohen 1956, 199.
(74) Moche and Sopher 2009, 3, 5, 10; Dicker 1962, 170.
(75) Elia 2021, 8, 30.
(76) Proshan 2011, 62.
(77) Kapner and Levine 2000.
(78) Earns 1999, 161; "The Jews of Japan" 1903.
(79) Earns 1999, 165; Cohen 1925, 136, n.2; Moche and Sopher 2009, 2.
(80) "Rosh Hashonah in Japan" 1930. ミンヤンは"イスラエルの共同体"の代表成立に必要な成人男性の数（最低数10人）.
(81) Cohen 1925, 154; Cohen 1956, 201–2.
(82) Moche and Sopher 2009, 3–6, 10; Elia 2021, 84–5, 91, 97. このサスーン家はバグダディ系の有名なサスーンではない.
(83) "The Jews of Japan" 1903.
(84) Moche and Sopher 2009, 4–5; Elia 2021, 30.
(85) Proshan 2006, 11, 14.
(86) Proshan 2011, 66–7.
(87) McCabe 1994, xi.
(88) Earns 1999, 162; Bregman 1919, 437.
(89) Elia 2021, 8.
(90) Adler 1921, 28; Schiff 1907, entry for 9 April. シフは，日露戦争時日本に対し財政上の支援を行い，戦後日本に招かれて明治天皇から勲一等旭日大綬章を授与された．次を参照；Cohen 1925, 141.
(91) Dicker 1962, 170; "Rosh Hashonah in Japan" 1930.
(92) ソ連軍がポーランド東部に侵攻し，間もなくしてスターリンがビリニュスをリトアニアへ"返還"する決定をした後，23校ほどの"リトアニア"のイエシバの学生・教師2336人を含め，約1万3000人のユダヤ人がソビエトゾーンからリトアニアへ逃げこんだ．この難民については，次を参照；Zuroff 1984, 157; Levin 1995, 200; Strelcovas 2017, 43–53.
(93) Shillony 1991, 171. 次も参照；Goodman and Miyazawa 1995, 76–105; Kowner 2018, 76–83.
(94) 日本の反ユダヤプロパガンダが及ぼす同じような影響と実際の扱いについては，本書第8章および第9章を参照.
(95) 難民の日本滞在については，難民の日記，回想録がたくさんある．例えば次を参照；Warhaftig 1984, 176–227（邦訳版『日本に来たユダヤ難民』）；Krasno 1992; Heppner, 1994; Eber 2008; Hirshberg and Hirshberg 2013; Schwarcz 2018, 53–78.

(48) "Jewish Life in Japan" 1918.
(49) Cohen 1925, 138, 142–4.
(50) Harries 2012, 53, ソルキン（David Sorkin）を引用.
(51) Proshan 2006, 11, 15; Proshan 2011, 62; Dicker 1962, 165.
(52) Earns 1999, 162.
(53) Anglo-Jewish Association, Annual Report for 1909–10, 10, 99.
(54) "Rosh Hashonah in Japan" 1930.
(55) Vivian Antaki, emails, April 26 and May 6, 2018, 次の報告を引用；Anglo-Jewish Association reports. Southampton University Library Special Collections, MS 137, AJ37-12-14, R. Antaki to M. Dupare, April 9, 1940.
(56) Proshan 2006, 8–9, 13.
(57) Cohen 1925, 137.
(58) Elia 2021, 7–10, 57, 229.
(59) 戦前上海でも支配的であった同種の態度と圧迫（ありふれたカントリークラブ「社交」の反ユダヤ主義：garden variety of country-club anti-Semitism）については，次を参照；Ristaino 2000, 112.
(60) Robert Henriques Papers, Special Collections, University of Reading Library (RHP), Box 59, "Notes on a conversation with Charles Leatham" 日付不明．同クラブの歴史研究者は，ユダヤ人であることを入会拒否の理由として指摘していない．ただし，"望ましからざる者" については，不文律であった．次を参照；Williams 1975, 21–4.
(61) Elia 2021, 40–1, 77, 80, 86, 99, 106, 118, 129, 170–1.
(62) このパターンについては，次を参照；Leupp 2003.
(63) Elia 2021, 58–70.
(64) Proshan 2011, 69; Meiji Portraits 2021: "Russell."
(65) Meiji Portraits 2021: "Mess, Nathan."
(66) 1918年に本人が死去した後，娘のひとりが，ライデン大学に日本研究支援を目的とする基金（Ailion Foundation）を設立した．次を参照；Meiji Portraits 2021: "Ailion, Isaac Alfred"; Shillony 1991, 113.
(67) Cohen 1925, 138–40, 226.
(68) 日本人のユダヤ教改宗に関する件は，次を参照；"Jewish Leader Denies Reports of Conversion of Japanese to Judaism" 1958, 4. 稀な改宗事例は次を参照；Kotsuji 1964.
(69) Earns 1994; "The Jews of Japan" 1903. キタの旧姓は井手.
(70) Bregman 1919, 437.
(71) Dicker 1962, 182–3.

分強が移動を待ち望んでいるロシア系難民としている．次を参照；Cohen 1925, 140–1; Cohen 1956, 199–200.

(26) "Rosh Hashonah in Japan" 1930; "The New Jewish Settlements" 1926, 5; Moche and Sopher 2009, 3; "'Help or We Perish'" 1923, 5; "B'nai B'rith to Spend" 1923, 4.

(27) "A hundred Jewish Firms" 1934.

(28) Schiff 1907, April 9; Cohen 1925, 147. 例外については，次を参照；Meiji Portraits 2021: "Bair, Martin Michael," "Gruenfeld, Ernst," および"Mosse, Albert."

(29) Proshan 2006, 7–8. 次にたくさんの例あり；Meiji Portraits.

(30) "The Jews of Japan" 1903. この観察者は，日本を東南アジアと勘違いしているようである．

(31) Weisberg 2005.

(32) Meiji Portraits 2021.

(33) Proshan 2006, 13.

(34) Earns 1994; Earns 1999, 160–2; "The Jews of Japan" 1903. 例えば次を参照；Meiji Portraits 2021: "Baidak," "Feldstein, Jacob and Mary," "Goldenberg, Rubin Haskell," および"Goldman, Abraham."

(35) Medzini 2016, 5; Meiji Portraits 2021: "Levy, Cerf."

(36) Meiji Portraits 2021: "Fleischer, Benjamin Wilfrid"; ディッカー（Dicker 1962, 162, 172）は本人をフライシャー（W. Fleischer）と呼んでいる．

(37) Anonymous 1933, 77, 85.

(38) Nippon Tea Association 1936; Ōishi（日付不明）. さらなる情報提供をいただいた古橋加奈子，古橋剛俊，ロバート（Robert Hellyer）の三氏に感謝する．

(39) Vivian Antaki, May 14, 2018（私信）.

(40) Suzuki 1994, 67–70, 151–4, 200–1.

(41) 日露戦争時におけるユダヤ人の対日支援については，次を参照；Smethurst 2006.

(42) Proshan 2006, 9–12.

(43) Proshan 2011, 70–1.

(44) Jackson 1968, 24.

(45) この人々を含むユダヤ人事業主については，次を参照；Meiji Portraits 2021: "Oppenheimer, I." "Oppenheimer Frères"; *Le Public*, May 10 1904, 1; *La Petite Presse*, April 14 1906, 1; *Le Courrier*, June 9–10 1929, 3.

(46) Shillony 1991, 179–81; Pekar 2016, 150; "Viennese Conductor Heads Japanese National Orchestra" 1937, 5.

(47) Bregman 1919, 437. もともとのイーデッシュ語記事は，戦前に出されたものと思われる．

(4) Meiji Portraits 2021: "Schiller, Giuseppe."
(5) 幕末（1854〜68年）から明治時代（1868〜1912年）初期にかけて，外国人，特に欧米人の居住地は，いくつかの港湾都市に限定されていた．
(6) Proshan 2006, 3–4; Proshan 2011, 61; McCabe 1994, 487.
(7) Meiji Portraits 2021: "Marks, F."
(8) Moche and Sopher 2009.
(9) Reform Advocate, June 16, 1900, 23.
(10) Kobe Port Festival Association 1933, 7, 151; Anonymous 1933, 77; *Japan Directory*（発行年はさまざま）．追加情報は，次の人物より取得；Vivian Antaki, Eddy and Isaac Forte, および Ezra Choueke.
(11) Meiji Portraits 2021: "Witkowski, J.," および "Russell, Albert"; "The Jews of Japan" 1903.
(12) 静岡のクレメンツ・ハキムについては，モーリス・ハキム，アミエルおよびモリス・ロッサビに感謝する．本人の書簡類をセットで提供していただいた．京都（kioboと誤記）については，次を参照；Anglo-Jewish Association, Annual Report for 1909–10, 99.
(13) Dicker 1962, 163.
(14) Proshan 2006, 4–5. 1885年にラーベンシュタイン（Ernst Georg Ravenstein）が概念化したステップ・ミグレーション（step migration）とは，伝統的な農業地帯的環境から次第に近代的都市環境へ移っていくことを意味する．
(15) Reform Advocate, June 16, 1900, 23; "The Jews of Japan" 1903. 当時ユダヤ人は，ほとんどが横浜，長崎，神戸に居住していた．他の算定については，次を参照；Medzini 2016, vii-viii; Anonymous 2007, 81.
(16) Muraoka 2014, 69–86; Kowner 2017b, 236; Kotlerman 2016. 捕虜時代のトランペルドールの健康状態とシオニスト活動については，次を参照；Kotlerman 2014および本書第12章．
(17) Tokayer and Hall 2008, 1198.
(18) Medzini 2016, 6.
(19) Earns 1999; Elia 2021, 7–10, 30, 57, 229; "A hundred Jewish Firms" 1934.
(20) Clarence-Smith 2004, 437.
(21) "The New Jewish Settlements" 1926, 5.
(22) Meiji Portraits 2021: "Gruenfeld, Ernst" および "Mosse, Albert"; Dicker 1962, 172.
(23) Earns 1999, 160.
(24) Earns 1999, 159.
(25) Proshan 2006, 3–4; Proshan 2011, 61; McCabe 1994, 487; "The New Jewish Settlements" 1926, 4. イスラエル・コーヘンは1920年時点で約300人と算定し，半

(37) Phillips 2006, 25.
(38) Omer Caspi, March 30, 2021（私信）.
(39) Sobol 2018.
(40) Asher Yarden, October 17, 2018（私信）.
(41) Sobol 2018.
(42) Rifkin 2011.
(43) Sobol 2018.
(44) 次を参照；Medzini 2015; Sobol 2023.
(45) Omer Caspi, March 30, 2021（私信）.
(46) Surkes 2016.
(47) Omer Caspi, March 30, 2021（私信）.
(48) Omer Caspi, March 30, 2021（私信）.
(49) Revital Shpangental Golan, October 24, 2018（私信）.
(50) 上海および東京における近年のハバッドの存在と活動については，本書第11章および第14章を参照.
(51) Shlomi Tabib, October 22, 2018（私信）.
(52) Jeffrey Schwartz, November 9, 2018（私信）.
(53) Ide 2000.
(54) Asher Yarden, October 17, 2018（私信）.
(55) Asher Yarden, October 17, 2018（私信）.
(56) "The Jeffrey D. Schwartz Jewish Community Center Taiwan." 2021.
(57) "Why We're Building This?" 2021.
(58) Jeffrey Schwartz, July 17, 2020（私信）.
(59) Jeffrey Schwartz, July 17, 2020（私信）.
(60) Michael Friedman, October 16, 2018（私信）.
(61) Shlomi Tabib, October 22, 2018（私信）.

第14章

戦後期の共同体調査に協力していただいたことに対し，マリー・ライセルおよびマーク・シュライバーのご両名に感謝する.
(1) 近代初期ユダヤ人が散発的に来日し滞在した件は，次を参照；Sousa, 2015; Sousa 2018.
(2) ドイツ語に由来する近代ヘブライ名については，次を参照；Shillony 1991, 111.
(3) 次を参照；Goodman and Miyazawa 1995, 59–75; Kowner 2000, 118–9. この種の日猶論の出現については，次を参照；Kowner 2014a, 93–6.

い. Tonio Andrade, Emory University, October 12, 2018（私信）.

(4) Roy 2003, 11–7.

(5) Kublin 1973, 317–53.

(6) Clarence-Smith 2022.

(7) Roy 2003, 55–75.

(8) Roy 2003, 76–7.

(9) この初期移民については，次を参照；Goldstein 2015, 84.

(10) Haime 2021.

(11) Clough 1999, 1–13.

(12) Michael Friedman, October 16, 2018（私信）.

(13) Jacoby 1966.

(14) Michael Friedman, October 16, 2018（私信）.

(15) Kang Wang 2006, 150–1.

(16) Kang Wang 2006, 151.

(17) Shapiro 2017, 41.

(18) Taiwan Jewish Community（台湾ユダヤ人共同体）の日付不明のメモ（おそらく1970年代後半）.

(19) Michael Friedman October 16, 2018.

(20) Michael Friedman October 16, 2018.

(21) Taiwan Jewish Community（日付不明のメモ）.

(22) 次の人物からのメール；Fiona Chitayat, 2013. 次に収録；Goldstein 2015, 85.

(23) Michael Friedman October 16, 2018（私信）.

(24) Michael Friedman October 16, 2018（私信）.

(25) Michael Friedman October 16, 2018（私信）.

(26) Michael Friedman October 16, 2018（私信）.

(27) Michael Friedman October 16, 2018（私信）.

(28) "The Rabbi of Taiwan" 1975.

(29) "The Rabbi of Taiwan" 1975.

(30) 上海のベタル支部については，本書第11章を参照.

(31) Liberman 1997, 245. シャウル・アイゼンベルグについては，本書第14章を参照.

(32) この時期のメンバーについては，次を参照；Goldstein 2015, 88.

(33) Pnina Goldstein, November 18, 2018（私信）.

(34) Asia-Pacific Survival Guide for the Jewish Traveller 1988, 102–3.

(35) Vinecour, 1981, 8–9; Goldstein 2015, 91.

(36) Taiwan Business TOPICS 2016, 50.

事）; Dicker 1962, 44–6. 1938年に満州へ入ろうとするユダヤ人難民を助けたとして，樋口が救助者として有名になってきた近年の奇妙な動きについては，次を参照；Kowner and Fogel 2022.

(50) 丸山 1986, 21–2; Altman 2000, 279–317.

(51) 本書第11章を参照.

(52) 丸山 1986, 26.

(53) 丸山 1986, 25–6.

(54) 宮澤 1982, 112–3.

(55) 丸山 1986, 26–7.

(56) 次を参照；杉田，小林および宮澤 1970, 69.

(57) 戦後小辻は合衆国へ行き，ユダヤ教に改宗しラビとなり，アブラハムの名をつけた．その後郷里の鎌倉に戻っている．次の自伝を参照；Kotsuji 1964.

(58) 杉田 1964, 372; 杉田，小林および宮澤 1970, 66, 70.

(59) 次に指摘；丸山 1986, 27.

(60) 丸山 1986, 30–1.

(61) 丸山 1986, 31–2.

(62) Glantz 2003, 204–5.

(63) Westad 2003, 119, 124. ソ連による占領と中国の接収については，次を参照；Gamsa 2020a, 107–12.

(64) この歴史で一番よい点を総括していえば，「ユダヤ人共同体は，調和ある文化をはぐくみ，その発展に寄与した」ことであり，「ユダヤ人のなかには，満州をユダヤ人の終の住処，郷土になれる地とみるようになった人々もいた．しかし彼らの夢が実現することはなく，今やノスタルジーの対象でしかない」のである．次を参照；Lee 2017, 11.

(65) 小山 1941, 77.

(66) Wren 1983, インタビュー時彼女は74歳であった.

(67) Peter Agree, 私信 1984.

(68) ダン・ベンカナン博士は，ハルビンの黒竜江大学の学部教授（在職2002～15年）であった．次を参照；Clurman and Ben-Canaan 日付不明.

第13章

(1) Goldman 1958.

(2) Andrade 2011.

(3) さらにこの時代オランダで，“公的なプロテスタント主義の強調”が強かったことを考えれば，この主張に相応する資料がないのは，別に驚くべきことではな

(35) "Meyer birman" (Meyer Birman), 次に収録；*Leksikon* 1 1956, 303.

(36) 次を参照；Ben Canaan 2009.

(37) Gamsa 2011, 27–38; O'Neill 2018, 60–6.

(38) 山本 1932, 337–40; 清沢 1926, 58–62; 東 1940, 39–48; 山浦 1931, 175, 177.

(39) 次を参照；Oberländer 1966, 158–73; John Stephan 1978（信頼性の高い研究）; Vespa 1941（信頼性に欠ける研究）.

(40) 相良 1973, 32–9, 42–4; 加瀬 1971, 237–8; 河村 1971, 359–64. 宮澤（1988, 44）は，1930年代後半から1940年代初めにかけて，日本の新聞がユダヤ人難民に対する同情をほぼ完璧に欠き，戦争を起こした張本人としてユダヤ人を非難することがしばしばあったことを，明らかにした．次も参照；相良 1973, 45.

(41) 河村 1973, 191–4; 宮澤 1982, 118.

(42) 安江 1936, 7, 9–11, 13.

(43) 次に掲載；包荒子 1924. 安江の根っからの反ユダヤ主義については，次を参照；小林 1977, 239–40, 249–50, 271–2; 杉田 1964, 370–1; 近年の研究では次を参照；Medzini 2016, 55–6.

(44) 犬塚 1973, 237. 戦後丸山によるインタビューで，故人の夫と安江は，ユダヤ人を五族協和政策に含め，六族協和にしようとした，と主張した．これを裏づける証拠はまったくない．戦後冷静な声があがり，ユダヤ人移民に対する日本政府あるいは軍の政策に人道主義がほとんど，いやまったく役割を果たしておらず，そしてさらに重要なのは，日米関係の悪化を考慮した上層部の政策なるものについても然りであったことを，明らかにするのである．

(45) 加瀬 1971, 240, 242; 丸山 1986, 24. 宮澤正典（1982, 123）が示唆しているように，ユダヤ問題について犬塚は，せいぜいのところジギルとハイド的二重人格者（筆者の見解ではハイド的性格が強い）であった．

(46) '北斗' 1920, 60–3.

(47) "'新しき猶太'" 1920, 50. 16ヶ月後"反過激派"で"進歩的教育"を受けたリベラルなロシア人の著作からの翻訳と称する長文の記事が出た．口から泡を吹いて怒る反ユダヤ主義者の記事にすぎなかった．"匿名" 1922, 28–31.

(48) 丸山 1986, 20.

(49) 丸山 1986, 21, 47–8. 丸山は，発ハルビン総領事・鶴見憲（1895～1984年）宛外務大臣・広田弘毅（1878～1948年）電報（1938年1月13日付）にも言及している．一部河村との話に関する内容で，本会議はこの地（ハルビン）のユダヤ人団体のまったく自発的活動をベースにしているという内容である．河村，高島，竹山1973, 193. Sakamotoは，現地の軍部が首謀者であると指摘し，「会議は地に落ちた日本のイメージを改善するための一手段であった」と論じた．次を参照；Sakamoto 1998, 32. 次も参照；丸山 1987–8, 428; 高尾 2015, 43, 44（英語記

(13) Zhang 2004, 99. シャン（Shan 2008, 16）も，2万人を超え，たぶん2万5000人ほどとする主張を信じている．

(14) Karlinsky 1989, 285. 中露混合言語（“Moia-tvoia”）については，次を参照；Nichols 1987, 239–57.

(15) Cohen 1925 171, 175. これについてコーヘンは，「中国の警察官が，イギリス生まれの特使はパレスチナに関する会議ではロシア語を話すべきであると要求した．それは実に奇抜な事態ではある」と述べるのである．

(16) “Bay Area Jews”; Fogel 2000, 91–3.

(17) ロシア帝国の西部地方では，ユダヤ人の定住が1791年から1917年まで認められた．

(18) Stephan 1978, 37–40.

(19) Löwenthal 1940; Fang 1999, 148–9.

(20) Zhang 2004, 24; Li Shuxiao In Qu and Li 2004, 30.

(21) Xu 2017, 32; Eber 1986, x; Goldstein 2015, 189; Goldstein, Clurman, and Ben Canaan 2009.

(22) Dicker 1962, 25. 戦後東アジアにおけるハバッドの活動は，本書第11・13・14章を参照.

(23) Shickman-Bowman, 次に収録；Goldstein 1999–2000, 1: 196; Vladimirsky 発表年不明 (accessed February 2018).

(24) Bresler, 次に収録；Goldstein 1999–2000, 1: 206–7. 次の人物へのインタビュー；Evsey Domar, Cambridge, MA, October 5, 1987.

(25) Menquez（仮名. Berton），次に収録；Goldstein 1999–2000, 2: 73–6, 82.

(26) 丸山 1986, 32; Kaufman 1973; Kaufman 1971.

(27) この活動に関する写真については，特に次のコレクションを参照；Pan 2005. 次も参照：Wang 1998, 101–4.

(28) Goldstein 2017, 160–80, 163–4.

(29) オルメルトとハルビンについては，次を参照; Lahusen 2000, 256–7; Shan 2008, 20.

(30) ベタルについては本書第11章を参照.

(31) Ji 1996, 135; Menquez 2000.

(32) 中国側都市については，次を参照；Carter 2002; Carter 2001, 91–116. ハルビンの日本人共同体については，次を参照；杉山 1979, 3–20; 柳田 1986; 後藤 1973.

(33) 次の人物へのインタビュー；Professor Avsey Domar (1914–1997), 1980s. 次と比較参照；Epstein 2000, 89.

(34) *Der vayter mizrekh*; Eber, 次に収録；Goldstein 1999–2000, 2: 133; Kreissler 2000, 211–30.

は55対45，15歳以下の者は，全体のわずか8.2%にすぎなかった．次のジョイント報告（1947年1月までに上海を去った難民に関する報告）を参照；JDC report ("Statement of Refugees who left Shanghai in January 1947"), January 1947, JDC, item ID: 456979.

第12章

(1) Snow 1934, 81.
(2) 橘 1940, 264, 266; Fogel 1998, 46.
(3) 中国の研究者たちが，この町を1000年もさかのぼって精一杯調査はした．一方，この調査努力で，「ハルビンは，ロシアの最初の入植地が出現するずっと前から中国の影響圏内にあった」との主張が可能にはなった．次を参照；Clausen and Thørgeson 1995, 3–4, 12–6; Gamsa 2020b, 14–9.
(4) 次を参照；越沢 1988; Wolff 1999; 浜岡 1926, 1, 3–4.
(5) 初期のハルビンと中東鉄道（CER）については次を参照；Quested 1982, 32, 100–1, 129–31; 越沢 1988, 13–24; Bresler 1999, 201–2; Matani 1981, 1; 高尾 2015, 33–4（英文記事）; Yang and Xie 2000.
(6) 当事者（ハルビンの初期入植者）に一番近いのがその子供たちで，彼らに対するインタビューが1970年代初めサンフランシスコ域で実施された．例えばバーフリーのユダ・マグナス博物館で行われた次のインタビューを参照；Emile Katz and Benjamin Alcone in "Bay Area Jews from Harbin, Manchuria," held in Judah Magnes Museum, Berkeley, CA.
(7) Nathans 2002, 27–8. ナタンズが認めているように，この人たちのことが伝説やさまざまな話のもとになり，歌にさえなった．次を参照；Ginzburg and Marek 1901, 41–54; entries, respectively, on Shoyl Ginzburg and Peysekh Marek in *Leksikon* 2 (1958): 227–9, and 5 (1963): 504–5.
(8) Rabinovits 1957, 108–21; Shickman-Bowman, in Goldstein 1999–2000, 1: 192; Fogel 2000, 91–2; 次も参照；Wolff 1999; Liu 2004, 14–27; Liu 2007, 38–43; Zhang 2004, 127–8; 麻田 2009, 10.
(9) Benedict 2011, 135, 276; Cox 1997, 30–64; and Cox 2000, 155–6.
(10) Clausen and Thørgeson 1995, 39, 次の研究をベースとした記事；Quested 1982.
(11) Bresler In Goldstein 1999–2000, 1: 203; Shickman-Bowman In Goldstein, 1999–2000, 1: 191.
(12) Li and Fu 2001, 43. エベル（Irene Eber 2008a, 13）は，1908年の人口をおおよそ8000人と概算している．前二者（Li and Fu）の算定数より多いが，1920年の数は1万2000～1万3000人とし，前二者の算定数よりかなり少ない．

(67) 解放後に出たジョイントの活動報告（上海支局解放後ユダヤ人2万に対する支援活動の運用）は，次を参照；“J.D.C. Shanghai Representative Liberated Directed Aid Program for 20.000 Jews,” August 30, 1945, JDC, item ID: 456458.
(68) William Schurtman, 次に引用；Gao 2012, 129.
(69) Ross 1994, 235.
(70) 1946年3月から1949年5月までの間に上海を去った難民の出身地と行き先の内訳は，次を参照；JDC, item ID: 452328.
(71) Ross 1994, 237, 240.
(72) Ross 1994, 242.
(73) Kranzler 1976, 580.
(74) Meyer 2015, 43–4.
(75) この態度については，次を参照；Gao 2013, 133–4; Meyer 2015, 41.
(76) Ross 1994, 250–1.
(77) 本書第14章を参照.
(78) Meyer 2015, 42. ベト・アハロン・シナゴーグは，政府系新聞文匯報の使用建物の一部となり，文化大革命時工場になり，やがて1985年に解体された.
(79) Kranzler 1976, 581. 共産政権初期の生活については，次を参照；Willens 2010, 217–81.
(80) Wolfe Fine 1995, 5.
(81) “Bagels Reach Beijing” 1999, 1.
(82) 次を参照；Bloomfield 1997, 2.
(83) 次の研究者によるセツ・カプラン（Seth Kaplan）書式インタビュー；Xu Xin, February 11, 2018.
(84) 事実，上海市はこの最初の修復事業に6万ドル以上を支出した.
(85) *Celebration 13 Journal* (Hong Kong: Chabad of Hong Kong, 2000).
(86) 次の研究者によるカプラおよびマット（Matt Trusch）へのインタビュー；Xu Xin, February 7, 2018.
(87) Resnick 2018, 8–10.
(88) Resnick 2018, 10.
(89) Anna 2008, 11.
(90) Associated Press 2008.
(91) この数字は，少なくとも3～4年の長期滞在者数である.
(92) 香港の共同体については，次を参照；Pătru 2013.
(93) 難民の間にみられた態度については次を参照；Schurtman, 次に引用；Gao 2012, 131; Eber 2012, 200.
(94) 1947年1月までに上海を去ったユダヤ人難民8090人をみると，その男女比率

(45) クラブについては次を参照；Krasno 1992, 166.
(46) この出版物の一部リストは，次を参照；Eber 2012, 211–2 (Appendix 2).
(47) 戦時下，上海におけるユダヤ人難民の状況に関する主な研究については，次を参照；Eber 2008a; Eber 2012; 丸山 2005; Gao 2013; Pan 2019.
(48) Bernshtain, Forgas and Naveh 1999–2001, 2: 742 et al., *Yeshivat Mir*, 2: 742.
(49) Epstein 1956, 128–9; Bernshtain, Forgas and Naveh 1999–2001, 2: 647–72; Bauer 1981, 308.
(50) Hertsman 1976a, 101–2; Bernshtain, Forgas and Naveh 1999–2001, 2: 673–738.
(51) 再配置に関する日本側の布告は3ヶ月前に出された．次を参照；"Residences, Businesses" 1943. "指定地" の説置に至る前の背景と検討については，次を参照；Gao 2013, 120–4.
(52) 1942年1月1日，ナチドイツはこの日をもって在外ユダヤ人のドイツ国籍を剥奪した．日本側の布告は「ドイツ（前オーストリアおよびチェコスロバキアを含む），ハンガリー，前ポーランド，ラトビア，リトアニア，エストニア等から，1937年以降上海に到着し，現在無国籍状態にあるヨーロッパの難民」をターゲットにしていた．
(53) この指定地設定とそのなかでの生活については，次を参照；Eber 2012, 169–87. この区域に監禁状態におかれたユダヤ人の数に関する慎重な調査は，次を参照；Hochstadt 2019.
(54) Epstein 1956, 130. 次も参照；Bernshtain et al., *Yeshivat Mir*, 2: 765–808.
(55) Hertsman 1976a, 116. 次も参照；Epstein 1956, 130; Bernshtain, Forgas and Naveh 1999–2001, 2: 767–8.
(56) 例えば次を参照；Kempner 1953; Krebs 2004, 122.
(57) 例えば次を参照；Kahan, 2008, 110–1.
(58) 例えば次を参照；Liberman 1998, 139; Kahan, 2008, 109–10.
(59) この許可を与える担当が，合屋叶という人物．気まぐれ，短気な札付きの男で，全員から憎まれ，馬鹿にされていた．例えば次を参照；Zernik, 2008.
(60) Hertsman 1976a, 116. 次も参照；Hertsman 1976b, 20; Leitner 1987, 96, 105.
(61) ナチの迫害意図に関する近年の研究概要については，次を参照；Pan 2019, 59–62. 次も参照；Kranzler 1976, 478–9, 601.
(62) 例えば次を参照；"Anti-Semitism Makes Appearance" 1941および "Nazis Continue Anti-Jewish Campaign" 1941.
(63) Hertsman 1976a, 113.
(64) 次を参照；Kaufman 1986.
(65) Hertsman 1976a, 124–5.
(66) Eber 2012, 190–2. 個人的経験については，例えば次を参照；Kahan, 2008, 114.

ヤ人のなかには，実際に中国のビザを申請した者がいる．一定のナチ官僚のなかには，申請者に出国意図の説明を求める者がいたので，そうしたのである．そしてこれをベースとしてこの官僚たちは，ドイツまたはオーストリアからの正式の出国許可を積極的に与えた．次を参照；Gao 2013, 50–5.

(28) 難民の状態と当初の生活費の工面については，支援団体，上海欧州出身ユダヤ人難民支援委員会（Committee for the Assistance of European Jewish Refugees in Shanghai）の委員長スピルマン（M. Speelman）の委員長報告（1939年6月21日付発送）を参照．次に保管；June 21, 1939. JDC, item ID: 455525.

(29) Eber 2012, 125, 224–5 (Appendix 6). 難民状況に関する当時の報告は，次を参照；Ginsbourg 1940.

(30) 例えば次を参照；Hirshberg and Hirshberg 2013.

(31) 難民の正確な数については，1万7000人から3万2000人までいろいろな算定値がある．最低値は中部ヨーロッパからの難民6000人とポーランドからの難民1000人強の認識をベースとしている．次を参照；Hochstadt 2012, 1; Ristaino 2000, 15; Hochstadt 2019. 高い算定値は次を参照；Eber 2012, 1.

(32) そうであっても，そしてまた一定の情けある領事がいたにもかかわらず，日本当局はソ連邦の内陸部通過を容易にする通過ビザの取得を難しくした.

(33) 日本におけるこの難民たちの初期的状況は，本書第14章を参照.

(34) この外交官については，次を参照；Levine 1996; Kowner 2023a; 2023c.

(35) Sakamoto 1998, 4.

(36) Eber 2012, 113.

(37) 移送の動機については，本書第14章を参照．1941年夏，日本から移送されたユダヤ人難民の数については，次を参照；Eber 2012, 161. この決定に関する日本の通信連絡は，次を参照；発豊田貞次郎外相宛堀内干城上海総領事1941年8月20日付電報，保存アジア歴史資料センター（JACAR）: B04013209700.0323–0324.

(38) Hertsman 1976a, 90–5; Bernshtain, Forgas and Naveh 1999–2001, 2: 573–93.

(39) 同じような算定は，次を参照；Eber 2012, 1. ホッホシュタット（Hochstadt 2012, 60）の算定によると，ロシア出身ユダヤ人の数は5000人である．ホッホシュタット（Hochstadt 2019）は本件に関して最も完璧かつ信頼性のある分析を提示している.

(40) ジョイント（JDC）の活動概要については，次を参照；Margolis 1944.

(41) Eber 2012, 20–1.

(42) Ross 1994, 59.

(43) Eber 2012, 23–4.

(44) 次を参照；Philipp 1996.

を参照.

(3) 例えば次を参照；Betta, 2000.

(4) Meyer 2003, 95–100. 20世紀初期の上海におけるバグダディ共同体の文化的向上心と帰属意識の高まりについては，次を参照；Betta 2003; Meyer 2015, 13–45.

(5) 開封のユダヤ人との接触・連絡については，次を参照；Sopher 1926, 38–40.

(6) Kranzler 1976, 60–1. 上海のロシア人ディアスポラ共同体については，次を参照；Ristaino 2000.

(7) Lu 1999, 58–9.

(8) Patrikeeff 2002, 65–103; Krasno 1992, 9.

(9) 1930年代ハルビンにおけるユダヤ人の状況については，本書第12章を参照.

(10) 1939年時点で，約2万人の白系ロシア人難民がハルビンにいた．ロシア出身ユダヤ人の約4倍である．次を参照；Eber 2008b, 6. 同じ時期にみられたハルビンのユダヤ人共同体の縮小につては，本書第12章を参照.

(11) Ben-Eliezer 1985, 52–65; Shichor 2021.

(12) Ristaino 2001, 62–6.

(13) 例えば次を参照；Ross 199 4, 55.

(14) Ristaino 2001, 24.

(15) Meyer 2015, 19.

(16) Dong 2001, 229; Levy 1997.

(17) グラスについては，次を参照；Hirson 2004.

(18) Winzenburg 2012.

(19) 次を参照；Hahn 1944; Kelly 2020.

(20) 次を参照；Hahn 1941.

(21) Eber 2012, 40–1.

(22) Eber 2012, 54–60.

(23) 日本の上海支配とその経緯については，次を参照；Wakeman 1996. ユダヤ人移民に対する日本の政策（1937年後半から1939年12月まで）については，次を参照；Gao 2013, 58–92.

(24) Sergeant 1991, 16–7.

(25) Fraser 1939, 38–53.

(26) 上海の特異な地位については，1939年3月2日付の次のジョイント報告を参照；March 2, 1939, JDC, item ID: 407147. 建前からいえば，移民は法的に有効な旅券，乗船券，海外の中国出先機関のビザが必要である．しかし現実には上海港における杜撰な旅券検査に加え，船会社はビザ取得を乗船客に必ずしも求めなかった．次を参照；Eber 2012, 40–1.

(27) Heppner 1993, 40. 1938年から1940年にかけて，ヨーロッパから脱出するユダ

(45) Nathan 1986, 151–2.
(46) Wexler 1983, 337–8.
(47) Goldstein 2015, 31.
(48) David Marshall（口述インタビュー）, September 24, 1984, Reel 11 (NAS).
(49) ゴールドシュタイン（Israel Goldstein）とシュワルツベルト（I. Schwarzbert）の文通，April 21, 1959. CZA C2\ 12557
(50) Trade Representation of Israel — "Meeting with Mr. David Marshel"（イスラエルの通商代表ダビッド・マーシャル氏との会合），January 21, 1969. ISA 4220/04.
(51) "Colonial Storm Centres" 1956.
(52) Raman 1958, 55.
(53) Sassoon, 1962.
(54) "Singapore Community Declining" 1958.
(55) Kong 2005, 503.
(56) Kong 2005, 499.
(57) シンガポール共和国憲法第152条 (1)，次に引用；Kong, 2005.
(58) それでもマーシャルは"ユダヤ人共同体"という強い意識はなく，インド人と中国人との交遊がほとんどであったと，少年時代を述懐している．次を参照；Marshall（口述インタビュー）, 1984.
(59) Kong 2005, 508.
(60) Raman 1958, 82.
(61) 1984年4月28日，シンガポールのシャングリラホテルで開催されたセミナーにおけるS・ラジャラトナム（S. Rajaratnam）の演説．次に引用；Turnbull 2009, 1.
(62) Wee 2003, 198.
(63) Wee 2003, 198.
(64) Bieder 2007, 169.
(65) シンガポール博物館のユダヤ人歴史展，online website: https://singaporejews.com/museum/
(66) Pereira 1997, 9, 18.
(67) Cernea 2007, 39; Kartomi 1999, 3–4.
(68) 次に引用；Bieder 2007, 169.

第11章

(1) この華麗な一家の初期家族史は，次を参照；Jackson 1989, 23–4; Meyer 2003, 11–6; Sassoon, 2022.
(2) 19世紀アジアにおけるバグダディ系ユダヤ人の進出は，本書第5・8・9・10章

（10）Goldstein 2015, 37.
（11）Tan 2009, 22. Samuel Bernard Sassoon（口述インタビュー）, December 30, 2019, Reel 1 National Archives of Singapore (NAS).
（12）Stein 2011, 88; Wexler 1983, 340.
（13）Timberg 1986, 275–6.
（14）Betta 2003, 1001.
（15）Betta 2003, 999.
（16）Katz 2004, 148–9.
（17）Katz 2004, 150–1.
（18）Katz 2004, 136–7.
（19）Katz 2004, 145–6.
（20）Stein 2011, 88.
（21）"Desire for a Representation" 1947.
（22）この共同体に関する唯一存在する研究論文は，次を参照；Cernea 2007.
（23）Schwarzbart 1957, 7–8.
（24）"On the Road to Mandalay" 1940.
（25）Cernea 2007, xix, xxiv.
（26）Betta 2003, 1023.
（27）Cesarani 2009, 89.
（28）Cernea 2007, 41.
（29）Cernea 2007, 39.
（30）本書第8章を参照；Goldstein 2013a.
（31）メイヤーに関するさらに詳しい情報は，本書第8章を参照.
（32）Charles Simon（口述インタビュー）, February 18, 1984, Reel 4 (NAS).
（33）Nathan 1986, 25.
（34）Nathan 1986, 25.
（35）Nathan 1986, 67.
（36）Nathan 1986, 58.
（37）Nathan 1986, 58.
（38）Nathan 1986, 33.
（39）Charles Simon（口述インタビュー）, February 18, 1984, Reel 15 (NAS).
（40）Nathan 1986, 27.
（41）Nathan 1986, 25–6.
（42）Bieder 2007, 43.
（43）Jacob Ballas（口述インタビュー）, December 6, 1983, Reel 3 (NAS).
（44）ヤコブ・バラス（Jacob Ballas）へのインタビュー，1983年.

主な流れであり，運動である．
(61) Heller 2016b, 188. ヨシケはイエス・キリストを意味する見当違いな名前．
(62) Singer 2016. *Sembako* は *sembilan bahan pokok*（インドネシア語で9つの必需品の意）の略語——米，砂糖，食用油等家庭生活の必需品の総称．
(63) Singer 2016.
(64) Myrttinen 2015.
(65) そうではあるが，2017年に憲法裁判所は，独自固有の宗教と精神運動（インドネシア語で *aliran kepercayaan*）は“信仰”と認められるとし，インドネシアの身分証明書（の記入）に含まれると裁定した．
(66) パンチャラシ（Pancasila：建国5原則）の第一は，全能の神に対する信仰（インドネシア語で *Ketuhanan yang Maha Esa*）である．
(67) Formichi 2021, 2.
(68) Inilah.com 2013.
(69) KYTC発足式典の現地観測, 2016.
(70) Isaiah 2: 3.
(71) KYTC発足式典の現地観測, 2016.
(72) KYTC発足式典の現地観測, 2016.

第10章

本章の初期草稿に論評していただいたことに対し，ラン・シャリ，ロテム・コーネル両氏に感謝する．
(1) Weil 2019, 5.
(2) 出典：Schwarzbart I 1957; “Jewish Population in India” 1912; “Is the Jewish Community” 1965; “Desire for a Representation” 1947; Della Benaim 2015; Ben-Yaakov 1985, 490; Nathan 1986, 187; Timberg 1986, 30; Tufo M.V. 1949, 303.
(3) ムガール帝国における初期のユダヤ人貿易商の存在については，次を参照；Fischel 1948.
(4) Plüss 2010, 91; Yahaya 2020, 10.
(5) Musleah 1975, 102.
(6) Cernea 2007, 53; Goldstein-Sabbah 2021, 85.
(7) Katz 2004, 138–9. Tan 2009, 150–1; Goldstein-Sabbah 2021, 105; Testimonies of migrants from Singapore（シンガポールからの移民の証言), 6 June, 1969. Israel State Archives (ISA), 0007hba.
(8) Katz 2004, 146–7.
(9) Goldstein 1999–2000, 1: 89.

（43）次を参照：the YouTube video “Muslims in the Capital of Indonesia Join Rabbi Tovia Singer’s Synagogue to Feed Jakarta’s Poorest” (https://www.youtube.com/watch?v=zvlolTflFDM&t=46s).「インドネシアの首都のムスリムが，ラビ・トビア・シンガーの支援活動――ジャカルタの最貧層に対する給食――に参加」と題する．

（44）Epafras 2012, 228.

（45）Doa, Ucapan Berkat, Prinsip-prinsip Iman, dan Pelayanan Ilahi untuk Bani Nuh（礼拝，聖職者の祝福，〈ユダヤ教の〉信仰の諸規範，そしてベネイノアの為の宗教上の事業）．この運動については，次を参照；Feldman 2018.

（46）Serebryanski 2015; Heller 2016a, 192.

（47）次の3人へのインタビューに基づく；Elisheva Widjaatmadja, September 4, 2014, Jakarta; Benyamin Verbrugge, July 13, 2016; Yogyakarta; および Yokhanan Eliyahu, April 10, 2016, Jakarta.

（48）Abidin 2015, 103. イスラエルの日刊紙ハアレツのもっと近年の記事は，インドネシア在住ユダヤ人を140人と推定している．メダンを含む6地域に分散居住している．次を参照；Banka 2019.

（49）独立後マナド（メナド）に出現した共同体については，次を参照；Kamsma 2010a, 114–8; Kamsma 2010b, 396–9.

（50）Kamsma 2010a, 199; Aryani and Epafras 2020; Cassrels 2022.

（51）Aryani and Epafras 2020, 2496.

（52）Cassrels 2013.

（53）Onishi 2010.

（54）Abidin 2015, 102.

（55）Cassrels 2022.

（56）次の人物とのインタビュー；Bat Avraham, June 14, 2016, Jakarta.

（57）次を参照；Ginsburg 2012.

（58）この組織は，合衆国の進歩的ユダヤ教連合（the Union of Progressive Judaism）と連携している．

（59）2018年，合衆国大使館のエルサレム移転をめぐる論争時，フェルブリュッゲは「イスラエル・パレスチナ紛争は一段と解決が難しくなっている」と主張し，バルーフは「我々はそれとは何の関係もない……それは世界の向こう側で起きている戦争であり，我々は別の世界に住んでいるのである」と述べた．次を参照；TODAYonline 2017. バルーフの立場については，「インドネシア最後のユダヤ人との会見」“Meet the last Indonesian Jews” と題するYouTube動画に記録されているインタビューを参照；(https://www.youtube.com/watch?v=8MaoXem8sjU).

（60）Heller 2016b, 191. ハバッド・ルバビッチ運動は，正統派ユダヤ教ハシッドの

2009年にインタビューした記録をベースとする内容．ビデオと筆記はコーネル（Kowner）が保管．

（21）Shibolet 2005, 20.

（22）Jong 2002, 47–144.

（23）Jong 2002, 421, 510.

（24）抑留所の状態については，次を参照；Klemperer-Markman, 2014; Kowner 2011; Kowner 2014b.

（25）例えば次を参照；Chagoll 1986; Jacobson 2021, 161–2.

（26）1943年4月4日バタビアで宣伝担当官たちを対象に行った村瀬の反ユダヤ演説と，それが地元インドネシア紙に与えた影響については，次を参照；Benda 1958, 255, 272; Kwartanada 2009.

（27）その動機については，次を参照；Kowner 2010, 354–64; Kowner 2017a, 244–7. 日本当局が初期に味わった経験については，次を参照；Kanahele 1967, 273; 全国憲友会連合会 1976, 1028.

（28）次を参照；Schwarzbart 1957, 10.

（29）Benninga 2021, 61. 降伏後日本部隊がインドネシアで果たした役割については，次を参照；Kowner 2020, 125–30.

（30）Berg, Candotti and Touw 2014, 16–7.

（31）Indonesian National Archive (Jakarta), Mailrapport #1162/48, August 22, 1948, in Hadler 2004, 306.

（32）Schwarzbart 1957, 10; Gourgey 1953, 37.

（33）Dwek 2014, 68.

（34）Leifer 1994, 5; cf. Yegar 2006, 139–40.

（35）Dwek 2014, 70–1.

（36）Schwarzbart 1957, 10.

（37）スルジョスマルノ（Soerjosoemarno）の3人の子供の名前は，ゴルダ・ナヤウィトリ（Golda Nayawitri），サヒード・アビシャロム（Sahid Abishalom），イエディアフ・シェナザール（Jedidiah Shenazar）である．

（38）数年後キリスト教徒の歌「エホバを称えよ」（“*Pujilah Yehovah*”）は，イスラエル国家「ハティクバ」のリズムで歌うのが，インドネシアのペンテコステ派教会クリスチャンの間で一般的になった．

（39）Blaising and Bock 2000, 18–9.

（40）次を参照；Epafras 2014; Eliraz and Rakhmat 2023.

（41）インドネシアは，東南アジアでキリスト教人口が2番目に大きい国である．その約75%はプロテスタント，残りがローマ・カトリック教徒である．

（42）Aritonang and Steenbrink 2008.

第9章

(1) 次を参照；Buzurg ibn Shahriyār 1980, 62–4. この書は，オマーンのユダヤ人イシャクが10世紀にシュリーヴィジャヤ（スマトラ島の海上交易国）で死亡したと指摘している；Goitein 1974, 228–9.

(2) それでも，1565年以降東インド諸島にマラノの共同体が存続する可能性はかなり低くなってしまった．その年ポルトガルの宮廷がユダヤ人の入植地滞在を禁止し，改宗者に対する異端審問で一段と厳しい監視措置をとったからである．次を参照；Fischel 1950, 396–9; Brakel 1975, 64.

(3) Hirschel 1929, 614–6.

(4) オランダ領東インドにユダヤ人共同体が出現した経緯の概要は，次を参照；Hadler 2004, 294–302; Kowner 2011.

(5) Saphir 1866, 118–23（ヘブライ文字数式コード）.

(6) Bieder and Lau 2007, 15.

(7) 19世紀後半メダンにあったユダヤ人居住地については，次を参照；Minasny and Stenberg, 2021.

(8) Cohen 1925, 211.

(9) Cohen 1925, 212.

(10) Zarman 2018, 73–102.

(11) 例えば1870年，アルジェリアのユダヤ人約10万人はフランス国籍者となり，植民地のフランス人人口が倍増した．このユダヤ人たちは当時フランス本国では極めて歓迎されざる存在であった．

(12) スリナムのユダヤ人共同体については，次を参照；Blakely 1993, 27; Wiarda 2007, 94–6.

(13) Blom and Cahen 2002, 287.

(14) Cohen 1925, 211.

(15) 概数については，次を参照；Hadler 2004, 310, appendix 1.

(16) 例えば次を参照；Neve 2014.

(17) スラバヤのユダヤ人共同体については，次を参照；Hamonic 1988; Dwek 2014; Goldstein 2015, 182–93.

(18) 例えば次を参照；the story of Tzvi (Nathan) Gutwirth (1916–1999), 本人はオランダ国籍者で，1940年にリトアニアを脱出しオランダ領東インドに到着している．次を参照；Gutwirth 1999.

(19) 例えば次を参照；Veen 2014.

(20) 旧インドネシア住民ユダヤ人協会（the Tempo Dulu Association, Israel）のメンバーたちに故クレンペラー・マークマン（Dr. Alaya Klemperer-Markman）が

(38) "Report of a Commission" 1945; Nathan 1986, 110–52, 188; Kitching 1999, 216.

(39) Bieder 2007, 91–107; Nathan 1986, 91–2, 100–2.

(40) 次を参照；Jewish Chronicle (London) September 14, 1945, 11. September 6, 1946, 9. April 25, 1947, 10; Sassoon 1999, 3; Bieder 2007, 108–9, 114–8.

(41) Yegar 1984, 9.

(42) マーシャルおよびコーヘンのスペンサー宛書簡；David Marshall, Singapore, to Charles S. Spencer, London, May 6, 1955; Michael Cohen, Singapore, to Charles Spencer, London, August 15, 1955, いずれも次の大学図書館に所蔵；the Hartley Library (HL) of the University of Southampton, U.K., マーシャルのプロフィールは，次を参照；"Profile: David Marshall," *Sunday Times* (London), 1956年，日付不明，次に所蔵；HL, Chan 1984; Glick 1970; *Jerusalem Post* (May 1, 1994), 3; Bieder 2007, 35, 86–9, 124–34; Rabinovitz 1952, 157; Nathan 1986, 69, 80–1, 194; 戦時中マーシャルが北海道に抑留され，1956年に同地を訪問した件は，次を参照；丸山 2021.

(43) World Jewish Congress 1957, 9.

(44) Francis Thomas, 次に引用；*Singapore Standard*, February 20, 1956.

(45) "Report and Accounts of the Jewish Welfare Board [Singapore], January to December 1953," HL.

(46) *Singapore Standard*, February 20, 1956.

(47) Sharett 1964, 87.

(48) Bulletin of Jewish Welfare Board, Singapore 1962; Glick 1975, 31; Bieder 2007, 112, 239–40; Simmonds 1983, 16.

(49) Herzog 1998, 308; "Muslims Protest" 1986; Leifer 1988, 341–52. 1990年代以降のイスラエル・シンガポール関係については，次を参照：Lim and Tomba 2023.

(50) 次の人物へのインタビュー；Thal（在ニューヨーク，筆者による電話インタビュー）April 23, 2010, Mordechai Abergel, Felice Isaacs, Jean Gray Marshall, Singapore, July 27, 2010. 次も参照；Shamash, 2008, Somekh, 2009.

(51) アシュケナジ系ユダヤ人は，2009年時点でマガイン・アボートおよびヘシェドエル・シナゴーグでの伝統的なバグダディの祭日礼拝のほか，バラス・コミュニティセンターでアメリカの保守派の形式でも礼拝していた．シンガポールのユナイテッド・ヘブルーコングリゲーション所属の改革派ユダヤ人約150名は，ラビ・レオナード・L・タルの司祭のもと貸し部屋で礼拝した．2010年にラビ・タルが再び礼拝を行ったが，その時は数百名が参加した．

(52) Bieder 2002, 46–8; Bieder 2003, 54–5; 次の2人へのシンガポールでのインタビュー；Jean Gray Marshall, January 29, 2006, およびFrank Benjamin, January 31, 2006.

Circular）による」とし，「シンガポール紙（the *Straits Times*）が，ニュースとして報道した」と述べている．

（14）“Jews of Singapore” 1926; Bieder 2007, 19, 43.

（15）Funke 1987, 22–3; Parfitt 1987, 72.

（16）Bieder 2002, 11.

（17）Silliman 1998, 58.

（18）Lim and Koh 2005, 124–30; Yehuda 1996, 141–2; Stillman 1995, 21–2; *Responsa Rav Pe'alim*, part 3, no. 36, 次に指摘；Shemesh 2009, 5; Shamash 2008; Katz 2000, 132; Hayyim 1986; Hiley 1989-1995.

（19）次の人物によるヘブライ語からの翻訳；Yirmiyahu Luchins of the Orot Institute of Sephardic Literature, Israel, 情報とその提供は，次の団体；Jewish Welfare Board of Singapore; Shamash 2008, 132; Hiley 1989-1995, vol. one: xlviii-xli; Baher 2002, 15; Bieder 2007, 37; Sassoon 1949, 217.

（20）Freedman 1979, 74.

（21）Sofer 1904.

（22）Cohen 1925 and 1956; Bieder 2002, 1–2, 22–3; Bieder 2007, 58–63; Baher 2002: 15; Bieder, 2003, 29.

（23）Goldstein 1927; Nissim 1929; Cohen 1925, 195–212; Baher 2002, 15.

（24）Cameron 1865, 47; Lim and Koh 2005, passim; Wright 2003, 46–8; Goldstein 2015, 19–41.

（25）Cornell 1876, 414, 506–7; Myers 1937, 79; Downs 1972, 146–7.

（26）Adams 1842, 281, 288; Edmonds 1841; Davis 1836.

（27）Straits Times, May 14, 1882, 11; January 28, 1885, 2; July 9, 1903, 5.

（28）“Opium Ring” 1917, 10; Singapore Free Press and Mercantile Advertiser, January 3, 1918, 12.

（29）“Rich Rewards” 1955, 10.

（30）Fairbank 1933, 262.

（31）Cooke 1858, 179; Trocki 1999, 109, 112.

（32）United States Congress 1858, 357; Owen 1934, 265; Fairbank 1933, 215–63.

（33）Zhou 2000, 380–403.

（34）Fogel Meyer 1992; Nathan, 1986, v.

（35）World Jewish Congress, December 15, 1957, 9; Martin Gilbert, *Exile and Return*, 次に引用；Nathan 1986, 86–7; Kahin, 1969, 288–9; Maxon, 1973.

（36）Rabinovitz 1952, 158; Nathan 1986, 86–117; Yegar 1984, 10; Bieder 2002, 24; Bieder 2003, 42–4.

（37）Tan 1947; Nathan 1986, 147.

母から受け取る衣類は，彼だけの所属品と明記してある．エルサレムの国立図書館（NLI）の次の保管資料を参照；Shadarim collection, ARC. 4* 199 239.

(72) Ḥubara 2016, 146–8. いくつかの細部において著者の記述は不正確である．

(73) Ḥubara 2016, 148, 10; Tobi 1976, 26–8. 寄付者のひとりが，裕福な慈善家であるカルカッタのエズラ（Yosef Eliyahu David Ezra of Calcutta）であった．

(74) Ratzabi 1978.

(75) Anzi 2017. 次も参照；Tobi 1994, 26–7.

(76) 例えば次を参照；Ben-Dor Benite 2009. 例えば研究者のなかは，イエメンのユダヤ人はシモン族の末裔と主張する人がいる．次を参照；Tobi 1986, 61.

(77) Stein 2015.

第8章

(1) Trocki 1999, 181–2.

(2) Trocki 1990, 50; Goldstein 1978, 1–35.

(3) Cameron 1865, 2–26, 61–2, Letter: Wm. Jardine to Larruleta and Co., May 24, 1819, Jardine Collection, Oxford University, 次に引用；Trocki 1990, 1, 55–68; Kamsma 2010a, 99.

(4) Kamsma 2010a, 99; Souza 1986; Shemesh 2009, 8.

(5) Singapore Free Press March 1, 1909, 2; Trocki 1987, 58–80; Trocki 1993, 166–81; Trocki 1999, 2.

(6) サスーン社の初期の阿片取引については，次を参照；Swee-hock 2012, 3; Wright 2003, 44, 94.

(7) シンガポール島の人口は，1850年に6万人に達した．次を参照；Jackson 1968, 31; Roland 1999, 142.

(8) Saphir 1866/74（丁合が不正確）; Nathan 1986, 1, 3; Lim 2005; Fairbank 1933, 215–63; Trocki 1999, 101–7; Simmonds 1983, 16; Jean Gray Marshall (Singapore), 筆者へのEメール March 30, 2018.

(9) Gulland 1883; Trocki 1999, 117.

(10) Nathan 1986, 8–9.

(11) "Rich Rewards" 1955, 10; Trocki 1999, 105–7; Roland 1999, 142; Wright 2003, 44, 94.

(12) Cohen 1925, 199. 次も参照; Roth 1941, 47; Roland 1999, 145–6; Jackson 1968, 23.

(13) Simmonds 1983, 16; Freedman 1979, 74; Bieder 2003, 34; 2010年7月20日付筆者宛Eメールでジャン・マーシャル（Jean Marshall）は，「M・メイヤーのナイト爵位授与が1929年3月であることは，新聞（the *British Gazette* あるいは *Court*

(52) *Halakhah u-Masorah* 18 (2015), 167.
(53) Fischel 1960, 31–8.
(54) Al-Ḍāhirī 1965, 130.
(55) 本書第6章を参照.
(56) Binyamin 2011, 9–12.
(57) Binyamin 2011, 13.
(58) Saphir 1874, 31b–32a; Binyamin 2011, 7.
(59) Memories of Yiḥye' Qoraḥ, Goitein Collection, Ben-Zvi Institute Jerusalem, box 11, notebook 110. この回想録は，ジュディオ・アラビック語を使いヘブライ文字で書かれている.
(60) Ezra 1986, 1, 251, 269–70, and Vol. 2, 186–9. この家族の系譜は，次を参照；Geni website: https://www.geni.com/people/Rahamin-Moosa-Cohen/6000000042540079801.
(61) ダビッド・サスーンは，1833年にインドへ移住し，ボンベイに商社を設立した．サスーン家については，次を参照；Roth 1941; およびBen Naeh 2021.
(62) ダビッド・サスーン社は，1843年に最初の中国支局を開設した．サスーン家が若手のユダヤ人従業員を中国支局へ派遣する習慣については，次を参照；Meyer 1994, 24–6.
(63) 上海のラハミムからスリマン・サスーン宛の書簡がSassoon collection (1866–67) のなかに数通確認されている．次を参照；the Sassoon collection, NLI（イスラエル国立図書館), Jerusalem Israel, ARC. 4* 1790 01 158. ラハミムは自分の手紙をジュディオ・アラビック語およびバグダディ書式で表現し，先祖が使ってきた伝統的イエメン式記述に従っていない.
(64) 彼らの交信については次を参照；NLI, Sassoon collection, ARC. 4* 1790 03 03 016 Sas.
(65) Ben-Ya'acov 1976a, 140, 166. 1894年，ハ・コーヘンはマゲン・ダビッド・シナゴーグの規約決定に参加した．次を参照；Musleah 1975, 500–6.
(66) Ben-Ya'acov 1976a, 189, 223.
(67) Musleah 1975, 342; この地位については次に掲載の英訳を参照；Chatterjee 1978.
(68) 通常タルムードおよびラビ文献に関する高等研究所を意味する．19世紀エルサレムにあったコレル（kollel）は，主としてディアスポラの起源をベースとした共同体組織の形をとっていた.
(69) Ben-Ya'acov 1976b, 135–240.
(70) Neve Shalom collection, Jerusalem. この記録文書をコピーしていただいたヨセフ・コーヘンに感謝する.
(71) それはそれとして，彼らの合意には，シャローム・イラーキがインドの祖父

Roland 1998, 11–2; Weil 2009.

(24) Roland 1998, 12–3.

(25) Raineman 1884, 105–6; Weil 1994, 54.

(26) *Bene Israel* 1962, 18–9. 当初次の形で発表；Yo'ets Emuna（変名）, *Magid Mesharim Journal*, 20–2 (1896).

(27) *Bene Israel* 1962, 11–7.

(28) Saphir 1874, 47a.

(29) Bene Israel 1962, 18–9. テキストの言葉遣いは，1世紀以上も知られていたが，問題を論じた賢人たちは，ジュディオ・アラビック語で書かれていたので，それを指摘しなかった.

(30) Bene Israel 1962, 22.

(31) Roland 1998, 19–21.

(32) Roland 1998, 21.

(33) 次を参照；Brill 2012, 203–33, およびBrill 2019.

(34) Betta 2003.

(35) Roland 1998, 1.

(36) この枠組みについては，次を参照；Anzi 2017.

(37) Shailat 1995, 559.

(38) Freitag 2003; Ho 2006.

(39) Riddell 1997; Miron 2012, 133–4, 143–7.

(40) Saphir 1874, 31b–32a, 48a; Roland 1998, 21–2; Basham 1985.

(41) Roland 1998, 35–7.

(42) Shellim 1963, 60. 英領インド（British Raj）および独立後のインド国軍におけるベネ・イスラエルの軍隊服務については，本書第6章を参照.

(43) Shellim 1963, 60.

(44) Rees 2014.

(45) Shellim 1963, 61.

(46) Meissner 1993.

(47) Chajes and Kirste, 1903.

(48) Chajes and Kirste, 1903.

(49) Shellim 1963, 61.

(50) 最近超正統派の機関誌（*Halakhah u-Masorah* 18, 2015, 167）に，このハラハー上の裁定が，ファクシミリの形をとって，発表された．次も参照；Ḥen 2015–18, A 50. ヘンは，これをラビ・マンスーラ（Rabbi Shalom Manṣūra）の裁定とした人である.

(51) *Halakhah u-Masorah* 18 (2015), 167.

第7章

（1）Goitein and Friedman 2008; もっと詳しいイエメンとインドとの結びつきについては，次を参照；Ashur and Lambourn 2021.
（2）Lawson 1993.
（3）次を参照；Rees, 2014.
（4）Um 2009.
（5）例えば次を参照；Gommans 2015, 192–7.
（6）Arad 2011, 32, 35, 46, 50–2, 56–7. カイロゲニザ（原意倉庫）は，旧カイロのベンエズラ・シナゴーグのゲニザに保管されていたユダヤ教関連の文書，記録や文書数十万点を指す.
（7）Gamliel 2018a.
（8）Walerstein 1987, 155–74; Katz and Goldberg 1993, 105–8.
（9）研究者のなかには，アダニはアデンから来たのでアダニと呼ばれたと主張する者もいる．しかしながらトビ（Tobi 2011, 79）は，アダニはイエメン出身を総称したもので，アデンに特定した表現ではない，と主張している.
（10）次を参照；Yeḥiel Sa‘adī, *Liqutey Yeḥiel*（エヒエルの編纂文書）, The National Library of Israel, Jerusalem, Israel, Ms. B 315 およびAsaf 1936.
（11）Gamliel 2018b, 50–1.
（12）Qafiḥ 1989, 851–2.
（13）これに関連する近代ハラハー上の裁定については，次を参照；Gaguin 1953, 39. コーチンの結婚式でみられたイエメンの慣習については，次を参照；Katz and Goldberg 1993, 229; Walerstein 1987, 109.
（14）Spector 1984–85.
（15）Weil 2019. この共同体については本書第5章も参照.
（16）Musleah 1975, 421–3.
（17）Benvenisti 1841.
（18）Musleah 1975, 109, 183, 185.
（19）Sāliḥ 1840.
（20）次のコレクションを参照；the Nathan Family Collection, Jerusalem. 家族の協力に感謝したい．その後イツハク・ナタンはバグダッドのベイトジルハ・イエシバに学び，イラクの学校で教鞭をとり，1930年代初期バスラで神智学をめぐる論争で活躍した．次を参照；Anzi 2021.
（21）彼の名前からみるとアルカンジ（Al-Qanzī）もイエメンから来たと思われる.
（22）The National library of Israel, Ms. Heb. 3°3281\1, 507.
（23）ベネ・イスラエルの起源と慣習に関する見解は，次を参照；Saphir 1874, 43a;

Judah), Hod Hasharon, Israel, March 15, 2016; およびダニー・ベンヤミン(Danny Benjamin), Kibbutz HaZore'a, Israel, February 9, 2021.

(55) Moses 2014, 120. エリス・ジラードに関するもっと詳しい情報は，次を参照；Moses 2014, 145. ヨナタン・サムソンに関するこの情報は，次の人物へのインタビューに基づく；Ruth Schmidt, Raleigh, North Carolina, March 2, 2021. 同じ時期英印軍の将校(大佐以上)に任官したムスリム軍人はわずか5人であった．次を参照；Wilkinson 2015, 88.

(56) 次のインタビューに基づく情報；Eduard Haeems, Ahmedabad, January 24, 2019; Russel Mordecai, Pune, January 17, 2019; Oliver Haeems, Pune, March 9, 2017; Reuben Jacob, Ahmedabad, January 24, 2019; およびBenson Daniels, Pune, January 17, 2019.

(57) 次のインタビューに基づく情報；Rebecca Awaskar, Zikhron Ya'akov, Israel, January 4, 2016. ルーベン・ヨセフ(Reuben Joseph)が筆者に提供したボーガオカル(Borgaonkar)の履歴に基づく情報.

(58) ボーガオカルの経歴を参照．この戦争で戦死したジラード中佐については，次を参照；Praval 1990, 299. タレガオカー(Lt. Talegaonkar)中尉に関する情報は，次のインタビューを参照；RahamimおよびSamuel Talegaonkar, Ashdod, Israel, February 16, 2021.

(59) 次の人物へのインタビューをベースとした情報；Sophie Judah. 1971年戦争に関する個人的感想は，次を参照；Jacob 1997.

(60) Cohen 1955, 74. 次の人物へのインタビューをベースとした情報；Reuben Dudhkar, Thane, India, January 15, 2021, およびRahamim Varulkar, Doona, January 17, 2019.

(61) 次の人物へのインタビューに基づいた情報；Danny Benjamin, Ruth Schmidt, およびOliver Haeems(上記脚注56参照).

(62) Kumaraswamy 2010.

(63) Moses 20014, 122.

(64) 次の人物へのインタビューに基づく情報；Reuben Joseph(ヨセフ・ボーガオカル陸軍少将の息子), March 6, 2021. 次も参照；Moses 2014, 122.

(65) Moses 2014, 122.

(66) Jacob 2011, 144.

(67) 例えば，ヨナタン・サムソン陸軍少将は，1972年に退役した後イスラエルへの移住申請を出したが，拒否された．次の人物へのインタビューに基づく内容；Ruth Schmidt, Russel Mordecai, およびReuben Jacob(上記脚注55, 56参照).

祭り」*JC*, January 26, 1900, 15. ベネ・イスラエルの軍事上の貢献を強調する19世紀末イギリスのユダヤ人社会の動機と思惑については，次を参照；Numark 2019.

(33) Mosses 2016, 300; Halevy and Kaplan 1994, 16; Mosses 2015, 302; Kehimkar 1937, 216; Mosses 2015, 31; 1900年の義和団事件で出兵した英印軍部隊には，20名のベネ・イスラエル兵がいた．そのリストは，次を参照；"Jewish soldiers in the Indian contingent to China", *JC*. October 5, 1900, 10. 次も参照；Moses 2015, 304.

(34) Omissi 2007, 74–88; Ready and Wilson 1998, 2–4.

(35) ベネ・イスラエル兵のアデン派兵と現地ユダヤ人共同体との出会いについては，本書第7章を参照.

(36) Cohen 1990, 23–8.

(37) この用語は，次の記事に使われている；the *Bene Israelite*, February 1897, 1.

(38) *JC*, February 18, 1898, 20–1.

(39) *JC*, February 18, 1898, 20–1.

(40) Roland 1998, 22–3; Omissi 1994, 20. 人数の出典は次の保管資料；インド国立公文書館（NAI），New Delhi.

(41) ベネ・イスラエル共同体出身の兵隊の数は，当初少なくとも150人はいたと思われる．次を参照；"Bene Israel Soldiers & Volunteers of the British India Armed Forces World War I (1914-1918 Roll Call of Honor)"——ニッシム・モーゼス（Nissim Moses）の個人的保管資料.

(42) Moses 2018, 41–2.

(43) Cohen 1990, 140-143; Moses 2018, 43.

(44) Jacob 2011, 5; Daniel and Johnson, 1995.

(45) Roland 1998, 218–9.

(46) モーリス・コーヘンに関する詳しい情報は，次を参照；*JC*, 14th July 1995 ("In Memoriam"). エリアス・ヨシュア陸軍少佐の話は，息子のエヘズケル・ヨシュアへのインタビューに基づく．次を参照；Ehezkel Joshua, Kibbutz Daphna, Israel, October 19, 2016.

(47) Moses, 2019（ニッシム・モーゼスの筆者宛私信）.

(48) ジャック・ヤフェトに関する詳しい情報は，次を参照；Moses, 2014, 174–8.

(49) 次の人物へのインタビュー；Yehezkel Joshua.

(50) Moses 2018.

(51) Roland 1998, 238–45; Musleah 1975, 447–50. 本書第5章も参照.

(52) Wilkinson 2015, 100.

(53) 海軍提督ベンヤミン・サムソンの息子ディック（Dick Richard Samson）へのインタビュー．次に収録；*JC*, January 7, 1972; Moses 2014.

(54) 次の2人へのインタビューをベースとした内容；ソフイ・ユダ（Sophie

190–2）は，任官しジャメダル（*jamedar*：中尉）以上の肩書をもつベネ・イスラエル出身将校が10名以上いた，と指摘している．

（14）“ボンベイ初のシナゴーグ建設100周年記念報告” 1896, 2.

（15）次を参照；Kehimkar, 1897; Dandekar 2016; Moses 2015.

（16）Dandekar 2016, 44.

（17）Gordon 2008, 154–93.

（18）この戦いには，第1次（1845～46年）および第2次（1848～49年）英・シーク戦争のほか，不首尾に終わった第1次英・アフガン戦争（1839～42年）時のアフガニスタン占領戦を含む．

（19）Mosses 2015, 296–7.

（20）Reissner 1950, 349–65. この推定は，1828年の報告と一致する．それには，ユダヤ兵2788人がリストにあり，大半がボンベイ隊所属である．ほかにもマドラス隊に入隊していたユダヤ人がいた可能性もある．次を参照；Numark 2019, 282.

（21）次に指摘；Numark 2019, 253. それでも当時ロシア帝国陸軍所属ユダヤ兵の絶対数は，はるかに多かった．しかし，兵隊という仕事は帝政ロシア内ユダヤ人の主な職業ではなかったし，皆が望む職業でもなかったことは，確かである．次を参照；Perovsky-Shtern 2009.

（22）Omissi 1994, 4–6.

（23）この暴動の背景と理由について，詳しくは次を参照；Heathcote 1995, 89–92; Numark 2019, 261–3.

（24）Kehimkar 1937, 1937, 198–212. 次も参照；*Jewish Chronicle* (*JC*), November 19, 1875, 548; *JC*, December 19, 1897, “Jotting from India,” 31; JC, September 11, 1908, “The Colonies.” 11.

（25）Numark 2019, 252.

（26）Omissi 1994, 7.

（27）この人種理論については，次を参照；Omissi 1994, 23–4; Rand 2006; Roy 2013.

（28）Omissi 1994, 10–1.

（29）ロバーツ卿（Lord Roberts）の引用を参照，次に収録；Streets 2004, 18. グルカ兵に関して，詳しくは次を参照；Caplan 1991, 580–1; Coleman 1999.

（30）Coleman 1999, 195–9. シーク教徒の英印軍入隊の起源については，次を参照；Streets 2004, 64–6.

（31）Wilkinson 2015, 72–3.

（32）「バルチスタンのベネ・イスラエルはどうやってハヌカを祝うのか」と題する記事，次を参照；*JC*, January 20, 1899, 19. 次も参照；「クエッタのベネ・イスラエル，ハヌカを祝う」*JC*, March 24, 1899, 26;「クエッタのユダヤ兵――祭日を守る人々」*JC*, October 27, 1899, 28;「クエッタのベネ・イスラエルが祝うハヌカの

(63) Roland 2002, 117.
(64) Roland 2019, 26–7.
(65) 推定人口については次を参照；Isenberg 1988, 111.
(66) コーチン系ユダヤ人の約85%は，1965年までにイスラエルに移住した．パラデシ・ユダヤ人は1980年代に移住している．
(67) 次に引用；Roland 1998, 283.
(68) Roland 2002, 120.
(69) Barak 2021.
(70) Datta 2020.
(71) Barak 2021.
(72) Weil 2009, 1208–9.

第6章

筆者は，本章に対する忌憚のない意見をいただいたことに対し，ロテム・コーネル，アリク・モラン，ジョアン・G・ローランド，ミッチ・ヌマーク，ニムロド・チアットに感謝の意を捧げる．
(1) 総括的概要は，次を参照；Penslar 2013. 次も参照；Rosenthal and Mozeson 1990; Moore 2004, Petrovsky-Shtern 2009; Tozzi 2016; Dapin 2017; Bessner 2018.
(2) しかし，次を参照；Isenberg 1988, passim; Omissi 1994, passim; Numark 2019.
(3) この集団の近代史は，本書第5章を参照．
(4) 例えば次を参照；Numark 2019, 248.
(5) Kehimkar 1937, 187–225.
(6) この始まりについては，次を参照；Kehimkar 1937, 190–1; Shellim 1952, 21–4; Dandekar 2016, 30–2; Numark 2019, 248–9.
(7) Fischel 1970–71, 124–6; Isenberg, 1988, 50–1.
(8) Isenberg 1988, 51.
(9) Isenberg 1988, 51, 54.
(10) Dandekar 2016, 17; Isenberg 1988, 51.
(11) この戦いに関するさらなる考察は，次を参照；Barua 2005, 79–81. この戦いにユダヤ人が参加した件は，次を参照；Kehimkar 1937; Isenberg 1988; Dandekar 2016.
(12) 推定によると，南アジアのユダヤ人口は，1850年時点で7000〜1万人．本書第16章を参照．
(13) ダンデカー（Dandekar 2016, 18–22）は，“多数の兵隊”について言及している．同じような論議は，次を参照；Isenberg 1988, 51. ケヒムカー（Kehimkar 1937,

(33) この請願は拒否された．2ヶ月前，内務省が人種を理由とする免除をすべて廃止する新しい決定を通していたのである．次を参照；Roland 1998, 114–5.
(34) Roland 2019, 25–6. 次も参照；Ezra, 1: 305–7, 312–3.
(35) 本書第6章を参照.
(36) Roland 1998, 146–7.
(37) Roland 1998, 147.
(38) Roland 1998,146–7.
(39) Roland 1998, 147–8.
(40) 次に引用；Roland 1998, 148.
(41) Roland 1998, 151.
(42) Cohen 1925, 233–4.
(43) Cohen 1925, 250–2.
(44) コーヘンのインド訪問の全貌は，次を参照；Cohen 1925, 231–66.
(45) Roland 1998, 154.
(46) Katz and Goldberg 1993, 255.
(47) 次に引用；Katz and Goldberg 1993, 253.
(48) Katz and Goldberg 1993, 253–4.
(49) 次に引用；Katz and Goldberg 1993, 254. 次も参照；Johnson, 2015.
(50) この世界最大のユダヤ非営利団体は，世界シオニスト機構の一執行機関として1908年に設立された．1929年にパレスチナのためのユダヤ機関（Jewish Agency for Palestine），そして1948年にイスラエルのためのユダヤ機関（Jewish Agency for Israel）と改称された.
(51) Roland 1998, 157–8.
(52) Young India, March 23, 1921, 93–4, 次に引用；Roland 1998, 158.
(53) Meir 2021, 7.
(54) Roland 1998, 158.
(55) CZA, Z4/4129; Gershon Agronsky, "Notes of a Visit to Bombay on Behalf of the Jewish Agency 17 April- 2 May 1930"（ユダヤ機関を代表したボンベイ訪問ノート，1930年4月17日～5月2日），次に引用；Roland 1998, 160.
(56) Jewish Bulletin (Bombay) 1, December 1930, 71, 次に引用；Roland 1998, 160.
(57) Roland 1998, 159–60.
(58) Roland 2002, 114.
(59) Roland 2002, 116–7.
(60) Raghu 2002, 9.
(61) Aafreedi 2016, 21–5; Kornberg Greenberg 2019, 29–31.
(62) Roland 2002, 111–2; Haeems 2000.

Ephraim）共同体が最近発見された件は，本章が扱う範囲外である．この2つの集団については，本書第15章を参照．

(2) Katz 2000, 9–10, 12–6; Fischel 1956.

(3) Weil 2006, 171; Isenberg 1988, 111–47.

(4) Isenberg 1988, 40-90. この集団については，次も参照；Barber 1981; Nissim and Jhirad, 2015.

(5) Orfali 2020, 71; Weil 2020.

(6) Katz 2000, 10; Fischel 1956. パラデシ（Paradesi）は，外国の（異質の）という意味のマラヤラム語を指している．

(7) Katz 2000, 129.

(8) Katz 2000, 133.

(9) Isenberg 1988, 160; Roland 1998, 13–4.

(10) Katz 2000, 139.

(11) Hyman 1995, 11. Roland 1998, 57–61, 114–24.

(12) 例えば次を参照；Roth 1941; Jackson 1968. Silliman 2001, 78.

(13) Roland 1998, 65.

(14) Silliman 2001, 18, 78, 168.

(15) Roland 1998, 65.

(16) Katz 2000, 93–6.

(17) Katz 2000, 91–3.

(18) Kulke and Rothermund 2007, 284.

(19) Roland 2002, 114.

(20) Roland 2002, 115.

(21) Roland 1998, 90–1. なかには，外見上インド人にみえるだけでなく自己をインド人と感じていたため，インドの民族運動にかかわった者もいる．

(22) Theodor 2018, 73.

(23) Roland 1998, 90.

(24) Ryan 2021, 111.

(25) Katz and Goldberg 1993, 260–1.

(26) Katz and Goldberg 1993, 261–2.

(27) 次に引用；Roland 1998, 90.

(28) Roland 1998, 91.

(29) 次に引用；Roland 1998, 92.

(30) Roland 1998, 92.

(31) Roland 1998, 92–3.

(32) Roland 1998, 114–5.

(72) Kaganovich 2010, 99–100.
(73) 移送と疎開については，例えば次を参照；Manley 2009; Kaganovitch 2010; Edele, Fitzpatrick and Grossmann 2017. ソビエト的含意による疎開者，避難民，および被移送者の違いについては，次を参照；Manley 2007.
(74) 1940年代から1950年代初めにかけて機能していたスターリンスク（現ノボクズネツク）とプロコピエフスクのユダ人共同体とそのシナゴーグについては，次を参照；Genina 2003, 17–23, 58–61. 1950年代ヤクーツクで，リトアニア出身ユダヤ人たちが平信徒だけで礼拝をしていた件は，次を参照；Rachlin 1988, 200. 次も参照；Yantovskii 2003, 159.
(75) Altshuler 2007, 399–400.
(76) ビロビジャンのシナゴーグ史については，次を参照；Kotlerman 2012, 87–97.
(77) 1981年時点におけるノボシビルスクのシナゴーグの内部記述については，次を参照；Yantovskii 2003, 154. ビロビジャンのシナゴーグの装飾は，次を参照；IJA 30588.
(78) IJA 23698, 23700, 23706.
(79) 1979年の全ソ連邦国勢調査，民族単位の内訳は，次を参照；Demoskop Weekly, http://www.demoscope.ru/weekly/ssp/rus_nac_79.php?reg=0
(80) データは連邦国家統計局のウェブサイトからアクセスできる．http://www.gks.ru/free_doc/new_site/perepis2010/croc/results2.html
(81) ポスト・ソビエト期のユダヤ人については，例えば次を参照；Gitelman 2003.
(82) Beizer 2002, 49–82, 105–12, 159–63.
(83) ビロビジャンには，古い木造シナゴーグ，ベイト・ツヴァア（1985年），新しいシナゴーグ，ベイト・メナヘム（2004年），そして別個にコミュニティセンター（2000年）がある．
(84) アチンスク，カバンスク，ネルチンスク，ニジネウジンスク，ペトロフスク・ザバイカルスキ，ウランウデといった，まとまった数のユダヤ人が居住していないところでは，元のシナゴーグの建物は，国の施設として使われている．ほかのマリンスキーのような町では，建物が放置され，急速に崩壊しつつある．一方カンスクの木造シナゴーグは，最近解体された．
(85) 次を参照；Levin 2018, 19.

第5章

本章執筆にあたってさまざまな助力とアドバイスをいただいた，ロテム・コーネルに感謝の意を捧げる．
(1) この存在と，ブネイ・メナシェ（Bnei Menashe）およびベネ・エフライム（Bene

(53) サンクトペテルブルクのコーラル・シナゴーグ建設史は，次を参照；Levin 2010, 197–217.

(54) Baranovskii 1902, 402. 次も参照；Zodchii（サンクトペテルブルク建築協会誌），1881, plates 8–13. 絵葉書のコレクションについては，例えば次を参照；Likhodedov 2007, 74–6; the Gross Family Collection, IJA 38497, 38498, 38499, 38500, 38507.

(55) ヨーロッパにおけるオリエント調のシナゴーグについては，次を参照；Wischnitzer 1964, 198–214; Krinsky 1985, 81–5; Hammer-Schenk 1981, 251–309; Kunzl 1984; Jarrassé 1997, 137–58; Jarrassé 2001, 171–201; Kalmar 2001, 68–100; Bergman 2004.

(56) 次に列挙するシナゴーグは，ネオムーア式スタイルの要素をもっている：オムスクの古い木造シナゴーグ（1900年頃），タラの木造シナゴーグ（1906年），トムスクの木造兵士シナゴーグ（1907年），チタ，ハルビン，ペトロフスキ・ザヴォード，チュメニの各石造シナゴーグ．

(57) Levin 2020, 25; Gerasimova and Dem’ianov 2019.

(58) IJA 21945.

(59) ストラスブール・シナゴーグのデザインは，1902年にロシアで発表された．次を参照；Baranovskii 1902, 407.

(60) Ostrovskii 1911, 39.

(61) コーラル・シナゴーグについては，次を参照：Levin 2020.

(62) Coenen Snyder 2013, 266.

(63) “Postroika sobora” 1914.

(64) 両大戦間におけるソ連の民族政策については，次を参照；Slezkine 1994b; Martin 2001.

(65) ソ連邦のユダヤ史の概要は，次を参照；Gitelman 2001.

(66) Altshuler 1993a, 10–1.

(67) Lamin 2003, 290.

(68) ユダヤ人を対象とするソ連の再定着計画については，次を参照；Kagedan 1994; Dekel-Chen 2005. ビロビジャン計画につては，Weinberg 1998; Kuchenbecker 2000. ビロビジャンの歴史は次を参照；Vaiserman 1999; Brener 2007; Maksimowska 2019.

(69) Kuchenbecker 2000, 129.

(70) Weinberg 1998, 13, 32; Kuchenbecker 2000, 141–2.

(71) ソ連の反宗教政策とユダヤ教に対する政策適用については，次を参照；Beizer 1999, 172–235; Zeltser 2006, 229–75. シナゴーグの閉鎖については，次を参照；Beizer 2002, 27–36.

2013, 92–3; Nam 2014.
(28) Berezin and Levin 2021.
(29) Kisilev 1927, 215; Fogel 2011, 263.
(30) シベリアのユダヤ人学校は，次を参照；Kalmina 2003, 120–34.
(31) Ignat'ev 1959, 39.
(32) Gudovich 1871; Novomeysky 1956, 161.
(33) Galashova 2001, 45–50.
(34) Orekhova 2001, 51–60.
(35) ほかのユダヤ人の家屋については，次を参照；the Bezalel Narkiss Index of Jewish Art (hereafter IJA), 13978 (http://cja.huji.ac.il/browser.php?mode=set&id=13978), および IJA 13980, 21972, 22385, 30304, 31569.
(36) ユダヤ人の伝統的居住用家屋については，次を参照；Sokolova 1998; Sokolova 2000; Sokolova 2006.
(37) ユダヤ教取締法のシナゴーグに関する条項は，次を参照；Levin 2017, 26–8.
(38) RGIA, coll. 821, inv. 8, file 32, fols. 30, 36–36v. "Perepiska s Glavnym upravleniem Vostochnoi Sibiri o razreshenii otkrytiia i postroiki molitvennykh domov v Sibiri, 1865–1886."
(39) RGIA, coll. 821, inv. 8, file 32, fols. 43–4, 50–1, 93–5; file 33, fol. 2. "Perepiska s Glavnym upravleniem Vostochnoi Sibiri o razreshenii otkrytiia i postroiki molitvennykh domov v Sibiri, 1887–1897."
(40) 1881～82年のポグロムについては，次を参照；Klier 2011; 反ユダヤ政策については，例えば次を参照；Löwe 1993.
(41) RGIA, coll. 821, inv. 8, file 33, fols. 1–6, 99.
(42) RGIA, coll. 821, inv. 8, file 32, fols. 139–42.
(43) RGIA, coll. 821, inv. 8, file 32, fols. 116–7.
(44) Muchnik 2001, 23–24; Galashova 2006, 158–9, 229.
(45) RGIA, coll. 821, inv. 8, file 33, fols. 201–2.
(46) おそらくこのような祈りの家で唯一生き残ったのは，1875年に建設されたと思われるネルチンスクの施設である．次を参照；Kalmina and Litvintsev 2018.
(47) Levin 2020, 25; Gerasimova and Dem'ianov 2019. レオポルドシュテーター・テンプルとその影響については，次を参照；Kravtsov 2016, 58–60.
(48) IJA 22506.
(49) IJA 22520.
(50) Orekhova 2007, 78–9.
(51) IJA 22238.
(52) ドームの内部は次を参照；Kravtsov 2017, 74–6.

第4章

(1) Turner 1920; Webb 1952.
(2) Elazar 1983; Gilman and Shain 1999; Stone 2010; Rabin 2017.
(3) ここでいう“シベリア”という用語は，北アジアを指す．西はウラル山脈から東は太平洋岸に至る地域である．それは，近代ロシアで極東として規定される地域を含み，ロシア連邦に所属する．
(4) ロシア人とシベリア原住民との関係については，次を参照；Forsyth 1992; Slezkine 1994a.
(5) Slotkin 1998a, 15. 次と比較参照；Slotkin 1998b; Slotkin 2000.
(6) Diment and Slezkine 1993.
(7) Bassin 1991, 766.
(8) ロシアのシベリア征服史は次を参照；Forsyth 1992.
(9) 18世紀までのモスクワ大公国内のユダヤ人については，次の書の概要を参照；Kalik 2010, 321–41; 18世紀ロシアにおけるユダヤ人論議は，次を参照；Gerasimova 2012, 160–79.
(10) ロシア帝国におけるユダヤ史の始まりについては，例えば次を参照；Klier 1986.
(11) 1837年の布告については，次を参照；Kalmina 2009, 97–104.
(12) Goncharov 2013, 30; Komleva 2005, 95.
(13) ロシア軍内のユダヤ人については，次を参照；Petrovskii-Shtern 2009.
(14) 選択的統合については，次を参照；Nathans 2002, 45–82.
(15) Remnev and Dameshek 2007, 345–46; Troinitskii 1905, 6–7.
(16) Goryushkin 2002, 14.
(17) Elazar 1983, 159, 261.
(18) Goryushkin 2002, 12–20; Marks 1991.
(19) Lamin 2003, 290–1, 555–7.
(20) Bakich 1986, 142–3.
(21) 出典；Troinitskii 1904–05, vols. 72, 73, 74, 75, 76, 78, 79, 81.
(22) 次も参照；Ming 2020; Shickman-Bowman 1998, 187–99; Bresler 1998, 200–15.
(23) Kalmina 2003, 233-4.
(24) Kashdai 1911, 17–18.
(25) Moravskii 1909, 16.
(26) Susanin 1916, 26.
(27) Ostrovskii 1911, 38–9. 次と比較参照；Rabinovich 1998, 168–212; Romanova 2001, 56–7; Rabinovich 2003; Kalmina 2003, 489–91; Goncharov 2012; Goncharov

(24) タシケントの戦前戦中の人口規模は，次を参照：Stronski 2010, 89, 96.
(25) Perlov 1967, 64.
(26) この名称は，1923年のアレクサンドル・ネブロフ（Aleksandr Nevrov）作『タシケント――パンの町』に由来する．著者は，サマラ飢饉の後にこの作品を書いた．
(27) Adler 2020, 205–11, 167–8.
(28) Rubina 2006, 31.
(29) Rubina 2006, 173.
(30) Manley 2009, 114–5, 232, 267–8.
(31) Manley 2009, 11. しかしながら，ユダヤ人と違って，民族集団としてのドイツ人は，軍人，党員を含め一括して移送された．ソ連邦内の彼らは，所在地のいかんを問わず全員が集められ，所外移動のできない特別入植地に収容された．
(32) Shweibish 2012.
(33) Manley 2009, 113, 230–1, 234, 264.
(34) Rubina 2006, 176–7.
(35) Rubina 2022.
(36) Amlinskaya 2015, 256.
(37) Amlinskaya 2015, 258.
(38) Stronski 2010, 4.
(39) Rubina 2006, 176. 次と比較参照：Tasar 2017, 14.
(40) このカテゴリーに入るもうひとつの集団が，赤軍将兵の妻であった．
(41) Adler 2020, 152–3.
(42) Belov 1955, 82.
(43) Kanovich 2002.
(44) Kanovich 2002, 17.
(45) Kanovich 2002, 19.
(46) Kanovich 2002, 23.
(47) Brill Olcott 2010, 13.
(48) Kanovich 2002, 91.
(49) Kanovich 2002, 139.
(50) Margalit 1998, 229.
(51) 全員が中央アジアへ移送されたわけではないが，20万人強のポーランド系ユダヤ人が送還された．次を参照：Kaganovitch 2012, 75.
(52) 次を参照：Gitelman 2014, 252.

(3) ソ連邦におけるポーランド系ユダヤ人避難民に関する学術的研究がかなりある．そのなかで注目に値するのが，次の2点である；Litvak 1988; Adler 2020. 同国におけるベッサラビアからの避難民については，次を参照；Kaganovitch 2013.
(4) 注目されなかったとはいえ，例えば次の研究がある；Altshuler 1993; Dubson 1999; Manley 2009; Dubson 2012; Kaganovitch 2013; Altshuler 2014; Levin 2015; Kaganovitch 2022.
(5) Kaganovitch 2022, 209.
(6) Kaganovitch 2022, 209. 戦争勃発から最初の数ヶ月の間に，推定100万人を越えるユダヤ人がアインザッツグルッペン（ナチの移動抹殺隊）に虐殺され，さらに100万人以上のユダヤ人が，戦場域から脱出し，ソ連邦の内陸部へ逃れた．全体的にみると100万人近いユダヤ人が東部への移動で生き残った．例えば次を参照；Dubson 1999, 37–6.
(7) Manley 2009, 230; Kaganovitch 2022, 209.
(8) Pratt 1991, 34.
(9) Shaw 2015, v.
(10) Vainer 2015, 280–1.
(11) Grossmann 2012, 62.
(12) Kanovich 2017, 384.
(13) Belsky 2017, 167.
(14) Belsky 2017 167.
(15) Adler 2020, 169.
(16) Vainer 2015, 280–1.
(17) Manley 2009, 193. この状況にもかかわらず，ソ連のユダヤ人が他の集団より多く生き残ったと思われる事実から，非ソ連系研究者数名が，この問題を検討する事態となった．彼らは，ユダヤ人が中央アジアで優先的支援を受けなかっただけでなく，どの地域でも疎開全期間中優先的扱いを受けてはいなかったとの結論を得た．次を参照；Altshuler 1993a, 100; Levin 1994, 159–70. 次と比較参照；Pinchuk 1980.
(18) Levin 2015, 238.
(19) Ro’i 2000, 7.
(20) Degtiar 2001; Ro’i 1995, 266.
(21) Manley 2009, 220.
(22) 次を参照；Grossmann 2016; Grossmann 2017. 戦時下ソ連邦でユダヤ人避難民が書いた回顧録，日記，追想，印象記の蒐集リストは，次を参照；Adler 2020, 392–402.
(23) Kanovich 2022, 209. これより相当低い推定値は次を参照；Manley 2009, 2.

都に移ったブハラ系ユダヤ人の長いリストを提示している．次を参照；Arabov 1998, 130–1.

(63) ミコエルの有罪判決が撤回された理由は，不明である．次を参照；Arabov 1998, 85–9.

(64) Arabov 1998, 88–9.

(65) Arabov 1998, 90–4.

(66) Arabov 1998, 112.

(67) Pinkhasov 2008, 64. 次も参照；Yakubov and Ishakov 2005.

(68) アラボフ家の話のうち2つの章（Arabov 1998, 94–122）は，戦時体験に割かれている．

(69) スターリンの晩年時代と宗教に関するソ連の政策転換については，次を参照；Altshuler 2012, 59–80.

(70) Arabov 1998, 139–47.

(71) Arabov 1998, 138. 次も参照；Loy 2021, 153–7.

(72) シャフリサブスのユダヤ人の生活が成り立たなくなり，フルンゼ（ビシュケク）の共同体が成長した経緯については，次を参照；Loy 2016, 183–206.

(73) 次を参照；Florin 2015, 85–134（キルギスタン関連）およびKalinovsky 2018, 1–42（タジキスタン関連）.

(74) Mosheev 1999, 297. 1950年代以降のソ連邦におけるブハラ系ユダヤ人の社会的垂直移動のケースについては，次を参照；Loy 2016, 105–8, 121–30, 174–5, 194.

(75) Loy 2016, 21–2.

(76) 三男（ホシード）は，1959年にドゥシャンベで死去した．ソ連邦で1960年代後半から70年代にかけて，ブハラのユダヤ人がソ連邦から波となって合法的に移住した件については，次を参照；Loy 2016, 115–9, 159–64, 177–9.

(77) Kaganovich 2008, 115.

(78) Pinkhasov 2008, 334.

(79) サマルカンドでユダヤ人の旧家屋が廃屋と化している状況については，例えば次を参照；Cooper 2020.

第3章

本章にコメントしていただいたロテム・コーネルとゼーブ・レヴィンに感謝する．

(1) 戦時疎開者の総計は一般的に1600万人から1700万人と推計されている．例えば次を参照；Manley 2009, 50. これより相当低い推定値は，次を参照；Dubson 2012.

(2) Altshuler 2014, 59.

(44) Arabov 1998, 31–2.
(45) ソ連邦ユダヤ人労働者に対する土地配分協会（*Ozet*）と製造業従事労働者の協同組合（*kustprom artels*）については，次を参照；Levin 2008; Levin 2015, 91–4, 118–23, および160–87.
(46) アハロン（Aharon 2011, 38）は，アフガニスタンのユダヤ人交易商はこのユダヤトライアングル内で仕事をしている時，将来の伴侶をみつけるのがごく普通であった，と示唆している．
(47) Arabov 1998, 32–7.
(48) Arabov 1998, 52–3. 1970年代および1980年代，ソ連邦のユダヤ人の合法的国外移住については，次を参照；Loy 2016, 115–8, 159–64.
(49) Arabov 1998, 33.
(50) Arabov 1998, 42. ソ連邦においては，1932年後半，国内用旅券の携帯が義務づけられた．この旅券制度に関するユダヤ人のとれるさまざまな選択肢と制約，これによりソビエト中央アジアのヘラートのユダヤ人家族が味わった体験については，次を参照；Loy 2016, 77–82および121–2.
(51) Arabov 1998, 37.
(52) Arabov 1998, 52–62; Loy 2021, 147–50. ソ連邦から脱出したブハラのユダヤ人のさまざまな回想は，次を参照；Loy 2016, 44–5; Kalontarov 1998.
(53) Byron 1994, 139–41.
(54) Issakharoff 1998, 52.
(55) Brauer 1942, 125–6.
(56) ブラウアー（Brauer 1942, 122）は，1937年に（追放が始まった後）ユダヤ人がヘラートに2500人，バルクーに200人，カブールに400人いたが，シベルハン，タシュクルハン，マイマナあるいはアンドホイにはごく少数のユダヤ人しか残っていなかった，と述べている．この数のなかにソビエトのユダヤ人難民が含まれているのかは不明である．
(57) Arabov 1998, 203–7. 次も参照；Kalontarov 1998, 337–46.
(58) Koplik 2015, 236. ヘラート，ボンベイ，テヘランのアフガン系ユダヤ人共同体の状況と，イスラエルへの移住については次を参照；Koplik 2015 185–236; Aharon 2011, 91–7.
(59) Arabov 1998, 57–9.
(60) Arabov 1998, 65–6.
(61) Arabov 1998, 67–84. 1937年，ケルキから強制退去の憂き目にあい，サマルカンドへ移ったヘラートのユダヤ人一家に関するケーススタディは，次を参照；Loy 2016, 77–82.
(62) アラボフは，新設のタジクSSR（タジク・ソビエト社会主義共和国）の首

(27) カラクルの取引については，次を参照；Becker 2004, 169-72. Holzwarth 2012. ユダヤ人がかかわる側面については，次を参照; Koplik 2015, 41–8, 100, 122–9.

(28) 次を参照；Patai 1997, 112–47; Loy 2016, 39–41.

(29) Issacharoff 1998, 90; ポウジョル（Poujol 1993, 553）は，1898年にパレスチナから中央アジアへユダヤ教の使節が来訪し，スコット（仮庵祭）用のエトログ（シトロン）が送られてきたことを，指摘している．

(30) Loy 2015, 311–2.

(31) Arabov 1998. 家族全員の話は次を参照；Loy 2021.

(32) 中央アジアから出るユダヤ人の移住の波については，次を参照；Loy 2016, 23–5.

(33) この地域一帯に男性商人で構成されたコロニーが生まれた現象については，次を参照；Brauer 1942, 123–4; Koplik 2015, 38–41; Patai 1997, 121–36.

(34) 19世紀後半セロボードは綿の生産で知られた．次を参照；Becker 2004, 170.

(35) Arabov 1998, 24–6. 10年後の1924年，アフガニスタンから来たこのラビは，先妻が死亡した後アラボフ家の娘と結婚した．次を参照；Arabov 1998, 29.

(36) 複数の英国人外交官によると，1920年代から30年代初めにかけて，中央アジアのユダヤ人たちが，国境管理官からアフガンやペルシアの偽証明書を買い求めた．この蔓延現象については次を参照；Issacharoff 1998, 51, 61; O'Halpin 2016, 301–2.

(37) ピンカソフ（Pinkhasov 2008, 240）は，スルハンダリヤ地方でユダヤ人共同体のあるところとして，テルメスとデーナウの2つをあげている．この資料によると，2つの共同体（テルメス20〜45家族，デーナウ10家族）は，いずれも1990年に消滅した．

(38) ソ連邦中央アジアにおけるユダヤ人を対象とする没収キャンペーンについては，次を参照；Arabov 1998, 41–52; Bachaev 2006, 258–72.

(39) Bachaev 2006, 332–3.

(40) Shaw 2011, 338. アブデュラエフ（Abdullaev 2009, 348–61）は，1920年代後半そして1930年代初期に，50万人近いムスリムが，ソ連邦中央アジアからアフガニスタンへ逃げたとしている．

(41) この一連の事件に関するバチャエフ（Bachaev）の回想は，次を参照；Loy 2016, 43–7.

(42) ソビエトの"ユダヤ人難民危機"，アフガニスタンの新しい経済政策そして併発した国境域からのアフガン系ユダヤ人の離脱については，次を参照；Koplik 2015, 84–113; O'Halpin 2016, 300–10.

(43) ロシア時代およびソ連邦の初期，中央アジアのユダヤ人の多くにとって，洋服店の経営が，収入源になった．例えば次を参照；Bachaev 2006, 12, 17–8.

(12) Tagger 1970, 5. 類似の（前）三角状の植民地空間概念，すなわちカブール，カンダハル，ペシャワルの3都市を結ぶヒンズークシ南方の三角状空間概念については，次を参照；Hanifi 2008, 6–17.

(13) Sukhareva 1966, 166–7; Tagger 1970, 16–8, 25–6; Loy 2016, 205–6. ブハラのユダヤ人の間にみられる場所に関係づけた姓名（nisha）のリストは，次を参照；Tolmas 2005, 213–5.

(14) 紀元8世紀マイマナ（アフガニスタン北西部，トルクメニスタンとの国境に近い）は，アル・ヤフディアあるいはアル・ヤフダン（ユダヤ人の町）と呼ばれていた．次と比較参照；Lee 1996, 6–7. 19世紀には，バルフに代わってマザーリシャリーフが北部アフガニスタンの最重要都市になった．

(15) Koplik 2015, 69.

(16) Zarubin 1925, 9. マシュハド出身ユダヤ人の生活と関係のある地名を付したイラン・トルクメニスタン国境域の地図は，次を参照；Patai 1997, 12.

(17) アフガニスタンおよびイランとの南部国境を閉鎖し，コントロールしようとしたソ連の行動については，次を参照；Shaw 2011, 333–45.

(18) これとこれに関連する話題については，次を参照；Z. Levin 2018.

(19) ソ連邦におけるジュディオ・ペルシア語およびその文学の発展については，次を参照；Rzehak 2008; Loy 2015.

(20) Fazylov, 次に記載；Griniv/Griniva 2008, 13.

(21) ブハラ系ユダヤ人家族の移動経路については，次を参照；Loy 2016; Poujol 1992.

(22) マシュハドのユダヤ人と精神的衝撃を与えた1839年の事件については，次を参照；Patai 1997, 51–75; Sahim 2019; Sadjed 2021.

(23) コプリク（Koplik 2015, 21）によると「アフガニスタン所在のユダヤ人の大半は……マシュハド共同体の強制改宗の後，到着した」のである．中央アジアのマシュハド系ユダヤ人（Jadīd al-Islām）については次を参照；Patai 1997, 112–47, Kupovetskii 1992, Kaganovich 2007およびLoy 2016, 66–87.

(24) マシュハド当局が外国のユダヤ人組織にこのマシュハド系ユダヤ人（Jadīd al-Islām）を対象とするユダヤ人学校の開設を認めたのは，1954年になってからである．次を参照；Patai 1997, 106–7.

(25) Yeroushalmi 2017, 70.

(26) 20世紀初期の地域横断の経済開発については，次を参照；Becker 2004, 169–91. ユダヤ人に焦点をあてた考察は，次を参照；Vekselman 1995. このような事業家の生活とビジネスに焦点をあてた事例研究は，次を参照；Davidoff 2002. フェルガノ盆地におけるユダヤ人共同体の成長は，次を参照；Poujol 1993; Loy 2016, 167–9.

第2章

(1) 2007年，カブールから来たユダヤ人がサラ（Sara Y. Aharon）によってインタビューされた．次と比較；Aharon 2011, 38.

(2) アケメネス朝（紀元前6世紀）から20世紀に至るペルシアのユダヤ人共同体に関する優れた概要については，多数の報告者がかかわった，次の資料を参照；"Judeo-Persian Communities," multiple authors, Encyclopaedia Iranica, online edition, 2009, www.iranicaonline.org/articles/judeo-persian-communities　ブハラのユダヤ人に関する文献が多数掲載されている資料は，次を参照；Tolmas 2004.

(3) 中央アジアのユダヤ人に関する幅のある概念形成は，その第一歩がケヒロット・シリーズ・学術委員会（Kehilot Series' Academic Committee）の決定にみられる．それは，彼らの歴史的・経済的・文化的結びつきをベースとしたものであり，中央アジア，ブハラおよびアフガニスタンに関する近年の刊行物における同地ユダヤ人の項――*Central Asia: Bukhara and Afghanistan* 2018. (Citation from the editor's preface, ibid., ix.) につけ加えたものである．

(4) ペルシア語を話すユダヤ人が中央アジアのユダヤ人と区別する自己像の主なマーカーとしての，地元（local），原住（native）あるいは"中央アジア"あるいは"ブハラ"(Bukhara）のユダヤ人といった使い分けの呼称については，次を参照；Cooper 2003, 198およびLoy 2016, 13–5. アフガニスタンを出た後のユダヤ人を規定する"アフガン系ユダヤ人"の概念形成については，次を参照；Koplik 2015, 1.

(5) アフガニスタンおよび中央アジアに関する帝国主義的・歴史的伝統の論評については，次を参照；Lee 1996, xi–xxxi. "系譜"的アプローチの説明は，次を参照；Edwards 2002, xvii–xxii.

(6) Gilbert 2010, 86.

(7) コプリク（Koplik 2015, 237）は「商取引の結果，遠隔の地の者同士の間に，ビジネスと家族の結びつきが生まれた……国際取引の関係によって，アフガニスタンのユダヤ人は，ヨーロッパそしてエレツイスラエル（イスラエルの地）との並々ならぬ絆を築いた」と論じている．

(8) ペルシア語文化圏的意味をもつthe Persianateの概念については，例えば次を参照；Green 2018. この地域の前イスラム時代のユダヤ史は，次を参照；Zand 1989.

(9) Lee 1996, xiii.

(10) 中世ムスリムの空間概念である"Khorasan"とより大きい"Khorasan"については次を参照；Nolle-Karim 2008. ユダヤ人に焦点をあてた問題は，次を参照；Fischel 1945, 30; Aharon 2011, 16–9; Yeroushalmi 2017, 9–24.

(11) Koplik 2015, 17.

(12) 次を参照；Israel Ministry of Foreign Affairs, Law of Return 5710-1950, URL: https://www.mfa.gov.il/mfa/mfa-archive/1950-1959/pages/law%20of%20return%205710-1950.aspx
(13) この地域とその歴史に関する概要は，次を参照；Baumer 2012–8, 特に第4巻.
(14) 次の資料をベースとした考察；Cooper 2012; Yehoshu'a-Raz 2013; Levin 2018.
(15) この地域とその歴史に関する概要は，次を参照；Hartley 2014. ロシアの膨張とその植民地化については次を参照；Stephan 1996; Marks 1991.
(16) この地域におけるユダヤ人の入植概要は，次を参照；Berezin and Levine 2015; Gessen 2016.
(17) アフガニスタンは，中央アジアと南アジアの交差域に位置するが，その地域のユダヤ人共同体が中央アジアと密接な関係をもつため，アフガニスタンはこのセクションに含まれている.
(18) この地域の歴史的概要は次を参照；Mann 2015; Gilbert 2017.
(19) この地域におけるユダヤ人の初期入植の概要は次を参照；Katz 2000.
(20) バグダディ系ユダヤ人については，次を参照；Weil 2019. 20世紀前半におけるユダヤ人の南アジアへの入植については次を参照；Roland 1998. 戦時難民については次を参照；Margit 2015; Cronin 2019.
(21) そうではあるが，モルジブおよび英領インド洋領域にある26の環礁（総面積100平方キロ弱，いずれも南アジアに位置する）のうち2環礁は南半球にある.
(22) アフガニスタンは，中央および南アジアの交差域に位置するが，その地域のユダヤ人共同体が中央アジアと密接な関係を形成したため，アフガニスタンはこのセクションに含まれていない.
(23) この地域の歴史的概要は次を参照；Lockard 2009; Tarling 2001.
(24) 東南アジアのユダヤ人に関して，まとめて考察した研究概要はない．特定国あるいは都市共同体の主な概要は，次を参照；Cernea 2007; Gerson 2011; Nathan 1986; Bieder 2007; Kamsma 2010a; Kowner 2010; Gleeck 1991; Harris 2020.
(25) 脚注17と同じ.
(26) この地域とその歴史については，次を参照；Holcombe 2017.
(27) この共同体については，次を参照；White 1942, Preuss 1961, Leslie 1972, Xu 2003, Simons 2010, Laytner and Paper 2017, Bernstein 2017.
(28) この2つの共同体については，次を参照；Kaufman 1986, Ross 1994, Gao 2013, Meyer 2015, 上海については；Hochstadt 2019, 香港については；Plüss 1999.
(29) 日本のユダヤ人共同体については，次を参照；Shillony 1991.
(30) 東アジアのユダヤ人共同体をまとめて考察した学術的概要はない.

脚　注

第１章

(1) 境界までの地域は，西アジアを指す．普通中東（アラビア語でash-Sharq al-Awsat）として知られる地域であるが，これは地政学上の用語で狭義の定義である．広義にはレバント（東地中海沿岸），アラビア半島，アナトリア（現代のトルコ，キプロスを含む），エジプト，イラクそしてイランを含める．

(2) 近代アジアにおける詳しいユダヤ人口の調査は，本書第16章を参照．

(3) 開封については，例えば次を参照；White 1942, Preuss 1961, Leslie 1972, Xu 1995, Simons 2010, Laytner and Paper 2017, Bernstein 2017, 上海については；Kranzler 1976, Kaufman 1986, Ross 1994, Gao 2013, Hochstadt 2019, 香港については；Plüss 1999, Qu and Li 2003, ハルビンは；Kaufman 2006.

(4) 例えば次を参照；Kublin 1971; Leventhal and Leventhal 1990; Ross 1994; Goldstein 1999–2000; Malek, 2000; Yehezkel-Shaked 2003; Eber 2008a; Eber 2008b; Ehrlich 2010; Ross and Song 2016; Rebouh 2018.

(5) 例えば次を参照；Timberg 1986; Katz and Goldberg 1993; Roland 1998; Katz 2000; Egorova 2006, 2013; Ray 2016; Weil 2019; Weil 2020a.

(6) 例えば次を参照；Leventhal 1985; Berg 1998; Bieder 2007; Ochil'diev, Pinkhasov and Kalontarov 2007; Cooper 2012.

(7) 例えば次を参照；Kotlerman 2009–11; Hutter 2013; Goldstein 2015; Yehoshu'a-Raz 2013; Levin 2018.

(8) 次を参照；DellaPergola and Rebhun 2018, ix.

(9) 次を参照；DellaPergola and Staetsky 2021, 22, 写真8. それはそれとして，ひとつだけに絞った回答を求めると宗教が1番（35%），以下，両親の血統（26%），文化（11%），伝統継承（10%），民族性（9%），生活環境と教育（3%），その他（6%）である．

(10) 次を参照；DellaPergola and Staetsky 2021, 26–32, 39–46.

(11) 7つのカテゴリーによる連続的系列については，次の通り；A コアのユダヤ人母集団．1 ユダヤ人のみで宗教指向，2 ユダヤ人のみで宗教指向なし，B ユダヤ人の両親をもつ母集団．3 ユダヤ人としての認識で分かれる，4 認識なし，C 拡大ユダヤ人母集団．5 ユダヤ人としての背景をもつ，6 所帯に非ユダヤ人がいる集団，D 帰還法の規定する母集団．次を参照；DellaPergola 2021, 280, Table 7.3.

イラン領域の住民とユダヤ人——イラン，アフガニスタン，ブハラ）. Jerusalem: Carmel.

Yehuda, Zvi. 1996. "Iraqi Jewry and Social Change." In *Sephardi and Middle Eastern Jewries*, edited by H. Goldberg, 134–45. Bloomington: Indiana University Press.

Yeroushalmi, David, ed. 2010. *The Jews of Iran in the Nineteenth Century: Aspects of History, Community, and Culture*. Leiden: Brill.

Yeroushalmi, David. 2017. *The Jews of Iran: Chapters in Their History and Cultural Heritage*. Costa Mesa: Mazda.

横光利一. 1932. 歴史：哈爾賓の記. 改造 14: 2–17.

Zand, Michael. 1989. "Bukharan Jews." In *Encyclopaedia Iranica*, edited by Ehsan Yarshater, 4: 530–45. London: Routledge & Paul Kegan.

Zarman, Romi. 2018. *Di Bawah Kuasa Antisemitisme: Orang Yahudi di Hindia Belanda (1861–1942)*. Yogyakarta: JBS dan Tjatatan Indonesia.

Zarubin, Ivan Ivanovich. 1925. *Spisok Narodnostei Turkestanskogo Kraia*. Leningrad: Rossiiskaia Akademiia Nauk.

Zeltser, Arkadi. 2003. *Evrei sovetskoi provintsii: Vitebsk i mestechki*（ソ連の地方に住むユダヤ人——ビテブスクその他の小さい町の事例）. Moscow: Rosspen.

全国憲友会連合会. 1976. 日本憲兵正史. 東京：全国憲友会連合会本部.

Zernik, Herbert. 2008. "A Monkey Turned Human." In *Voices from Shanghai*, edited by Irene Eber, 104–6. Chicago: Chicago University Press.

Zhang Tiejiang. 2004. "Manzhou chukou maoyi de chuangshizhe, Luoman Kaba'erjin"（ローマン・カバルキン，満州輸出業の創始者）. *In Jiekai Ha'erbin Youtairen l ishi zhi mi: Ha'erbin Youtairen shequ kaocha yanjiu*（ハルビン・ユダヤ史の謎を解き明かす——ハルビン・ユダヤ人共同体の研究）. Harbin: Heilongjiang renmin chubanshe, 126–32.

Zhou, Yongming. 2000. "Nationalism, Identity, and State Building: The Antidrug Campaign in the People's Republic, 1949–52." In *Opium Regimes*, edited by Timothy Brook and Bob T. Wakabayashi, 380–403. Berkeley: University of California Press.

Zuroff, Efraim. 1984. "Rescue via the Far East; The Attempt to Save Polish Rabbis and Yeshiva Students, 1939–41." *Simon Wiesenthal Center Annual* 1: 153–83.

Zykov, Anton. 2015. "Bnei Ephraim Community: Judaization, Social Hierarchy and Caste Reservation." *The Journal of Indo-Judean Studies*, the Society for Indo-Judaic Studies: 59–69.

Jewish Publication Society.
Wolfe Fine, Wendy. 1995. "Is There Jewish Life in Beijing?" *China/Judaic Connection* 4, no. 4, 5.
Wolff, David. 1999. *To the Harbin Station: The Liberal Alternative in Russian Manchuria, 1898–1914*. Stanford: Stanford University Press.
World Jewish Congress. 1957. "The Rise and Decline of Jewish Communities in the Far East and Southeast Asia." Mimeographed report, December 15.
Wren, Christopher S. 1983. "A Jewish Legacy Draws to a Close in North China." https://www.nytimes.com/1983/02/27/world/a-jewish-legacy-draws-to-a-close-in-north- china.html
Wright, Nadia H. 2003. *Respected Citizens*. Melbourne: Amassia.
Xu Xin. 2017. *Yixiang yike, Youtairen yu xiandai Zhongguo*（異郷の地の異邦人――ユダヤ人と現代中国）. Taibei: Guoli Taiwan daxue.
Ya'acobi, Yoel. 2008. *Hamitnachalim Harishonim*（初期の入植者たち）. *Besheva* 283, March 6. URL: https://www.inn.co.il/Besheva/Article.aspx/7269
Ya'acobi, Yoel. 2016. *Harav Shehekdim et Herzel*（ヘルツルに先行したラビ）. *Besheva*. URL: https://www.inn.co.il/News/News.aspx/321386, accessed December 20, 2018.
Yahaya, Nurfadzilah. 2020. *Fluid Jurisdictions: Colonial Law and Arabs in Southeast Asia*. Ithaca, NY: Cornell University Press.
Yakubov, Arkadii and Ishakov, Boris. 2005. "O voinakh"（戦争について）. In *Istoriia Bukharskikh Evreev. Novyi i noveishii period (1865–2000)*, edited by Robert Pinkhasov, 1: 161–71. New York: n.p.
山本実彦. 1932. 哈爾賓. 改造 14: 336–71.
山浦貫一. 1931. 国際エロ都市哈爾浜――満州エロの不経済. 経済往来 6: 174–9.
柳田桃太郎. 1986. ハルビンの残照. 東京：原書房.
Yang Rongqiu and Xie Zhongtian. 2000. *Tianjie yicai, Ha'erbin Zhongyang dajie*（光り輝く華麗なる天路――ハルビンの中央大通り）. Beijin: Jiefangjun wenyi chubanshe.
Yantovskii, Shimon. 2003. *Sud'by evreiskikh obshchin i ikh sinagog, SSSR, 1976–1987*. Jerusalem: Machanaim.
安江仙弘. 1936. 躍進日本と猶太民族. 日本及び日本人 337: 4–13.
Yegar, Moshe. 1984. "A Rapid and Recent Rise and Fall." *Sephardi World* 3.
Yegar, Moshe. 2006. "The Republic of Indonesia and Israel." *Israel Affairs* 12 (1): 136–58.
Yehezkel-Shaked, Ezra. 2003. *Jews, Opium and the Kimono: The Story of the Jews in the Far-East*. Jerusalem: Rubin Mass.
Yehoshuʻa-Raz, Ben-Tsiyon. 2013. *Me-aḥore masakh ha-meshi: ʻamim yi-Yehudim ba-merḥav ha-Irani: Paras-Iran, Afganisṭan, Bukharah*（シルクスクリーンの背後に：

edited by Sushil Mittal, and Gene Thursby, 169–83. London: Routledge.

Weil, Shalva. 2009. "Indian and Pakistan." In *Encyclopedia of the Jewish Diaspora Origins, Experiences, and Culture*, edited by M. Avrum Ehrlich, 1204–31. Santa Barbara: ABC-CLIO.

Weil, Shalva. 2016a. "The Unification of the Ten Lost Tribes with the Two "Found" Tribes." In *Becoming Jewish: New Jews and Emerging Jewish Communties in a Globalized World*, edited by Tudor Parfitt and Netanel Fischer, 25–35. Cambridge: Cambridge Scholars.

Weil, Shalva. 2016b. "Renewed Interest in the Jews of Pakistan." In *Jewish-Muslim Relations in South Asia*, edited by Navras Jaat Aafreedi, 132–4 (online). URL: https://www.academia.edu/8822597

Weil, Shalva. 2016c. "The Unknown Jews of Bangladesh: Fragments of an Elusive Community." In *Jewish-Muslim Relations in South Asia*, edited by Navras Jaat Aafreedi, 143–5 (online).

Weil, Shalva. 2020. "Preface." In *The Jews of Goa*, edited by Shalva Weil, xi–xiii. Primus Books: Delhi.

Weinberg, Robert. 1998. *Stalin's Forgotten Zion: Birobidzhan and the Making of a Soviet Jewish Homeland: An Illustrated History, 1928–1996*. Berkeley: University of California Press.

Weisberg, Gabriel P. 2005. "Lost and found: S. Bing's merchandising of Japonisme and Art Nouveau." *Nineteenth-century Art Worldwide: A Journal of Nineteenth-century Visual Culture*, 4, 2, 87–106.

Westad, Odd Arne. 2003. *Decisive Encounters: The Chinese Civil War, 1946–1950*. Stanford: Stanford University Press.

Wexler, Paul. 1983. "Notes on the Iraqi Judeo-Arabic of Eastern Asia." *Journal of Semitic Studies* 28, no. 2: 337–54.

White, William Charles. 1942. *Chinese Jews: A Compilation of Matters Relating to the Jews of K'aifeng Fu*. Toronto: University of Toronto Press.

Wiarda, Howard J. 2007. *The Dutch Diaspora; The Netherlands and Its Settlements in Africa, Asia and the Americas*. Lanham, MD: Lexington.

Wilkinson, Steven. 2015. *Army and Nation: The Military and Indian Democracy since Independence*. Cambridge, MA: Harvard University Press.

Willens, Liliane. 2010. *Stateless in Shanghai*. Hong Kong: Earnshaw Books. Williams, Harold S. 1975. *The Kobe Club*. Kobe: The Kobe Club.

Winzenburg, John. 2012. "Aaron Avshalomov and New Chinese Music in Shanghai, 1931–1947." *Twentieth-Century China* 37: 50–72.

Wischnitzer, Rachel. 1964. *The Architecture of the European Synagogue*. Philadelphia:

United States Congress, Senate. 1858. June 30. *Dispatches from…Ministers to China.* Letter, William Reed to Secretary of State Cass. S. Ex. Doc. 30, 36th Cong., 1st sess: 357.

Vainer, Bronya. 2015. *Unknown Evacuation: Testimonials of Jewish Refugees, USSR 1941–1945*, edited by Alexander Berman et al., 280–1. Jerusalem: Association Hazit Ha-Kavod.

Vaiserman, David. 1999. Birobidzhan: mechty i tragediia. Istoria EAO v sud'bakh i dokumentakh（ビロビジャン――夢と悲劇．EAO（ユダヤ人自治州）の生活史と資料）. Khabarovsk: RIOTIP.

Veen, Barbara van der. 2014. "Roemloos sterven: het leven van een Joodse militai"（栄光に死す――ユダヤ人兵の軍隊生活）. *Misjpoge* 27, no. 4, 31–7.

Vekselman, Max. 1995. "The Development of Economic Activity of Bukharan Jews in Central Asia at the Turn of the 20th Century." *Shvut* 17–8 (1–2): 63–79.

Vespa, Amleto. 1941. *Secret Agent of Japan*. Garden City, NY: Garden City Publishing, Inc.

Vinecour, Earl. 1981. "Meet a Modern-day Marco Polo," *The Asia Magazine*.

Vladimirsky, Irene. n.d. "The Jews of Harbin, China." *Newsletter* (Beit Hatefusot): http://www.bh.org.il/jews-harbin/ (accessed July 2021).

Wakeman, Frederic. 1996. *The Shanghai Badlands: Wartime Terrorism and Urban Crime, 1937–1941*. Cambridge: Cambridge University Press.

Wang Jian. 1998 "Ha'erbin Youtai shequ xintan"（ハルビンのユダヤ人共同体に関する新しい調査）. *Shilin* 2: 99–106.

Warhaftig, Zerach. 1984. *Palit ve-sarid be-yemei ha-Shoah*（原題：ホロコースト期の難民と生き残り，邦訳版『日本に来たユダヤ難民』原書房）. Jerusalem: Yad Vashem Press, 1984.

Webb, Walter P. 1952. *The Great Frontier*. Boston: Houghton.

Wee, Christopher J. Wan-ling. 2003. *Culture, Empire, and the Question of Being Modern*. Lanham, MD: Lexington Books.

Weeks, Theodore R. 2010. *Russification / Sovietization*. European History Online (EGO), published by the Institute of European History (IEG), Mainz. URL: http://www.ieg- ego.eu/weekst-2010-en

Weil, Shalva, ed. 2019. *The Baghdadi Jews in India: Maintaining Communities, Negotiating Identities and Creating Super-Diversity*. London: Routledge.

Weil, Shalva, ed. 2020. *The Jews of Goa*. Delhi: Primus Books.

Weil, Shalva. 2004. "Lost Israelites From the Indo-Burmese Borderlands: Re-traditionalisation and Conversion Among the Shinlung or Bene Menasseh." *The Anthropologist* 6, no. 3: 219–33.

Weil, Shalva. 2006. "Indian Judaic Tradition." In *Religions of South Asia: An Introduction*,

Tolmas. Khana. 2005. *Bukharskie evrei: imena, familii, prozvishcha*（ブハラのユダヤ人――名前，姓名，仇名）. Israel: M+.

Tozzi, Christopher J. 2016. *Nationalizing France's Army: Foreign, Black, and Jewish Troops in the French Military, 1715–1831*. Charlottesville: University of Virginia Press.

Trade Representation of Israel. 1969. "Pgisha Im Mr David Marshel"（ダビッド・マーシャル氏との会見）. January 21. ISA 4220/04.

Trocki, Carl A. 1987. "The Rise of Singapore's Great Opium Syndicate, 1840–86." *Journal of Southeast Asian Studies* 18: 58–80.

Trocki, Carl A. 1990. *Opium and Empire: Chinese Society in Colonial Singapore, 1800–1910*. Ithaca: Cornell University Press.

Trocki, Carl A. 1993. "The Collapse of Singapore's Great Syndicate." In *The Rise and Fall of Revenue Farming*, edited by J. Butcher and H. Dick, 166–81. New York: St. Martin's.

Trocki, Carl A. 1999. *Opium, Empire and the Global Political Economy*. London: Routledge.

Trocki, Carl A. 2000. "Drugs, Taxes, and Chinese Capitalism in Southeast Asia." In *Opium Regimes*, edited by Timothy Brook and Bob T. Wakabayashi, 78–101. Berkeley: University of California Press.

Troinitskii, N. A., ed. 1904–5. *Pervaia vseobshchaia perepis' naseleniia Rossiiskoi imperii 1897 g.*（ロシア帝国の第 1 回総合人口調査）巻 72（アムール地方）, 73（エニセイスク管区）, 74（トランスカイカル管区）, 75（イルクーツク管区）, 76（沿岸地方）, 78（トボルスク管区）, 79（トムスク管区）, 81（アクモリンスク地方）. St. Petersburg: Izdanie Tsentral'nogo statisticheskogo komiteta Ministerstva vnutrennikh del.

Troinitskii, N. A., ed. 1905. *Pervaia vseobshchaia perepis' naseleniia Rossiiskoi imperii 1897 g*. Kratkie obshchie svedeniia po imperii. Raspredelenie naselenia oboego pola po glavneishim sosloviam, veroispovedaniam, rodnomu iazyku i nekotorym zaniatiam. St. Petersburg: Parovaia tipo-litografia N. L. Nyrkina.

Tufo, M. V. del. 1949. *Malaya, Comprising the Federation of Malaya and the Colony of Singapore: A Report on the 1947 Census of Population*. London: Crown Agents for the Colonies.

Turnbull, C. M. 2009. *A History of Modern Singapore, 1819–2005*. Singapore: NUS Press.

Turner, Frederik J. 1920. *The Frontier in American History*. New York: H. Holt.

Tveritina, Alena. 2015. "Dina Rubina: Turning the Central Asian Sun into Words." January 14. URL: https://www.rbth.com/literature/2015/01/14/dina_rubina_turning_the_central_asian_sun_ into_words_42855.html

Um, Nancy. 2009. *The Merchant Houses of Mocha; Trade and Architecture in an Indian Ocean Port*. Seattle: University of Wahington Press.

Sukma, Rizal. 2004. *Islam in Indonesian Foreign Policy*. London: RoutledgeCurzon.

Surkes, Sue. 2016. "Taiwan's New President 'Amazed' by Israel." *The Times of Israel*.

Susanin, A. 1916. "Sibirskie pis'ma." *Novii put'*, no. 44.

Suzuki, Toshio. 1994. *Japanese Government Loan Issues on the London Capital Market, 1870–1913*. London: Athlone Press.

橘外男. 1940. 哈爾賓の憂鬱. 文藝春秋 18, no. 8: 264–88.

Tagger, Nissim. 1970. *Toldot Yehudei Bukhara: be-Bukhara u-ve-Yisrael*. Tel Aviv: Nissim Tagger.

Taiwan Business TOPICS. 2016. "AmCham Taipei Honors Dr. Einhorn."

Takao, Chizuko. 2015. "Prewar Japan's Perception of Jews and the Harbin Jewish Community." *Journal of Interdisciplinary Study of Monotheistic Religions* 10: 32–49. 日本語版；高尾千津子「戦前日本のユダヤ認識とハルビン・ユダヤ人社会――戦前の日本におけるユダヤ教」一神教学際研究（10）.

Talto, Mark. 2018. "Post-Soviet ewish Demographic Dynamics: An Analysis of Recent Data." In *Jewish Population and Identity: Concept and Reality*, edited by Sergio Della Pergola and Uzi Rebhun, 213–29. Cham, Switzerland: Springer.

Tan, Cheng Lock. 1947. *Malayan Problems from a Chinese Point of View*. Singapore: Tannsco.

Tan, Kevin. 2009. *Marshall of Singapore: A Biography*. Singapore: Institute of Southeast Asian Studies.

Tarling, Nicholas. 2001. *Southeast Asia: A Modern History*. Oxford: Oxford University Press.

Tasar, Eren. 2017. *Soviet and Muslim: The Institutionalization of Islam in Central Asia, 1943–1991*. New York: Oxford University Press.

The World Fact Book. 2021. URL: https://www.cia.gov/the-world-factbook/

Theodor, Ithamar. 2018. "Dharma and Halacha: Reflections on Hindu and Jewish Ethics." In *Dharma and Halacha: Comparative Studies in Hindu- Jewish Philosophy and Religion*, edited by Ithamar Theodor and Yudit Kornberg Greenberg, 73–91. Lanham: Lexington Books.

Timberg, Thomas A., ed. 1986. *Jews in India*. New Delhi: Vikas.

TODAYonline. 2017. "In Muslim Indonesia, Tiny Jewish Community Lives On." https://www.youtube.com/watch?v=7_vd0U0ZfD8.

Tokayer, Marvin, and Steve Hall. 2008. "Jews in Japan." In *Encyclopaedia of the Jewish Diaspora: Origins, Experiences, and Culture*, edited by M. Avrum Ehrlich, 1196–2003. Santa Barbara, CA: ABC Clio.

Tolmas. Khana. 2004. *Bukharskie evrei.*（ブハラのユダヤ人）*Bibliographia*. Israel: M+.

Sousa, Lúcio de. 2015. *The Jewish Diaspora and the Perez Family case in China, Japan, the Philippines, and the Americas (16th Century)*, translated by J. A. Levi. Macao: Macao Foundation.

Sousa, Lúcio de. 2018. "The Jewish Presence in China and Japan in the Early Modern Period: A Social Representation." In *Global History and New Polycentric Approaches*, edited by Manuel Pérez-García and L. de Sousa, 183–218. Basingstoke, UK: Palgrave Macmillan.

Souza, George B. 1986. *The Survival of Empire*. Cambridge, UK: Cambridge University Press.

Spence, Jonathan 1975. "Opium Smoking in Ch'ing China." In *Conflict and Control in Late Imperial China*, edited by F. Wakeman and C. Grant, 143–73. Berkeley: University of California Press.

Stein, Sarah Abrevaya. 2011. "Protected Persons? The Baghdadi Jewish Diaspora, the British State, and the Persistence of Empire." *American Historical Review* 116, no. 1: 80–108.

Stephan, John J. 1996. *The Russian Far East: A History*. Stanford: Stanford University Press.

Stephan, John. 1978. *The Russian Fascists: Tragedy and Farce in Exile, 1925–1945*. New York: Harper & Row.

Stillman, Norman A. 1995. *Sephardic Religious Responses to Modernity*. Luxembourg: Harwood.

Stillman, Norman A., ed. 2022. *Encyclopedia of Jews in the Islamic World*. Leiden: Brill (online).

Stone, Bryan Edward. 2010. *The Chosen Folks: Jews on the Frontiers of Texas*. Austin: University of Texas Press.

Stronski, Paul. 2010. *Tashkent. Forging a Soviet City, 1930–1966*. Pittsburgh: University of Pittsburgh Press.

杉田六一，小林正之，宮澤正典．1970．"対談：日本におけるユダヤ問題論議（1）．"ユダヤ・イスラエル研究 5–6: 57–71.

杉田六一．1964．日本におけるユダヤ論議の特異性．イスラエル史雑考．東京：教文館，369–96.

杉山公子．1979．ハルビンの記，私がそこで見たこと，考えたこと．季刊・満州と日本人 7: 3–20.

杉山公子．1985．哈爾賓物語――それはウラジオストクから始まった．東京：地久館出版，発売・原書房．

Sukhareva, Ol'ga Aleksandrovna. 1966. *Bukhara. XIX–nachalo XX veka*. Moscow: Nauka.

Slezkine, Yuri. 1994b. "The USSR as a Communal Apartment, or How a Socialist State Promoted Ethnic Particularism." *Slavic Review* 53: 414–52.

Slotkin, Richard. 1998a. *The Fatal Environment: The Myth of the Frontier in the Age of Industrialization, 1800–1890*. Norman: University of Oklahoma Press.

Slotkin, Richard. 1998b. *Gunfighter Nation: The Myth of the Frontier in Twentieth-Century America*. Norman: University of Oklahoma Press.

Slotkin, Richard. 2000. *Regeneration Through Violence: The Mythology of the American Frontier, 1600–1860*. Norman: University of Oklahoma Press.

Smethurst, Richard. 2006. "Takahashi Korekiyo, the Rothschilds, and the Russo–Japanese War, 1904–1907." *Rothschild Archive: Review of the Year April 2005 to March 2006*, 20–5.

Snow, Edgar. 1934. "Japan Builds a New Colony." *Saturday Evening Post* 206, 12–3, 80–1, 84–7.

Sobol, Mor. 2018. "Israel–Taiwan Relations: The Pursuit of Establishing a Modus Operandi." Unpublished paper.

Sobol, Mor. 2023. "Israel–Taiwan Relations in a Changing Geopolitical Environment." In *Israel-Asia Relations in a Changing World*, edited by Yoram Evron and Rotem Kowner, London: Routledge.

Sofer, Yaakov C. 1904. Note: Rabbi Yaakov Chaim Sofer to Manasseh Meyer. It was pasted onto a volume of this rabbi's magnum opus, *Kaf Ha-chayim*（エルサレム）. Jewish Welfare Board of Singapore.

Sokolova, Alla. 1998. "Architectural Space of the Shtetl—Street—House: Jewish Homes in the Shtetls of Eastern Podolia." *Trumah: Zeitschrift der Hochschule für Jüdische Studien* 7: 35–85.

Sokolova, Alla. 2000. "Arkhitektura shtetla v kontekste traditsionnoi kul'tury"（伝統文化の文脈におけるシュテーテルの建築）. In *100 evreiskikh mestechek Ukrainy: istoricheskii putevoditel'*, edited by Beniamin Lukin, Boris Khaimovich, and Alla Sokolova, vol. 2, 53–84. St. Petersburg: Alexander Gersht.

Sokolova, Alla. 2006. "Brick as an Instrument of Innovative Assault: The Transformation of the House-Building Tradition in the Shtetls of Podolia in the Late 19th and Early 20th Centuries." In *Central and East European Jews at the Crossroads of Tradition and Modernity*, edited by Jurgita Šiaučiūnaitė-Verbickienė and Larisa Lempertienė. 188–219. Vilnius: Center for Studies of the Culture and History of East European Jews.

Soltes, Ori, ed. 2021. *Growing Up Jewish in India*. Kolkata: Niyogi Books.

Somekh, Sasson. 2009. *Baghdad, Yesterday: The Making of an Arab Jew*. Jerusalem: Ibis.

Sopher, Arthur. 1926. *Chinese Jews*. Shanghai: The China Press.

Shlezinger, Avika Yosef. 1873. *Shimru Mishpat Tinyana*（律法を守る，巻 2）. Jerusalem: Lifshitz Brothers Press. http://hebrewbooks.org/pdfpager.aspx?req=39542&st=&pgnum=186&hilite

Shternshis, Anna. 2006. *Soviet and Kosher: Jewish Popular Culture in the Soviet Union, 1923–1939*. Bloomington: Indiana University Press.

Shweibish, Semyon. 2012. “Shoa i Sovetskiy soyuz: antisemitizm v tylu”（ショアー　ホロコーストとソ連邦――銃後の反ユダヤ主義）. *Notes on Jewish History* 12. https://litbook.ru/article/2646/

Sidline, George. 2007. Somehow, We’ll Survive. A Memoir: Life in Japan during World War II through the Eyes of a Young Caucasian Boy. Portland, OR: Vera Vista Pub.

Silliman, Jael. 1998. “Crossing Borders, Maintaining Boundaries: The Life and Times of Farha, a Woman of the Baghdadi Jewish Diaspora, 1870–1958.” *Journal of Indo-Judaic Studies* 1: 57–79.

Silliman, Jael. 2001. *Jewish Portraits, Indian Frames: Women’s Narratives from a Diaspora of Hope*. Lebanon, New Hampshire: Brandeis.

Silverman, Cheryl A. 1989. “Jewish Emigrés and Popular Images of Jews in Japan.” PhD dissertation. Columbia University.

Silverstein, Josef, and Lynn Silverstein. 1978. “David Marshall and Jewish Emigration from China.” *China Quarterly* 75: 647–54.

Simmonds, Lionel. 1983. November. “An Asian Odyssey.” *Jewish Chronicle Magazine*: 16.

Simons, Chaim. 2010. *Jewish Religious Observance by the Jews of Kaifeng China*. Seattle: The Sino-Judaic Institute.

Simons, Frank. 1952. “Jews in Kobe.” *B’nai B’rith Messenger*, 25 April, 23.

Simons, Leonard N. 1984. *Simons Says: Faith, Fun, and Foible: Selections from His Writings and Talks*. Birmingham, MI: Leo M. Franklin Archives of Temple Beth El.

Singer, Isidore, ed. 1901–6. “Statistics.” In *The Jewish Encyclopedia*. New York: Funk & Wagnalls.

Singer, Tovia. 2016. “What Did Indonesian Jews and Muslims Do on Dec. 25? They Joined Rabbi Tovia Singer to Feed the Poor.” URL: https://www.youtube.com/watch?v=R-ULXoKRkgQ

Sirota Gordon, Beate. 1997. *The Only Woman in the Room: A Memoir*. New York: Kodansha.

Skolnik, Fred, ed. 2006. *Encylopaedia Judaica*, 2nd ed., 22 vols. Farmington Hills, MI: Thomson Gale.

Slezkine, Yuri. 1994a. *Arctic Mirrors: Russia and the Small Peoples of the North*. Ithaca: Cornell University Press.

Shamash, Violette. 2008. *Memories of Eden*. Surrey, UK: Forum.

Shan, Patrick Fuliang. 2008. "'A Proud and Creative Jewish Community': The Harbin Diaspora, Jewish Memory and Sino–Israeli Relations." *American Review of China Studies* 9, no. 1: 15–29.

Shapiro, Don. 2017. "When Taipei was The Place to Study Chinese." Taiwan Business TOPICS.

Shapiro, Isaac. 2009. *Edokko: Growing Up a Foreigner in Wartime Japan*. New York: iUniverse.

Sharett, Moshe. 1964. *Mi-shut be-Asia: Yoman masa*（アジアの旅から；旅日記）. Tel Aviv: Am Oved.

Shashoua, Galit. 2016. "Messianic Religious Zionism and the Lost Tribes: The Case of the Bene Menashe." In *Becoming Jewish: New Jews and Emerging Jewish Communties in a Globalized World*, edited by Tudor Parfitt and Netanel Fischer. Cambridge: Cambridge Scholars Publishing: 282–93.

Shatzkes, Pamela. 1991. "Kobe: A Haven for Jewish Refugees, 1940–1941." *Japan Forum* 3, no. 2, 257–73.

Shaw, Charles David. 2015. "Making Ivan-Uzbek: War, Friendship of the Peoples, and the Creation of Soviet Uzbekistan, 1941–1945." PhD dissertation, Berkeley: University of California.

Shaw, Charles. 2011. "Friendship under lock and key: The Soviet Central Asian Border, 1918–1934." *Central Asian Survey* 30, no. 3–4: 331–48.

Shellim, Samuel. 1952. "Jews in the Indian Army." *India and Israel* 4, Februsary, 21–4.

Shellim, Samuel. 1963. *A Treatise on the Origin and Early History of the Beni-Israel of Maharashtra State*. Bombay: Distributors: Iyer and Iyer.

Shemesh, Abraham O. 2009. "'The Powerful Drug': Opium and its Derivatives in Medieval and Modern Medicine in the Light of Jewish Literature." *Jewish Medical Ethics and Halacha* 7: 1–10.

Shibolet, Shlomo. 2005. *Rofe*（医師）. Jerusalem: Yahalom.

Shichor, Yitzchak. 2021. "Betar China: The Impact of a Remote Jewish Youth Movement, 1929–1949." *Jewish Political Studies Review* 31, no. 3–4, 73–97.

Shickman-Bowman, Zvia. 1999. "The Construction of the Chinese Eastern Railway and the Origin of the Harbin Jewish Community, 1898–1931." In *The Jews of China*, edited by Jonathan Goldstein, 1: 187–99. Armonk, NY: M. E. Sharpe.

Shillony, Ben-Ami. 1991. *The Jews and the Japanese: The Successful Outsiders*. Tokyo: Charles E. Tuttle.（邦訳版『日本人とユダヤ人――成功したのけ者 異端視され，迫害されながら成功した両民族』1993．日本公法）

Samra, Myer. 1992. "Judaism in Manipur and Mizoram by-product of Christian Mission." *International Seminar on Studies on the Minority Nationalities of North-East India- the Mizos*. Aizawl: Department of Higher and Technical Education, Government of Mizoram, 7th–9th April.

Samra, Myer. 2012. "The Benei Menashe: Choosing Judaism in North East India." *The Journal of Indo-Judaic Studies* 12: 45–56.

Samuels, Stanley T. 1971. "Japan." In *The American Jewish Year Book*, 1971, vol. 72, 460–73. New York: American Jewish Committee.

Saphir, Yaakov Halevy. 1866/1874. *Eben Saphir: Bescrhieibung der Reisen des Rabbi Jacob Saphir aus Jerusalem durch…Aden…Ostinden*（エベン・サフィル――エルサレムから…アデン…東インド諸島へ至るラビ・ヤーコブ・サフィルの旅とその記録）. Mainz: Brill, 1874.

Saphir, Yaaqov. 1866. *Even Sapir*. Lyck, Germany (Ełk, Poland): L. Silverman.

Sassoon, David S. 1949. *History of the Jews in Baghdad*. Letchworth, UK: S. D. Sassoon.

Sassoon, Joseph. 1962. "Exodus from Singapore." *The Detroit Jewish News*, April 27.

Sassoon, Joseph. 2022. *The Global Merchants: The Enterprise and Extravagance of the Sassoon*.

Sassoon, Ralph. 1999. "Habonim in Singapore." *Shalom Singapore* no. 12: 3.

Schiff, Jacob H. 1907. *Our Journey to Japan*. New York: New York Co-operative Society.

Schwarcz, Vera. 2018. *In the Crook of the Rock—Jewish Refuge in a World Gone Mad: The Chaya Leah Walkin Story*. Boston: Academic Studies Press.

Schwarzbart I. 1957. "The Rise and Decline of Jewish Communities in the Far East and Southeast Asia." *World Jewish Congress* 5: 1–12.

Scott, James. 2009. *The Art of Not Being Governed: An Anarchist History of Upland Southeast Asia*. Yale, CT: Yale University Press.

Segal, Judah B. 1993. *A History of the Jews of Cochin*. London: Vallentine Mitchell.

Serebryanski, Yossi. 2015. "Jews of Indonesia and Papua New Guinea." *JewishPress.Com*, August 28. http://www.jewishpress.com/sections/features/features-on-jewish-world/jews-of-indonesia-and-papua-new-guinea/2015/08/28/

Sergeant, Harriet. 1991. *Shanghai*. London: John Murray.

Shahan, Avigdor. 2003. *El Ever HaSembation: Masa Bekvot Aseret Hashvatim*（サンバテチオンへ――十部族の足跡をたどる旅）. Tel Aviv: Hakibutz Hameuchad.

Shai, Aron. 2019. *China and Israel: Chinese, Jews; Beijing, Jerusalem (1890–2018)*. Boston: Academic Studies Press.

Shailat, Itzḥak, ed. 1995. *The Letters and Essays of Moses Maimonides*, 3rd ed. Jerusalem: Ma‘aliot.

Biblical to Modern Times. New York: Hippocrene Books.
Ross, James R. 1994. *Escape to Shanghai: A Jewish Community in China*. New York: Free Press.
Ross, James R., and Song Lihong, eds. 2016. *The Image of Jews in Contemporary China*. Boston: Academic Studies Press.
Roth, Cecil. 1941. *The Sassoon Dynasty*. London: Robert Hale.
Roy, Denny. 2003. *Taiwan: a Political History*. Ithaca/London: Cornell University Press.
Roy, Kaushik. 2013. "Race and Recruitment in the Indian Army, 1880–1918." *Modern Asian Studies* 47, no. 4: 1310–47.
Rubina, Dina. 2006. *Na solnechnoi storone ulitsy*（通りの陽のあたる側）. Moscow: Eksmo.
Rubina, Dina. 2016. "Bol'shoy privet Tashkentu i tashkenttsam!"（タシケントとタシケント住民に心からの挨拶を！）. March 10. URL: http://www.kultura.uz/view_9_r_6593.html
Rubina, Dina.2022."Biografiya" (Biography). URL: http://www.dinarubina.com/biography.html (retrieved March 15, 2022).
Russian Federal State Statistics Service, www.gks.ru/free_doc/new_site/perepis2010/croc/results2.html
Ryan, James D. 2021. "The Bhagavad-Gita and Indian Nationalist Movement: Tilak, Gandhi and Aurobindo." In *The Bhagavad-Gita: A Critical Introduction*, edited by Ithamar Theodor, 104–17. London: Routledge.
Rzehak, Lutz. 2008. "The Linguistic Challenge: Bukharan Jews and Soviet Language Policy." In *Bukharan Jews in the 20th Century. History, Experience and Narration*, edited by I. Baldauf et al., 37–55. Wiesbaden: Reichert.
Sadjed, Ariane. 2021. "Conversion, Identity, and Memory in Iranian-Jewish Historiography: The Jews of Mashhad." *International Journal of Middle East Studies* 53, no. 2: 235–51.
相良俊介. 1973. 流氷の海, 或る軍司令官の決断. 東京：光人社.
Sahim, Haideh. 2019. "Two Wars, Two Cities, Two Religions: The Jews of Mashhad and the Herat Wars." In *The Jews of Iran. The History, Religion, and Culture of a Community in the Islamic World*, edited by Houman M. Sarshar, 75–108. London: Tauris.
Sakamoto, Pamela Rotner. 1998. *Japanese Diplomats and Jewish Refugees: A World War II Dilemma*. Westport, CT: Praeger.
Salem. 1987. *Salem: Maritime Salem in the Age of Sail*. Washington, DC: U.S. Department of the Interior.
Sāliḥ, Yiḥye. 1840. *Sharey Qedush*. Calcutta: Printing House of El'azar Bin Aharon Se'adia 'Irāqī.

帝国の一部としてのシベリア). Moscow: NLO.

Resnick, Molly. 2018. "An Interview with Chabad Shlucha (Emissary) Dina Greenberg." *Point East* 33, no. 3 (November): 8–10.

Riddell, Peter G. 1997. "Religious Links between Hadhramaut and the Malay-Indonesian World, c. 1850 to c. 1950." In *Hadhrami Traders, Scholars and Statesmen in the Indian Ocean, 1750s–1950s*, edited by Ulrike Freitag, William G. Clarence-Smith, 217–30. New York: Brill.

Rifkin, Lawrence. 2011. "Ambiguity in Taiwan." *The Jerusalem Post*.

Ristaino, Marcia R. 2000. *Port of Last Resort: The Diaspora Communities of Shanghai*. Stanford: Stanford University Press.

Ristaino, Marcia R. 2001. "The Russian Diaspora Community in Shanghai." In *New Frontiers, Imperialism's New Communities in East Asia, 1842–1953*, edited by Robert Bickers and Christian Henriot, 192–210. Manchester: Manchester University Press.

Rivlin, Shlomo Zalman. 1994. *Kol Hator* (キジバトの鳴き声). Jerusalem: Mefizei Kol Hator.

Ro'i, Yaakov. 1995. "The Jewish Religion in the Soviet Union after World War II." In *Jews and Jewish Life in Russia and the Soviet Union*, edited by Yaacov Ro'i, 263–89. Ilford, Essex, England; Portland, OR: Frank Cass.

Ro'i, Yaakov. 2000. *Islam in the Soviet Union*. New York: Columbia University Press.

Roland, Joan G. 1998. *The Jewish Communities of India: Identity in a Colonial Era*, 2nd ed. New Brunswick, NJ: Transaction.

Roland, Joan G. 1999. "Baghdadi Jews in India and China in the Nineteenth Century." In *The Jews of China*, edited by Jonathan Goldstein, 1: 141–56. Armonk, NY: M. E. Sharpe.

Roland, Joan G. 2002. "The Contributions of the Jews of India." In *Indian Jewish Heritage; Ritual, Art and Life-Cycle*, edited by Shalva Weil, 110–21. Mumbai: Marg Publications.

Roland, Joan G. 2019. "Negotiating Identity in a Changing World: From British Colonialism to Indian Independence." In *The Baghdadi Jews in India: Maintaining Communities, Negotiating Identities and Creating Super-Diversity*, edited by Shalva Weil, 21–36. London and New York: Routledge.

Romanova, Victoria. 2001. *Vlast' i evrei na Dal'nem Vostoke Rossii: istoriia vzaimootnoshenii (vtoraia polovina XIX v.–20-e gody XX v.)* (ロシア極東部における当局者とユダヤ人――その関係の歴史, 19世紀後半から1920年代まで). Krasnoyarsk: Klaretianum.

Ronell, Anna P. 2008. "Some Thoughts on Russian-language Israeli Fiction: Introducing Dina Rubina." *Prooftexts: A Journal of Jewish Literary History* 26, no. 2: 197–231.

Rosenthal, Monroe, and Isaac Mozeson. 1990. *Wars of the Jews: A Military History from*

Rabinovich, Vladimir. 1998. "Evrei dorevoliutsionnogo Irkutska kak predprinimatel'skoe men'shinstvo"（少数派事業家としての革命前イルクーツクのユダヤ人）. PhD thesis, Irkutsk: State University of Irkutsk.

Rabinovich, Vladimir. 2003. "Evrei ili sibiriak?"（ユダヤ人それともシベリア人か）. *Ab Imperio* 4: 115–42.

Rabinovits, Shmuel. 1957. "Ha-yishuv ha-yehudi be-sin, sigsugo ve-khurbano"（中国のユダヤ人共同体，その成長と壊滅）. *Gesher* 2.11, 108–21.

Rabinovitz, L. 1952. *Far Eastern Mission*. Johannesburg: Eagle.

Rachlin, Rachel and Israel. 1988. *Sixteen Years in Siberia: Memoirs of Rachel and Israel Rachlin*, translated by Birgitte M. de Weille. Tuscaloosa: The University of Alabama Press.

Raghu, A. 2002. *The Poetry of Nissim Ezekiel*. New Delhi: Atlantic Publishers and Distributers.

Raineman, Shlomo. 1884. *Mas'ot Shlomo*（ソロモンの旅）, edited by Zev Wolf Schur. Vienna: Georg Brag.

Raman, Appu. 1958. *A Study of the Jewish Community in Singapore*. Dept. of Social Studies, University of Malaya.

Rand, Gavin. 2006. "'Martial Races' and 'Imperial Subjects': Violence and Governance in Colonial India, 1857–1914." *European Review of History/Revue europeenne d'histoire* 13, no. 1: 1–20.

Ratzabi, Yehuda. 1978. "Shadarim Teimanim Le-Hodu Ve-Lamizraḥ Ha-Raraḥok Bi-Shnot Tarsa "t-Tar'a"g."（イエメン系ユダヤ人使節のインドおよび極東訪問 1909–1913年）. *Shevet Va-'Am*, Sidra 2, 8: 89–104.

Ready, E. S., and H. W. Wilson. 1998. *Anglo-Boer War 1899–1902 (Indian Participation)*. South Africa: University of Durban-Westville. URL: https://scnc.ukzn.ac.za/doc/B/Gs/Gandhi_Family/Indian_Ambulance_Corps_Anglo_Boer_War/Reddy,_ES_Anglo-Boer_War_1899-1902_Indians_Participation.pdf

Rebouh, Caroline. 2018. *The Jews of China: History of a Community and Its Perspectives*. Cambridge: Cambridge Scholars.

Rees, Scott S. 2014. "'A Leading Muslim of Aden' Personal Trajectories, Imperial Networks, and the Construction of Community in Colonial Aden." In *Global Muslims in the Age of Steam and Print*, edited by Nile Green and Jim Gelvin, 59–77. Berkeley: University of California Press.

Reissner, Hans Günter. 1950. "Indian Jewish Statistic, 1837–1941." *Jewish Social Studies* 12: 349–65.

Remnev, A. V. and L. M. Dameshek, eds. 2007. *Sibir' v sostave Rossiiskoi imperii*（ロシア

Legend." Red Cloud, Nebraska: Consultimate International.

Pinchuk, Ben-Cion. 1980. "Was There a Soviet Policy for Evacuating the Jews? The Case of the Annexed Territories." *Slavic Review* 39, no. 1: 44–55.

Pinkhasov, Robert A. 2008. *Bukharsikie Evrei*（ブハラのユダヤ人）. Ėncyklopedicheskii spravochnik. New York: n.p.

Plüss, Caroline B. 1999. *The Social History of the Jewish of Hong Kong: A Resource Guide*. Hong Kong: Jewish Historical Society of Hong Kong.

Plüss, Caroline. 2010. "Baghdadi Jews in Hong Kong: Converting Cultural, Social and Economic Capital among Three Transregional Networks." *Global Networks* 11, no. 1: 82–96.

Polo, Marco. 1911. *The Travles of Marco Polo the Venetian*. London: J. M. Dent and Sons.

Poujol, Catherine. 1992. *La vie de Yaquv Samandar ou Les Revers du Destin. Nouvelle en tadjik de Mordekhai Batchaev*（ヤクブ・サマンダーの生活あるいは運命の転換――モルデハイ・バチャエフが語るタジクの話）, translated and edited by Catherine Poujol (Papers on Inner Asia, no. 19). Bloomington: Indiana Universtity Press.

Poujol, Catherine. 1993. "Approaches to the History of Bukharan Jews' Settlement in the Ferghana Valley, 1867–1917." *Central Asian Survey* 12, no. 4: 549–56.

Pratt, Mary Louis. 1991. "Arts of the Contact Zone." *Profession*: 33–40.

Praval, K. C. 1990. *Indian Army after Independence*. New Delhi: Lancer International.

Preuss, Joseph. 1961. *The Chinese Jews of Kaifeng-Fu*. Tel Aviv: Museum Haaretz.

Proshan, Chester. 2006. "Economic Mobility and Ethnic Solidarity: Jewish Immigrants in the Yokohama Treaty Port, 1859–1899." Paper for Panel 1D, 19th Conference of the International Association of Historians of Asia (IAHA), Manila.

Proshan, Chester. 2011. "Where Everyone Was Other: Jews in the Yokohama Treaty Port, 1859–1899." *The Asian Conference on Asian Studies: official conference proceedings*, 60–75. Ouaza Nagakute: The International Academic Forum.

Qafiḥ, Yosef. 1989. *Ktavim*. vol. 2, edited by Yosef Tobi, Jerusalem: Eele Betamar Organization.

Qu Wei and Li Shuxiao. 2003. *The Jews in Harbin*. Beijing: Social Sciences Documentation Publishing House.

Qu Wei and Li Shuxiao, eds. 2004. *Ha'erbin Youtairen*（ハルビンのユダヤ人）. Harbin: Shehui kexue wenxian chubanshe.

Quested, R. K. I. 1982. *"Matey" Imperialists?: The Tsarist Russians in Manchuria, 1895–1917*. Hong Kong: University of Hong Kong Press.

Rabin, Shari. 2017. *Jews on the Frontier: Religion and Mobility in Nineteenth-Century America*. New York: NYU Press.

Pan Guang. 2005. *Youtairen zai Zhongguo*（中国のユダヤ人）. Beijing: China Intercontinental Press.

Pan, Guang. 2019. *A Study of Jewish Refugees in China* (1933–1945). Singapore: Springer.

Pansa, Birgit. 1999. *Juden unter japanischer Herrschaft: Jüdische Exilerfahrungen und der Sonderfall Karl Löwith*（日本支配下のユダヤ人——離散の地におけるユダヤ人の体験とカール・レヴィスの特別事例）. Munich: Iudicium.

Parfitt, Tudor, and Netanel Fischer, eds. 2016. *Becoming Jewish: New Jews and Emerging Jewish Communities in a Globalized World*. Cambridge: Cambridge Scholars.

Parfitt, Tudor. 1987. *The Thirteenth Gate: Travels among the Lost Tribes of Israel*. London: Weidenfeld.

Parfitt, Tudor. 2003. *The Lost Tribes of Israel: The History of a Myth*. London: Phoenix.

Paris, Matthew. 1852. *Matthew Paris's English History: From the Year 1235 to 1273*, translated by J. A. Giles and William Rishanger. London: H. G. Bohn.

Patai, Raphael. 1997. *Jadīd al-Islām. The Jewish "New Muslims" of Meshhed*. Detroit: Wayne State University Press.

Patrikeeff, Felix. 2002. *Russian Politics in Exile: The Northeast Asian Balance of Power, 1924–1931*. Houndsmills, Backingstone: Palgrave Macmillan.

Pătru, Alina. 2013. "Judaism in the PR China and in Hong Kong Today: Its Presence and Perception." In *Between Mumbai and Manila*, edited by Manfred Hutter, 77–90. Göttingen: V&R Unipress.

Peers, Douglas M. 1995. *Between Mars and Mammon: Colonial Armies and the Garrison State in the Early Nineteenth Century India*. London: Tauris.

Pekar, Thomas. 2016. "Japanese Ambivalence toward Jewish Exiles in Japan." In *Transnational Encounters between Germany and Japan: Perceptions of Partnership in the Nineteenth and Twentieth Centuries*, edited by Joanne Miyang Cho, Lee M. Roberts, and Christian W. Spang, 147–62. Basingstoke, UK: Palgrave Macmillan.

Penslar, Derek Jonathan. 2013. *Jews and Military: A History*. Princeton, NJ: Princeton University Press.

Pereira, Alexius. 1997. "The Revitalization of Eurasian Identity in Singapore." *Asian Journal of Social Science* 25, no. 2: 7–24.

Perlov, Yitzchok. 1967. *The Adventures of One Yitzchok*. New York: Award Books.

Petrovskii-Shtern, Yohanan. 2009. *Jews in the Russian Army, 1827–1917: Drafted into Modernity*. Cambridge: Cambridge University Press.

Philipp, Michael. 1996. *Nicht einmal einen Thespiskarren: Exiltheater Shanghai 1937–1947*. Hamburg: Hamburg Arbeitsstelle.

Phillips, David A. 2006. *"EFE: Impressions of a Young Man in the Shadow of a Global*

Sepoy, Anglo-Jewry, and the Image of 'the Jew'." In *On the Word of a Jew: Religion, Reliability, and the Dynamics of Trust*, edited by Nina Caputo and Mitchell B. Hart, 247–75. Bloomington: Indiana University Press.

O'Halpin, Eunan. 2016. "The Fate of Indigenous and Soviet Central Asian Jews in Afghanistan, 1933–1951." *Holocaust and Genocide Studies* 30, no. 2: 298–327.

O'Neill, Mark. 2018. *Israel and China: From the Tang Dynasty to Silicon Wadi*. Hong Kong: Joint Publishing Co., Ltd.

Oberländer, Erwin. 1966. "The All-Russian Fascist Party." *Journal of Contemporary History* 1, no. 1: 158–73.

Ochil'diev, David, Robert Pinkhasov, and Iosif Kalontarov. 2007. *A History and Culture of the Bukharian Jews*. New York: Club "Roshnoyi-Light."

大石雄一郎. 刊行年不明. "ハキム商会のシツゲル." 発行所不明.

Omissi, David E. 1994. *The Sepoy and the Raj: The Indian Army, 1860–1940*. Houndsmills, England: Macmillan.

Omissi, David E. 2007. "The Indian Army in the First World War, 1914-1918." In *Military History of India and South Asia*, edited by Daniel P. Marston and Chandar S. Sundaram, 74–87. Westport, CT: Praeger.

Onishi, Norimitsu. 2010. "In Part of Indonesia, Judaism Is Embraced." *The New York Times*, November 22. sec. World/Asia Pacific. http://www.nytimes.com/2010/11/23/world/asia/23indo.html

Oppler, Alfred Christian. 1976. *Legal Reform in Occupied Japan: A Participant Looks Back*. Princeton, NJ: Princeton University Press.

Orekhova, N. A. 2001. "Evreiskii pogrom v Krasnoyarske v 1916 godu"（クラスノヤルスク管区における1916年の反ユダヤポグロム）. In *Istoriia evreiskikh obshchin Sibiri i Dal'nego Vostoka*, edited by Ia. M. Kofman, 51–60. Krasnoyarsk: Klaretianum.

Orekhova, N. A. 2007. "Evreiskie obshchiny na territorii Eniseiskoi gubernii: XIX - nachalo 30-kh gg. XX vv."（エニセイスク管区のユダヤ人共同体）. Ph.D. thesis, Krasnoyarsk: Krasnoyarskii gosudarstvennyi pedagogicheskii universitet imeni V.P. Astaf'eva.

Orfali, Moises. 2020. "The 'Law of Moses' in Sixteenth–and Seventeeth–Century Goa." In *The Jews of Goa*, edited by Shalva Weil, 68–100. Delhi: Primus Books.

Ostrovskii, Yu. 1911. *Sibirskie evrei*. St. Petersburg.

Owen, David E. 1934. *British Opium Policy in China and India*. New Haven: Yale University Press.

小山猛夫. 1941. 東亜と猶太問題. 東亜新書. 東京：中央公論社.

Paine, Ralph D. 1920. *The Old Merchant Marine: A Chronicle of American Ships and Sailors*. New Haven, CT: Yale University Press.

アスポラの歴史から). In *Ocherki istorii evreiskikh obshchin Sibiri i Dal'nego Vostoka (XIX – nachalo XX vv.)*, edited by V. I. Diatlov and Ya. M. Kofman, 12–52. Krasnoyarsk: Klaretianum.

Muraoka, Mina. 2014. "Jews and the Russo–Japanese War: The Triangular Relationship between Jewish POWs, Japan, and Jacob H. Schiff." PhD dissertation. Brandeis University.

Musleah, Ezekiel N. 1975. *On the Bank of the Ganga: The Sojourn of Jews in Calcutta*. North Quincy, MA: Christopher Publishing House.

Myers, Gustavus. 1937. *History of the Great American Fortunes*. New York: The Modern Library.

Myrttinen, Henri. 2015. "Under Two Flags: Encounter with Israel, Merdeka and the Promised Land in Tanah Papua." In *From "Stone Age" to "Real-Time": Exploring Papuan Temporalities, Mobilities and Religiosities*, edited by Martin Slama and Jenny Munro, 125–44. Canberra: ANU Press.

Nam, Iraida.V. 2014. "Institutsionalizatsiia etnichnosti v sibirskom pereselencheskom obshchestve (konets XIX–nachalo XX v.)" (シベリアの入植者社会における民族の規定化——19世紀末~20世紀初期). *Izvestiia Irkutskogo gosudarstvennogo universiteta. Seriia: Politologiia. Religiovedenie* 10: 34–49.

Nathan, Eze. 1986. *The History of Jews in Singapore, 1830–1945*. Singapore: Herbilu.

Nathans, Benjamin. 2002. *Beyond the Pale: The Jewish Encounter with Late Imperial Russia*. Berkeley: University of California Press.

Neve, Roel de. 2014. "Afstammelingen van Israël in Nederlands-Indië; Joods familieonderzoek in koloniale context" (オランダ領東インドにおけるイスラエルの末裔). *Misjpoge* 27, no. 4: 20–30.

Nichols, Johanna. 1987. "The Chinese Pidgin in Russian." In *Evidentiality: The Linguistic Coding of Epistemology*, edited by Wallace Chafe and Johanna Nichols, 239–57. Norwood, NJ: Ablex.

Nippon Tea Association. 1936. *The Annual Statistical Tea Report of the Nippon Tea Association, 1935*. Tokyo: Nippon Tea Association.

Nissim, M. 1929. Letter: Mozelle Nissim, Singapore, to Keren Hayesod, Jerusalem, April 9, 1929, KH4 12347, CZA, Jerusalem.

Nölle-Karimi, Christine. 2008. "Khurasan and its Limits: Changing Concepts of Territory from Pre-Modern to Modern Times." In *Iran und iranisch geprägte Kulturen: Studien zu Ehren von Bert G. Fragner*, edited by M. Ritter, et al., 9–19, Wiesbaden: Reichert.

Novomeysky, M. A. 1956. *My Siberian Life*. London: Max Parrish.

Numark, Mitch. 2019. "Perspective from the Periphery: The East India Company's Jewish

Minasny, Budiman, and Josh Stenberg. 2021. "Merchants and Entrepreneurs." *Inside Indonesia* 146. URL: https://www.insideindonesia.org/merchants-and-entrepreneurs

Ming, Hui Pan. 2020. "The Harbin Jewish Community and the Regional Conflicts of Northeast China,1903–1963." PhD dissertation, Montreal, Quebec, Canada: Concordia University.

Miron, Jonathan. 2012. "Red Sea Translocals: Hadrami Migration, Entrepreneurship, and Strategies of Integration in Eritrea, 1840s–1970s." *Northeast African Studies*, 12, no. 1: 129–68.

宮澤正典. 1982. 増補 ユダヤ人論考――日本における論議の追跡. 東京：新泉社.

宮澤正典. 1988. "日本への避難ユダヤ人と新聞." ユダヤ・イスラエル研究 11: 43–9.

Moche, S. David, and Lisa Sopher. 2009. "History of Jewish Kobe, Japan." http://historyofjewishkobejapan.blogspot.jp/2009/11/hi.html

Moiseff, Moise. 1941. "The Jewish Transients in Japan." *Canadian Jewish Chronicle*, July 25, 9.

Moore, Deborah Dash. 2004. *GI Jews: How World War II Changed a Generation*. Cambridge, MA: Belknap Press of Harvard University Press.

Moravskii, V. 1909. "Sibirskie evrei i konstitutsiia." *Sibirskie voprosy*, 16.

Morgenstern, Arie. 2008. *Hashiva LeYerushalayim*（エルサレムへの帰還）. Jerusalem: Shalem.

Morgenstern, Ariyeh. 1987. "Nisyono shel Rabbi Yisrael MiShklov Lehadesh et Hasmicha L'or Mekorot Hadashim"（シクロフのラビ・イスラエル，新入りの増加に照らし聖職者拝命式の再開を決意）. *Sinai* 100. http://www.daat.ac.il/daat/kitveyet/sinay/nisyono-4.htm

Moses, Nissim, and Ralphy E. Jhirad, eds. 2015. *Bene Israel Heritage Museum and Genealogical Research Centre*. Mumbai: Bene Israel Heritage Museum & Genealogical Research Centre.

Moses, Nissim. 2014. *Bene Israel of India: Heritage and Customs including Distinguished Personalities of Indian Jewish Communities*. Mumbai: Ralphy Jhirad, Bene Israel Heritage Museum & Genealogical Research Center.

Moses, Nissim. 2016. *Bene Israel Warriors of the Indian Armed Forces*. An unpublished manuscript.

Moses, Nissim. 2018. *The Bhonkar Family*. An unpublished manuscript.

Mosheev, Yosif. 1999. *Bukharskie evrei: Kto my ? Ėntsiklopediia*（ブハラのユダヤ人――我らは何者であるか）. I: 291–8. Tel Aviv: Nevo Art.

Muchnik, Iulia. 2001. "Iz istorii evreiskoi diaspory v Tomske"（トムスクのユダヤ人ディ

ター.
丸山直起. 1987–88. "1930年代における日本の反ユダヤ主義." 国際中東経済研究所紀要 : 411–38.
丸山直起. 2005. 太平洋戦争と上海のユダヤ難民. 東京：法政大学出版局.
Maruyama, Naoki. 2021. "David Marshall: His Second Journey to Hokkaido," 同年8月京都で開催された次の国際会議のため準備された論文；International Convention of Asian Scholars (ICAS).
Masliyah, Sadok. 1994. "The Bene Israel and the Baghdadis: Two Indian Jewish Communities in Conflict." *Judaism: A Quarterly Journal of Jewish Life and Thought* 43, no. 3: 279–94.
間谷春治. 1981. ハルビンの街. 自費出版.
Maxon, Yale. 1973. *Control of JapaneseForeign Policy*. Westport, CT: Greenwood.
McCabe, Patricia. 1994. *Gaijin Bochi: The Foreigners' Cemetery, Yokohama. Japan*. London: BACSA.
Medzini, Meron. 2015. "Hands across Asia: Israel–Taiwan Relations." *Israel Journal of Foreign Affairs* 9, no. 2: 237–51.
Medzini, Meron. 2016. *Under the Shadow of the Rising Sun: Japan and the Jews during the Holocaust Era*. Boston: Academic Studies Press.
Meiji Portraits. 2021. http://meiji-portraits.de
Meir, Ephraim. 2021. "Gandhi's View on Judaism and Zionism in Light of an Interreligious Theology." *Religions* 12: 489.
Meissner, Renate. 1993. "Austrian Scholarly Interest and Research." *Tema* 3: 114–29.
Menquez, Alexander. 2000. "Growing up Jewish in Manchuria in the 1930s: Personal Vignettes." In *The Jews of China*, edited by Jonathan Goldstein, 1: 70–84. Armonk, NY: M. E. Sharpe.
Meyer, Maisie J. 1994. *The Sephardi Jewish Community of Shanghai 1845–1939 and the Question of Identity*. PhD dissertation, The London School of Economics and Political Science University of London.
Meyer, Maisie J. 2000. "The Interrelationship of Jewish Communities in Shanghai." *Immigrants and Minorities* 19, no. 2, 71–90.
Meyer, Maisie J. 2003. *From the Rivers of Babylon to Whangpoo: A Century of Sephardi Jewish Life in Shanghai*. Lanham, MD: University Press of America.
Meyer, Maisie J. 2015. *Shanghai's Baghdadi Jews: A Collection of Biographical Reflections*. Hong Kong: Blacksmith Books.
Miller, Chris. 2021. *We Shall Be Masters: Russian Pivots to East Asia from Peter the Great to Putin*. Cambridge, MA: Harvard University Press.

Etudes Iraniennes.

Loy, Thomas. 2016. *Bukharan Jews in the Soviet Union. Autobiographical Narrations of Mobility, Continuity, and Change*. Wiesbaden: Reichert.

Loy, Thomas. 2021. "Writing Oral Histories. A Central Asian Jewish Family Story." In *The Written and the Spoken in Central Asia. Mündlichkeit und Schriftlichkeit in Zentralasien. Festschrift for Ingeborg Baldauf*, edited by Redkollegiia, 131–61, Potsdam: edition-tethys.

Lu, Hanchao. 1999. *Beyond the Neon Lights: Everyday Shanghai in the Early Twentieth Century*. Berkeley: University of California Press.

Maksimowska, Agata. 2019. *Birobidżan: Ziemia, na której mieliśmy być szczęśliwi* (ビロビジャン――我々が幸福に住むと考えられている地). Wołowiec: Wydawnictwo Zarne.

Malcolm, John. 1818. "Origin of the State of the Indian Army." *Quarterly Review* 18, no. 36: 385–423.

Malek, Roman, ed. 2000. *From Kaifeng to Shanghai: Jews in China*. Sankt Augustin: Inst. Monumenta Serica.

Maltz, Judy. 2015. "How a Former Netanyahu Aid is Boosting Israel's Jewish Majority, One 'Lost Tribe' at a Time." *Haaretz*, February 19. URL: https://www.haaretz.com/how-one-man-is-pumping-up-israel-s-jewish-majority-1.5308899

Manley, Rebecca. 2007. "The Perils of Displacement: The Soviet Evacuee between Refugee and Deportee." *Contemporary European History* 16 (2007): 495–509.

Manley, Rebecca. 2009. *To the Tashkent Station. Evacuation and Survival in the Soviet Union at War*. Ithaca, NY: Cornell University Press.

Mann, Michael. 2015. *South Asia's Modern History: Thematic Perspective*. London: Routledge.

Margalit, Avishai. 1998. *The Decent Society. Translated by Naomi Goldblum*. Cambridge: Harvard University Press.

Margolis, Laura L. 1944. "Race Against Time in Shanghai." *Survey Graphic*, March 1. In JDC, item ID: 456331.

Marks, Steven G. 1991. *Road to Power: The Trans-Siberian Railroad and the Colonization of Asian Russia, 1850–1917*. London: I.B. Tauris.

Marshall, David. 1996. *Letters from Mao's China*. Singapore: Singapore Heritage Society.

Marshall, Jonathan. 2014. Email to Jean Marshall, January 19, courtesy of Jean Marshall.

Martin, Terry. 2001. *The Affirmative Action Empire: Nations and Nationalism in the Soviet Union, 1923–1939*. Ithaca: Cornell University Press.

丸山直起．1986．アジア太平洋地域におけるユダヤ人社会．国際大学，日米関係セン

htm

Li Shuxiao and Fu Mingjing. 2001. “Ha’erbin Youtairen renkou, guoji he zhiye goucheng wenti tantao” (ハルビンのユダヤ人口——国籍と職業構造に関する一考察). *Xuexi yu tansuo* 3: 131–6.

Li Shuxiao. 1980. *Haerbin lishi biannian (1896–1926)* (ハルビン年代記 , 1896–1926), 3. Harbin: Difang shi yanjiusuo.

Li Shuxiao. 2004. “Ha’erbin Youtairen yicun kaolüe” (ハルビンのユダヤ人残留者に関する研究). In *Ha’erbin Youtairen* (ハルビンのユダヤ人), edited by Qu and Li, 28–40. Harbin: Shehui kexue wenxian chubanshe.

Liberman, Yaacov. 1998. *My China: Jewish Life in the Orient, 1900–1950*. Jerusalem: Gefen.

Likhodedov, Vladimir. 2007. *Sinagogi / Synagogues*. Minsk: Riftur.

Lim, Edmund W. K. and Ee Moi Koh 2005. *The Chesed-El (sic) Synagogue: Its History & People*. Singapore: Trustees of Chesed-El Synagogue.

Lim, Kevjn, and Mattia Tomba. 2023. “Israel and Singapore; An Old-New Affinity Between Nations under Siege.” In *Israel-Asia Relations in the 21st Century: The Search for Partners in a Changing World*, edited by Yoram Evron and Rotem Kowner. London; Routledge.

Litvak, Yosef. 1988. *Pelitim Yehudim mi-Polin be-Verit ha-Mo‘atsot, 1939–1946* (ソ連邦のポーランド系ユダヤ人難民, 1939–1946). Jerusalem: Magnes Press.

Liu Shuang. 2004. “Ha’erbin Youtairen tanyuan” (ハルビンユダヤ人社会の起源について). In *Ha’erbin Youtairen* (ハルビンのユダヤ人), edited by Qu and Li, 14–27. Harbin: Shehui kexue wenxian chubanshe.

Liu Shuang. 2007. *Ha’erbin Youtairen qiaomin shi* (ハルビンのユダヤ人移住史). Beijing: Fangzhi chubanshe.

Lockard, Craig A. 2009. *Southeast Asia in World History*. New York: Oxford University Press, 2009.

Low, H. 2002. *Lights and Shadows of a Macao Life: The Journal of Harriet Low, Travelling Spinster*, edited by A. W. Hummel and N. P. Hodges. Redmond, WA: History Bank.

Löwe, Heinz-Dietrich. 1993. *The Tsars and the Jews: Reform, Reaction and Anti-Semitism in Imperial Russia, 1772–1917*. Chur: Harwood.

Löwenthal, Rudolph. 1940. *The Religious Periodical Press in China*. Peking: The Synodal Commission in China.

Loy, Thomas. 2015. “Rise and Fall: Bukharan Jewish Literature of the 1920s and 1930s.” In *Iranian Languages and Literatures of Central Asia. From the 18th century to the present*, edited by M. De Chiara and E. Grassi, 307–36, Paris: Association pour l’Avancement des

Leventhal, Dennis A., and Mary W. Leventhal. 1990. *Faces of the Jewish Experience in China*. Hong Kong: Hong Kong Jewish Chronicle.

Leventhal, Dennis. 1985. *The Jewish Community of Hong Kong*. Hong Kong: Jewish Historical Society of Hong Kong.

Levi, Scott C. 2002. *The Indian Diaspora in Central Asia and its trade, 1550–1900*. Leiden: Brill.

Levin, Dov. 1994. *Baltic Jews under the Soviets, 1940–1946*. Jerusalem: Centre for Research and Documentation of East European Jewry, Avraham Harman Institute of Contemporary Jewry, Hebrew University of Jerusalem.

Levin, Dov. 1995. *The Lesser of Two Evils; Eastern European Jewry Under Soviet Rule, 1939-1941*. Philadelphia: Jewish Publication Society.

Levin, Vladimir. 2010. "The St. Petersburg Jewish Community and the Capital of the Russian Empire: An Architectural Dialogue." In *Jewish Architecture in Europe*, edited by Aliza Cohen-Mushlin and Harmen H. Thies, 197–217. Petersberg: Michael Imhof Verlag.

Levin, Vladimir. 2017. "The Legal History of Synagogues of Volhynia." In *Synagogues in Ukraine: Volhynia*, by Sergey Kravtsov and Vladimir Levin, vol. 1, 21–57. Jerusalem: Zalman Shazar Center and the Center for Jewish Art.

Levin, Vladimir. 2018. "Smolenshchina: granitsy i pogranich'e"（スモレンスク地方――境界とフロンティア）. In *Evrei pogranich'ia: Smolenshchina*, edited by Svetlana Amosova, Irina Kopchionova, Vladimir Levin, Victoria Mochalova, and Anna Shaevich, 17–30. Moscow: Sefer.

Levin, Vladimir. 2020. "Reform or Consensus? Choral Synagogues in the Russian Empire." *Arts* 9 (72) (2020): 1–49. DOI: https://doi.org/10.3390/arts9020072

Levin, Zeev, ed. 2018. *Merkaz Asia: Bukhara veAfghanistan*（中央アジア――ブハラとアフガニスタン）. Jerusalem: Ben Zvi Institute.

Levin, Zeev. 2008. "When it All Began: Bukharan Jews and the Soviets in Central Asia, 1917–1932." In *Bukharan Jews in the 20th Century. History, Experience and Narration*, edited by I. Baldauf et al., 23–36. Wiesbaden: Reichert.

Levin, Zeev. 2015. *Collectivization and Social Engineering: Soviet Administration and the Jews of Uzbekistan, 1917–1939*. Leiden: Brill.

Levine, Hillel. 1996. *In Search of Sugihara: The Elusive Japanese Diplomat Who Risked his Life to Rescue 10,000 Jews From the Holocaust*. New York: Free Press.

Levy, Daniel S. 1997. *Two-Gun Cohen: A Biography*. New York: St. Martin's Press.

Levy Holt, Faygie. 2014. "Young Chabad-Lubavitch Emissaries: Who They Are, Where They're Going." Chabad.org. https://www.chabad.org/news/article_cdo/aid/2767338/jewish/The-Young-Chabad-Lubavitch-Emissaries-Who-They-Are-Where-Theyre-Going.

Kupovetskii, M. S. 1992, "Evrei iz Meshkheda i Gerata v Srednei Azii"（中央アジアのマシャードとヘラートから来たユダヤ人）. *Ėtnograficheskoe Obozrenie* 5: 54–64.

Kwartanada, D. 2009. "Bahaja Jahoedi Haroes Dibanteras/Jewish Peril Must be Eliminated': Anti-Semitism in Java during the Japanese Occupation (1942–1945)." Paper presented at a workshop on Jews in Indonesia: Perceptions and Histories. Singapore: National University of Singapore, June 10–1.

Ladejinsky, Wolf I. 1977. *Agrarian Reform as Unfinished Business: The Selected Papers of Wolf Ladejinsky*, ed. L. J. Walinsky. New York: Oxford University Press.

Lahusen, Thomas. 2000. "Remembering China, Imagining Israel: The Memory of Difference." *The South Atlantic Quarterly* 99, no. 1: 253–69.

Lamin, V. A., ed. 2003. *Novosibirsk*. Novosibirsk: Novosibirskoe knizhnoe izdatel'stvo.

Lavi, Ziona. 1980. "Merkaz kehilati hadash beTokyo"（東京の新しいコミュニティセンター）. *Ma'ariv*, November 9, 16.

Lawson, Philip. 1993. *The East India Company: A History*. London: Longman.

Laytner, Anson H., and Jordan Paper. 2017. *The Chinese Jews of Kaifeng: A Millennium of Adaptation and Endurance*. Lanham, MD: Lexington Books.

LeDonne, John P. 1997. *The Russian Empire and the World, 1700–1917: The Geopolitics of Expansion and Containment*. Oxford: Oxford University Press.

Lee, Chinyun. 2017. "Engineers, Entrepreneurs, Emigres: Contribution of Central Europeans to the Development of Manchuria 1890–1918." *Electronic Journal of Central European Studies in Japan* 3: 1–13.

Lee, Jonathan L. 1996. *The 'Ancient Supremacy'. Bukhara, Afghanistan and the Battle for Balkh, 1731–1901*. Leiden: Brill.

Leifer, M. 1988. "Israel's President in Singapore: Political Catalysis and Transnational Politics." *Pacific Review* 1: 341–52.

Leifer, Michael. 1994. *The Peace Dividend: Israel's Changing Relationship with South-East Asia*. London: Institute of Jewish Affairs.

Leitner, Yecheskel. 1987. *Operation Torah Rescue: The Escape of Mirrer yeshiva from War-Torn Poland to Shanghai, China*. Jerusalem: Feldheim Publishers.

Leksikon fun der nayer yidisher literatur（近代イーデッシュ語文学人名事典）. New York: Congress for Jewish Culture, 1956–1986, 9 vols; English translation by Joshua A. Fogel: yleksikon.blogspot.ca.

Leslie, Donald. 1972. *The Survival of the Chinese Jews: The Jewish Community of Kaifeng*. Leiden: Brill.

Leupp, Gary P. 2003. *Interracial Intimacy in Japan: Western Men and Japanese Women, 1543–1900*. London: Continuum.

News. January 17. https://www.cjnews.com/news/canada/edmonton-torah-journeys-indonesia

Kranzler, David. 1976. *Japanese, Nazis and Jews: The Jewish Refugee Community of Shanghai, 1938–45*. New York: Yeshiva University Press.

Krasno, Rena. 1992. *Strangers Always: A Jewish Family in Wartime Shanghai*. Berkeley: Pacific View Press.

Kravtsov, Sergey. 2016. "Architecture of 'New Synagogues' in Central–Eastern Europe." In *Reform Judaism and Architecture*, edited by A. Brämer, M. Przystawik, and H. H. Thies, 47–78. Petersberg: Michael Imhof Verlag.

Kravtsov, Sergey. 2017. "Synagogue Architecture of Volhynia." In *Synagogues in Ukraine: Volhynia*, by Sergey Kravtsov and Vladimir Levin, vol. 1, 59–137. Jerusalem: Zalman Shazar Center and the Center for Jewish Art.

Krebs, Gerhard. 2004. "'The Jewish Problem' in Japanese-German Relations, 1933–1945." In *Japan in the Fascist Era*, edited by Bruce Reynolds, 107–32. New York: Palgrave Macmillan.

Kreissler, Françoise. 2000. "In Search of Identity: The German Community of Shanghai, 1933–1945)." In *New Frontiers: Imperialism's New Communities in East Asia, 1842–1952*, edited by Robert Bickers and Christian Henriot, 211–30. Manchester: Manchester University Press.

Krinsky, Carol Herselle. 1985. *Synagogues of Europe: Architecture, History, Meaning*. New York: Architectural History Foundation.

Kublin, Hyman, Michael J. Schudrich, Shaul Tuval, Marvin Tokayer, and Tudor Parfitt. 2007. "Japan." In *Encyclopaedia Judaica*, 2nd ed., edited by Fred Skolnik, 11: 81–3. Detroit: Thomson Gale.

Kublin, Hyman. 1971. *Studies of the Chinese Jews; Selections from Journals East and West*. New York: Paragon Book Reprint Corp.

Kublin, Hyman. 1973. "Taiwan's Japanese Interlude, 1895–1945." In *Taiwan in Modern Times*, edited by Paul K. T. Sih, 317–53. New York: St. John's University Press.

Kuchenbecker, Antje. 2000. *Zionismus ohne Zion: Birobidžan: Idee und Geschichte eines jüdischen Staates in Sowjet-Fernost*（シオン無きシオニズム：ビロビジャン：ソビエト極東部におけるユダヤ人国家の構想と歴史）. Berlin: Metropol.

Kulke, Hermann, and DeitmarRothermund. 2007. *A History of India*, 4th ed. London: Routledge.

Kumaraswamy, P. R. 2010. *India's Israel Policy*. New York: Columbia University Press.

Kunzl, Hannelore. 1984. *Islamische Stilelemente im Synagogenbau des 19. und frühen 20. Jahrhunderts*. Frankfurt/Main: Peter Lang.

Kowner, Rotem. 2010. "The Japanese Internment of Jews in Wartime Indonesia and Its Causes." *Indonesia and the Malay World* 38: 349–71.

Kowner, Rotem. 2011. "An Obscure History: The Prewar History of the Jews in Indonesia." *Inside Indonesia* 104. URL: http://www.insideindonesia.org/an-obscure-history

Kowner, Rotem. 2012. "The Strange Case of Japanese 'Revisionism'." In *Holocaust Denial: The Politics of Perfidy*, edited by Robert Wistrich, 181–94. Berlin: De Gruyter.

Kowner, Rotem. 2014a. *From White to Yellow. The Japanese in European Racial Thought, 1300–1735*（邦訳版『白から黄色へ――ヨーロッパ人の人種思想から見た「日本人」の発見 1300年～1735年』）. Montreal: McGill-Queen's University Press.

Kowner, Rotem. 2014b. "Sofa shel kehila colonialist"（植民地共同体の終焉――戦中戦後のインドネシアのユダヤ人）. *Zmanim: A Historical Quarterly* 127: 60–71.

Kowner, Rotem. 2017a. "When Strategy, Economics, and Racial Ideology Meet: Inter-Axis Connections in Wartime Indian Ocean." *Journal of Global History* 12: 228–50.

Kowner, Rotem. 2017b. *Historical Dictionary of the Russo–Japanese War*, 2nd ed. Lanham, MD: Rowman & Littlefield.

Kowner, Rotem. 2018. "The Imitation Game? Japanese Attitudes towards Jews in modern Times." In *The Medieval Roots of Antisemitism*, edited by Jonathan Adams and Cordelia Heß, 73–94. London: Routledge.

Kowner, Rotem. 2020. "The Repatriation of Surrendered Japanese Troops, 1945–47." In *In the Ruins of the Japanese Empire*, edited by Barak Kushner and Andrew Levidis, 121–38. Hong Kong: Hong Kong University Press.

Kowner, Rotem. 2022. "The Mir Yeshiva's Holocaust Experience: Ultra-Orthodox Perspectives on Japanese Wartime Attitudes towards Jewish Refugees." *Holocaust and Genocide Studies*. 36, no. 3, 295–314.

Kowner, Rotem. 2023a. "A Holocaust Paragon of Virtue's Rise to Fame: The Transnational Commemoration of the Japanese Diplomat Sugihara Chiune and Its Divergent National Motives." *American Historical Review*. 128, no.1.

Kowner, Rotem. 2023b. "East Asia and Antisemitism: A Vast Region Immersed in Admiration and Consternation." In *The Routledge History of Antisemitism*, edited by Mark Weitzman, J. Wald, and Robert Williams. London: Routledge.

Kowner, Rotem. 2024. "The Puzzle of Rescue and Survival: The Wartime Exodus of Jewish Refugees from Lithuania and their Japanese Savior Redux." *Journal of World History* 35, 297–332.

Kowner, Rotem and Joshua Fogel, 2022. "Questionable Heroism." Number One Shinbun (December). URI: https://www.fccj.or.jp/number-1-shimbun-article/questionable-heroism

Kramer, Lauren. 2018. "Edmonton Torah Journeys to Indonesia." *The Canadian Jewish*

Komleva, E. V. 2005. *Eniseiskoe kupechestvo v poslednei chetverti XVIII–pervoi polovine XIX v*.（エニセイ管区における通商——18 世紀最後の第 4 四半期～19 世紀前半）. Novosibirsk: Academia.

Kong, Lily. 2005. "Re-presenting the Religious: Mation, Community and Identity in museums." *Social and Cultural Geography* 6, no. 4: 495–513.

Konstantinov, Viacheslav. 2018. "Demografia bame'a ha'esrim"（20 世紀の人口統計）. In *Merkaz Asia: Bukhara veAfghanistan*, edited by Zeev Levin, 83–102. Jerusalem: Ben Zvi Institute.

Kook, Avraham Yitchak Hacohen. 1984. *Mamarei Hareaya*（ハレアヤ記事集）. Jerusalem.

Koplik, Sara. 2015. *A Political and Economic History of the Jews of Afghanistan*. Leiden, Boston: Brill.

Koplik, Sara. 2018. "Ha'kehila ha'yehudit beAfghanistan"（アフガニスタンのユダヤ人共同体）. In *Merkaz Asia: Bukhara veAfghanistan*, edited by Zeev Levin, 333–50. Jerusalem: Ben Zvi Institute.

Kornberg Greenberg, Yudit. 2019. "Breaking Taboos: Jewish Women Performing the Vamp on the Indian Screen." *AJS Perspectives* (Fall) 29–31.

越沢明．1988．ハルビンの都市計画，1898–1945．東京：総和社．

Kotlerman, Ber, ed. 2009–11. *Mizrekh: Jewish Studies in the Far East*, 2 vols. Frankfurt: Peter Lang.

Kotlerman, Ber. 2012. "If There Had Been No Synagogue There, They Would Have Had to Invent It: The Case of the Birobidzhan 'Religious Community of the Judaic Creed' on the Threshold of Perestroika." *East European Jewish Affairs* 42, no. 2: 87–97.

Kotlerman, Ber. 2014. "Between Loyalty to the Empire and National Self-Consciousness: Joseph Trumpeldor among Jewish Russian POWs in Japan (1905)." *Asia Japan Journal* 9, 39–49.

Kotlerman, Ber. 2016. "Jewish Religious Challenges in the POW camps in Japan, 1904–1905." *Namal* (Kobe Yudaya Bunka Kenkyūkai) 21, 2–13.

Kotsuji, Abraham Setsuzau. 1964. *From Tokyo to Jerusalem*. New York: B. Geis.

Kowner, Rotem. 1997. "On Ignorance, Respect, and Suspicion: Current Japanese Attitudes towards Jews." *Analysis of Current Trends in Antisemitism* 11. Jerusalem: The Vidal Sassoon International Center for the Study of Antisemitism, the Hebrew University.

Kowner, Rotem. 2000. "'Lighter than Yellow, but Not Enough': Western Discourse on the Japanese 'Race', 1854–1904." *The Historical Journal* 43, no. 1: 103–31.

Kowner, Rotem. 2006. *On Symbolic Antisemitism: Motives for the Success of the Protocols in Japan and Its Consequences*. Posen Papers in Contemporary Antisemitism, no. 3. Jerusalem: The Vidal Sassoon International Center for the Study of Antisemitism, the Hebrew University of Jerusalem.

sionista（収容所の医師；ソ連邦での 16 年，あるシオニストの回想）. Tel Aviv: Am oved.

Kaufman, Avraham. 1971. *Rofe hamaḥane: 16 shana bi-Verit ha-Mo'atsot*（収容所の医師）. translated by Menaḥem Ben-Me'ir. Tel Aviv: Am oved.

Kaufman, Fritz. 1986. "Die Juden in Shanghai im 2. Weltkrieg"（第二次世界大戦時の上海のユダヤ人）. *Leo Baeck Institut* 73: 12–23.

Kaufman, Jonathan. 2020. *The Last Kings of Shanghai: The Rival Jewish Dynasties that Helped Create Modern China*. New York: Viking.

Kaufman, Theodore. 2006. *The Jews of Harbin Live on My Heart*. Tel Aviv: The Association of Former Jewish Residents of China in Israel.

河村愛三. 1971. 万ソ国境のユダヤ難民救出について. 次に収録；樋口季一郎『アッツ，キスカ軍司令官の回想録』, 359, 東京：芙蓉書房, 359–64.

河村愛三, 高島辰彦, 竹山道夫. 1973. 日本陸軍とユダヤ人. 自由 15: 188–201.

Kehimkar, Haeem Samuel. 1937. *The History of the Bene Israel of India*, edited and reprinted by Immanuel Olsvanger (originally published in 1897). Jerusalem: Dayag Press.

Kelly, Ned. 2020. "Emily Hahn: The American Writer Who Shocked '30s Shanghai." *That's*, January 28.

Kempner, Robert M. 1953. "Nazis errichteten das Shanghai Ghetto." *Aufbau*, January 16.

Kisilev, Aharon Moshe. 1927. *Mishberey yam*. Harbin: Tipografiia M.L. Levitina.

Kitching, Tom. 1999. *Life and Death in Changi*. Perth, UK: Brian Kitching.

清沢洌. 1926. 世界の自由市, 夜の哈爾賓. 太陽 32, no. 7: 57–65.

Klemperer-Markman, Ayala. 2014. "Yehudim beMachanot Rikuz Yapanim beIndonezia."（インドネシアの日本側強制収容所に収容されたユダヤ人）*Zmanim: A Historical Quarterly* 127: 72–9.

Klier, John. 1986. *Russia Gathers Her Jews: The Origins of the "Jewish Question" in Russia, 1772–1825*. DeKalb: Northern Illinois University Press.

Klier, John. 2011. *Russians, Jews, and the Pogroms of 1881–1882*. Cambridge: Cambridge University Press.

Knesset. 2016. "Klitat Beni Menashe Barashuyot Hamekomiyot"（地方自治体のブネイメナシェ受け入れについて）. *Proceedings of a 20th Knesset aliya, absorbtion and diaspora committee*. March 8. https://oknesset.org/meetings/5/7/574027.html

小林正之. 1977. ユダヤ人――その歴史像を求めて. 東京：成甲書房.

Kobe Guide. 1921. *Kobe Guide: Everyman's Directory, 1921–1922*. Kobe: The Japan Commercial Guide Co.

Kobe Port Festival Association. 1933. *Kobe, the Premier Port of Japan: Illustrated*. Kobe: The Kobe and Osaka Press.

1917)"（19世紀中期から1917年2月に至る間の東シベリアのユダヤ人共同体）. PhD dissertation, Irkutskii gosudarstvenniĭ universitet.

Kalmina, Lilia. 2009. "To Allow or to Forbid? Some Peculiarities of Siberian Legislation on the Jews in the First Half of the Nineteenth Century." *Igud: mivhar ma'amarim be-madaei ha-yahadut*（ユダヤ研究記事選集）2: 97–104.

Kalontarov, Yakūv. 1998. "Hakūl talūy bamazal"（すべては運次第）. In *Gulchine az adabiyot-I yahudiyon-i Bukhori*, 2 vols., edited by Aharūn Shalamūev and Hano Tolmas, 331–346. Tel Aviv: n.p.

Kamsma, Mattheus (Theo) Joseph. 2010a. "The Jewish Diasporascape in the Straits: An Ethnographic of Jewish Businesses across Borders." PhD dissertation, Vrije Universiteit Amsterdam.

Kamsma, Mattheus (Theo) Joseph. 2010b. "Echoes of Jewish Idenitty in Evangelical Christian Sect in Minhasa, Inodnesia." *Indonesia and the Malay World* 38: 387–402.

Kanahele, George S. 1967. "The Japanese Occupation of Indonesia: Prelude to Independence." PhD dissertation, Cornell University.

Kang Wang, Lutao Sophia. 2006. *K.T. Li and the Taiwan Experience*. Hsinchu Taiwan: National Tsing Hua University Press.

Kanovich, Grigory. 2002. *Liki Vo Tme*（暗闇の顔）. Jerusalem: Yerusalimaskaya Antologia.

Kanovich, Grigory. 2017. *Shtetl Love Song*, translated by Yisroel Elliot Cohen. Nottingham, England: Noir Press.

Kapner, Daniel Ari, and Stephen Levine. 2000. "The Jews of Japan." *Jerusalem Letter*, 425, 1 March, https://www.jcpa.org/jl/jl425.htm (retrieved 31 October 2021).

Karlinsky, Simon. 1989. "Memories of Harbin." *Slavic Review* 48, no. 2: 284–90.

Kartomi, Margaret J. 1999. "A South-East Asian Haven: The Sephardi-Singaporean Liturgical Music of Its Jewish Community, 1841 to the Present." *Musicology Australia* 22, no. 1: 3–17.

加瀬英明. 1971. 日本の中のユダヤ人. 中央公論 86, no. 6: 234–47.

Kashdai, Tsvi. 1911. *Me-yarketei tevel.*（ユニバースの臚から）. Jerusalem: A.M. Lunz.

Katz, Nathan, and Ellen S. Goldberg. 1993. *The Last Jews of Cochin: Jewish Identity in Hindu India*. Columbia: University of South Carolina.

Katz, Nathan. 2000. *Who Are the Jews of India?* Berkeley: University of California Press.
Katz, Nathan. 2004. *Studies of Indian Jewish Identity*. New Delhi: Manohar Publishers.

Katz, Yossi. 2010. "The Jews of China and their Contribution to the Establishment of the Jewish National Home in Palestine in the First Half of the Twentieth Century." *Middle Eastern* 46, no. 4: 543–54.

Kaufman, Avraham. 1973. *Lagerniĭ vrach, 16 let v Sovetskom Soyuze, vospominaniya*

Schwarz Verlag.
Kaganovitch, Albert. 2008. "The Bukharan Jewish Diaspora at the Beginning of the 21st Century." In *Bukharan Jews in the 20th Century. History, Experience and Narration*, edited by I. Baldauf et al., 111–6. Wiesbaden: Reichert.
Kaganovitch, Albert. 2010. "Jewish Refugees and Soviet Authorities during World War II." *Yad Vashem Studies* 38: 85–121.
Kaganovitch, Albert. 2012. "Stalin's Great Power Politics, the Return of Jewish Refugees to Poland, and Continued Migration to Palestine, 1944–1946." *Holocaust and Genocide Studies* 26, no. 1: 59–94.
Kaganovitch, Albert. 2013. "Estimating the Number of Jewish Refugees, Deportees, and Draftees from Bessarabia and Northern Bukovina in the Non-Occupied Soviet Territories." *Holocaust and Genocide Studies* 27, no. 3: 464–82.
Kaganovitch, Albert. 2018. "Demografia bame'a ha'tesha'esre"（19世紀の人口統計）. In *Merkaz Asia: Bukhara veAfghanistan*, edited by Zeev Levin, 77–82. Jerusalem: Ben Zvi Institute.
Kaganovitch, Albert. 2022. *Exodus and Its Aftermath: Jewish Refugees in the Wartime Soviet Interior*. Madison: University of Wisconsin Press.
Kagedan, Allan Laine. 1994. *Soviet Zion: The Quest for a Russian Jewish Homeland*. New York: Palgrave Macmillan.
Kahan, Shoshana. 2008. "In Fire and Flames: Diary of a Jewish Actress." In *Voices From Shanghai*, edited by Irene Eber, 107–18. Chicago: Chicago University Press.
Kahin, George M. 1969. *Governments and Politics of Southeast Asia*. Ithaca, NY: Cornell University Press.
Kalik, Yudit. 2010. "Evreiskoe prisutstvie v Rossii v XVI–XVIII vv"（16～18世紀ロシアにおけるユダヤ人の存在）. In *Istoriia evreiskogo naroda v Rossii*, vol. 1: *Ot drevnosti do rannego novogo vremeni*, edited by Israel Bartal and Alexander Kulik, 321–41. Moscow–Jerusalem: Gesharim – Mosty Kul'tury.
Kalinovsky, Artemy M. 2018. *Laboratory of Socialist Development. Cold War Politics and Decolonization in Soviet Tajikistan*. Ithaca: Cornell University Press.
Kalmar, Ivan Davidson. 2001. "Moorish Style: Orientalism, the Jews, and Synagogue Architecture." *Jewish Social Studies* 7: 68–100.
Kalmina, Lilia, and Alexander Litvintsev. 2018. "'Bylo-stalo': K istorii evreiskogo voprosa v Nerchinske"（ネルチンスクにおけるユダヤ問題の歴史によせて）. *Vechorka* 4(401), January 24. gazetavechorka.ru/news/2018/01/31/bylo-stalo-k-istorii-evreyskogo-voprosa-v-nerchinske
Kalmina, Lilia. 2003. "Evreiskie obshchiny Vostochnoi Sibiri (seredina XIX veka – fevral'

khudozhestvennoi literatury.

Inilah.com. 2013. "DPRD: Tutup Tempat Ibadah Yahudi Surabaya - Metropolitan Www. Inilah.Com." *Inilah.Com*. June 20. https://m.inilah.com/news/detail/74336/dprd-tutup-tempat-ibadah-yahudi-surabaya

犬塚きよ子. 1973. ユダヤ人を保護した帝国海軍. 自由 15, 236–45.

Isenberg, Shirley Berry. 1988. *India's Bene Israel: a Comprehensive Inquiry and Sourcebook*. Bombay: Popular Prakashan and Berkeley: Judah L. Magnes Museum.

Issacharoff, Eli, ed. 1998. *Issacharoff. A Tale of a Family*. Haifa: Published by the family.

Jackson, Stanley. 1968. *The Sassoons*. London: Heinemann.

Jackson, Stanley. 1989. *The Sassoons: Portrait of a Dynasty*. London: William Heinemann.

Jacob, Jack Fredrick Ralph. 1997. *Surrender at Dacca: Birth of a Nation*. New Delhi: Manohar.

Jacob, Jack Fredrick Ralph. 2011. *An Odyssey in War and Peace: An Autobiography*. New Delhi: Roli Books.

Jacobson, Liesbeth Rosen. 2021. "'A Welcoming Refuge?' The Experiences of European Jewish Refugees in the Dutch East Indies, Set against Other Asian Destinations, 1933–1965." *Jewish Culture and History* 22: 154–73.

Jacoby, Neil H. 1966. *U.S. Aid to Taiwan: A Study of Foreign Aid, Self-help and Development*. New York: Frederick A. Praeger.

Jarrassé, Dominique. 1997. *Une histoire des synagogues françaises: entre Occident et Orient*（フランスのシナゴーグ史――西欧とオリエント風の狭間で）. Arles: Actes sud.

Jarrassé, Dominique. 2001. *Synagogues: Arc hitecture and Jewish Identity*. Paris: Vilo and Adam Biro.

Jewish Autonomous Oblast. 2022. Wikipedia. URL: https://en.wikipedia.org/wiki/Jewish_Autonomous_Oblast (retrieved on February 7).

Ji Fenghui. 1996. *Ha'erbin xungen*（ハルビンにルーツを探し求めて）. Harbin: Ha'erbin chubanshe.

Johnson, Barbara C. 2015. "Malayalam Zionist Songs of the Kerala Jews: Inspiration from Indian Cinema and Political Music." In *The Indian Jewry Café Dissensus*, edited by Aafreedi, Navras Jaat, No. 12, January-February 2015.

Jong, Loe de. 2002. *The Collapse of a Colonial Society: The Dutch in Indonesia during the Second World War*. Leiden: KITLV Press.

Josephus, *Antiquities of the Jews*, translated by William Whiston, 1825. London, Printed for Thomas Tegg.

Kaganovich, Albert. 2007. *The Mashhadi Jews (Djedids) in Central Asia*. Berlin: Klaus

Herzog, Chaim. 1998. *Living History*. London: Phoenix.

東文雄. 1940. 朝鮮満州支那大陸視察旅行案内. 東京：成光館.

Hirschel, L. 1929. "Joden in Nederlandsch-Indie." In *Encyclopaedie van Nederlandsch-Indië*, 8 vols., edited by David G. Stibbe and Johannes Stroomberg, VI: 614–16. The Hague: M. Nijhoff.

Hirshberg, Sigmund-Shmuel, and Gertrud Hirshberg. 2013. *MiBerlin leShanghai*（ベルリンから上海へ――エレツイスラエルへの手紙）, edited by Guy Miron and translated from German by Miriam Levron. Jerusalem: Yad Vashem.

Hirson, Baruch. 2004. *The Restless Revolutionary*. London: Porcupine Press.

包荒子（安江仙弘）. 1924. 世界革命の裏面. 東京：二酉社.

包荒子（安江仙弘）. 1926. 猶太国建設運動. 日本及び日本人, 96, 51–103.

Ho, Engseng. 2006. *The Graves of Tarim: Genealogy and Mobility across the Indian Ocean*. London, Berkeley: University California Press.

Hochstadt, Steve, ed. 2019. *A Century of Jewish Life in Shanghai*. New York: Touro University Press.

Hochstadt, Steve. 2012. *Exodus to Shanghai: Stories of Escape from the Third Reich*. New York: Palgrave Macmillan.

Hochstadt, Steve. 2019. "How Many Shanghai Jews Were There?" In *A Century of Jewish Life in Shanghai*, edited by S. Hochstatd, 3–28. Boston: Academic Studies Press.

Holcombe, Charles. 2017. *A History of East Asia: From the Origins of Civilization to the Twenty-First Century*. Cambridge: Cambridge University Press.

Holzwarth, Wolfgang. 2012. "Mittelasiatische Schafe und russische Eisenbahnen: Raumgreifende eurasische Lammfell- und Fleischmärkte in der Kolonialzeit"（中央アジアの羊とロシアの鉄道――植民地時代における，拡大するユーラシアの羊皮および食肉市場）. In *Nomaden in unserer Welt. Die Vorreiter der Globalisierung: Von Mobilität und Handel, Herrschaft und Widerstand*, edited by J. Gertel and S. Calkin, 88–97. Bielefeld: transcript.

Hon, Saul. 1951. "Yapan sheleachar ha'milchma"（戦後の日本）. *Davar*, November 23, 10–1.

Ḥubara, Dror. 2016. "Zichronot Rabbi Shalom Ḥaim Sarum"（ラビ・シャローム・ハイム・サルムの回想録）. *Peamim* 148: 145–64.

Hutter, Manfred, ed. 2013. *Between Mumbai and Manila: Judaism in Asia since the founding of the State of Israel*. Göttingen: V&R Unipress; Bonn: Bonn University Press.

Hyman, Mavis. 1995. *Jews of the Raj*. London: Hyman Publishers.

Ide, William. 2000. "Offending Restaurant Décor Given the Axe." *Taipei Times*.

Ignat'ev, A. A. 1959. *50 let v stroiu*（服務 50 年）. Moscow: Gosudarstvennoe izdatel'stvo

人共同体に関するノート）. *Archipel* 36: 183–6.

Hanifi, Shah Mahmoud. 2008. *Connecting Histories in Afghanistan. Market Relations and State Formation on a Colonial Frontier*. Stanford: Stanford University Press.

Har'el, Eldad. 1964. "Mitzva beNagasaki"（長崎の善行）. *Ma'ariv*, June 21, 3.

Harris, Bonnie M. 2012. "Port Jews of the Orient: Asia's Jewish Diaspora." *Journal of Jewish Identities* 5, 51–70.

Harris, Bonnie M. 2020. *Philippine Sanctuary: A Holocaust Odyssey*. Madison: The University of Wisconsin Press.

Hartley, Janet M. 2014. *Siberia: A History of the People*. New Haven: Yale University Press.

哈爾賓の概念. 1924. 哈爾賓：哈爾賓日本商業会議所.

Hava, Efrat. 2014. *Neder be-Shanhai: Sipur chayav ha-meratkim shel Rabbi Shlomo Burstin*（ハルビンの誓い——ラビ・シュロモ・バースチンの刺激的日常）. Safed: Mishpachat Burstin.

Hayyim, J. (Yosef). 1986. *Sefer Ben Ish Hai. Jerusalem: Merkaz Ha-sefer*. First published 1898.

Hayyim, Yoseph. 1985–95. *The Halachot of the Ben Ish Hai*（ベン・イシ・ハイの戒律）. 4 vols., translated by S. Hiley. Jerusalem: Yeshivat Hevrath A Havat Shalom.

Heathcote, Thomas Anthony. 1995. *The Military in British India: The Development of British Land Forces in South Asia, 1600–1947*. Manchester: Manchester University Press.

Hefner, Robert W. 2001. "Introduction: Multiculturalism and Citizenship in Malaysia, Singapore, and Indonesia." In *The Politics of Multiculturalism: Pluralism and Citizenship in Malaysia, Singapore, and Indonesia*, edited by Robert W. Hefner, 1–58. Honolulu: University of Hawai'i Press.

Heller, Debra. 2016a. "How Amazing Her Path: Elisheva Wiriaatmadja a Jewish Convert from Jakarta, Indonesia, Shares Her Story." *Ami Magazine*, April 20.

Heller, Debra. 2016b. "When Facts Are Stranger than Fiction: Rabbi Tovia Singer Is Bringing Back the Lost Jews of Indonesia." *AMI Magazine*, April 20.

Ḥen, Elisha. 2015–18. *Genuzot u-Tshuvot Me-Ḥachme Teman*（ゲニザとイエメンの聖賢のレスポンザ）. Bnei Brak: Nosaḥ Teman.

Heppner, Ernest. 1993. *Shanghai Refuge: A Memoir of the World War II Jewish Ghetto*. Lincoln: University of Nebraska Press.

Hertsman, Elhanan J. 1976a. *Nes ha-hatsala shel Yeshivat Mir*. Jerusalem: Ein Ya'akov.

Hertsman, Elhanan J. 1976b. Mofet ha-do: Ktat me-ma' amarav ve-halichato ba-kodesh shel ha-gaon ha-tsadik, amud ha-emuna, mofet ha-dor, rabeinu Yechezkal Levenstein... Jerusalem: Or Ha-chochma.

Geller and Leslie Morris, 362–84. Ann Arbor: University of Michigan Press.
Grossmann, Atina. 2017. "Remapping Survival: Jewish Refugees and Lost Memories of Displacement, Trauma, and Rescue in Soviet Central Asia, Iran, and India." In *Shelter from the Holocaust: Rethinking Jewish Survival in the Soviet Union*, edited by Mark Edele, Sheila Fitzpatrick, and Atina Grossmann, 185–218. Detroit: Wayne State University Press.
Guan Chenghe. 1985. Ha'aerbin kao（ハルビンの研究）. Harbin: Ha'erbin-shi shehui kexue yanjiusuo.
Gudovich. 1871. "Byt evreev Sibiri (iz zametok evreiskogo starozhila)"（シベリアにおけるユダヤ人の日常生活――長期居住者の思い出）. *Vestnik russkikh evreev*, July 22, 1871 (29).
Gulland, W. G. 1883. quoted in *LEGCO (Straits Settlements Legislative Council Proceedings 1883)*. Singapore: Government Printing Office: 8.
Gutwirth, Tzvi (Nathan). 1999. "Eduto shel Rabbi Nahum Tzvi Hacohen Gutwirth"（ラビ・ナフム・ツビ・ハコーヘン・ガトウイスの証言）. In *Yeshivat Mir: Ha-zericha be-fa'ate kedem*, 3 vols, edited by Avraham Bernshtain et al., 1: 369–88. Bnei Brak: Siferi Kodesh Mishor.
Hadler, Jeffrey. 2004. "Translations of Antisemitism: Jews, the Chinese, and Violence in Colonial and Post-Colonial Indonesia." *Indonesia and the Malay World* 32: 291–313.
Haeems, Nina, and Alysha Haeems. 2014. *Indian Jewish Women: Stories from Bene Israel Life*. New Delhi: India Mosaic Books.
Haeems, Nina. 2002. *Rebecca Reuben, 1889–1947: Scholar, Educationist, Community Leader*. Mumbai: Vacha Trust.
Haga, Uziel. 1911. *Sefer Brit Hahadash*（新しき契約）. Pietrakov: Mordechai Tsedrboim.
Hahn, Emily. 1941. *The Soong Sisters*. New York: Doubleday, Doran & Co.
Hahn, Emily. 1944. *China to Me: A Partial Autobiography*. Philadelphia: Blakiston.
Haime, Jordyn. 2021. "Rabin Who?" *South China Morning Post*, August 21.
Halevy, Joseph, and Stephen Kaplan. 1994. "Masa beḤabash legiloi haFalashim"（ファラシャを探し求める旅）. *Pea'mim: Quarterly for the Study of Jewish Communities in the East*, 5–68.
Halkin, Hillel. 2002. *Across the Sabbath River: In Search of a Lost Tribe of Israel.* Boston: Houghton Mifflin Company.
浜岡福松. 1926. 哈爾浜市政問題資料. 大連：南満州鉄道.
Hammer-Schenk, Harold. 1981. *Synagogen in Deutschland: Geschichte einer Baugattung im 19. und 20. Jahrhundert*. Hamburg: Hans Christians Verlag.
Hamonic, Gilbert. 1988. "Note sur la communauté juive de Surabya"（スラバヤのユダヤ

Goldstein, Jonathan. 2015. *Jewish Identities in East and Southeast Asia: Singapore, Manila, Taipei, Harbin, Shanghai, Rangoon, and Surabaya*. Berlin: Walter de Gruyter.

Goldstein, Jonathan. 2017. "Uphill Political Struggle: Joseph Trumpeldor in Japan and Manchuria, 1904–1906." *Virginia Review of Asian Studies* 19: 160–80.

Gommans, Jos. 2015. "Continuity and Change in the Indian Ocean Basin." In *The Cambridge World History*, edited by J. Bentley, S. Subrahmanyam, and M. Wiesner-Hanks, 182–209. Cambridge: Cambridge University Press.

Goncharov, Yuri. 2012. "Sibirskaia identichnost' evreev dorevoliutsionnoi Sibiri"（1917年革命前シベリアにおけるユダヤ人のシベリア人としての自己認識）. *Izvestiia Irkutskogo gosudarstvennogo universiteta. Seriia: Politologiia. Religiovedenie* 2, no. 3 (Pt. 1): 26–32.

Goncharov, Yuri. 2013. *Evreiskie obshchiny Zapadnoi Sibiri (XIX–nachalo XX v.)*（19 世紀〜20 世紀初期シベリアのユダヤ人共同体）. Barnaul: Azbuka.

Goodman, David G., and Masanori Miyazawa. 1995. *Jews in the Japanese Mind: The History and Uses of a Cultural Stereotype*. New York: Free Press.

Gordon, Stewart. 1993. *The Marathas 1600–1818 (The New Cambridge History of India, II-4)*. Cambridge: Cambridge University Press.

Goryushkin, Leonid M. 2002. "The Economic Development of Siberia in the Late Nineteenth and Early Twentieth Centuries." *Sibirica* 2, 1: 12–20.

後藤春吉. 1973. ハルビンの想い出. 京都ハルビン会.

Gourgey, Percy S. 1953. "My Visit to Jewish Communities in the Far East." *India and Israel*, April 20, 37.

Green, Nile. 2018. "Introduction: The Frontiers of the Persianate World (ca. 800-1900)." In *The Persianate World: The Frontiers of a Eurasian Lingua Franca*, edited by Nile Green, 1–71. Oakland: University of California Press.

Greenberg, Shalom. 2006. "Building a Jewish future in Shanghai." *Point East* 21, No. 2 (March), 8.

Greenbie, Sydney and Marjorie Greenbie. 1925. *Gold of Ophir, or the Lure that Made Americ*a. New York: Doubleday.

Griniv, Vladimir/Griniva, Zhanna. 2008. *Rodoslovnaia bukharskikh evreev*（ブハラ出身ユダヤ人の系譜）. 2nd extended and revised edition. Venlo: n.p.

Grossmann, Atina. 2012. "Remapping Relief and Rescue: Flight, Displacement, and International Aid for Jewish Refugees during World War II." *New German Critique* 117, 39, no. 3: 61–78.

Grossmann, Atina. 2016. "Transnational Jewish Stories: Displacement, Loss and (Non) Restitution." In *Three Way Street: Jews, Germans, and the Transnational*, edited by Jay

Press.
Gitelman, Zvi. 2014. "Afterword: Soviet Jews in World War II: Experience, Perception and Interpretation." In *Soviet Jews in World War II. Fighting, Witnessing, Remembering*, edited by Harriet Murav and Gennady Estraikh, 251–63. Boston: Academic Studies Press.
Glantz, David M. 2003. *Soviet Operational and Tactical Combat in Manchuria, 1945: 'August Storm'*. London: Routeledge.
Glaser, Joost. 1991. "Joden in Nederlands-Indië/Indonesië Voor, Tijdens En Na de Tweede Wereldoorlog (II)"（第2次世界大戦時とその前後におけるオランダ領東インド/インドネシアのユダヤ人Ⅱ）. *Moesson* 36, no. 3: 29–32.
Gleeck, Lewis E. 1991. *The History of the Jewish Community of Manila*. Manila: n.p.
Glick, T. 1970. "Jews in Southeast Asia." *Chronicle Review December*, 103. Glick, T. 1985. "Bleak Future for Jews." Jewish Digest October, 31.
Goitein, Shelomo D., and Mordechai A. Friedman. 2008. *India Traders of the Middle Ages: Documents from the Cairo Geniza 'India Book'*. Leiden: Brill.
Goitein, Shlomo Dov. 1974. *Letters of Medieval Jewish Traders*. Princeton: Princeton University Press.
Goldman, Lazarus Morris. 1958. *The History of the Jews in New Zealand*. Wellington: Reed Publishing.
Goldstein-Sabbah, Sasha R. 2021. *Baghdadi Jewish Networks in the Age of Nationalism*. Leiden: Brill.
Goldstein, A. 1927. Letter: A. Goldstein, Kandy, Ceylon, to the Zionist Executive, Jerusalem, January 7, 1927, CZA, KH4 9610.
Goldstein, Jonathan, ed. 1999–2000. *The Jews of China*, 2 vols. Armonk, NY: M. E. Sharpe.
Goldstein, Jonathan, Irene Clurman, and Dan Ben Canaan. 2009. "Detailed History of Harbin." Online at http://www.jewsofchina.org/detailed-history-of-harbin
Goldstein, Jonathan. 1978. *Philadelphia and the China Trade, 1682–1846*. University Park, PA: Pennsylvania State University Press.
Goldstein, Jonathan. 2004. "Singapore, Manila and Harbin as Reference Points for Asian 'Port Jewish' Identity." *Jewish Culture and History* 7: 271–90.
Goldstein, Jonathan. 2013a. "Across the Indian Ocean: The Trade, Memory, and Transnational Identity of Singapore's Baghdadi Jews." *Journal of Indo-Judaic Studies* 8: 97–117.
Goldstein, Jonathan. 2013b. "The Sorkin and Golab Theses and Their Applicability to South, Southeast, and East Asian Port Jewry." In *Port Jews: Jewish Communities in Cosmopolitan Maritime Trading Centres, 1550–1950*, edited by David Cesarani, 179–96. London: Routledge.

in Kerala." *The Indian Economic and Social History Review*, 55, no. 1: 53–76.

Gamliel, Ophira. 2018b. "Textual crossroads and transregional encounters: Jewish networks in Kerala 900s–1600s." *Social Orbit* 4, no. 1: 41-73.

Gamsa, Mark. 2011. "The Many Faces of the Hotel Moderne in Harbin." *East Asian History* 37: 27–38.

Gamsa, Mark. 2020a. *Manchuria: A Concise History*. London: I. B. Tauris.

Gamsa, Mark. 2020b. *Harbin: A Cross-Cultural Biography*. Toronto: University of Toronto Press.

Gao, Bei. 2013. *Shanghai Sanctuary: Chinese and Japanese Policy Toward European Jewish Refugees During World War II*. New York: Oxford University Press.

Genina, E.S. 2003. "Kampania po bor'be s kosmopolitismom v Kuzbasse v kontse 40-kh–nachale 50-kh gg"（1940 年代から 50 年代初めにかけて起きたクズバスの反コスモポリタン運動）. In *Evrei v Sibiri i na Dal'nem Vostoke*. Krasnoyarsk: Klaretianum.

Gerasimova, Victoria, and Kirill Dem'ianov. 2019. *Omsk evreiskii: marshrut ekskursii*. Omsk, Russia: Kan.

Gerasimova, Victoria. 2012. "K istorii iudeo-khristianskikh vzaimootnoshenii v Rossii v pervoi polovine XVIII veka"（18 世紀前半におけるロシアのユダヤ・キリスト教徒関係史）. *Rossiia* 21 vek 1: 160–79.

Gerson, Ruth. 2011. *Jews in Thailand*. Bangkok: River, 2011.

Gessen, Masha. 2016. *Where the Jews Aren't: The Sad and Absurd Story of Birobidzhan, Russia's Autonomous Region*. New York: Nextbook/Schocken.

Gilbert, Marc Jason. 2017. *South Asia in World History*. New York: Oxford University Press.

Gilbert, Martin. 2010. *In Ishmael's House. A History of Jews in Muslim Lands*. New Haven, CT: Yale University Press.

Gilman, Sander L., and Milton Shain. 1999. *Jewries at the Frontier: Accommodation, Identity, Conflict*. Urbana: University of Illinois Press.

Ginsbourg, Anna. 1940. *Jewish Refugees in Shanghai*. Shanghai: The China Weekly Review.

Ginsburg, Jonathan. 2012. "Para-Rabbi Training." *Spiritual*, November 3. https://www.slideshare.net/jonathanginsburg/pararabbi-training

Ginzburg, Saul M., and Marek, Pesakh 1901. *Evreiskie naronye pesni v Rossii*（ロシアのイーデッシュ語民謡）. St. Petersburg: n.p.

Gitelman, Zvi Y. 2001. *A Century of Ambivalence: The Jews of Russia and the Soviet Union, 1881 to the Present*. Bloomington: Indiana University Press.

Gitelman, Zvi Y., ed. 2003. *Jewish Life after the USSR*. Bloomington: Indiana University conference on "Jewish Diasporas in China: Comparative and Historical Perspectives," Cambridge, MA, August 1992. Transcript by Alan Wachman on deposit with Harvard Yenching Library, Cambridge, MA.

Fogel, Joshua. 1998. "Integrating into Chinese Society: A Comparison of the Japanese Communities of Shanghai and Harbin." In *Japan's Competing Modernities: Issues in Culture and Democracy, 1900–1930*, edited by Sharon Minichiello, 45–69. Honolulu: University of Hawai'i Press.

Fogel, Joshua. 2000. "The Japanese and the Jews: A Comparative Look at the 'Melting Pot' of Harbin, 1900–1930." In *New Frontiers: Imperialism's New Communities in East Asia, 1842–1952*, edited by Robert Bickers and Christian Henriot, 88–108. Manchester: Manchester University Press.

Formichi, Chiara, ed. 2021. *Religious Pluralism in Indonesia: Threats and Opportunities for Democracy*. Ithaca, NY: Cornell University Press.

Forsyth, James. 1992. *A History of the Peoples of Siberia: Russia's North Asian Colony, 1581–1990*. Cambridge: Cambridge University Press.

Franz, Margit. 2015. *Gateway India: Deutschsprachiges Exil in Indien zwischen britischer Kolonialherrschaft, Maharadschas und Gandhi*. Graz: Clio.

Fraser, C. F. 1939. "The Status of the International Settlement at Shanghai." *Journal of Comparative Legislation and International Law* 21, no. 1: 38–53.

Freedman, W. 1979. "The Jews of South-East Asia." *Jewish Post*, September 20: 74.

Freitag, Ulrika. 2003. *Indian Ocean Migrants and State Formation in Hadhramaut: Reforming the Homeland*. Leiden: Brill.

Friedman, Gabe. 2021. "Taiwan's Small Jewish Community Gears Up for Big Passover Party—Sans Masks." *The Times of Israel*, March 27.

Funke, P. 1987. "Singapore." *Hadassah Magazine* 76, no. 3: 22–3, 35.

Furber, Holden. 1951. *John Company at Work*. Cambridge, MA: Harvard University Press.

Gaguin, Shem Tob. 1953. *Ḥaye Ha-Yehudin Be-Cochin*（コーチンのユダヤ人の生活）. Brighton: A. Zeltser and Sons.

Galashova, Natalia. B. 2001. "Iz istorii evreiskogo pogroma v Tomske v 1905 godu"（ユダヤ人を対象とした 1905 年のトムスクポグロムの歴史について）. In *Istoriia evreiskikh obshchin Sibiri i Dal'nego Vostoka*, edited by Ia. M. Kofman, 45–50. Krasnoyarsk, Russia: Klaretianum.

Galashova, Natalia. B. 2006. Evrei v Tomskoi gubernii vo vtoroi polovine XIX– achale XX vv（トムスク管区のユダヤ人——19 世紀後半～20 世紀初期）. Krasnoyarsk, Russia: Krasnoyarskii pisatel'.

Gamliel, Ophira. 2018a. "Back from Shingly: Revisiting the Premodern History of the Jew

Fang Jianchang. 1999. "Guanyu jindai lai-Hua Youtairen shi de shiliao ji yanjiu jiankuang"（近代中国に来たユダヤ人の歴史に関する歴史資料と調査の状況について）. *Shixue lilun yanjiu* 2: 147–52.

Feldman, Rachel Z. 2018. "The Children of Noah: Has Messianic Zionism Created a New World Religion?" *Nova Religio: The Journal of Alternative and Emergent Religions* 22: 115–28.

Fischbein, Y. 1966. "Shlish miYehudei Tokyo—Yisraelim"（在京ユダヤ人の3分の1はイスラエル出身）. *HaTzofe*, October 30, 3.

Fischel, Walter J. 1945. "The Jews of Central Asia (Khorasan) in Medieval Hebrew and Islamic Literature." *Historia Judaica* 7, no. 1: 29–50.

Fischel, Walter J. 1948. "Jews and Judaism at the Court of the Moghul Emperors in Medieval India." *Proceedings of the American Academy for Jewish Research* 18: 137–77.

Fischel, Walter J. 1956. "Abraham Navarro: Jewish Interpreter and Diplomat in the Service of the English East India Company (1682–1692)." *Proceedings of the American Academy for Jewish Research* 25: 39–62.

Fischel, Walter J. 1960. *The Jews in India: Their Contribution to the Economic and Political Life*. Jerusalem: Ben-Zvi Institute.

Fischel, Walter J. 1962. "Cochin in Jewish History: Prolegomena to a History of the Jews in India." *Proceedings of the American Academy for Jewish Research* 30: 37–59.

Fischel, Walter J. 1970–71: "Bombay in Jewish History in the Light of New Documents from the Indian Archives." *Proceedings of the American Academy for Jewish Research* 38–39: 119–44.

Fischel, Walter Joseph. 1950. "New Sources for the History of the Jewish Diaspora in Asia in the 16th Century." *The Jewish Quarterly Review* 40, no. 4: 379–99.

Florin, Moritz. 2015. *Kirgistan und die sowjetische Moderne. 1941–1991*. Göttingen: VandR unipress.

Focus Taiwan. 2019. "Taipei Mayor Departs for International Mayors Conference in Israel," February 24.

Fogel, Dov Israel. 2011. "'Letaken mah she-efshar letaken be-dvarim nohim, be-lashon ahavah ve-hibah': Kavim le-derekh psikato shel raba ha-roshi shel Harbin r. Aharon Moshe Kisilev al pi hiburo Mishberey yam"（片付けることのできることを片付けるには，優しく，愛と愛情をもって——ハルビンの主席ラビ，アハロン・モシェ・キシレブの裁定方針，同ラビの随筆「ミシュレベイ・ヤム」より）. In *Mizrekh: Jewish Studies in the Far East*, edited by Ber Kotlerman, 2: 274–58. Frankfurt am Main: Peter Lang.

Fogel, Joshua, and Maisie Meyer. 1992. transcript of Harvard University Fairbank Center's

Ehrlich, M. Avrum. 2010. *Jews and Judaism in Modern China*. London: Routledge.

Elazar, Daniel J. 1983. *Jewish Communities in Frontier Societies: Argentina, Australia, and South Africa*. New York: Holmes and Meier.

Elia, Gabrielle. 2021. From Mid East to Far East: Middle Eastern Jews in Japan during the Second World War（中東から極東へ——第二次世界大戦時の在日中東系ユダヤ人）. Montreal: author's edition.

Eliraz, Giora, and Muhammad Zulfikar Rakhmat. 2023. "Israel-Indonesia Relations: An Ongoing Saga of Unrecognition and Backroom Contacts." In *Israel-Asia Relations in the 21st Century; The Search for Partners in a Changing World*, edited by Yoram Evron and Rotem Kowner. London: Routledge.

Epafras, Leonard Chrysostomos. 2012. "Realitas Sejarah Dan Dinamika Identitas Yahudi Nusantara." *Religió* 2, no. 2, 193–244.

Epafras, Leonard Chrysostomos. 2014. "The Trepidation of the Name: 'Allah' as the Polemical Space among Indonesian Christians." In *Science, Spirituality and Local Wisdom: Interdisciplinary Approaches to Current Global Issues*, edited by Hartono, Suryo Purwono, Samsul Maarif, Dicky Sofjan, and Suhadi, 871–98. Yogyakarta, Indonesia: UGM Graduate School. doi: https://doi.org/10.5281/zenodo.4283315

Epstein, Israel. 2000. "On Being a Jew in China: A Personal Memoir." In *The Jews of China*, edited by Jonathan Goldstein, 1: 85–97. Armonk, NY: M. E. Sharpe.

Epstein, Joseph D. 1956. "Yeshivat Mir." In *Mosdot torah be-Eropa be-binyanam vebe-churbanam*, edited by Samuel K. Mirsky, 87–110. New York: Ogen.

Eshed, Eli. 2011. "Aliyah Lezorech Hagshamat Tochnit Atidit: Machloket Bartal-Moregenstern"（未来の世の計画を履行する目的のためのアリヤ——バータル・モーゲンスターン論議）. *Yekum Tarbut*, March 2.

Esmond, David Ezra. 1986. *Turning Back the Pages: A Chronicle of Calcutta Jewry*. London: Brookside Press.

Et Levakesh!（尋ね求める時）. 1899. Ephemera Collection, the National Library of Israel. http://primo.nli.org.il/primo_library/libweb/action/dlDisplay.do?vid=NNL_Ephemera&docId=NNL_Ephemera01001235174&fromSitemap=1&afterPDS=true

Etkes, Imanuel. 2015. "Hagaon MeVilna VeTalmidav KeTzionim Harishonim: Gilgulav shel Mitos"（ビルナ・ガオンと初期シオニストとしての弟子たち——神話の歴史）. *Zion* 80, no. 1: 69–114

Ezra, Esmond David. 1986. *Turning Back the Pages: A Chronicle of Calcutta Jewry*. London: Brookside Press.

Fairbank, John K. 1933. "Legalization of the Opium Trade Before the Treaties of 1858." *Chinese Social and Political Science Review* 17: 215–63.

Dubson, Vadim. 2015. "On the Question of the Scope of Population Evacuation in the USSR during the Great Patriotic War." In *Unknown Evacuation: Testimonials of Jewish Refugees, USSR 1941–1945*, edited by Alexander Berman et al., 445–70. Jerusalem: Association Hazit Ha-Kavod.

Dwek, Eli. 2014. "Het onbekende verhaal van de Irakese Joden in Soerabaja: een persoonlijk perspectief" (知られざる話――スラバヤに住むイラク出身のユダヤ人) . *Misjpoge* 27, no. 4, 60–71.

Earns, Lane R. 1994. "Life at the Bottom of the Hill: A Jewish-Japanese Family in the Nagasaki Foreign Settlement." *Crossroads: A Journal of Nagasaki History and Culture*, 2, http://www.uwosh.edu/faculty_staff/earns/golden.html

Earns, Lane. 1999. "The Shanghai-Nagasaki Judaic connection, 1859–1924." In *The Jews of China*, edited by Jonathan Goldstein, 1: 157–68. Armonk, NY: M. E. Sharpe.

Eber, Irene. 1986. *Passage through China: The Jewish Communities of Harbin, Tientsin and Shanghai.* Tel Aviv: The Nahum Goldmann Museum of the Jewish Diaspora.

Eber, Irene. 2008a. *Chinese and Jews: Encounters between Cultures*. Portland, OR: Vallentine Mitchell.

Eber, Irene. 2008b. "Introduction." In *Voices From Shanghai*, edited by Irene Eber, 1–27. Chicago: Chicago University Press.

Eber, Irene. ed. 2008c. *Voices from Shanghai; Jewish Exiles in Wartime China*. Chicago: Chicago University Press.

Eber, Irene. 2012. *Wartime Shanghai and the Jewish Refugees from Central Europe: Survival, Co-Existence and Identity in a Multi-Ethnic City*. Berlin: De Gruyter.

Edele, Mark, Sheila Fitzpatrick, and Atina Grossmann, eds. 2017. *Shelter from the Holocaust: Rethinking Jewish Survival in the Soviet Union*. Detroit: Wayne State University Press.

Edmonds, J. W. 1841. *Origins and Progress of the War Between England and Chin*a. New York: Narine.

Egorova Yulia, and Perwez Shahid. 2012. "Old Memories, New Histories: (Re)discovering of the Past of Jewish Dalits." *History and Anthropology* 23, no. 1: 1–15.

Egorova, Yulia. 2006. *Jews and India: Perceptions and Image. London: Routledge. Egorova, Yulia. 2013. The Jews of Andhra Pradesh*. Oxford: Oxford University Press.

Egorova, Yulia. 2015. "Redefining the Converted Jewish Self: Race, Religion and Israel's Bene Menashe." *American Anthropologist* 117, no. 3: 493–505.

Egorova, Yulia. 2016. "Lost Tribes Communities, Israel and Notions of Jewishness." In *Becoming Jewish: New Jews and Emerging Jewish Communties in a Globalized World*, edited by Tudor Parfitt and Netanel Fischer, 36–48. Cambridge: Cambridge Scholars.

Dapin, Mark. 2017. *Jewish Anzacs: Jews in the Australian Military*. Sydney: NewSouth Publishing.

Datta, Rangan. 2020. "Inside the synagogues of Mumbai." *India Forbes*, October 3.

Davidoff, Nathan. 2002. *Journal de Nathan Davidoff: Le Juif qui voulait sauver le Tsar*, translated and edited by Benjamin Ben David. Paris: Ginkgo.

Davis, J. F. 1836. *The Chinese*. New York: Harper.

Degtiar, Mikhail. 2001. "The Jews of Uzbekistan — The End of the Epoch." *Central Asia and The Caucasus* 2: 10. URL: https://ca-c.org/article/1215

Dekel-Chen, Jonathan L. 2005. *Farming the Red Land: Jewish Agricultural Colonization and Local Soviet Power, 1924–1941*. New Haven: Yale University Press.

Della Benaim, Rachael. 2015. "For India's Largest Jewish Community, One Muslim Makes All the Tombstones." *Tablet*, February 23.

DellaPergola, Sergio, and L. Daniel Staetsky. 2021. *The Jewish Identities of European Jews: What, Why and How*. London: Institute for Jewish Policy Research.

DellaPergola, Sergio, and Uzi Rebhun. 2018. "Introduction: Concept and Reality in Jewish Demography." In *Jewish Population and Identity: Concept and Reality,* edited by S. DellaPergola and U. Rebhun, vii–xiv. Cham, Switzerland: Springer.

DellaPergola, Sergio. 2021. "World Jewish Population, 2020." In *American Jewish Year Book 2020*, edited by Arnold Dashevsky and Ira M. Sheskin, 273–370. Cham, Switzerland: Springer.

Demoskop Weekly, www.demoscope.ru/weekly/ssp/rus_nac_79.php?reg=0 (accessed 14 March 2021).

Der vayter mizrekh（極東）. n.d. Widener Library (Harvard University); YIVO (New York).

Dicker, Herman. 1962. *Wanderers and settlers in the Far East: a century of Jewish life in China and Japan*. New York: Twayne.

Diment, Galya, and Yuri Slezkine, eds. 1993. *Between Heaven and Hell: The Myth of Siberia in Russian Culture*. New York: St. Martin's Press.

Dong, Stella. 2001. *Shanghai: The Rise and Fall of a Decadent City, 1842–1949*. New York: William Morrow.

Downs, Jacques M. 1972. "Fair Game: Exploitative Role-Myths and the American Opium Trade." *Pacific Historical Review* 41: 133–49.

Dubson, Vadim. 1999. "On the Problem of the Evacuation of Soviet Jews in 1941 (New Archival Sources)." *Jews in Eastern Europe* 40, no. 3: 37–56.

Dubson, Vadim. 2012. "Toward A Central Database of Evacuated Soviet Jews' Names, for the Study of the Holocaust in the Occupied Soviet Territories." *Holocaust and Genocide Studies* 26, no. 1: 96–119.

Manchurian Fishing Village Became a Railroad Town and a Haven for Jews": https://kehilalinks.jewishgen.org/harbin/Brief_History.htm

Coenen Snyder, Saskia. 2013. *Building a Public Judaism: Synagogues and Jewish Identity in Nineteenth-Century Europe*. Cambridge, MA: Harvard University Press.

Cohen, Israel. 1925. *Journal of a Jewish Traveller*. London: John Lane.

Cohen, Israel. 1956. *A Jewish Pilgrimage: The Autobiography of Israel Cohen*. London: Vallentine Mitchell.

Cohen, Maurice. 1955. *Thunder over Kashmir*. Bombay: Orient Longmans.

Cohen, Stephan P. 1990. *The Indian army and Its Contribution to the Development of a Nation*, 2nd ed. Delhi: Oxford University Press.

Coleman, Arthur Percy. 1999. *A Special Corps: The Beginnings of Gorkha Service with the British*. Edinburgh: Pentland Press.

Conboy, Kenneth J. 2004. *Intel: Inside Indonesia's Intelligence Service*. Jakarta: Equinox Publishing.

Cooke, G. 1858. *China*. London: G. Routledge.

Cooper, Alanna. 2003. "Emergence of Bukharan Jewish Identity: The Jews of Samarkand." In *Irano-Judaica*, vol. V, edited by S. Shaked and A. Netzer, 187–201. Jerusalem: Ben-Zvi Inst.

Cooper, Alanna. 2012. *Bukharan Jews and the Dynamics of Global Judaism*. Bloomington: Indiana University Press.

Cooper, Alanna. 2020. "A Dying House in Samarkand's Jewish Neighborhood," *MAVCOR Journal* 4(1). https://mavcor.yale.edu/sites/default/files/article_pdf/cooper_alanna_0.pdf

Cornell, W. 1876. *History of Pennsylvania*. Philadelphia: John Sully & Co.

Cox, Howard. 1997. "Learning to Do Business in China: The Evolution of BAT's Cigarette Distribution Network, 1902–41." *Business History* 39, no. 3: 30–64.

Cox, Howard. 2000. *The Global Cigarette: Origins and Evolution of British American Tobacco*. Oxford: Oxford University Press.

Cronin, Joseph. 2019. "Framing the Refugee Experience: Reflections on German-speaking Jews in British India, 1938–1947." *German Historical Institute London Bulletin* 41, no. 2: 45–74.

Dan, Yosef. 1969. *Alilot Alexander Mokdon*（アレクサンダー大王の物語）. Jerusalem: Mossad Bialik.

Dandekar, Eliaz. 2016. *Ha'anaf Ha'shone*（異なる支流；イサーク・ベンダダ・カムダン・ディベカーの末裔）. Tel Aviv: Mavzek.

Daniel, Ruby. 1995. *Ruby from Cochin: An Indian Jewish Woman Remembers*. Philadelphia: Jewish Publication Society.

Communities in Cosmopolitan Maritime Trading Centres, 1550–1950, edited by David Cesarani, 1–11. London: Frank Cass.

Cesarani, David. 2002b. "The Forgotten Jews of London: Court Jew Who Were Also Port Jews." In *Port Jews: Jewish Communities in Cosmopolitan Maritime Trading Centres, 1550–1950*, edited by David Cesarani, 111–24. London: Frank Cass.

Chabad Locator. 2022. https://www.chabad.org/jewish-centers/ (retrieved on February 7).

Chagoll, Lydia. 1986. *Buigen in jappenkampen: herinneringen van een kind dat aan de nazi's is ontsnapt maar in Japanse kampen terecht is gekomen*（収容所の最敬礼——ナチを逃れ日本の収容所入りの破目になった子供の回想記）. Leuven: Indofok.

Chajes, Hirsch Perez, and Johann Kirste. 1903. "Jüdische und jüdisch-indische Grabsteininschriften aus Aden"（ユダヤ人およびユダヤ・インド系墓石の銘刻‐アデン）. *Sitzungsberichte der Philosophisch-Historischen Classe der Kaiserlichen Akademie der Wissenschaften* 147, no. 3: 1–29.

Chakraborty, Anup Shekhar. 2010. "Memory of a Lost Past, Memory of Rape Nostalgia, Trauma And The Construction Of Collective Social Memory Among The Zo Hnahthlak." *Identity, Culture and Politics—A Biannual Journal of International Centre for Ethnic Studies, Colombo, Sri Lanka and the Council for the Development of Social Science Research in Africa (CODESRIA), Dakar, Senegal* 11, no. 2: 87–104.

Chan, H. C. 1984. *A Sensation of Independence.* Singapore: Oxford University Press.

Chatterjee, Atri Kumar. 1978. "Introduction of Honorary Magistracy in Bengal: Reaction in Local Press." P*roceedings of the Indian History Congress* 39, no. 2: 725–32.

Cho, Joanne Miyang. 2017. "German-Jewish Women in Wartime Shanghai and Their Encounters with the Chinese." In *Gendered Encounters between Germany and Asia: Transnational Perspectives since 1800*, edited by J. M. Cho and Douglas T. McGetchin, 171–91. Cham, Switzerland: Palgrave Macmillan.

Clarence-Smith, William G. 2004. "Middle Eastern migrants in the Philippines: entrepreneurs and cultural brokers." *Asian Journal of Social Science*, 32, no. 3, 425–57.

Clarence-Smith, William G. 2022. "The House of Samuel: opium supplier to Taiwan and Manchuria, 1896-1926," In *Drugs and the Politics of Consumption in Japan*, edited by Judith Vitale, Miriam Kingsberg Kadia, and Oleg Benesch. Leiden: Brill.

Clark, Samuel. 2009. *Among the Tribes in South-West China.* Originally published in 1915. Hong Kong: Caravan.

Clausen, Søren and Stig Thørgeson, trans. and eds. 1995. *The Making of a Chinese City: History and Historiography in Harbin.* Armonk, NY: M. E. Sharpe.

Clough, Ralph N. 1979. *Island China.* Cambridge, MA: Harvard University Press.

Clurman, Irene, and Ben-Canaan, Dan. "A Brief History of the Jews of Harbin: How a

Brecher, W. Puck. 2017. *Honored and Dishonored Guests: Westerners in Wartime Japan*. Cambridge, MA: Harvard University Asia Center.

Bregman, A. 1919. "Jews in Japan." *American Jewish World* 7, no. 27, 437–8.

Brener, Iosif. 2007. *Lekhaim, Birobidzhan!*（命に乾杯，ビロビジャン！）Krasnoyarsk: Krasnoyarskii pisatel'.

Bresler, Boris. 1998. "Harbin's Jewish Community, 1898–1958: Politics, Prosperity, and Adversity." In *The Jews in China,* edited by Jonathan Goldstein, 1: 200–15. Armonk, NY: M.E. Sharpe.

Brill Olcott, Martha. 2010. *Kazakhstan: Unfulfilled Promise?* Washington, D.C.: Carnegie Endowment for International Peace.

Brill, Alan. 2012. *Judaism and World Religions: Encountering Christianity, Islam, and Eastern Traditions*. New York: Palgrave Macmillan.

Brill, Alan. 2019. *Rabbi on the Ganges: A Jewish–Hindu Encounter*. Lanham: Lexington Books.

Buzurg ibn Shahriyār. 1980. *The Book of the Wonders of India: Mainland, Sea, and Islands*, edited and translated by Greville Stewart Parker Freeman-Grenville. London: East-West Publications.

Byron, Robert. 1994. *The Road to Oxiana*. Originally published in 1937. London: Pan Books.

Cadell, Patrick Robert. 1938. *History of the Bombay Army*. London: Longman, Green and Co.

Cameron, John. 1865. *Our Tropical Possessions*. London: Smith, Elder.

Caplan, Lionel. 1991. "'Bravest of the Brave' Representation of 'The Gurkha' in British Military Writings." *Modern Asian Studies* 25, no. 3, 571–97.

Carter, James H. 2001. "Struggle for the Soul of a City: Nationalism, Imperialism, and Racial Tension in 1920s Harbin." *Modern China* 27: 91–116.

Carter, James H. 2002. *Creating a Chinese Harbin: Nationalism in an International City, 1916–1932*. Ithaca: Cornell University Press.

Cassrels, Deborah. 2013. "Judaism's Shrinking Enclave." *The Australian,* September 21.

Cassrels, Deborah. 2022. "'It Was Paradise at the Time': The Little-known Story of the Jews of Indonesia." *Haaretz*, April 21.

Cernea, Ruth Fredman. 2007. *Almost Englishmen: Baghdadi Jews in British Burma*. Lanham, MD: Rowman and Littlefield.

Cesarani, David, Tony Kushner, and Milton Shain. 2009. *Place and Displacement in Jewish History and Memory: Zakor V'makor*. London: Vallentine Mitchell.

Cesarani, David. 2002a. "Port Jews: Concepts, Cases and Questions." In *Port Jews: Jewish*

Bieder, Joan. 2002. "Jewish Identity in Singapore: Cohesion, Dispersion, Survival." 未刊行論文.

Bieder, Joan. 2003. "Jewish Identity in Singapore: Cohesion, Dispersion, Survival." *Sino-Judaica* 4: 29–55.

Bieder, Joan. 2007. *The Jews of Singapore*, edited by Aileen T. Lau. Singapore: Suntree.

Binyamin, Liza Mazal. 2011. *She'erit Israel Who Was in Ophir Land*, edited by Ben-Zion Binyamin. Jerusalem: L. Binyamin.

Birnbaum, Eliyahu. 2010. *Yehudi Olami*（グローバルなユダヤ人）. Tel Aviv: Makor Rishon.

Birnbaum, Eliyahu. 2018. "Nidhei Yisrael Yekanes: Maagalei shiva vehiztarfut la'am ha'yehudi be'rahavei ha'olam"（主はイスラエルの生き残りを集められる――世界の帰還者とユダヤ教への新しい帰依者）, 473–82. In *Giur Israeli: hazon, hesegim, kishlonot*（イスラエルにおける改宗――見通し，成果そして挑戦）, edited by Yedidya Stern and NetanelMFischer. Jerusalem: Israel Institute for Democracy.

Birnbaum, Eliyahu. n.d. *Bene Menashe—Hakdama: Ha'sambation karov metamid*（ブネイメナシェ・序説：サンバチオン川――十部族はその先に追いやられたと言われる――は近くなった）. http://www.daat.ac.il/he- il/kehilot/yehudi-olami/bney-menashe1.htm, accessed December 25, 2018.

Blaising, Craig A., and Darrell L. Bock. 2000. *Progressive Dispensationalism*. Grand Rapids, MI: Baker Academic.

Blakely, Allison, 1993. *Blacks in the Dutch World: The Evolution of Racial Imagery in a Modern Society*. Bloomington: Indiana University Press.

Blom, J. C. H. and Joel J. Cahen. 2002. "Jewish Netherlanders, Netherlands Jews, and the Jews in the Netherlands, 1870–1940." In *The History of the Jews in the Netherlands*, edited by J. C. H. Blom, R. G. Fuks-Mansfield and I. Schőffer, 230–95. Liverpool: Liverpool University Press.

Bloomberg, Jacob. 1960a. "Yapan veha'Yehudim"（日本とユダヤ人）. *HaTzofe*, July 29, 3.

Bloomberg, Jacob. 1960b. "Yahadut ktana sherishuma nikar"（小さいが相当な感銘を与えるユダヤ人共同体）. *HaTzofe*, August 5, 3.

Bloomfield, Douglas. 1997. "Reviving Jewish Life in China." *New Jersey Jewish News*, December 11, 2.

Brakel, Lode Frank. 1975. "Een Joodse Bezoeker Aan Batavia in de Zestiger Jaren van de Vorige Eeuw"（前世紀 60 年代バタビアを訪れたユダヤ人）. *Studia Rosenthaliana* 9, no. 1: 63–89.

Brauer, Erich. 1942. "The Jews of Afghanistan: An Anthropological Report." *Jewish Social Studies* 4, no. 2: 121–38.

Benvenisti, Ḥaim. 1841. *Pessaḥ Me'ubin*（過越祭の大群衆）. Calcutta: Printing House of El'azar Bin Aharon Se'adia 'Irāqī.

Berezin, Anna, and Vladimir Levin. 2015. "From Jerusalem to Birobidzhan"—A Documentation of the Jewish Heritage in Siberia. *bet-tila.org/info* no. 18. URL: https://www.academia.edu/19890583

Berezin, Anna, and Vladimir Levin. 2021. "Sibirskii mif v evreiskoi istorii: evrei Sibiri kak religioznaia gruppa"（ユダヤ史におけるシベリア神話——宗教集団としてのシベリアのユダヤ人）. *Jewish-Slavic Journal* 4: 17–59.

Berg, Hetty, Ardjuna Candotti, and Valerie Touw. 2014. "Selamat Sjabbat: De onbekende geschiedenis van Joden in Nederlands–Indië," *Misjpoge* 27, no. 4: 4–19.

Berg, Hetty. 1998. Facing West: Oriental Jews of Central Asia and the Caucasus. Zwolle, Netherlands: Waanders.

Bergman, Eleonora. 2004. *Nurt mauretański w architekturze synagog Europy Środkowo-Wschodniej w XIX i na początku XX wieku*（19〜20 世紀初期の中部・東ヨーロッパのシナゴーグ建築にみるムーア式の流れ）.Warsaw: Neriton.

Berkowitz, Michael. 2004. *Nationalism, Zionism and Ethnic Mobilization of the Jews in 1900 and Beyond*. Leiden: Brill.

Bernshtain, Avraham, Yom Tov Forgas, and Yona Naveh. 1999–2001. *Yeshivat Mir: Ha-zericha be-fa'ate kedem*（ミル・イエシバ——東の果ての日の出）, 3 vols. Bnei Brak: Merkaz Praeger.

Bernstein, Moshe Yehuda. 2017. Globalization, Translation and Transmission: Sino-Judaic Cultural Identity in Kaifeng. Bern: Peter Lang.

Bessner, Ellin. 2018. Double Threat: Canadian Jews, the Military, and World War II. Toronto: New Jewish Press.

Betta, Chiara. 2000. "Myth and Memory: Chinese Portrayals of Silas Aaron Hardoon, Luo Jialing and the Aili Garden between 1924 and 1925." In *From Kaifeng—to Shanghai: Jews in China*, edited by Roman Malek, 375–400. Sankt Augustin: Monumenta Serica Institute.

Betta, Chiara. 2003. "From Orientals to Imagined Britons: Baghdadi Jews in Shanghai." *Modern Asian Studies* 37, no. 4: 999–1023.

Bhatti, Anil, and Johannes H., eds. 1999. *Jewish Exiles in India, 1833–1945*. New Delhi: Manohar.

Bickers, Robert A., and Christian Henriot. 2000. *New Frontiers: Imperialism's New Communities in East Asia, 1842–1953*. Manchester: Manchester University Press.

Bickers, Robert, and Christian Henriot. 2017. *New Frontiers: Imperialism's New Communities in East Asia, 1842–1953*. Manchester: Manchester University Press, 2017.

Jerusalem: Mosty Kul'tury – Gesharim.

Beizer, Michael. 2002. *Our Legacy: The CIS Synagogues, Past and Present*. Moscow and Jerusalem: Mosty Kul'tury – Gesharim.

Belov, Fedor. 1955. *The History of a Soviet Collective Farm*. New York: Praeger.

Belsky, Natalie. 2017. "Fraught Friendships Soviet Jews and Polish Jews on the Soviet Home Front." In *Shelter from the Holocaust: Rethinking Jewish Survival in the Soviet Union*, edited by Mark Edele, Sheila Fitzpatrick, and Atina Grossmann, 161–84. Detroit: Wayne State University Press.

Ben Naeh, Yaron. 2021. *"Sassoon Family." In Encyclopedia of Jews in the Islamic World*, edited by Norman A. Stillman. Retrieved on September 1.

Ben-Canaan, Dan. 2009. *The Kaspe File: A Case Study of Harbin as an Intersection of Cultural and Ethnical Communities in Conflict 1932–1945*. Harbin: Heilongjiang People's Publishing House.

Ben-Dor Benite, Zvi. 2009. *The Ten Lost Tribes: A World History*. New York: Oxford University Press.

Ben-Eliezer, Judith. 1985. *Shanghai Lost, Jerusalem Regained*. Tel Aviv: Steimatzky.

Ben-Naeh, Yaron. 2021. "Sassoon Family." In *Encyclopedia of Jews in the Islamic World*, edited by Norman A. Stillman. URL: https://referenceworks.brillonline.com/entries/encyclopedia-of-jews-in-the-islamic-world/

Ben-Ya'acov, Avraham. 1976a. *Yehudei Bavel Ba-Tefutsot*（ディアスポラの地バビロニアのユダヤ人）. Jerusalem: Reuven Mas.

Ben-Ya'acov, Avraham. 1976b. *Yerushalayim Ben Ha-Ḥomot: Le-Toldot Mishpaḥat Meyuḥas*（壁でへだてられたエルサレム――メユハス家の年代記）. Jerusalem: Reuven Mas.

Ben-Ya'akov, Avraham. 1985. *Yehude Bavel batfutzot*（ディアスポラの地バビロニアのユダヤ人社会）. Jerusalem: Rubin Mas.

Ben-Zvi, Yitchak. 1969. *Nidchei Yisrael*（イスラエルの捕囚）. Jerusalem: Yad Yitchak Ben-Zvi.

Benda, Harry J. 1958. *The Crescent and the Rising Sun: Indonesian Islam under the Japanese Occupation, 1942–1945*. The Hague: W. van Hoeve.

ベンダサン，イザヤ．1971．日本人とユダヤ人．東京：角川書店．

Bene Israel. 1962. edited by the Chief Rabbinate of Israel. Jerusalem: Ha-Rabanut Harashit.

Benedict, Carol. 2011. *Golden-Silk Smoke: A History of Tobacco in China, 1550–2010*. Berkeley: University of California Press.

Benninga, Noach. 2021. *Oorlogsherinneringen—Wartime Memories*. Bedum, Netherlands: Uitgeverij Profiel.

の相剋 1896–1930 年.” アジア経済 50, no. 10: 2–26.

Asia-Pacific Survival Guide for the Jewish Traveller. 1988. Melbourne: Asia-Pacific Jewish Association.

Associated Press. 2008. “Shanghai synagogue opens for first wedding in 60 years.” April 19. Avihail, Eliyahu. 1987. *Shivtei Yisrael Hanidahim VeHaovdim*（イスラエルの失われた離散部族）. Jerusalem; Amishav.

Bachaev, Mordekhay. 2006. *Dar juvoli sangin*（石詰め袋のなかに）. Part I, in Muhib, *Kulliyot*, Vol. III, edited by Mikhoel Zand et al. Jerusalem: Tsur-Ot.

Bączkowski, Włodzimierz. 1958. *Russian Colonialism: The Tsarist and Soviet Empires*. New York: Frederick A. Praeger.

Baher, O. 2002. “The Baghdadi Jewish Community in Shanghai and Singapore.” *Points East* 17, no. 2, 15.

Bakich, Olga. 1986. “A Russian City in China: Harbin before 1917.” *Canadian Slavonic Papers / Revue Canadienne des Slavistes* 28, no. 2: 129–48.

Banka, Neha. 2019. “Inside the Secret World of Indonesia’s Jewish Community.” *Ha’aretz*, April 22.

Barak, Naama. 2021. “Meet the Cochin Jews—Israel’s Oldest Indian Community.” *Israel* 21c, January 24.

Baranovskii, G. V. 1902. Arkhitekturnaia entsiklopedia vtoroi poloviny XIX veka, vol. 1: Arkhitektura ispovedanii（19世紀後半の建築百科事典　巻1）. St. Petersburg: Stroitel’.

Barber, Ezekiel. 1981. *The Bene-Israel of India: Images and Reality*. Washington, D.C.: University Press of America.

Barua, Pradeep P. 2005. *The State of War in South Asia*. Lincoln: University of Nebraska Press.

Basham, Ardythe M. 1985. “Army Service and Social Mobility: The Mahars of the Bombay Presidency, with Comparisons with the Bene Israel and Black Americans.” PhD diss., University of British Columbia.

Bassin, Mark. 1991. “Inventing Siberia: Visions of the Russian East in the Early Nineteenth Century.” *The American Historical Review*, 96, no. 3: 763–94.

Bauer, Yehuda. 1981. *American Jewry and the Holocaust; The American Jewish Joint Distribution Committee, 1939–1945*. Detroit, MI; Wyne State University Press.

Baumer, Christoph. 2012–18. *The History of Central Asia*, 4 vols. London: I.B. Tauris.

Becker, Seymour. 2004. *Russia’s Protectorates in Central Asia: Bukhara and Khiva, 1865–1924*. London: Routledge.

Beizer, Michael. 1999. *Evrei Leningrada, 1917–1939: natsional’naia zhizn’ i sovetizatsiia*（レニングラードのユダヤ人，1917–1939——国民生活とソビエト化）. Moscow and

Amlinskaya, Sarah. 2015. *Unknown Evacuation. Testimonials of Jewish Refugees, USSR 1941–1945*, edited by Alexander Berman et al., 253–62. Jerusalem: Association Hazit Ha-Kavod.

Andrade, Tonio. 2011. *Lost Colony: The Untold Story of China's First Great Victory Over the West*. Princeton: Princeton University Press.

Anna, Cara. 2008. "L'Chayyim: A Jewish Wedding in Shanghai." *Point East* 23, no. 2 (July), 10–11.

Anonymous. 1933. *Japanese Merchandise for African Markets*. Kobe: The Kobe and Osaka Press.

Anonymous. 2007. "Japan." In *Encyclopaedia Judaica*, 2nd ed., 9: 81–2. Farmington Hills, MI: Thomson Gale.

Anzi, Menashe. 2017. "Yemenite Jews in the Red Sea Trade and the Development of a New Diaspora." *Northeast African Studies Journal* 17, no. 1: 79–100.

Anzi, Menashe. 2021. *"Teosofya Ve-Anti-Teosofya Be-Basra: Yehudim, Ha-Oqyanus Ha-Hodi Ve-Ha-Imperya Ha-Britit"*（バスラの神智学と反神智学：ユダヤ人，インド洋そして大英帝国）. *Historia* 46–7, 123–66.

Arabov, Rūben. 1998. *Roh-i Dur. Qism-i sarguzashtho-i nasl-i Avrohom 'Arab, ziyoda az 200 sol*（ローィ・デュル，200年以上の歴史をもつアブロホム・アラブの行動）. Yahud: n.p.

Arad, Dotan. 2011. "Ha-Qahal Ke-Guf Kalkali: Heqdesh Ha-Musta'arabim Be-Qahir Le-or Ha-Gnizah"（経済組織体としての共同体――ゲニザ文書に照らしてみるカイロのムスタリブ共同体の資産）. *Ginzei Qedem* 7: 25–69.

Arbes, Ross. 2015. "How the Talmud Became a Best-Seller in South Korea." *The New Yorker*, June 23.

Archer, J. 1834. Letter: Joseph Archer to George Carter, February 3, 1834, Archer Letterbook, Historical Society of Pennsylvania, PA.

Arndt, W. 1999. "Singer, Kurt." In *Biographisches Handbuch der deutschsprachigen wirtschaftswissenschaftlichen Emigration nach 1933*, edited by Harald Hagemann and Claus-Dieter Krohn, 2: 656–8. Munich: Saur.

Aritonang, Jan S., and Karel Steenbrink 2008. "The Spectacular Growth of the Third Stream; The Evangelicals and Pentecostals." In *History of Christianity in Indonesia*, edited by Jan Sihar Aritonang and Karel Steenbrink, 867–902, Leiden; Brill.

Aryani, Sekar Ayu, and Leonard Chrysostomos Epafras. 2020. "Jewish Minority in North Sulawesi: An Inquiry on Social Acceptance." *International Journal of Advanced Science and Technology* 29, no. 4: 2488–2501.

麻田雅文. 2009. "燃料からみる中東鉄道の経営――中国東北の資源を巡る日中露

Aharon, Sara Y. 2011. *From Kabul to Queens. The Jews of Afghanistan and Their Move to the United States*. Mount Vernon, NY: Decalogue Books.

Ahituv, Yosef. 2010. "Meherzel el Hagra"（ヘルツルからハグラへ）. In *Yosef Daat: Mehkarim Behistoria Yehudit Modernit*（近代ユダヤ史研究）, edited by Joseph Goldstein, 347–75. Beer Sheva, Israel: Ben Gurion University Press.

Ainslie, Mary J. 2019. *Anti-Semitism in Contemporary Malaysia Malay Nationalism, Philosemitism and Pro-Israel Expressions*. Singapore: Springer.

Akbar, Angga Aulia. 2013. *Menguak Hubungan Dagang Indonesia–Israel*（明らかになったインドネシア・イスラエル通商関係）. Tangerang, Indonesia: Marjin Kiri.

Al-Ḍāhirī, Yiḥye. 1965. *Sefer Ha-Musar*（道義の書）, edited by Yehuda Ratzabi. Jerusalem: Ben-Zvi Institute.

Allen, G. C., and Audrey Donnithorne. 1954. *Western Enterprise in Far Eastern Economic Development: China and Japan*. London: George Allen & Unwin.

Altman, Avraham. 2000. "Controlling the Jews, Manchukuo Style." In *From Kaifeng to Shanghai: Jews in China*, edited by Roman Malek, 279–317. Sankt Augustin: Inst. Monumenta Serica.

Altshuler, Mordechai. 1993. "Escape and Evacuation of Soviet Jews at the Time of the Nazi Invasion." In *Holocaust in the Soviet Union: Studies and Sources of the Destruction of the Jews in the Nazi-Occupied Territories of the USSR*, edited by Lucjan Dobroszycii and Jeffrey S. Gurock, 77–104. New York: M.E. Sharpe.

Altshuler, Mordechai. 1993. *Distribution of the Jewish Population of the USSR, 1939*. Jerusalem: Hebrew University of Jerusalem, Centre for Research and Documentation of East–European Jewry.

Altshuler, Mordechai. 1998. *Soviet Jewry on the Eve of the Holocaust: A Social and Demographic Profile*. Jerusalem: Yad Vashem.

Altshuler, Mordechai. 2007. *Yahadut ba-makhbesh ha-sovyeṭi: bein dat le-zehut yehudit bi-verit ha-mo'atsot*, 1941–1964（ソビエトのスチームローラーに敷かれたユダヤ教――ソ連邦における宗教とユダヤ人のアイデンティティ 1941–1964）. Jerusalem: Zalman Shazar Center.

Altshuler, Mordechai. 2012. *Religion and Jewish Identity in the Soviet Union 1941–1964*. Waltham: Brandeis University Press.

Altshuler, Mordechai. 2014. "Evacuation and Escape During the Course of the Soviet–German War" *Dapim: Studies on the Holocaust*, 28, no. 2: 57–73.

Amir, Ashur, and Elizabeth Lambourn. 2021. "Yemen and India from the rise of Islam to 1500." In *The Cambridge History of Judaism*, edited by Phillip I. Lieberman, 223–54. Cambridge: Cambridge University Press.

154–67.
"Residences, Businesses of City's Stateless Refugees Limited to Restricted Sector." 1943. *Shanghai Herald*, February 18.
"Rich Reward Spur on The Gangster." 1955. The Straits Times, July 3, 10. "Rosh Hashanah in Japan." 1930. *Sentinel*, 19 September, 19.
"S'pore Millionaire's Land to Be Sold." 1947. *The Straits Times*, December 21, 3.
"Severe Decline of Jewish Population in Far East and Asia Reported." 1957. *Jewish Telegraphic Agency* 24, no. 240, December 18, 3.
"Singapore Community Declining—Mr. David Marshall's Assessment." 1958. *The Jewish Chronicle*, October 3.
"S'pore Millionaire's Land to be Sold." 1947 *The Straits Times*, December 21, 3
"The Jeffrey D. Schwartz Jewish Community Center Taiwan." 2021. Accessed April 15. URL: http://jtca.org.tw/the-center/
"The Jews of Japan." 1903. *Reform Advocate*, 28 February, 74.
"The Jews of Singapore: Special Interview with John Solomon." 1926. April 2. *Israel's Messenger:* 21.
"The New Jewish Settlements in Japan." 1926. Reform Advocate, 13 March, 4. "The Opium Ring," 1917. *Straits Times*, February 28, 1917: 10.
"The Rabbi of Taiwan." 1975. *Jewish Post* (Indianapolis, Indiana), November 28.
"匿名." 1922. "労農ロシアと猶太人." 露亜時報 30: 28–31.
"Tokyo Jewish Community Dedicates New Synagogue, Other Facilities." 1968. *Jewish Telegraphic Agency* 35, no. 210, November 4, 3.
"追悼 ミハイル・コーガン氏." 1984. ゲームマシン 233, 4/1, 31–40.
"Viennese Conductor Heads Japanese National Orchestra." 1937. *Jewish Telegraphic Agency* 2, no. 160, February 12, 5.
"Why We're Building This?" 2021. In Jeffrey D. Schwartz Jewish Community Center Taiwan. Accessed April 15. URL: http://jtca.org.tw/about/
Aafreedi, Navras J. 2016. "The Jews of Bollywood: How Jews Established the World's Largest Film Industry." *Asian Jewish Life* 17: 21–5.
Abidin, Zaenal. 2015. "Eksistensi Pemeluk Agama Yahudi Di Manado" (マナドにいるユダヤ教信仰者). *Harmoni: Jurnal Multicultural Dan Multireligius* 14, no. 3: 99–113.
Adams, John.Quincy. 1842. "Lecture on the War with China, delivered before the Massachusetts Historical Society, December 1841." *Chinese Repository* (Canton) May: 281, 288.
Adler, Eliyana R. 2020. *Survival on the Margins: Polish Jewish Refugees in the Wartime Soviet Union*. Cambridge, MA: Harvard University Press.

8.

"Drishat shalom mekehilat Kobe beYapan"（在日神戸共同体からの挨拶）. 1958. *HaBoker*, December 12, 6.

"First Jewish Club Opened in Tokyo." 1951. *Jewish Telegraphic Agency* 18, no. 42, March 1, 4.

"Help or We perish; Jewish Refugees in Japan Cable." 1923. *Jewish Telegraphic Agency* 4. No.172, September 6, 5.

" 北斗. " 1920. " 猶太人は穢多人種なり. " 露亜時報 11, 60–3.

"Is the Jewish Community of India Withering Away?" 1965. *The Sentinel*, August 5.

"Japan Deports Stranded Jewish Refugees." 1941. *Jewish Telegraphic Agency* 8, no. 210, August 20, 3.

"Jewish Communities in Japanese City Growing." 1951. *Jewish Telegraphic Agency* 18, no. 26, February 6, 4.

"Jewish Leader Denies Reports of Conversion of Japanese to Judaism." 1958. *Jewish Telegraphic Agency* 25, no. 106, June 3, 4.

"Jewish Life in Japan." 1918. *Sentinel*, 27 September, 4. "Jewish Population in India." 1912. *The Sentinel*, August 23.

"Keitsad haim Yehudei Yapan"（日本のユダヤ人はいかに暮らしているか）. 1968. *HaTzofe*, August 27, 4.

"Meichel in Town." 1973. *Jewish Telegraphic Agency* 40, 118, June 20, 4.

"Muslims Protest Visit by Herzog to Singapore." 1986. *Los Angeles Times*, November 19, 1986.

"Myanmar Jewish Community - Past and Present." *Jewish Times Asia*, Oct. 2007, www.jewishtimesasia.org/rangoon/268-rangoon-communities/99-myanmar-jewish-community-past-a-present.

"Nazis Continue Anti-Jewish Campaign Despite Their Denial of Circular." 1941. *The China Weekly Review*, November 8.

"Number of Jews in Japan Dwindles, Small Groups Live in Three Cities." 1957. *Jewish Telegraphic Agency* 24, no. 246, December 27, 3.

"On the Road to Mandalay." 1940. *The Sentinel*, January 18.

"Postroika sobora." 2014. *Zabaikal'skie eparkhial'nie vedomosti*（聖堂の建設）. February 15, 1914.

"Rabbi Who Served Tokyo's Community Reports on Jews in Japan." 1966. *Jewish Telegraphic Agency* 33, no. 247 (28 December), 4.

"Report of a Commission of Enquiry into The Internment of Civilians in Singapore by the Nipponese Authorities, February 1942–1945. 1945, Reproduced in Nathan, 1986:

文　献

公文書館・資料室およびコレクション

American Jewish Joint Distribution Committee (JDC) Archives, New York, United States. Central Zionist Archives (CZA), Jerusalem, Israel.

Index of Jewish Art (IJA). The Bezalel Narkiss Index of Jewish Art, the Center for Jewish Art at the Hebrew University of Jerusalem. Israel.

Israel State Archives (ISA), Jerusalem, Israel. National Archives of India (NAI), Delhi, India.

National Archives Singapore (NAS), Singapore, Singapore.

National Library of Israel (NLI), National Archive, Jerusalem, Israel. Russian State Historical Archives (RGIA), Moscow, Russia.

一次および二次資料

"1,400 plitim Yehudim be-Yapan—be-matsav shele'achar ye'ush"（日本のユダヤ難民——絶望の果てに）; 1941. *HaMashkif*, July 1, 2.

"1,500 Burma Jews Faces Fury of Japanese War." 1942. *The Sentinel*, March 5.

"A Hundred Jewish Firms in Kobe Boost Japan's Export Trade." 1934. *The Reform Advocate*, 6 July, 10.

"Anti-Semitism Makes Appearance in S'hai." 1941. *The China Weekly Review*, November 1.

"新しき猶太の一節" 1920. 露亜時報 14（11 月）, 50.

"Bagels Reach Beijing: New Web Site Offers Wealth of Information for Jewish Travelers to China." 1999. *China/Judaic Connection* 8, no. 1. 1.

"Bay Area Jews from Harbin, Manchuria," n.d. Tape recordings held at the Judah Magnes Museum, Berkeley, CA.

"B'nai B'rith to Spend $3,500 for Japan Relief." 1923. *Jewish Telegraphic Agency* 4, no. 13, September 25, 4.

"Colonial Storm Centers." 1956. *The Jewish Chronicle*, June 29.

"Crown Jewel of Jewish community to Open Early Next Year." 2015. *The Strait Times* October 8.

"Desire for a Representation Indian Jewry and Partition." 1947. *The Palestine Post*, August

ワ

マ

ミ

へ ――――――――――――――――― ◎

ヒ

フ

ナ

ニ

チ

ツ

タ

セ

ソ

ス

索　引

1－6　作図：Jasmine Kowner.

2－1　© Doerre/Loy 2021.

5－1　Adapted from the Map of Jewish communities in India. 出典：Wikipedia, online: https://en.wikipedia.org/wiki/History_of_the_Jews_in_India#/media/File:Jewish_communities_of_India.svg

10-1　Adapted from the Baghdadi Jewish map. 作図：Noahedits. 出典：Wikipedia, online: https://commons.wikimedia.org/wiki/File:Baghdadi_Jewish_map.gif

12-1　作図：Jasmine Kowner.

16-1　作図：Jasmine Kowner.

Synagogue.jpg

9－1　提供・版権所有：Dr. Eli Dwek.

9－2　提供・版権所有：Dr. Eli Dwek.

9－3　提供：Leonard Chrysostomos Epafras.

9－4　提供・版権所有：©PaulinePrior.

9－5　提供：Leonard Chrysostomos Epafras.

11－1　提供：the USHMM および Gary Matzdorff, Photo Archives, 写真番号：62840.

11－2　提供：the USHMM および Rabbi Jacob Ederman, Photo Archives, 写真番号：40211.

12－1　提供：Gross Family Collection（テルアヴィヴ）.

12－2　提供：the USHMM および Vera Toper, Photo Archives, 写真番号：64208.

12－3　提供：the USHMM および Noemi Faingersch Sinclair, Photo Archives, 写真番号：44223.

12－4　提供：the USHMM および Noemi Faingersch Sinclair, Photo Archives, 写真番号：44226.

13－1　提供：the Taiwan Jewish Community. 撮影：Benjamin Schwall.

13－2　提供：the Jeffrey D. Schwartz Jewish Community Center.

14－1　Wikipedia, public domain. Online: https://commons.wikimedia.org/wiki/File:Trumpeldor_in_captivity.jpg.

14－2　提供：the USHMM および Eric Saul, Photo Archives, 写真番号：11784.

14－3　撮影：Rotem Kowner.

16－1　提供：the Library of Congress, 複製番号：LC-DIG-ppmsca-14461.

16－2　提供：the USHMM および Margot Kestenbaum, Museum Photo Archives, 写真番号：79642.

16－3　Wikipedia, public domain (CC BY-SA 3.0). 撮影：Joe Ravi（2011年）. Online: https://en.wikipedia.org/wiki/David_Sassoon_Library

16－4　提供：the USHMM および Valerie S. Komor, Museum Photo Archives, 写真番号：94760.

地図

1－1　作図：Jasmine Kowner.

1－2　作図：Jasmine Kowner.

1－3　作図：Jasmine Kowner.

1－4　作図：Jasmine Kowner.

1－5　作図：Jasmine Kowner.

■写真・地図協力への謝辞

写真

2－1　提供：the Library of Congress, 複製番号：C-USZ62-82640.
2－2　提供：the Library of Congress, 複製番号：LC-DIG-prok-02294.
2－3　提供：the Arabov family. 出典：Arabov 1998, 30.
3－1　提供：the United States Holocaust Memorial Museum (USHMM) および Irene Rogers, Photo Archives, 写真番号：27166.
3－2　提供：the USHMM および Marc Ratner, Photo Archives, 写真番号：66193.
4－1　提供：Victoria Gerasimova（2014 年）.
4－2　提供：Vladimir Levin（2015 年）.
4－3　提供：the Gross Family Collection（テルアヴィヴ）.
4－4　提供：the Gross Family Collection（テルアヴィヴ）.
4－5　提供：Vladimir Levin（2015 年）.
4－6　提供：the Gross Family Collection（テルアヴィヴ）.
4－7　提供：Vladimir Levin（2015 年）.
4－8　提供：Vladimir Levin（2015 年）.
5－1　撮影：Rotem Kowner.
5－2　提供：the Younes and Soraya Nazarian Library, University of Haifa および the George Benjamin family.
5－3　著者のコレクション．出典：Cohen 1925, 250–1.
5－4　Wikipedia, public domain. 撮影：Deepanjan Ghosh（2017 年）. 出典：https://en.wikipedia.org/wiki/Magen_David_Synagogue_(Kolkata)#/media/File:Magen_David_Synagogue_Interiors_after_restoration.jpg
5－5　提供：the Cochin Jewish Heritage Center.
6－1　個人コレクション．提供：Danny Benjamin，Kibbutz HaZore'a（イスラエル）.
8－1　Wikipedia, public domain. 撮影：Liadmalone（2017年）. Online: https://he.wikipedia.org/wiki/%D7%99%D7%94%D7%93%D7%95%D7%AA_%D7%A1%D7%99%D7%A0%D7%92%D7%A4%D7%95%D7%A8#/media/%D7%A7%D7%95%D7%91%D7%A5:David_Elias_Buildings_105434.jpg
8－2　Wikipedia, public domain. 撮影：Gaurav Vaidya（2010年）. Online: https://en.wikipedia.org/wiki/History_of_the_Jews_in_Singapore#/media/File:Maghain_Aboth_

る．著書は次の作品を含む：『開封の中国系ユダヤ人伝説』（*Legends of the Chinese Jews of Kaifeng*）（1995），『開封のユダヤ人――歴史，文化そして宗教』（*The Jews of Kaifeng, China: History, Culture, and Religion*）（2003），『猶太文化史』（中国語，2006）．

ティ』と改題されている．書籍の章を担当執筆のほか，雑誌や百科事典の記事も多数ある．近年は，インドにおけるホロコーストの受け止め方と表現について，研究に取り組んでいる．

アンナ・P・ロネル（Anna P. Ronell）
自主研究者で執筆家，現在タフト大学（アメリカ）ファインシュタイン国際センター運用担当．近東およびユダヤ研究で，ブランダイス大学より博士号を取得．ウェルズリー・カレッジとヘブルー・カレッジで教鞭をとり，マサチューセッツ工科大学では，学術国際交流を担当した．学術上の関心は，ロシア語を話す離散民社会，ソ連邦およびイスラエルにおけるロシア系ユダヤ人の経験，東ヨーロッパのユダヤ文明．記事は次の学術誌に掲載されている：*The Journal of Modern Jewish Studies, Polin, Studies in Polish Jewery*，テキスト校正の分野では，次を担当：*A Journal of Jewish Literony History*，その他．

ドン・シャピロ（Don Shapiro）
院生の研究を対象とするコロンビア大学の東アジア・ジャーナリズム・フェローシップを受け，1969年に台湾へ行き，以来当地に居住．台湾ユダヤ人協会（Taiwan Jewish Community）の会長（1987～2007年）をつとめ，現在も理事の地位にある．ニューヨーク・タイムズと『タイム』誌に寄稿を続け，現在台北アメリカ商工会議所の専務．月刊誌*Taiwan Business TOPICS*の編集長．

イタマール・テオドル（Ithamar Theodor）
ツファット学術カレッジ（イスラエル）のヒンズー教学担当助教授，ハイファ大学アジア学科の研究員．オックスフォード大学神学科卒業，ケンブリッジ大学クレア・ホール（高等研究カレッジ）終身メンバー，香港中文大学前客員教授，アジア・ユダヤ人会議（2012年～ ）の創立者．著書にインドのダールマとユダヤ教の口伝律法を論じた*Dharma and Halacha* (2018) のほか，次の作品が含まれる：*Exploring the Bhagavad Gita* (2012), *Brahman and Dao: Comparative Studies in Indian and Chinese Philosophy and Religion* (2014), *The 'Fifth Veda' in Hinduism* (2016), *The Bhagavad Gita: A Critical Introduction* (2021).

シュ・シン（Xu Xin）
南京大学のユダヤ・イスラエル研究講座（the Diane and Guilford Glazer Chair）担当教授，および同大学ユダヤ学研究所所長．中国ユダヤ学研究会会長，中国版ジュダイカ百科事典の編集長で主な執筆者のひとり．2003年，中国のユダヤ民族に関する研究貢献で，バルイラン大学より博士号（名誉学位）を授与され

ウラジミル・レヴィン（Vladimir Levin）
ヘブライ大学ユダヤ美術センター長代理．サンクトペテルブルグ出身，ヘブライ大学で博士号取得．著書『革命から戦争へ――ロシアにおけるユダヤ人の政治的関わり 1907–1914』（ヘブライ語，2016），共著『ウクライナのシナゴーグ』（*Synagogue in Ukraine: Volhynia*）（2017），共編『リトアニアのシナゴーグ』（*Synagogues in Lithuania: A Catalogue*）（2010–12）がある．120本近い記事，エッセイがあり，東ヨーロッパの近代ユダヤ史の社会的・政治的側面，シナゴーグ建築，ユダヤ教正統派，ユダヤ・ムスリム関係をテーマとする．ユダヤ美術の関連でいくつかのプロジェクトにかかわりユダヤ美術ベツァレル・ナルキス目録を完成した．世界最大のユダヤ民族遺産のデジタル収納庫である．

アモス・ウェイ・ワン・リム（Amos Wei Wang Lim）
ハイファ大学アジア学科博士課程の大学院生．シンガポール出身で，南洋理工大学の学士課程でユダヤ史に関心を抱き，バルイラン大学の一神教研究のサー・ナイム・ダンゴール奨学金，続いてハイファ大学のアジア域研究奨学金を取得．現在東および東南アジアのバグダディ・ユダヤ人共同体の歴史を調査している．

トーマス・ロイ（Thomas Loy）
チェコ科学アカデミー（プラハ）所属南アジア・オリエント研究所の研究員．学術上の関心は，中央アジア（ソ連圏の）の記念碑的文化，移動性，移住，そしてタジク言語と文化を含む．著書に，『ソ連邦のブハラ系ユダヤ人――移動性，継続そして変化に関する自伝的物語』（*Bukharan Jews in the Soviet Union: Autobiographical Narrations of Mobility, Continuity and Change*）（2016），そして次の共著がある．『20世紀のブハラ系ユダヤ人――歴史，経験そして語り』（*Bukharan Jews in the 20th Century: History, Experience and Narrations*）（with Ingeborg Baldaufand Moshe Gammer）（2008），『中央アジアの書と話』（*The Written and the Spoken in Central Asia*）（2021）．

ジョアン・G・ローランド（Joan G. Roland）
ペース大学（アメリカ）の歴史学名誉教授．多年歴史学科長として活動し，その一環として中東研究を指導した．中東研究でコロンビア大学から博士号を取得，フルブライトより研究資金を得てインドのユダヤ人の調査に着手，インド，イスラエルおよび合衆国のインド系ユダヤ人共同体を中心テーマとした．著書『英領インドのユダヤ人――植民地時代のアイデンティティ』（*Jews in British India: Identity in a Colonial Era*）（1889）は，ユダヤ関連図書賞（National Jewish Book Award）にノミネートされ，第2版から『インドのユダヤ人共同体――植民地時代のアイデンティ

ヨナタン・ゴールドシュタイン（Jonathan Goldstein, 1947–2022）
ウェストジョージア大学（アメリカ）アジア史学科の名誉教授でハーバード大学フェアバンク中国研究センターの研究員であった．中国の通商に関しては次の著書を含む：*Philadelphia and the Chinese Trade* (1978), *Georgia's East Asian Connection* (1982), *America Views China* (1991), *Stephen Girard's Trade with China* (2011). 東および東南アジアのユダヤ人共同体に関する著書は，次のものがある：『東および東南アジアにおけるユダヤ人のアイデンティティ問題』（*Jewish Identities in East and Southeast Asia*）（2015），『中国のユダヤ人』（*The Jews of China*, 2 Vols, 1999 and 2000）——中国語，ヘブライ語の改訂版はそれぞれ2006年，2016年に出版）．

ナタン・カッツ（Nathan Katz）
フロリダ国際大学国際・公共問題学部の著名名誉教授，宗教学部創設部長，ジャイナ教学（Bhagwan Mahavir）の教授およびユダヤ教学科の科長・研究調査で4回フルブライト資金を受け，ユダヤ関連図書賞（National Jewish Book Award）の最終候補にあがっている．ネール大学歴史学センター，シャローム・ハルトマン研究所，スリランカのペラデニヤ大学の各客員教授，機関誌*Indo-Jewish Studies*の創刊者．著書に，*Buddhist Images of Human Perfection*（1982），『仏教徒社会における民族紛争』（*Ethnic Conflict in Buddhist Society*）（1988），『コーチン最後のユダヤ人』（*The Last Jews of Cochin*）（1993），『心の旅路』（*Spiritual Journey Home*）（2009）のほか6冊の作品がある．

ロテム・コーネル（Rotem Kowner）
ハイファ大学の日本学教授，同大学アジア学科の創設者で，同学科長および大学理事を歴任．日本帝国内のユダヤ人共同体に対する扱い，現代東南アジアにおけるユダヤ人に対する態度を研究テーマに幅広く執筆活動を続ける一方，グローバルな文脈よりアジアに視点をおいた，一連の研究プロジェクトを主導・推進．現在イスラエルの学会誌のほか，次の6誌を含め10誌に及ぶ学会誌の幹事を務めている．*Contemporary Japan-The German Institute of Japanese Studies*, Japan (2014-), *History of Humanities, University of Chicago Press*, USA (2014-), *Japan Review, International Research Center for Japanese Studies*, Japan (2015-), *The Asia-Pacific Journal: Japan Focus*, Japan and USA, contributing editor (2023-), *Nuova Antologia Militare (NAM)*, Italy (2024-), *International Journal of Military History and Historiography (IJIMH)*, Brill, the Netherland (2024-). 著書等については編著者紹介を参照.

*History*の前編集長.『ポルトガル世界におけるモロッコ系ユダヤ人』『フィリピンにおける中東系ユダヤ人』を含め,数十冊の著作ないしは編集の書がある.さらに,日本に重点をおいたアジア・アフリカにおけるサムエル家の役割,日本に来たエジプト系ユダヤ人(特にアレクサンドリアのアンタキ家とハキム家)を目下調査中である.

ギデオン・エラザール(Gideon Elazar)
バルイラン大学講師ならびにアリエル大学東方研究開発局研究員.研究対象は,現代南西中国および東南アジア高原地帯における宗教と民族そして自己認識,ユダヤ人と中国人の対話を含む.南西中国におけるプロテスタント宣教師の間で実施した民族誌上のフィールドワークをベースとした論文で,ハイファ大学アジア学科より博士号取得.現在,イスラエルのブネイ・メナシェ共同体(インド・ミャンマー国境地帯出身)に関する民族誌上の調査プロジェクトを実施中.中国の宗教問題に関する記事が数点あるが,『戻ってきた伝道団――グローバル化時代の雲南におけるキリスト教,民族そして国家統制』を2023年に出版.

レナード・クリソストモス・エパフラス(Leonard Chrysostomos Epafras)
ジョグジャカルタにあるインドネシア宗教研究共学体(ICRS)およびドゥタワカナ・キリスト教大学神学部博士課程の大学院生の指導教官ならびに研究者.宗教史,ユダヤ教,キリスト教および神学関連の幅広い分野の課目を担当.調査研究では,『インドネシアのユダヤ人』のほか,宗教と公共政策,宗教と大衆文化,オンライン宗教が含まれる.修士論文はインドネシア人の反ユダヤ主義,博士論文は中世エジプトにおけるユダヤ人スーフィズムのアイデンティティ形成.

ヨシュア・フォーゲル(Joshua Fogel)
ヨーク大学(カナダ)歴史学科教授,カナダ・リサーチャーの称号をもつ研究者.60点を越える日本と中国の歴史的・文化的関係に関する著書,訳書,編纂書がある.主な著書は『政治と支那学――内藤湖南のケース』(*Politics and Sinology: The Case of Naitō Konan*)(1984),『中国のマルクス主義に対する艾恩奇の貢献』(*Ai-Ssu-ch'i's Contribution to the Development of Chinese Marxism*)(1987),『中国の中江丑吉』(*Nakae Ushikichi in China*)(1989),『日本の中国再発見における紀行文学』(*The Literature of Travel in the Japanese Rediscovery of China, 1862–1945*)(1996),『中華圏の分析』(*Articulating the Sinosphere*)(2009),『日本の歴史文献と紀元57年の倭奴国王印』(*Japanese Historiography and the Gold Seal of 57 C.E.*)(2013),『処女航海』(*Maiden Voyage*)(2014),『日本人と中国通』(*Japanes for Sinologists*)(2017),『真の友』(*A Friend in Deed*)(2019).

■執筆者紹介

（姓のアルファベット順）

ラン・アミタイ（Ran Amitai）

ハイファ大学博士課程の研究員．研究分野は，特にインドのユダヤ人社会に焦点をあてたインド近代史．博士論文は，18世紀中期より2000年代初期に至る，英印軍および独立後のインド国軍に対する入隊インド系ユダヤ人の軍への統合をテーマとする．インド亜大陸におけるユダヤ人埋葬地，共同墓地の調査，位置表示および保存を含む，ほかのプロジェクトにもかかわっている．

メナシェ・アンジー（Menashe Anzi）

ベングリオン大学の専任講師で，ユダヤ史部ユダヤ教学科ローゼンファミリー寄贈講座キャリアデベロップメントの座長．専門分野は，イエメン系ユダヤ人およびイラク系ユダヤ人の歴史，イスラム諸都市におけるユダヤ人とムスリムの関係，インド洋沿岸域における通商ネットワークとユダヤ人の移住を含む．この地域に関する近年の著書に次のものがある．『サヌアびと――ムスリム支配下イエメンのユダヤ人』（*The Ṣan'ā'nis: Jews in Muslim Yemen, 1872–1950,* 2021, in Hebrew），共著『イスラム文化圏のユダヤ人，キリスト教徒および少数派社会』（Jews, Christians and Minorities in Islamic Cultures-coedited with Orit Ouaknine-Yekutieli and Haggai Ram, in *Jama'a* 25 (2020)）．

アンナ・ベレジン（Anna Berezin）

ヘブライ大学ユダヤ芸術センター宗教祭儀用器物部部長．2005年サンクトペテルブルクの工学・経済大学より都市経済の分野で博士号取得，ストックホルム・ユダヤ学研究所（2012～13年）を卒業．ユダヤ文化の栄えた地として知られるウクライナ西部のチェルニフツィで実施された民族誌上のフィールドワークに参加（2009～10年）．研究分野は，東ヨーロッパ系ユダヤ人の経済史，東ヨーロッパにおけるユダヤの遺産，シベリアのユダヤ人とその文化を含む．次の共著がある：『エルサレムからビロビジャンへ』（From Jerusalem to Birobidzhan, on *bet-tfila.org.* 2015），『シベリアのユダヤ史と遺産』（Jewish History and Heritage in Siberia, in Erhan Büyükakıncı (ed.), Rus Uzakdoğusu ve Sibirya *Özel Sayısı* 2016）．

ウィリアム・ジャーヴェイス・クラレンス＝スミス

(William Gervase Clarence-Smith)

ロンドン大学東洋アフリカ学部（SOAS）の歴史学名誉教授，*Journal of Global*

■編著者紹介

ロテム・コーネル（Rotem Kowner）
1960年，イスラエルのミフモレット生まれ．ハイファ大学アジア学科正教授，専門は日本近代史，前イスラエル日本学会会長．早稲田大学，大阪大学，ジュネーブ大学，ミュンヘン大学の客員教授．ヘブライ大学で東アジア学と心理学を専攻，ベルリン自由大学で1年，筑波大学で6年の研究により博士号を取得．日露戦争関連の著書のほか，近年は，近代アジア，特に日本に関する人種と人種主義の研究を進めている．
［主要著書］
On Ignorance, Respect, and Suspicion: Current Japanese Attitudes towards Jews, 1997
The Forgotten War between Russia and Japan and its Legacy, 2005
Historical Dictionary of the Russo-Japanese War, 2006 (revised edition, 2017)
The Impact of the Russo-Japanese War, 2007
Rethinking the Russo-Japanese War 1904/05, 2007
The A to Z of the Russo-Japanese War, 2009
Tsushima, 2022（邦訳版『ツシマ　世界が見た日本海海戦』）
Race and Racism in Modern East Asia (Vol 1): Western and Eastern Construction, (with Walter Demel) 2013
Race and Racism in Modern East Asia (Vol II): Interactions, Nationalism, Gender and Lineage, (with Walter Demel) 2015
From White to Yellow: The Japanese in European Racial Thought (Vol 1) 2014（邦訳版『白から黄色へ――ヨーロッパ人の人種思想から見た「日本人」の発見1300年～1735年』）
From Yellow to Inferior: The Japanese in European Racial Thought (Vol 2) 2025
Israel-Asia Relations in the Twenty-First Century: The Search for Partners in a Changing World, (with Yoram Evron) 2023
East-West Asia Relations in the 21st Century: From Bilateral to Interregional Relationships, (with Yoram Evron and P. R. Kumaraswamy) 2024
The General and the Consul: Myth and Reality in Japan's Wartime Assistance to Jews（近刊）

■訳者紹介

滝川 義人（たきがわ よしと）
ユダヤ人社会，中東軍事史の研究者．長崎県諫早市出身，早稲田大学第1文学部卒業，元駐日イスラエル大使館チーフインフォメーションオフィサー．主要著書：『ユダヤ解読のキーワード』（新潮社，1998年）．主要訳書：ジョアン・コメイ『ユダヤ人名事典』（東京堂出版，2010年），アモス・エロン『ドイツに生きたユダヤ人の歴史』（明石書店，2013年），H・M・サッカー『アメリカに生きるユダヤ人の歴史（上下巻）』（明石書店，2020年），H・ヘルツォーグ『図解中東戦争』（原書房，1985年），A・ラビノビッチ『ヨムキプール戦争全史』（並木書房，2008年），M・オレン『第三次中東戦争全史』（原書房，2012年），M・バルオン編著『イスラエル軍事史』（並木書房，2017年）など多数．

世界歴史叢書

近代アジアのユダヤ人社会
——共同体の興隆、終焉、そして復活

2024年11月20日　初版第1刷発行

編著者　ロテム・コーネル
訳　者　滝川義人
発行者　大江道雅
発行所　株式会社 明石書店
〒101-0021 東京都千代田区外神田 6-9-5
電話 03(5818)1171　FAX 03(5818)1174
振替 00100-7-24505　https://www.akashi.co.jp

装　丁　明石書店デザイン室
印刷・製本　モリモト印刷株式会社

(定価はカバーに表示してあります)
ISBN978-4-7503-5819-2

●世界歴史叢書●

米墨戦争前夜のアラモ砦事件とテキサス分離独立
アメリカ膨張主義の序幕とメキシコ
牛島万 著　◎3800円

テュルクの歴史
古代から近現代まで
カーター・V・フィンドリー 著　小松久男 監訳　佐々木紳 訳　◎5500円

バスク地方の歴史
先史時代から現代まで
マヌエル・モンテロ 著　萩尾生 訳　◎4200円

リトアニアの歴史
アルフォンサス・エイディンタス、アルフレダス・ブンブラウスカス、アンタナス・クラカウスカス、ミンダウガス・タモシャイティス 著
梶さやか、重松尚 訳　◎4800円

カナダ人権史
多文化共生社会はこうして築かれた
ドミニク・クレマン 著　細川道久 訳　◎3600円

ロシア正教古儀式派の歴史と文化
阪本秀昭・中澤敦夫 編著　◎5500円

ヘンリー五世
万人に愛された王か、冷酷な侵略者か
石原孝哉 著　◎3800円

近代アフガニスタンの国家形成
歴史叙述と第二次アフガン戦争前後の政治動向
登利谷正人 著　◎4800円

ブラジルの都市の歴史
コロニアル時代からコーヒーの時代まで
中岡義介、川西尋子 著　◎4800円

アメリカに生きるユダヤ人の歴史【上巻・下巻】
【上】アメリカへの移住から第一次大戦後の大恐慌時代まで
【下】ナチズムの登場からソ連系ユダヤ人の受け入れまで
ハワード・モーリー・サッカー 著
滝川義人 訳　◎各巻8800円

香港の歴史
東洋と西洋の間に立つ人々
ジョン・M・キャロル 著
倉田明子、倉田徹 訳　◎4300円

フィンランド 武器なき国家防衛の歴史
なぜソ連の〈衛星国家〉とならなかったのか
三石善吉 著　◎3500円

アラゴン連合王国の歴史
中世後期ヨーロッパの一政治モデル
フロセル・サバテ 著　阿部俊大 監訳　◎5800円

ブルキナファソの歴史
苦難の道を生き抜く西アフリカの内陸国
二石昌人 著　◎5800円

芸術の都ウィーンとナチス
アルマ・マーラー、青山ミツコの「輪舞」
浜本隆志 著　◎2500円

近代アジアのユダヤ人社会
共同体の興隆、終焉、そして復活
ロテム・コーネル 編著　滝川義人 訳　◎6000円

——◆以下続刊

〈価格は本体価格です〉